Wirtschafts- und Steuerrecht

Herausgegeben von

Prof. Dr. Christian Jahndorf, HLB Dr. Schumacher & Partner, Universität Münster
Prof. Dr. Marc Desens, Universität Leipzig
Prof. Dr. Rolf Eckhoff, Universität Regensburg
VRiBFH Michael Wendt, München

Band 17

Ludger-H. Hermes

Das Nießbrauchrecht an Mitgliedschaften im Gesellschafts-, Bilanz- und Steuerrecht

Nomos

HLB

Die Deutsche Nationalbibliothek verzeichnet diese Publikation in der Deutschen Nationalbibliografie; detaillierte bibliografische Daten sind im Internet über http://dnb.d-nb.de abrufbar.

Zugl.: Leipzig, Univ., Diss., 2018

ISBN 978-3-8487-5111-2 (Print)
ISBN 978-3-8452-9314-1 (ePDF)

1. Auflage 2018

Vorwort

Die vorliegende Arbeit ist entstanden aus meiner Unternehmensumstrukturierungs- und nachfolgeberatung gerade von klein- und mittelständischen Familienunternehmen. Nicht nur die Steuergestaltungsoptimierung sowie die Unternehmenswertbestimmung und -finanzierung steht hier im Vordergrund, sondern besonders auch die Frage der Gestaltung der Versorgung des Übergebers und i. d. R. dessen nahestehenden Personen. Das Nießbrauchrecht als Gestaltungsmittel stellt einem hierbei vor besonderen Herausforderungen. So sind die bürgerlich-rechtlichen Grundlagen des Nießbrauchs im Bürgerlichen Gesetzbuch nur rudimentär geregelt, gesellschaftsrechtliche Bestimmungen fehlen gänzlich und auch das Steuerrecht enthält keine expliziten Bestimmungen nicht nur hinsichtlich der laufenden Besteuerung von Einkünften aus Nießbrauchrechten, sondern auch die Anerkennung steuerrechtlicher Nießbrauchgestaltungen aus dem Blickwinkel der Erbschaft- und Schenkungsteuer sind mit erheblichen Unsicherheiten belastet.

An diesen Unsicherheiten setzt die Arbeit an, nicht nur um zu einer weiteren Klärung offener Streitfragen beizutragen, sondern ebenso einen „neuen“ Ansatz im Verhältnis von Nießbraucher und Nießbrauchbesteller im Recht der Mitgliedschaften zu diskutieren.

Die Juristenfakultät der Universität Leipzig hat die Arbeit im Wintersemester 2017/2018 als Dissertation angenommen. Das Manuskript wurde im September 2017 abgeschlossen. Aktuelle Rechtsprechung und Literatur sind bis Februar 2018 berücksichtigt.

Mein ganz besonderer Dank gilt Herrn Prof. Dr. *Marc Desens* für seine Bereitschaft, die Arbeit nicht nur zu betreuen, sondern mit fruchtbaren Diskussionen und Ratschlägen zu begleiten. Für die zügige Erstellung des Zweitgutachtens danke ich Herrn Prof. Dr. *Christian Berger*.

Ferner bedanke ich mich bei Herrn StB/ WP, Dipl.-Kfm. *Reinhard von Aulock,* der mich bei der Korrektur der Manuskriptfassung unterstützt hat. Mein besonderer Dank geht schließlich an meine Frau *Birgit Hermes*, die mich in jeder Phase der Promotion nicht nur unterstützt und ermutigt, sondern verständnisvoll und geduldig die Arbeit begleitet hat.

Oldenburg, im April 2018 *Ludger-H. Hermes*

Inhaltsverzeichnis

Abkürzungsverzeichnis 21

Einleitung 27

1. Teil: Das Nießbrauchrecht an Mitgliedschaften im Gesellschaftsrecht 32

Erstes Kapitel: Zivilrechtliche Grundlagen 32

§ 1 Die Mitgliedschaft 32
A. Die Mitgliedschaft als Rechtsinstitut des Verbandsrechts 32
B. Die Rechtsnatur der Mitgliedschaft 35
I. Die Mitgliedschaft als Rechtsverhältnis und als subjektives Recht 35
II. Die Einheitlichkeit der Mitgliedschaft – ein Phänomen im Personengesellschaftsrecht 37
III. Rechte und Pflichten aus der Mitgliedschaft 38
1. Rechtsformübergreifender Überblick 38
2. Die verschiedenen Mitgliedschaftsrechte und -pflichten 40
3. Das Abspaltungsverbot 42
C. Ergebnis 43
§ 2 Das Nießbrauchrecht 44
A. Begriff und Inhalt des Nießbrauchrechts 44
B. Entstehung und Begründung 47
C. Erscheinungsformen des Nießbrauchrechts 48
D. Beendigung des Nießbrauchverhältnisses 49
§ 3 Das Nießbrauchrecht an der Mitgliedschaft 50
A. Der Nießbrauch an Rechten 50
I. Zulässigkeit 50
II. Form- und Zustimmungserfordernisse 52
1. Personengesellschaftsanteil 52
2. Kapitalgesellschaftsanteil 54

B. Das rechtliche Spannungsverhältnis bei einem mitgliedschaftlichen Nießbrauchrecht 55
I. Sachenrecht und Gesellschaftsrecht 55
II. Lösungsansätze 57

Zweites Kapitel: Das Nießbrauchverhältnis in Bezug auf die Mitgliedschaft 59

§ 1 Rechtsstellung des Nießbrauchers versus Gesellschafter 59
A. Das Nießbrauchverhältnis als gesetzliches Schuldverhältnis 59
B. Das Nießbrauchverhältnis als Rechtsgemeinschaft 61
I. Meinungsstand 61
II. Kritik und eigene Ansicht 63
§ 2 Rechtsstellung des Nießbrauchers zum Gesellschafterverband 68
A. Die Nießbraucherstellung – Meinungsstand 68
I. Personengesellschaft 68
II. Kapitalgesellschaft 70
B. Stellungnahme 71
§ 3 Das Vergemeinschaftungskonzept als rechtsgeschäftliches Schuldverhältnis 72
A. Der Vergemeinschaftungsansatz 72
B. Poolvereinbarung versus Innengesellschaft – eigener Lösungsansatz 74
I. Darstellung 74
II. Rechtsfolgen für die Nießbrauchbeteiligten 77
§ 4 Zusammenfassung und Ergebnis 78

Drittes Kapitel: Das Fruchtziehungsrecht des Nießbrauchers 80

1. Abschnitt: Das Fruchtziehungsrecht im Allgemeinen 81

2. Abschnitt: Die mitgliedschaftlichen Mitwirkungsrechte 83
§ 1 Originäre Mitwirkungsrechte des Nießbrauchers 83
§ 2 Die gesellschaftsrechtlichen Mitwirkungsrechte als Befugnisse 84
A. Das gesellschaftsrechtliche Abspaltungsverbot 84
B. Ansichten zum Mitwirkungsrecht „Stimmrecht" 86
I. Allgemeines zum Stimmrecht 86

II. Aufteilung des Stimmrechts zwischen Gesellschafter und Nießbraucher 87
III. Stimmrecht ausschließlich beim Nießbraucher 89
IV. Stimmrecht ausschließlich beim Gesellschafter 90
V. Gemeinsames Stimmrecht von Gesellschafter und Nießbraucher 91
VI. Stellungnahme 92
C. Sonstige Mitwirkungsrechte 94
I. Überblick 94
II. Die sonstigen Mitwirkungsrechte im Einzelnen 95
1. Geschäftsführungs- und Vertretungsbefugnis 95
2. Teilnahme an der Gesellschafter-/Hauptversammlung 97
3. Informations- und Kontrollrechte 98
4. Widerspruchs- und Anfechtungsrechte 100
5. Haftung des Nießbrauchers 101
III. Stellungnahme 102
§ 3 Die Mitwirkungsrechte im Konzept der Vergemeinschaftung 104
I. Die Vergemeinschaftung 104
II. Die Innengesellschaft als Lösungsansatz 107

3. Abschnitt: Das vermögensrechtliche Mitgliedschaftsrecht 109
§ 1 Grundsätzliches zum nießbrauchrechtlichen Vermögensrecht 109
A. Das mitgliedschaftliche Vermögensrecht 109
B. Das mitgliedschaftliche Nießbrauchrecht und die bilanzrechtliche Kapitalstruktur der Gesellschaft 110
I. Bedeutung 110
II. Die unterschiedlichen rechtsformabhängigen Kapitalstrukturen 111
1. Darstellung 111
2. Ergebnis 116
III. Bedeutung und Wirkung des mitgliedschaftlichen Nießbrauchs für die Kapitalstruktur 116
1. Meinungsstand 116
2. Stellungnahme 118

§ 2 Der bestimmungsmäßige, vermögensrechtliche Ertrag 119
A. Meinungsstand 119
B. Die Auf- und Feststellung des Jahresabschlusses als Grundlage für die Bestimmung des Ertrages 121
I. Kompetenzzuordnung 121
II. Einfluss des Nießbrauchers 123
C. Die nießbrauchrechtliche Teilhabe am Unternehmensergebnis 125
I. Umfang des Gewinnanspruchs 125
1. Grundsätzliches 125
2. Personengesellschaften 127
3. Kapitalgesellschaften 130
II. Ausgewählte Fragen zum Gewinnanspruch 131
1. Behandlung thesaurierter Gewinne (Gewinnrücklagen) 131
2. Verlustanteil 132
3. Außerordentliche Erträge 134
a) Meinungsstand 134
b) Stellungnahme 135
aa) Kritik und Problemstellung 135
bb) Lösungsansatz 137
4. Kapitalveränderungen 139
a) Kapitalerhöhung 139
aa) aus Gesellschaftsmitteln 139
bb) aus Einlagen 140
b) Kapitalherabsetzung 142
5. Entnahmerechte bei Nießbrauch am Gesellschaftsanteil 143
6. Auseinandersetzungsguthaben/ Liquidationserlös 144
D. Gesamtergebnis 146

2. Teil: Das Nießbrauchrecht an Mitgliedschaften im Bilanzrecht 148

Erstes Kapitel: Der Jahresabschluss als Mittel der Rechnungslegung 149

§ 1 Der Jahresabschluss als integrierter Bestandteil des Gesellschaftsrechts 149

§ 2 Der Jahresabschluss als Instrument der Dokumentation und Information 151

Zweites Kapitel: Das Nießbrauchverhältnis im Bilanzrecht 153

§ 1 Die verschiedenen Informationsansprüche – Informationsasymetrien 153
A. Informationsanspruch des Nießbrauchers 153
B. Informationsanspruch der sonstigen Bilanzadressaten 154
I. Die Interessenlagen 154
II. Einfluss der registerlichen Nießbraucheintragung auf das Bilanzrecht 155
III. Ergebnis 157
§ 2 Das mitgliedschaftliche Nießbrauchrecht in der Rechnungslegung 158
A. Grundsätzliches 158
B. Auswirkungen auf die Jahresabschluss-Bestandteile 159
I. Personengesellschaft 160
1. Bilanz 160
2. Gewinn- und Verlustrechnung 162
3. Anhang 163
II. Kapitalgesellschaft 164
1. Bilanz 164
2. Gewinn- und Verlustrechnung 166
3. Anhang 166
§ 3 Zusammenfassung und Ergebnis 167

3. Teil: Das Nießbrauchrecht an Mitgliedschaften im Steuerrecht 168

Erstes Kapitel: Steuerrechtliche Grundlagen bei einem mitgliedschaftlichen Nießbrauchrecht 170

1. Abschnitt: Zivilrecht versus Steuerrecht 170
§ 1 Das Verhältnis zwischen Zivil- und Steuerrecht 170
A. Einordnung der einzelnen Teilrechtsordnungen 170
B. Reichweite des Prinzips der Maßgeblichkeit des Zivilrechts für das Steuerrecht 172
§ 2 Das Nießbrauchrecht im Kontext von Zivil- und Steuerrecht 173
A. Bedeutung 173

B. Wirtschaftliche Betrachtungsweise und wirtschaftliches Eigentum im Nießbrauchverhältnis 175
C. Besonderheiten bei Verträgen zwischen nahestehende Personen 178
I. Begriffsbestimmung 178
II. Die allgemeinen Kriterien 179
D. Stellungnahme 180

2. Abschnitt: Das Nießbrauchrecht im Ertragsteuerrecht 181
§ 1 Das Nießbrauchrecht als Einkunftsquelle 181
A. Die Einkunftsquelle im Allgemeinen 181
I. Der Begriff 181
II. Abgrenzung von „Einkunftsquelle“ und „Einkunftsart“ 186
B. Das Nießbrauchrecht im Kontext der Einkunftsquellendogmatik 187
I. Rechtsprechungsüberblick (historische Darstellung) 187
II. Das Nießbrauchrecht als Wirtschaftsgut und als Einkunftsquelle 189
III. Ableitung der Einkunftsquelle aus der Ruppe´schen These 190
IV. Ergebnis 191
§ 2 Einkünftequalifikation und -zurechnung nach Nießbrauchbestellung 192
A. Einkünftequalifikation im Allgemeinen 192
I. Tatbestandsmäßigkeit der Besteuerung 192
II. Vorgehensweise zur Beurteilung der Einkünftequalifikation 194
B. Zurechnung der Einkünfte im Nießbrauchverhältnis 195
I. Zurechnungstatbestände 195
1. Grundsätze der Tatbestandsverwirklichung 195
2. § 39 AO als Zurechnungskriterium 196
II. Verwirklichung des Tatbestands der Einkünfteerzielung bei einem Nießbrauch an Mitgliedschaften 198
1. Voraussetzungen für eine Tatbestandsverwirklichung 198

2. Rechtsfolgen bei Nichterfüllung der Tatbestandsvoraussetzungen 199

C. Ergebnis 200

3. Abschnitt: Personengesellschaften im Steuerrecht 201

§ 1 Überblick 201

§ 2 Die gewerbliche Personengesellschaft (Mitunternehmerschaft) 202

A. § 15 Abs. 1 Satz 1 Nr. 2 EStG als Grundtatbestand 202

I. Überblick und sachlicher Anwendungsbereich 202

II. Ansichten zur Tatbestandsverwirklichung 204

1. Gesetzmäßige Tatbestandsverwirklichung 205

2. Gemeinschaftliche Tatbestandsverwirklichung 207

III. Begriff des Mitunternehmers 208

1. Ertragsteuerrechtliche Bedeutung 208

2. Mitunternehmereigenschaft 209

a) Gesellschaftsrechtliche Stellung und Abgrenzung 209

b) Die Mitunternehmertatbestandsmerkmale 211

c) Ergebnis 215

B. Rechtsfolge des § 15 Abs. 1 Satz 1 Nr. 2 EStG 215

C. Verfahrensrechtliche Darstellung 216

§ 3 Vermögensverwaltende Personengesellschaften 216

§ 4 Zusammenfassung und Stellungnahme 219

Zweites Kapitel: Das Nießbrauchrecht am Anteil einer gewerblichen Mitunternehmerschaft 223

1. Abschnitt: Die Nießbrauchbegründung am Mitunternehmeranteil 223

§ 1 Der Mitunternehmeranteil 223

§ 2 Bestellung eines Nießbrauchrechts an einem Mitunternehmeranteil 225

A. Allgemeines – Erscheinungsformen 225

B. Die Bedeutung des Sonderbetriebsvermögens 227

I. Begriff des Sonderbetriebsvermögens 228

II. Nießbrauchbestellung am Mitunternehmeranteil und Sonderbetriebsvermögen 229

1. Vorbehaltsnießbrauch bei einer Mitunternehmeranteilsübertragung 229

2. Mitunternehmeranteil und Zuwendungsnießbrauch 230
3. Übertragung nur des Gesellschaftsanteils 230
4. Übertragung des Mitunternehmeranteils unter Nießbrauchvorbehalt am Gesellschaftsanteil 231
§ 3 Nießbrauchbestellung an einem Teil-Mitunternehmeranteil 231
A. Grundsätzliches (zur Einheitlichkeit der Mitgliedschaft) 231
B. Quoten- und Bruchteilsnießbrauch 232
§ 4 Steuerrechtliche Bruchteilsbetrachtung und mitunternehmerischer Nießbrauch 233
§ 5 Ergebnis 234

2. Abschnitt: Die Nießbrauchbeteiligten im System der Mitunternehmerschaft 235
§ 1 Zivilrechtlicher Rückblick 235
§ 2 Die Mitunternehmerstellung 236
A. Nießbrauchbesteller (Gesellschafter) als Mitunternehmer 236
B. Nießbraucher als Mitunternehmer 239
I. Mitunternehmerrisiko 239
II. Mitunternehmerinitiative 241
III. Stellungnahme 242
§ 3 Der mitunternehmerische Nießbraucher und die Mitunternehmerschaft 244
A. Grundproblematik 244
B. Das Problem der Mitunternehmerverdoppelung 247
I. Sichtweise im Schrifttum und in der Rechtsprechung 247
II. Sicht der Finanzverwaltung 248
III. Stellungnahme und Kritik 249
C. Die Erweiterung der Mitunternehmerschaft – eigener Lösungsansatz 252
I. Überlegungen 252
1. Mitunternehmeranteilserweiterung 252
2. Mitunternehmererweiterung (sog. Nullbeteiligung) 255
II. Rechtsfolge und Ergebnis 256

§ 4 Steuerliche Rechtsfolgen und Auswirkungen eines mitunternehmerischen Nießbrauchrechts 258
A. Einkommensteuerrecht 259
I. Rechtsfolgen auf der Ebene der Nießbrauchbeteiligten – Einkünftezuordnung dem Grunde nach 259
1. Nießbrauchbesteller/Gesellschafter-Ebene 259
a) Nicht-Mitunternehmer ab Beginn der Mitgliedschaft 259
aa) Auffassung von Rechtsprechung und Schrifttum 259
bb) Sichtweise der Finanzverwaltung 263
cc) Ergebnis und Kritik 264
b) Nicht-Mitunternehmer ab Nießbrauchbestellung – Anwendung der Betriebsverpachtungsgrundsätze 265
2. Nießbraucher-Ebene 268
a) Ertragsnießbrauch am Gesellschaftsanteil 268
aa) Zuwendungsnießbrauch 269
bb) Vorbehaltsnießbrauch – Vermächtnisnießbrauch 270
b) Nießbrauch am Gewinnstammrecht 272
II. Auswirkungen auf der Ebene der Einkünftezuordung der Höhe nach 272
1. Das Zuordnungsproblem bei unterschiedlichem Handels- und Steuerbilanzgewinn 273
a) Darstellung 273
b) Lösungsansatz 275
aa) Anwendung der Betriebsverpachtungsgrundsätze 275
bb) Rechtsfolge bei Nichtanwendung der Betriebsverpachtungsgrundsätze 277
2. Ausgewählte Fragen zur Einkünfteabgrenzung und -ermittlung 277
a) Vorgehensweise bei der Ergebnisabgrenzung 278

b) Behandlung steuerrechtlicher Modifikationsgrößen 280
aa) Nicht abziehbare Betriebsausgaben 280
bb) Bilanzierungsdifferenzen zwischen Handels- und Steuerbilanz 281
cc) Betriebsprüfungsergebnisse 281
dd) Zwischenergebnis/Stellungnahme 282
ee) Steuerermäßigung gemäß § 35 EStG 284
ff) Zuweisung von Verlustanteilen 284
gg) Gewinnthesaurierung (nicht entnahmefähige Gewinnanteile) 286
hh) Zusammenfassung 288
B. Erbschaft- und Schenkungsteuerrecht 289
I. Grundsätzliches 289
II. Vorbehaltsnießbrauch am Gesellschaftsanteil 290
III. Zuwendungs- bzw. Vermächtnisnießbrauch am Gesellschaftsanteil 291
IV. Stellungnahme 292

3. Abschnitt: Das Nießbrauchverhältnis als Mitunternehmerschaft 293
§ 1 Gesellschaftsverhältnis und steuerrechtliche Mitunternehmerschaft 293
A. Darlegung der Zusammenhänge 293
B. Nießbrauchverhältnis als gesellschaftsähnliches Rechtsverhältnis 297
C. Nießbrauchverhältnis als wirtschaftlich vergleichbares Gemeinschaftsverhältnis 298
I. Darstellung 298
II. Kritik 301
III. Rechtsfolge und Lösungsansatz 302
§ 2 Das Nießbrauchverhältnis als Innengesellschaft – eigener Lösungsansatz 306
A. Gleichgerichtete Interessenlage 306
B. Doppelstöckige Mitunternehmerschaft 308
C. Besteuerungsverfahren – Zurechnung der Einkünfte 310
D. Zusammenfassung und Ergebnis 311

4. Abschnitt: Beendigung eines mitunternehmerischen Nießbrauchverhältnisses 312
§ 1 Verzicht 312
§ 2 Ablösung eines Nießbrauchrechts 314
A. Gleitende Vermögensübergabe 314
B. Entgeltliche Nießbrauchablösung 315
§ 3 Beendigung durch Tod 315

Drittes Kapitel: Nießbrauch am Anteil einer vermögensverwaltenden Personengesellschaft 317
§ 1 Rechtsnatur 317
§ 2 Einkünftequalifikation und -zurechnung 317
§ 3 Erbschaft- und schenkungsteuerrechtliche Sichtweise 318

Viertes Kapitel: Das Nießbrauchrecht am Kapitalgesellschaftsanteil 320
1. Abschnitt: Nießbrauch an Geschäftsanteilen einer GmbH 320
§ 1 Ertragsteuerrechtliche Betrachtung 320
A. Grundsätzliches 320
B. Wirtschaftliches Eigentum und Einkünftezurechnung im Nießbrauchverhältnis 322
I. Der Nießbraucher als wirtschaftlicher Eigentümer 322
II. Einkünftezurechnung dem Grunde nach 324
1. Grundsatz 324
2. Vorbehalts- und Vermächtnisnießbrauch 326
a) Rechtsnatur und unentgeltliche Vermögensübertragung 326
b) Rechtsprechung und Finanzverwaltung zur Einkünftezurechnung 327
c) Kommentierung und Meinungsäußerung im Schrifttum 328
3. Zuwendungsnießbrauch 329
a) Unentgeltlich bestellter Nießbrauch 330
b) Entgeltlich bestellter Nießbrauch 330
c) Zwischenergebnis 331
4. Die Zurechnungsfiktion von § 20 Abs. 5 Satz 3 EStG 331
5. Stellungnahme 332

III. Einkünftezurechnung der Höhe nach 335
1. Allgemein 335
2. Der Gewinnanteil 335
3. Sonstige Bezüge (Besonderheiten) 336
a) Besondere Entgelte und Vorteile 336
b) Verdeckte Gewinnausschüttungen (vGA) 336
c) Steuerliches Einlagekonto gemäß § 27 Abs. 1 KStG 336
C. Ergebnis 337
§ 2 Erbschaft- und schenkungsteuerrechtliche Sichtweise 337
A. Grundsatz 337
B. Vorbehaltsnießbrauch 338
C. Zuwendungs- und Vermächtnisnießbrauch 340
§ 3 Zusammenfassung 341

2. Abschnitt: Nießbrauch an Aktien 343
§ 1 Einführung/Abgrenzung/Zuordnung der Einkunftsquelle 343
A. Allgemeines 343
B. Abgrenzung des Aktiennießbrauchs zu weiteren Aktienüberlassungsarten 343
I. Pensionsgeschäft 344
II. Wertpapierleihe 344
III. Vergleich zum Nießbrauchverhältnis 345
C. Zuordnung der Einkunftsquelle beim Aktiennießbrauch 345
I. Grundsatz 345
II. Einkünftezurechnungskriterien beim Nießbrauch an Aktien 346
1. Wirtschaftliche Verfügungsmacht/Eigentum 346
2. Dispositionsbefugnis über die Einkunftsquelle 348
a) Allgemeines 348
b) Dispositions- und Verwaltungsbefugnisse bei Aktien 349
§ 2 Die ertragsteuerliche Behandlung des Aktiennießbrauchs im Einzelnen 350
A. Unentgeltliche Nießbrauchbestellung 350
I. Vorbehalts- und Vermächtnisnießbrauch 350
II. Zuwendungsnießbrauch 351
III. Stellungnahme 351

B. Entgeltliche Nießbrauchbestellung 352
C. Ergebnis und Stellungnahme 352
§ 3 Erbschaft- und schenkungsteuerrechtliche Behandlung 353

Gesamtzusammenfassung und Schlussbemerkung 354

Literaturverzeichnis 359

Abkürzungsverzeichnis

a. A.	anderer Ansicht
a. a. O.	am angegebenen Ort
Abs.	Absatz
Abt.	Abteilung
Abschn.	Abschnitt
abw.	abweichend
AcP	Archiv für die civilistische Praxis (Zeitschrift)
AG	Aktiengesellschaft/Die Aktiengesellschaft (Zeitschrift)
AktG	Aktiengesetz
allg.	allgemein
a. M.	anderer Meinung
Anh.	Anhang
ANHVERF	anhängiges Verfahren
Anm.	Anmerkung
AO	Abgabenordnung
Art.	Artikel
AT	Allgemeiner Teil
Aufl.	Auflage
BB	Der Betriebs-Berater (Zeitschrift)
BC	Zeitschrift für Bilanzierung, Rechnungswesen und Conrolling
Bd.	Band
Bearb., bearb.	Bearbeitung/Bearbeiter, bearbeitet
BeckRS	Beck'sche Rechtsprechungssammlung (online)
Begr.	Begründung
Beil.	Beilage
Beschl.	Beschluss
betr.	betreffend, betreffs
BewG	Bewertungsgesetz
BFH	Bundesfinanzhof
BFHE	Sammlung der Entscheidungen und Gutachten des Bundesfinanzhofs

BFH/NV	Sammlung amtlich nicht veröffentlichter Entscheidungen des Bundesfinanzhofs
BGB	Bürgerliches Gesetzbuch
BGBl.	Bundesgesetzblatt (Teil I u. II)
BGH	Bundesgerichtshof
BGHZ	Entscheidungen des Bundesgerichtshofs in Zivilsachen
BilMoG	Bilanzrechtsmodernisierungsgesetz
BilRUG	Bilanzrichtlinie-Umsetzungsgesetz
BiRiLiG	Bilanzrichtlinien-Gesetz
BMF	Bundesminister(ium) der Finanzen
BMF-Schr.	Schreiben des BMF (Bundesminister(ium) der Finanzen)
BR-Drucks.	Drucksache des Deutschen Bundesrates
BStBl.	Bundessteuerblatt
bspw.	beispielsweise
BT-Drs.	Drucksache des Deutschen Bundestages
BVerfG	Bundesverfassungsgericht
BVerfGE	Entscheidungen des Bundesverfassungsgerichts
DB	Der Betrieb (Zeitschrift)
ders.	derselbe
d. h.	das heißt
Diss.	Dissertation
DNotZ	Deutsche Notar-Zeitschrift
DStJG	Veröffentlichung der Deutschen Steuerjuristischen Gesellschaft e. V.
DStR	Deutsches Steuerrecht (Zeitschrift)
DStRE	Deutsches Steuerrecht (Zeitschrift) – Entscheidungsdienst
DStZ	Deutsche Steuerzeitung (Zeitschrift)
ebd.	ebenda
EFG	Entscheidungen der Finanzgerichte
Einf.	Einführung
Einl.	Einleitung
einschl.	einschließlich
entspr.	entsprechend
Entw.	Entwurf
ErbSt-/SchenkStG	Erbschaftsteuer- und Schenkungsteuergesetz
ErbStR	Erbschaftsteuer-Richtlinie

ErbStRG	Erbschaftsteuerreformgesetz
Erg.	Ergänzung
Erl.	Erlass, Erläuterung
ESt	Einkommensteuer
f., ff.	folgend(e)
FG	Finanzgericht
Fn	Fußnote
FR	Finanz-Rundschau (Zeitschrift)
FS	Festschrift
GBl.	Gesetzblatt
GbR	Gesellschaft des bürgerlichen Rechts
GenG	Gesetz betreffend die Erwerbs- und Wirtschaftsgenossenschaften
GesR	Gesellschaftsrecht
GewStG	Gewerbesteuergesetz
ggü.	gegenüber
gl. A.	gleiche Ansicht
GmbH	Gesellschaft mit beschränkter Haftung
GmbHG	Gesetz betreffend die Gesellschaften mit beschränkter Haftung
GmbHR	GmbH-Rundschau (Zeitschrift)
GmbH-StB	GmbH-Steuerberater (Zeitschrift)
GoB	Grundsätze ordnungsmäßiger Buchführung
grds.	grundsätzlich
GrS	Großer Senat
GuV	Gewinn- und Verlustrechnung
h A	herrschende Auffassung
Halbs.	Halbsatz
Hdb	Handbuch
HdJ	Handbuch des Jahresabschlusses in Einzeldarstellungen
HFA IDW	Hauptfachausschuss des IDW
HGB	Handelsgesetzbuch
hL	herrschende Lehre
hM	herrschende Meinung
Hrsg., hrsg.	Herausgeber, herausgegeben
Hs.	Halbsatz
i. A.	im Allgemeinen

IAS	International Accounting Standard(s)
i. d. F. (v.)	in der Fassung (vom)
i. d. R.	in der Regel
i. d. S.	in diesem Sinne
IDW	Institut der Wirtschaftsprüfer in Deutschland e. V.
IDW-RS	IDW Rechnungslegungsstandards
IDW-S	IDW Standards
i. H. v.	in Höhe von
i. E.	im Einzelnen/im Ergebnis
i. e. S.	im engeren Sinne
i. w. S	im weiteren Sinne
IFRS	International Financial Reporting Standard(s)
INF	Die Information über Steuer und Wirtschaft (Zeitschrift)
insbes.	insbesondere
i. S.	im Sinne
i. S. d.	im Sinne des (der)
i. S. v.	im Sinne von
i. Ü.	im Übrigen
i. V. m.	in Verbindung mit
i. w. S.	im weiteren Sinne
i. Z.	im Zusammenhang
Jb.	Jahrbuch
JbFfSt.	Jahrbuch der Fachanwälte für Steuerrecht (1967 ff.)
Jg.	Jahrgang
JZ	Juristenzeitung (Zeitschrift)
KG	Kommanditgesellschaft
KÖSDI	Kölner Steuerdialog
KSt	Körperschaftsteuer
LG	Landgericht
Lit.	Literatur
Losebl.	Loseblatt(ausgabe)
Mitt.	Mitteilung(en)
MittBayNot.	Mitteilungen des Bayerischen Notarvereins (Zeitschrift)
MittRhNotK	Mitteilungen der Rheinischen Notarkammer (Zeitschrift)
MoMiG	Gesetz zur Modernisierung des GmbH-Rechts und zur Bekämpfung von Missbräuchen (MoMiG).

m. w. N.	mit weiteren Nachweisen
mWv.	mit Wirkung vom
nachf.	nachfolgend
Nachw.	Nachweis
nF	neue Fassung
NJW	Neue Juristische Wochenschrift (Zeitschrift)
Nr.	Nummer(n)
nrkr.	nichtrechtskräftig
NV	Nichtveröffentlichung
NWB	Neue Wirtschaftsbriefe (Loseblatt-Sammlung)
NZG	Neue Zeitschrift für Gesellschaftsrecht
OFD	Oberfinanzdirektion
OHG	offene Handelsgesellschaft
OLG	Oberlandesgericht
rd.	Rund
Rev.	Revision
Rn	Randnummer(n)
RFH	Reichsfinanzhof
RG	Reichsgericht
RGBl.	Reichsgesetzblatt
RNotZ	Rheinische Notar-Zeitschrift
Rspr.	Rechtsprechung
RStBl.	Reichssteuerblatt
s. A.	seiner Auffassung
SeuffA	Seufferts Archiv für Entscheidungen der obersten Gerichte in den deutschen Staaten (Zeitschrift, zitiert nach Band u. Nr.)
SolZ	Solidaritätszuschlag
Sp.	Spalte
Stbg.	Die Steuerberatung (Zeitschrift)
StbJb.	Steuerberater-Jahrbuch
StKongrRep	SteuerKongreß-Report
StBp.	Die steuerliche Betriebsprüfung (Zeitschrift)
stl.	steuerrechtlich
str.	streitig
st. Rspr.	ständige Rechtsprechung
StuW	Steuer und Wirtschaft (Zeitschrift)

u. a. m.	und andere(s) mehr
Ubg	Unternehmensbesteuerung (Zeitschrift)
UmwG	Umwandlungsgesetz
UmwStG	Umwandlungssteuergesetz
UntStRefG	Unternehmensteuerreformgesetz
Urt.	Urteil
uU	unter Umständen
Verf.	Verfassung/Verfasser
Vfg.	Verfügung
Vorb/Vorbem	Vorbemerkung
WM	Wertpapiermitteilungen (Zeitschrift)
wN	weitere Nachweise
WPg	Die Wirtschaftsprüfung (Zeitschrift)
WP-HdB	Wirtschaftsprüfer-HandbuchWpHG
ZErb	Zeitschrift für die Steuer- und Erbrechtspraxis
ZEV	Zeitschrift für Erbrecht und Vermögensnachfolge
ZGR	Zeitschrift für Unternehmens- und Gesellschaftsrecht
ZHR	Zeitschrift für das gesamte Handels- und Wirtschaftsrecht (bis 1960: Zeitschrift für das gesamte Handelsrecht und Konkursrecht)
ZIP	Zeitschrift für Wirtschaftsrecht und Insolvenzpraxis
zutr.	zutreffend

Einleitung

Der Nießbrauch, als älteste persönliche Dienstbarkeit, hat seinen Ursprung im römischen Recht.[1] Zu dieser Zeit sah man im Nießbrauch bereits eine besondere Art, die Verteilung des Vermögens unter nahestehenden Personen vorzunehmen, oder aber eine besondere Art, sich einen Vorbehalt zu belassen.[2] Der praktische Zweck dieses Rechtsinstituts wurde mithin in der Vermögensregelung innerhalb eines bestimmten Personenkreises gesehen, um so eine gewisse Art der Fürsorge zu schaffen.[3] Dies mit dem Ziel, die Vermögensmasse unverändert zu lassen, gewissen Personen aber bestimmte Vorteile zu ihrer Versorgung zu gewähren.[4] Aber nicht nur eine finanzielle Absicherung ist der Grund, diese persönliche Dienstbarkeit einzusetzen. Häufig soll eine mitverwaltungsrechtliche Einflussnahme des Nießbrauchers in der Gesellschaft erhalten bleiben.

Somit dient das Nießbrauchrecht auch heute noch typischerweise Regelungen von Vermögensverhältnissen zwischen nahen Angehörigen, überwiegend in Familiengesellschaften, um nicht nur eine Unternehmensnachfolge oder aber eine vorweggenommene Erbfolge einzuleiten, sondern gleichzeitig auch letztwillige Verfügungen zu gestalten.

Dieses Ziel wird ergänzt durch die Möglichkeit, durch das Nießbrauchrecht vorausschauende Steuerplanungen vorzunehmen, eingeleitet durch die Begründung einer Einkunftsquelle zugunsten eines Berechtigten. Durch eine gezielte Ausgestaltung der Nießbrauchvereinbarung lassen sich so nicht nur ertragsteuerrechtliche Progressionsvorteile bei den Familienmitgliedern nutzen, sondern auch erbschaft- und schenkungsteuerliche Begünstigungen und Verschonungen bei der Übertragung von Vermögen (hier: die Mitgliedschaft) erreichen. Auch wenn durch das „Gesetz zur Anpassung des Erbschaftsteuer- und Schenkungsteuergesetzes an die Recht-

1 *Johow,* Sachenrecht, § 276, S. 1237; *v. Gierke,* Sachenrecht, § 52, S. 147: Die klassische Definition des Nießbrauchs als „ususfructus" im römischen Recht geht auf Paulus zurück: „Ususfructus est ius alienis rbus utendi fruendi salva rerum substanzia" (D. 7.1.1.); siehe hierzu: *Deichmann,* Das Rechtsverhältnis, S. 3; *Hauck,* Nießbrauch, S. 15.

2 *Johow,* Sachenrecht, § 276, S. 1237.

3 *Johow,* Sachenrecht, § 276, S. 1237; *v. Gierke,* Sachenrecht, § 52, S. 147.

4 *Johow,* Sachenrecht, § 276, S. 1237.

sprechung des Bundesverfassungsgerichts“[5] weitere Einschnitte, verbunden mit (neuen) Verschonungskonzepten, bei der Übertragung von Unternehmensvermögen in das Erbschaft- und Schenkungsteuergesetz Einzug gehalten haben, hat das Rechtsinstitut des Nießbrauchrechts in der Gestaltungsplanung bei der Übertragung von Vermögen, insbesondere von Mitgliedschaften, nicht an Attraktivität verloren. Im Gegenteil: Die Bestellung eines Nießbrauchrechts an einer Mitgliedschaft einer Familiengesellschaft kann sogar als eine mittelbare Teilhabe am Unternehmen angesehen werden,[6] bei der der Nießbraucher ein ausschließliches Nutzungsrecht an der Mitgliedschaft durch die dingliche Belastung erhält und damit sowohl gesellschafts- als auch steuerrechtliche Vorteile auch für den Nießbrauchbesteller (Gesellschafter) ausgelöst werden können. Der Umfang und die Reichweite eines Nießbrauchrechts an einer Mitgliedschaft ist allerdings auf gesellschafts-, bilanz- und auf steuerrechtlicher Ebene weder höchstrichterlich noch im Schrifttum abschließend und umfassend geklärt.

Die zivilrechtlichen Grundlagen des Nießbrauchs sind im Bürgerlichen Gesetzbuch im zweiten Teil des fünften Abschnitts des dritten Buches „Sachenrecht“ in den §§ 1030 – 1089 BGB geregelt und unterscheiden zwischen dem Nießbrauch an Sachen (§§ 1030 – 1067 BGB), Nießbrauch an Rechten (§§ 1068 – 1084 BGB) und Nießbrauch an einem Vermögen (§§ 1085–1089 BGB). Der Nießbrauch an Mitgliedschaften, als ein beschränktes dingliches Recht an Rechten – dieses wird in den nachfolgenden Ausführungen noch aufgezeigt – ist damit im Bürgerlichen Gesetzbuch nur rudimentär geregelt und verweist in § 1068 Abs. 2 BGB auf die Vorschriften des Nießbrauchs an Sachen. Eigenständige gesellschaftsrechtliche Regelungen des Nießbrauchs an Mitgliedschaften fehlen zudem gänzlich. Eine Darstellung der Auswirkungen eines Nießbrauchverhältnisses auf die Rechnungslegung der mittelbar mit dem Nießbrauchrecht betroffenen Gesellschaft bestehen nicht. Des Weiteren enthält das Steuerrecht keine expliziten Bestimmungen hinsichtlich der Ertragsbesteuerung von Einkünften aus Nießbrauchrechten an Mitgliedschaften. Zudem stellt sich auch nach der Anpassung des Erbschaft- und Schenkungsteuergesetzes an die Rechtsprechung des Bundesverfassungsgerichtes vom 17.12.2014[7] u. a. die Frage, inwieweit die Übertragung von Mitgliedschaf-

---

5 BGBl I 2016, 2464 ff.; Zustimmung des Bundestages BR-Drucks. 555/16; Zustimmung des Bundesrats BR-Drucks. 555/16 (B).

6 So auch *K. Schmidt,* in: MünchKomm-HGB, Vor § 230 Rn. 10.

7 BVerfG v. 17.12.2014 – 1 BvL 21/12, DStR 2015, 31.

ten unter Zurückbehaltung eines Nießbrauchrechts im Rahmen vorweggenommener Erbfolgen, aber auch die Gewährung eines Zuwendungsnießbrauchs, Begünstigungen unterliegen, bzw. welche Voraussetzungen erfüllt sein müssen, um in den Genuss von Unternehmensverschonungsregelungen des Erbschaftsteuer- und Schenkungsteuergesetzes zu gelangen.

All dies zeigt, dass bis heute für die Übertragung von Mitgliedschaften unter Nießbrauchvorbehalt oder aber die Gewährung eines Zuwendungsnießbrauchs an Mitgliedschaften eine Vielzahl von mit dem Nießbrauch zusammenhängenden Rechtsfragen gesellschafts- bilanz- und auch steuerrechtlich offen und die einzelnen rechtlichen Wirkungen streitig sind.

Hier setzt die vorliegende Arbeit an, die sich in drei Teile gliedert:

Im ersten Teil geht es um das Nießbrauchrecht an Mitgliedschaften im Gesellschaftsrecht. Dieser umfasst drei Kapitel. Zunächst erfolgen die Darstellung der zivilrechtlichen Grundlagen zur Mitgliedschaft, zum Nießbrauchrecht sowie die Erläuterung eines Nießbrauchrechts an einer Mitgliedschaft (Kapitel 1). Das Nießbrauchverhältnis in Bezug auf die Mitgliedschaft wird im zweiten Kapitel erläutert. Im Vordergrund stehen hier die Fragen der Rechtsstellung von Nießbraucher und Gesellschafter/Nießbrauchbesteller sowie die Rechtstellung des Nießbrauchers zum Gesellschafterverband, verbunden mit der Entwicklung eines eigenen Lösungsansatzes. Auf der Basis dieser Grundlagen steht in der weiteren gesellschaftsrechtlichen Untersuchung (Kapitel 3) das Fruchtziehungsrecht des Nießbrauchers bei den o. g. unterschiedlichen Mitgliedschaften, mit den Schwerpunkten bei den Mitwirkungs- und Verwaltungsrechten und insbesondere den Vermögensrechten als Ausfluss der jeweiligen Mitgliedschaft im Mittelpunkt. Die Darstellung der unterschiedlichen Ausprägungen, sowohl bei den Verwaltungsrechten, als auch in Bezug auf den Umfang des Vermögensrechts in Form des bestimmungsmäßigen Ertrags auf der Basis der gesetzlichen und richterrechtlichen Regelung unter Berücksichtigung der möglichen rechtsgeschäftlichen Abreden der Nießbrauchbeteiligten (ebenso in Bezug auf die übrigen Gesellschafter der betroffenen Gesellschaft), bestimmen dieses Kapitel. In diesem Zusammenhang bildet die Bedeutung und die Analyse des Nießbrauchverhältnisses in Bezug zur Rechnungslegung und damit zur bilanzrechtlichen Kapitalstruktur der betroffenen Gesellschaft einen weiteren Baustein.

Der zweite Teil konzentriert sich auf die Behandlung des Nießbrauchrechts an Mitgliedschaften im Bilanzrecht. Er umfasst zwei Kapitel. Hier gilt es die Frage zu beantworten, welche bilanzrechtlichen Auswirkungen ein Nießbrauchverhältnis auf den Jahresabschluss der betroffenen Gesellschaft, gerade im Hinblick auf die unterschiedlichen Bilanzadressaten, hat (Kapitel 1). Die verschiedenen Interessenlagen mit den verschiedenen Informationsansprüchen und ihre Auswirkungen auf die Rechnungslegung, sowohl bei der Personen- als auch bei der Kapitalgesellschaft, werden im zweiten Kapitel untersucht.

Der dritte Teil, welcher auch gleichzeitig den Schwerpunkt der Arbeit bildet, behandelt das Nießbrauchrecht an Mitgliedschaften im Steuerrecht. Er umfasst vier Kapitel. Zunächst gilt es, sich mit den steuerrechtlichen Grundlagen zum mitgliedschaftlichen Nießbrauchrecht auseinanderzusetzen (Kapitel 1). Nach einer kurzen Darstellung des Verhältnisses der Teilrechtsordnungen Zivil- und Steuerrecht zueinander, gilt es, die Einbettung dieses zivilrechtlichen Nießbrauchrechts zwischen dem privaten und dem öffentlichen Recht (Steuerrecht) aufgrund ihrer unterschiedlichen Zielsetzungen zu analysieren (1. Abschnitt). Weil das Nießbrauchrecht gerade ein Gestaltungsinstrument in der Unternehmensnachfolge bei Familiengesellschaften ist, wird in diesem Zusammenhang auch auf die steuerrechtlichen Besonderheiten bei Verträgen von sich nahestehenden Personen eingegangen. Zu den steuerrechtlichen Grundlagen zählt gleichzeitig die Fragestellung, inwieweit das Nießbrauchrecht an Mitgliedschaften als Einkunftsquelle gelten kann, verbunden mit der ertragsteuerlichen Einkünftequalifikation und -zurechnung im Nießbrauchverhältnis (2. Abschnitt). Damit verbunden ist besonders die Frage der Behandlung von Personengesellschaften im Ertragsteuerrecht (3. Abschnitt), denn das Steuerrecht kennt kein einheitliches Unternehmensteuerrecht.

Das zweite Kapitel setzt sich sodann mit dem Nießbrauchrecht am Anteil einer gewerblichen Mitunternehmerschaft auseinander und gliedert sich in vier Abschnitte. Im ersten Abschnitt gilt es zunächst auf die steuerrechtliche Behandlung der Nießbrauchbegründung an einem Mitunternehmeranteil einzugehen. Hier gilt es den Begriff des Mitunternehmeranteils sowie die Bestellung und die steuerrechtliche Bedeutung eines Nießbrauchrechts an einem gewerblichen Mitunternehmeranteil zu analysieren. Die Nießbrauchbeteiligten und ihre Stellung, gerade auch in Bezug auf die Mitunternehmerschaft, werden im zweiten Abschnitt untersucht. Ein Schwerpunkt liegt hier in der Analyse des mitunternehmerischen Nießbrauchers zur Mitunternehmerschaft, verbunden mit der Darlegung eigener Lösungsansätze. Die steuerlichen Rechtsfolgen und Auswirkungen eines mitunternehmerischen Nießbrauchrechts, gerade auch in Bezug auf die beiden Nießbrauchbeteiligten und ihre Bedeutung für die einkommensteuerrechtliche Einkünftezuordnung, bilden einen weiteren Schwerpunkt und werden nicht nur in allen Facetten aufgezeigt, sondern auch verschiedene Lösungsansätze herausgearbeitet. Ein weiterer Baustein in diesem Abschnitt bildet die Analyse der erbschaft- und schenkungsteuerlichen Wirkungen der Übertragung eines mitunternehmerischen Anteils unter Vorbehalt eines Nießbrauchrechts unter Berücksichtigung des Gesetzes zur Anpassung des Erbschaftsteuer- und Schenkungsteuergesetzes an die Rechtsprechung des Bundesverfassungsgesetzes vom 09.11.2016 mit seinen teilweise „neuen" Steuer-Verschonungskonzepten. Auch die Bestellung eines Zuwendungsnießbrauchs wird hierbei untersucht.

Dem folgt die Untersuchung und Beurteilung des Nießbrauchverhältnisses als Mitunternehmerschaft mit den jeweiligen Rechtsfolgen und der Darstellung eines eigenen Lösungsansatzes im dritten Abschnitt. Die Analyse der Beendigung eines mitunternehmerischen Nießbrauchverhältnisses (vierter Abschnitt) bildet den Abschluss des zweiten Kapitels.

Das dritte Kapitel setzt sich mit der Nießbrauchbestellung an einem Anteil einer vermögensverwaltenden Personengesellschaft auseinander.

Im vierten Kapitel erfolgt die Auseinandersetzung mit der Nießbrauchbestellung an einem Kapitalgesellschaftsanteil. Hier bilden das Nießbrauchrecht an Geschäftsanteile einer GmbH (1. Abschnitt) sowie an Aktien (2. Abschnitt) die beiden Schwerpunkte. Die Analyse des wirtschaftlichen Eigentums, verbunden mit der Untersuchung der Einkünftezurechnung im Nießbrauchverhältnis, sowohl dem Grunde als auch der Höhe nach, werden hier aufgezeigt.

Den Abschluss der Arbeit bildet die Gesamtzusammenfassung des Nießbrauchrechts an einer Mitgliedschaft in den einzelnen Teilrechtsordnungen. Es wird zusammenfassend u. a. aufgezeigt, dass das Nießbrauchrecht an Mitgliedschaften ein komplexes Gestaltungsinstrument gerade in der Unternehmensnachfolge darstellt. Das Spannungsverhältnis zwischen dem Sachen-, dem Gesellschafts- und dem Steuerrecht macht es insbesondere bei den rechtsgeschäftlichen Abreden in einem Nießbrauchbestellungsvertrag notwendig, die einzelnen Facetten eines Nießbrauchrechts gezielt aufeinander abzustimmen.

1. Teil: Das Nießbrauchrecht an Mitgliedschaften im Gesellschaftsrecht

Erstes Kapitel: Zivilrechtliche Grundlagen

Das Zivilrecht umfasst nicht nur das im Bürgerlichen Gesetzbuch geregelte bürgerliche Recht, sondern unter anderem auch das Handels- und Gesellschaftsrecht als weitere Teilrechtsordnung innerhalb der Privatrechtsordnung, während das Steuerrecht als öffentliches Recht hiervon abzugrenzen bleibt. Im Folgenden werden zunächst die gesellschaftsrechtlichen Grundlagen zur Mitgliedschaft sowie die Grundzüge des Nießbrauchrechts nach dem bürgerlichen Gesetzbuch herausgestellt, um darauf aufbauend das mit der Bestellung eines Nießbrauchrechts an einer Mitgliedschaft entstehende rechtliche Spannungsverhältnis zweier Rechtsinstitute aus den unterschiedlichen Teilrechtsordnungen darzustellen.

§ 1 Die Mitgliedschaft

A. Die Mitgliedschaft als Rechtsinstitut des Verbandsrechts

Die Gesellschaft, verstanden als eine sich auf privatem Rechtsgeschäft gründende Personenvereinigung[8], setzt die Beteiligung von wenigstens zwei Personen voraus.[9] Diese kann im Rahmen des Gründungsvorgangs durch Aufnahme, nachträglichen Beitritt oder durch eine Rechtsnachfolge erfolgen.[10] Durch die gemeinsame Verfolgung und Förderung eines oder

---

8 *Wiedemann,* Gesellschaftsrecht I, § 1 I 1, S. 4.

9 Eine Obergrenze der Mitgliederzahl ist im Gesellschaftsrecht nicht vorgegeben; vgl. hierzu: *Wiedemann,* Gesellschaftsrecht I § 1I 1, S. 4. Eine weitere Differenzierung des Begriffs „Gesellschaft" in Gesellschaften i. w. S. und i. e. S. erfolgt an dieser Stelle nicht, vgl. hierzu *K. Schmidt,* Gesellschaftsrecht, § 3, S. 45 m. w. N.

10 *K. Schmidt,* Gesellschaftsrecht, § 19 II, S. 551. Unter Rechtsnachfolge wird hier nicht nur die erbrechtliche Übertragung verstanden. So kann eine Mitgliedschaft

mehrerer gemeinsamer Zwecke wird die Gesellschaft auch als privatrechtlicher Zweckverband verstanden.[11] Der Verbandsbegriff ist hier insoweit als organisierte Personenmehrheit mit ihren jeweiligen Gesellschaftsformen i. w. S. zu sehen.[12] So zeichnet sich der Verband nicht nur durch seinen organisationsrechtlichen Charakter, sondern ebenso durch die rechtsgeschäftliche Grundlage, den Gesellschaftsvertrag oder die Satzung,[13] welche/-r gleichzeitig die Grundlage für die Verbandsmitgliedschaft bildet, aus und umfasst nicht nur Körperschaften, sondern ebenso Personengesellschaften, die als Gesamthandsgesellschaften Zuordnungssubjekt von Rechten und Pflichten sind.[14]

In diesem Kontext definiert das Gesellschaftsrecht die Mitgliedschaft – der Begriff der Mitgliedschaft ist im Gesetz nicht explizit geregelt[15] – als die Rechtsstellung einer Person, die sie aufgrund ihrer Zugehörigkeit zu

---

auch durch die Umwandlung eines Rechtsträgers nach dem UmwG begründet werden.

11 *Koch,* Gesellschaftsrecht, S. 2 f.; *Wiedemann,* Gesellschaftsrecht I, § 1 I 1, S. 3 ff.; vgl. hierzu auch die Ausführungen bei *K. Schmidt,* Gesellschaftsrecht, § 1I 1, § 7 I 1; *Wiedemann,* Gesellschaftsrecht I, § 1I 1, S. 4 f.

12 *K. Schmidt,* Gesellschaftsrecht, § 7 I, S. 168 ff., § 19 I, S. 548; *Wiedemann,* Gesellschaftsrecht I, § 1 I 1, S. 3 ff., § 2 I 1, S. 89 f.

13 Rechtlich besteht zwischen Gesellschaftsvertrag und Satzung kein Unterschied. Beide Bezeichnungen werden im allg. Rechtsverkehr als Unterscheidung zwischen Personen- und Kapitalgesellschaften angewandt. Sie verkörpern jeweils eine rechtsgeschäftliche Gemeinschafts- und Organisationsordnung und bilden damit die Verfassung der Gesellschaft.

14 *Habersack,* Mitgliedschaft, S. 17, 76 f. Ist die Personengesellschaft mit der Fähigkeit ausgestattet, Rechte zu erwerben und Verbindlichkeiten einzugehen, ist die Gesellschaft selbst Träger des Vermögen; siehe hierzu: *Windbichler,* Gesellschaftsrecht, S. 37 f.; *Borggräfe/Staud,* NWB 2017, 277 (278). Ansonsten wird das Gesellschaftsvermögen den Gesellschaftern den Gesellschaftern selbst in ihrer gesamthänderischen Verbundenheit zugeordnet. Die Personengesellschaft und damit die Gesellschafter in ihrer gesamthänderischen Verbundenheit sind als Zuordnungssubjekt zu betrachten, dies wiederum ist auf *Flume* zurückzuführen, *Flume,* Personengesellschaft, § 4 II, III, S. 54 ff., 60 ff.

15 Das BGB spricht lediglich in § 38 BGB in Bezug auf Vereine von der Mitgliedschaft; dies aber begründet nach h. M. nicht eine Begrenzung des Mitgliedschaftsbegriffs nur auf Körperschaften; siehe hierzu: *K. Schmidt,* Gesellschaftsrecht, § 19 I, S. 548.

einem Verband innehat.[16] Sie beschreibt damit i. w. S. die Teilhabe[17] an der Gesellschaft und umfasst so die Summe der einzelnen Rechte und Pflichten, die einer Person als Mitglied dieses Verbandes zustehen bzw. die diese zu erfüllen hat.[18] Dieser Rechtsstatus einer Person (eines Gesellschafters) an einer Personenvereinigung wird also typischerweise als die „Beteiligung" bzw. die „Mitgliedschaft" bezeichnet[19] bzw. bei der Personengesellschaft als der „Gesellschaftsanteil"[20], während die Beteiligung eines Gesellschafters an einer GmbH durch den „Geschäftsanteil" (§§ 14 ff. GmbHG) und die Beteiligung eines Aktionärs an einer Aktiengesellschaft durch die „Aktie" (§ 2 AktG) zum Ausdruck kommt,[21] oder, anders gewendet, die Mitgliedschaft schlägt sich im Gesellschaftsanteil, im Geschäftsanteil oder in der Aktie nieder.

Diese Einordnung gibt allerdings noch keinerlei Auskunft über die Rechtsnatur der Mitgliedschaft als Rechtsverhältnis oder subjektives Recht und dies gerade auch im Hinblick auf die verschiedenen Rechts(-Gesellschafts-)formen.

---

16 *K. Schmidt,* Gesellschaftsrecht, § 19 I 1, S. 547, *Lutter,* AcP 180 (1980), 84, 86; *Müller-Erzbach,* Mitgliedschaft, S. 22 ff.; *Arnold,* in: MünchKomm-BGB, § 38 Rn. 1; *Wiedemann,* Übertragung, S. 23 ff.

17 Hiervon abzugrenzen ist der Begriff der Teilhaberschaft; dieser bezeichnete bis Mitte des 19. Jahrhunderts lediglich die Beteiligung an einer Gesamthandsgesellschaft, mithin also die Beteiligung am gesamthänderisch gebundenen Vermögen, und unterschied sich insoweit von der Mitgliedschaft an einer Körperschaft; siehe hierzu: *Habersack,* Mitgliedschaft, S. 17; *Müller-Erzbach,* Mitgliedschaft, S. 23; *Heinsheimer,* Teilhaberschaft, S. 14, 25, der die Teilhaberschaft definierte „als die Gesamtheit der rechtlichen Beziehungen, die sich für jemanden aus seiner Zugehörigkeit zu einer Personengesellschaft ergeben".

18 *Lutter,* AcP 180 (1980), 84 (86); *K. Schmidt,* Gesellschaftsrecht, § 19 I 3a, S. 549; *Habersack,* Mitgliedschaft, S. 39.

19 *Huber,* Vermögensanteil, S. 1.

20 *Ulmer/Schäfer,* in: MünchKomm-BGB; § 705 Rn. 159; *Huber,* Vermögensanteil, S. 1.

21 *Huber,* Vermögensanteil, S. 1; *Verse,* in: Henssler/Strohn, § 14 GmbHG Rn. 33; *Lange,* in: Henssler/Strohn, § 2 AktG Rn. 12.

B. Die Rechtsnatur der Mitgliedschaft

I. Die Mitgliedschaft als Rechtsverhältnis und als subjektives Recht

Der Begriff Rechtsverhältnis wird entsprechend der h. L. als „eine rechtliche Beziehung zwischen Personen untereinander oder zu einer Sache" beschrieben.[22] Dieses Rechtsverhältnis tritt in Bezug auf die Mitgliedschaft durch den zwischen den Gesellschaftern begründeten Gesellschaftsvertrag oder die Satzung als eine Art Sonderrechtsbeziehung hervor. Sie besteht, soweit es die Personengesellschaften und die Gesellschaft mit beschränkter Haftung betrifft, nicht nur zwischen dem Mitglied und der Gesellschaft, sondern ebenso zwischen den Mitgliedern untereinander.[23] Die in der Aktie verkörperte Mitgliedschaft zeigt demgegenüber nur das Rechtsverhältnis des Aktionärs zur Aktiengesellschaft auf.[24] Die durch das Rechtsverhältnis begründete Mitgliedschaft in der Gesellschaft zeigt sich damit nach der h. M. als ein eigenständiges, einer gesonderten Übertragung fähiges Rechtsobjekt, in dem sämtliche Rechte und Pflichten des Mitglieds zu einer Einheit zusammengefasst und verselbstständigt sind.[25] Aus der Teilhabe an einem Verband resultiert also das mitgliedschaftliche Rechtsverhältnis als Dauerrechtsbeziehung eigener Art.[26] Sie verkörpert mithin die aus dem Gesellschaftsvertrag resultierenden Rechte und Pflich-

---

22 Vgl. exemplarisch *Brox/Walker,* BGB AT, § 28 Rn. 608; *Leipold,* BGB AT I, § 7 Rn. 35; krit. hierzu: *Hauck,* Nießbrauch, S. 155 ff.; a. A. *Beuthien,* AG 2002, 266 (268); *Hadding,* in: FS Steindorff, 31 (36 ff.).

23 *Lutter,* AcP 180 (1980), 84 (122 ff.); *K. Schmidt,* Gesellschaftsrecht, § 19 III 1, S. 552 f.; *Reichert/Weller,* in: MünchKomm-GmbH, § 14 Rn. 47.

24 *Wiesner,* in: MünchHdb. GesR IV, § 17 Rn. 1; allerdings trifft auch den Aktionär eine allgemeine Treuepflicht, nicht nur der Gesellschaft, sondern auch den Aktionären gegenüber, vgl. hierzu: *Windbichler,* Gesellschaftsrecht, S. 418 ff.

25 BGH v. 29.06.1981 – II ZR 142/80, BGHZ 81, 82 (84f.); BGH v. 10.07.1975 – II ZR 154/72, BGHZ 65, 79 (82 f.); BGH v. 10.02.1977 – II ZR 120/75, BGHZ 68, 225 (232); *Ulmer/Schäfer,* in: MünchKomm-BGB, § 705 Rn. 159; *Lutter* spricht bei der Mitgliedschaft von einem Objekt der Rechtsordnung, also ist die Mitgliedschaft als Gegenstand verselbstständigt; *Lutter,* AcP 180 (1980), 84 (99); *K. Schmidt,* in: MünchKomm-HGB, § 105 Rn. 169.

26 *K. Schmidt,* Gesellschaftsrecht, § 19 I 3, S. 549 f.; *Beuthien,* AG 2002, 266 (268), der die Mitgliedschaft weder als subjektives Recht noch als Rechtsverhältnis sieht; vielmehr stellt die Mitgliedschaft eine „Rechtsstellung im pflichthaltigen Rechtsverhältnis" dar; *Müller-Erzbach,* Mitgliedschaft, S. 22 ff.; *Reichert/Weller,* in: MünchKomm-GmbH, § 14 Rn. 47.

ten der jeweiligen Gesellschafter im Verhältnis zur Gesellschaft wie auch im Verhältnis der Gesellschafter untereinander.[27]

Daneben ist die Mitgliedschaft als subjektives Recht seines Inhabers zu qualifizieren.[28] Sie zeigt das Verhältnis zwischen dem Mitglied als Subjekt und der Mitgliedschaft als Objekt[29] auf, dessen Inhalt die unterschiedlichen aus der Gesellschafterstellung entspringenden Mitwirkungs- und Vermögensrechte sind, so also auch die Befugnis zur direkten Teilhabe an Verwaltung und Organisation des Verbands.[30] Die Mitgliedschaft als subjektives Recht vereinigt damit in sich sämtliche Vermögens- und Verwaltungsrechte eines Mitglieds wie auch die mit der Gesellschafterstellung verbundenen Verpflichtungen zu einer einheitlichen Position.[31] Sie hat damit nicht nur einen vermögensrechtlichen, sondern ebenso einen personenrechtlichen Charakter, der die verschiedenen, mitgliedschaftlichen Elemente zu einer einheitlichen Position bündelt.[32] Die Mitgliedschaft weist im Ergebnis einen Doppelcharakter auf, ist sowohl Rechtsverhältnis als auch subjektives Recht.[33]

---

27 *K. Schmidt,* Gesellschaftsrecht, § 19 I, S. 548; *Ulmer/Schäfer,* in: MünchKomm-BGB, § 705 Rn. 179; Staudinger/*Habermeier* (2003) § 705 Rn. 33 ff.

28 Unter subjektives Recht ist, allgemein gehalten, das Innehaben von Berechtigungen einer Person zu verstehen; Näheres hierzu: *Wolf/Neuner,* AT-BGB, § 20 Rn. 9; *Habersack,* Die Mitgliedschaft, S. 26 f., 52.

29 Zur Mitgliedschaft als Rechtsobjekt siehe *K. Schmidt,* in: MünchKomm-HGB, § 105 Rn. 169.

30 *Lutter,* AcP 180 (1980), 84 (102); *Ulmer,* in: FS R. Fischer, 785 (787 ff.); *ders.,* in: FS Flume, Bd. II, 301 (308 f.); *Habersack,* Die Mitgliedschaft, S. 143.

31 BGH v. 29.06.1981 – II ZR 142/80, BGHZ 81, 82 (84f.); BGH v. 10.07.1975 – II ZR 154/72, BGHZ 65, 79 (82 f.); BGH v. 10.02.1977 – II ZR 120/75, BGHZ 68, 225 (232); *Ulmer/Schäfer,* in: MünchKomm-BGB, § 705 Rn. 180; *K. Schmidt,* Gesellschaftsrecht, § 19 I 1, S. 549 f.; *Habersack,* Die Mitgliedschaft, S. 66 ff.; *Zöllner,* ZGR 1988, 392 (429 f.); aufgrund dieser Doppelnatur wird heute in der h. L. auch vom monistischen Mitgliedschaftsbegriff gesprochen, in Abweichung zu dem bisher geltenden dualistischen Mitgliedschaftsbegriff; siehe hierzu: *Arnold,* in: MünchKomm-BGB, § 38 Rn. 1 ff.

32 *Habersack,* Mitgliedschaft, S. 99; Näheres zur vermögens- und personenrechtlichen Seite der Mitgliedschaft, siehe: *Wiedemann,* Übertragung, S. 27, 29 ff.; *Westermann,* Vertragsfreiheit, S. 139 f.

33 *Ulmer/Schäfer,* in: MünchKomm-BGB, § 705 Rn. 159; *Habersack,* Mitgliedschaft, S. 42 ff., 98 f.; *Wiedemann,* Übertragung, S. 39 f.; a. A. *Beuthien,* AG 2002, 266 (268); *Hadding,* in: FS Steindorff, 31 (36 ff.), der sich gegen die Qualifizierung der Mitgliedschaft als subjektives Recht wendet; so bereits in FS Reinhardt, S. 249 (255 ff.); im neueren Schrifttum besteht die ablehnende Meinung weiter, so:

Der so definierte monistische Mitgliedschaftsbegriff geht mithin von einer einheitlichen rechtlichen Struktur der Mitgliedschaft aus und ist rechtsformübergreifend, mit der Folge, dass der Mitgliedschaft gleichartige Rechtsbeziehungen zugrunde liegen.[34] D. h., rechtsprinzipielle Unterschiede zwischen Personengesellschaften und Körperschaften treten in den Hintergrund.[35] Begründet wird dies mit dem Gleichklang von Satzung (AG) und Gesellschaftsvertrag (Personengesellschaften, GmbH) als schuldrechtlicher Austausch- und Organisationsvertrag. Nur hinsichtlich der Strukturintensität variieren die jeweiligen Gesellschaftsformen.[36]

Durch die soeben beschriebene Rechtsnatur der Mitgliedschaft ist gewährleistet, dass die Mitgliedschaft als subjektives Recht Gegenstand beschränkter dinglicher Rechte sein kann.[37]

II. Die Einheitlichkeit der Mitgliedschaft – ein Phänomen im Personengesellschaftsrecht

Der Grundsatz der Einheitlichkeit der Mitgliedschaft ist ein Charakteristika im Personengesellschaftsrecht und besagt, dass die Beteiligung jedes Gesellschafters an einer Personengesellschaft grundsätzlich eine einheitliche ist, also nicht zwei oder mehrere Anteile an derselben Personengesellschaft halten bzw. ein- und dieselbe Mitgliedschaft nicht mehreren Gesellschaftern gehören kann.[38] So kann ein Anteil geteilt und entsprechend übertragen werden, mit der Folge, dass mehrere Mitgliedschaften mehreren Gesellschaftern zuzuordnen sind.[39]

Hauck, Nießbrauch, S. 157, der das Rechtsverhältnis eher als Bedingung für die Anerkennung subjektiver Rechte sieht.

34 *Arnold,* in MünchKomm-BGB, § 38 Rn. 3.

35 BGH v. 05.06.1975 – II ZR 23/74, BGHZ 65, 15 (18 u. 21); BGH v. 01.02.1988 – II ZR 75/87, BGHZ 103, 184 (194); BGH v. 20.03.1995 – II ZR 205/94, BGHZ 129, 136 (142); *Lutter,* AcP 180 (1980), 84 (95); *Arnold,* in: MünchKomm-BGB, § 38 Rn. 3; *K. Schmidt,* Gesellschaftsrecht, § 19 I 2a, S. 548.

36 *Wiedemann,* Gesellschaftsrecht I, § 3 II 1 a S. 159 f.; *K. Schmidt,* Gesellschaftsrecht, § 9 I 3 b, S. 550.

37 *Habersack,* Mitgliedschaft, S. 109.

38 BGH v. 11.04.1957 – II ZR 182/55, BGHZ 24, 106 (113); BGH v. 20.04.1972 – II ZR 143/69, BGHZ 58, 316 (318); BGH v. 01.06.1987 – II ZR 259/86, BGHZ 101, 123 (129); *Ulmer/Schäfer,* in: MünchKomm-BGB, § 705 Rn. 181; *K. Schmidt,* in: MünchKomm-HGB, § 105 Rn. 75 ff.

39 *K. Schmidt,* in: MünchKomm-HGB, § 105 Rn. 77.

Diese Rechtsauffassung wird allerdings zunehmend bestritten, insbesondere bezüglich des Umstands, dass ein Gesellschaftsanteil mit einem Recht Dritter, beispielsweise mit einem Nießbrauchrecht, belastet ist. Bei einem möglichen weiteren Hinzuerwerb eines Gesellschaftsanteils durch denselben Gesellschafter können so der belastete, alte Anteil und der neue Anteil nicht ineinander aufgehen, also zu einem einzigen verschmelzen. Eine Trennung der Anteile ist demnach aufrechtzuhalten.[40]

Dieser Einheitlichkeitsgrundsatz der Mitgliedschaft gilt bei Körperschaften nicht. So kann bereits bei Errichtung der GmbH gemäß § 5 Abs. 2 Satz 2 GmbHG ein Gesellschafter mehrere Geschäftsanteile übernehmen. Auch bei einem späteren Hinzuerwerb weiterer Geschäftsanteile bleiben diese gemäß § 15 Abs. 2 GmbHG jeweils selbstständig. Gleiches gilt bei der Aktiengesellschaft, auch hier kann ein Aktionär eine unterschiedliche Anzahl von Aktien halten, die jeweils für sich eine selbstständige Mitgliedschaft verkörpern.[41]

III. Rechte und Pflichten aus der Mitgliedschaft

1. Rechtsformübergreifender Überblick

Für die aus der Mitgliedschaft entspringenden und damit auch auf sie bezogenen Rechte und Pflichten eines Verbandsmitglieds ist für die Bestimmung ihres Inhalts die auf die Rechtsform bezogene Mitgliedschaft die gesellschaftsrechtliche und damit vertragliche Gestaltungsfreiheit von beson-

---

40 BGH v. 03.07.1989 – II ZB 1/89, BGHZ 108, 187 (199); *Ulmer/Schäfer,* in: MünchKomm-BGB, § 05 Rn. 61 ff., 182; zum Meinungsstreit siehe: *K. Schmidt,* in: MünchKomm-HGB, § 105 Rn. 77; *Wiedemann,* Gesellschaftsrecht, § 5 II 3, S. 452 ff.; *Baumann,* in: FS Otte (2005), 15 (24 ff.); *Baumann,* NZG 2005, 919 (920); *Priester,* DB 1998, 55 (58); *Steinbeck,* DB 1995, 761 (762 ff.);. *Esch,* BB 1996, 1621 (1625 ff.); *Bippus,* AcP 195 (1995), 13 (27); *Karsten,* Einheitlichkeit, S. 161 f., der die Mehrfachbeteiligung einer Person an ein und derselben Personengesellschaft aus einer sog. Vermittlungsfunktion, die die Mitgliedschaft übernimmt, ableitet. Die Vermittlungsfunktion ergibt sich aus der Stellung des Gesellschafters als Mitglied, wodurch dieser mittelbar an den Rechtsbeziehungen der „verselbstständigten" Personengesellschaft teilhat. Die Verselbstständigung der Personengesellschaft führt nach s. A. zur „Verselbstständigung" der Mitgliedschaft, die damit zu einer zulässigen Mehrfachbeteiligung führt.

41 *Bayer,* in: Lutter/Hommelhoff, GmbH Gesetz, § 5 Rn. 7; *Vatter,* in: Spindler/Stilz, AktG, § 8 Rn. 27 ff.; *Wiedemann,* FS Zöllner, 635 (642).

derer Bedeutung. Nach *K. Schmidt* sind diese Rechte und Pflichten im Grundsatz rechtsformübergreifend artgleich, aber wiederum artverschieden, soweit und in dem Ausmaß, „wie die durch sie konstituierten Rechtsträger artverschieden sind".[42] D. h., der Gesellschaftsvertrag bzw. die Satzung bildet für die Personengesellschaften und Körperschaften eine Verfassung, mit welcher sich eine zweifache Anordnung von Rechtsverhältnissen ergibt, zum einen zwischen dem einzelnen Mitglied und der Gesellschaft und zum anderen zwischen den Mitgliedern selbst,[43] woraus sich wiederum die Befugnisse in Form von Rechten und Pflichten der Mitglieder ableiten.

Die Gestaltung dieser Rechtsverhältnisse zwischen Gesellschaft und Gesellschafter sind nicht nur bei den Personengesellschaften, sondern ebenso bei der GmbH weitgehend dispositiv.[44] Für das Rechtsverhältnis zwischen der Aktiengesellschaft und dem Aktionär hingegen gilt der Grundsatz der Satzungsstrenge gemäß § 23 Abs. 5 AktG. Eine Abweichung von den aktienrechtlichen Regelungen in der Satzung, insbesondere hinsichtlich der Ausgestaltung der Mitgliedschaft, ist nur begrenzt möglich. Dies insoweit, wie das AktG hierzu keine abschließende Regelung enthält.[45] So kann die durch die Aktie vermittelte Mitgliedschaft als Inhaber- oder Namensaktie jeweils für sich mit unterschiedlichen Mitgliedschaftsrechten ausgestattet sein, § 11 AktG. Diese sind in Bezug auf den mitgliedschaftlichen Status aber gleichwertig.[46]

Eine Besonderheit nehmen die Sonderrechte einer Mitgliedschaft gemäß § 35 BGB ein.[47] Ein Sonderrecht vermittelt eine auf Gesellschaftsvertrag oder Satzung beruhende Rechtsposition des Mitglieds und damit eine auf der Mitgliedschaft basierende Rechtsstellung, die über die allgemeine Rechtsposition durch die Mitgliedschaft hinausgeht und als unentziehbares

42 *K. Schmidt,* Gesellschaftsrecht, § 19 I 3 b, S. 550.

43 *Wiedemann,* Gesellschaftsrecht II, § 3 I 1, S. 166. Mit der Begründung einer Mitgliedschaft wird gleichzeitig neben einer organschaftlichen auch eine mitgliedschaftliche Treuepflicht ausgelöst, die nicht nur in Bezug auf die Gesellschaft, sondern auch zwischen den Gesellschaftern gilt; siehe hierzu beispielhaft für die GmbH: BGH v. 30.09.1991 – II ZR 208/90, GmbHR 1991, 568 (569); für die AG: BGH v. 01.02.1988 – II ZR 75/87, DNotZ 1989, 14 (18); allgemein: *Einhaus/ Selter,* GmbHR 2016, 1177.

44 *Bayer,* in: Lutter/Hommelhoff, GmbH-Gesetz, § 5 Rn. 6 ff.

45 *Sandhaus,* Mitgliedschaft, S. 34.

46 *Vatter,* in: Spindler/Stilz, AktG, § 10 Rn. 10, § 11 Rn. 1 ff.

47 *K. Schmidt,* Gesellschaftsrecht, § 19 III 3 S. 558 f.

Recht ausgestaltet ist.[48] Es ist streng mit der Mitgliedschaft verbunden und erlischt spätestens mit deren Ende. Diese Sonderrechte haben gesellschaftsrechtlichen Allgemeincharakter und gelten damit sowohl für Körperschaften des Privatrechts wie für Personengesellschaften.[49] Da sie materielle Vorzugsstellungen eines Mitglieds vermitteln, ist bei deren Einräumung der für Aktiengesellschaften geltende Grundsatz der Satzungsstrenge zu beachten.

2. Die verschiedenen Mitgliedschaftsrechte und -pflichten

Von herausragender Bedeutung für die Rechtsnatur der Mitgliedschaft als Grundlage von Rechtsverhältnissen und als gesellschaftsvertragliche Rechtsquelle[50] stellen die in ihr gebündelten bzw. aus ihr resultierenden Rechte und Pflichten die jeweiligen Einzelbefugnisse des Mitglieds dar.[51] Sie lassen sich nach h. M. in Vermögens- und Verwaltungsrechte (Teilhaberechte) bzw. -pflichten einteilen. Die so zu treffende Einteilung ist auch für die spätere Beantwortung der Frage des Umfangs und der Reichweite des Fruchtziehungsrechts des Nießbrauchers von elementarer Bedeutung, wobei hier wiederum die Rechtsbeziehungen zwischen dem Mitglied und dem Verband (Sozialsphäre)[52] den Kernbereich eines mitgliedschaftlichen Nießbrauchrechts betreffen.

---

48 *Ellenberger,* in: Palandt, BGB, § 35 Rn. 1; *Schöpflin,* in: PWW, BGB, § 35 Rn 1; *Schöpflin,* in: Bamberger/Roth, BGB, Bd. 1, § 35, Rn. 3.

49 *Ellenberger,* in: Palandt, BGB, § 35 Rn. 4; *Schöpflin,* in: Bamberger/Roth, BGB, Bd. 1, § 35, Rn. 1, 4; *Michalski,* in: Michalski, GmbHG, § 3 Rn. 76 ff.; BGH v. 10.10.19881954 – II ZR 3/88, NJW-RR 1989, 542; BGH v. 10.11.1954 – II ZR 299/53, BGHZ 15, 177 (181); RG v. 26.10.1940 – II 57/40, RGZ 165, 129 (131 ff.).

50 *Ulmer/Schäfer,* in: MünchKomm-BGB, § 705 Rn. 188.

51 *Habersack,* Mitgliedschaft, S. 78 f.; *Lutter,* AcP 180 (1980), 84 (129 f.); *K. Schmidt,* Gesellschaftsrecht, § 19 I 3a, S. 549; *Ulmer/Schäfer,* in: MünchKomm-BGB, § 705 Rn. 179; Staudinger/*Habermeier* (2003) § 705 Rn. 33 ff.

52 Mit Sozialsphäre werden hier die Sozialpflichten und -ansprüche als Pflichten und Ansprüche des Mitglieds gegenüber dem Verband bzw. des Verbands gegenüber dem Mitglied verstanden; dies geht zurück auf: *K. Schmidt,* Gesellschaftsrecht, § 19 III 2, S. 556; siehe auch: *Ulmer/Schäfer,* in: MünchKomm-BGB, § 705 Rn. 185.

Als Mitgliedschaftspflichten, auch als Sozialansprüche bezeichnet,[53] werden vertraglich übernommene und aus der Treuepflicht resultierende Verpflichtungen des Mitglieds gegenüber der Gesellschaft verstanden. Hierzu zählen zum einen die Beitrags- und eine eventuelle Nachschusspflicht, also die Pflicht zur Erfüllung der jeweils übernommenen Pflichteinlage, die Treuepflicht[54] selbst sowie etwaige Schadensersatzpflichten des Gesellschafters bei Verletzung von Mitgliedschaftspflichten, die eine Schadensfolge für die Gesellschaft haben.[55] Zum anderen resultieren aus der Treuepflicht des Gesellschafters Pflichten, wie die Pflicht zur Geschäftsführung und Vertretung, die Pflicht zur Rechnungslegung etc.[56]

Die in der Mitgliedschaft des Gesellschafters wiederum verkörperten Ansprüche gegen die Gesellschaft (Sozialverbindlichkeiten)[57] werden in der Literatur auf unterschiedliche Weise eingeteilt. Nach *Karsten Schmidt*[58] lässt sich eine Differenzierung der Mitgliedschaftsrechte entsprechend ihrer Funktion in Teilhabe-, Schutz- und Vermögensrechte vornehmen.[59]

Teilhaberechte zeigen sich in den Mitwirkungs- oder Mitverwaltungsrechten und beinhalten in erster Linie das Stimmrecht, die Informations- und Kontrollrechte, die Teilnahme an Gesellschafterversammlungen, das Recht auf Geschäftsführung und Vertretung, ein mögliches Widerspruchsrecht gegen Geschäftsführungsmaßnahmen sowie das Recht auf Rech-

---

53 Staudinger/*Habermeier* (2003), BGB, § 705 Rn. 40 ff.; *K. Schmidt,* Gesellschaftsrecht, § 19 III, S. 556 ff.; *Wertenbruch,* in: Ebenroth/Boujong/Joost/Strohn, HGB, § 105 Rn. 179 f.

54 Das Institut der gesellschaftsrechtlichen Treuepflicht ist gesetzlich nicht geregelt und ist in der Ausprägung als Loyalitäts- und Förderpflicht als richterrechtliche Generalklausel zu sehen, vgl. hierzu: *Hippeli,* GmbHR 2016, 1257, *Windbichler,* Gesellschaftsrecht, S. 61 f.; *Einhaus/Selter,* GmbHR 2016, 1177 (1177 ff.).

55 Staudinger/*Habermeier* (2003), BGB, § 705 Rn. 40 ff.; *Ulmer/Schäfer,* in: MünchKomm-BGB, § 705 Rn. 201.

56 *Ulmer/Schäfer,* in: MünchKomm-BGB, § 705 Rn. 193 ff.; die Treuepflicht umfasst die positive Pflicht, die Interessen der Gesellschaft wahrzunehmen und die negative Pflicht, das, was die Interessen der Gesellschaft schädigt, zu unterlassen, vgl. *Windbichler,* Gesellschaftsrecht, S. 61.

57 Staudinger/*Habermeier* (2003) § 705 Rn. 37; *Reichert/Weller,* in: MünchKomm-GmbHG, § 14 Rn. 50; *K. Schmidt,* Gesellschaftsrecht, § 19 III, S. 557.

58 *K. Schmidt,* Gesellschaftsrecht, § 19 III, S. 557.

59 *K. Schmidt,* Gesellschaftsrecht, § 19 III, S. 557; *Lutter,* AcP 180 (1980), 84 (1o2 ff.); es lässt sich ebenso eine Aufteilung in „Mitverwaltungsrechte“ und „Vermögensrechte“ vornehmen, siehe hierzu: *Koch,* Gesellschaftsrecht, S. 79 f.

nungslegung etc. In diesem Zusammenhang sind die Anfechtungs- und Klagerechte des Mitglieds als Schutzrechte aufzuführen. Sie sind insgesamt Ausfluss der Mitgliedschaft, höchstpersönlich und mit der Mitgliedschaft untrennbar verbunden.[60]

Die wichtigsten Vermögensrechte eines Mitglieds stellen wiederum der Gewinnanspruch[61], der Anspruch auf das Auseinandersetzungsguthaben bei Auflösung der Gesellschaft, ein möglicher Abfindungsanspruch bei vorzeitigem Ausscheiden sowie ein aus der Treuepflicht abgeleitetes Bezugsrecht von Geschäftsanteilen bei einer GmbH im Rahmen einer Kapitalerhöhung dar.[62]

3. Das Abspaltungsverbot

Die so aus der Mitgliedschaft fließenden Rechte eines Gesellschafters, d. h. die individuellen Teilhabe- und Vermögensrechte, sind untrennbare Bestandteile der Mitgliedschaft und damit grundsätzlich nicht übertragbar, also akzessorisch zur Mitgliedschaft, § 717 S. 1 BGB.[63] Der Schutz der Mitgesellschafter steht somit im Vordergrund und kann auch nicht durch Gesellschaftsvertrag bzw. durch Einzelvereinbarung ausgehöhlt werden.[64] Die Mitgliedschaft bildet damit eine Einheit und verkörpert das Stammrecht an der Gesellschaft, von der einzelne Befugnisse, mit Ausnahme der aus ihnen wiederum erwachsenen Ansprüche,[65] nicht abgetrennt werden

60 *Ulmer/Schäfer,* in: MünchKomm-BGB, § 705 Rn. 195 ff.

61 Der Gewinnanspruch resultiert aus dem Gewinnstammrecht bzw. dem Gewinnbezugsrecht als Teil des dem Gesellschafter unentziehbaren Mitgliedschaftsrechts, wobei der konkrete Zahlungsanspruch erst mit dem Gewinnverwendungsbeschluss entsteht, vgl. *Finckh,* in: Henssler/Strohn, § 121 HGB Rn. 8 ff., *Strohn,* in: Henssler/Strohn, § 29 GmbHG Rn. 2, *E. Vetter,* in: Henssler/Strohn, § 174 AktG Rn. 5 ff.; BGH v. 30.01.1995 – II ZR 45/94, DStR 1995, 537 (539).

62 Staudinger/*Habermeier* (2003), BGB, § 705 Rn. 37; *Ulmer/Schäfer,* in: MünchKomm-BGB, § 705 Rn. 197; *Reichert/Weller,* in: MünchKomm-GmbHG, § 14 Rn. 77; *Weller/Discher,* in: Bork/Schäfer, GmbHG, § 14 Rn. 10.

63 *Ulmer/Schäfer,* in: MünchKomm-BGB, § 705 Rn. 188; *Wiedemann,* Die Übertragung, S. 276 ff.; *K. Schmidt,* Gesellschaftsrecht, § 19 III 4, S. 560 f.; *Habersack,* Mitgliedschaft, S. 78 ff.

64 *Schäfer,* in: MünchKomm-BGB, § 717 Rn. 7.

65 *K. Schmid,* Gesellschaftsrecht, § 19 III 4, S. 560 f.; *Schäfer,* in: MünchKomm-BGB, § 717 Rn. 9; so ist bspw. eine Überlassung des Stimmrechts an eine andere

können.[66] § 717 S. 1 BGB gilt insoweit rechtsformübergreifend und ist damit Ausdruck der Grundprinzipien des Verbandsrechts.[67]

Gemäß § 717 S. 2 BGB gilt allerdings für Ansprüche vermögensrechtlicher Art eine Ausnahme, bei deren Abtretung das Gesellschaftsverhältnis nicht berührt wird.[68] Hierzu zählen insbesondere der Anspruch auf das Auseinandersetzungsguthaben sowie der Anspruch auf einen bestimmten Gewinnanteil, nicht aber das Gewinnstammrecht[69] als solches.

Werden einzelne Mitgliedschaftsrechte an Dritte zur Ausübung überlassen, gilt das Abspaltungsverbot insoweit nicht. Es stellt keine Verletzung des Abspaltungsverbotes dar.[70] Dies wird u. a. auch damit aufrechterhalten, dass dessen Einräumung das Einverständnis aller Mitgesellschafter voraussetzt und nicht unwiderruflich erfolgen darf.[71]

C. Ergebnis

Die Mitgliedschaft als Rechtsinstitut ist ein Rechtsverhältnis und damit der verdinglichte Inbegriff aller einem Gesellschafter zustehenden Rechte und Pflichten aus dem jeweiligen Gesellschaftsverhältnis, welche wiederum ihre Grundlage im Gesellschaftsvertrag bzw. in der Satzung haben.[72] Diese als Einheit bestehenden Rechte und Pflichten können grundsätzlich

---

Person zur Ausübung zulässig, siehe hierzu: *Wiedemann,* Gesellschaftsrecht II, § 3 III 2, S. 215.

66 BGH v. 10.11.1951 – II ZR 111/50, BGHZ 3, 354; BGH v. 14.05.1956 – II ZR 229/54, BGHZ 20, 363; BGH v. 25.02.1965 – II ZR 287/63, BGHZ 43, 261; *Wiedemann,* Übertragung, S. 276.

67 Vgl. für die Personengesellschaft: BGH v. 10.11.1951 – II ZR 111/50, BGHZ 3, 354, 357, BGH v. 14.05.1956 – II ZR 229/54, BGHZ 20, 363, 364; für die GmbH: RG v. 18.04.1913 – II 659/12, RGZ 82, 167; BGH v. 25.02.1965 – II ZR 287/63, BGHZ 43, 261; für die AG: RG v. 31.03.1931 – ZZ 222/30, RGZ 132, 149; *Habersack,* Mitgliedschaft, S. 79.

68 *Schäfer,* in: MünchKomm-BGB, § 717 Rn. 8; *Wiedemann,* Gesellschaftsrecht II, § 3 III 2, S. 223 f.; *Windbichler,* Gesellschaftsrecht, S. 66.

69 Zum Begriff „Gewinnstammrecht" siehe *Siebert,* BB 1956, 1126; sowie Fn. 447.

70 *Schäfer,* in: MünchKomm-BGB, § 717 Rn. 9; *Windbichler,* Gesellschaftsrecht, S. 66.

71 BGH v. 22.01.1962 – II ZR 11/61, BGHZ 36, 292; *Schäfer,* in: MünchKomm-BGB, § 717 Rn. 8.

72 Vgl. *Reichert/Weller,* in: MünchKomm-GmbHG, § 14 Rn 45; *Altmeppen,* in: Roth/Altmeppen, GmbHG, Rn. 13; *Wertenbruch,* in: Ebenroth/Boujong/Joost/Strohn, HGB, § 105 Rn. 172.

nicht von der Mitgliedschaft gelöst und damit verselbstständigt bzw. einzeln übertragen werden.[73] Die Mitgliedschaft stellt zugleich ein subjektives Recht des einzelnen Gesellschafters dar, womit sich die Frage stellt, inwieweit die Mitgliedschaft einer Belastung mit einem beschränkten dinglichen Recht (Nießbrauchrecht) zugänglich ist. Weder im BGB, noch in sonstigen gesellschaftsrechtlichen Gesetzen finden sich einzelne Regelungen zu einem Nießbrauchrecht an Mitgliedschaften, weshalb zunächst das Nießbrauchrecht als solches zu erläutern ist, bevor im nächsten Schritt auf die auf die Bestellung eines Nießbrauchrechts an einer Mitgliedschaft eingegangen wird.

§ 2 Das Nießbrauchrecht

A. Begriff und Inhalt des Nießbrauchrechts

Das Rechtsinstitut des Nießbrauchs[74] als eines der sonstigen beschränkten dinglichen Rechte ist im Sachenrecht im Abschnitt „Dienstbarkeiten“ des Bürgerlichen Gesetzbuchs in den Vorschriften der §§ 1030 – 1089 BGB geregelt. Dieses ist von einem schuldrechtlichen Nießbrauch, mit dem lediglich eine schuldrechtliche Abrede gemäß § 311 BGB bezüglich eines schuldrechtlichen Nutzungsrechts mit obligatorischen Rechten gegen den Besteller erfolgt, abzugrenzen.[75]

Beschränkte dingliche Rechte vermitteln dem Inhaber, im Gegensatz zum Eigentum als umfassendes Recht an einer Sache bzw. Recht, eine eben beschränkte Nutzungs- und Verwertungsbefugnis an der jeweiligen Sache oder dem Recht.[76] Der Eigentümer einer Sache bzw. der Inhaber eines Rechts ist damit ebenso in seinen Befugnissen eingeschränkt.[77] Diese beschränkten dinglichen Rechte lassen sich wiederum einteilen in Nut-

---

73 BGH v. 25.02.1965 – II ZR 287/63, BGHZ 43, 261(267).

74 Der Begriff „Nießbrauch“ lässt sich ableiten aus der lateinischen Bezeichnung „usus fructus“, wobei „usus“ für den Gebrauch eines Gegenstandes und „fructus“ für die Fruchtziehung, Fruchtgenuss steht, vgl. hierzu: *Hauck,* Nießbrauch, S. 11.

75 Staudinger/*Frank* (2009), BGB, Vorbem. zu §§ 1030 ff. Rn. 19; *Pohlmann,* in: MünchKomm-BGB, § 1068 Rn. 1 ff.; *Korn/Carlé,* KÖSDI 2009, 16514, 16517.

76 BGH v. 06.06.1957 – IV ZB 53/57, BGHZ 24, 372 (377); *Vieweg/Werner,* Sachenrecht, § 16 Rn. 1, S. 573; *Ahrens,* Nutzungsrechte, S. 42.

77 *Vieweg/Werner,* Sachenrecht, § 16 Rn. 1, S. 573.

zungs-, Verwertungs- und Erwerbsrechte[78], wobei im Folgenden ausschließlich das Nießbrauchrecht als Nutzungsrecht und damit als beschränktes dingliches Recht betrachtet wird.

Der Nießbraucher erhält mit der dinglichen Belastung ein sachenrechtliches Herrschaftsrecht eben über den belasteten Gegenstand, wodurch der Eigentümer bzw. der Rechtsinhaber wiederum in seinen Befugnissen eingeschränkt wird.[79] Er (Nießbraucher) hat mithin mit dem Nießbrauchrecht als höchstpersönliches Recht ein grundsätzlich vollumfängliches, eigenes Recht inne, was ihm die umfassenden Nutzungen gemäß §§ 100, 1030, 1068 BGB aus einem Gegenstand für eine bestimmte Zeit zu ziehen gewährt.[80] Anders gewendet, dem Eigentümer/Rechtsinhaber obliegt mit der Bestellung eines Nießbrauchrechts die Pflicht, die Nutzung der Sache zu gestatten (sog. Duldungstheorie).[81] Handelt es sich um einen Vorbehaltsnießbrauch, erwirbt also der neue Eigentümer/Rechtsinhaber zivilrechtlich das Volleigentum, allerdings von Anfang an belastet. Wirtschaftlich betrachtet verbleibt die Nutzungsmöglichkeit beim Veräußerer, die Verfügungsmacht (§ 903 BGB) des Erwerbers ist von Beginn an beschränkt.[82]

Vertreter der sog. Abspaltungstheorie[83] wiederum sehen im umfassenden Recht des Nießbrauchers eine inhaltlich beschränkte Rechtsmacht, die zu einer Abspaltung und Teilübertragung von Rechten vom jeweiligen Rechtsobjekt führt. Es kommt so zu einer Aufteilung und rechtlichen Verselbstständigung von im belasteten Gegenstand verkörperten Befugnissen

---

78 *Vieweg/Werner,* Sachenrecht, § 16 Rn. 4 ff., S. 573.

79 *Vieweg/Werner,* Sachenrecht, § 16 Rn. 1, S. 573.

80 *K. Schmidt,* Gesellschaftsrecht, § 61 II 1, S. 1822; Erman/*Bayer,* BGB, Vor § 1030 Rn. 1; *Ahrens,* in: PWW, BGB, § 1030, Rn. 1.

81 BGH v. 06.06.1957 – IV ZB 53/57, BGHZ 24, 372 (377); Staudinger/*Frank* (2009), BGB, Vorbem. zu §§ 1030 ff. Rn. 5, *Schön,* Nießbrauch, S. 7 ff.; *Hepp-Schwab,* Mitgliedschaft, S. 140 spricht von einer „Ausübungsüberlassung".

82 So bereits der Reichsfinanzhof im Urteil v. 11.07.1928 – VI A 221/28, RStBl. 1928, 330; dem folgend: BFH v. 28.07.1981 – VIII R 124/76, BStBl. II 1982, 378; BFH v. 08.12.1983 – IV R 20/82, BeckRS 1983, 22006733. Auch der BGH beruft sich in seiner Entscheidung v. 06.06.1957 – IV ZB 53/57, BGHZ 24, 372 auf die wirtschaftliche Betrachtungsweise; vgl. hierzu auch: *Wolf-Diepenbrock,* DStR 1983, 250 (252); *Döllerer,* StbJb. 1984/85, 55 (74).

83 *Berger,* in: Jauernig, BGB, Vor § 854 Rn. 6; *Wilhelm,* Sachenrecht, Rn. 120, S. 77; *Baur/Stürner,* Sachenrecht, § 60 Rn. 1 ff., S. 863 ff.; *Habersack,* Sachenrecht, § 1 II 1c Rn. 10, S. 4.

des Vollrechtsinhabers, sog. verselbstständigter „Eigentumssplitter“.[84] Der Vollrechtsinhaber wird für die Zeit des Bestehens des beschränkten dinglichen Rechts einen „echten“ Verlust von Befugnissen hinnehmen müssen.[85] Bei Beendigung des Nießbrauchverhältnisses stellt sich allerdings die Frage, wie das Eigentum bzw. das nießbrauchbelastete Recht nach einer Abspaltung wieder zum Vollrecht erstarken kann. Zwar wächst der Inhalt des beschränkten dinglichen Rechts dem Vollrechtsinhaber wieder zu,[86] allerdings würde dieses Recht nicht automatisch erlöschen, eine Rückübertragung mittels Verfügung wäre notwendig.[87]

Gibt man dem Duldungsgedanken den Vorzug, so führt das mit dem Nießbrauchrecht verbundene sachenrechtliche Herrschaftsrecht „nur“ zur umfassenden Fruchtziehung aus dem Gegenstand, ohne ein Verfügungsrecht über dessen Substanz inne zu haben.[88] Es erfolgt eine Trennung des Rechts auf Nutzung vom Eigentum an der Sache bzw. vom Innehaben eines Rechts.[89] Ein Verfügungsrecht über den nießbrauchbelasteten Gegenstand steht dem Nießbraucher grundsätzlich nicht zu.[90] Es verbleibt mithin kein „Stück Eigentum“ beim alten Eigentümer/Rechtsinhaber.[91]

Die Beschränkung des Nießbrauchs durch Ausschluss einzelner Nutzungsbefugnisse wiederum ist möglich (§ 1030 Abs. 2 BGB), wobei aber die Rechtsnatur des umfassenden Nutzungsrechts erhalten bleiben muss.[92]

Als Nießbraucher (Berechtigter) kann eine bestimmte natürliche oder juristische Person oder auch rechtsfähige Personengesellschaft und damit auch die sog. Außen-GbR auftreten.[93]

---

84 *Berger,* in: Jauernig, BGB, Vor § 854 Rn. 6; *Vieweg/Werner,* Sachenrecht, § 16 Rn. 1, S. 573; *Bechtold,* Nießbrauch, S. 55 f.; zur kritischen Auseinandersetzung siehe u. a.: *Forkel,* Rechtsübertragungen, S. 33 ff.

85 *Hauck,* Nießbrauch, S. 114.

86 *Vieweg/Werner,* Sachenrecht, § 16 Rn. 1, S. 573; *Hauck,* Nießbrauch, S. 122.

87 *Hauck,* Nießbrauch, S. 122; umfassend zur Abspaltung und Belastung, *Hauck,* Nießbrauch, S. 87 ff.

88 *Brehm/Berger,* Sachenrecht, S. 372.

89 Staudinger/*Frank* (2009), BGB, Vorbem. zu §§ 1030 ff. Rn. 5, 20.

90 Staudinger/*Frank* (2009), BGB, Vorbem. zu §§ 1030 ff. Rn. 20; *Vieweg/Werner,* Sachenrecht, § 16 Rn. 45, S. 592; eine Ausnahme bildet § 1067 BGB mit der Möglichkeit eines Nießbrauchs an verbrauchbaren Sachen, auch als uneigentlicher Nießbrauch bezeichnet, Staudinger/*Frank* (2009), BGB, § 1068 Rn. 8.

91 BFH v. 08.12.1983 – IV R 20/82, BeckRS 1983, 22006733; *Forkel,* Rechtsübertragungen, S. 37 ff.

92 *Ahrens,* in: PWW, BGB, § 1030, Rn. 12; Erman/*W. Bayer,* BGB, § 1030 Rn. 10.

93 Erman/*W. Bayer,* BGB, § 1030 Rn. 5; PWW/*Eickmann,* § 1030 Rn. 7.

B. Entstehung und Begründung

Die Begründung eines Nießbrauchverhältnisses erfolgt zunächst durch das obligatorische Kausalgeschäft (Grundgeschäft), die Verpflichtung zur Bestellung eines Nießbrauchs an einem Gegenstand.[94] Hiervon ist das abstrakte dingliche Erfüllungsgeschäft abzugrenzen. § 1069 Abs. 1 BGB bestimmt insoweit, dass die Bestellung des Nießbrauchs an einem Recht nach den für die Übertragung des jeweiligen Rechts geltenden Vorschriften erfolgt. Dieses kann einhergehen mit einer unentgeltlichen oder entgeltlichen Vermögensübertragung im Wege der vorweggenommenen Erbfolge[95], durch eine Schenkung im Wege einer unentgeltlichen Zuwendung des Nutzungsrechts oder im Rahmen einer letztwilligen Verfügung (Vermächtnis).[96] Die Bestellung und damit die Entstehung eines beschränkten dinglichen Rechts setzt also eine dingliche Einigung zwischen den Parteien dergestalt voraus, dass dem Inhaber des beschränkten dinglichen Rechts die umfassende Nutzung des nießbrauchsbelasteten Rechts eingeräumt und damit der Vollrechtsinhaber prinzipiell von jeglicher Nutzung seines Rechts ausgeschlossen wird.[97] Auch muss diese dingliche Einigung die für Verträge geltenden allgemeinen und besonderen Wirksamkeitsvoraussetzungen erfüllen (§§ 104 ff. BGB).[98]

Der mit dem Nießbrauch belastete Gegenstand[99] muss des Weiteren nießbrauchfähig, also Nutzungen abwerfen,[100] und übertragbar/fungibel sein, § 1069 Abs. 2 BGB. Zwar kann die Ausübung des Nießbrauchrechts einem Dritten überlassen werden, § 1059 Abs. 2 BGB, kraft zwingenden

---

94 Erman/*W. Bayer,* BGB, § 1030 Rn. 12; *Götz/Hülsmann,* Nießbrauch, S. 58, Rn. 91 ff.

95 Der Begriff der „vorweggenommenen Erbfolge“ ist unbestimmt. Unter ihr wird die Übertragung von Vermögen durch den (künftigen) Erblasser auf einen oder mehrere als (künftige) Erben in Betracht gezogene Empfänger verstanden. Die Übertragung erfolgt nicht nach den Grundsätzen des Erbrechts, sondern nach den Rechtsgeschäften unter Lebenden, siehe hierzu: BGH v. 30.01.1991 – IV ZR 299/89, DNotZ 1992, 32 (33); BGH v. 27.01.2010 – IV ZR 91/09, BeckRS 2010, 06203, Rn. 17.

96 *Maier,* in: Beck'sches Steuer- und Bilanzrechtslexikon, Nießbrauch, Edition 4/16, Rn. 5 ff.; *Ahrens,* Nutzungsrechte, S. 42 ff.

97 *Vieweg/Werner,* Sachenrecht, § 16 Rn. 48, S. 594.

98 *Vieweg/Werner,* Sachenrecht, § 16 Rn. 9, S. 576.

99 Zum Begriff „Gegenstand“ siehe *Hauck,* Nießbrauch, S. 38 ff.

100 *Herrler,* in: Palandt, BGB, § 1068 Rn. 1; *Brehm/Berger,* Sachenrecht, § 23 Rn. 29 ff., S. 377 ff.

Rechts ist der Nießbrauch allerdings nicht abtretbar (§ 1059 BGB) und auch unvererblich (§ 1061 BGB).

Mit der Bestellung eines Nießbrauchrechts an einem Gegenstand geht die Begründung eines gesetzlichen Schuldverhältnisses einher, sodass aufseiten des Nießbrauchers nicht nur rechtliche Vorteile, sondern auch die mit dem Nießbrauch verbundenen Verpflichtungen ausgelöst werden. Dieses gesetzliche Schuldverhältnis kann allerdings durch die Parteien modifiziert werden.[101]

C. Erscheinungsformen des Nießbrauchrechts

Ein Nießbrauchrecht lässt sich zum einen hinsichtlich seiner Entstehung und damit nach Anlass und Inhalt und zum anderen nach dem dem Nießbraucher zu gewährenden Nutzungsumfang unterscheiden.[102] Die wesentlichen Nießbraucharten lassen sich so unterteilen in Vorbehalts-, Zuwendungs- und Vermächtnisnießbrauch.

Durch Vereinbarung eines Vorbehaltsnießbrauchs behält sich der Eigentümer oder Rechtsinhaber aus Versorgungsgesichtspunkten die Teilhabe an den Erträgen vor. Es kommt zu einer i. d. R. unentgeltlichen Übertragung eines Gegenstands unter Zurückbehaltung eines Nutzungsrechts in Form eines Nießbrauchrechts. Dieses wiederum stellt eine Schenkung unter Auflage (§ 525 BGB) dar.[103]

Wird der Nießbrauch allerdings einem Dritten zugewandt, ist von einem Zuwendungsnießbrauch auszugehen. Das Eigentum an der nießbrauchbelasteten Sache/Recht verbleibt beim Eigentümer bzw. Rechtsinhaber. Lediglich das Nutzungsrecht wird übertragen.[104]

Bei Anordnung eines Nießbrauchs von Todes wegen ist von einem Vermächtnisnießbrauch dann auszugehen, wenn der Erblasser die Erträgnisse aus der Sache bzw. dem Recht zur Versorgung von Familienmitgliedern

---

101 BGH v. 21.06.1985 – V ZR 37/84, BGHZ 95, 99 (100); *Vieweg/Werner*, Sachenrecht, § 16 Rn. 56, S. 598; *Brehm/Berger,* Sachenrecht, § 23 Rn. 16 ff.; Staudinger/*Frank* (2009), BGB, Vorbem. zu §§ 1030 ff. Rn. 6, 30.

102 Staudinger/*Frank* (2009), BGB, Vorbem. zu §§ 1030 ff. Rn. 23 f.; *Schlitt/Bortfeldt,* in: Reichert, GmbH & Co KG, § 39 Rn. 1 ff.; *Pohlmann,* in: MünchKomm-BGB, Vor § 1030 Rn. 8.

103 *Pohlmann,* in: MünchKomm-BGB, Vorbem. zu §§ 1030 ff. Rn. 8; *Götz/Hülsmann,* Nießbrauch, S. 61, Rn. 106.

104 *Götz/Hülsmann,* Nießbrauch, S. 169, Rn. 633.

einsetzen möchte. Hier erfolgt die Bestellung durch den/die Erben zugunsten des Bedachten.[105]

Hinsichtlich des einem Nießbraucher zu gewährenden Umfangs der Befugnisse wird ganz allgemein zwischen dem Vollrechts-, dem Ertrags-, dem Bruchteils- und dem Quotennießbrauch unterschieden.[106] Während sich beim Vollrechtsnießbrauch der Umfang des Nießbrauchrechts auf die gesamten Nutzungen des nießbrauchbelasteten Gegenstandes bezieht, erwirbt der Nießbraucher beim Ertragsnießbrauch lediglich den Anspruch auf die aus der jeweiligen Beteiligung fließenden Gewinne.[107]

Der Quotennießbrauch wiederum ist dadurch charakterisiert, dass der Nießbrauchgegenstand insgesamt belastet ist, dem Nießbraucher aber die Nutzungen nur entsprechend der vereinbarten Quote zustehen.[108] Demgegenüber ist bei einem Bruchteilsnießbrauch nicht der ganze Gegenstand belastet, sondern nur ein ideeller Bruchteil dieses Gegenstandes, dieser jedoch in vollem Umfang.[109]

Sowohl der Quoten- als auch der Bruchteilsnießbrauch sind gesetzlich nicht ausdrücklich geregelt, deren Zulässigkeit ist aber allgemein anerkannt.[110]

D. Beendigung des Nießbrauchverhältnisses

Verzichtet der Nießbraucher auf sein Nießbrauchrecht durch rechtsgeschäftliche Aufhebung oder endet das Nießbrauchverhältnis durch zeitlichen Ablauf, kommt es grundsätzlich zu einer Vereinigung des Eigentums an der Mitgliedschaft mit dem beschränkten dinglichen Recht (Nießbrauch) an diesem Anteil. Die Mitgliedschaft erstarkt wieder zum Voll-

---

105 Siehe hierzu: Staudinger/*Frank* (2009), BGB, Vorbem. zu §§ 1030 ff. Rn. 23 f.; *Schlitt/Bortfeldt,* in Reichert, GmbH & Co KG, § 39 Rn. 1 ff.; *Götz/Hülsmann,* Nießbrauch, S. 169, Rn. 634.

106 *Pohlmann,* in: MünchKomm-BGB, Vor § 1030 Rn. 8.

107 *Götz/Hülsmann,* Nießbrauch, S. 102, Rn. 321; *Wälzholz,* NWB 2013, 1334 (1341); *Herrler,* in: Palandt, § 1085 Rn. 3.

108 BGH v. 06.06.2003 – V ZR 392/02, ZEV 2003, 417; *Götz/Hülsmann,* Nießbrauch, S. 54, Rn. 63; *Pohlmann,* in: MünchKomm-BGB, § 1030 Rn. 35 ff.

109 *Götz/Hülsmann,* Nießbrauch, S. 53 Rn. 61 f.

110 *Wachter,* DStR 2013, 1929, 1931.

recht.[111] Gleiches gilt bei Vereinbarung einer Bedingung, bei der mit Bedingungseintritt automatisch der Nießbrauch endet.[112]

Spätestens mit dem Tod des Nießbrauchers als natürliche Person endet der Nießbrauch, §§ 1068 Abs. 2, 1061 Satz 1 BGB. Bei juristischen Personen und rechtsfähigen Personengesellschaften erlischt das Nießbrauchrecht mit Löschung dieser Gesellschaften, §§ 1068 Abs. 2, 1061 Satz 1 BGB. Die Beendigung tritt mithin kraft des Gesetzes ein, wobei § 1061 BGB unabdingbar ist.[113]

Kommt es zur Vereinigung der Mitgliedschaft und des Nießbrauchrechts in der Hand des Stammrechtsinhabers (Konsolidation), führt dies grundsätzlich gemäß §§ 1068 Abs. 2, 1063 Abs. 1 BGB zum Erlöschen des Nießbrauchrechts. Diese Rechtsfolge tritt nur dann gemäß §§ 1068 Abs. 2, 1063 Abs. 2 BGB nicht ein, wenn der Stammrechtsinhaber ein berechtigtes Interesse am Fortbestehen des Nießbrauchrechts hat.[114]

§ 3 Das Nießbrauchrecht an der Mitgliedschaft

A. Der Nießbrauch an Rechten

I. Zulässigkeit

Der Nießbrauch an einem Recht, und damit ein beschränktes dingliches Recht an einem Recht, ist in den §§ 1068 bis 1084 BGB im zweiten Untertitel des Titels „Nießbrauch“ im Bürgerlichen Gesetzbuch zum Sachenrecht geregelt. § 1068 Abs. 1 BGB bestimmt, dass ein Nießbrauch auch an einem Recht bestellt werden kann. § 1068 Abs. 2 BGB wiederum verweist auf die Rechtsvorschriften des Sachnießbrauchs (§§ 1030 bis 1067 BGB), soweit sich aus den §§ 1069 ff. BGB nicht etwas anderes ergibt, womit geregelt ist, dass nur an verkehrsfähigen Rechten ein Nießbrauch bestellt werden kann.[115] Damit ist sichergestellt, dass für die Bestellung eines

---

111 BFH v. 18.11.2014 – IX R 49/13, NZG 2015, 284 (285); *Reich/Stein,* DStR 2013, 1272 (1274).

112 *Hauck,* Nießbrauch, S. 252.

113 *Pohlmann,* in: MünchKomm-BGB, § 1061 Rn. 15.

114 Zur weiteren Untersuchung dieses Interesses des Fortbestehens, siehe *Hauck,* Nießbrauch, S. 252 f.

115 Staudinger/*Frank* (2009), BGB, § 1068 Rn. 1; *Herrler,* in: Palandt, BGB, § 1068 Rn. 1 ff.

Nießbrauchrechts an einem Recht (hier: Mitgliedschaft) die Gewährleistung der Übertragbarkeit des zu belastenden Rechts und damit dessen Nutzbarkeit, also Rechte, die in der Lage sind, Nutzungen unmittelbar oder mittelbar zu stiften, nach § 1069 Abs. 2 BGB gegeben sein muss.[116] Es ist damit subjektiver Natur, also subjektives Recht.[117] Es verleiht dem Inhaber eine Rechtsmacht über die Sache bzw. das Recht, mit der Folge, selbstbestimmt darüber zu verfügen bzw. einem anderen Rechtssubjekt eine Nutzung zu ermöglichen.[118] Damit erlangt der Nießbraucher an dem belasteten Recht nicht nur rein schuldrechtliche Ansprüche, sondern eine dingliche Rechtsstellung[119] mit der Folge des umfassenden Anspruchs auf die Früchte als eigenes Recht aus diesem Recht gemäß § 100 BGB, allerdings begrenzt auf den Umfang, wie sie dem Rechtsinhaber gebühren.[120]

Durch die gesetzlichen Regelungen des § 1069 Abs. 2 BGB i. V. m. §§ 717, 719 BGB, §§ 105 Abs. 3, 161 Abs. 2 HGB, § 15 Abs. 1 GmbHG, § 68 AktG, § 1081 BGB ist ein Nießbrauch an einer Mitgliedschaft also nur möglich, wenn es sich um ein übertragbares Recht handelt. Die Rechtsqualität einer Mitgliedschaft wurde bereits durch das *Reichsgericht* im Jahr 1944[121] herausgestellt und in ständiger Rechtsprechung[122] und Literatur[123] anerkannt. Die Mitgliedschaft als Rechtsverhältnis und subjektives Recht[124] ist damit nach § 1068 Abs. 1 BGB ein zulässiger Gegenstand

116 *Pohlmann,* in: MünchKomm-BGB, § 1068 Rn. 5 ff.; Staudinger/*Frank* (2009), BGB, § 1068 Rn. 2.

117 *Wolf/Neuner,* BGB AT, § 20 Rn. 1 ff.; *Hauck,* Nießbrauch, S. 141, 144; insgesamt erläutert *Hauck* den Begriff „Recht“ im BGB, mit dem Ergebnis, dass ein Recht einem Rechtssubjekt nur durch das objektive Recht zugeordnet werden kann und nur so zum subjektiven Recht wird, siehe *Hauck,* Nießbrauch, S. 143.

118 *Hauck,* Nießbrauch, S. 153 f.

119 Staudinger/*Frank* (2009), BGB, § 1068 Rn. 3; *Pohlmann,* in: MünchKomm-BGB, § 1068 Rn. 11 ff.; Erman/*Bayer,* BGB, § 1068 Rn. 1; Soergel/*Stürner,* § 1068 Rn. 4.

120 *Pohlmann,* in: MünchKomm-BGB, § 1068 Rn. 16.

121 RG v. 30.09.1944 – GSE 39/1943, WM 1964, 1130 (1131 ff.).

122 Siehe insoweit die Ausführungen im 1. Teil, Kapitel 1, § 1, B. I.; ergänzend hierzu: BGH v. 28.04.1954 – II ZR 8/53, BGHZ 13, 179; BGH v. 11.04.1957 – II ZR 182/55, BGHZ 24, 106; BGH v. 08.11.1965 – II ZR 223/64, BGHZ 44, 229; BGH v. 25.04.1966 – II ZR 120/64, BGHZ 45, 221.

123 *Hohaus,* in: MünchHdb. GesR I, § 66 Rn. 5; *Schlitt/Bortfeldt,* in: Reichert, GmbH & Co. KG, § 39 Rn. 1 ff.; für die GmbH: *Seibt,* in: Scholz, GmbHG, § 15 Rn. 212 ff., 188 ff.; für die AG: *Sailer-Coceani,* in: MünchHdb. GesR IV, § 14 Rn. 1 ff., m. w. N.

124 Siehe hierzu die Ausführungen im 1. Teil, Kapitel 1, § 3.

beschränkter dinglicher Rechte und so einer Nießbrauchbelastung zugänglich.[125] Diese Belastungsfähigkeit von Mitgliedschaften ist rechtsformübergreifend, damit also bei einem Gesellschaftsanteil an einer Personengesellschaft, einem Geschäftsanteil einer GmbH wie auch einer Aktie einer Aktiengesellschaft grundsätzlich möglich,[126] wobei die Rechtsqualität der Mitgliedschaft und ihre Übertragbarkeit mithin in einem engen und damit unlösbaren Zusammenhang stehen.[127] Es bleibt damit die Frage zu klären, welche Form- und Zustimmungsvoraussetzungen erfüllt sein müssen, um ein Nießbrauchrecht an einer Mitgliedschaft zu bestellen.

II. Form- und Zustimmungserfordernisse

1. Personengesellschaftsanteil

Die gesetzlichen Vorschriften, § 719 Abs. 1, Hs. 1 BGB i. V. m. §§ 105 Abs. 3, 161 Abs. 2 HGB, erklären die Personengesellschaftsanteile von Gesetzes wegen als nicht abtretbar, weshalb es zwingend notwendig ist, eine Fungibilität durch eine gesellschaftsvertragliche Regelung herzustellen, mindestens ist aber für eine Übertragung die Zustimmung der Mitgesellschafter einzuholen, denn insoweit ist § 719 Abs. 1 BGB dispositiv, mit der Folge, dass § 719 Abs. 1 BGB abbedungen werden kann.[128] Ist dies gewährleistet, kann die Übertragung eines Gesellschaftsanteils grundsätzlich gemäß §§ 413, 398 BGB formlos erfolgen. Auch der Vertrag über die

---

125 *Habersack,* Die Mitgliedschaft, S. 109; *Pohlmann,* in: MünchKomm-BGB, § 1068 Rn. 24.

126 Vgl. exemplarisch für die Personengesellschaft: *Pohlmann,* in: MünchKomm-BGB, § 1068 Rn. 19 ff.; *Schlitt/Bortfeldt,* in: Reichert, GmbH & Co. KG, § 39 Rn. 1 ff.; für die GmbH: *Fastrich,* in: Baumbach/Hueck, GmbHG, § 15 Rn. 52; *Reichert/Weller,* in: MünchKomm-GmbHG, § 15 Rn. 323; *Seibt,* in: Scholz, GmbHG, § 15 Rn. 212, für die AG: *Sailer-Coceani,* in: MünchHdb. GesR IV, § 14 Rn 14 ff.

127 *Escher/Haag,* in: MünchHdb. GesR II, § 27 Rn. 16.

128 *Huber,* Vermögensanteil, S. 413; Soergel/*Stürner,* § 1068 BGB Rn. 7; *Pohlmann,* in: MünchKomm-BGB, § 1068 Rn. 32; *Sprau,* in: Palandt, BGB, § 719 Rn. 6; lediglich § 717 S. 1 BGB ist nach h. M. zwingendes Recht, siehe hierzu: *Sprau,* in: Palandt, BGB, § 717 Rn. 1 ff. m. w. N.

Bestellung des Nießbrauchs bedarf keiner besonderen Form.[129] Dies selbst dann nicht, wenn Grundbesitz zum Gesellschaftsvermögen gehört.[130]

Fraglich ist, ob ein Gleichlauf von Übertragbarkeit und Belastung eines solchen Rechts mit einem Nießbrauch besteht. Die h. M. sieht in der Zustimmung zur Übertragung nicht auch gleichzeitig die Zustimmung zur Belastung mit einem Nießbrauch.[131] Dies auch deswegen, weil zwischen dem Nießbraucher, dem Besteller und den übrigen Gesellschaftern Streitpotenzial dahingehend entstehen kann, wenn es um die Aufteilung von mitwirkungsrechtlichen und vermögensrechtlichen Positionen aus dem Gesellschaftsanteil heraus geht.[132] Um eine Koordination und auch die Reichweite dieser Konfliktträchtigkeit, hervorgerufen durch das kombinatorische Zusammenspiel von Sachenrecht und Gesellschaftsrecht[133], zu bewerkstelligen, ist eine Zustimmung der Mitgesellschafter zur Belastung eines Gesellschaftsanteils mit einem Nießbrauch unumgänglich. Zwar hält die Kommentarliteratur eine Ad-hoc-Zustimmung aller Gesellschafter einer Personengesellschaft für zulässig,[134] aufgrund und in Abhängigkeit der rechtlichen Reichweite des Nießbrauchrechts tritt jedoch mit ihrer Begründung nach überwiegender Literaturmeinung mit quasi-dinglicher Wirkung ein weiterer Mitgesellschafter in den Personengesellschafterkreis, ohne dass der Gesellschafter/Nießbrauchbesteller ausscheidet, weshalb hier eine gesellschaftsvertragliche Regelung immer zu fordern wäre.[135]

Die Eintragungsfähigkeit der Bestellung eines Nießbrauchs an einem Gesellschaftsanteil (Kommanditanteil) in das Handelsregister ist zwischenzeitlich durch die Rechtsprechung anerkannt.[136] Auch mit dem durch

---

129 *Frank,* MittBayNot 2010, 96 (97); *Wälzholz,* DStR 2010, 1786 (17877).

130 Staudinger/*Wulfa,* (2012), BGB, § 311 b Abs. 1 Rn. 119.

131 *Pohlmann,* in: MünchKomm-BGB, § 1068 Rn. 32.

132 BGH v. 27.09.1982 – II ZR140/81, GmbHR 1983, 148 (148 f.); BGH v. 20.04.1972 – II ZR 143/69, BGHZ 58, 316 (316 ff.); *Schön,* ZHR 158 (1994), 229 (234).

133 Siehe hierzu die Ausführungen im 1. Teil, Kapitel 1, § 3 B.

134 *Pohlmann,* in: MünchKomm-BGB, § 1068 Rn. 32; *Ulmer/Schäfer,* in: MünchKomm-BGB, § 705 Rn. 32, 99, § 717 Rn. 12.

135 Staudinger/*Frank* (2009), BGB, Anh. zu §§ 1068 f. Rn. 63; *Schäfer,* in: MünchKomm-BGB, § 717 Rn. 12: Nach seiner Ansicht wird der Nießbraucher neben dem Gesellschafter (Nießbrauchbesteller) in den Gesellschafterbestand einbezogen; seine Stellung ist mitgliedschaftlicher Art.

136 OLG Stuttgart v. 28.01.2013 – 8 W 25/13, RNotZ 2013, S. 452 ff.; OLG Oldenburg v. 09.03.2015 – 12W 51/15, GmbHR 2015, R150; Begründung: Der Nieß-

die Novelle des Geldwäschegesetzes[137] eingeführte Transparenzregister, wird eine Eintragung des Nießbrauchers dann gefordert, wenn der Nießbraucher die Entscheidungen in den laufenden Angelegenheiten der Gesellschaft und damit die Entscheidungen in der Finanz- und Geschäftspolitik des Unternehmens mitbestimmen kann.[138]

2. Kapitalgesellschaftsanteil

Liegt ein Geschäftsanteil einer GmbH vor, ist dieser gemäß § 15 GmbHG grundsätzlich übertragbar, womit eine Nießbrauchbestellung am Geschäftsanteil zulässig ist.[139] Die Abtretung/ Übertragung bedarf allerdings der notariellen Form gemäß § 15 Abs. 3 GmbHG, sodass die Bestellung eines Nießbrauchs an einem GmbH-Anteil beurkundungsbedürftig ist, § 15 Abs. 3 GmbHG, § 1069 Abs. 1 BGB. Soweit gesellschaftsvertraglich die Abtretung des Geschäftsanteils gemäß § 15 Abs. 5 GmbHG von einer Genehmigung durch die Gesellschafter abhängig ist (Vinkulierungsklausel), ist dies auch unter analoger Anwendung von § 1069 Abs. 2 BGB für die Bestellung des Nießbrauchs notwendig.[140] Eine Eintragung in die Gesellschafterliste ist möglich.[141]

---

braucher hat bedeutsame Mitwirkungsrechte inne, ohne seine Zustimmung kann der Gesellschafter seine Mitgliedschaft nicht kündigen oder für die Auflösung der Gesellschaft stimmen (§ 1071 Abs. 1 BGB) oder an Änderungen des Gesellschaftsvertrags mitwirken (§ 1071 Abs. 2 BGB). Die Eintragungsfähigkeit ablehnend: OLG München, Beschl. v. 08.08.2016 – 31 Wx 204/16, nrkr., DStR 2016, 2000.

137 Am 26.06.2017 ist die Novelle des Geldwäschegesetzes in Kraft getreten, BGBl. I 2017, 1822.

138 *Longrée/Pesch,* NZG 2017, 1081 (1088); *Bochmann,* DB 2017, 1310 (1316).

139 *Seibt,* in: Scholz, GmbHG, § 15 Rn. 212; *K. Schmidt,* in: MünchKomm-HGB, vor § 230 HGB Rn. 25; ist allerdings die Abtretbarkeit im Gesellschaftsvertrag ausgeschlossen, so ist dem Grunde nach auch die Bestellung eines Nießbrauchs unzulässig, vgl. *Seibt,* in: Scholz, GmbHG, § 15 Rn. 212 m. w. N.

140 OLG Koblenz v. 16.01.1992 – 6 U 963/91, GmbHR 1992, 464 (465); *K. Schmidt,* in: MünchKomm-HGB, vor § 230 Rn. 25.

141 LG Aachen v. 06.04.2009 – 44T 1/09, ZEV 2009, 637; krit. *Heidinger,* in: MünchKomm-GmbHG, § 40 Rn. 26, 63 ff.; a. A. OLG München v. 15.11.2011 – 31 Wx 274/11, NZG 2012, 391, zum Testamentsvollstreckervermerk; *K. Schmidt,* in: MünchKomm-HGB, vor § 230 Rn. 25.

Bei der Nießbrauchbestellung an einer Aktie[142], die grundsätzlich ebenfalls zulässig ist,[143] ist zwischen Nennbetrags- und Stückaktien gemäß § 8 Abs. 1 und 3 AktG zu unterscheiden, die als Inhaberpapier oder als Orderpapier (Namensaktie) verbrieft sein können.[144] Während die Bestellung bei Inhaberaktien nach § 1081 BGB erfolgt, gilt für den Nießbrauch an Namensaktien § 68 AktG i. V. m. §§ 1069, 1070 BGB. Der Nießbrauch kann ebenso in das Aktienregister eingetragen werden.[145]

B. Das rechtliche Spannungsverhältnis bei einem mitgliedschaftlichen Nießbrauchrecht

I. Sachenrecht und Gesellschaftsrecht

Durch die Bestellung eines Nießbrauchrechts an einer Mitgliedschaft erfährt dieses Recht sowohl einen sachenrechtlichen als auch einen gesellschaftsrechtlichen Charakter.[146] Zum einen verweist § 1068 Abs. 2 BGB für die Anwendung eines Nießbrauchs an Rechten und damit dem Nießbrauch an Mitgliedschaften auf die entsprechenden Regeln für den Sachnießbrauch (§§ 1033 ff. BGB). Daraus ergibt sich, dass die Mitgliedschaft grundsätzlich auch nur insgesamt mit dem Recht eines Dritten, also dem Nießbrauch, belastet werden kann, der Nießbrauch die Mitgliedschaft also im Ganzen erfasst und damit die Verwaltung ausschließlich dem Nießbraucher zusteht (§§ 1068 Abs. 2, 1036 ff. BGB).[147] Die Belastung erfolgt unmittelbar dinglich.

Mit dieser dinglichen Belastung einher geht mithin die Frage, ob der Nießbraucher den Besteller (Gesellschafter) gesellschaftsrechtlich aus den mit der Mitgliedschaft verbundenen Mitgliedschaftsrechten herausdrängen

---

142 Der Begriff „Aktie" erfährt im AktG eine dreifache Bedeutung: als Mitgliedschaft, als Beteiligungsquote und als Urkunde, in der die Mitgliedschaft verbrieft ist; vgl. hierzu: *Vatter,* in: Spindler/Stitz, AktG, § 10 Rn. 2.

143 *Sailer-Coceani,* in: MünchHdbGesR IV, § 14 Rn. 70 ff.

144 *Vatter,* in: Spindler/Stitz, AktG, § 10 Rn. 6 ff.

145 *Bayer,* in: MünchKomm-AktG, § 67 Rn. 31; *Hüffer,* AktG, § 67 Rn. 9; *Bezzenberger,* in: K. Schmidt/Lutter, AktG, § 67 Rn. 14.

146 *Schön,* ZHR 158 (1994), 229 (239).

147 OLG Düsseldorf v. 14.09.1998 – 3 Wx 209/98, NZG 1999, 26; *K. Schmidt,* Gesellschaftsrecht, § 19 III, S. 561; *Stürner,* in: Soergel, BGB Sachenrecht 3, Bd. 16, § 1068 Rn. 7c ff.

kann. Der Nießbraucher ist insoweit berechtigt, die Fruchtziehung und damit die Verwaltung des Rechts als eigenes Recht gegenüber dem Gesellschafter und auch der Gesellschaft aus sachenrechtlicher Sicht zu ziehen bzw. auszuüben.[148] Dem steht das Gesellschaftsrecht gegenüber, welches mit § 717 S. 1 BGB wiederum die Mitwirkungsrechte aus der Mitgliedschaft dem Gesellschafter zuweist. Damit wird ein rechtliches Spannungsverhältnis durch dieses Zusammenwirken zweier Teilrechtsordnungen ausgelöst: Das Sachenrecht weist dem Nießbraucher die Verwaltung der Sache zu, während wiederum das Gesellschaftsrecht die Verwaltung der Mitgliedschaft bei dem Gesellschafter belässt.[149] Zur Lösung dieses Spannungsverhältnisses bei einem mitgliedschaftlichen Nießbrauchrecht bestehen unterschiedliche Ansichten.

Folgt man den Vertretern der bereits dargelegten Abspaltungstheorie[150], käme es zu einer Abspaltung und damit zu einer Teilübertragung von Befugnissen aus der Mitgliedschaft („verselbstständigter Eigentumsplitter"), was wiederum gegen das gesellschaftsrechtliche Abspaltungsverbot gemäß § 717 S. 1 BGB verstößt. Auch für die sog. Duldungstheorie stellt sich die Frage der Zulässigkeit der „Übertragung" der in § 717 S. 1 BGB bestimmten, aus der Mitgliedschaft fließenden Mitwirkungsrechte als Befugnisse.

Das gesellschaftsrechtliche, rechtsformübergreifende[151] Abspaltungsverbot gemäß § 717 S. 1 BGB steht wiederum nicht im Widerspruch zur Zulässigkeit eines Nießbrauchs an einer Mitgliedschaft. Dies ist höchstrichterlich anerkannt.[152] Das Gesellschaftsrecht genießt insoweit auch Vor-

---

148 *Pohlmann,* in: MünchKomm-BGB, § 1068 Rn. 26; *Schön,* ZHR 158 (1994), 229 (236).

149 *Pohlmann,* in: MünchKomm-BGB, § 1068 Rn. 26.

150 *Berger,* in: Jauernig, BGB, Vor § 854 Rn. 6; *Wilhelm,* Sachenrecht, Rn. 120, S. 77; *Baur/Stürner,* Sachenrecht, § 60 Rn. 1 ff., S. 863 ff.; siehe Ausführungen in Kapitel 1, § 2 A.

151 *Pohlmann,* in: MünchKomm-BGB, § 1068 Rn. 25.

152 BGH v. 09.11.1998 – II ZR 213/97, NJW 1999, 571 (572); *Pohlmann,* in: MünchKomm-BGB, § 1068 Rn. 23.

rang vor dem Sachenrecht.[153] Zur Bewältigung dieses Widerstreits haben sich in der Literatur letztlich zwei Lösungsansätze herausgestellt.[154]

II. Lösungsansätze

Bei der sogenannten Treuhandlösung, die bisher vorherrschte und nunmehr als überholt gilt, rückt der Nießbraucher in die Rechtsstellung als Gesellschafter mit allen Rechten und Pflichten gegenüber der Gesellschaft für die Dauer des Bestehens des Nießbrauchrechts. Der Nießbrauchbesteller scheidet für die Nießbrauchzeit aus der Gesellschaft aus, während der Nießbraucher die Mitgliedschaft als Treuhänder übernimmt.[155] Es kommt zu einer Vollübertragung des Gesellschaftsanteils.[156]

Diese auf einer schuldrechtlichen Regelung unter den Parteien bestehende Vereinbarung wird dem Nießbrauch als beschränktes dingliches Recht allerdings nicht gerecht, denn insoweit liegt eine dingliche Belastung des Anteils nicht vor, sondern lediglich ein schuldrechtliches Treuhandverhältnis, was grundsätzlich auch weiterhin rechtlich zulässig ist.[157]

Die heute h. M. verfolgt die dingliche Belastung der Mitgliedschaft mit einem Nießbrauchrecht, ohne dass es zu einer Vollübertragung des Anteils kommt (Nießbrauchlösung), sofern der Gesellschaftsvertrag dies zulässt bzw. die Mitgesellschafter diesem zugestimmt haben.[158] Das gesellschaftsrechtliche Abspaltungsverbot, also die Trennung von Mitgliedschaftsrechten von der Mitgliedschaft, wie bereits oben beschrieben, steht dem nach h. M. nicht entgegen, denn insoweit wird die Mitgliedschaft im Ganzen

---

153 Staudinger/*Frank* (2009), Anh. zu §§ 1068 f. Rn. 49; *Reichert/Weller,* in: MünchKomm-GmbHG, § 15 Rn. 323; kritisch hierzu: *Pohlmann,* in: MünchKomm-BGB, § 1068 Rn. 26.

154 *Stürner,* in: Soergel, BGB Sachenrecht 3, Bd. 16, § 1068 Rn. 7c ff., spricht letztlich von drei Möglichkeiten: Nießbraucher als Treuhänder, Aufspaltung der Mitgliedschaft und Aufspaltung der Rechtszuständigkeit.

155 Staudinger/*Frank* (2009), BGB, Anh. zu §§ 1068 f. Rn. 54. *Reichert/Weller,* in: MünchKomm-GmbHG, § 15 Rn. 325; *K. Schmidt,* ZGR 1999, 601 (611); *Flume,* Die Personengesellschaft, § 17 VI, S. 360; *Wiedemann,* Die Übertragung, S. 401.

156 Staudinger/*Frank* (2009), BGB, Anh. zu §§ 1068 f. Rn. 54; *Stürner,* in: Soergel, BGB, Sachenrecht 3, Bd. 16, § 1068 Rn. 7c ff.; *K. Schmidt,* ZGR 1999, 601 (611).

157 Zur Kritik dieses Lösungsansatzes siehe: Staudinger/*Frank* (2009), Anh. zu §§ 1068 f. Rn. 55 f.; *Stürner,* in: Soergel, BGB Sachenrecht 3, Bd. 16, § 1068 Rn. 7c ff.

158 Staudinger/*Frank* (2009), BGB, Anh. zu §§ 1068 f. Rn. 57.

mit dem Nießbrauchrecht belastet. Das Nutzungsrecht erfasst die Früchte der Mitgliedschaft, wozu die Mitwirkungs- und Verwaltungsrechte nur im eingeschränkten Umfang zählen.[159] Außerdem erfolgt die Ausübung der Mitgliedschaftsrechte durch Dritte (Nießbraucher), was dem Abspaltungsverbot nicht entgegensteht.[160] Darüber hinaus ist der Nießbraucher aufgrund seiner dinglichen Berechtigung auch kein gesellschaftsfremder Dritter, was im Folgenden näher untersucht wird, verbunden mit der Frage der Rechtsstellung des Nießbrauchers im mitgliedschaftlichen Rechtsverhältnis wie auch die Frage, ob und wieweit im Rahmen der Nießbrauchbestellung an einer Mitgliedschaft mitgliedschaftliche Mitwirkungsrechte übergehen.[161]

---

159 Vgl. BGH v. 09.11.1998 – II ZR 213/97, NJW 1999, 571 (572 f.); bereits *Huber* kommt zu dem Ergebnis, dass die Mitverwaltungsrechte, die mit einem Gesellschaftsanteil verbunden sind, nicht zu den Nutzungen des Anteils gehören, *Huber,* Vermögensanteil, S. 416.

160 BGH v. 03.07.1989 – II ZB 1/89, BGHZ 108, 187 (199).

161 Vgl. *Goebel,* Nießbrauch, S. 60; *Habersack,* Die Mitgliedschaft, S. 110.

Zweites Kapitel: Das Nießbrauchverhältnis in Bezug auf die Mitgliedschaft

Mit den zivilrechtlichen Grundlagen zu den einzelnen Rechtsinstituten und der Zulässigkeit eines Nießbrauchrechts an einer Mitgliedschaft, in Abhängigkeit von notwendigen Form- und Zustimmungserfordernissen, ist nunmehr die Frage zu beantworten, wie sich die Rechtsposition der Beteiligten von Nießbraucher und Nießbrauchbesteller (Gesellschafter) zueinander als auch in Bezug auf die übrigen Gesellschafter darstellt. Neben einem grundsätzlich bestehenden und hier zu erläuternden gesetzlichen Schuldverhältnis wird im Schrifttum überwiegend davon ausgegangen, dass zwischen den Beteiligten eine Rechtsgemeinschaft besteht. Prüft man jedoch die Voraussetzungen einer Rechtsgemeinschaft, so wird sich zeigen, dass diese keinen Bestand haben kann, sondern die Beteiligten jeweils Rechte eigener Art innehaben. Darauf aufbauend bleibt auch die Frage zu klären, wie das Zusammenspiel von Nießbraucher und Nießbrauchbesteller ausgestaltet werden muss, um im Verhältnis zu den übrigen Gesellschaftern eine Ausgewogenheit herzustellen.

Mit diesen Darstellungen bleibt abschließend die Frage zu beantworten, wie ein möglicher Lösungsansatz aussehen kann, um die hier genannten Interessen der jeweiligen Parteien zu bündeln. Den im Schrifttum entwickelten und auf Kritik gestoßenen Vergemeinschaftungsansatz von Nießbraucher und Nießbrauchbesteller gilt es im Folgenden neu aufzunehmen und weiterzuentwickeln.

§ 1 Rechtsstellung des Nießbrauchers versus Gesellschafter

A. Das Nießbrauchverhältnis als gesetzliches Schuldverhältnis

Das Nießbrauchrecht als höchstpersönliches dingliches Nutzungsrecht ist durch seine Dinglichkeit ein Ausschließlichkeitsrecht mit Drittwirkung, welches in seinem Kernbereich nicht zur Disposition der Beteiligten steht.[162] Dieses Recht wird von Gesetzes wegen mit einem gesetzlichen Schuldverhältnis flankiert, aus dem sich besondere Rechte und Pflichten zwischen Nießbrauchbesteller und Nießbraucher ergeben.[163] Das gesetzliche Schuldverhältnis steht kraft Gesetz in einem unmittelbaren und untrennbaren Zusammenhang mit dem dinglichen Recht. Die Zuweisung der dinglichen Befugnisse und Verpflichtungen an den Nießbraucher entsteht also als Folge der Nießbrauchbestellung, wobei die Rechtsstellung des Nießbrauchers an einem Recht dem an einer Sache entspricht.[164]

Zur wesentlichen Verpflichtung zählt insbesondere die Aufrechterhaltung der bisherigen wirtschaftlichen Bestimmung der Sache, wobei nach den Regeln einer ordnungsmäßigen Wirtschaft zu verfahren ist (§ 1036 Abs. 2 BGB).[165] Daneben obliegt dem Nießbraucher bei einem Nießbrauch an Aktien, ausgestaltet als Inhaber- oder Orderpapier gemäß § 1081 BGB, bei Beendigung des Nießbrauchverhältnisses die Pflicht, diese dem Eigentümer zu überlassen. Die typischen sach- und substanzbezogenen Regelungen in den Vorschriften §§ 1040 ff. BGB treffen den Anteilsnießbraucher nicht.[166]

Eine Abweichung wiederum von den gesetzlichen Vorgaben durch rechtsgeschäftliche Abreden ist nur insoweit zulässig, als nicht gegen das Wesen des Nießbrauchs verstoßen wird und die Grenzen zwischen Rechtsinhaberschaft und Nießbrauch nicht verletzt werden.[167] So sind vertragliche Abreden nicht möglich, die die Entstehung des Nießbrauchs regeln oder die das Verhältnis von Nießbrauchbesteller und Nießbraucher zu Dritten bestimmen.[168] Auf der anderen Seite kann dem Nießbraucher durch rechtsgeschäftliche Abrede eine Position zugeordnet werden, die

---

162 *Ahrens,* Nutzungsrechte, S. 36 f., 111.

163 *Ahrens,* Nutzungsrechte, S. 37; Staudinger/*Frank* (2009), BGB, Vorbem. zu §§ 1030 ff. Rn. 6, § 1068 Rn. 15; *Stürner,* in: Soergel, BGB Sachenrecht 3, Bd. 16, § 1068 Rn. 4.

164 *Ahrens,* Nutzungsrechte, S. 37, 110 f.; *Goebel,* Nießbrauch, S. 268; *Hauck,* Nießbrauch, S. 250.

165 *Korn,* DStR 1999, 1461 (1462); *Hauck,* Nießbrauch, S. 251.

166 Vgl. auch *Hauck,* Nießbrauch, S. 251.

167 BGH v. 21.06.1985 – V ZR 37/84, DNotZ 1986, 23 (24); Staudinger/*Frank* (2009), BGB, Vorbem. zu §§ 1030 ff. Rn. 12; *Korn,* DStR 1999, 1461 (1463); *Ahrens,* Nutzungsrechte, S. 110 ff.

168 Staudinger/*Frank* (2009), BGB, Vorbem. zu §§ 1030 ff. Rn. 7 ff.; *Korn,* DStR 1999, 1461 (1463); *Pohlmann,* in: MünchKomm-BGB, § 1030 Rn. 19.

über das gesetzliche Leitbild gemäß §§ 1030 BGB hinausgeht.[169] Insoweit ist das gesetzliche Schuldverhältnis von dem der Nießbrauchbestellung zugrunde liegenden Kausalverhältnis (Verpflichtungsgeschäft) als Vereinbarung über die Bestellung eines solchen Rechts zu unterscheiden, was allein zwischen Nießbrauchbesteller und Nießbraucher besteht und so nur die Rechtsstellung der Parteien zum Gegenstand hat.[170] Diese getroffenen Vereinbarungen sind wiederum auch steuerrechtlich zu beachten, wie weiter unten noch aufzuzeigen sein wird.

B. Das Nießbrauchverhältnis als Rechtsgemeinschaft

I. Meinungsstand

Mit der Nießbrauchbestellung gewährt der Gesellschafter und Nießbrauchbesteller die dingliche Belastung seiner Mitgliedschaft im Ganzen. Das Nießbrauchrecht ruht somit auf der Mitgliedschaft als belastetes Recht.[171] Art und Inhalt des belasteten Rechts bestimmen unter Berücksichtigung der gesetzlichen Regelungen zum Nießbrauchrecht wiederum den Inhalt des Nießbrauchs.[172] Diese sachenrechtliche Verdinglichung führt nicht nur dazu, dass der Nießbraucher dem Besteller gegenüber (mit-)berechtigt ist, unmittelbar die Nutzungen aus dem Anteil zu ziehen, sondern ebenso die mit dem beschränkten dinglichen Recht einhergehenden Mitwirkungs- und Vermögensrechte gegenüber dem Gesellschafter wie auch gegenüber der Gesellschaft und den übrigen Mitgesellschaftern durchzusetzen, wobei sich die Teilhabe an den Mitwirkungsrechten nach

169 *Korn,* DStR 1999, 1461 (1463).
170 *Pohlmann,* in: MünchKomm-BGB, Vor § 1030 Rn. 15; *Korn,* DStR 1999, 1461 (1463); *Amann,* DNotZ 1989, 531 (536 f.).
171 *Pohlmann,* in: MünchKomm-BGB, § 1068 Rn. 13.
172 *Pohlmann,* in: MünchKomm-BGB, § 1068 Rn. 16.

dem Gesellschaftsrecht vollzieht.[173] Damit teilt das Nießbrauchrecht die Rechtsnatur des belasteten Rechts.[174]

Ein Verstoß gegen das sowohl für Personen- als auch Kapitalgesellschaften geltende gesellschaftsrechtliche Abspaltungsverbot ist nicht gegeben.[175] Die Folge ist, dass der Nießbraucher mit quasi-dinglicher Wirkung in das Rechts- und Pflichtensystem der Gesellschaft, sei es die Personen- oder aber die Kapitalgesellschaft, einbezogen wird, ohne dass der Nießbrauchbesteller ausscheidet.[176] Kraft dieser dinglichen Mitberechtigung des Nießbrauchers bildet dieser mit dem Gesellschafter nach h. M. eine nach den §§ 1068 ff. BGB geordnete, dingliche Rechtsgemeinschaft an der Mitgliedschaft, bei der die Befugnisse des Nießbrauchers die des Gesellschafters (Nießbrauchbestellers) überlagern.[177] Dies hat bereits *Wiedemann*[178] 1965 mit der Aussage herausgestellt, dass eine Einräumung mitgliedschaftlicher Mitwirkungsrechte an den Nießbraucher sich nicht

---

173 Staudinger/*Frank* (2009), BGB, Vorbem. zu §§ 1068–1084 Rn. 3; *Stürner,* in: Soergel, BGB Sachenrecht 3, Bd. 16, § 1068 Rn. 7c ff.: *Seibt,* in: Scholz, GmbHG, § 15 Rn. 217; *Schön,* ZHR 158 (1994), 229 (250); *Habersack,* Mitgliedschaft, S. 111 f., hält eine Aufteilung der mitgliedschaftlichen Teilhabrechte (Mitwirkungsrechte) zwischen Nießbraucher und Nießbrauchbesteller für möglich, ohne gegen das Abspaltungsverbot zu verstoßen.

174 *Berger,* in: Jauernig, BGB, § 1068 Rn. 1; *Habersack,* Mitgliedschaft, S. 111.

175 Siehe hierzu die Ausführungen im 1. Teil, Kapitel 1, § 1 B. 3.

176 BGH v. 03.07.1989 – II ZB 1/89, BGHZ 108, 187 (199); *Ulmer/Schäfer,* in: MünchKomm-BGB, § 705 Rn. 96; *Ulmer,* in: FS Fleck (1988), 383 (387 ff.); *Fleck,* in: FS R. Fischer, 107 (125); *Schön,* ZHR 158 (1994), 229 (237); für die GmbH ist § 16 Abs. 1 GmbHG zu beachten, wonach als Gesellschafter nur derjenige gilt, der in der Gesellschafterliste eingetragen ist. Der Nießbraucher ist hierbei eintragungsfähig, vgl. LG Aachen, Beschl. v. 06.04.2009, 44 T 1/09, ZEV 2009, 637 (638), OLG Düsseldorf v. 14.09.1998, 3 Wx 209/98, ZEV 1999, 112; für die AG ist § 67 Abs. 2 AktG zu beachten, auch hier ist nach h. M. das Nießbrauchrecht im Aktienregister eintragungsfähig, siehe hierzu auch: *Bayer,* in: MünchKomm-AktG, § 67 Rn. 30.

177 *Ulmer/Schäfer,* in: MünchKomm-BGB, § 705 Rn. 96; *Kruse,* RNotZ 2002, 69 (75); *Ulmer,* in: FS Fleck, ZGR 1988, 383 (388); Staudinger/*Frank* (2009), Anh. zu §§ 1068 f. Rn. 60; *Schön,* ZHR 158 (1994), 229 (239, 253); *Wiedemann,* Die Übertragung, S. 398; für die GmbH: vgl. LG Aachen, Beschl. v. 06.04.2009, 44 T 1/09, ZEV 2009, 637 (638); *Pohlmann,* in: MünchKomm-BGB, § 1068 Rn. 25; a. A. *Hepp-Schwab,* Mitgliedschaft, S. 157 f.

178 *Wiedemann,* Die Übertragung, S. 408 ff.

mit einer Verselbstständigung gegenüber dem Anteil verbindet.[179] *Flume*[180] leitet die Rechtsgemeinschaft aus § 1066 Abs. 1 BGB ab, obwohl er eine analoge Anwendung dieser Vorschrift für den Nießbrauch an der Mitgliedschaft nicht sieht.[181] Es kommt aus seiner Sicht zu einem „Nebeneinander von Gesellschafter und Nießbraucher mit der Folge, dass dem Nießbraucher die Verwaltungs- und Herrschaftsrechte in Ausübung der Mitgliedschaft zustehen, der Gesellschafter dagegen die Disposition über die Mitgliedschaft (...)“[182] hat. Diese Sichtweise wurde auch von *Ulmer*[183] aufgegriffen und weiterentwickelt, mit dem Ergebnis, dass die h. M. in Literatur und den einschlägigen Kommentierungen zum Nießbrauchrecht die Auffassung vertritt, dass entsprechend der Rechtsnatur des Nießbrauchs die Parteien gemeinsam an der Mitgliedschaft berechtigt sind und damit der Nießbraucher für die Zeit des Nießbrauchs mit quasi-dinglicher Wirkung neben dem Gesellschafter und Nießbrauchbesteller in den Gesellschafterbestand einbezogen ist.[184] Die Nießbrauchbeteiligten bilden insoweit eine geordnete Rechtsgemeinschaft an der Mitgliedschaft.

II. Kritik und eigene Ansicht

Die oben erläuterte Rechtsgemeinschaft wird gemäß h. M. als Gemeinschaft im Sinne des § 741 BGB verstanden, also das Innehaben eines Rechts – hier die Mitgliedschaft – als Gegenstand durch mehrere Rechts-

---

179 *Wiedemann,* Die Übertragung, S. 413 ff.; *Ulmer,* in: FS Fleck, ZGR 1988, 383 (388 f.).

180 *Flume,* Die Personengesellschaft, § 17 VI, S. 362 f.

181 *Flume,* Die Personengesellschaft, § 17 VI, S. 363; auch *Pohlmann* sieht eine analoge Anwendung von § 1066 BGB für den Nießbrauch an Mitgliedschaften für nicht möglich an, *Pohlmann,* in: MünchKomm-BGB, § 1068 Rn. 18, 74.

182 *Flume,* Die Personengesellschaft, § 17 VI, S. 366.

183 *Ulmer,* in: FS Fleck, ZGR 1988, 383 (388f.); *Ulmer,* in: Staub, HGB, § 105 Rn. 114; *Ulmer,* in: MünchKomm-BGB, 5. Aufl., § 717 Rn 12.

184 BGH v. 03.07.1989 – II ZB 1/89, BGHZ 108, 187 (199); *Ulmer,* in: FS Fleck, ZGR 1988, 383 (388 f.); *Schäfer,* in: MünchKomm-BGB, § 717 Rn. 12; *Schäfer,* in: Staub, HGB, § 105 Rn. 114; *K. Schmidt,* Gesellschaftsrecht, § 19 III 4b, S. 561; *Habersack,* Mitgliedschaft, S. 110 ff.; *Wiedemann,* Gesellschaftsrecht II, § 5 II 2, S. 444 f.; *Hauck,* Nießbrauch, S. 372; allerdings ist er hinsichtlich eines Nießbrauchrechts an einem Gesellschaftsanteil insoweit nicht konsequent, weil er zuvor bei einem Nießbrauchrecht als beschränkt dingliches Recht von einem „Weniger“ zum Vollrecht spricht (S. 204).

träger jeweils zu ideellen Bruchteilen, und zwar unter Zugrundelegung der für Gemeinschaften geltenden Einheitstheorie, wonach der gemeinschaftliche Gegenstand nicht geteilt, sondern lediglich die Rechtszuständigkeit geteilt ist.[185] Jeder an der Gemeinschaft Berechtigte (Teilhaber) hat so ein beschränktes Recht an der Mitgliedschaft, also einen ideellen Anteil am gemeinsamen Recht.[186] Entsprechend der h. M. zeigt sich dieses Teilrecht als einen selbstständigen Vermögensgegenstand mit einer quantitativ bestimmten Größe.[187] Dieser wiederum ist mit dem Vollrecht wesensgleich, über ihn kann gemäß § 747 S. 1 BGB verfügt werden, er ist für sich veräußerbar, selbstständig belastbar und damit ein subjektives Recht.[188] Für das Eingehen einer Gemeinschaft i. S. von § 741 BGB müssen mindestens zwei Teilhaber vorhanden sein.[189] Teilhaber können neben natürlichen auch juristische Personen, rechtsfähige Personengesellschaften oder sonstige Gesamthandsgemeinschaften sein.[190] Teilhaber ist des Weiteren derjenige, der dinglich Inhaber eines Bruchteils ist.[191]

Bezogen auf das Nießbrauchverhältnis von Nießbraucher und Gesellschafter (Besteller) an einem Mitgliedschaftsanteil ist somit Folgendes festzuhalten: Ein Nießbrauchrecht an einer Mitgliedschaft belastet dieses Recht im Ganzen, mit der Folge, dass der Gesellschafter Berechtigter (Inhaber) der Mitgliedschaft ist und der Nießbraucher Inhaber eines Rechts an einem Recht (Mitgliedschaft).[192] Gesellschafter und Nießbraucher stehen jeweils verschiedenartige Rechte an der Mitgliedschaft zu.[193] Diese unterschiedliche Rechtszuständigkeit spricht grundsätzlich für eine schlichte Rechtsgemeinschaft als Bruchteilsgemeinschaft. Dennoch ist fraglich, ob das Nießbrauchrecht als beschränktes Recht durch seine ding-

---

185 *K. Schmidt,* in: MünchKomm-BGB, § 741 Rn. 2; *Madaus,* AcP 212 (2012), 251 (257).

186 *K. Schmidt,* in: MünchKomm-BGB, § 741 Rn. 2; *Stürner,* in: Jauernig, BGB, § 742 Rn. 1; *Madaus,* AcP 212 (2012), 251 (278).

187 Staudinger/*von Proff* (2015), § 741 Rn. 60, 256.

188 *K. Schmidt,* in: MünchKomm-BGB, § 741 Rn. 2; Staudinger/*Langhein, von Proff* (2008), Vorbem. zu §§ 741-758, Rn. 12, Staudinger/*von Proff* (2015), § 741 Rn. 60; *Madaus,* AcP 212 (2012), 251 (258 f.); *Huber,* Vermögensanteil, S. 121.

189 *K. Schmidt,* in: MünchKomm-BGB, § 741 Rn. 2; Staudinger/*von Proff* (2015), § 741 Rn. 4.

190 *K. Schmidt,* in: MünchKomm-BGB, § 741 Rn. 2.

191 *K. Schmidt,* in: MünchKomm-BGB, § 741 Rn. 9.

192 Vgl. *K. Schmidt,* in: MünchKomm-HGB, Vor § 230 Rn. 12; ausführlich zum Konzept der Belastung eines Rechts: *Hauck,* Nießbrauch, S. 108 ff.

193 *K. Schmidt,* in: MünchKomm-HGB, Vor § 230 Rn. 11.

liche Wirkung dem Vollrecht wesensgleich ist oder aber ein Minus zum Vollrecht darstellt, wobei, wie oben dargestellt, die Bruchteilsgemeinschaft durch ihre Wesensgleichheit der Teilrechte zum Vollrecht charakterisiert ist, der Nießbraucher als Berechtigter dem Vollrechtsinhaber also gleichgestellt ist.[194]

Das Nießbrauchrecht als beschränktes dingliches Recht ist ein ausschließliches Nutzungsrecht, wobei die mit dem Nutzungsrecht verbundenen Mitwirkungsrechte nach h. L. einzubeziehen sind.[195] Dieses Nutzungsrecht als reines Fruchtziehungsrecht ist entsprechend höchstrichterlicher Rechtsprechung und h. L. beschränkt auf die sog. entnahmefähigen Gewinnanteile.[196] Das Nutzungsrecht wird damit letztlich zu einem Forderungsrecht, was bedeutet, dass das Nießbrauchrecht als Teilrecht nur ein Weniger zum Vollrecht Mitgliedschaft sein kann. So entsprechen die Befugnisse des Nießbrauchers in ihrer Qualität und Quantität nun mal nicht denen des Vollrechtsinhabers, denn diesem stehen nur die Befugnisse zu, die für das Erreichen des Nießbrauchzwecks notwendig sind.[197] Diese Befugnisse resultieren mithin aus einer nießbrauchbelasteten Mitgliedschaft, werden aus dieser abgeleitet und beruhen nicht auf einer gesellschaftsrechtlichen Beteiligung des Nießbrauchers.[198] Des Weiteren können die Befugnisse des Nießbrauchers in ihrer Ausgestaltung diejenigen des Gesellschafters überlagern, wobei der Nießbraucher kein weitergehendes Nutzungsrecht als der Gesellschafter selbst haben kann.[199] Eine Wesensgleichheit mit dem Vollrecht ist also nicht gegeben und wird auch nicht durch ihre Dinglichkeit und damit der Wirkung gegenüber jedermann erreicht.

---

194 *K. Schmidt,* in: MünchKomm-BGB, § 741 Rn. 2; Staudinger/*Langhein, von Proff* (2008), BGB, Vorbem. zu §§ 741–758, Rn. 12.

195 *Huber* zählt allerdings die Mitverwaltungsrechte nicht zu den Nutzungen, *Huber,* Vermögensanteil, S. 416.

196 BGH v. 20.04.1972 – II ZR 143/69, BGHZ 58, 316 (320); *Wiedemann,* Die Übertragung, S. 404 f.

197 Vgl. *Hauck,* Nießbrauch, S. 204, 363.

198 So auch *K. Schmidt,* in: MünchKomm-HGB, Vor § 230 Rn. 10.

199 BGH v. 20.04.1972 – II ZR 143/69, BGHZ 58, 316 (320); *Ulmer/Schäfer,* in: MünchKomm-BGB, § 705 Rn. 96; *Ulmer,* in: FS Fleck, ZGR 1988, 383 (388). So würde eine unwiderrufliche Stimmrechtsvollmacht unter gleichzeitigem Stimmrechtsverzicht des Gesellschafters, einer Stimmrechtsabtretung gleichkommen und damit das eigentliche Stimmrecht des Gesellschafters aushöhlen, was als unzulässig einzuordnen wäre, vgl. BGH v. 10. 11. 1951 - II ZR 111/50, BGHZ 3, 354 (358 f.).

Betrachtet man des Weiteren die Belastung der Mitgliedschaft mit einem Nießbrauchrecht als eine Beschränkung der Befugnisse des Gesellschafters, so kann dieser seine Befugnisse aus der Mitgliedschaft insoweit nicht ausüben, wie diese Rechtswirkungen reichen.[200] Der Gesellschafter verliert seine Befugnisse auf Zeit, wobei es eben nicht zu einer Teilübertragung oder Abspaltung von Rechten kommt.[201] Auch hiernach stellt sich das Nießbrauchrecht nicht wesensgleich mit dem Vollrecht Mitgliedschaft dar.

Auch die Finanzrechtsprechung[202] kommt zum Ergebnis, dass die Belastung der Mitgliedschaft mit dem beschränkten dinglichen Recht zu einer Minderung der Mitgliedschaft führt. Der Gesellschafter/Nießbrauchbesteller hat eine im Wert um das Nutzungsrecht geminderte Mitgliedschaft. Seine Befugnisse sind durch das Recht auf Nutzung des Nießbrauchers eingeschränkt. Erst durch Beendigung des Nießbrauchverhältnisses erhält der Nießbrauchbesteller seine vollständigen Gesellschafterbefugnisse zurück, §§ 1055 Abs. 1, 1061 i. V. m. § 1068 Abs. 2 BGB. Der Anteil erstarkt wieder zum Vollrecht.[203] Auch dies zeigt, dass das Nießbrauchrecht nicht zu einer Wesensgleichheit mit dem Vollrecht führt.

Die Annahme einer Rechtsgemeinschaft zwischen Nießbraucher und Gesellschafter, bezogen auf das belastete Recht, kann also nur als ein Rechtsverhältnis qualifiziert werden, durch das eine nach Befugnissen geteilte Rechtsausübung erfolgt und das nicht als eine Bruchteilsgemeinschaft i. S. d. § 741 BGB zu sehen ist.[204]

---

200 *Wieling,* Sachenrecht, § 8 II 1c), S. 274; *Forkel,* Rechtsübertragungen, S. 34; *Hauck,* Nießbrauch, S. 118.

201 BGH, Beschl. v. 03.07.1989 – II ZB 1/89, BGHZ 108, 187 (199); *Wieling,* Sachenrecht, § 8 II 1c), S. 274; *Hauck,* Nießbrauch, S. 118; *Forkel,* Rechtsübertragungen, S. 35; *Hepp-Schwab,* Die Mitgliedschaft, S. 150 f., hat hierzu das Konzept der Ausübungsüberlassung entwickelt, allerdings mit dem Ergebnis eines Rechtserwerbs von mitgliedschaftlichen Befugnissen zu einem eigenen Recht; a. A. *Berger,* in: Jauernig, BGB, § 1068 Rn. 1; *Habersack,* Mitgliedschaft, S. 111; *ders.,* Sachenrecht, § 1 II 1 Rn. 10, S. 4.

202 BFH v. 18.11.2014 – IX R 49/13, NZG 2015, 284 (285); BFH v. 15.12.1992 – IX R 323/87, BStBl. II 1993, 488; BFH v. 10.04.1991 – XI R 7, 8/84, BStBl. II 1991, 791.

203 BFH v. 18.11.2014 – IX R 49/13, NZG 2015, 284 (285); *Reich/Stein,* DStR 2013, 1272 (1274); Ulmer/*Schäfer,* in: MünchKomm-BGB, § 705 Rn. 98.

204 Vgl. *Hepp-Schwab,* Die Mitgliedschaft, S. 157 f.; *Oberhammer,* Mitverwaltung, S. 9, der lediglich in Fn. 48 den Versuch einer Klarstellung unternimmt; *Seibt,* in:

Die weitere Frage, die sich in diesem Zusammenhang stellt, ist, ob es durch die bereits oben angesprochene Belastung der Mitgliedschaft zu einer ideellen Teilung der Mitgliedschaft kommt. Neben *Berger*[205], der, wie bereits ausgeführt, bei einem beschränkten dinglichen Recht von einem verselbstständigten Eigentumssplitter ausgeht, kommt auch *Habersack*[206] zu dem Ergebnis, dass das Nießbrauchrecht zu einer Abspaltung und damit zur Verselbstständigung von eigentumsrechtlichen Befugnissen aus der Mitgliedschaft führt, die allerdings die Rechtsnatur des Vollrechts teilen. Die überwiegende Meinung im Schrifttum geht demgegenüber nicht von einer ideellen Teilbarkeit der Mitgliedschaft an einer Personengesellschaft aus. Dies auch schon deshalb, weil der Gesellschaftsanteil einer Personengesellschaft nach h. M. nicht Gegenstand einer Bruchteilsgemeinschaft sein kann.[207]

Verfolgt man die von *Madaus*[208] entwickelte Theorie der Vervielfältigung des Vollrechts, wonach jede Person, hier also Nießbraucher und Gesellschafter, für das ganze Recht (Mitgliedschaft) rechtszuständig ist, so wäre das Nießbrauchrecht als Teilrecht damit ein Recht an der ganzen ungeteilten Sache.[209] Allerdings widerspricht dies der Intention des Nießbrauchrechts als ein reines auf die Fruchtziehung gemäß §§ 100, 1068 Abs. 1, 1030 Abs. 1 BGB beschränktes Recht, bezogen auf die nießbrauchbelastete Mitgliedschaft, mit der Folge, dass das Bestehen einer dinglich geordneten Rechtsgemeinschaft zwischen Nießbraucher und Gesellschafter (Besteller) nicht haltbar ist.

Scholz, GmbHG, § 15 Rn. 217 spricht insoweit von einer partiellen Rechtsgemeinschaft.

205 *Berger,* in: Jauernig, BGB, § 1068 Rn. 1.

206 *Habersack,* Die Mitgliedschaft, S. 110 ff.; *ders.* Sachenrecht, § 1 II 1 Rn. 10, S. 4.

207 *K. Schmidt,* in: MünchKomm-BGB, § 741 Rn. 14; allerdings gibt es hierzu bereits Gegenmeinungen, vgl. *Ropeter,* Die Beteiligung, S. 85 ff.; siehe auch die Ausführungen zum Grundsatz der Einheitlichkeit der Mitgliedschaft im ersten Kapitel, § 1 B. II.; zu diskutieren bleibt jedoch die Frage, ob eine Bruchteilsgemeinschaft an einem Rechtsverhältnis begründet werden kann, denn die Mitgliedschaft ist insoweit ein Rechtsverhältnis. Dies ist zwar in der Lit. umstritten (siehe u. a. Staudinger/*von Proff* (2015), BGB, § 741, Rn. 75), dennoch kommt *K. Schmidt* zu dem Ergebnis, dass ein Rechtsverhältnis als Rechts- und Verfügungsgegenstand einer Bruchteilsgemeinschaft zugänglich ist, *K. Schmidt,* in: MünchKomm-BGB, § 741 Rn. 18.

208 *Madaus,* AcP 212 (2012), 251 (262 ff.).

209 *Madaus,* AcP 212 (2012), 251 (263); siehe hierzu auch *Hauck,* Nießbrauch, S. 117.

Nießbraucher und Gesellschafter sind vielmehr jeweils Rechtsinhaber in ihrer eigenen Art an der Mitgliedschaft, verbunden mit einem mittelbaren Einbezug des Nießbrauchers in den Gesellschafterbestand.[210] Das Rechtsverhältnis von Nießbraucher und Nießbrauchbesteller (Gesellschafter) stellt sich mithin als ein nach Befugnissen aufgeteiltes gemeinschaftliches „Rechtsausübungsverhältnis" dar.[211]

§ 2 Rechtsstellung des Nießbrauchers zum Gesellschafterverband

A. Die Nießbraucherstellung – Meinungsstand

I. Personengesellschaft

Die personalistische Struktur der Mitgliedschaft in der Personengesellschaft bestimmt gleichzeitig die Problematik, inwieweit der Nießbraucher aufgrund seines dinglichen Rechts eine Gesellschafterstellung erhält. Auf der einen Seite ist der Gesellschafter Rechtsinhaber der Mitgliedschaft und auf der anderen Seite der Nießbraucher Inhaber eines Rechts an dieser Mitgliedschaft.[212] Obwohl also durch die Nießbrauchbestellung an einem Gesellschaftsanteil der Nießbraucher nur dinglich Berechtigter und nicht Gesellschafter wird und der Anteilsinhaber auch weiterhin Gesellschafter bleibt, sieht die überwiegende Literatur den Nießbraucher als in den Ge-

---

210 *K. Schmidt* spricht insoweit von einer mittelbaren Unternehmensbeteiligung, *K. Schmidt,* Gesellschaftsrecht, § 61 II 1, S. 1822; ähnlich auch: *Ulmer/Schäfer,* in: MünchKomm-BGB, § 705 Rn. 96; wobei auch der BGH klar herausgestellt hat, dass der Nießbraucher durch das dingliche Nutzungsrecht nicht Gesellschafter wird, BGH v. 09.11.1998 – II ZR 213-97, NJW 1999, 571 (572).

211 Ähnlich *Oberhammer,* Mitverwaltung, S. 9, in Fn. 48; so kommen *Lutter/Drygala,* KK-AktG, § 69 Rn. 5 und auch *Bayer,* in: MünchKomm-AktG, § 69 Rn. 5 zu der Aussage, dass Aktionär und Nießbraucher keine Rechtsgemeinschaft bilden; gl. A. für die GmbH: *Bayer,* in: Lutter/Hommelhoff, GmbHG, § 18 Rn. 2; *J. Schmidt,* NZG 2015, 1049 (1050).

212 *K. Schmidt,* in: MünchKomm-HGB, Vor. § 230 Rn. 12.

sellschafterbestand einbezogen.[213] So hat bereits *Flume*[214] ein Nebeneinander von Gesellschafter und Nießbraucher in Bezug zum Gesellschafterverbund herausgestellt. Dies mit der Begründung, dass zum einen die Herrschaftsbefugnisse zwischen dem Gesellschafter und dem Nießbraucher geteilt werden und zum anderen durch die übrigen Gesellschafter, die der Nießbrauchbestellung zugestimmt haben, entweder per Gesellschaftsvertrag oder aber durch eine Ad-hoc-Zustimmung. Der Nießbraucher wird Gesellschafter auf Zeit.[215] *L. Schmidt*[216], *Söffing*[217] wie auch *Spiegelberger*[218] sehen ebenso in der Nießbrauchbestellung an einem Gesellschaftsanteil eine diagonale Spaltung der Mitgliedschaft, durch die der Nießbraucher ein Mitglied der Gesellschaft wird. Nach Ansicht von *Kruse*[219] ist das auch nicht problematisch, denn die Mitgesellschafter haben per Gesellschaftsvertrag oder ad hoc einer Nießbrauchbestellung zugestimmt, sodass es eines Schutzes der Mitgesellschafter nicht bedarf. *Schäfer*[220] wiederum sieht in der dinglichen Berechtigung des Nießbrauchers am Anteil eine Stellung mitgliedschaftlicher Art und damit den Nießbraucher in den Gesellschafterbestand einbezogen.

Schön[221] spricht demgegenüber davon, dass der Nießbraucher in das Rechts- und Pflichtengefüge der Gesellschaft einbezogen wird – allerdings nicht dadurch, dass die Mitgliedschaft als Recht verzweifacht wird, mithin also durch eine diagonale Spaltung ein und derselben Beteiligung erfolgt, sondern dass Nießbraucher und Nießbrauchbesteller eine Art Untergruppe im Personenverband darstellen.[222]

Nach *Schlitt/Bortfeld*[223] wird der Gesellschaftsanteil lediglich belastet, der Nießbraucher erhält damit aber keine Gesellschafterstellung. Sämtli-

---

213 *Ulmer/Schäfer,* in: MünchKomm-BGB, § 705 Rn. 12; *Hauck,* Nießbrauch, S. 372; *Kruse,* RNotZ 2002, 69 (75); die früher h. A. sah den Nießbraucher zwingend in der Gesellschafterstellung, während der Besteller aus dem Gesellschafterbestand ausschied (Treuhandlösung), vgl.: *Sudhoff,* NJW 1974, 2205 (2007); *Geschwendtner,* NJW 1995, 1875; *Petzoldt,* GmbHR 1987, 381 (383).

214 *Flume,* Die Personengesellschaft, § 17 VI, S. 366.

215 *Flume,* Die Personengesellschaft, § 17 VI, S. 361 ff.

216 *L. Schmidt,* in: FS von Wallis, 359 (360).

217 *Söffing,* BB 2004, 353 (353 f.).

218 *Spiegelberger,* in: FS Brambring (2011), 343 (347).

219 *Kruse,* RNotZ 2002, 69 (75).

220 *Schäfer,* in: MünchKomm-BGB, § 717 Rn. 12.

221 *Schön,* ZHR 158 (1994), 229 (237).

222 *Schön,* ZHR 158 (1994), 229 (255).

223 *Schlitt/Bortfeldt,* in: Reichert, GmbH & Co KG, § 39 Rn. 16.

che Mitgliedschaftsrechte verbleiben beim Gesellschafter, denn das Gesetz weist dem Nießbraucher nur ein Fruchtziehungsrecht zu. Auch *Karsten Schmidt*[224] verfolgt die genannte Auffassung und stellt zusätzlich heraus, dass die dem Nießbraucher zustehenden Rechte nicht aus einer gesellschaftsrechtlichen Beteiligung des Nießbrauchers abzuleiten sind, sondern ausschließlich aus dem belasteten Anteil.

Der *Bundesgerichtshof*[225] hat mit seinem Urteil vom 09.11.1998 ebenso klargestellt, dass der Nießbraucher lediglich ein dingliches Nutzungsrecht innehat, wodurch er aber nicht zum Gesellschafter wird. In einer neueren Entscheidung des *BGH* vom 05.04.2011[226], ergangen zum GmbH-Eigenkapitalersatzrecht, stellt er Nießbraucher allerdings dann Gesellschaftern „gleich, wenn ihnen neben ihrer Beteiligung am Gewinn der Gesellschaft in atypischer Weise weitreichende Befugnisse zur Einflussnahme auf die Geschäftsführung und die Gestaltung der Gesellschaft eingeräumt sind, insbesondere wenn sie wie ein Gesellschafter die Geschicke der Gesellschaft mitzubestimmen berechtigt sind".[227] Die in diesem Urteil getroffenen Voraussetzungen für eine gesellschafterähnliche Stellung eines Nießbrauchers wären analog auch im Personengesellschaftsrecht zu beachten.

II. Kapitalgesellschaft

Beim Anteilsnießbrauch an Kapitalgesellschaften sieht die h. M. die Rechtsstellung des Gesellschafters/Aktionärs unverändert.[228] Auch hier bleibt der Gesellschafter/Aktionär weiterhin Anteilseigner des belasteten Geschäftsanteils bzw. der Aktie. Der Nießbraucher ist grundsätzlich nicht in den Gesellschafterbestand einbezogen. Dem Nießbraucher gebühren le-

---

224 *K. Schmidt,* in: MünchKomm-HGB, Vor § 230 Rn. 10.

225 BGH v. 09.11.1998 – II ZR 213-97, NJW 1999, 571 (572).

226 BGH v. 05.4.2011 – II ZR 173/10, NZG 2011, 864.

227 BGH v. 05.4.2011 – II ZR 173/10, NZG 2011, 864 (rechts Spalte); vgl. auch BGH v. 13.07.1992 – II ZR 251/91, BGHZ 119, 191 (195 f.); BGH v. 07.11.1988 – II ZR 46/88, BGHZ 106, 7 (10).

228 Staudinger/*Frank* (2009), BGB, Anh. zu §§ 1068 f Rn. 96 ff.; *Verse,* in: Henssler/Strohn, GmbHG § 15 Rn. 114; *Reichert/Weller,* in: MünchKomm-GmbHG, § 15 Rn. 324, 334; *Fastrich,* in: Baumbach/Hueck, GmbHG, § 15 Rn. 53; *Sailer-Coceani,* in: MünchHdb. GesR IV, § 14 Rn. 71, *Chr. Meyer,* Nießbrauch, S. 25.

diglich die aus dem Geschäftsanteil oder der Aktie zu ziehenden Nutzungen als eigener Anspruch direkt gegenüber der Gesellschaft.[229]

Eine Quasi-Gesellschafterstellung nimmt der Nießbraucher nur dann ein, wenn ihm, wie bereits oben ausgeführt, neben den Vermögensrechten in atypischer Weise umfassende Befugnisse zur Einflussnahme auf die Geschäftsführung und die Gestaltung der Gesellschaft eingeräumt sind, der Nießbraucher mithin die Geschicke der Gesellschaft mitzubestimmen berechtigt ist.[230] Dies wiederum steht dem allgemeinen Abspaltungsverbot nicht entgegen.[231]

B. Stellungnahme

Mit der Nießbrauchbestellung erhält der Nießbraucher ein dingliches Nutzungsrecht an der Mitgliedschaft. Eine Gesellschafterstellung erhält er aber damit nicht. Dem Nießbraucher steht nur ein Recht an der Mitgliedschaft zu. Die im Schrifttum getroffene Annahme, der Nießbraucher werde in den „Gesellschafterverband" einbezogen,[232] ist insoweit missverständlich. Das lässt sich auch nicht durch die im Schrifttum angenommene „horizontale"[233] oder „diagonale" Spaltung der Mitgliedschaftsrechte aus ein und derselben Mitgliedschaft, ohne gleichzeitig den Nießbraucher an der „Substanz" der Mitgliedschaft zu beteiligen, begründen. Diese Problematik ist zudem rechtsformübergreifend. Soweit eine Personengesellschaft vorliegt, wird der Nießbraucher nicht Mitglied in der Gruppe der gesamthänderisch verbundenen Gesellschafter. Ihm stehen vielmehr eigene Rechte aus dem Nießbrauchrecht an der Mitgliedschaft nicht nur gegen den Be-

229 *Reichert/Weller,* in: MünchKomm-GmbHG, § 15 Rn. 329; *Barry,* RNotZ 2014, 401 (408); zur Problematik der Mitverwaltungsrechte, siehe im Kapitel 3, Abschn. 2.

230 BGH, Beschl. v. 05.04.2011 – II ZR 173/10, ZEV 2011, 671 (672), der BGH orientiert sich hierbei an der Rechtsprechung zum Pfandgläubiger: BGH v. 13.7.1992 – II ZR 251/91, BGHZ 119, 191 (195 f.); in einer aktienrechtlichen Entscheidung (BGH v. 17.11.1986 – II ZR 96/86, NJW 1987, 780) hat der BGH allerdings nochmals darauf hingewiesen, dass der Aktionär rechtlich nicht in der Lage ist, sein Stimmrecht einem anderen als eigenes Recht zu verschaffen, ohne seine Mitgliedschaftstellung zu verlieren.

231 *Herrmanns,* ZIP 2005, 2284 (2289).

232 *Ulmer/Schäfer,* in: MünchKomm-BGB, § 705 Rn. 96; *Schäfer,* in: Staub, HGB, § 105 Rn. 114 m. w. N.

233 *Escher/Haag,* in: MünchHdb. GesR II, § 27 Rn. 12, 18.

steller, sondern ggfs. auch gegen die jeweiligen Mitgesellschafter sowie gegen die Gesellschaft als solche zu. Der Nießbraucher wird nur in den „Gesellschafterverband" einbezogen. Inwieweit ihm Mitwirkungs- und Verwaltungsbefugnisse gebühren, ist von den rechtsgeschäftlich getroffenen Abreden zwischen Nießbraucher und Nießbrauchbesteller abhängig. Der Anteilsnießbraucher eines Gesellschaftsanteils unterscheidet sich damit grundsätzlich nicht gegenüber dem des Nießbrauchers eines Kapitalgesellschaftsanteils.

Dieses durch das Nießbrauchverhältnis zwischen Nießbrauchbesteller und Nießbraucher begründete Problem lässt sich wiederum gesellschaftsrechtlich lösen: Lässt sich das Nießbrauchverhältnis als eine gesellschaftsrechtliche Rechtsbeziehung darstellen, wonach sich die Beteiligten mit gesellschaftsrechtlicher Bindung zur Förderung eines gemeinsamen Zwecks, was bereits durch das Halten oder Verwalten eines Anteils an einer Gesellschaft begründet werden kann, verpflichten, mithin ein Rechtsbindungswille bei den Parteien vorliegt, kann im Nießbrauchverhältnis einer Innengesellschaft bürgerliches Recht begründet sein, welches als solches wiederum die Gesellschafterstellung bei der Gesellschaft übernimmt. Es kommt zur Vergemeinschaftung eben des Nießbrauchverhältnisses.

§ 3 Das Vergemeinschaftungskonzept als rechtsgeschäftliches Schuldverhältnis

A. Der Vergemeinschaftungsansatz[234]

Die bereits erläuterte Kritik am Vorliegen einer Rechtsgemeinschaft von Nießbraucher und Nießbrauchbesteller wirft die Frage auf, ob sich die Rechtsbeziehungen und damit die Befugnisse aus der Mitgliedschaft von Nießbraucher und Gesellschafter vergemeinschaften lassen, bedenkt man, dass die Nießbrauchbeteiligten i. d. R. in einem gewissen familienrechtlichen Näheverhältnis zueinander stehen und das Nießbrauchverhältnis häufig im Wege der vorweggenommenen Erbfolge begründet wird. Aus diesem Umstand lassen sich dem Grunde nach gleichgerichtete Interessen der Parteien ableiten.

---

234 Die Grundsätze lassen sich zurückführen auf *Schön,* ZHR 158 (1994), 229.

Dies zeigt sich darin, dass sowohl Gesellschafter als auch Nießbraucher ein grundsätzliches Interesse an einer positiven wirtschaftlichen Entwicklung des Unternehmens in seiner Substanz wie auch im Ertrag haben und so eine Erhaltungs- (Unternehmenssicherung) und Erfolgsstrategie für das Unternehmen verfolgen, was allein schon die Vergemeinschaftung und damit eine gemeinsame Zweckverfolgung begründet.[235] Auch die Berücksichtigung eines unterschiedlichen Zeithorizonts der Beteiligten (Nießbrauchrecht auf Zeit), aus dem sich unterschiedlich gelagerte Interessen von Nießbraucher und Gesellschafter ergeben könnten, zeigt einmal mehr die Notwendigkeit einer Abstimmung der Parteien und damit einer Vergemeinschaftung der Befugnisse.[236] So könnte der Nießbraucher ein mangelndes Interesse an einer langfristig ausgerichteten Substanz- und Ertragskraftoptimierung des Unternehmens haben.[237] Der Gesellschafter wiederum verfolgt das Ziel eines unternehmerischen Vermögenserhalts durch Minimierung von Ausschüttungen/Entnahmen. Demgegenüber ist er aber in der Ausübung dieser gesellschaftsrechtlichen Rechtsmacht durch das Nießbrauchrecht beschränkt.[238] Anders gewendet kommt es mit der Nießbrauchbelastung der Mitgliedschaft zu einem „Nebeneinander" von Gesellschafter und Nießbraucher, denn beide haben aufgrund ihrer Rechtsposition eigener Art Teil an der Mitgliedschaft. Der Gesellschafter ist für die Dauer des Nießbrauchrechts gehindert, bestimmte Befugnisse aus der Mitgliedschaft auszuüben. Auf der anderen Seite hat er aufgrund seiner Gesellschafterstellung weiterhin uneingeschränkt die Herrschaftsmacht über seinen Anteil, die aufgrund der Belastung aber nur eingeschränkt ausübbar ist.[239] Und doch haben dem Grunde nach beide Parteien gleichgerichtete Interessen aus der Mitgliedschaft.

Bereits *Schön*[240] spricht von einer Vergemeinschaftung der Befugnisse von Nießbraucher und Gesellschafter aus der Beteiligung, was aus seiner Sicht zu einer Untergruppe im Personenverband führt.[241] *Hauck*[242] entwickelt ein „Konzept der Vergemeinschaftung mit Zugangseröffnung"

235 *Kormann,* in: Scherer u. a., Familienunternehmen, S. 20 ff.

236 *Wiedemann,* Gesellschaftsrecht II, § 5 II 2, S. 444 f.

237 *Wiedemann,* Gesellschaftsrecht II, § 5 II 2, S. 444 f.

238 Vgl. u. a. § 1071 BGB.

239 Vgl. *Hauck,* Nießbrauch, S. 125.

240 *Schön,* ZHR 158 (1994), 229 (255); zur Darstellung des Vergemeinschaftungsansatzes im Einzelnen siehe die Ausführungen im 2 Teil, § 4 B. 6.

241 *Schön,* ZHR 158 (1994), 229 (255).

242 *Hauck,* Nießbrauch, S. 120 ff.

ganz allgemein für ein Nießbrauchverhältnis an Rechten, was aus seiner Sicht auch nicht den Regelungen der Bruchteilsgemeinschaft entgegensteht. Dieses Konzept sieht er dem Grunde nach auch beim Nießbrauch an Gesellschaftsanteilen, kommt aber dennoch in diesem Fall zu dem Ergebnis des Vorliegens einer Rechtsgemeinschaft.[243]

Außerhalb des Zivilrechts wird auch in der Finanzrechtsprechung und in der Kommentierung zum Einkommensteuerrecht von einem gesellschaftsähnlichen Gemeinschaftsverhältnis, hier verstanden als eine Art Personen-Interessengemeinschaft, im Rahmen der Qualifizierung der Einkünfte gesprochen, wenn der Nießbraucher eine Quasi-Gesellschafterstellung einnimmt.[244]

Es zeigt, dass die Bündelung der Interessen aus einer gemeinsamen Zweckverfolgung in der Vergemeinschaftung der Befugnisse aus der Mitgliedschaft das Nießbrauchverhältnis zwischen Nießbraucher und Besteller am deutlichsten werden lässt. Grundlage hierfür bildet i. d. R. das Kausalgeschäft als vertragliches Schuldverhältnis gemäß §§ 453 Abs. 1, 433 ff. BGB i. V m. §§ 413, 398, 1069 Abs. 1 BGB über die Bestellung eines Nießbrauchrechts an der Mitgliedschaft.[245] Die Parteien können hier mit schuldrechtlicher Wirkung Einzelheiten zur Nießbrauchbestellung und zum Inhalt des Nießbrauchs frei bestimmen und damit ihren Rechtsbindungswillen definieren.[246] Diese rechtsgeschäftliche Vereinbarung hat so auch Bestand neben dem gesetzlichen Schuldverhältnis.[247]

B. Poolvereinbarung versus Innengesellschaft – eigener Lösungsansatz

I. Darstellung

Folgt man dieser Vergemeinschaftung, in der sich die Rechtsbeziehungen (Befugnisse) der Gemeinschafter (Nießbraucher und Gesellschafter) bündeln, so kann diese Rechtsbeziehung durch eine gesonderte schuldrechtli-

---

243 *Hauck,* Nießbrauch, S. 123 f.

244 *Wacker,* in: Schmidt, § 15 EStG Rn. 171; im Ertragsteuerrecht müssen allerdings zusätzlich die Mitunternehmereigenschaften, mit Mitunternehmerrisiko und Mitunternehmerinitiative durch den Nießbraucher erfüllt sein.

245 *Hauck,* Nießbrauch, S. 233 f.

246 *Hauck,* Nießbrauch, S. 233 f.

247 *Ahrens,* Nutzungsrechte, S. 110 ff.

che Vereinbarung der Beteiligten oder durch einen zu schließenden Gesellschaftsvertrag getroffen werden.

Mit dem „Pool“[248] als kautelarjuristisches Vielzweckinstrument[249] lassen sich im Gesellschaftsrecht so besondere gemeinschaftliche Interessen von Personen verfolgen, denn die den Poolcharakter konstituierenden Zwecke sind u. a. gerade die Vergemeinschaftung und Zusammenführung von Interessen.[250] Grundlage hierfür bildet natürlich die vertragliche Abrede über die Bestellung eines Nießbrauchrechts an der Mitgliedschaft. Nießbraucher und Gesellschafter als Rechtssubjekte in ihrer eigenen Art treten in Erweiterung der Gemeinschaft auf der Basis einer gesonderten schuldrechtlichen Vereinbarung zu einem Pool zusammen.

Diese Poolvereinbarung kann als Innengesellschaft bürgerlichen Rechts oder als Innen-Kommanditgesellschaft[251] ausgestaltet werden, indem die Parteien ihre auf den Abschluss eines Gesellschaftsvertrages gerichteten Willenserklärungen abgeben. Nießbraucher und Gesellschafter verpflichten sich schuldrechtlich untereinander, ihre Rechte gegenüber der Gesellschaft bzw. den weiteren Mitgesellschaftern einheitlich auszuüben. So genügt bereits die allgemeine, inhaltlich nicht näher zu bestimmende Pflicht, einen gemeinsamen Zweck zu fördern.[252] Ein bloß tatsächliches Zusammenwirken der Beteiligten ist allerdings nicht ausreichend (rein schuldrechtliche Abreden), vielmehr ist ein gemeinsames Handeln, verbunden mit dem Willen zur Gesellschaftsgründung notwendig und ausreichend (gesellschaftsrechtliche Abreden).[253] Auch eine Beitragsleistung in Form

---

248 Im anglo-amerikanischen Recht ist der „pool“ eine vorübergehende vertragliche Personen- oder Unternehmensvereinigung, bei der die Beteiligten den Zweck verfolgen, ihre Rechtspositionen in koordinierter Weise wahrzunehmen, siehe hierzu: *Martinek, M., Oechsler, J.,* in: Schimansky u. a., Handbuch, § 97 Rn. 1.

249 *Langenfeld,* ZEV 2010, 17 (17).

250 *Langenfeld,* ZEV 2010, 17 (17); *Striegel/Kirchhefer,* NWB-EV 2012, 368.

251 BGH v. 12.11.2007 – II ZR 183/06, DStR 2008, 156; *K. Schmidt,* ZHR 178 (2014), 10; *K. Schmidt* erläutert instruktiv die Innen-KG und gibt die Indizien für den Tatbestand einer Innen-KG auf, *K. Schmidt,* ZHR 178 (2014), 10 (22 f.); *ders.,* ZHR 177 (2013) 712; siehe auch: *Fest,* AcP 215 (2015), 765.

252 *Fest,* AcP 215 (2015), 765 (767). Eine reine Innengesellschaft ist nach dem *BGH* schon dann gegeben, wenn sich die Beteiligten mit gesellschaftsrechtlicher Bindung zur Förderung eines gemeinsamen Zwecks verpflichten, BGH v. 12.11.2007 – II ZR 183/06, DStR 2008, 156.

253 BGH v. 19.09.2012 – XII ZR 136/10, ZEV 2013, 403 (404); BGH, Beschl. v. 20.10.2008 – II ZR 207/07, DStR 2008, 2499; *Fest,* AcP 215 (2015), 765 (768).

einer Kapitalbeteiligung ist nicht notwendige Voraussetzung für die Entstehung der Gesellschaft.[254] Mit diesem „pooling" der Interessen auf der Basis einer gesellschaftsrechtlichen Bindung (Rechtsbindungswille) kommt es mithin zu einer gleichgerichteten Zweckverfolgung mit dem Ergebnis einer Verdichtung zu einer Gesamthand und damit zu einer Qualifizierung einer Innengesellschaft bürgerlichen Rechts.[255] Wählt man die Innen-Kommanditgesellschaft, könnte diese die Rechtsverhältnisse von Nießbrauchbesteller und Nießbraucher widerspiegeln, der Nießbrauchbesteller als Gesellschafter und Komplementär, denn ihm obliegen grundsätzlich die originären Mitgliedschaftsrechte, und der Nießbraucher in seiner Funktion als Kommanditist und Inhaber des Nutzungsrechts.

Der unbestimmte Rechtsbegriff „einheitlich" wäre in der Vereinbarung zu konkretisieren. Nießbrauchbesteller und Nießbraucher sind gefordert, ihre Willensrichtungen zu erklären, ihre jeweiligen Interessen abzuwägen und so eine gemeinsame Entscheidung in Form einer Einheitlichkeit zu finden. Die Beteiligten haben sich insoweit ein gemeinsames Organisations- und Regelstatut zu geben und sich diesem zu unterwerfen.

An dieser Stelle sei auch darauf hingewiesen, dass für die Gründung einer GbR anerkannt ist, dass das Halten und/oder Verwalten einer Mitgliedschaft als gemeinsamer Zweck i. S. v. § 705 BGB ausreichend ist.[256] Ausreichend ist hier bereits die Absicht der Gewinnerzielung oder die ge-

---

254 OLG Frankfurt a. M., Beschl. v. 20.09.2012 – 20 W 264/12, NZG 2013, 338; *Sprau,* in: Palandt, BGB, § 705 Rn. 2. Letztlich müssen die drei konstitutiven Merkmale einer BGB-Gesellschaft erfüllt sein: der Vertragsabschluss mit einem Rechtsbindungswillen, der gemeinsame Zweck und die Förderpflicht, die dabei alle Handlungen und Unterlassungen zum Gegenstand haben kann. Vgl. hierzu auch: *Fleischer,* NZG 2017, 1.

255 Bei der Innengesellschaft fehlen also gesamthänderisches Gesellschaftsvermögen und eine Teilnahme am Rechtsverkehr. Sofern allerdings eine GbR mit eigenem Vermögen am Rechtsverkehr teilnimmt, liegt eine Außengesellschaft als rechtsfähige Personengesellschaft i. S. von § 14 Abs. 2 BGB vor, grundl. BGH v. 29.01.2001 – II ZR 331/00, DStR 2001, 310; *Langenfeld,* ZEV 2010, S. 18 f.; *Weber, Schwind,* ZEV 2009, 17 f.; zur gemeinsamen Berechtigung von Nießbraucher und Gesellschafter am Gesellschaftsanteil, siehe auch: OLG Düsseldorf, Beschl. v. 14.09.1998 – 3 Wx 209/98, NZG 1999, 26; *Schön,* ZHR 158 (1994), 229 (260 ff.); zur Innengesellschaft bürgerlichen Rechts: *Ulmer/Schäfer,* in: MünchKomm-BGB, § 705 Rn. 275 ff.

256 *Ulmer/Schäfer,* in: MünchKomm-BGB, Vor § 705 Rn. 125 f., § 705 Rn. 145; *Striegel/ Kirchhefer,* NWB-EV 2012, 368, sprechen auch von einer Poolung des Anteils an der Gesellschaft („Poolung der Mitgliedschaftsanteile").

meinsame Nutzung der Mitgliedschaft, welche der Gesellschafter der Innen-GbR überlässt. Er überlässt insoweit die Befugnisse aus der Mitgliedschaft der Innen-GbR.

Mit dieser Vorgehensweise wird einmal mehr die Bedeutung des Nießbrauchrechts mit ihrer dinglichen Wirkung und damit auch die wirtschaftliche Stellung des Nießbrauchers in Bezug zum Gesellschafter wie auch zur Gesellschaft und den Mitgesellschaftern als „Quasi-Gesellschafter" herausgesellt.

II. Rechtsfolgen für die Nießbrauchbeteiligten

Bilden Nießbraucher und Gesellschafter entgegen h. M. keine Rechtsgemeinschaft im Sinne §§ 741 ff. BGB, sondern sind Rechtsinhaber in ihrer eigenen Art, bezogen auf die Mitgliedschaft, und verdichten sich die jeweiligen Interessen der Parteien an der Mitgliedschaft zu einer Innengesellschaft bürgerlichen Rechts, so können die Mitgliedschaft als solche und damit die in der Mitgliedschaft des Gesellschafters und Nießbrauchbestellers verkörperten Mitgliedschaftsrechte und -pflichten als subjektive Rechte vergemeinschaftet werden. Der Gesellschafter bleibt als Rechtsinhaber Inhaber der Mitgliedschaft, der Nießbraucher aufgrund seines dinglichen Rechts Rechtsinhaber in seiner eigenen Art. An der Mitgliedschaft wird mithin weder Gesamthandseigentum, noch Bruchteilseigentum begründet. Die Mitgliedschaft wird also nicht in die Innengesellschaft eingebracht.[257] Die jeweiligen Parteien nehmen an den nunmehr gebündelten Mitgliedschaftsrechten und -pflichten aus der Mitgliedschaft des Nießbrauchbestellers entsprechend der dinglichen Wirkung des Nießbrauchrechtes wie auch unter Berücksichtigung der rechtsgeschäftlichen Abreden der Parteien teil. Es handelt sich mithin nicht um eine bloß schuld- und sa-

257 Nach Auffassung des BGH können Innengesellschaften kein Gesamthandsvermögen bilden, vgl. BGH v. 22.06.1981 – II ZR 94/80, NJW 1982, 99 (100); BGH 01.04.1965 – II ZR 182/62, WM 1965, 793 (794); *Fleischer,* NZG 2017, 1 (5); anders: BGH v. 13.06.1994 II ZR 38/93, BGHZ 126, 226 (234); kritisch, aber bejahend zur Vermögensbildung: *Beuthien,* NZG 2017, 201 (204). Eine Übertragung wäre aus steuerrechtlicher Sicht zumindest für Kapitalgesellschaftsanteile nicht ratsam, da im Todesfall des Gesellschafters eine Steuerbegünstigung nach §§ 13a, 13b ErbStG aufgrund des Fehlens eines unmittelbaren Beteiligungsverhältnisses nicht zu gewähren wäre; vgl. hierzu auch: *Wälzholz,* DStR 2009, 1020 (1023).

chenrechtliche Rechtsbeziehung, sondern um ein von gesellschaftsrechtlichen Bindungen überlagertes Rechtsverhältnis, dem ein Rechtsbindungswille zugrunde liegt. Diese Innengesellschaft übt wiederum ihre „vereinigte Mitwirkungsmacht" in der anderen Gesellschaft aus, muss allerdings bei der Ausübung des Stimmrechts unverändert § 47 Abs. 4 GmbHG bzw. § 136 Abs. 1 und 2 AktG beachten.[258]

§ 4 Zusammenfassung und Ergebnis

Die dem Nießbraucher gebührenden Rechte eigener Art, begründet in dem Nießbrauchverhältnis, zeigen einmal mehr die bereits an verschiedenen Stellen in der Literatur[259] und Rechtsprechung[260] dargelegte mittelbare Gesellschafterstellung des Nießbrauchers als Quasi-Gesellschafter zur Gesellschaft. Verstärkt durch die dingliche Berechtigung des Nießbrauchers an der Mitgliedschaft, ist dies auch durch die vorgenannte Bündelung der Interessen aus der jeweiligen Mitgliedschaft erreichbar.

Es kann so nicht nur zu einer gemeinschaftlichen Ausübung von Rechten aus einem Personengesellschaftsanteil, sondern ebenso auch aus einem GmbH-Geschäftsanteil oder einer Aktie kommen. Dies steht auch nicht im Widerspruch zu § 18 Abs. 1 GmbHG bzw. § 69 Abs. 1 AktG. Diese Vorschriften nehmen insoweit eine besondere Bedeutung ein, denn sie bestimmen jeweils, dass mehrere Mitberechtigte als Inhaber desselben GmbH-Geschäftsanteils oder der Aktie die Rechte, die aus dieser Mitgliedschaft fließen, nur gemeinsam ausüben können. Die „Mitberechtigung" zeigt eine dingliche Beteiligungspluralität auf, d. h., es liegt eine dingliche Zu-

---

258 Derartige Innengesellschaften finden sich besonders bei Kapitalgesellschaften wieder, wo sich i. d. R. Angehörige einer Familie oder eines Familienstammes durch eine Bündelung von Stimmrechten aus ihren jeweiligen Anteilen eine erhöhte Einflussmöglichkeit auf die Geschicke der Gesellschaft verschaffen. Zur Zulässigkeit siehe auch: BGH v. 24.11.2008 – II ZR 116/08, GmbHR 2009, 306, der dieses auch für das Aktienrecht zulässt (Umkehrschluss zu § 136 Abs. 2 AktG); siehe auch: *Hillmann,* in: Henssler/Strohn, GesR, GmbHG, § 47 Rn. 86 ff.; *Wälzholz,* DStR 2009, 1020; *Müller,* GmbHR 2007, 113; *Wicke,* DStR 2006, 1137.

259 *Schäfer,* in: MünchKomm-BGB, § 705 Rn. 96, § 717 Rn. 12; *K. Schmidt,* Gesellschaftsrecht, § 19 III 4b S. 561.

260 BGH-Beschl. v. 03.07.1989 – II ZB 1/89, 187 (199); OLG Stuttgart-Beschl. v. 28.01.2013 – 8W 25/13, BeckRS 2013, 04718; OLG Oldenburg – Beschl. v. 09.03.2015 – 12W 51/15, BeckRS 2015, 06985.

ordnung dieser Mitgliedschaften an mehrere Berechtigte in Form der Bruchteils- oder Gesamthandsgemeinschaft vor. Allerdings trifft dies auf das hier mittels einer Innen-GbR vergemeinschaftete Nießbrauchverhältnis, in dem lediglich die Befugnisse verdichtet werden, nicht zu.[261]

261 Nach h. M. ist § 18 GmbHG bzw. § 69 AktG auch nicht auf ein Nießbrauchverhältnis anwendbar; vgl. hierzu: *Reichert/Weller,* in: MünchKomm-GmbHG, § 18 Rn. 7, 25; *Bayer,* in: Lutter/Hommelhoff, GmbHG, § 18 Rn. 2; *J. Schmidt,* NZG 2015, 1049 (1049 f.).

Drittes Kapitel: Das Fruchtziehungsrecht des Nießbrauchers

Mit den jeweiligen Rechtspositionen der Beteiligten im Nießbrauchverhältnis, gerade auch zu den übrigen beteiligten Gesellschaftern einer Gesellschaft, ist nunmehr der Kernbereich des Nießbrauchrechts, nämlich das Fruchtziehungsrecht des Nießbrauchers, hinsichtlich seines Umfangs und seiner Reichweite einer Analyse zu unterziehen. Es ist eine Antwort auf den Umfang und die Reichweite der mitwirkungs- und vermögensrechtlichen Mitgliedschaftsrechte als Ausfluss der Mitgliedschaft für die Ausübungsberechtigung des Nießbrauchers zu geben. Während das originäre Mitwirkungsrecht des Nießbrauchers aus dem gesetzlichen Schuldverhältnis abzuleiten ist, werden hinsichtlich der aus der Mitgliedschaft des Gesellschafters und Nießbrauchbestellers abgeleiteten Mitwirkungs- und Teilhaberechte als Rechtsfrucht zugunsten des Nießbrauchers im Schrifttum als auch in der Rechtsprechung unterschiedlichste Meinungen vertreten. In diesem Kapitel gilt es zunächst, diese unterschiedlichen Ansichten einer Analyse zu unterziehen, um darauf aufbauend mittels eines eigenen Lösungsansatzes den Umfang und die Reichweite zu bestimmen.

Auch das dem Grunde nach unstrittige Vermögensrecht des Nießbrauchers als eigentliches Fruchtziehungsrecht wird in der Literatur unterschiedlichst ausgelegt. Hier ist besonders die Frage zu beantworten, was den bestimmungsmäßigen, vermögensrechtlichen Ertrag darstellt und was dessen Umfang und Reichweite sind. Diese wiederum lässt sich ohne bilanzrechtlichen Hintergrund auch hinsichtlich der bilanzrechtlichen Kapital- und Gesellschafterkontenstruktur des Gesellschafters und Nießbrauchbestellers und ihrer Definition nicht beantworten. Während im überwiegenden Schrifttum angenommen wird, dass sämtliche Gesellschafterkonten durch ein Nießbrauchrecht betroffen sind, wird zu zeigen sein, dass sehr wohl zwischen Eigenkapital und Fremdkapital des Gesellschafters und Nießbrauchbestellers zu unterscheiden ist.

Vorangestellt werden diesem Kapitel, nach einer Darstellung des Fruchtziehungsrechts im Allgemeinen, zunächst die mitgliedschaftlichen Mitwirkungsrechte als mögliche Bestandteile des Fruchtziehungsrechts des Nießbrauchers. Danach erfolgt die Analyse des Umfangs und der Reichweite des eigentlichen, vermögensrechtlichen Fruchtziehungsrechts und damit die Untersuchung des Nießbrauchrechts an dem vermögensrechtlichen Mitgliedschaftsrecht einer Mitgliedschaft.

1. Abschnitt: Das Fruchtziehungsrecht im Allgemeinen

Mit der dinglichen Nießbrauchbestellung wird dem Nießbraucher gemäß §§ 1068 Abs. 2, 1030 Abs. 1 BGB das höchstpersönliche, dingliche Recht verschafft, sämtliche Nutzungen aus dem Anteil zu ziehen.

Der Begriff der Nutzungen umfasst gemäß § 100 BGB damit die Benutzung wie auch die Fruchtziehung aus dem Gegenstand und reicht so über die Früchte (§ 99 BGB) hin zu allen Vorteilen, die der Gebrauch der Sache oder des Rechts gewährt (§ 100 BGB). Bezogen auf die Früchte eines Rechts, sind dies gemäß § 99 Abs. 2 BGB die Erträge, die das Recht „seiner Bestimmung gemäß" gewährt (Rechtsfrüchte). Daraus folgt, dass das Recht unmittelbar auf die Gewinnung der Erträge gerichtet sein muss.[262]

Für den Nießbraucher bedeutet dies, dass er gemäß § 1036 Abs. 2 BGB die wirtschaftliche Bestimmung der Sache zu beachten hat, womit gleichzeitig sein Handlungsrahmen/Umfang der Früchte abgesteckt ist, denn über die Ausbeute (Rechtsfrucht) und so auch über die Fruchtqualität entscheidet der Rechtsinhaber.[263] Damit wird gleichzeitig deutlich, dass der Nießbraucher die Früchte nicht als Inhaber des Rechts bezieht, sondern ausschließlich durch die Ausübung seines Nutzungsrechts. Dies wiederum wird bestimmt durch die rechtsgeschäftliche Einigung der Parteien über den Inhalt und die Grenzen der Nutzung (Fruchtziehung) dieses Rechts.[264]

Mit der Bestellung eines Nießbrauchs an der Mitgliedschaft erhält der Nießbraucher zuvorderst die Vermögensrechte aus dem Anteil als Rechtsfrucht.[265] Inwieweit die Mitwirkungsrechte besonders in Form des Stimmrechts, des Informations- und Kontrollrechts, aber auch des Rechts zur Teilnahme an Gesellschafterversammlungen etc. als Ausfluss der Mitgliedschaft sich unter dem Begriff der Nutzung und damit als Rechtsfrucht

262 *J. Schmidt,* in: Erman, BGB, § 99 Rn. 5; Staudinger/*Jickeli/Stieper,* BGB, § 99 Rn. 12.
263 Ausführlich hierzu: *Schön,* Nießbrauch, S. 63 ff.; *Hauck,* Nießbrauch, S. 171 ff.
264 Staudinger/*Jickeli/Stieper,* BGB, § 99 Rn. 12; *Schön,* Nießbrauch, S. 65 f.
265 Siehe hierzu auch die Ausführungen im ersten Kapitel, § 1 B. III.

gemäß § 100 BGB i. V. m. § 99 Abs. 2 BGB subsumieren lassen, ist umstritten.[266]

Grundsätzlich gebührt dem Nießbraucher entsprechend des Inhalts seiner Rechtsstellung auch die Verwaltung des Rechts zur Nutzung.[267] Die Mitwirkungsrechte sind allerdings unmittelbar und damit untrennbar mit der Mitgliedschaft verbunden (Abspaltungsverbot).[268] Sie stellen nicht die Verwaltung des Rechts dar, sondern sind dessen Ausfluss. Sie könnten allenfalls als Gebrauchsvorteil i. S. v. § 100 BGB gesehen werden.[269] Ein Gebrauchsvorteil ergibt sich aus einer tatsächlichen Nutzungsmöglichkeit.[270]

Mitverwaltungsrechte stellen aber wiederum keine Nutzung der Mitgliedschaft dar, sondern bilden die Voraussetzung für einen möglichen „Gebrauch" der Mitgliedschaft, beispielsweise bezogen auf das Stimmrecht als Voraussetzung an Abstimmungen in Gesellschafter-/Hauptversammlungen teilzunehmen. Mitverwaltungsrechte sind also nicht ein Vorteil, der sich aus einem Gebrauch der Mitgliedschaft ergibt.[271] Dies lässt sich auch einmal mehr damit begründen, dass als Rechtsfrucht nur solche Gegenstände angesehen werden, die selbstständig neben dem Stammrecht[272] bestehen, aus dem sie hervorgegangen sind.[273] Das Vermögensrecht wie auch die Mitwirkungs- und Verwaltungsrechte sind also Elemente der Mitgliedschaft.

---

266 *Kilian,* in: Henssler/Strohn, GesR, § 717 BGB Rn. 13; *Fastrich,* in: Baumbach/Hueck, GmbHG, § 15 Rn. 53; *Reichert/Weller,* in: MünchKomm-GmbHG, § 15 Rn. 335; *Gaubatz-Frenzl,* Das Stimmrecht, S. 15; *Chr. Meyer,* Nießbrauch, S. 203.

267 Staudinger/*Frank* (2009), BGB, § 1068 Rn. 13.

268 Siehe hierzu Ausführungen im 1. Teil, Kapitel 1, § 1 B III. 3; *Chr. Meyer,* Nießbrauch, S. 204.

269 So zum Stimmrecht als Gebrauchsvorteil: Staudinger/*Jickeli/Stieper,* BGB, § 100 Rn. 7; *Stresemann,* in: MünchKomm-BGB, § 100 Rn. 6; jeweils mit Bezug auf RG v. 27.10.1924 – VII 297/27, RGZ 118, 266 (269).

270 Erman/*J. Schmidt,* BGB, § 100 Rn. 2.

271 *Ulmer/Schäfer,* in: MünchKomm-BGB, § 705 Rn. 99; *Wedemann,* NZG 2013, 1281 (1282); *Chr. Meyer,* Nießbrauch, S. 203 f.; *Goebel,* Nießbrauch, S. 77 ff.; nach *Huber,* Vermögensanteil, S. 416, gehören die Mitverwaltungsrechte nicht zu den Nutzungen.

272 Innerhalb der Mitgliedschaft bezeichnet das Stammrecht die gesellschaftsvertragliche Rechtsquelle, siehe hierzu: *Ulmer/Schäfer,* in: MünchKomm-BGB, § 705 Rn. 188.

273 Staudinger/*Jickeli/Stieper,* BGB, § 99 Rn. 12; Soergel/*Marly,* BGB, § 99 Rn. 11; *Queck,* Nießbrauch, S. 189 f.; *Gaubatz-Frenzl,* Stimmrecht, S. 15.

Es bleibt mithin zu klären, wie sich die gesellschaftsrechtliche Sichtweise in Bezug auf den Inhalt des Nießbrauchrechts an Mitgliedschaften darstellt, gerade auch unter der Annahme, dass das Gesellschaftsrecht dem Sachenrecht vorgeht.[274]

2. Abschnitt: Die mitgliedschaftlichen Mitwirkungsrechte

§ 1 Originäre Mitwirkungsrechte des Nießbrauchers

Aus dem gesetzlichen Schuldverhältnis ergeben sich für den Nießbraucher, losgelöst von der gesellschaftsrechtlichen Betrachtungsweise, eigene, originäre Rechte des Nießbrauchers, welche neben die des Gesellschafters treten.[275]

So bedarf es zum einen einer Zustimmung durch den Nießbraucher gemäß § 1071 Abs. 1 S. 1 BGB bei einem Rechtsgeschäft, das die Aufhebung des mit dem Nießbrauchrecht belasteten Rechts beinhaltet oder eine das Nießbrauchrecht beeinträchtigende Änderung des Rechts darstellt.[276]

Zu diesem Nießbrauchrecht zählt nach h. M. gleichermaßen ein originäres Informations- und Kontrollrecht des Nießbrauchers gemäß § 242 BGB[277], um so eine wirksame Geltendmachung seines unmittelbar gegen die Gesellschaft bestehenden Fruchtziehungsrechts sicherzustellen.[278] Dieses Recht ist inhaltlich beschränkt auf Informationen, die den Ertrag der

---

274 Staudinger/*Frank* (2009), BGB, Anh. zu § 1068 f Rn. 49 b); *Lindemeier,* DNotZ 1999, 876 (877 Fn. 3); *Sudhoff,* NJW 1971, 481 (482).

275 *Ulmer,* in: FS Fleck, ZGR 1988, 383 (396); Staudinger/*Frank* (2009), Anh. zu §§ 1068 f. Rn. 74; *Kruse,* RNotZ 2002, 69 (77); *Pohlmann,* in: MünchKomm-BGB § 1068 Rn. 82; *K. Schmidt,* Gesellschaftsrecht, § 61 II 3, S. 1824.

276 *Wertenbruch,* in: Ebenroth/Boujong/Joost/Strohn, § 105 HGB Rn. 236; Staudinger/*Frank* (2009), Anh. zu §§ 1068 f. Rn. 101; umfassend: *Sandhaus,* Nießbrauch, S. 65 ff.; kommt es zu einer ohne die erforderliche Zustimmung des Nießbrauchers den Nießbrauch beeinträchtigenden Maßnahme, ist dieses Rechtsgeschäft gleichwohl wirksam; dem Nießbraucher steht allerdings ein Schadensersatzanspruch gegen den Gesellschafter zu, siehe hierzu: *Wertenbruch,* in: Ebenroth/Boujong/Joost/Strohn, § 105 HGB Rn. 236; *Pohlmann,* in: MünchKomm-BGB § 1071 Rn. 13.

277 *Chr. Meyer,* Nießbrauch, S. 261 f.; *Harders,* Nießbrauch, S. 67.

278 *Pohlmann,* in: MünchKomm-BGB § 1068 Rn. 38; Staudinger/*Frank* (2009), BGB, Anh. zu §§ 1068 f. Rn. 74 u. 98.

Beteiligung betreffen,[279] denn nur insoweit liegt es im besonderen Interesse des Nießbrauchers, sich über die wirtschaftliche Situation der Gesellschaft zu informieren. Für den Nießbrauch an Aktien wird ein solches Informationsrecht zugunsten des Nießbrauchers aufgrund von Unpraktikabilität und Unvereinbarkeit mit dem Wesen der Hauptversammlung abgelehnt.[280] Begründet wird dies zum Teil über § 69 Abs. 1 AktG, wodurch eine Übersichtlichkeit angestrebt wird.[281] Diese Vorschrift aber regelt die Rechtsgemeinschaft mit dinglicher Zuordnung der Aktie an mehrere Berechtigte, was auf das Nießbrauchverhältnis wiederum nicht zutrifft.[282]

§ 2 Die gesellschaftsrechtlichen Mitwirkungsrechte als Befugnisse

A. Das gesellschaftsrechtliche Abspaltungsverbot

Das rechtsformübergreifend geltende Abspaltungsverbot in § 717 S. 1 BGB untersagt eine Trennung und damit eine Übertragung von Mitgliedschaftsrechten in Form beispielsweise des Stimmrechts und des Informations- und Kontrollrechts als Ausfluss der Mitgliedschaft auf gesellschaftsfremde Dritte bei Beibehaltung der Mitgliedschaft.[283] Neben verschiedenen Begründungssträngen[284] liegt der Hauptgrund im Prinzip der Ver-

---

279 Staudinger/*Frank* (2009), BGB, Anh. zu §§ 1068 f. Rn. 74.; *Pohlmann,* in: MünchKomm-BGB § 1068 Rn. 82.

280 *Pohlmann,* in: MünchKomm-BGB § 1068 Rn. 82; *Chr. Meyer,* Nießbrauch, S. 261 ff.

281 *Lutter/Drygala,* in: KK-AktG, § 69 Rn. 4 f.; *Bayer,* in: MünchKomm-AktG, § 69 Rn. 5.

282 *Lutter/Drygala,* in: KK-AktG, § 69 Rn. 5; *Bayer,* in: MünchKomm-AktG, § 69 Rn. 5; siehe hierzu auch die Ausführungen zur Rechtsgemeinschaft im 1. Teil, Kapitel 2, § 1 B.

283 BGH v. 10.11.1951 – II ZR 111/50, BGHZ 3, 354; BGH v. 14.05.1956 – II ZR 229/54, BGHZ 20, 363(364); BGH v. 25.2.1965 – II ZR 287/63, BGHZ 43, 261 (267); BGH v. 17.11.1986 – II ZR 96/86, NJW 1987, 780; *Reichert/Weller,* in: MünchKomm-GmbHG, § 14 Rn. 119, 124; *Flume,* Personengesellschaft § 14 IV, S. 220 ff.; *Wiedemann,* Übertragung, S. 411; *ders.,* Gesellschaftsrecht II, § 3 III 2c, S. 215; *Teichmann,* Gestaltungsfreiheit, S. 224 f.; *K. Schmidt,* in: MünchKomm-HGB, § 105 Rn. 195; *ders.,* Gesellschaftsrecht § 19 III 4, S. 560 ff.; *Weber,* Privatautonomie, S. 61 ff.; *Herrmanns,* ZIP 2005, 2284 (2285); *Fleck,* in: FS R. Fischer, S. 107.

284 Vgl. *Wiedemann,* Gesellschaftsrecht II, § 3 III 2c, S. 216 f.; *Wiedemann,* WM 1992, Beil. 7, S. 26.

bandssouveränität, womit u. a. gewährleistet werden soll, dass Inhaber von Mitgliedschaftsrechten nur Personen sein können, die selbst durch die gesellschaftsrechtlichen Treuepflichten an die Verbandsinteressen gebunden sind.[285] Unter diesem Aspekt ist der Nießbraucher dennoch nicht als gesellschaftsfremder Dritter anzusehen, denn durch die notwendige gesellschaftsvertragliche Zustimmungsbindung oder Ad-hoc-Zustimmung zur Nießbrauchbestellung aller Gesellschafter, sind diese in Kenntnis gesetzt. Zudem erhält der Nießbraucher mit der Nießbrauchbestellung ein umfassendes Nutzungsrecht, ist also neben dem Gesellschafter an der Mitgliedschaft „mitberechtigt".[286] Ein Schutzbedürfnis der Mitgesellschafter über das Abspaltungsverbot ist nicht mehr gegeben.[287] Daraus folgt, dass auch der Nießbraucher den gesellschaftsrechtlichen Treuepflichten unterliegt, so auch die h. M.[288] Dennoch bleiben die Mitgliedschaftsrechte im subjektiven Recht Mitgliedschaft gebündelt und sind gesellschaftsrechtlich nicht abspaltbar und übertragbar.

Trotz dieser zwingenden Bündelung der Befugnisse in der Mitgliedschaft sieht die h. M. die Überlassung dieser Mitwirkungsrechte an Dritte zu deren Ausübung als zulässig.[289] So hat auch der *BGH* mit seinem Beschluss vom 03.07.1989[290] der Ausübung von Mitgliedschaftsrechten durch Dritte zugestimmt.[291]

Diese Verwaltungsrechte und ihre Ausübung durch den Nießbraucher sind besonders, bezogen auf das Stimmrecht, aber auch hinsichtlich aller übrigen Mitwirkungsrechte, für die gesellschaftsrechtliche Einflussnahme innerhalb der Gesellschaft bedeutsam. Eine besondere Bedeutung ergibt

---

285 *Wiedemann,* Gesellschaftsrecht II, § 3 III 2c, S. 215 ff.; *Herrmanns,* ZIP 2005, 2284 (2285); *Flume,* Personengesellschaft, § 14 IV, S. 220 f., § 14 VII, S. 235 ff.; das Institut der gesellschaftsrechtlichen Treuepflicht ist gesetzlich nicht geregelt und zeigt sich in seiner Ausprägung besonders als Loyalitäts- und Förderpflicht, vgl. *Hippeli,* GmbHR 2016, 1257.

286 *Ulmer/Schäfer,* in: MünchKomm-BGB, § 705 Rn. 96; *Kruse,* RNotZ 2002, 69 (75).

287 So auch: *Kruse,* RNotZ 2002, 69 (75).

288 *Roth,* in: Baumbach/Hopt, HGB, § 105 Rn. 46; *Bechtold,* Nießbrauch, S. 184.

289 *Schäfer,* in: MünchKomm-BGB, § 717 Rn. 9; *K. Schmidt,* in: MünchKomm-HGB, vor § 230 Rn. 21; *Escher/Haag,* in: MünchHdb. GesR II, § 27 Rn. 56; *K. Schmidt,* GesR § 19 III 4, S. 562; *Wiedemann,* Gesellschaftsrecht II, § 3 III 2c, S. 215.

290 BGH, Beschl. v. 03.07.1989 – II ZB 1/89, BGHZ 108, 187 (199).

291 So auch *Wiedemann,* Gesellschaftsrecht II, § 3 III 2c, S. 215; *Schäfer,* in: MünchKomm-BGB, § 717 Rn. 9.

sich aber auch für die steuerrechtliche Einkünftequalifikation der dem Nießbraucher zuzuordnenden Gewinnanteile und darüber hinaus für die Beurteilung einer möglichen steuerrechtlichen Mitunternehmerstellung.

B. Ansichten zum Mitwirkungsrecht „Stimmrecht“

I. Allgemeines zum Stimmrecht

Das Stimmrecht als originäres eigenes Recht des Gesellschafters befähigt diesen unmittelbar an der Willensbildung der Gesellschaft, des Gesellschafterkreises und damit auch an der Beschlussfassung teilzunehmen und Einfluss auszuüben.[292] Dieses Recht gibt dem Gesellschafter die Rechtsmacht, auf die Förderung des Gesellschaftszwecks und damit den wirtschaftlichen Erfolg einzuwirken.[293]

Es ist ein unselbstständiger Bestandteil der Mitgliedschaft und dieser kann grundsätzlich nur zusammen mit der Mitgliedschaft übertragen oder belastet werden.[294] Die Überlassung des Stimmrechts an Dritte zur Rechtsausübung durch schuldrechtliche Vereinbarungen wird allgemein als zulässig erachtet.[295] Der Gesellschafter behält weiterhin seine Rechtszuständigkeit und kann diese auch jederzeit wieder an sich nehmen.[296]

Hinsichtlich der Frage der Ausübung dieses mitgliedschaftsrechtlichen Mitwirkungsrechts durch Nießbraucher und Nießbrauchbesteller haben sich im Schrifttum auf der Basis der BGH-Rechtsprechung vier Ansichten herausgebildet, die wiederum auch für die übrigen Mitverwaltungsrechte

---

292 *Finckh,* in: Henssler/Strohn, GesR, § 119 HGB Rn. 8 ff.; *Hillmann,* in: Henssler/Strohn, GesR, § 47 GmbHG Rn. 26 ff.; *Liebscher,* in: Henssler/Strohn, GesR, § 134 AktG Rn. 1 ff.; *K. Schmidt,* Gesellschaftsrecht, § 21 II 1, S. 604; *Wiedemann,* Gesellschaftsrecht II, S. 212 f.

293 BGH v. 16.12.2014 – II ZR 277/13, NZG 2015, 269 (271).

294 *Wiedemann,* Gesellschaftsrecht II, § 3 III 2c, S. 215; *Flume,* Die Personengesellschaft, § 14 V, S. 222.

295 BGH, Beschl. v. 15.07.2014 – II ZR 375/13, BeckRS 2014, 15556, *Wiedemann,* Gesellschaftsrecht II, § 3 III 2c, S. 215; *Schäfer,* in: MünchKomm-BGB, § 717 Rn. 18, 25 ff.

296 *Wiedemann,* Gesellschaftsrecht II, § 3 III 2c, S. 215.

heranzuziehen sind, soweit nicht eigene Rechte des Nießbrauchers dem gegenüberstehen.[297]

II. Aufteilung des Stimmrechts zwischen Gesellschafter und Nießbraucher

Der *BGH* hat in seinem Urteil vom 09.11.1998[298] herausgestellt, dass dem Gesellschafter bei Einräumung eines Nießbrauchs an seiner Mitgliedschaft das Stimmrecht für Grundlagenbeschlüsse nicht genommen wird. Im Übrigen hat er die Stimmrechtsverteilung offen gelassen, wobei der *BGH* in einem früheren Beschluss noch geäußert hatte, dass die Mitgliedschaftsrechte grundsätzlich vom Nießbraucher ausgeübt werden.[299] Auch der *BFH* spricht von einer für die Dauer des Nießbrauchs und damit zeitlich begrenzten Verteilung der Kompetenzen der Ausübung der Mitwirkungsrechte zwischen dem Gesellschafter und dem Nießbrauchberechtigten.[300]

Hieraus wurde in einem Teil des Schrifttums die Aufspaltungslösung entwickelt, wonach das Stimmrecht in besonders bedeutsamen Angelegenheiten der Gesellschaft, wie außergewöhnliche Maßnahmen und Grundlagenentscheidungen, beim Gesellschafter verbleibt, da auf dieser Beschlussebene i. d. R. die Verwaltung der sog. „Substanz" (Kernbereich[301]) betroffen ist. Dies betrifft vor allem die Stimmbefugnis für Satzungsänderungen, Organangelegenheiten, Geschäftsführungsfragen etc.[302]

---

297 So für das Einsichts- und Kontrollrecht als eigenes Recht des Nießbrauchers, siehe im 1. Teil, Kapitel 3, Abschn. 2, § 1.

298 BGH v. 09.11.1998 – II ZR 213/97, NJW 1999, 571.

299 BGH, Beschl. v. 03.07.1989 – II ZB 1/89, BGHZ 108, 187 (199).

300 BFH v. 01.03.1994 – VIII R 35/92, NJW 1995, 1918 (1919) im Anschluss an BGH, Beschl. v. 03.07.1989 – II ZB 1/89, NJW 1989, 3152; entsprechend auch OLG Stuttgart, Beschl. v. 28.01.2013 – 8 W 25/13, BeckRS 2013, 04718; LG Oldenburg, Beschl. v. 08.04.2008 – 15 T 257/08, BeckRS 2011, 12552.

301 Welche Rechte zum sog. Kernbereich einer Mitgliedschaft gehören, lässt sich nicht abschließend beantworten; vgl. hierzu für viele: *Goette/Goette,* DStR 2016, 74; *Priester,* NZG 2015, 529. Zur richterrechtlichen Abkehr von der Kernbereichslehre siehe u. a.: BGH v. 21.10.2014 – II ZR 84/13, DStR 2014, 2403; *Heckschen/Bachmann,* NZG 2015, 531.

302 *Bechtold,* Nießbrauch, S. 163 f.; *Flume,* Die Personengesellschaft, § 17 VI, S. 362 f.; *Hepp-Schwab,* Mitgliedschaft, S. 181; *Lindemeier,* RNotZ 2001, 155 (156); *Geschwendtner,* NJW 1995, 1875 (1876); *Schäfer,* in: Staub, HGB, § 105 Rn. 124 ff.; *Roth,* in: Baumbach/Hopt, HGB, § 105 Rn. 46; *Ulmer,* in: FS Fleck,

Für die laufenden Angelegenheiten der Gesellschaft wiederum wird dem Nießbraucher das Stimmrecht zugewiesen, denn mit der Nießbrauchberechtigung, die Nutzungen des belasteten Rechts zu ziehen, ist das Stimmrecht für solche Angelegenheiten verbunden, die diese Nutzungsbefugnisse betreffen (Verwaltung zur Nutzung).[303] Dies zeigt, dass Nießbrauchbesteller und Nießbraucher unabhängig voneinander, also weder gemeinschaftlich noch nebeneinander stimmberechtigt und die Stimmrechtsausübung allein von der jeweiligen Beschlusskategorie abhängig sind.[304]

Weil der Nießbraucher im Recht der Personengesellschaften für die laufenden Angelegenheiten der Gesellschaft stimmberechtigt ist, steht ihm auch nach allgemeiner Ansicht das Recht zur Geschäftsführung zu, denn die Befugnis zur Geschäftsführung umfasst gerade die gewöhnlichen Maßnahmen und Entscheidungen, die für die Verfolgung des Gesellschaftszwecks notwendig sind.[305]

Im Kapitalgesellschaftsrecht erwächst wiederum die Befugnis zur Geschäftsführung nicht unmittelbar aus der Mitgliedschaft, sodass dem Nießbraucher ohne eine gesonderte Geschäftsführungsbestellung diese Befugnis nicht zukommt.[306] Insgesamt zeigt sich, dass allgemeingültige Abgrenzungskriterien zu „laufenden Angelegenheiten" und „außergewöhnliche Maßnahmen" der Gesellschaft weder im BGB, HGB, GmbH- noch im Aktien-Gesetz zu finden sind, da das Stimmrecht grundsätzlich mit der Mitgliedschaft verbunden ist. In den einschlägigen Kommentaren und im

---

ZGR 1988, S. 393 f.; *Queck,* Nießbrauch, S. 200 ff.; *Sandhaus,* Nießbrauch, S. 56 ff.; *Ulmer/Schäfer,* in: MünchKomm-BGB, § 705 Rn. 99; *Fleck,* in: FS R. Fischer, S. 125; *Habersack,* Mitgliedschaft, S. 111 f.; *Hochheim/Wagenmann,* ZEV 2010, 109 (110).

303 *Pohlmann,* in: MünchKomm-BGB, § 1068 Rn. 69; *Escher/Haag,* in: MünchHdb. GesR II, § 27 Rn. 56 ff.; *Bayer,* in: MünchKomm-AktG, § 16 Rn. 28.

304 *Sandhaus,* Nießbrauch, S. 58; *Wedemann,* NZG 2013, 1281 (1282).

305 *Ulmer/Schäfer,* in: MünchKomm-BGB, § 705 Rn. 99, 100; *Flume,* Die Personengesellschaft, § 17 VI S. 363; *Sudhoff,* NJW 1971, 481 (482); a. A. *Teichmann,* ZGR 1972, 1 (13); *Frank,* MittBayNot 2010, 96 (99) sieht demgegenüber den Nießbraucher als Nicht-Gesellschafter in der Befugnis zur Geschäftsführung grundsätzlich ausgeschlossen, erachtet allerdings eine Zulässigkeit der Übertragung von Geschäftsführungsrechten an den Nießbraucher bei Vereinbarung mit den übrigen Gesellschaftern.

306 Für viele: *Oetker,* in: Henssler/Strohn, GesR, § 37 GmbHG Rn. 1 ff.

Schrifttum wird so die konkrete Aufteilung unterschiedlich beurteilt.[307] Nicht zuletzt werden erhebliche Schwierigkeiten in der Aufteilung der mit dem Anteil verbundenen Mitwirkungsrechte zwischen Nießbraucher und Besteller gesehen, die in der Praktikabilität der Einordnung von Beschlussgegenständen in Nießbraucher- und Gesellschafterangelegenheiten bestehen.[308]

III. Stimmrecht ausschließlich beim Nießbraucher

Ausgehend von dem Ziel des Nießbrauchs, in erster Linie im Rahmen der vorweggenommenen Erbfolge[309] die Versorgung des Übergebers sicherzustellen oder aber dem überlebenden Ehegatten durch die letztwillige Verfügung die finanzielle Absicherung zu gewährleisten, billigen Vertreter dieser Ansicht regelmäßig dem Nießbraucher das Stimmrecht und damit die Entscheidungsmacht zu, mindestens aber eine erheblich stärkere Stellung als gegenüber dem Gesellschafter.[310] Es kommt zu einer Überlagerung der Befugnisse des Nießbrauchers gegenüber dem Gesellschafter, wobei selbst ein vollständiger rechtsgeschäftlicher Stimmrechtsverzicht des Gesellschafters und Nießbrauchbestellers zugunsten des Nießbrauchers für möglich erachtet wird.[311]

---

307 *Ulmer/Schäfer,* in: MünchKomm-BGB, § 705 Rn. 99 ff.; *Pohlmann,* in: MünchKomm-BGB, § 1068 Rn. 69 f.; *Queck,* Nießbrauch, S. 200 f. ordnet das Stimmrecht für alle Geschäftsführungsangelegenheiten dem Nießbraucher zu; *Hepp-Schwab,* Mitgliedschaft, S. 177 ff., beschränkt das Stimmrecht auf die Gewinnfeststellung und Gewinnverwendung; ausführlich auch zum Stimmrecht: *Chr. Meyer,* Nießbrauch, S. 179 f.

308 *Ulmer,* in: FS Fleck, ZGR 1988 383 (393); *K. Schmidt,* ZGR 1999, 601 (604).

309 Zum Begriff „vorweggenommene Erbfolge" siehe BGH v. 30.01.1991 – IV ZR 299/89, DNotZ 1992, 32 (33 f.); BGH v. 27.01.2010 – IV ZR 91/09, BeckRS 2010, 06203.

310 *Wedemann,* NZG 2013, 1281 (1286); *Berger,* in: Jauernig, § 1068 Rn. 4.

311 Umfassend hierzu *Goebel,* Nießbrauch, S. 115 ff.. Allerdings käme eine unwiderrufliche Stimmrechtsvollmacht unter gleichzeitigem Stimmrechtsverzicht des Gesellschafters, einer Stimmrechtsabtretung gleich, was zur Aushöhlung des eigentlichen Stimmrechts des Gesellschafters führen würde und damit als unzulässig einzuordnen wäre, vgl. BGH v. 10. 11. 1951 - II ZR 111/50, BGHZ 3, 354 (358 f.).

Diese Sichtweise ist nicht zuletzt auf das Urteil des Reichsgerichtshofs vom 27.10.1924[312] zurückzuführen, wonach das Stimmrecht zu den Gebrauchsvorteilen und damit als Nutzung der Mitgliedschaft angesehen wird.[313] Aus der umfassenden dinglichen Belastung der Mitgliedschaft mit dem Nießbrauchrecht folgt somit die Zuweisung des Stimmrechts an den Nießbraucher.[314] Er hat lediglich die Vorschriften §§ 1037 Abs. 1, 1041 S. 1 BGB zu beachten, wonach die Mitgliedschaft nicht umgestaltet oder wesentlich verändert werden darf bzw. für die Erhaltung der Mitgliedschaft in ihrem wirtschaftlichen Bestand Sorge zu tragen ist.[315]

IV. Stimmrecht ausschließlich beim Gesellschafter

Die herkömmliche und sich als h. M. darstellende Auffassung ordnet das Stimmrecht ausschließlich dem Nießbrauchbesteller/Gesellschafter als Inhaber der Mitgliedschaft zu,[316] mit der Begründung, dass zum einen das Stimmrecht keinen Ertrag der Mitgliedschaft darstellt und sich zum ande-

---

312 RG v. 27.10.1924 – VII 297/27, RGZ 118, 266 (268 f.).

313 *Stresemann,* in: MünchKomm-BGB, § 100 Rn. 3; Staudinger/*Jickeli/Stieper,* BGB, § 100 Rn. 7.

314 Ein alleiniges Stimmrecht des Nießbrauchers befürworten:
(1) bei Personengesellschaften: *Bunke,* DNotZ 1968, 5 (17); *Sudhoff,* NJW 1971, 481 (482); *ders.,* NJW 1974, 2205 (2207 ff.) *Wedemann,* NZG 2013, 1281 (1284 ff.);
(2) bei der GmbH: *Berger,* in: Jauernig, § 1068 Rn. 4; *Hoyer,* BB 1978, 1459 (1460); *Stresemann,* in: MünchKomm-BGB, § 100 Rn. 3; *Sudhoff,* GmbHR 1971, 53 (54); i. E. auch: *Koppensteiner/Gruber,* in: Rowededer/Schmidt-Leithoff, GmbHG, § 47.
(3) bei der AG: *Koppensteiner,* in: KK-AktG, § 16 Rn. 44; *Grigoleit,* in: Grigoleit, AktG, § 16 Rn. 10; mit dem Hinweis, dass sich das Stimmrecht nur auf die laufenden Angelegenheiten bezieht.

315 *Berger,* in: Jauernig, BGB § 1068 Rn. 4. Diese Sachnießbrauchsnormen erscheinen allerdings auf den Rechtsnießbrauch und damit auf die Mitgliedschaft als Rechtsverhältnis und als subjektives Recht kaum anwendbar.

316 OLG München, Beschl. v. 8.8.2016 – 31 Wx 204/16, nrkr., DStR 2016, 2000; OLG Koblenz v. 16.01.1992 – 6 U 963/91, NJW 1992, 2163; *Pohlmann,* in: MünchKomm-BGB, § 1068 Rn. 81; *Herrler,* in: Palandt, BGB, § 1068 Rn. 5; *K. Schmidt,* Gesellschaftsrecht, § 61 II 3, S. 1824; *K. Schmidt,* ZGR 1999, 601 (607 ff.); *Teichmann,* ZGR 1972, 1 (11 f.); *Teichmann,* ZGR 1973, 24 (31); *Blaurock,* Unterbeteiligung, S. 142 ff.; *Huber,* Vermögensanteil, S. 416; *Harders,* Nießbrauch, S. 27 ff.; *Kruse,* RNotZ 2002, 69 (75); *Chr.Meyer,* Nießbrauch, S. 233; *Barry,* RNotZ 2014, 401 (409 f.); *Reichert/Weller,* in: MünchKomm-

ren die Stimmrechtskompetenz und Zuordnung zu einzelnen Beschlussgegenständen kaum bestimmen und durchführen lässt und damit zu unlösbaren Abgrenzungsschwierigkeiten im Einzelfall führt.[317] Eine Abgrenzung zwischen nutzungsbezogenen und substanzbezogenen Beschlüssen ist mithin kaum zuverlässig durchführbar.[318]

V. Gemeinsames Stimmrecht von Gesellschafter und Nießbraucher

Bereits in der älteren Literatur[319] haben verschiedene Autoren ein gemeinsames Stimmrecht von Nießbraucher und Gesellschafter/Nießbrauchbesteller befürwortet, mit der Folge, dass beide Parteien zur wirksamen Ausübung des Stimmrechts in der Gesellschafterversammlung zuvor eine Einigung herbeiführen müssen. In der jüngeren Zeit hat besonders *Schön*[320] die Diskussion für eine Vergemeinschaftung des Stimmrechts wieder aufgenommen, der insoweit eine eigenständige Personengruppe (Nießbraucher und Nießbrauchbesteller) innerhalb des Verbandes sieht. *Hauck*[321] spricht ebenso von einer „Vergemeinschaftung des Rechts mit einer Zugangseröffnung“. Hiernach führt das vertragliche Schuldverhältnis zwischen Nießbraucher und Nießbrauchbesteller zu einer Zuweisung von Befugnissen an den Nießbraucher, der diese dann wiederum für die Zeit des Nießbrauchverhältnisses ausübt, während der Rechtsinhaber die Rechtsmacht über die Befugnisse behält, diese aber eben nicht ausüben kann.[322]

Der Nießbraucher tritt neben den Rechtsinhaber.[323] Zwar sind beide Parteien gemeinsam an der Mitgliedschaft berechtigt, von einer Vergemeinschaftung der Befugnisse kann insoweit aber nicht gesprochen werden.

GmbHG, § 15 Rn. 337; *Hillmann,* in: Henssler/Strohn, GesR, § 47 GmbHG Rn. 33; *Wachter,* AktG, § 134 Rn. 15; Erman/*W. Bayer,* BGB, § 1081 Rn. 8.

317 *Pohlmann,* in: MünchKomm-BGB, § 1068 Rn. 81; *Frank,* MittBayNot 2010, 96 (99).

318 *K. Schmidt,* ZGR 1999, 601 (608); *Wedemann,* NZG 2013, 1281(1284).

319 *Wiedemann,* Übertragung, S. 408 ff.; *Peters,* Ausübung, S. 25 ff.; *Heck,* Sachenrecht, S. 476.

320 *Schön,* ZHR 158 (1994), 229 (255).

321 *Hauck,* Nießbrauch, S. 120.

322 *Hauck,* Nießbrauch, S. 120 f.

323 *Hauck,* Nießbrauch, S. 120.

Verfolgt man wiederum den Ansatz von *Schön*, kommt es letztlich zu einer Verlagerung einer Teilmeinungsfindung aus der Gesellschaft auf das Innenverhältnis von Nießbraucher und Gesellschafter.[324] Bestehen Meinungsverschiedenheiten und kann eine Einigung auf dieser Ebene nicht erreicht werden, verfällt nach Ansicht von *Schön* das Stimmrecht.[325]

VI. Stellungnahme

Das Stimmrecht als originäres Recht befähigt den einzelnen Gesellschafter, unmittelbar an der Willensbildung der Gesellschaft, des Gesellschafterkreises und damit auch bei der Beschlussfassung teilzunehmen und Einfluss auszuüben.[326] Dieses Recht vermittelt so dem Gesellschafter die Rechtsmacht, auf die Förderung des Gesellschaftszwecks und damit auf den wirtschaftlichen Erfolg einzuwirken.[327]

Mit der dinglichen Nießbrauchbestellung an einer Mitgliedschaft kommt es mithin zu einer Verteilung der Kompetenzen und damit zu einem Kompetenzverteilungsproblem zwischen Gesellschafter und Nießbraucher für die Dauer des Nießbrauchs. Da das Gesetz keinerlei explizite Regelungen über die Aufteilung von Befugnissen insbesondere zur Aufteilung des Stimmrechts zwischen Nießbraucher und Gesellschafter enthält und auch die h. M.[328] davon ausgeht, dass das Stimmrecht sachenrechtlich keine Nutzung im Sinne der §§ 1068, 1030 BGB i. V. m. §§ 99 Abs. 2, 100 BGB darstellt, ist es naheliegend, den Nießbraucher generell vom gesellschaftsrechtlichen Stimmrecht auszuschließen. Auch die grundsätzliche Anwendbarkeit der Vorschriften über den Sachnießbrauch und die Regelungen in §§ 1036 Abs. 1, 1066 Abs. 1 BGB führen hier nicht weiter, denn eine analoge Anwendung auf den Rechtsnießbrauch und hier auf den Nießbrauch an einer Mitgliedschaft führt zu keinem sinnvollen Ergebnis.[329] §§ 1036, 1066 BGB gelten ausschließlich als notwendige, unmittelbare Fürsorge für die Sache, während sich die Bewirtschaftung des Gesell-

---

324 Vgl. auch *Oberhammer,* Mitverwaltung, S. 12.

325 *Schön,* ZHR 158 (1994), 229 (262).

326 *K. Schmidt,* Gesellschaftsrecht, § 21 II 1, S. 604.

327 BGH v. 16.12.2014 – II ZR 277/13, NZG 2015, 269 (271).

328 *Ulmer/Schäfer,* in: MünchKomm-BGB, § 705 Rn. 99; *Wiedemann,* Gesellschaftsrecht II, § 5 II 2, S. 445; *Chr. Meyer,* Nießbrauch, S. 203 ff.

329 Vgl. *Pohlmann,* in: MünchKomm-BGB, § 1068 Rn. 18; *Wiedemann,* Gesellschaftsrecht II, § 5 II 2, S. 445.

schaftsvermögens nach dem Gesellschaftsvertrag richtet und damit die Anwendung dieser Vorschriften für den Nießbrauch am Gesellschaftsanteil nicht möglich ist; die Mitgliedschaft wird nun mal nicht „bewirtschaftet".[330]

Folgt man allerdings dem Grundsatz, dass dem Nießbraucher keine weiteren Rechte zustehen können als dem Gesellschafter selbst, was sich allein schon aus der Begrifflichkeit „beschränktes (dingliches) Recht" ergibt, die Rechtsmacht des Nießbrauchers also geringer sein muss als die des Rechtsinhabers,[331] und des Weiteren der Inhalt des Nießbrauchrechts durch Art und Inhalt des belasteten Rechts bestimmt wird,[332] so folgt daraus, dass dem Nießbraucher wenigstens die Mitwirkungsrechte und damit das gesellschaftsrechtliche Stimmrecht für die laufenden Angelegenheiten der Gesellschaft zugeordnet werden können.[333] Bei ihrer Ausübung hat der Nießbraucher die Interessen der Gesellschaft wie auch der Mitgesellschafter zu beachten (Treuepflicht). Dem Gesellschafter verbleibt das Recht zur Abstimmung bei außergewöhnlichen Maßnahmen und Grundlagenentscheidungen, also Entscheidungsfindungen, die den Kernbereich der Gesellschaft betreffen.[334]

Bedenkt man des Weiteren, dass die Zuweisung des Stimmrechts auch für die steuerrechtliche Beurteilung des Nießbrauchers in Bezug zur Tatbestandsverwirklichung der Einkünfteerzielung und hier insbesondere für die Erfüllung der Mitunternehmereigenschaft bei Personengesellschaften von besonderer Bedeutung ist, ist wenigstens eine vertragliche Abrede zwischen den Nießbrauchparteien zu fordern, die mindestens in der Gewährung einer Stimmrechtsvollmacht mündet.

Für Kapitalgesellschaften stellt sich diese Problematik dem Grunde nach nicht, dennoch bleibt auch hier für die steuerrechtliche Tatbestandsverwirklichung der Einkünfteerzielung die Frage der Notwendigkeit eines Stimmrechts bestehen.[335]

---

330 So auch: *Kruse,* RNotZ 2002, 69 (75), *Wiedemann,* Gesellschaftsrecht II, § 5 II 2 S. 445.

331 So auch *Hauck,* Nießbrauch, S. 121.

332 *Pohlmann,* in: MünchKomm-BGB, § 1068 Rn. 16.

333 So auch der BFH v. 23.02.2010 – II R 42/08, BStBl. II 555 (557 f.); BFH v. 01.03.1994 – VIII R 35/92, DStR 1994, 1803 (1805).

334 Gl. A. *Ulmer/Schäfer,* in: MünchKomm-BGB, § 705 Rn. 99, leiten allerdings die Zuständigkeit des Nießbrauchers für die laufenden Angelegenheiten der Gesellschaft aus den Vorschriften der §§ 1036 Abs. 1, 1066 Abs. 1 BGB ab.

335 Siehe hierzu die Ausführungen im 3. Teil, Kapitel 4, Abschn. 1, § 1 B.

Eine Bündelung der Stimmrechtsbefugnisse mittels des Vergemeinschaftungskonzepts und dieses in Erweiterung zu einer Innengesellschaft bürgerlichen Rechts kann die oben beschriebenen Abgrenzungsschwierigkeiten lösen. Hierauf wird, nachdem die sonstigen Mitwirkungsrechte erläutert wurden, weiter unten eingegangen.

C. Sonstige Mitwirkungsrechte

I. Überblick

Neben dem Stimmrecht als zentrales Mitwirkungsrecht bestehen insbesondere das Geschäftsführungs- und Vertretungsrecht, das Informations- und Kontrollrecht, das Widerspruchsrecht, die actio pro socio etc.[336] Unter Beachtung des Abspaltungsverbots ist der Gesellschafter grundsätzlich nicht daran gehindert, einzelne Rechte an den Nießbraucher zur Ausübung zu überlassen.[337] Allerdings sind hier die Auffassungen in der Literatur unterschiedlich:

Vertreter einer engen Ansicht sehen allgemein die Rechte und Pflichten aus der Mitgliedschaft allein beim Gesellschafter, dem Nießbrauchbesteller.[338] Begründet wird dies u. a. damit, dass der Gesellschafter keine Schlechterstellung gegenüber dem Nießbraucher erfahren darf.[339] Auch wird vorgebracht, dass eine Aufteilung der Verwaltungsrechte auf zwei Rechtsinhaber zu Rechtsunsicherheit führt, mit der Folge zusätzlichen Konfliktpotenzials.[340]

Die Vertreter einer sogenannten weiten Ansicht sehen die Rechte beim Nießbraucher, wenigstens soweit sie die laufenden Angelegenheiten der Gesellschaft betreffen, während Grundlagenentscheidungen, wie bereits oben ausgeführt, weiterhin beim Gesellschafter verbleiben.[341]

---

336 *Schäfer,* in: MünchKomm-BGB, § 717 Rn. 16.

337 *Schäfer,* in: MünchKomm-BGB, § 717 Rn. 9.

338 *Schmidt,* in: MünchKomm-HGB, Vor § 230 Rn. 21; *Pohlmann,* in: MünchKomm-BGB, § 1068 Rn. 82.

339 Staudinger/*Frank* (2009), BGB, Anh. zu §§ 1068 f. Rn. 71 ff.; *Roth,* in: Baumbach/Hopt, HGB, § 105 Rn. 46.

340 *Röthel,* in: Henssler/Strohn, GesR, § 105 HGB Rn. 165.

341 *Ulmer/Schäfer,* in: MünchKomm-BGB, § 705 Rn. 99 ff; *Roth,* in: Baumbach/Hopt, HGB, § 105 Rn. 46.

Im Folgenden werden nur einzelne sonstige Mitwirkungsrechte näher dargelegt, denn durch die gemeinsame Berechtigung von Nießbraucher und Gesellschafter an der Mitgliedschaft und dem damit verbundenen Einbezug des Nießbrauchers für die Dauer des Nießbrauchs mit quasi-dinglicher Wirkung in den Gesellschaftsverband, ohne dass der Gesellschafter und Nießbrauchbesteller ausscheidet,[342] stellt sich die Frage, ob es zu einer Verdoppelung von Rechten/Befugnissen kommt oder eine Überlagerung der Befugnisse des Nießbrauchers gegenüber der Gesellschafterstellung des Nießbrauchbestellers vorliegt.

II. Die sonstigen Mitwirkungsrechte im Einzelnen

1. Geschäftsführungs- und Vertretungsbefugnis

Unter Geschäftsführung ist die im Innenverhältnis auf die Verfolgung des Unternehmenszwecks gerichtete Tätigkeit, die der gewöhnliche Betrieb der Gesellschaft mit sich bringt, zu verstehen.[343] Nicht zur Geschäftsführung gehören damit die Grundlagengeschäfte, die das Verhältnis der Gesellschafter untereinander betreffen.[344] Zur Geschäftsführung bei der Personengesellschaft sind grundsätzlich alle Gesellschafter gemeinsam verpflichtet, § 709 Abs. 1 BGB (Prinzip der Selbstorganschaft). Eine Abweichung durch Zuweisung an ausgewählte Gesellschafter ist mittels gesonderter Vereinbarung unter den Gesellschaftern, i. d. R. mittels Gesellschaftsvertrag, zulässig.[345] Diese Zuweisung kann im Recht der Personengesellschaften nach überwiegender Auffassung im Schrifttum auch an den Nießbraucher erfolgen, ohne dass darin ein Verstoß gegen den Grundsatz

342 BGH v. 03.07.1989 – II ZB 1/89, BGHZ 108, 187 (199), der klarstellt, dass der Nießbrauch nicht zur Abspaltung einzelner Rechte führt, sondern dass Mitgliedschaftsrechte vielmehr von einem Dritten ausgeübt werden; so auch: *Ulmer/Schäfer,* in: MünchKomm-BGB, § 705 Rn. 96; *Ulmer,* in: FS Fleck, ZGR 1988, 383 (385); *Wiedemann,* Die Übertragung, S. 411 ff.; *Schön,* ZHR 158 (1994), 229 (253); *K. Schmidt,* Gesellschaftsrecht, § 19 III, S. 561.

343 *Windbichler,* Gesellschaftsrecht, S. 66; *Finckh,* in: Henssler/Strohn, GesR, § 114 HGB Rn. 4.

344 *Finckh,* in: Henssler/Strohn, GesR, § 114 HGB Rn. 6.

345 *Windbichler,* Gesellschaftsrecht, S. 66; *Ulmer/Schäfer,* in: MünchKomm-BGB, § 717 Rn. 17.

der Selbstorganschaft zu sehen ist.[346] Zwar ist der Nießbraucher am Gesellschaftsanteil dinglich berechtigt, das Recht zur Geschäftsführung stellt aber weder einen Nutzen noch einen Gebrauchsvorteil aus dem Anteil dar. Es ist ein Element des Mitgliedschaftsrechts, welches als Befugnis auf den Nießbraucher dennoch übertragen werden kann. Es kommt so zu einer von der gesellschaftsrechtlichen Geschäftsführungsbefugnis abweichenden rechtsgeschäftlichen Geschäftsführung.[347] In einem neueren Urteil stellt der *BGH*[348] nochmals fest, dass dem Gesellschafter die Beschlusskompetenz in den Grundlagengeschäften nicht genommen werden kann und die Rechte des Nießbrauchers offen bleiben. Dies bedeutet letztlich, dass dem Nießbraucher in allen gewöhnlichen und damit laufenden Angelegenheiten die Kompetenz zugesprochen werden kann. Dieses wiederum ist nichts anderes als die Ausübung einer Geschäftsführungsfunktion für alle gewöhnlichen Geschäfte in der Gesellschaft im Sinne des Unternehmensgegenstandes. Zu diesen sogenannten laufenden Angelegenheiten hat der *BGH* in einer jüngeren Entscheidung nunmehr auch die jährliche Rechnungslegung und die Gewinnverwendung gerechnet.[349] Das ist auch nur konsequent, unterliegt der Nießbraucher auch als Nicht-Gesellschafter durch die dingliche Berechtigung ebenso den gesellschaftsrechtlichen Treuepflichten wie der Gesellschafter und Nießbrauchbesteller selbst.[350]

Damit geht nicht die organschaftliche Vertretungsmacht im Außenverhältnis der Personengesellschaft einher, zumal der Nießbraucher ohne rechtsgeschäftliche Regelung sich nicht im Haftungsverbund der Gesellschafter befindet. Der Nießbraucher kann aber rechtsgeschäftlich unter

---

346 *Ulmer/Schäfer,* in: MünchKomm-BGB, § 705 Rn. 100; *Kruse,* RNotZ 2002, 69 (77); *Flume,* Die Personengesellschaft, § 17 VI., S. 363; *Sudhoff,* NJW 1971, 481 (482); a. A. *Teichmann,* ZGR 1972, 1 (13); *Wiedemann,* Gesellschaftsrecht II, § 5 II 2, S. 447; *Frank,* MittBayNot 2010, 96 sieht jedenfalls eine rechtsgeschäftliche Übertragung des Geschäftsführungsrechts auf den Nießbraucher für zulässig an.

347 BGH v. 22.01.1962 – II ZR 11/61, NJW 1962, 738 (738 f.).

348 BGH v. 09.11.1998 – II ZR 213/97, NZG 1999, 150 (150 f.).

349 BGH v. 15.01.2007 – II ZR 245/05, DB 2007, 564; anders noch BGH v. 29.03.1996 – II ZR 263/94, DB 1996, 926; *Priester,* DStR 2008, 1386 (1390).

350 *Ulmer/Schäfer,* in: MünchKomm-BGB, § 705 Rn. 102; *Habersack,* Mitgliedschaft, S. 112; *Gaubatz-Frenzl,* Stimmrecht, S. 115 ff.; *Fleck*, in: FS R. Fischer, 107 (118 f., 125); *Oberhammer,* Mitverwaltung, S. 39 ff.; a. A. *Teichmann,* ZGR 1972, 1 (10).

Mitwirkung der übrigen Gesellschafter zum Vertreter der Gesellschaft bestellt werden.[351]

Besteht ein Nießbrauchrecht an einem GmbH-Geschäftsanteil oder einer Aktie, so kann der Nießbraucher unabhängig von seinem durch den Gesellschafter eingeräumten dinglichen Recht an der Mitgliedschaft einer Kapitalgesellschaft zur Geschäftsführung und Vertretung der Gesellschaft bestellt werden (Prinzip der Fremdorganschaft).

2. Teilnahme an der Gesellschafter-/Hauptversammlung

Das Recht zur Teilnahme an der Gesellschafter- oder Hauptversammlung obliegt grundsätzlich dem Gesellschafter kraft eigenen Rechts aus der Mitgliedschaft.[352] Es ermöglicht ihm nicht nur ein persönliches Anwesenheitsrecht, sondern auch eine aktive Mitwirkung durch Ausübung des Rede- und Stimmrechts, einschließlich eines Antragsrechts.[353] Der Nießbraucher als Nicht-Gesellschafter hat insoweit kein entsprechendes Teilnahmerecht als Ausfluss des beschränkten dinglichen Nießbrauchrechts inne.[354] Allerdings kann sich der Nießbraucher, dem aufgrund seines beschränkten dinglichen Rechts nach allgemeiner Auffassung auch kein originäres Stimmrecht zusteht,[355] für die Wahrnehmung seiner Interessen zur Ausübung des Stimmrechts bevollmächtigen lassen (Stimmrechtsvollmacht).[356] Hat der Nießbraucher die wirtschaftliche Stellung eines Gesellschafters erlangt, wird man dem Nießbraucher wohl ein eigenes Stimmrecht und damit ein Teilnahmerecht bei Zustimmung der anderen Gesellschafter zuerkennen müssen, wodurch es zu einer doppelten Teilnahme

---

351 Grundsätzlich kann auch ein Nichtgesellschafter durch rechtsgeschäftliche Vollmacht zur Vertretung berechtigt werden, siehe hierzu: *Windbichler,* Gesellschaftsrecht, S. 70; Nießbraucher als Vertreter: *Kruse,* RNotZ 2002, 69 (75); *Finger,* DB 1977, 1033 (1039); a. A. *Wiedemann,* Gesellschaftsrecht II, § 5 II 2 S. 447.

352 *Kilian,* in: Henssler/Strohn, § 717 BGB Rn. 6.

353 Für viele: *Seibt,* in: Scholz, GmbHG, § 48 Rn. 13, 16; *Singer,* NWB 2017, 264 (265).

354 *Kilian,* in: Henssler/Strohn, § 717 BGB Rn. 6; *Reichert/Weller,* in: MünchKomm-GmbHG, § 15 Rn. 338; *Ebbing,* in: Michalski, GmbHG, § 15 Rn. 198; Staudinger/*Frank* (2009), Anh. zu §§ 1068 f. Rn. 98; *Chr. Meyer,* Nießbrauch, S. 266, lehnt ein Teilnahmerecht bei der AG und GmbH ab.

355 BGH, Beschl. v. 22.01.1996 – II ZR 191/94, DStR 1996, 713, Anm. *Goette, Singer,* NWB 2017, 264 (266).

356 *Hillmann,* in: Henssler/Strohn, § 47 GmbHG Rn. 33.

kommt.[357] Dies betrifft damit auch die Gesellschafterversammlung für die Beschlussfassung zur Bilanzfeststellung.[358]

Liegt das Stimmrecht bzw. die Stimmrechtsvollmacht aufgrund vertraglicher Regelung zwischen Nießbraucher und Nießbrauchbesteller ausschließlich beim Nießbraucher, ist nur dieser zur Teilnahme berechtigt.[359]

3. Informations- und Kontrollrechte

Das Informationsrecht eines Gesellschafters erfasst nach allgemeiner Ansicht den Anspruch auf Einsicht in die geschäftlichen Unterlagen, die die Gesellschaft nicht nur unmittelbar, sondern auch mittelbar betreffen, allerdings begrenzt durch die gesellschaftsrechtliche Treuepflicht.[360] Der Umfang dieses Informationsrechts hängt wiederum von der jeweiligen Rechtsform ab. So erhält der GmbH-Gesellschafter gemäß § 51a GmbHG umfassende Einsichts- und Auskunftsrechte. Gleiches gilt für den Gesellschafter einer oHG gemäß § 118 Abs. 1 HGB.[361]

Das ordentliche Informationsrecht des Kommanditisten wiederum ist gemäß § 166 Abs. 1 HGB beschränkt auf die schriftliche Mitteilung des Jahresabschlusses und die Prüfung dessen Richtigkeit durch Einsicht in Bücher und Papiere. Darüber hinaus wird ihm ein außerordentliches Informationsrecht aus wichtigem Grund gemäß § 166 Abs. 3 HGB gewährt.[362]

---

357 OLG Koblenz v. 16.01.1992 – 6 U 963/91, GmbHR 1992, 464 (466); *Hillmann,* in: Henssler/Strohn, § 47 GmbHG Rn. 33 m. w. N.

358 Der *BGH* stuft die Beschlussfassung zur Bilanzfeststellung als Grundlagengeschäft und damit in den Kompetenzbereich der Gesellschafter ein, sieht diese Aufgabe aber als einen Akt der sog. laufenden Verwaltung durch die Gesellschafter an, BGH v. 15.01.2007 – II ZR 245/05, DStR 2007, 494.

359 OLG Koblenz v. 16.01.1992 – 6 U 963/91, GmbHR 1992, 464 (466); *Reichert/ Schlitt,* in: FS Flick, 1997, 217 (232 f.). Allerdings wäre auch hier eine doppelte Teilnahme bei einem entsprechenden Mehrheitsbeschluss der Gesellschafterversammlung möglich, zumal der Gesellschafter die Vollmacht jederzeit widerrufen und das Teilnahmerecht wieder an sich ziehen kann; vgl. OLG Hamm v. 06.05.2003 – 27 U 131/02, BeckRS 2003, 07029; *Singer,* NWB 2017, 264 (268).

360 *Finckh,* in: Henssler/Strohn, § 118 HGB Rn. 3 ff.; *Otte,* NZG 2014, 521 (521).

361 *Finckh,* in: Henssler/Strohn, § 118 HGB Rn. 3 ff.

362 Die überwiegende Meinung im Schrifttum sieht allerdings das gesetzliche Informationsrecht des Kommanditisten weitreichender, als aus § 166 HGB ersichtlich ist, und spricht ihm im Wesentlichen diejenigen aus § 51a GmbHG zu; vgl. hier-

Folgt man nun dem Grundsatz, dass der Inhalt des Nießbrauchs durch Art und Inhalt des belasteten Rechts, die Mitgliedschaft, bestimmt wird, so folgt daraus, dass eine Zuweisung auch von Informations- und Kontrollrechten als weitere Befugnisse an den Nießbraucher grundsätzlich zulässig sein muss.[363]

Die Meinungen im Schrifttum sind hierzu differenziert:

Da das Informationsrecht Teil der Mitverwaltungsrechte und damit Ausfluss der Mitgliedschaft ist, wird teilweise vertreten, dass dieses Recht ausschließlich beim Gesellschafter verbleibt.[364] Nach anderer Ansicht stehen dem Nießbraucher regelmäßig Informations- und Kontrollrechte nach § 716 BGB, §§ 118 Abs. 1, 166 Abs. 1 HGB, § 51a GmbHG, § 131 AktG, zu, sofern sich das Nießbrauchrecht auf die Mitgliedschaft im Ganzen bezieht,[365] weil der Nießbraucher im Recht der Personengesellschaften durch die dingliche Berechtigung an einem Gesellschaftsanteil eine dem Kommanditisten ähnliche Stellung einnimmt. Umso mehr muss dem Nießbraucher dieses Recht zugestanden werden, denn nur mit diesem Informations- und Kontrollrecht ist er in der Lage, die in der Mitgliedschaft verkörperten Vermögensrechte wahrzunehmen und die Höhe der ihm zustehenden Erträgnisse aus dem Nießbrauchrecht zu bestimmen.[366] Dem Gesellschafter verbleibt insoweit ein Mindestbestand dieser Rechte aus § 716 Abs. 2 BGB, §§ 118 Abs. 2, 166 Abs. 3 HGB.

Auch beim Nießbrauch an einer kapitalgesellschaftlichen Mitgliedschaft ergeben sich die genannten Rechte grundsätzlich aus der dinglichen Berechtigung an der Mitgliedschaft. Allerdings vertritt hier die überwie-

---

zu: *Hopt,* in: Baumbach/Hopt, HGB, § 166 Rn. 11; *K. Schmidt,* JZ 2008, 425 (432 f.); *ders.,* Gesellschaftsrecht, S. 1540 ff.; *Bisle,* NWB 2016, 3535 (3535); zwischenzeitlich hat auch der BGH mit Beschluss vom 14.06.2016 klargestellt, dass das in § 166 Abs. 3 HGB geregelte außerordentliche Informationsrecht weitreichender ist, BGH, Beschl. v. 14.06.2016 – II ZB 10/15, GmbHR 2016, 1141.

363 Zum Informationsrecht als eigenes, originäres Recht siehe: 1. Teil, Kapitel, 3, Abschn. 2, § 1.

364 *Pohlmann,* in: MünchKomm-BGB, § 1068 Rn. 82; *K. Schmidt,* in: Scholz, GmbHG, Bd. 2, § 51a Rn. 12.

365 *Ulmer,* in: FS Fleck, ZGR 1988, 383 (395); *Petzoldt,* DStR 1992; 1171 (1174); *Strohn,* in: Henssler/Strohn, § 51a GmbHG, Rn. 5; *Hüffer/Schürnbrand,* in: GmbH-Großkommentar, § 51a Rn. 18; differenzierend: *K. Schmidt,* in: Scholz, GmbHG, Bd. 2, § 51a Rn. 12, der dem Nießbraucher ein Informationsrecht über eine zu erteilende Vollmacht zubilligt.

366 *Blaurock,* Unterbeteiligung, S. 147; *Teichmann,* ZGR 1973, 24 (30).

gende Meinung im Schrifttum, dass diese personenrechtlichen Mitgliedschaftsrechte beim Gesellschafter verbleiben.[367]

Bedenkt man, dass die gesellschaftsrechtlichen Informations- und Kontrollrechte in einem engen Zusammenhang mit dem vermögensrechtlichen Nutzungsrecht des Nießbrauchers stehen, so wird es gerade für ihn von großem Interesse sein, Informationen über die wirtschaftliche Lage der Gesellschaft und damit über seine Ertragssituation zu erhalten.[368] Auch wenn der Nießbraucher dem Grunde nach kein Gesellschaftsfremder ist, sollte eine Informations- und Kontrollbefugnis des Nießbrauchers durch eine rechtsgeschäftliche Vereinbarung zwischen Gesellschafter, Nießbraucher und den übrigen Gesellschaftern in Bezug auf die laufenden Angelegenheiten der Gesellschaft abgesichert sein.

4. Widerspruchs- und Anfechtungsrechte

Ist dem Nießbraucher ein Stimmrecht eingeräumt, muss ihm gleichzeitig die actio pro sozio als Befugnis zustehen, um so gegen rechtswidrige Gesellschafterbeschlüsse vorgehen zu können.[369] Dies führt auch zu einer Verdoppelung der Zuständigkeiten; sowohl der Gesellschafter/Nießbrauchbesteller, als auch der Nießbraucher kann, soweit dies für die Ausübung des Nießbrauchrechts notwendig ist, die Gesellschaft in Anspruch nehmen.[370] Ansonsten ist der Nießbraucher gehalten, den Nießbrauchbesteller/Gesellschafter im Innenverhältnis (Nießbrauchverhältnis) zu bewegen, gegen rechtswidrige Beschlüsse im Klagewege vorzugehen.

---

367 *Ebbing,* in: Michalski, GmbHG, § 15 Rn. 198; *K. Schmidt,* in: Scholz, § 51 a Rn. 12; *Fastrich,* in: Baumbach/Hueck, GmbHG, § 15 Rn. 53; *Görner,* in: Rowedder/Schmidt-Leithoff, GmbHG, § 15 Rn. 92; *Hüffer/Schürnbrand,* in: GmbHG-Großkommentar, § 51a GmbHG Rn. 18; *Reichert/Schlitt/Düll,* GmbHR 1998, 565, 566; *Barry,* RNotZ 2014, 401 (410); *Fleck,* in: FS R. Fischer (1979), 107 (125).

368 So auch *Kruse,* RNotZ 2002, 69 (77).

369 So auch *Goebel,* Nießbrauch, S. 286.

370 *Schön,* ZHR 158 (1994), 229 (263 f.).

5. Haftung des Nießbrauchers

Im Personengesellschaftsrecht haftet der Anteilseigner gesamtschuldnerisch für die Verbindlichkeiten der Gesellschaft bzw., soweit er eine Kommanditistenstellung einnimmt, begrenzt auf seine Hafteinlage. Wird nunmehr der Nießbraucher in das Rechte- und Pflichtengefüge der Gesellschaft in einer der mitgliedschaftsrechtlichen Art vergleichbaren Weise aufgenommen, werden ihm also Mitwirkungs- und Verwaltungsbefugnisse wenigstens in den laufenden Angelegenheiten der Gesellschaft zugewiesen, so befreit dies den Gesellschafter nicht von seiner Außenhaftung. Vielmehr spricht diese dingliche Mitberechtigung an der personengesellschaftsrechtlichen Mitgliedschaft, die sich durch eine wirtschaftliche Machtposition derart ausdrückt, dass er erheblichen Einfluss auf die Geschicke der Gesellschaft nimmt, für die Annahme einer neben der Haftung des Gesellschafters tretenden Haftung auch des Nießbrauchers.[371] Nur dann, wenn ein reiner Ertragsnießbrauch ohne Übertragung von Mitwirkungs- und Verwaltungsbefugnissen auf den Nießbraucher vorliegt, kann eine Mithaftung des Nießbrauchers ausgeschlossen werden.[372]

Für den Nießbrauch an einem Kapitalgesellschaftsanteil hat der *BGH*[373] jüngst mit seinem Urteil vom 05.04.2011 herausgestellt, dass auch der Nießbraucher Adressat der Eigenkapitalersatzregeln sein kann, wenn diesem neben der Beteiligung am Gewinn der Gesellschaft weitreichende Be-

---

371 *Flume,* Die Personengesellschaft, § 17 VI., S. 364; *K. Schmidt,* in: MünchKomm-HGB, Vor § 230 Rn. 24; *Schäfer,* in: Staub HGB, § 105 Rn. 128; a. A. *Blaurock,* Unterbeteiligung, S. 148 f., der eine Außenhaftung des Nießbrauchers auch dann nicht sieht, wenn dieser eine wirtschaftliche Beherrschung ausüben kann; *Hepp-Schab,* Mitgliedschaft, S. 185 f., zieht eine persönliche Haftung des Nießbrauchers solange nicht in Betracht, wie dieser keine Organaufgaben oder Stimmbefugnisse in Geschäftsführungsangelegenheiten übernimmt; *Wertenbruch,* in: Ebenroth/Boujong/Joost/Strohn, § 105 HGB Rn. 237, hebt hervor, dass eine Gesellschafterstellung gegeben sein muss; *Oberhammer* fordert, dass dem Nießbraucher generell die gesellschaftsrechtliche Pflichtenlage des Rechtsinhabers treffen muss, um überhaupt in den Genuss der Mitverwaltungsrechte zu kommen, *Oberhammer,* Mitverwaltung, S. 44; auch der *BGH* lehnt ein Gleichlauf von Herrschaft und Haftung grundsätzlich ab und stellt allein auf die Ausgestaltung der Gesellschaft ab, d.h. ein zusätzlicher Haftungsgrund (z.B. Schuldbeitritt oder Rechtsschein) muss gegeben sein, BGH v. 01.03.2010 – II ZR 249/08, NZG 2010, 823; *Blaurock,* NZG 2010, 974 (975).

372 So auch *Kruse,* RNotZ 2002, 69 (81).

373 BGH v. 05.04.2011 – II ZR 173/10, NZG 2011, 864.

fugnisse eingeräumt wurden, die ihn zur Einflussnahme auf die Geschäftsführung und die Gestaltung der Gesellschaft berechtigen, insbesondere, wenn er in der Lage ist, die Geschicke der Gesellschaft mitzubestimmen.

III. Stellungnahme

Das Gesetz enthält, unabhängig vom Zustimmungserfordernis des § 1071 BGB, keine Bestimmungen über die Aufteilung von Mitwirkungs- und Verwaltungsrechten (Befugnisse) zwischen den Nießbrauchbeteiligten. Bestehen zwischen Nießbraucher und Gesellschafter aufgrund des Grundsatzes der Vertragsfreiheit keinerlei rechtsgeschäftliche Abreden, verbleiben die personenrechtlichen Mitgliedschaftsrechte grundsätzlich beim Gesellschafter. Dies gilt uneingeschränkt für die gesetzlichen und satzungsmäßigen Stimminformations-, Einsichts- und Kontrollrechte, wobei das Teilnahmerecht an Gesellschafterversammlungen naturgemäß der Stimmberechtigte ausübt.

Dem Nießbraucher steht wiederum ein eigenes Informations- und Auskunftsrecht aus § 242 BGB bezüglich seines entnahme- bzw. ausschüttungsfähigen Gewinnanteils zu.

Auch kann der Gesellschafter seine Mitwirkungs- und Verwaltungsrechte selbst dann wirksam ausüben, wenn sich diese nachteilig für den Nießbraucher auswirken. Nur dann und insoweit genießt der Nießbraucher einen Rechtsschutz, wie eine Aufhebung oder Änderung der belasteten Mitgliedschaft durch den Gesellschafter erfolgt und zu einer Beeinträchtigung führt (Verfügungsverbot des § 1071 BGB). In diesen Fällen bedarf es zur Wirksamkeit von rechtsgeschäftlichen Maßnahmen der Zustimmung des Nießbrauchers, § 1071 Abs. 1 BGB.

Hinsichtlich des Stimmrechts besteht nunmehr Klarheit dahingehend, dass es für Entscheidungsfindungen, die die laufenden Angelegenheiten der Gesellschaft betreffen, dem Nießbraucher zugeordnet werden kann. Handelt es sich aber um Grundlagen der Gesellschaft, die mithin sämtliche Gesellschafter im gesellschaftsrechtlichen Kernbereich betreffen, liegt das Stimmrecht ausschließlich beim Gesellschafter.

Die im Schrifttum zu findende Annahme, der Nießbraucher werde durch seine dingliche Berechtigung an der Mitgliedschaft in den Gesellschafterbestand einbezogen,[374] ist missverständlich und ihr kann ohne weitere rechtsgeschäftlich bestehende Abreden zwischen den Nießbrauchbeteiligten nicht zugestimmt werden. Er ist nun mal nicht Gesellschafter. Sehr wohl aber stehen ihm eigene Rechte aus seiner dinglichen Berechtigung an der Mitgliedschaft sowohl gegenüber dem Besteller als auch gegenüber den übrigen Gesellschaftern und der Gesellschaft zu.[375]

Eine Quasi-Gesellschafterstellung kann und wird der Nießbraucher allerdings dann einnehmen können, wenn, vorausgesetzt das Nießbrauchrecht umfasst die Mitgliedschaft im Ganzen, dem Nießbraucher so umfassende Herrschaftsrechte eingeräumt werden, dass er mittels derer unmittelbar auf die Verwirklichung und die Förderung des Gesellschaftszwecks und den wirtschaftlichen Erfolg der Gesellschaft einwirken kann. Hiervon kann dann ausgegangen werden, wenn der Nießbraucher an unternehmerischen Entscheidungen teilnimmt. Eine solche Teilnahme an der internen Willensbildung der Gesellschaft bis hin zur Beschlussfassung, belegt eine einer unmittelbaren Mitgliedschaft entsprechenden Berechtigung.[376] Der Nießbraucher nimmt eine einem unmittelbaren Gesellschafter entsprechende Stellung ein, die ihm wiederum nicht nur durch den Nießbrauchbesteller, sondern auch unter Mitwirkung aller übrigen Gesellschafter vermittelt werden kann.

So sieht auch die Finanzgerichtsbarkeit in ständiger Rechtsprechung bei einem Nießbrauch an einem Personengesellschaftsanteil ein unternehmerisches Handeln und damit die Ausübung von Gesellschafterrechten bereits dann als gegeben und ausreichend, wenn wenigstens die Stimm-, Kontroll- und Widerspruchsrechte dergestalt ausgeübt werden können, wie sie z. B. den gesellschaftsrechtlichen Kontrollrechten nach § 716 Abs. 1 des Bürgerlichen Gesetzbuchs (BGB) bzw. denjenigen eines Kommanditisten entsprechen.[377] Letztlich muss der Nießbraucher mindestens eine mit dem Kommanditisten vergleichbare Stellung einnehmen.

Der *BGH* stellt wiederum den Nießbraucher einem Gesellschafter im Kapitalgesellschaftsrecht dann gleich, wenn ihm neben der Beteiligung am Gewinn der Gesellschaft (eine) in atypischer Weise zustehende Befug-

---

374 *Ulmer/Schäfer,* in: MünchKomm-BGB, § 705 Rn. 96; BGH v. 03.07.1989 – II ZB 1/89, BGHZ 108, 187 (199); *Habersack,* Die Mitgliedschaft, S. 110.

375 *Wertenbruch,* in: Ebenroth/Boujong/Joost/Strohn, HGB, § 105 Rn. 228.

376 So auch der BGH im Urteil v. 16.12.2014 – II ZR 277/13, NZG 2015, 269 (271), über die Beurteilung der Ausgestaltung der Rechtsstellung eines Treugebers.

377 BFH v. 01.09.2011 – II R 67/09, BStBl. II 2013, 210 (212).

nis(se) zur Einflussnahme auf die Geschäftsführung und damit auch auf die Gestaltung der Gesellschaft eingeräumt wird/werden, mittels derer er wie ein Gesellschafter die Geschicke der Gesellschaft mitzubestimmen berechtigt ist.[378]

Der Nießbraucher muss bei einer derart ausgestalteten rechtsgeschäftlichen Abrede als Quasi-Gesellschafter in den Gesellschafterbestand einbezogen gelten. Ihm obliegt entsprechend die gesellschaftsrechtliche Treuepflicht und er hat damit auf die Interessen des Nießbrauchbestellers Rücksicht zu nehmen. Eine willkürliche Schädigung des Gesellschafters kann nur zu einer Schadensersatzpflicht führen.

Die hier dargelegte Auffassung zur Annahme einer Quasi-Gesellschafterstellung des Nießbrauchers muss entsprechend zur Eintragung in das Handels- bzw. Aktienregister führen. Diese Sichtweise wurde letztlich auch durch zwei neuere Entscheidungen der Oberlandesgerichte Oldenburg und Stuttgart bestätigt.[379]

§ 3 Die Mitwirkungsrechte im Konzept der Vergemeinschaftung

I. Die Vergemeinschaftung

Die Vergemeinschaftung der Mitwirkungs- und Verwaltungsrechte(-Befugnisse), die ausführlich von *Schön*[380] vertreten wird, beinhaltet, dass Nießbraucher und Gesellschafter diese nur gemeinsam als sog. Untergruppe im Personenverband, ggfs. durch einen gemeinsamen Vertreter, ausüben können.[381] Die Kollision von Interessen zwischen den Parteien – soweit sie denn überhaupt bestehen –, führt beim jeweils Stimmberechtigten

---

378 BGH v. 05.04.2011 – II ZR 173/10, NZG 2011, 864 (rechte Sp.), m. w. N.

379 OLG Stuttgart, Beschl. v. 28.01.2013 – 8 W 25/13, NZG 2013, 432 (433); OLG Oldenburg, Beschl. v. 09.03.2015 – 12 W 51/15 (HR), NZG 2015, 643 (644); a. A.. OLG München, Beschl. v. 08.08.2016 – 31 Wx 204/16, nrkr., DStR 2016, 2000; LG Aachen, Beschl. v. 06.04.2009 – 44 T 1/09, ZEV 2009, 637 (638), betr. Aufnahme in die Gesellschafterliste der GmbH.

380 *Schön,* ZHR 158 (1994), 229 (255 ff.).

381 Zuvor bereits im Ansatz: *E. Peters,* Ausübung, S. 25 ff.; von einer Vergemeinschaftung des Stimmrechts geht bereits auch *Wiedemann,* Übertragung, S. 408, aus, der aber die Ausübung des Stimmrechts im Außenverhältnis zur Gesellschaft dem Gesellschafter als „geborenen Vertreter" des Nießbrauchverhältnisses zuspricht, *Wiedemann,* Übertragung, S. 413.

zur Rücksichtnahme auf die Interessen des anderen. Kommt es zu Interessenkonflikten, sind diese nach Ansicht von *Schön* aus der Gesellschaft herauszuhalten und aufgrund der Vergemeinschaftung der Befugnisse wird gefordert, eine Einigung herbeizuführen.[382] Ist keine Einigung möglich, „verfällt die Stimme, und die übrigen Gesellschafter sind in der Lage, allein über das Schicksal der Gesellschaft zu befinden".[383]

Kritiker dieses Lösungsansatzes sehen in der „Vergemeinschaftungslösung" i. S. von *Schön* lediglich eine Verlagerung der Abgrenzungs- und Zuweisungsproblematik von Befugnissen zu jeweils einem der Beteiligten (sog. „Aufspaltungslösung") aus der Gesellschaft heraus auf die Ebene der Nießbrauchbeteiligten.[384] Dabei kann es gerade auch für die Mitgesellschafter von Interesse sein, wie sich die Willensbildung unter den Mitgesellschaftern entwickelt, sodass es nicht zuträglich ist, dass sich Mitgesellschafter von Beginn an verhandlungsunfähig machen.[385]

Diese Kritik der gemeinsamen Verwaltung und Mitwirkung in sämtlichen Angelegenheiten ist sicherlich nicht von der Hand zu weisen und dennoch hat der Vergemeinschaftsungsansatz seinen Charme, da dieser die drohenden Abgrenzungsschwierigkeiten der Aufteilung dieser Befugnisse (Aufspaltungslösung) – und hier vornehmlich die Aufteilung des Stimmrechts durch eben eine gemeinschaftliche Abstimmungsrechtsausübung – vermeidet. Durch rechtsgeschäftliche Abreden im Innenverhältnis von Nießbraucher und Gesellschafter können beide u. a. durch Stimmrechtsvollmachten sicherstellen, dass das Stimmrecht stets einheitlich ausgeübt wird. Diese Vorgehensweise wird nicht zuletzt zur Sicherstellung einer einheitlichen Stimmrechtsausübung bei Familiengesellschaften mit unterschiedlichen Familienstämmen in der gesellschaftsrechtlichen Gestaltung stets angewandt.[386] Auch im Steuerrecht kommt es zur Erreichung erbschaft- und schenkungsteuerrechtlicher Begünstigungen bei der Übertragung von Kapitalgesellschaftsanteilen zu Poolvereinbarungen.[387] Derartige Vereinbarungen bei Familiengesellschaften sind also gerade bezogen

382 *Schön,* ZHR 158 (1994), 229 (261).

383 *Schön,* ZHR 158 (1994), 229 (262).

384 *Oberhammer,* Mitverwaltung, S. 11 ff.; Staudinger/*Frank* (2009), BGB, Anh. zu §§ 1068 f. Rn. 72.

385 *Wiedemann,* in: FS Schilling (1973), 105 (116); *Oberhammer,* Mitverwaltung, S. 11.

386 Vgl. hierzu im Ansatz auch: *Escher/Haak,* in: MünchHdb. GesR II, § 27 Rn. 63; *Wälzholz,* NWB 2015, 3341.

387 § 13b Abs. 1 Nr. 3 ErbStG; H E 13b.6 Abs. 3 ErbStR.

auf Gesellschaftergruppen heute keine Seltenheit. Die Parteien können so im Pool Einzelvereinbarungen zur Ausübung des Stimmrechts dergestalt treffen, dass beiden Parteien zwar grundsätzlich das Stimmrecht gemeinsam zusteht, in Pattsituationen das Stimmrecht aber entfällt bzw. bestimmte Beschlussgegenstände entweder dem Gesellschafter oder dem Nießbraucher katalogartig zugewiesen werden. Eine Stimmrechtsvollmacht kann jeweils erteilt werden.[388]

Weil gerade auch für die steuerrechtliche Beurteilung die Position des Nießbrauchers im Personenverband für seine Mitunternehmereigenschaft eine wichtige Rolle spielt, ist auch eine horizontale Aufspaltung der Gesellschafterrechte aus ein und derselben Mitgliedschaft, ohne den Nießbraucher an der Substanz des belasteten Rechts als Mitgesellschafter zu beteiligen, nur schwer durchführbar. Diese Problematik ist bei einem Nießbrauchrecht an einem Kapitalgesellschaftsanteil trotz der schwächeren personalen Bindung keine grundsätzlich andere als bei einer Personengesellschaft.[389]

Wie bereits ausgeführt, sieht die überwiegende Meinung im Schrifttum im Nießbrauchverhältnis durch die dingliche Berechtigung des Nießbrauchers an einer Mitgliedschaft eine schlichte Rechtsgemeinschaft, die dem Grunde nach nicht besteht.[390] Löst man sich von diesem Gedanken und sieht die Vermögens-, Mitwirkungs- und Verwaltungsrechte im Nießbrauchverhältnis gebunden, so ist damit festzuhalten, dass die Position des Nießbrauchers in diesem Nießbrauchverhältnis nicht die Stellung des Gesellschafters überlagern kann und darf, oder anders gewendet, dass der Nießbraucher nicht mehr Rechte innehaben kann als der Gesellschafter selbst. Dennoch verfolgen beide Parteien im Nießbrauchverhältnis letztlich das gleiche Ziel, das sich in einer positiven wirtschaftlichen Entwicklung des Unternehmens, in einer Unternehmenssicherung und damit in einer Erhaltungs- und Erfolgsstrategie wiederfindet und sich auch in der gesellschaftsrechtlichen Treuepflicht widerspiegelt.[391]

---

388 Hinsichtlich der Ausgestaltung siehe: *Schlitt/Borfeldt,* in: Reichert, GmbH & Co KG, § 39 Rn. 21 ff.; *Barry,* RNotZ 2014, 401 (411).

389 Gl. A. *Fleck,* in: FS R. Fischer (1979), 107 (108 f.).

390 Siehe hierzu die Ausführungen im 1. Teil, Kapitel 2, § 1 B.; dass insoweit keine Rechtsgemeinschaft i. S. v. § 741 BGB vorliegen kann, wurde bereits a. a. O. erläutert und nachgewiesen.

391 *Kormann,* in: Scherer u. a., Familienunternehmen, S. 20 ff.

Durch diese Interessenparallelität[392] wird nicht nur die zukünftige Gewinnentnahme/-ausschüttungsberechtigung sichergestellt, sondern parallel auch die Substanzerhaltung und -erweiterung des Unternehmens zugunsten des Gesellschafters. Der insoweit im Schrifttum wiederzufindenden Auffassung, dass Nießbraucher und Gesellschafter tendenziell gegensätzliche Interessen vertreten,[393] kann also nicht zugestimmt werden.

Kommt man nunmehr auf den *Schön'schen* Vergemeinschaftungsansatz zurück, so sind die in der Literatur zu findenden Kritiken, die darauf gründen, dass es bei Meinungsunterschieden bezüglich gesellschaftlicher Beschlussgegenstände nicht zu einer Stimmabgabe kommt, diese also verfällt und die übrigen Gesellschafter über die Beschlusspunkte befinden, teilweise unbegründet.[394] So liegen die Probleme der Entscheidungsfindung und Einigung einschließlich einer Vertretung auf der Hand, denn es fehlt hierfür eine Art Rechtsrahmen, für den wiederum gesetzliche bzw. rechtsgeschäftliche Regelungen zur Vertretungsmacht gemäß § 714 BGB etc. fehlen, was die Durchführbarkeit erschwert.[395] Diese Interessen lassen sich aber zu einer Innengesellschaft verdichten.

II. Die Innengesellschaft als Lösungsansatz

Nießbraucher und Gesellschafter treten, wie bereits an anderer Stelle dargestellt, in Erweiterung des Nießbrauchverhältnisses zu einer Innengesellschaft zusammen.[396] *Erweitert* man also den Vergemeinschaftungsansatz in Gestalt einer Innengesellschaft als Innen-GbR oder Innen-KG, nimmt nunmehr diese die Mitwirkungs- und Verwaltungsrechte der mit dem Nießbrauch belasteten Mitgliedschaft in der Gesellschafterversammlung wahr. Die Mitgliedschaft an der Gesellschaft verbleibt beim Gesellschaf-

392 So auch *Fleck,* in: FS R. Fischer, 107 (118, 125).

393 *K. Schmidt,* ZGR 1999, 601 (609).

394 *Schön,* ZHR 158 (1994), 229 (262); *Oberhammer,* Mitnutzung, S. 9.

395 *Madaus,* ZHR 178 (2014), 98 (104); *Wiedemann,* Übertragung, S. 413 f. sieht insoweit im Gesellschafter den geborenen Vertreter, der auch im Außenverhältnis der wirklich Berechtigte ist.

396 Vgl. hierzu auch die Ausführungen unter Punkt B. III. 4. d.), sowie: *Langenfeld,* ZEV 2010, S. 17–22; *Weber, Schwind,* ZEV 2009, 16–22; zur gemeinsamen Berechtigung von Nießbraucher und Gesellschafter am Gesellschaftsanteil, siehe auch: OLG Düsseldorf, Beschl. v. 14.09.1998 – 3 Wx 209/98, NZG 1999, 26; *Schön,* ZHR 158 (1994), 229 (260 ff.).

ter. Dieser bringt die Mitgliedschaft lediglich zur Nutzung in die Innengesellschaft ein. An den Wertveränderungen der Mitgliedschaft partizipiert der Nießbraucher nicht. Diese Innengesellschaft, die mithin über kein Gesamthandsvermögen verfügt, nimmt also lediglich die Verwaltung des Anteils an der Gesellschaft wahr.[397]

Gesellschafter und Nießbraucher geben sich mit der Innengesellschaft einen Rechtsrahmen und damit eine Organisationsstruktur, durch deren Regelungen die Gesellschafterrechte in der Untergesellschaft (Hauptgesellschaft) nunmehr wahrgenommen werden.[398] Der gemeinsamen Berechtigung von Nießbraucher und Gesellschafter/Besteller an der Mitgliedschaft wird so eine Rechtsordnung gegeben, mit der die jeweiligen Rechte abgestimmt und wahrgenommen werden können. Mit ihr tritt der gemeinsame Rechtsbindungswille, die Verwaltung des Anteils, der Parteien hervor. Eine Abgrenzung von nutzungsbezogenen und substanzbezogenen Beschlüssen und damit die Aufteilung des Stimmrechts nach unklaren Kriterien, wie sie bei der Aufspaltungslösung bestehen, wird nicht notwendig sein.[399] Inwieweit eine Überlagerung der Befugnisse des Nießbrauchers gegenüber dem Besteller greift, wie es *Ulmer/Schäfer* in ihrer Kommentierung zu § 705 BGB sehen,[400] ist unter den Innengesellschaftern abzustimmen. Im Innenverhältnis können so Nießbraucher und Nießbrauchbesteller durch vertragliche Abreden und im Außenverhältnis mittels Stimmrechtsvollmachten sicherstellen, dass das Stimmrecht nicht nur ausgeübt, sondern einheitlich ausgeübt wird.

Auch werden Interessen, die nicht unmittelbar etwas mit der Willensbildung in der aktiven Gesellschaft zu tun haben, sondern Nießbraucher und Gesellschafter/Nießbrauchbesteller betreffen, ausgelagert. Dies zu Recht, betreffen sie doch das Nießbrauchverhältnis und damit die Interessen der Innengesellschafter höchstpersönlich und nicht die Meinungsbildung in der Gesellschaft mit den übrigen Mitgesellschaftern.

---

397 Die h. M. erkennt einer GbR ebenso die Fähigkeit an, selbst Gesellschafterin einer anderen Personengesellschaft etc. zu sein; siehe hierzu: *Ulmer/Schäfer,* in: MünchKomm-BGB, § 705 Rn. 79; *Sprau,* in: Palandt, BGB, § 705 Rn. 20 m. w. N.

398 Zur Zulässigkeit siehe: BGH v. 11.01.2011 – II ZR 187/09, NZG 2011, 276 (278), *Ulmer/ Schäfer,* in: MünchKomm-BGB, § 706 Rn. 17; *K. Schmidt,* Gesellschaftsrecht, § 59 I 4, S. 1736.

399 Zu den Abgrenzungsschwierigkeiten bei der Aufspaltungslösung siehe auch *Kruse,* RNotZ 2002, 69 (75); *Escher/Haag,* in: MünchHandb. GesR II, § 27 Rn. 63 f.

400 *Ulmer/Schäfer,* in: MünchKomm-BGB, § 705 Rn. 96.

Inwieweit der bisherige Gesellschafter der aktiven Gesellschaft als geborener Vertreter der nunmehrigen Innengesellschaft auch im Außenverhältnis der wirklich Berechtigte ist, wie es *Wiedemann*[401] sieht, ist von den Innengesellschaftern festzulegen.

Diese Bündelung der Interessen mittels der Innengesellschaft von Nießbraucher und Besteller sollte wiederum in Kenntnis aller übrigen Gesellschafter erfolgen.

3. Abschnitt: Das vermögensrechtliche Mitgliedschaftsrecht

§ 1 Grundsätzliches zum nießbrauchrechtlichen Vermögensrecht

A. Das mitgliedschaftliche Vermögensrecht

Die Mitgliedschaft an einer Personen- bzw. Kapitalgesellschaft ist durch eine vermögensrechtliche Beziehung zwischen Mitglied und der jeweiligen Gesellschaft gekennzeichnet.[402] Mit dem Vermögenstransfer des Mitglieds in die Gesellschaft verliert das Mitglied die unmittelbare Beziehung zum Gesellschaftsvermögen. Hierdurch wird auch weder eine partielle noch quotale Rechtsinhaberschaft an den Gegenständen des Gesellschaftsvermögens ausgelöst.[403] An die Stelle des hingegebenen Vermögens treten vielmehr die Mitgliedschaft und die darin enthaltenen Teilhaberrechte.[404] Die vermögensrechtliche Zuständigkeit verbleibt also bei der Gesellschaft.[405] Der Anteil am Gesellschaftsvermögen und damit die vermögensrechtliche Seite wird mithin durch die Mitgliedschaft des Gesellschafters abgebildet.[406] Sie zeigt die Beteiligung am Wert des Gesellschaftsvermö-

401 *Wiedemann,* Übertragung, S. 413 f.

402 Vgl. *K. Schmidt,* Gesellschaftsrecht, § 46 II 2, S. 1364 f., § 47 III, S. 1380 ff., § 53 III 5, S. 1544.

403 *Kilian,* in: Henssler/Strohn, GesR, § 719 BGB, Rn. 5.

404 *Wiedemann,* Gesellschaftsrecht II, § 4 III, S. 372.

405 *Habersack,* Mitgliedschaft, S. 84; *Huber,* Vermögensanteil, S. 145 ff., der nochmals herausstellt, dass dem Gesellschafter kein ziffernmäßiger Anteil an den Gegenständen des Gesellschaftsvermögen zusteht. Dies gilt nicht nur für Personengesellschaften, sondern uneingeschränkt auch für die juristischen Personen, § 1 Abs. 1 AktG, § 13 Abs. 1 u. 2 GmbHG.

406 *Sprau,* in: Palandt, BGB, § 717 Rn. 2; *Kilian,* in: Henssler/Strohn, GesR, § 717 BGB, Rn. 16; umfassend: *Huber,* Vermögensanteil, S. 141 ff.

gens auf.[407] Im Bilanzrecht wird die Beteiligung rechtsformübergreifend durch die jeweiligen Eigenkapitalstrukturen der Gesellschaft abgebildet, wobei diese nur den Buchwert des Gesellschaftsvermögens widerspiegeln.

Anders gewendet: In Abhängigkeit von Gesellschaftsvertrag oder Satzung äußert sich insoweit das mitgliedschaftliche Vermögensrecht des Gesellschafters als Teilhaberecht vielmehr durch die daraus entspringenden und sich ergebenden Ansprüche auf den anteiligen Jahresgewinn sowie das Auseinandersetzungsguthaben (§§ 733 f., 738 BGB) bzw. den anteiligen Liquidationserlös (§ 72 GmbHG, § 271 AktG).[408] Diese münden in selbstständige, übertragbare Zahlungsansprüche, § 717 S. 2 BGB, §§ 121, 167 HGB, § 29 Abs. 1 GmbHG, § 58 Abs. 4 AktG.[409] Der konkrete Zahlungsanspruch wiederum entsteht erst mit dem Gewinnverwendungsbeschluss bzw. mit der endgültigen Abrechnung im Liquidationsstadium.[410]

B. Das mitgliedschaftliche Nießbrauchrecht und die bilanzrechtliche Kapitalstruktur der Gesellschaft

I. Bedeutung

Mit der nießbrauchrechtlichen Belastung der Mitgliedschaft erhält der Nießbraucher die Berechtigung, gemäß §§ 1068 Abs. 2, 1030 Abs. 1 BGB i. V. m. §§ 99 Abs. 2 und 3, 100 2. Alt. BGB, die Erträge und die Vorteile als eigenen Anspruch direkt gegenüber der Gesellschaft zu ziehen, die sich als Rechtsfrucht bestimmungsgemäß nach § 99 Abs. 2 BGB aus der Mitgliedschaft als dingliches Recht ergeben.[411] Die Substanz, der Kernbereich

---

407 *Huber,* Vermögensanteil, S. 225.

408 *Habersack,* Mitgliedschaft, S. 82; der Aufwendungsersatzanspruch des geschäftsführenden Gesellschafters wird hier vernachlässigt; siehe hierzu: *Ulmer/Schäfer,* in: MünchKomm-BGB, § 705 Rn. 189 ff.; § 713 Rn. 15.

409 *Habersack,* Mitgliedschaft, S. 86; für Personengesellschaften: *Wiedemann,* Gesellschaftsrecht II, § 3 III, S. 224.

410 *Wiedemann,* Gesellschaftsrecht II, § 3 III, S. 224; *Wiedemann,* WM 1992, Sonderbeilage 7, S. 31; BGH v. 14.09.1998 – II ZR 172/97, GmbHR 1998, 1177.

411 Für die Dividende vonseiten der AG: *Sailer-Coceani,* in: MünchHdb. GesR IV § 14 Rn. 71; für den Gewinnanspruch gegen die GmbH: *Bayer,* in: Lutter/Hommelhoff, GmbHG; § 15 Rn. 101; *Ebbing,* in: Michalski, GmbHG, § 15 Rn 194; für Gewinnanteile bei der Personengesellschaft: *Roth,* in: Baum-

der Mitgliedschaft, verbleibt beim Rechtsinhaber. Die vermögensrechtliche Stellung gebührt dem Nießbraucher ab dem Zeitpunkt der Nießbrauchbestellung mit deren Wirksamkeit und ist rechtsformübergreifend.

Die Übertragung von mitgliedschaftlichen Vermögensrechten ist gesellschaftsrechtlich unproblematisch, lässt § 717 S. 2 BGB die Übertragbarkeit von mitgliedschaftlichen Vermögensrechten und damit die Ansprüche auf einen Gewinnanteil wie auch auf das Auseinandersetzungsguthaben zu. Dennoch ist die Grenzziehung zwischen Substanz und Nutzung einer Mitgliedschaft aufgrund sich ergebender Wertveränderungen dieser Mitgliedschaft und damit der Umfang der Vermögensrechte schwierig und in der Behandlung/Zuweisung uneinheitlich.[412] Der bereits genannte Umfang (Inhalt) richtet sich grundsätzlich nach dem Beteiligungsverhältnis des Gesellschafters/Bestellers zur Gesellschaft und leitet sich i. d .R. aus dem Gesellschaftsvertrag bzw. der vertraglichen Abrede der Gesellschafter untereinander ab.[413] Hierzu ist der Einblick in die Rechnungslegung der Gesellschaft notwendig, denn ohne dessen lassen sich die vermögensrechtlichen Bestandteile dieses Fruchtziehungsrechts kaum bestimmen und auch die Wirkungen des nießbrauchrechtlichen Vermögensrechts auf die bilanzrechtliche Kapital- und Gesellschafterkontenstruktur des Nießbrauchbestellers/Geselschafters nicht beantworten.

II. Die unterschiedlichen rechtsformabhängigen Kapitalstrukturen

1. Darstellung

Die Mitgliedschaft vermittelt dem Gesellschafter im Recht der Personengesellschaften und im GmbH-Recht einen wertmäßigen Anteil sowie eine Beteiligung am Wert des Gesellschaftsvermögens.[414] Bilanzrechtlich zeigt sich dieser im Jahresabschluss der Gesellschaft als Kapitalanteil, der als reine Kapital-(Rechen-) bzw. Bilanzziffer in Gestalt eines Anteils am

bach/Hopt, HGB § 105 Rn. 45; allgemein: *Wiedemann,* Übertragung, S. 403 f.; *Blaurock,* Unterbeteiligung, S. 139; *Schön,* ZHR 158 (1994), 229 (240); *Götz/Hülsmann,* Nießbrauch, S. 80 f., 119 ff. BGH v. 20.04.1972 – II ZR 143/69, BGHZ 58, 316 (320).

412 Vgl. *Pohlmann,* in: MünchKomm-BGB, § 1068 Rn. 49.

413 Besteht keine Ergebnisverteilungsabrede, so gilt § 722 Abs. 1 BGB für die GbR, §§ 120, 121 HGB für die oHG und § 167 Abs. 1 i. V. m. § 120 HGB für die KG.

414 *Huber,* Vermögensanteil, S. 173, 225.

Reinvermögen der Gesellschaft zu werten ist.[415] Dieser Kapitalanteil spiegelt lediglich den Buchwert, nicht aber die stillen Reserven oder den Ertragswert des Unternehmens wider.[416] Er vermittelt den aktuellen Stand der Einlage des Gesellschafters in der Buchführung und Bilanz der Gesellschaft und damit die verhältnismäßige Beteiligung des einzelnen Gesellschafters am Wert des Gesellschaftsvermögens.[417] Seiner Funktion entsprechend beschränkt sich der Kapitalanteil damit auf die Zuweisung der im Gesetz ausdrücklich genannten Vermögensrechte,[418] stellt aber grundsätzlich keinen Maßstab für die Verteilung der Rechte und Pflichten der Gesellschafter dar und kann so nicht mit dem Gesellschaftsanteil im Sinne der Mitgliedschaft gleichgesetzt werden.[419] Dieser Kapitalanteil ist im Recht der Personengesellschaften veränderbar und stellt als reine Bilanz-(Rechen-)ziffer somit auch kein subjektives Recht dar, das belastet werden könnte.[420] Er wird auch nicht zu einer Forderung gegen die Gesellschaft oder bei einem negativen Kapitalanteil einer Verbindlichkeit gegenüber der Gesellschaft.[421]

In der Kautelarpraxis geht man einen Schritt weiter, indem man mittels der zu leistenden Einlage des Gesellschafters in das Vermögen der Gesellschaft einen festen Kapitalanteil schafft, welcher dann auch zum Maßstab für weitere Rechte der Gesellschafter aus dem Gesellschaftsverhältnis, insbesondere für Gewinnbezugsrechte, Stimmrechte bzw. Anteile am Liquidationserlös herangezogen wird.[422]

---

415 *Huber,* Vermögensanteil, S. 215; das HGB enthält insoweit keine Definition. Lediglich aus dem Handelsbilanzrecht lässt sich ableiten, dass der Kapitalanteil den bilanzrechtlichen Anteil des Gesellschafters am Eigenkapital der Personengesellschaft abbildet. Vgl. auch: *Schäfer*, in: Staub, HGB, § 120 Rn. 48 ff.

416 *Priester,* in: MünchKomm-HGB, § 120 Rn. 84.

417 BGH v. 20.04.1972 – II ZR 143/69, BGHZ 58, 316 (318); *Priester,* in: MünchKomm-HGB, § 120 Rn. 84.

418 *Priester,* in: MünchKomm-HGB, § 120 Rn. 86.

419 OLG Frankfurt a. M., Beschl. v. 20.09.2012 – 20 W 264/12, NZG 2013, 338; *Ley,* KÖSDI 1994, 9972 (9973).

420 *Schäfer,* in: Staub, HGB, § 120 Rn. 50 f.; *Priester,* in: MünchKomm-HGB, § 120 Rn. 86; *Wiedemann,* Gesellschaftsrecht II, § 4 III 3, S. 373.

421 *Priester,* in: MünchKomm-HGB, § 120 Rn. 86.

422 *Priester,* in: MünchKomm-HGB, § 120 Rn. 86; *Wälzholz,* DStR 2011, 1815 (1817); damit stellt sich die Frage, ob der Kapitalanteil als bilanzielle Verkörperung der Mitgliedschaft angesehen werden kann; dies ablehnend: *Schäfer,* in: Staub, HGB, § 120 Rn. 51.

Bilanzrechtlich erfährt dieser Kapitalanteil eines Gesellschafters Eigenkapitalcharakter, denn er bildet den Bestand (Saldo) der ersten Einlage des Gesellschafters zuzüglich Gewinnanteile und abzüglich Entnahmen und Verlustanteile ab.[423] Dieser Kapitalanteil wird in der Bilanz der Gesellschaft durch ein oder mehrere Kapitalkonten bilanziert, die sowohl zivilrechtlich als auch steuerrechtlich für die Abgrenzung zwischen Eigen- und Fremdkapital eines Gesellschafters eine besondere Bedeutung erlangen.

Während dem Kapitalkonto eines Gesellschafters einer Personengesellschaft die Funktion zukommt, dessen Kapitalanteil im Jahresabschluss der Gesellschaft buchmäßig auszuweisen, handelt es sich bei sog. Gesellschafter-Fremdkapitalkonten um schuldrechtliche Ansprüche zwischen der Personengesellschaft und ihrem Gesellschafter.[424] Insgesamt können diese Gesellschafterkonten vielfältig ausgestaltet sein. Die Bezeichnung dieser Konten ist insoweit unmaßgeblich, denn deren zivilrechtliche Rechtsnatur (Eigenkapital oder Forderungen und Schulden), die diese Konten einnehmen, ist anhand der gesellschaftsvertraglichen Regelungen zu bestimmen.[425] Dies allein aus dem Grund, da das Bürgerliche Gesetzbuch für die BGB-Gesellschaft und das Handelsgesetzbuch für die OHG und KG nur unzureichende gesellschaftsrechtliche Mittel für die Abbildung von Kapital-/Gesellschafterkonten gibt.[426] So ist für die Gesellschafter einer OHG und für die Komplementäre einer KG gemäß § 120 Abs. 2 i. V. m. § 161 Abs. 2 HGB nur ein einziges variables Kapitalkonto für die Buchungen in Bezug auf den Kapitalanteil zu bilden. Dieses Konto spiegelt den jeweiligen Bestand des Kapitalanteils des Gesellschafters und damit das Eigenkapital der Gesellschaft wider. Auch das BGB kennt für die GbR keine Kapitalkonten. Es geht lediglich von einem Einkontensystem aus, das nur das Eigenkapital ausweist. So wird festgehalten, dass alle Gesellschafter dem Grunde nach im gleichen Verhältnis an der Gesellschaft und an den Gewinnen und Verlusten beteiligt sind, §§ 721, 722 BGB.[427]

---

423 BFH v. 16.10.2008 – IV R 98/06, BStBl. II 2009, 272; *Rodewald,* GmbHR 1998, 521 (521); *Kraft,* NWB 2016, 996 (997).

424 *Ley,* DStR 2009, 613 (613 f.); *Rodewald,* GmbHR 1998, 521 (522).

425 BGH v. 23.02.1978 – II ZR 145/76, DB 1978, 877; *Wälzholz,* DStR 2011, 1815 (1815 f.); *Ley,* DStR 2009, 613 (614); *Salje,* DB 1978, 1115.

426 *Wälzholz,* DStR 2011, 1815 (1815 f.); *Kraft,* NWB 2016, 996 (997); *Grunewald,* in: MünchKomm-HGB, § 167 Rn. 17.

427 *Wälzholz,* DStR 2011, 1815 (1815 f.). Die Summe der Kapitalanteile der Gesellschafter bildet das Eigenkapital der Gesellschaft. Ein positiver Kapitalanteil vermittelt während des Bestehens der Gesellschaft keine Forderung des Gesellschaf-

Für den Kommanditisten der KG sieht § 167 Abs. 1 HGB i. V. m. § 120 Abs. 2 HGB ebenfalls ein bewegliches Kapitalkonto vor. Allerdings ist der Kapitalanteil gemäß § 167 Abs. 2 HGB auf den Betrag der vertraglich festgesetzten Einlage (Haft- bzw. Pflichteinlage) der Höhe nach begrenzt. Hat der Kommanditist die festgesetzte Einlage durch Einzahlungen bzw. Stehenlassen von Gewinnen erbracht, sind gemäß § 167 Abs. 2 HGB die weiteren Gewinnanteile, Einlagen oder Entnahmen einem zweiten Gesellschafterkonto gutzuschreiben bzw. zu belasten.[428] Anteilige Verluste des Kommanditisten mindern das Kapitalkonto, welches sogar negativ werden kann. Sie mindern nicht das zweite Gesellschafterkonto. Dieses hat keinen Kapitalkontencharakter, spiegelt also nicht den Kapitalanteil des Kommanditisten wider. Das zweite Konto weist damit eine jederzeit fällige und entziehbare Forderung des Gesellschafters gegen die Gesellschaft aus.[429] Es ist somit ein Fremdkapital-(Verbindlichkeits-)konto, selbst dann, wenn vertraglich die Entnahme beschränkt ist.[430] Dieser Forderungscharakter des Gesellschafterguthabens wird durch eine Entnahmebeschränkung nicht aufgehoben, denn aufgehoben wird lediglich die Fälligkeit des Anspruchs auf Auszahlung des Guthabens.[431] Die Umwandlung dieser jederzeit fälligen Forderung in ein Gesellschafterdarlehen kann durch Vereinbarung erfolgen.[432]

Die genannten gesetzlichen Regelungen zum Kapitalanteil und damit zu den Gesellschafterkonten werden in den Gesellschaftsverträgen der Kautelarpraxis fast ausnahmslos durch ein System verschiedener Kontenmodelle, Zwei-, Drei- und Vierkontenmodelle ersetzt,[433] mit dem Ziel einer klareren Abgrenzung von Eigenkapital und Fremdkapital des Gesellschaf-

---

ters, ein negativer Kapitalanteil entsprechend keine Verbindlichkeit des Gesellschafters gegenüber der Gesellschaft, vgl. u. a. *Huber,* Vermögensanteil, S. 182, 265 f.

428 *Ley,* KÖSDI 1994, 9972 (9973).

429 *Ley,* KÖSDI 1994, 9972 (9973).

430 BFH v. 16.10.2008 – IV R 98/06, BStBl. II 2009, 272 (274 ff.); BFH v. 03.12.1980 – II R 66/77, BStBl. II 1981, 280 (282 f.); BFH v. 03.11. 1982 – II R 94/80, BStBl. II 1983, 240 (241); *Huber,* Vermögensanteil, S. 255 f.; *Ley,* KÖSDI 1994, 9972 (9973); *Ley,* DStR 2009, 613 (614).

431 *Ley,* KÖSDI 1994, 9972 (9973).

432 *Huber,* Vermögensanteil, S. 255.

433 *Kraft,* NWB 2016, 996 (997); *Ley,* KÖSDI 1994, 9972 (9974); vgl. auch: BGH v. 12.03.2013 – II ZR 73/11, DB 2013, 1406 (1408).

ters.[434] Dennoch behält diese Aufspaltung einen rein buchhalterischen Charakter, denn gesellschaftsrechtlich hat jeder Personengesellschafter weiterhin nur einen Kapitalanteil.[435]

Im Kapitalgesellschaftsrecht vermittelt der Geschäftsanteil oder die Aktie jeweils einen Anteil am Stamm- bzw. Grundkapital und stellt damit eine feststehende Größe im Bilanzrecht dar.[436] Die mitgliedschaftliche Teilhabe orientiert sich auch hier am Kapitaleinsatz. Die Beteiligung des Mitglieds ist an den Beitrag zur Eigenkapitalbildung gekoppelt. Dies ist bei der GmbH die Stammeinlage und bei der Aktiengesellschaft der Nennbetrag der Aktie.[437]

Die GmbH als Kapitalgesellschaft verfügt mithin über ein Stammkapital, welches sich aus den Geschäftsanteilen der Gesellschafter, die die Mitgliedschaft verkörpern, zusammensetzt, während es bei der Aktiengesellschaft über das Grundkapital abgebildet wird. Eine weitere Untergliederung des Kapitals der Gesellschaft in Gesellschafterkapitalkonten erfolgt nicht. Gewinne werden, soweit sie nicht mittels eines Gewinnverwendungsbeschlusses zur Ausschüttung an die Gesellschafter gelangen, auf sogenannten Vortrags- bzw. Gewinnrücklagekonten erfasst. Daneben können Gesellschafterforderungs- oder -darlehenskonten bestehen, die entsprechend einen schuldrechtlichen Forderungs- bzw. Fremdkapitalcharakter aufweisen.

Bei der Aktiengesellschaft, bei der der Anteil am Grundkapital durch die Aktie als verbrieftes Wertpapier widergespiegelt wird und die die Mitgliedschaft des Gesellschafters/Aktionärs in der Gesellschaft verkörpert, gilt entsprechendes.[438]

---

434 *Huber,* ZGR 1988, 1; BFH v. 16.10.2008 – IV R 98/06, BStBl. II 2009, 272 (274 ff.).

435 *Hennrichs/Pöschke,* HdJ, Eigenkapital, Abt. III/1 Rn. 66.

436 *Windbichler,* Gesellschaftsrecht, S. 202, 278; *Sailer-Coceani,* MünchHdb. GesR IV, § 11 Rn. 1 ff., § 12 Rn. 1; *Fock,* in: Spindler/Stitz, AktG, § 1 Rn. 94.

437 *Windbichler,* Gesellschaftsrecht, S. 202 f.; *Wiedemann,* Gesellschaftsrecht II, § 4 III 3, S. 372.

438 Vgl. *Windbichler,* Gesellschaftsrecht, S. 279 ff.; *K. Schmidt,* Gesellschaftsrecht, § 26 I, S. 756; *Fock,* in: Spindler/Stitz, AktG, § 1 Rn. 94, das Grundkapital stellt sich als eine reine Rechengröße dar und spiegelt nicht das Gesellschaftsvermögen der AG wider, siehe hierzu: *Fock,* in: Spindler/Stitz, AktG, § 1 Rn. 85.

2. Ergebnis

Während das Kapitalgesellschaftsrecht keine Untergliederung von Gesellschafterkapitalkonten vornimmt, hat im Personengesellschaftsrecht jeder Personengesellschafter nur einen Kapitalanteil, der sich bilanzrechtlich aber entsprechend der gesellschaftsvertraglichen Regelungen i. d. R. in einer Zwei- oder Mehrkontenstruktur wiederfindet. Das Gesetz enthält hierzu keine Regelungen, insbesondere nicht, ob und ggf. welche Konten für den einzelnen Gesellschafter geführt und wie diese bezeichnet werden. Damit können die Gesellschafter im Recht der Personengesellschaften frei darüber bestimmen, in welcher Weise sie ihre Kapitalanteile (Eigenkapitalcharakter) verwenden und die wechselseitigen Verbindlichkeiten und Forderungen (Forderungs- bzw. Fremdkapitalcharakter) verbuchen.[439] Die zivilrechtliche Bedeutung richtet sich nicht nach ihrer Bezeichnung, vielmehr ist die zivilrechtliche Rechtsnatur dieser Konten zu bestimmen.[440] Eine Unterscheidung zwischen Eigenkapital- und Fremdkapital-/Forderungskonten ist also jeweils vorzunehmen.

III. Bedeutung und Wirkung des mitgliedschaftlichen Nießbrauchs für die Kapitalstruktur

Wird nunmehr ein Nießbrauchrecht an einer Mitgliedschaft bestellt, ist eine Antwort auf die Frage zu geben, welche Kapital- und Gesellschafterkonten in dieses Nießbrauchverhältnis einbezogen sind und welche Auswirkungen sich auf das Fruchtziehungsrecht des Nießbrauchers ergeben.

1. Meinungsstand

In Rechtsprechung und Literatur ist unstrittig, dass das Nießbrauchrecht grundsätzlich die Mitgliedschaft im Ganzen erfasst, mithin an der gesellschaftsrechtlichen Beteiligung besteht und nicht unmittelbar am Gesell-

---

439 *v. Falkenhausen/H. C. Schneider,* in: Münch-Hdb GesR, Bd. 2, § 22 Rn. 34 f.

440 BGH v. 12.03.2013 – II ZR 73/11, DB 2013, 1406 (1408); BFH v. 15.05.2008 – IV R 46/05, BStBl. II 2008, 812 (814).

schaftsvermögen der Gesellschaft, welches den Gesellschaftern in ihrer gesamthänderischen Verbundenheit zugeordnet ist.[441]

Der Kapitalanteil des Gesellschafters in der Gesellschaft gebührt ihm, auch nach wirksamer Nießbrauchbestellung, und nicht dem Nießbraucher, während sich das Nießbrauchrecht aber als Fruchtziehungsrecht auf diesen Kapitalanteil erstreckt. Dieser Kapitalanteil als mitgliedschaftliches Teilhaberecht kann nach derzeit gesicherter Rechtsansicht auch nicht belastet werden.[442]

Die h. M. im Schrifttum erfasst mit dem Nießbrauchrecht sogar alle für den Gesellschafter und Nießbrauchbesteller bei der Gesellschaft geführten Gesellschafterkonten (Kapital-, Darlehens- und Privatkonten).[443] Die Erfassung der Gesellschafterdarlehens-, Privat- oder Verrechnungskonten, die schuldrechtlich Forderungs- bzw. Verbindlichkeitscharakter aufweisen und insoweit nicht in einem Zusammenhang mit der aus der Mitgliedschaft entspringenden wertmäßigen Beteiligung stehen, in das Nießbrauchverhältnis, wird als obligatorisch betrachtet, sofern durch vertragliche Abreden nicht etwas anderes vereinbart wird.[444] Die Erfassung dieser Konten in das Nießbrauchverhältnis kann allerdings nur soweit verstanden werden, dass sich das Fruchtziehungsrecht des Nießbrauchers auf die Zinsen, die auf diesen Gesellschafterkonten gebucht werden, erstreckt.[445]

---

441 BGH v 20.04.1972 – II ZR 143/69, BGHZ 58, 316 (320); *Wiedemann,* Übertragung, S. 399 f.; *Wiedemann,* Gesellschaftsrecht II, § 5 2 II, S. 443; *Götz/Hülsmann,* Nießbrauch, S. 120.

442 BGH v. 20.04.1972 – II ZR 143/69, BGHZ 58, 316 (319); *Schäfer,* in: Staub, HGB, § 120 Rn. 50; *Wiedemann,* Gesellschaftsrecht II, § 4 III 3, S. 373; *Flume,* Die Personengesellschaft, § 17 VI, S. 362; *Ulmer,* in: FS Fleck, ZGR 1988, 383 (391); *Kruse,* RNotZ 2002, 69 (80).

443 *Hauck,* Nießbrauch, S. 374; Staudinger/*Frank* (2009), BGB, Anh. zu §§ 1068 f. Rn. 68, der sich insoweit auf einen Beschluss des OLG Köln vom 27.3.2006 – 2 U 4/06, DB 2006, 2341 bezieht, welches ein sog. „Generalkonto" des Gesellschafters als Teil der Gesellschaftsbeteiligung ansieht; *Wälzholz,* NWB 2013, 1334 (1336), der in einem Nießbrauchrecht-Vertragsformulierungsvorschlag sämtliche Guthaben auf Privat- oder Verrechnungskonten einbezieht, *Wälzholz,* DStR 2010, 1786 (1788); *Frank,* MittBayNot 2010, 96 (97); a. A. *Teichmann,* ZGR 1972, 1 (7); differenzierend: *Götz/Hülsmann,* Nießbrauch, S. 122 Rn. 382.

444 Siehe Hinweis bei *Frank,* MittBayNot 2010, 96 in Fn. 13; diese Ansicht widerspricht bereits der BGH in seinem Urteil v. 23.02.1978 – II ZR 145/76, GmbHR 1978, 109, wo er ausführt, dass die für Gesellschafter bei einer Personengesellschaft geführten Darlehenskonten echte Forderungen der Gesellschafter gegenüber der Gesellschaft darstellen.

445 Vgl. *Götz/Hülsmann,* Nießbrauch, S. 122, Rn. 382.

Im Recht der Kapitalgesellschaften besteht die Notwendigkeit einer derartigen Differenzierung für das Nießbrauchrecht an der Mitgliedschaft im jeweiligen Jahresabschluss nicht, da hier eine Gesellschafterkapitalkontenstruktur nicht notwendig ist und etwaige Gesellschafterdarlehens- bzw. -verrechnungskonten echten Forderungs- bzw. Verbindlichkeitscharakter aufweisen.

2. Stellungnahme

Die Mitgliedschaft eines Gesellschafters wird in der Bilanz einer Personengesellschaft durch seinen Kapitalanteil abgebildet. Dieser ergibt sich im Recht der Personengesellschaften aus dem Saldo von Einlagen und Gewinnanteilen einerseits und Entnahmen und Verlustanteilen andererseits (§ 120 Abs. 2 HGB) und zeigt sich in der Bilanz der Gesellschaft durch entsprechende feste und variable Kapitalkonten. Das daneben i. d. R. bestehende Gesellschafterdarlehenskonto, welches lediglich der Verbuchung von Forderungen und Verbindlichkeiten zwischen Gesellschafter und Gesellschaft dient, ist kein Kapital-, sondern ein schuldrechtliches Forderungskonto. Auf ihm werden, sobald etwaige Verluste (Verlustsonderkonto oder negatives Kapitalkonto II) ausgeglichen sind, insbesondere Gewinnanteile dann verbucht, wenn sie uneingeschränkt als entnahmefähig gelten. Nicht entnahmefähige Gewinne wären entsprechend einem „Rücklagekonto", dem Kapitalkonto und damit dem Kapitalanteil des Gesellschafters zuzuordnen.

Wird also die Mitgliedschaft durch die Kapitalkonten als Beteiligungskonten in der Bilanz der Gesellschaft abgebildet, so kann sich das Nießbrauchrecht an der Mitgliedschaft auch nur auf diese Konten des Nießbrauchbestellers/Gesellschafters beziehen. Etwaige Darlehenskonten des Gesellschafters können durch ein Nießbrauchrecht nicht erfasst sein.[446]

Liegen entnahmefähige Gewinnanteile vor, können diese im Nießbrauchverhältnis einem Gesellschafterdarlehenskonto nicht gutgeschrieben werden, denn sie stehen dem Nießbraucher zu, für den ein entsprechendes Nießbraucherverrechnungskonto zu führen wäre. Sind grundsätzlich entnahmefähige Gewinnanteile mit Entnahmebeschränkungen belegt,

446 Vgl. auch BGH v. 23. 02.1978 – II ZR 145/76, GmbHR 1978, 109; ähnlich *Teichmann,* ZGR 1972, 1 (7).

um eine Liquiditätsbelastung der Gesellschaft abzumildern, so wäre entsprechend zu verfahren.

Die buchhalterischen Gesellschafter-/Nießbraucherkonten wären in der Handelsbilanz der Personengesellschaft wie folgt auszuweisen:

Konten in der Finanzbuchhaltung:	**Posten in der Handelsbilanz**:
	A. Eigenkapital
Festes Kapitalkonto I Kapitalkonto II/Variables Konto	Kapitalanteil des phG /K´tisten
Verlustvortragskonto	Verlustvortrag
Rücklagekonto, gesamthänderisch	Rücklage
	………
	C. Verbindlichkeiten
Darlehenskonto – Gesellschafter	Verbindl. ggü. Gesellschafter
Darlehenskonto – Nießbraucher	Verbindl. ggü. Nießbraucher

Nur das Eigenkapital des Gesellschafters/Nießbrauchbestellers mit den dazugehörigen Sachkonten wäre dem Nießbrauchrecht zuzuordnen. Damit ist allerdings keine Aussage darüber getroffen, was dem Nießbraucher durch sein Fruchtziehungsrecht gebührt.

§ 2 Der bestimmungsmäßige, vermögensrechtliche Ertrag

A. Meinungsstand

Die Nießbrauchbestellung betrifft die Mitgliedschaft als solche und ist nicht begrenzt auf das Gewinnstamm- oder Gewinnbezugsrecht.[447] Mithin

447 Zum Nießbrauch am Gewinnstammrecht siehe *Siebert,* BB 1956, 1126 (1127), der im Gewinnstammrecht die Bündelung der einzelnen Gewinnansprüche sieht, die in ihrer Konzentrierung der dinglichen Belastung unterliegen; siehe hierzu auch: *Finger,* DB 1977, 1033 (1034). Insgesamt wird in der Literatur dieser An-

ist der Nießbraucher berechtigt, die Nutzungen aus der Mitgliedschaft im Ganzen zu ziehen.

Die h. M. im Schrifttum und die Ansicht des *BGH* gewähren dem Nießbraucher nicht den der gesellschaftsrechtlichen Beteiligung des Gesellschafters und Nießbrauchbestellers entsprechenden Gewinnanteil schlechthin, sondern beschränken diesen auf den „entnahme- bzw. ausschüttungsfähigen" Gewinnanteil, der sich auf der Grundlage der Handelsbilanz und der Beschlussfassung der Gesellschafter über die Ergebnisverwendung ergibt.[448] Nur dieser Teil des auf die belastete Mitgliedschaft anteilig entfallenden Gewinns der Gesellschaft stellt entsprechend h. M. die unmittelbare Rechtsfrucht gemäß § 99 Abs. 2 BGB als bestimmungsmäßiger, vermögensrechtlicher Ertrag und damit als die Nutzung der Mitgliedschaft dar.[449] Dies ergibt sich aus dem Umstand, dass der Nießbraucher die Gewinnanteile nicht als Rechtsinhaber bezieht, sondern vermittelt durch die Ausübung des Nutzungsrechts.[450] Der Nießbraucher, der insoweit seine Rechtsposition von der des Gesellschafters ableitet, kann mithin keine weitergehenden Rechte innehaben als dieser selbst.[451]

Das Ausübungsrecht wiederum wird zum einen bestimmt durch die rechtsgeschäftliche Einigung der Parteien über den Inhalt des Nießbrauchrechts, womit klargestellt ist, dass der Umfang der dem Nießbraucher zustehenden Gewinnanteile maßgeblich von der „Bestimmung" der Nießbrauchbeteiligten abhängt,[452] zum anderen durch die Gebundenheit

---

satz abgelehnt, siehe hierzu für viele: *Wälzholz,* DStR 2010, 1786 (1787) m. w. N.

448 Für Personengesellschaften: BGH v. 12.12.1974 – II ZR 166/72, BeckRS 1974, 31122814; BGH v. 20.04.1972 – II ZR 143/69, BGHZ 58, 316 (320 f.); *Pohlmann,* in: MünchKomm-BGB, § 1068 Rn. 50; Staudinger/*Frank* (2009), Anh. zu §§ 1068 Rn. 79; *Frank*, MittBayNot 2010, 96 (100); *Wälzholz,* DStR 2010, 1786 (1788); *K. Schmidt,* in: MünchKomm-HGB, Vor § 230 Rn. 18; *Ulmer/Schäfer,* in: MünchKomm-BGB, § 705 Rn. 103; *Schäfer,* in: Staub, HGB, § 105 Rn. 114; *Schlitt/Bortfeldt,* in: Reichert, GmbH & Co KG, § 39 Rn. 28; *Blaurock,* Unterbeteiligung, S. 139 f.; *Haas,* in: FS L. Schmidt, 1993, 315 (318 ff.); *Ulmer,* in: FS Fleck, ZGR 1988, 383 (391). Für Kapitalgesellschaften: *Blaurock,* Unterbeteiligung, S. 139 f.

449 *Huber,* Vermögensanteil, S. 416; *Pohlmann,* in: MünchKomm-BGB, § 1068 Rn. 50 m. w. N.

450 *Schön,* Nießbrauch, S. 65.

451 BGH v. 20.04.1972 – II ZR 143/69, BGHZ 58, 316 (320).

452 *Schön,* Nießbrauch, S. 65.

an den Gesellschaftsvertrag und damit an die Beschlüsse der Gesellschafter, mithin primär an den Ergebnisverwendungsbeschluss.[453]

Die grundsätzliche Gewinnberechtigung des Nießbrauchers und damit der sog. entnahme-/ausschüttungsfähige Gewinnanteil ist also eine Eigenschaft der Mitgliedschaft und nicht Teil eines Stammrechts.[454] Dieser Rechtsanspruch entsteht im weiteren Verlauf erst mit Aufstellung und Feststellung des Jahresabschlusses der Gesellschaft. Erst dann gilt der Anteil am Gewinn einer Personenhandelsgesellschaft auch als realisiert (§ 252 Abs. 1 Nr. 4 HGB) und ist aus bilanzrechtlicher Sicht als Forderung des Nießbrauchers bilanzierungspflichtig, soweit es nicht zu einer Auszahlung kommt.[455]

Im Recht der Kapitalgesellschaften ist für die Entstehung eines Gewinnausschüttungsanspruchs wiederum zwingend ein Ergebnisverwendungsbeschluss notwendig.[456]

Folgt man zunächst dieser h. M., stellt sich dennoch die Frage, wie sich der entnahme- bzw. ausschüttungsfähige Gewinn ermittelt. Hierbei geht es zunächst nicht um die Gewinnbestandteile und um die Frage der Wirtschaftlichkeit, sondern vielmehr um die Zuständigkeit von Auf- und Feststellung des Jahresabschlusses.

B. Die Auf- und Feststellung des Jahresabschlusses als Grundlage für die Bestimmung des Ertrages

I. Kompetenzzuordnung

Zu unterscheiden ist zwischen Aufstellung und Feststellung des Jahresabschlusses. Dies gilt rechtsformübergreifend. Die Aufstellung des Jahresabschlusses der Gesellschaft gemäß §§ 242 Abs. 1, 264 Abs. 1 HGB ist eine öffentlich-rechtliche wie auch eine aufgrund des bestehenden Gesellschaftsverhältnisses sich ergebende Verpflichtung.[457] Sie ist zunächst eine

---

453 Staudinger/*Frank* (2009), BGB, Anh. zu §§ 1068 Rn. 79; *Pohlmann,* in: MünchKomm-BGB, § 1068 Rn. 50; *Schlitt/Bortfeldt,* in: Reichert, GmbH & Co KG, § 39 Rn. 28.

454 *Kruse,* RNotZ 2002, 69 (72); *Petzoldt,* DStR 1992, 1171 (1777).

455 Grds. zum Realisierungstatbestand: *IDW,* RS HFA 18, S. 3.

456 BGH v. 14. 9. 1998 - II ZR 172/97, GmbHR 1998, 1177.

457 *Hüffer,* AktG, § 172 Rn. 2.

zusammenfassende Übernahme des Zahlenwerks aus Buchführung und Inventar (§§ 238, 240 HGB) in Bilanz und Gewinn- und Verlustrechnung unter Vornahme notwendiger Abschlussbuchungen bis zur Beschlussreife. Die Zuständigkeit obliegt den gesetzlichen Vertretern, §§ 242 Abs. 1, 264 Abs. 1 HGB. Diese liegt bei Personengesellschaften allein bei den geschäftsführenden Gesellschaftern,[458] bei Kapitalgesellschaften sowie für die GmbH bei der Geschäftsführung[459] und für die AG entsprechend bei den Vorstandsmitgliedern bzw. in einem monistischen System bei den geschäftsführenden Personen.[460] Sie treffen jeweils auch eine Vorentscheidung über mögliche, gesetzlich eingeräumte Bilanzansatz- und Bewertungswahlrechte.[461] Handelt es sich allerdings bei den Bilanzierungsentscheidungen der Sache nach um Maßnahmen der Ergebnisverwendung, obliegt die Wahlrechtsausübung ausschließlich den Gesellschaftern.[462]

Die Aufgabe der Feststellung des Jahresabschlusses einschließlich der Ergebnisverwendung obliegt den jeweiligen Gesellschaftern der Gesellschaft und erfolgt in der Gesellschafterversammlung.[463] Dabei handelt es sich um einen konstitutiv wirkenden Akt der Billigung des aufgestellten Jahresabschlusses durch die jeweiligen Gesellschafter, wodurch dessen Richtigkeit anerkannt wird.[464] In der Feststellung des Jahresabschlusses liegt mithin eine Verbindlicherklärung der Bilanz im Verhältnis der Gesellschafter zur Gesellschaft und auch untereinander.[465] Hier erfolgt auch die Beschlussfassung über die Ergebnisverwendung und im Vorfeld über die noch zu treffenden Bilanzierungsentscheidungen, die der Sache nach die Ergebnisverwendung betreffen. So sind nach der Rechtsprechung des

458 BGH v. 29.03.1996 – II ZR 263/94, BGHZ 132, 263 (266); BGH v. 27.09.1979 – II ZR 31/78, BB 1980, 121 (122); *Martens,* in: Schlegelberger, HGB, § 120 Rn. 2, 3; *Ehricke,* in: Ebenroth/Boujong/Joost/Strohn, HGB, Bd. 1, § 120 Rn. 9.

459 *Winkeljohan/Schellhorn,* in: Beck Bil.-Komm., § 264 Rn. 11; *Oetker/Büteröwe,* in: Henssler/ Strohn, GesR, § 41 GmbHG, Rn. 1 ff.

460 *Winkeljohan/Schellhorn,* in: Beck Bil.-Komm., § 264 Rn. 11; *Dauner-Lieb,* in: Henssler/Strohn, GesR, § 91 AktG, Rn. 1 ff.

461 *Priester,* DStR 2007, 28 (28); *Binz/Sorg,* DB 1996, 969 (969 f.).

462 *Winnefeld,* Bilanz-Hdb., H, Rn. 110, S. 1682.

463 Die Feststellung des Jahresabschlusses ist für die Personengesellschaft gesetzlich nicht geregelt, aber durch die BGH-Rechtsprechung bestimmt: BGH v. 15.01.2007 – II ZR 245/05, DB 2007, 564; BGH v. 29.03.1996 – II ZR 263/94, BGHZ 132, 263.

464 BGH v. 02.03.2009 – II ZR 264/07, NZG 2009, 659 (661); BGH v. 29.03.1996 – II ZR 263/94, DStR 1996, 753 (754).

465 BGH v. 02.03.2009 – II ZR 264/07, NZG 2009, 659 (661).

BGH[466] gerade die Einstellung offener Rücklagen in die Bilanz sowie zusätzliche Abschreibungen nach § 253 Abs. 4 HGB Bilanzierungsentscheidungen, die die Ergebnisverwendung betreffen.[467]

Dieser Akt der Jahresabschlussfeststellung gilt seit der Entscheidung des *BGH* vom 15.01.2007[468] wiederum als eine den Gesellschaftern obliegende Angelegenheit der laufenden Verwaltung.[469]

II. Einfluss des Nießbrauchers

Übernimmt der Nießbraucher aufgrund getroffener, rechtsgeschäftlicher Abreden eine Quasi-Gesellschafterstellung, zumal er nach überwiegender Meinung im Schrifttum als in den Gesellschafterbestand einbezogen gilt[470], und sind ihm rechtsgeschäftliche Geschäftsführungsaufgaben übertragen, nimmt er bereits an der Aufstellung des Jahresabschlusses und damit an den Bilanzierungsentscheidungen teil.[471] Allerdings obliegt auch ihm eine gesellschaftsrechtliche Treuepflicht, die es ihm auferlegt, bei der Ausübung von Bilanzierungswahlrechtsentscheidungen nicht nur seine, sondern auch die besondere Interessenlage einzelner Gesellschafter zu berücksichtigen.[472]

Mit der Zuweisung eines Stimmrechts an den Nießbraucher in laufenden Angelegenheiten der Gesellschaft und der Zustimmung durch die

466 BGH v. 29.03.1996 – II ZR 263/94, DStR 1996, 753 (755).

467 Die Bezugnahme auch in der neueren gesellschaftsrechtlichen Literatur auf die genannte BGH-Rechtsprechung aus 1996 verkennt, dass die dort genannte Vorschrift zur Bildung von Aufwandsrückstellungen mit dem BilMoG aufgehoben wurde, mit der Konsequenz, dass die Ausübung dieses Passivierungswahlrechts für JA von Geschäftsjahren nach dem 31.12.2009 nicht mehr zulässig ist. Nur noch dann, wenn die Tatbestandsvoraussetzungen für passivierungspflichtige Aufwandsrückstellungen (unterlassene Aufwendungen für Instandhaltungen oder für Abraumbeseitigung) erfüllt sind, ist eine Bildung gegeben. Dann aber handelt es sich um eine Passivierungspflicht, die bei der Bilanzaufstellung zu berücksichtigen ist. Es liegt mithin keine Ergebnisverwendungsmaßnahme vor.

468 BGH v. 15.01.2007 – II ZR 245/05, DB 2007, 564.

469 BGH v. 15.01.2007 – II ZR 245/05, DB 2007, 564 (in Abkehr von BGH v. 29.03.1996 – II ZR 263/94, BGHZ 132, 263).

470 *Ulmer/Schäfer,* in: MünchKomm-BGB, § 717 Rn. 12.

471 *Schulze zur Wiesche,* DStR 1995, 318 (319).

472 Zur Beachtung einzelner Interessenlagen siehe: *Binz/Sorg,* DB 1996, 969 (970).

BGH-Rechtsprechung[473] sowie der nunmehrigen Klarstellung durch den *BGH*[474], dass die Feststellung des Jahresabschlusses der Gesellschaft zur laufenden Verwaltung der Gesellschafter zählt, obliegt auch dem Nießbraucher eine Entscheidungsbefugnis zur Feststellung des Jahresabschlusses, wenn dieser als Quasi-Gesellschafter auch über ein Teilnahmerecht an der Gesellschafterversammlung verfügt.[475] Diese kann erheblich sein, bedenkt man, dass es im Rahmen der Feststellung des Jahresabschlusses zu Änderungen des aufgestellten Jahresabschlusses durch die Gesellschafterversammlung kommen kann. Allerdings sind die nicht geschäftsführungsbefugten Mitgesellschafter, anders als bei Kapitalgesellschaften, im Rahmen der Jahresabschlussfeststellung nur insoweit zu Abschlussänderungen befugt, als diese Bilanzierungsentscheidungen betreffen, die dem Grunde nach Maßnahmen der Ergebnisverwendung darstellen und damit geeignet sind, die Gewinnansprüche zu schmälern.[476]

In diesem Zusammenhang hat auch der *BGH* den Interessen der Gesellschafter und damit auch des Nießbrauchers dahingehend Vorrang eingeräumt, als Thesaurierungsinteressen der Gesellschaft nicht Vorrang vor den Ausschüttungs- und Entnahmeinteressen der Gesellschafter (Nießbraucher)[477] haben.[478] Das Gesetz geht im Grundsatz von einer Entnahme bzw. Vollausschüttung des erwirtschafteten Gewinns aus,[479] sodass der

473 Der BGH hat im Urteil v. 09.11.1998 – II ZR 213/97, NJW 1999, 571, herausgestellt, dass dem Gesellschafter das Stimmrecht für Grundlagenbeschlüsse nicht genommen werden kann. Dies bedeutet im Umkehrschluss, dass dem Nießbraucher für die laufenden Angelegenheiten ein Stimmrecht zugewiesen werden kann. Beachtet man nunmehr das BGH-Urteil v. 15.01.2007 – II ZR 245/05, DB 2007, 564 (565), wonach die Jahresabschlussfeststellung zur laufenden Verwaltung der Gesellschafter zählt, bedeutet dies in der Konsequenz, dass der Nießbraucher sowohl bei entsprechender Ausstattung mit einer Stimm- als auch einer Teilnahmebefugnis an der Gesellschafterversammlung den Jahresabschluss beschließen kann.

474 BGH v. 15.01.2007 – II ZR 245/05, DB 2007, 564.

475 Siehe hierzu die Ausführungen im 1. Teil, Kapitel 3, Abschn. 2, § 2 C II. 2; vgl. auch: *Schulze zur Wiesche,* DStZ 2016, 44 (47 f.).

476 *IDW,* RS HFA 18, S. 4 f.; BGH v. 15.01.2007 – II ZR 245/05, DB 2007, 564 (566).

477 Vom Verf. hinzugefügt.

478 BGH v. 29.03.1996 – II ZR 263/94, DStR 1996, 753 (755); BGH v. 11.07.1966 – II ZR 134/65, WM 1966, 1132 (1134 f.).

479 Siehe hierzu: § 122 Abs. 1 HGB, § 29 Abs. 1 GmbHG; bei der AG beschließt der Aktionär in der Hauptversammlung nicht über den erwirtschafteten Gewinn (Jahresüberschuss) schlechthin, sondern über den Bilanzgewinn, § 174 Abs. 1 AktG.

Gesellschafter dem Grunde nach nicht verpflichtet ist, der Bildung stiller Reserven oder gar offener Rücklagen zuzustimmen.[480] Im Rahmen der Ergebnisverwendung sind insoweit die Ausschüttungsinteressen der Gesellschafter und damit auch des Nießbrauchers den Interessen der Selbstfinanzierung und Zukunftssicherung der Gesellschaft gegenüberzustellen.[481] Allerdings wird die Zustimmung zur Thesaurierung dann notwendig sein, wenn diese für die zukünftige Lebens- und Widerstandsfähigkeit des Unternehmens von besonderer Bedeutung ist.[482]

C. Die nießbrauchrechtliche Teilhabe am Unternehmensergebnis

I. Umfang des Gewinnanspruchs

1. Grundsätzliches

Eine Verselbstständigung des Gewinnanspruchs erfolgt erst, wenn ein Entnahme-/Ausschüttungsanspruch entstanden ist, was wiederum erst dann gegeben ist, wenn die Feststellung des Jahresabschlusses einschließlich der Beschlussfassung über die Verwendung des ausgewiesenen Jahresergebnisses vorliegt.[483] Es bleibt die Frage bestehen, inwieweit der vermögensrechtliche Anspruch und damit das Fruchtziehungsrecht des Nießbrauchers i. S. v. § 99 Abs. 2 BGB i. V. m. §§ 1030 Abs. 1, 1068 Abs. 2 BGB greift, mithin also die Frage, ob der bestimmungsmäßige Ertrag i. S. der genannten Vorschrift den entnahme-/ausschüttungsfähigen Gewinn oder aber den gesamten Gewinnanteil umfasst. Die Meinungen hierzu sind in der Literatur uneinheitlich.[484]

Das Nießbrauchrecht an der Mitgliedschaft umfasst diese im Ganzen. Damit lastet es auf dem Gewinnstammrecht als unselbstständiger Teil der Mitgliedschaft.[485] Das Gewinnstammrecht (Gewinnbezugsrecht) vermit-

---

480 BGH v. 14.02.1974 – II ZR 76/72, DB 1974, 716 (717).

481 BGH v. 29.03.1996 – II ZR 263/94, DStR 1996, 753 (756).

482 BGH v. 10.05.1976 – II ZR 180/74, BB 1976, 948 (949); BGH v. 14.05.1973 – II ZR 144/71, WM 1973, 844 (846).

483 BGH v. 14. 9. 1998 – II ZR 172/97, DNotZ 1999, 434; BGH v. 08.12.1997 – II ZR 203/96, ZIP 1998, 384; BGH v. 12.01.1998 – II ZR 82/93, ZIP 1998, 467.

484 Zu, den gesamten Gewinn umfassend: *Sudhoff*, NJW 1971, 481 (483); sympathisierend: *Schön,* ZHR 158 (1994), 229 (242).

485 *Finckh,* in: Henssler/Strohn, GesR, § 121 HGB Rn. 10.

telt das generelle Recht auf Beteiligung an dem von der Gesellschaft erwirtschafteten Jahresergebnis und bildet damit gleichzeitig die Grundlage, auf der der Gewinnanspruch – und damit der Anspruch auf Auszahlung des Gewinns oder der Dividende – erwächst.[486] Er entsteht unmittelbar in der Person des Nießbrauchers als eigenes originäres Recht.[487]

Der Gewinnanteil ist vom Gewinnanspruch strikt zu trennen, ist Letzteres doch gleichzeitig mit dem Gewinnentnahme-/Ausschüttungsrecht i. S. v. § 122 Abs. 1 Hs. 2 HGB, § 29 Abs. 1 GmbHG, § 174 Abs. 1 AktG und dem Feststellungsbeschluss des Jahresabschlusses, ggfs. verbunden mit einem Gewinnverwendungsbeschluss, zu sehen, welches sich als Anspruch des Gesellschafters auf Auszahlung in Form einer Geldleistung aus dem Gesellschaftsvermögen darstellt.[488] Erst von da an ist dieser dem Gesellschafter zuzurechnen.

Der Begriff des Gewinns und damit des Gewinnanteils ist wiederum bilanzrechtlich abzuleiten und ergibt sich gemäß §§ 242 ff., 264 ff. HGB aus der Aufstellung des Jahresabschlusses und damit aus der Gegenüberstellung der Aufwendungen und Erträge des Geschäftsjahres. Der Jahresabschluss der Gesellschaft hat so nicht nur einen öffentlich-rechtlichen Hintergrund, sondern erfüllt gleichzeitig primär eine Informationsfunktion gegenüber den gesellschaftlich Beteiligten über die wirtschaftlichen Verhältnisse der Gesellschaft.

Folgt man dem Grundsatz, dass der Nießbraucher keine weitergehenden Rechte haben kann als der Gesellschafter selbst, seine Rechtsposition sich also von der des Gesellschafters ableitet,[489] ist dennoch zu fragen, wie der nichtentnahme- bzw. nicht ausschüttungsfähige Gewinnanteil aus dem Umstand, dass das Nießbrauchrecht die ganze Mitgliedschaft belastet, zu behandeln ist. Hier ist zwischen den einzelnen Rechtsformen zu unterscheiden.

---

486 BGH v. 08.12.1997 – II ZR 203/96, DStR 1998, 498; *Priester,* in: MünchKomm-HGB, § 121 Rn. 9; *Finckh,* in: Henssler/Strohn, GesR, § 121 HGB Rn. 10; *Koch,* ZHR 168 (2004), 55 (57).

487 *Chr. Meyer,* Nießbrauch, S. 70.

488 RG v. 04.03.1943 – II 113/42, RGZ 170, 392 (395 f.); BGH v. 11.01.1960 – II ZR 69/59, BB 1960, 180; BGH v. 08.12.1997 – II ZR 203/96, DStR 1998, 498; *Drygala,* in: KK/AktG, § 58 Rn. 132.

489 *Wiedemann,* Übertragung, S. 403 f.

2. Personengesellschaften

Dem Gewinnanteil kommt im Recht der Personengesellschaften eine doppelte Bedeutung zu: Zum einen zeigt er den Bruchteil auf, der dem Gesellschafterkonto in Form des Kapitalkontos oder des Gesellschafter-Fremdkapitalkontos eines Gesellschafters im Rahmen der Gewinnverteilung zugeschrieben wird[490], zum anderen stellt dieser die tatbestandliche Voraussetzung für einen schuldrechtlichen Anspruch des Gesellschafters gegen die Gesellschaft auf Auszahlung des Gewinnanteils und somit für die Entnahmerechte des Gesellschafters dar.[491] Dieser Gewinnauszahlungsanspruch wiederum entsteht erst mit dem Gewinnverwendungsbeschluss der Gesellschafter, welcher der Feststellung des Jahresabschlusses nachgeht.[492]

Auch aus bilanzrechtlicher Sicht entsteht der individuelle Anspruch auf den Gewinnanteil, sofern keine abweichenden Regelungen im Gesellschaftsvertrag getroffen wurden, nach den gesetzlichen Bestimmungen, §§ 120–122, 161 Abs. 2, 167 und 169 HGB, bei Personengesellschaften dem Grunde nach zum Abschlussstichtag der Personenhandelsgesellschaft.[493] Das Gesetz sieht, anders als bei Kapitalgesellschaften, keine grundsätzliche Feststellung des Jahresabschlusses vor,[494] sodass bereits durch konkludentes Handeln (z. B. Unterzeichnung des Jahresabschlusses durch die Gesellschafter) der Jahresabschluss festgestellt werden kann.

Auch wenn Rechtsprechung[495] und Schrifttum[496] zwischenzeitlich die Feststellung des Jahresabschlusses als notwendige Maßnahme für die Billigung und Verbindlicherklärung des aufgestellten Jahresabschlusses im Verhältnis der Gesellschafter untereinander und im Verhältnis der Gesellschaft zu Dritten[497] ansehen und die Verselbstständigung des Gewinnan-

---

490 *Roth,* in: Baumbach/Hopt, HGB § 120 Rn. 9; *Ehricke,* in: Ebenroth/Boujong/Joost/Strohn, HGB; § 120 Rn. 62.

491 *Huber,* ZGR 1988, 7 f.; 51 ff.; *Ehricke,* in: Ebenroth/Boujong/Joost/Strohn, HGB; § 121 Rn. 3; § 122 Rn. 4 ff.; *Schön,* StuW 1988, 253 (254).

492 BGH v. 15.01.2007 – II ZR 245/05, DB 2007, 564 (568).

493 *IDW,* RS HFA 18, S. 4.

494 *Priester,* DStR 2007, 28 (28).

495 BGH v. 14.09.1998 – II ZR 172/97, DStR 1998, 1688 für die GmbH.

496 *Priester,* in: MünchKomm-HGB, § 122 Rn. 7 m. w. N.; *Finckh,* in: Henssler/Strohn, GesR, § 122 HGB Rn. 9.

497 BGH v. 29.03.1996 – II ZR 263/94, DStR 1996, 753 (755); *Priester,* DStR 2007, 28 (28).

spruchs erst mit dem Ergebnisverwendungsbeschluss als Entnahme-/Ausschüttungsanspruch erfolgt,[498] muss es sich bei diesem Gewinnanteil bereits von Anfang an als unmittelbare Rechtsfrucht gemäß § 99 Abs. 2 BGB um Nutzungen der Mitgliedschaft handeln.[499] Der gesamte auf den Gesellschaftsanteil entfallende Gewinn stellt mithin dessen bestimmungsmäßigen Ertrag dar.[500] Dieser ist der Ertrag der Mitgliedschaft und damit die Rechtsfrucht nach § 99 Abs. 2 BGB.[501] So spricht auch der *BGH* in seinem Urteil vom 29. März 1996[502] von der „Konkretisierung des dem Grunde nach bereits im Gesellschaftsvertrag begründeten Gewinnanspruchs (…)“. Dieser konkretisiert sich also im Gewinnanteil des Gesellschafters als Rechtsfrucht der Mitgliedschaft. Auch wenn der Gewinnanspruch zum Vermögen des Gesellschafters erst mit der Beschlussfassung über die Verwendung des ausgewiesenen Jahresgewinns gehört,[503] so dürfte für den Gewinnanteil als Rechtsfrucht auch dann nichts anderes gelten, wenn der Gewinnanteil aufgrund einer gesellschaftsvertraglichen Bestimmung oder eines hierauf gründenden[504] Gesellschafterbeschlusses zum Zeitpunkt der Entstehung des Gewinnanteils der Verfügungsgewalt und damit eines Auszahlungsanspruchs des Gesellschafters entzogen ist. Der Gewinnanteil kommt dem Gesellschafter mittelbar zugute, indem er das Entnahmerecht gemäß § 122 Abs. 1 HGB stärkt und im Fall der Liquidation das Auseinandersetzungsguthaben erhöht.[505]

---

498 BGH v. 08.12.1997 – II ZR 203–96, DStR 1998, 498; BGH v. 12.01.1998 – II ZR 82–93, DStR 1998, 383.

499 Vgl. Staudinger/*Jickeli/Stieper,* (2012), BGB, § 99 Rn. 16; der Gewinnanteil als Rechtsfrucht ist Ausfluss der Beteiligung des Gesellschafters. Ob dieser Gewinnanteil in einem Auszahlungsanspruch mündet, ist Gegenstand der Beschlussfassung in der Gesellschafterversammlung.

500 Vgl. *Schön,* ZHR 158 (1994), 229, (241 ff.), *Sudhoff,* NJW 1971, 481 (483); *Finger,* DB 1977, 1033 (1038).

501 So auch *Pohlmann,* in: MünchKomm-BGB, § 1068 Rn. 58; BGH v. 30.01.1995 – II ZR 45/94, DStR 1995, 537 (538).

502 BGH v. 29.03.1996 – II ZR 263/94, BGHZ 132, 263 = DStR 1996, 753 (755).

503 BGH v. 12.01.1998 — II ZR 82–93, DStR 1998, 383; *Kilian,* in: Henssler/Strohn, § 721 BGB Rn. 9.

504 BGH v. 15.01.2007 – II ZR 245/05, DB 2007, 564 (567 f.).

505 Vgl. auch: *Roth,* in: Baumbach/Hopt, HGB, § 120 Rn. 9; a. A. *Harders,* Nießbrauch, S. 76, der Früchte des Gesellschaftsanteils erst dann sieht, wenn dem Gesellschafter ein eigenständiger Gewinnausschüttungsanspruch gegen die Gesellschaft zusteht.

Dieser Gewinnanteil – entnahme- bzw. nichtentnahmefähig – konkretisiert sich im Fall des Nießbrauchs am Gesellschaftsanteil im bestimmungsmäßigen Ertrag zugunsten des Nießbrauchers in dem Umfang, wie die Parteien des Nießbrauchverhältnisses es in ihrer rechtsgeschäftlichen Abrede festlegen.[506] Der Nießbraucher ist allerdings an die gesellschaftsrechtlichen Entnahmebeschränkungen gebunden und kann eine Auszahlung des Gewinnanteils nur insoweit verlangen, wie der Gesellschafter dies selbst könnte.[507] Wird so in der Gesellschafterversammlung bestimmt, dass ein Teil des festgestellten, grundsätzlich entnahmefähigen Jahresüberschusses dem Unternehmen zunächst als Darlehen zur Verfügung zu stellen ist, so trifft diese Verpflichtung ebenso den Nießbraucher.[508] Im Jahresabschluss der Personengesellschaft lässt sich dies unter Beachtung der Grundsätze ordnungsmäßiger Rechnungslegung durch Einrichtung entsprechender Kapital- und Darlehenskonten zugunsten von Gesellschafter und Nießbraucher darstellen.[509] Eine Abweichung vom Bilanzschema gemäß § 266 Abs. 2 HGB durch eine weitere Untergliederung der Posten steht dem nicht entgegen, § 265 Abs. 5 HGB, erfüllt sie doch insbesondere den Grundsatz der Bilanzklarheit und gibt dem Bilanzleser gleichzeitig Einblick über die Beteiligten an den unternehmerischen Entscheidungen.[510]

Der im überwiegenden Schrifttum vertretenen Auffassung, dass Gewinnanteile, die während der Nießbrauchzeit erwirtschaftet wurden und nicht zur Auszahlung gelangen, in der Gesellschaft gebunden bleiben und somit nicht dem Nießbraucher zustehen,[511] kann nicht zugestimmt werden.[512]

---

506 Diese Sichtweise entspricht letztlich auch der Besteuerung im Ertragsteuerrecht, sofern der Nießbraucher als Mitunternehmer anzusehen ist.

507 *Finger,* DB 1977, 1033 (1038).

508 So auch: *Schulze zur Wiesche,* DB 1970, 171 (172).

509 Siehe hierzu die Ausführungen im im 1. Teil, Kapitel 3, Abschn. 2, § 1 B. III.; sowie: *Sudhoff,* NJW 1971, 481 (483).

510 Vgl. hierzu die Ausführungen im 2. Teil, Kapitel 2, § 1.

511 Staudinger/*Frank* (2009), BGB, Anh. zu §§ 1068 Rn. 79.

512 So auch: *Sudhoff,* NJW 1971, 481 (483); *Finger,* DB 1977, 1033 (1038); a. A. *Kruse,* RNotZ 2002, 69 (78).

3. Kapitalgesellschaften

Besteht das Nießbrauchrecht am Anteil einer Kapitalgesellschaft, ist der Nießbraucher mit dem Fruchtziehungsrecht an die nach Gesetz und Gesellschaftsvertrag (oder Satzung) ausschüttungsfähigen Gewinnanteile und Dividenden gebunden.[513] Neben diesen Gewinnanteilen gebühren dem Nießbraucher gewinnähnliche Zahlungen, die die Gesellschaft an die Anteilseigner ausschüttet, bspw. in Form von Boni, Sachleistungen oder Vorabdividenden gemäß § 60 Abs. 2 AktG.[514] Auch im Recht der Kapitalgesellschaften stehen die genannten Ansprüche dem Nießbraucher kraft eigenen dinglichen Rechts unmittelbar gegenüber der Gesellschaft zu.[515] Die jeweiligen Gewinn-/Dividendenansprüche aus einem GmbH-Geschäftsanteil oder einer Aktie sind allerdings zu präzisieren. So haben der Aktionär und damit der Nießbraucher einen Anspruch auf den Bilanzgewinn gemäß § 58 Abs. 4 AktG, mithin auf den Gewinnanteil, der entsprechend der Feststellung des Jahresabschlusses der AG durch Vorstand und Aufsichtsrat gemäß § 172 AktG[516] in der Bilanz als Bilanzgewinn ausgewiesen wird. § 29 Abs. 1 GmbHG trifft für die Gesellschafter einer GmbH eine ähnliche Regelung. Die genannten Vorschriften begründen letztlich nur das Gewinnbezugsrecht (Anspruch auf das Jahresergebnis)[517] und mit diesem den Anspruch auf Feststellung des Jahresabschlusses (soweit bei

---

513 RG v. 04.02.1943 - II 94/42, RGZ 170, 358 (369); *Pohlmann,* in: MünchKomm-BGB, § 1068 Rn. 62; Staudinger/*Frank* (2009), BGB, Anh. zu §§ 1068 Rn. 103; *Blaurock,* Unterbeteiligung, S. 139; *Chr. Meyer,* Nießbrauch, S. 67; *Sudhoff,* GmbHR 1971, 53 (55); a. A. *Schön,* ZHR 158 (1994), 229, (241 f.); Soergel/*Stürner,* BGB, § 1068 Rn. 8b, der dem Nießbraucher einen Anspruch auf den Gewinn der Höhe nach zuschreibt, wie er sich aus dem festgestellten Jahresabschluss ergibt.

514 *Koch,* ZHR 168 (2004), 55 (56); *Wiedemann,* Übertragung, S. 405; *Teichmann,* ZGR 1972, 1 (7 ff.); *Wiesner,* in: MünchHdb. GesR IV, § 14 Rn. 71; *Reichert/Weller,* in: MünchKomm-GmbHG, § 15 Rn. 330; *Görner,* in: Rowedder/Schmidt-Leithoff, GmbHG, § 15 Rn. 72.

515 *Seibt,* in: Scholz, GmbHG, Bd. 2, § 15 Rn. 214; *Reichert/Weller,* in: MünchKomm-GmbHG, § 15 Rn. 329; *Wiedemann,* Übertragung, S. 403 f.; *Koch,* ZHR 168 (2004), 55 (56 f.).

516 Nur ausnahmsweise ist die Hauptversammlung für die Feststellung des Jahresabschlusses zuständig, § 173 AktG.

517 Das allgemeine Gewinnbezugsrecht als Teil der Mitgliedschaft wird letztlich in § 29 Abs. 1 GmbHG, § 174 Abs. 1 AktG konkretisiert, siehe hierzu u. a. *Strohn,* in: Henssler/Strohn, GesR, § 29 GmbHG Rn. 2.

der AG noch nicht geschehen) und auf Beschlussfassung über die Ergebnisverwendung, §§ 174 AktG, 29 GmbHG.[518] Dieser Ergebnisverwendungsbeschluss ist wiederum Voraussetzung für die Entstehung des Gewinn- oder Dividendenanspruchs des Gesellschafters/Aktionärs.[519] Erst mit diesem Ergebnisverwendungsbeschluss erhält der Gesellschafter Anspruch auf eine sofort fällige Auszahlung des Gewinnanteils/der Dividende.[520] Damit erhält auch der Nießbraucher, der seine Rechtsstellung von der des Gesellschafters ableitet, erst dann seinen Zahlungsanspruch.[521]

II. Ausgewählte Fragen zum Gewinnanspruch

1. Behandlung thesaurierter Gewinne (Gewinnrücklagen)

Bestehen bereits vor Beginn des Nießbrauchverhältnisses Gewinnrücklagen in der Gesellschaft, so stehen diese dem Gesellschafter und Nießbrauchbesteller bei Auflösung als Entnahmerecht im Recht der Personengesellschaften (entnahmefähige Gewinnanteile) bzw. als Ausschüttungsanspruch bei Kapitalgesellschaften zu.[522] Wurden Gewinne ab Nießbrauchbestellung thesauriert und gelangen während der Nießbrauchzeit zur Ausschüttung, sind diese dem Nießbraucher als Rechtsfrucht nach § 99 Abs. 2 BGB zuzuordnen. Gleiches muss für während der Nießbrauchzeit gebildete Gewinnrücklagen gelten, die bei der Beendigung des Nieß-

---

518 BGH v. 14.09.1998 – II ZR 172/97, BGHZ 139, 299 (302 f.); BGH v. 12.01.1998 – II ZR 82/93, BGHZ 137, 378 (381); BGH v. 28.10.1993 – IX ZR 21/93, BGHZ 124, 27 (31); BGH v. 03.11.1975 – II ZR 67/73, BGHZ 65, 230 (235); BGH v. 03.11.1975 – II ZR 67/73, BGHZ 65, 230 (235); BGH v. 24.01.1957 – II ZR 208/55, BGHZ 23, 150 (154).

519 *Strohn,* in: Henssler/Strohn, GesR, § 29 GmbHG Rn. 32, 51.

520 *Strohn,* in: Henssler/Strohn, GesR, § 29 GmbHG Rn. 51; *Hoffmann-Becking,* in: MünchHdb. GesR IV, § 47 Rn. 26.

521 *Chr. Meyer,* Nießbrauch, S. 87, *Scharff,* Der Nießbrauch, S. 35; *Wiedemann,* Übertragung, S. 403; *Koch,* ZHR 168 (2004), 55 (57).

522 Staudinger/*Frank* (2009), BGB, Anh. zu §§ 1068 Rn. 86; *Löbbe,* in: GmbH-Großkommentar, § 15 Rn. 181 f.; a. A. *Pohlmann,* in: MünchKomm-BGB, § 1068 Rn. 59; *Fricke,* GmbHR 2008, 739 (742); bei der Auflösung von Gewinnrücklagen handelt es sich bilanzrechtlich nicht um außerordentliche Erträge, es erfolgt bei der Personengesellschaft lediglich ein Passivtausch und bei der GmbH bzw. AG eine Gewinnverwendungsrechnung in der Verlängerung der GuV-Rechnung zur Ermittlung des Bilanzgewinns.

brauchverhältnisses noch bestehen. Dem Nießbraucher steht insoweit ein Ausgleichsanspruch gemäß § 1049 BGB zu.[523]

2. Verlustanteil

Im Nießbrauchverhältnis bleibt der Nießbrauchbesteller unverändert Gesellschafter. Aufgrund dieser Rechtsposition haftet dieser im Recht der Personengesellschaften unmittelbar, soweit er keine Kommanditistenstellung mit einer begrenzten Außenhaftung (Hafteinlage) innehat. Entsprechend trifft nach überwiegender Meinung im Schrifttum den Nießbraucher auch keine unmittelbare Verlustübernahmepflicht, soweit der Verlust während der Nießbrauchzeit entstanden ist.[524] Allerdings kommt es zu einer mittelbaren Verlustübernahme, sodass zukünftige Gewinne zunächst zur Deckung etwaiger durch Verluste unter den Betrag der bedungenen Einlage, abgebildet durch den Kapitalanteil, zu verwenden sind. Dem Nieß-

---

523 Die h. M. lehnt einen solchen Ausgleichsanspruch ab und sieht zumindest kein Nießbrauchrecht an thesaurierten Gewinnanteilen, die vor und nach dem Bestehen des Nießbrauchverhältnisses zu Erträgen für den Nießbraucher führen. Sie stellen hiernach jeweils Wertsteigerungen bzw. -minderungen des Anteils dar, die allein dem Gesellschafter zustehen, siehe hierzu: *Bayer,* in: Lutter/Hommelhoff, GmbHG, § 15 Rn. 117; *Blaurock,* Unterbeteiligung, S. 139; *Huber,* Vermögensanteil, S. 416; *Chr. Meyer,* Nießbrauch, S. 87 ff.; *Reichert/Schlitt/Düll,* GmbHR 1998, 565 (567 f.); *Koch,* ZHR 168 (2004), 55 (65); *Fricke,* GmbHR 2008, 739 (742); allerdings werden dem Nießbraucher sämtliche während des Bestehens des Nießbrauchverhältnisses ausgeschütteten Gewinne zugeordnet, ungeachtet der zeitlichen Entstehung. Im Umkehrschluss stehen dem Gesellschafter sämtliche Gewinne nach Beendigung des Nießbrauchverhältnisses zu, siehe hierzu: *Seibt,* in: Scholz, GmbHG, § 15 Rn. 214 m. w. N.; *Fricke,* GmbHR 2008, 739 (742). Die uneinheitliche Meinung führt im Steuerrecht zu erheblichen Besteuerungsschwierigkeiten. So bestimmt § 20 Abs. 5 EStG, dass Gewinnanteile (Dividenden) demjenigen als Einkünfte aus Kapitalvermögen zuzuordnen sind, der zum Zeitpunkt des Gewinnverteilungsbeschlusses als Anteilseigner i. S. v. § 39 AO gilt. Dies sind dem Grunde nach der Gesellschafter und der Nießbraucher nur dann, wenn sie als wirtschaftliche Eigentümer der Anteile anzusehen sind; siehe hierzu im 3. Teil, Kapitel 4, Abschn. 1, § 1 B., Abschn. 2, § 1 C. II.

524 *Pohlmann,* in: MünchKomm-BGB, § 1068 Rn. 67; Staudinger/*Frank* (2009), BGB, Anh. zu §§ 1068 Rn. 86; *Kruse,* RNotZ 2002, 69 (81).

braucher stehen bis zur Wiederherstellung des Kapitalanteils keine Gewinnanteile zu.[525]

Ein handelsrechtlich entstandener Verlustanteil ist dem Nießbraucher allerdings dann zuzuweisen, wenn er eine Quasi-Gesellschafterstellung mit unternehmerischer Verantwortung eingenommen hat, also an der gesellschaftlichen Willensbildung und Geschäftsführung mitwirkt.[526] Er verfügt entsprechend über Mitwirkungsbefugnisse, insbesondere das Stimmrecht, die konsequenterweise eine Verlusttragungspflicht wie auch eine Haftungsübernahme auslösen müssen.[527]

Dies wird im Recht der Personengesellschaften schon allein durch das Prinzip der Selbstorganschaft ausgelöst, welches es verbietet, eine unmittelbare Beteiligung an der Willensbildung und Vertretung der Gesellschaft ohne persönliche Haftung zu übernehmen.[528]

Es stellt sich allerdings die Frage, wie weit diese Verlusttragung bzw. auch die unmittelbare Haftung greift. Dies muss sich zum einen nach der Rechtsstellung des Nießbrauchbestellers in der Gesellschaft richten, denn diese Mitgliedschaft ist mit dem Nießbrauchrecht belastet. Aus dieser leitet der Nießbraucher seine Rechtsstellung ab. Zum anderen ist die Art und Weise der Verlustentstehung und damit der ihn auslösende Sachverhalt (Geschäftsvorfall) heranzuziehen, an dessen ursächlichen Entscheidungsfindung der Nießbraucher mitgewirkt hat.[529] Diese differenzierende Betrachtung erscheint notwendig, um so keine Schlechter- bzw. Besserstel-

---

525 *K. Schmidt,* in: MünchKomm-HGB, Vor § 230 Rn. 23; Staudinger/*Frank* (2009), BGB, Anh. zu §§ 1068 f. Rn. 86; *Kruse,* RNotZ 2002, 69 (81); *Harders,* Nießbrauch, S. 118.

526 *K. Schmidt,* in: MünchKomm-HGB, Vor § 230 Rn. 18; *Schön,* ZHR 158 (1994), 229, (247).

527 *Pohlmann,* in: MünchKomm-BGB, § 1068 Rn. 67; *Flume,* Personengesellschaftsrecht, § 17 VI, S. 364; differenzierend: *Kruse,* RNotZ 2002, 69 (81), *Schön,* ZHR 158 (1994), 229 (248), die eine unmittelbare Verlusttragungspflicht des Nießbrauchers nur dann sehen, wenn es sich um einen Anteil eines beherrschenden Gesellschafters handelt; Staudinger/*Frank* (2009), BGB, Anh. zu §§ 1068 f. Rn. 91 spricht von einer Mithaftung, wenn gleichlaufend Mitwirkungsrechte des Nießbrauchers bestehen; *Oberhammer* fordert demgegenüber, dass der Nießbraucher Mitwirkungsbefugnisse erhalten kann, wenn er entsprechend in das Pflichtengefüge des Gesellschafters eingebunden ist, *Oberhammer,* Mitverwaltung, S. 44; siehe auch Fn. 371.

528 *Lindemeier,* DNotZ 1999, 876 (894 f.)

529 *Lindemeier,* DNotZ 1999, 876 (894 f.); ähnliche Haftungsstrukturen bestehen bspw. bei der Partnerschaftsgesellschaft; siehe hierzu: § 8 Abs. 2 PartGG.

lung des Nießbrauchbestellers zu bewirken, dem wiederum bei einer Nicht-Verlusttragung eine Wertgarantie seines Kapitalanteils zugutekommen würde.[530]

3. Außerordentliche Erträge

a) Meinungsstand

Die h. M. in Rechtsprechung[531] und Schrifttum[532] billigt dem Nießbraucher nicht die außerordentlichen Erträge, die sich insbesondere durch die Auflösung stiller Reserven im Rahmen der Veräußerung des Anlagevermögens ergeben, zu. Sie sind dem Gesellschafter zuzuordnen, mit der Begründung, dass die Mitgliedschaft ihrem Inhalt nach nicht auf solche Erträge ausgerichtet ist und es sich entsprechend nicht um bestimmungsmäßige Erträge der Mitgliedschaft handeln kann. Sie mindern den Anteilswert, stellen also eine Auskehrung der Substanz dar und können mithin keine Nutzungen des Anteils bewirken.[533] Sie sind aus diesem Grund dem Anteilsinhaber zuzuordnen.[534]

---

530 So auch *Harders,* Nießbrauch, S. 117.

531 BFH v. 28.01.1992 – VIII R 205/85, BStBl. II 1992, 605 (607); BFH v. 01.03.1994 – VIII R 35/92, BStBl. II 1995, 241 (244).

532 Staudinger/*Frank* (2009), BGB, Anh. zu §§ 1068 Rn. 81; *Pohlmann,* in: MünchKomm-BGB, § 1068 Rn. 53, 58; *Bayer,* in: Lutter/Hommelhoff, GmbHG, § 15 Rn. 117; *Schön,* ZHR 158 (1994), 229 (245); *Queck,* Nießbrauch, S. 108 ff.; *Sandhaus,* Nießbrauch, S. 54; *Frank,* MittBayNot 2010, 96 (100);*Götz/Jorde,* FR 2003, 998 (999); *Münch,* ZEV 1998, 8 (9); *Brandi/Mühlmeier,* GmbHR 1997, 734 (735); *Haas,* in: FS L. Schmidt (1993), 315 (319); *Petzoldt,* DStR 1992, 1171 (1175); a. A. *Reichert/Weller,* in: MünchKomm-GmbHG, § 15 Rn. 333; *Reichert/Schlitt/Düll,* GmbHR 1998, 565 (568); *Reichert/Schlitt,* in: FS Flick, 217 (234 f.); *Wiedemann,* Übertragung, S. 404 f.

533 Staudinger/*Frank* (2009), BGB, Anh. zu §§ 1068 Rn. 81; *Pohlmann,* in: MünchKomm-BGB, § 1068 Rn. 53 ff.

534 *Pohlmann,* in: MünchKomm-BGB, § 1068 Rn. 56; a. A. *Reichert/Schlitt,* in: FS Flick (1997), 217 (234).

b) Stellungnahme

aa) Kritik und Problemstellung

Dem Grunde nach ist der herrschenden Auffassung zu folgen. Die Mitgliedschaft in einer Gesellschaft ist primär darauf gerichtet, entsprechend des Unternehmenszwecks Gewinne aus ihrer wirtschaftlichen Tätigkeit zu erzielen. Das Vermögen und primär das Anlagevermögen bilden hierbei die Grundlage, um finanzielle Überschüsse zu erwirtschaften.[535]

Kommt es nunmehr zu einer Veräußerung des Anlagevermögens, ohne dass eine Ersatzinvestition erfolgt, tritt eine Substanzminderung ein. Der Erfolg und damit der Ertrag bzw. der Verlust aus dieser Veräußerung stehen dem Nießbraucher als außerordentliches Ergebnis schon deshalb nicht zu, weil dieses Ergebnis nicht mit dem originären Furchtziehungsrecht in Einklang zu bringen ist. Diese Ergebnisse liegen außerhalb der gewöhnlichen Geschäftstätigkeit der Gesellschaft. Ebenso spricht auch der Rechtsgedanke des § 1039 Abs. 1 BGB gegen eine derartige Zuordnung.[536]

Es ist allerdings fraglich, ob diese Erträge aus der Veräußerung des Anlagevermögens eindeutig bestimmt werden können, um eine einwandfreie quotale Zuordnung zum Gesellschafter/Nießbrauchbesteller vorzunehmen.

Grundlage ihrer Bestimmung bildet das Rechenwerk und damit der Jahresabschluss der Gesellschaft. Folgt man den Gedanken, dass der Nießbraucher aufgrund seines beschränkten dinglichen Rechts an der Mitgliedschaft auch das Mitwirkungsrecht dahingehend innehat, mindestens bei der Feststellung des Jahresabschlusses mitzuwirken, so bleibt zu klären, inwieweit diese außerordentlichen Ergebnisse aus dem Jahresabschluss ablesbar sind.

Mit dem Bilanzrichtlinie-Umsetzungsgesetz (BilRUG)[537] ist der Ausweis der außerordentlichen Ergebnisbeiträge in der Gliederung der Gewinn- und Verlustrechnung (GuV) gemäß § 275 Abs. 2 HGB weggefallen, mit der Folge, dass diese Ergebnisse zukünftig unter den sonstigen be-

---

535 Das *IDW* definiert in IDW S 1, S. 8, Unternehmen als „zweckgerichtete Kombinationen von materiellen und immateriellen Werten, durch deren Zusammenwirken finanzielle Überschüsse erwirtschaftet werden sollen“.

536 So auch *Pohlmann,* in: MünchKomm-BGB, § 1068 Rn. 53, 58; *Schön,* ZHR 158 (1994), 229 (245).

537 Bilanzrichtlinie-Umsetzungsgesetz (BilRUG), v. 17.07.2015, BGBl. I 2015, S. 1245 ff.

trieblichen Aufwendungen bzw. Erträgen auszuweisen sind.[538] Mit dieser Umstellung des Ausweises eines außerordentlichen Ergebnisses in der GuV (§ 275 HGB) geht allerdings die Aufnahme einer gesonderten Angabepflicht zu den außergewöhnlichen Sachverhalten im Anhang einher.[539] Ein Berichterstattungsverzicht gemäß § 288 HGB besteht nicht.

Insgesamt erschwert sich für den Gesellschafter wie auch für den Nießbraucher die eindeutige Feststellung dieser Ergebnisse.[540] Dies allein schon deshalb, da unter „außergewöhnliche Sachverhalte“ umfassendere Vorgänge, die außerhalb der gewöhnlichen Geschäftstätigkeit liegen, hier zukünftig bilanzrechtlich zu erfassen sind, und umgekehrt, bisher außerordentliche Vorgänge ggfs. unter sonstigen betrieblichen Posten der GuV, beispielsweise Umsatzerlöse, auszuweisen sind.[541] Daraus ergibt sich die weitere Frage, ob das Ergebnis aus diesen außergewöhnlichen Sachverhalten, die im Jahresergebnis münden, insgesamt beim Gesellschafter verbleibt und der Nießbraucher hieran nicht partizipiert.

Inwieweit das eigene Informationsrecht des Nießbrauchers, abgeleitet aus § 242 BGB[542], ausreichend ist, um konkret auch derartige Informationen anzufordern, ist fraglich. Die h. M. geht insoweit nicht von einem inhaltlich identischen Informationsrecht des Gesellschafters aus und sieht nur die Auskunftsansprüche als gegeben, die den Ertrag der Beteiligung betreffen. Wie weitgehend dieser Auskunftsanspruch allerdings greift, bleibt unklar.

---

538 Handelt es sich allerdings um sog. typische, geschäftsmodellbedingte Erlöse, erfolgt der Ausweis in der Gewinn- und Verlustrechnung unter den Umsatzerlösen, siehe hierzu auch *Zwirner,* DB 2015, Beil. 6, 1 (11 f.).

539 *Zwirner,* DB 2015, Beil. 6, 1 (17).

540 Die Erschwernis erhöht sich auch dadurch, dass der Gesetzgeber nunmehr den Begriff „außerordentlich“ durch „außergewöhnlich“ ersetzt hat. Die ersten Literaturmeinungen sehen den Begriffsinhalt weitergehend; siehe hierzu: *Zwirner,* DB 2015, Beil. 6, 1 (11); *Zwirner/Boecker,* BC 2016, 159 (160 ff.); *Lopatta/Kaspereit/Gloger/Nordbrock,* DB 2016, 1516 (1517 f.).

541 *Zwirner,* DB 2015, Beil. 6, 1 (12).

542 *Chr. Meyer,* Nießbrauch, S. 261 f.; *Harders,* Nießbrauch, S. 63 ff.; *Pohlmann,* in: MünchKomm-BGB, § 1068 Rn. 82.

bb) Lösungsansatz

Dem Gesellschafter und Nießbrauchbesteller soll nach h. M. die Substanz an dem zu belastenden Recht verbleiben, während dem Nießbraucher der bestimmungsmäßige Ertrag als Nutzung gewährt wird. Die Schwierigkeit ergibt sich mithin aus der Abgrenzung von Substanz und Nutzung. Die h. M. sieht im bestimmungsmäßigen Ertrag den entnahme- bzw. ausschüttungsfähigen Gewinnanteil, während eine Mindermeinung das tatsächlich entstandene Jahresergebnis als Grundlage für das Fruchtziehungsrecht sieht.[543]

Gemäß §§ 99 Abs. 1, 100, 1030 Abs. 1, 1068 Abs. 2 BGB hat der Nießbraucher ein unmittelbares Fruchtziehungsrecht kraft seines dinglichen Rechts an der Mitgliedschaft gegenüber der Gesellschaft. Dieses beinhaltet mithin den anteiligen Gesellschaftsgewinn, auch dann, wenn der Nießbraucher keinen Anspruch gegen die Gesellschaft auf Auszahlung geltend machen kann. Wäre dies möglich, käme es zu einer weitergehenden Rechtsposition des Nießbrauchers gegenüber dem Gesellschafter, was mit dem Grundgedanken des Nießbrauchs nicht vereinbar wäre.[544] Die nicht zur Auszahlung kommenden Gewinne, die für eine Thesaurierung oder aber eine Reinvestition in Anlagegüter etc. verwandt werden können, schlagen sich zunächst im Vermögenszuwachs der Gesellschaft und damit in der Substanz bzw. dem inneren Wert der Mitgliedschaft des Gesellschafters nieder.[545] Wurden diese Gewinne für die Finanzierung von Anlagevermögen verwandt und kommt es bei einer späteren Veräußerung dieser Güter zur Aufdeckung stiller Reserven, gehen diese Gewinnanteile in das Jahresergebnis der Gesellschaft ein. Kommt es im Rahmen der Bilanzfeststellung und des Ergebnisverwendungsbeschlusses zur entsprechenden Ergebnisverteilung/Ausschüttung, führt dies zu einem entsprechenden Auszahlungsanspruch des Nießbrauchers aus seinem Fruchtziehungsrecht, einhergehend mit einer Substanzminderung bzw. Minderung des inneren Werts der Mitgliedschaft des Gesellschafters. Beziehen sich diese Wertveränderungen auf die Zeit des Bestehens des Nießbrauchverhältnisses, ist

---

543 Die Mindermeinung vertretend: Soergel/*Stürner*, BGB, Bd. 16, § 1068 Rn 8b; *Finger*, DB 1977, 1033 (1037 f.); *Sudhoff*, NJW 1971, 481 (483); *Scharff*, Der Nießbrauch, S. 35 ff.; *Schön*, ZHR 158 (1994), 229 (242 ff.).

544 BGH v. 20.04.1972 – II ZR 143/69, BGHZ 58, 316 (321); *Koch*, ZHR 168 (2004), 55 (66).

545 *Koch*, ZHR 168 (2004), 55 (70).

die Zuordnung dieses Gewinnanteils zum Nießbraucher nicht nur sachgerecht, sondern entspricht auch der „Natur" des Nießbrauchs, da der Nießbraucher in seiner Rechtsposition nicht besser gestellt wird als der Gesellschafter und Nießbrauchbesteller selbst, denn es handelt sich insoweit um Ergebnisanteile, die bisher im Vermögen der Gesellschaft gebunden und damit nicht entnahme- bzw. ausschüttungsfähig waren. Umgekehrt stehen dem Gesellschafter und Nießbrauchbesteller die vor Nießbrauchbestellung entstandenen Gewinnanteile zu.

Um einre Zuordnung entstandener stiller Reserven aus dem Anlagevermögen auf Gesellschafter und Nießbraucher gerecht zu werden, lassen sich die Wertverhältnisse bzw. der innere Wert des zu belastenden Rechts Mitgliedschaft sowohl dem Grunde als auch der Höhe nach durch betriebswirtschaftliche Methoden bestimmen bzw. aus dem Rechenwerk Jahresabschluss der Gesellschaft ermitteln.

So lässt sich zum einen der Wert des Anteils (Mitgliedschaft) durch eine Anteilsbewertung nach dem Unternehmensbewertungsverfahren des *IDW*, IDW S 1,[546] sonstige betriebswirtschaftliche Bewertungsmethoden (z. B. Substanzwertmethode), oder aber mittels des steuerlichen vereinfachten Ertragswertverfahrens,[547] jeweils wiederkehrend zum Zeitpunkt der Bilanzaufstellung, bestimmen. Der so festgestellte Unterschiedsbetrag lässt sich mit dem in gleicher Vorgehensweise bestimmten Buchwert der Mitgliedschaft vergleichen. Dieser stellt die stillen Reserven aus der Mitgliedschaft dar und lässt sich in Abhängigkeit des Mengengerüsts des Anlagevermögens dem Gesellschafter oder Nießbraucher zuordnen. Spätestens zum Zeitpunkt der Beendigung des Nießbrauchverhältnisses kann es zu einem Wertausgleichsanspruch i. S. v. § 1039 Abs. 1 BGB zugunsten des Gesellschafters oder aber des Nießbrauchers kommen.[548]

---

546 *IDW*, IDW S 1.

547 § 199 BewG.

548 Zum Wertausgleichsanspruch siehe: *Schön,* ZHR 158 (1994), 229 (245); *Escher/ Haag,* in: MünchHdb. GesR II, § 27 Rn. 46.

4. Kapitalveränderungen

a) Kapitalerhöhung

Die vermögensrechtliche Stellung des Nießbrauchers kann durch eine Kapitalerhöhung aus Gesellschaftsmitteln oder aber durch Einlagen der Gesellschafter in die Gesellschaft rechtsformübergreifend beeinflusst werden.[549] Es fragt sich, ob sich das Nießbrauchrecht auch am Erhöhungsbetrag fortsetzt, sich die Rechtsposition des Nießbrauchers also verändert.

aa) aus Gesellschaftsmitteln

Kapitalerhöhungen bei Personengesellschaften zeigen sich durch die Erhöhung der jeweiligen festen Kapitalkonten der Gesellschafter in der Gesellschaft. Werden hierfür bisher nicht-entnahmefähige Gewinnanteile, die auf variable Kapitalkonten verbucht sind, nunmehr auf Festkonten umgebucht, oder aber bei der Kapitalgesellschaft den Gewinnrücklagen entnommen, stellen diese Erhöhungsbeträge nach einhelliger Meinung in Rechtsprechung[550] und Schrifttum[551] keine Rechtsfrucht und damit keinen Ertrag der bisherigen Mitgliedschaft dar, mit der Folge, dass dem Nießbrauchbesteller auch der erhöhte Kapitalanteil zusteht. Dem ist zuzustimmen, denn ansonsten würde der Nießbraucher Mitglied der Gesellschaft. Dies wäre wiederum mit der Einwilligungserfordernis der übrigen Gesellschafter in den Nießbrauch nicht gedeckt.[552]

Diese Auffassung kann allerdings nur damit begründet werden, dass dem Nießbrauchbesteller und Gesellschafter auch die nicht-entnahmefähigen Gewinnanteile in Form einer Substanzmehrung seines Anteils zustehen.[553] Besteht das Nießbrauchrecht am Gesellschaftsanteil im Ganzen,

---

549 *Escher/Haag,* in: MünchHdb. GesR II, § 27 Rn. 47; *Harders,* Nießbrauch, S. 89 ff.

550 BGH v. 20.04.1972 – II ZR 143/69, BGHZ 58, 316 (317 ff.); BGH v. 06.10.1980 – II ZR 268/79, BGHZ 78, 177 (188).

551 *Pohlmann,* in: MünchKomm-BGB, § 1068 Rn. 42 ff.; *Kruse,* RNotZ 2002, 69 (80).

552 BGH v. 20.04.1972 – II ZR 143/69, BGHZ 58, 316 (319 f.); *Pohlmann,* in: MünchKomm-BGB, § 1068 Rn. 63.

553 BGH v. 06.10.1980 – II ZR 268/79, BGHZ 78, 177 (188); *Kruse,* RNotZ 2002, 69 (80); *Schäfer,* in: Staub, § 120 HGB, Rn. 48 ff.

erstreckt sich nach h. M. dieses Recht aufgrund der Einheitlichkeit der Mitgliedschaft auch auf den erhöhten und damit erweiterten Kapitalanteil.[554] Die Früchte auch aus diesem erhöhten Kapitalanteil gebühren dem Nießbraucher.

Folgt man allerdings der sich im Schrifttum abzeichnenden Auffassung, dass sich auch bei der Personengesellschaft zwei oder mehr Anteile in der Hand eines Gesellschafters immer dann befinden können, wenn an einem dieser Anteile Rechte Dritter bestehen,[555] so folgt daraus, dass die Gewinnanteile, die auf den erhöhten Kapitalanteil entfallen, nicht dem Nießbraucher, sondern dem Gesellschafter zuzuordnen sind.

Wurden durch die Kapitalerhöhung aus Gesellschaftsmitteln Geschäftsanteile oder neue Aktien geschaffen, stellen diese ebenso nicht die Frucht der alten Mitgliedschaft dar, mit der Folge, dass die neuen Anteile nicht dem Nießbraucher, sondern dem Gesellschafter zustehen.[556] Allerdings umfasst das jeweilige Nießbrauchrecht nach überwiegender Meinung im Schrifttum auch diese neuen Aktien bzw. Geschäftsanteile.[557]

bb) aus Einlagen

Auch bei der Kapitalerhöhung gegen Einlagen steht nach h. M. im Schrifttum der neu geschaffene Kapitalanteil dem Nießbrauchbesteller zu.[558] Dies gilt sowohl für den Gesellschaftsanteil einer Personengesellschaft (Einheitlichkeit der Mitgliedschaft), als auch für die durch die Kapitaler-

---

554 BGH v. 27.09.1982 – II ZR 140/81, GmbHR 1983, 148 (149); *Frank,* MittBayNot 2010, 96 (101); *Kruse,* RNotZ 2002, 69 (80); *Ulmer,* in: FS Fleck, ZGR 1988, 383 (392); *Herrmanns,* MittRhNotK 1997, 149 (156).

555 *Ulmer/Schäfer,* in: MünchKomm-BGB, § 705 Rn. 63, 182; *Steinbeck,* DB 1995, 761 (763 f.).

556 Staudinger/*Frank* (2009), BGB, Anh. zu §§ 1068 Rn. 105; *Teichmann,* ZGR 1972, 1 (17); *Hoffmann-Becking,* in: MünchHdb. GesR IV, § 14 Rn. 72; *Fastrich,* in: Baumbach/Hueck, GmbHG, § 15 Rn. 54; *Seibt,* in: Scholz, GmbHG, § 15 Rn. 216.

557 *Pohlmann,* in: MünchKomm-BGB, § 1068 Rn. 44; *Fastrich,* in: Baumbach/Hueck, GmbHG, § 15 Rn. 54; *Bayer,* in: Lutter/Hommelhoff, GmbHG, § 15 Rn. 118.

558 *Pohlmann,* in: MünchKomm-BGB, § 1068 Rn. 42 ff.; *Kruse,* RNotZ 2002, 69 (80); *Frank,* MittBayNot 2010, 96 (101) *Bayer,* in: Lutter/Hommelhoff, GmbHG, § 15 Rn. 118; *Seibt,* in: Scholz, GmbHG, § 15 Rn. 216; Hüffer/*Koch,* AktG, § 186 Rn. 186 m. w. N.

höhung neu geschaffenen GmbH-Geschäftsanteile. Der Nießbraucher hat insoweit keinen schuldrechtlichen Anspruch auf Bestellung eines Nießbrauchrechts an den neu geschaffenen Anteilen.[559] Auch das gesetzliche Bezugsrecht des Aktionärs (§ 186 AktG) auf Übernahme „junger Anteile" ist nach einhelliger Meinung im Schrifttum keine Rechtsfrucht der Mitgliedschaft und nicht als bestimmungsmäßiger Ertrag der Mitgliedschaft anzusehen.[560] Bezugsberechtigt ist der Aktionär.

Die Erträge aus dem durch Einlage neu geschaffenen oder erhöhten Anteil werden entsprechend und abweichend von der Kapitalerhöhung aus Gesellschaftsmitteln nicht dem Nießbraucher, sondern dem Gesellschafter zugeordnet.[561] Dies führt beim Nießbrauch am Personengesellschaftsanteil aufgrund der Einheitlichkeit der Mitgliedschaft von einem bisherigen Vollnießbrauch nunmehr zu einem Quotennießbrauch.[562] Folgt man allerdings dem Gedanken, dass im Fall der Belastung der Mitgliedschaft mit Rechten Dritter der Grundsatz der Einheitlichkeit der Mitgliedschaft bei Personengesellschaften durchbrochen wird und auch hier ein weiterer Gesellschaftsanteil in der Person des Nießbrauchbestellers entsteht, wären aufwendige Wertermittlungen, Aufteilungen und Zuordnung vermeidbar. Das führt zu mehr Rechtsklarheit.

Im Kapitalgesellschaftsrecht erstreckt sich das bisherige Nießbrauchrecht ebenso nicht unmittelbar auf die durch Einlage des Nießbrauchbestellers neu geschaffenen Anteile.[563] Der Nießbraucher hat nur dann und insoweit einen Anspruch auf die Bestellung eines zusätzlichen Nieß-

---

559 *Löbbe,* in: GmbH-Großkommentar, § 15 Rn. 185; *Bayer,* in: Lutter/Hommelhoff, GmbHG, § 15 Rn. 118; *Seibt,* in: Scholz, GmbHG, § 15 Rn. 216; Hüffer/*Koch,* AktG, § 186 Rn. 186 m. w. N.

560 BGH v. 20.04.1972 – II ZR 143/69, BGHZ 58, 316 (317 ff.); *Reichert/Schlitt,* in: FS Flick (1997), 217 (236); *Koch,* in: Hüffer, AktG, § 186 Rn. 10; *Schürnbrand,* MünchKomm-AktG, § 186 Rn. 40; *Fastrich,* in: Baumbach/Hueck, § 15 Rn. 54; *Scharff,* Der Nießbrauch, S. 50 ff.; *Chr. Meyer,* Nießbrauch, S. 140 ff.

561 BGH v. 27.09.1982 – II ZR 140/81, GmbHR 1983, 148 (149); *Ulmer,* in: FS Fleck, ZGR 1988, 383 (392); *Kruse,* RNotZ 2002, 69 (80); *Frank,* MittBayNot 2010, 96 (101).

562 *Pohlmann,* in: MünchKomm-BGB, § 1068 Rn. 42; *Kruse,* RNotZ 2002, 69 (80); *Frank,* MittBayNot 2010, 96 (101).

563 *Pohlmann,* in: MünchKomm-BGB, § 1068 Rn. 43; *Kruse,* RNotZ 2002, 69 (80); *Frank,* MittBayNot 2010, 96 (101).

brauchs, wie der belastete Geschäftsanteil/die Aktie einen Wertverlust erlitten hat.[564]

b) Kapitalherabsetzung

Kommt es zur Kapitalherabsetzung, mithin zur Verminderung des Kapitals der Gesellschaft, ist zwischen der nominellen (§ 58a GmbHG) und der effektiven (§ 58 GmbHG) Kapitalherabsetzung bei der GmbH bzw. der vereinfachten (§§ 229 ff. AktG) und der ordentlichen (§§ 237 ff. AktG) Kapitalherabsetzung bei der AG zu unterscheiden.

Während bei der nominellen (GmbH) und der vereinfachten (AG) Kapitalherabsetzung das Kapital nur buchmäßig herabgesetzt wird und kein Abfluss liquider Mittel an die Gesellschafter stattfindet, kommt es bei der effektiven (GmbH) bzw. der ordentlichen (AG) Kapitalherabsetzung zur Ausschüttung liquider Mittel an die Gesellschafter bzw. Aktionäre.[565] In beiden Fällen ist § 1071 BGB zu beachten, wonach ein dem Nießbrauch unterliegendes Recht nur mit Zustimmung des Nießbrauchers geändert oder aufgehoben werden kann. Für den Nießbauch an einer Mitgliedschaft folgt daraus, dass der Gesellschafter grundsätzlich keine Verfügungen über die Mitgliedschaft vornehmen darf, wenn es dadurch zum Untergang oder aber zu einer inhaltlichen Änderung des belasteten Anteils kommt.[566] Ist allerdings ein wichtiger Grund gegeben, unterliegt der Nießbrauchbesteller nicht den Beschränkungen des § 1071 BGB.[567] Dies gilt auch bei Mehrheitsbeschlüssen der Mitgesellschafter.[568]

Bedenkt man, dass i. d. R. die Kapitalherabsetzung als Kapitalmaßnahme für die Beseitigung eines bestehenden Bilanzverlustes eingesetzt wird,

---

564 *Bayer,* in: Lutter/Hommelhoff, GmbHG, § 15 Rn. 119; *Seibt,* in: Scholz, GmbHG, § 15 Rn. 216 m. w. N. *Schürnbrand,* MünchKomm-AktG, § 186 Rn. 41; *Koch,* in: Hüffer, AktG, § 186 Rn. 186 m. w. N.

565 *Wegmann,* in: MünchHdb. GesR III, § 54 Rn. 1 ff.; *Scholz,* in: MünchHdb. GesR IV, § 61 Rn. 2.

566 *Schäfer,* in: Staub, HGB, § 105 Rn. 125; *Roth,* in: Baumbach/Hopt, § 105 Rn. 46; *Ulmer/ Schäfer,* in: MünchKomm-BGB, § 705 Rn. 102, *K. Schmidt,* in: MünchKomm-HGB, Vor § 230 Rn. 22; *Sudhoff,* NJW 1971, 481 (482); *Geschwendtner,* NJW 1995, 1875 (1876); *Teichmann,* ZGR 1972, 1 (15).

567 *K. Schmidt,* in: MünchKomm-HGB, Vor § 230 Rn. 22; *Schäfer,* in: Staub, HGB, § 105 Rn. 125.

568 *K. Schmidt,* in: MünchKomm-HGB, Vor § 230 Rn. 22.

wird hier ein wichtiger Grund vorliegen, weswegen eine Zustimmung des Nießbrauchers nicht erforderlich sein wird. Auf der anderen Seite verändert sich die Position des Nießbrauchers nicht, das Nießbrauchrecht bleibt unverändert an der Mitgliedschaft bestehen. Vielmehr kommt der Nießbraucher durch die Beseitigung des Bilanzverlusts zeitlich früher in den Genuss ausschüttungsfähiger Gewinne. Das Nießbrauchrecht wird insoweit aufgewertet.

Handelt es sich allerdings um eine effektive Kapitalherabsetzung, die mit der Ausschüttung liquider Mittel an die Aktionäre bzw. Gesellschafter verbunden ist, so stehen diese nicht dem Nießbraucher als eigene Rechte zu, da es sich insoweit nicht um Rechtsfrüchte i. S. v. § 99 Abs. 2 BGB handelt. Es stellt sich die Frage, ob das Nießbrauchrecht sich auf die Surrogate dieser liquiden Mittel bezieht. Mit der effektiven/ordentlichen Kapitalherabsetzung kommt es nicht zum Untergang der Mitgliedschaft. Es wird lediglich überflüssiges Kapital der Gesellschaft an die Anteilseigner ausgekehrt. Die Mitgliedschaft und damit das Nießbrauchrecht an dieser bleiben unverändert bestehen. Auch ist der Nießbraucher in seinen Rechten nicht beeinträchtigt. Die liquiden Mittel können insoweit nicht als das Äquivalent der Mitgliedschaft gesehen werden, mit der Folge, dass sich das Nießbrauchrecht hieran nicht fortsetzt.

5. Entnahmerechte bei Nießbrauch am Gesellschaftsanteil

Das Entnahmerecht als besonderes, mit der Mitgliedschaft verbundenes Vermögensrecht,[569] findet sich im Personengesellschaftsrecht und betrifft lediglich den persönlich haftenden Gesellschafter einer GbR, oHG oder KG. Dieses Recht auf Entnahme gemäß § 122 Abs. 1 HGB beträgt 4 v. H. seines Kapitalanteils, unabhängig davon, ob ein Gewinn erzielt wurde.[570]

Mit der Bestellung eines Nießbrauchrechts am Gesellschaftsanteil kann nach h. M. der Nießbraucher dieses Recht nur dann beanspruchen, wenn die Entnahme durch entsprechende Gewinne gedeckt ist, diese also nicht mit einer Substanzverringerung der Kapitaleinlage verbunden ist (§ 122

569 *Ulmer,* in: FS Fleck, ZGR 1988, 383 (392).

570 *Pohlmann,* in: MünchKomm-BGB, § 1068 Rn. 61; *Kruse,* RNotZ 2002, 69 (79).

Abs. 2 HGB).[571] Diesen Anspruch kann der Nießbraucher kraft eigenen Rechts selbst geltend machen, ohne dass es eines zusätzlichen gesellschaftsrechtlichen Entnahmebeschlusses bedarf.[572]

6. Auseinandersetzungsguthaben/Liquidationserlös

Kommt es zur Auflösung und Abwicklung der Gesellschaft, ist diese mit der Auszahlung bzw. dem Auszahlungsanspruch des anteiligen Überschusses (§§ 733 Abs. 1, 734 BGB; § 155 Abs. 1, 161 Abs. 2 HGB) bzw. des anteiligen Liquidationserlöses (§ 72 GmbHG, § 271 AktG) verbunden.

Im Fall des Ausscheidens des Gesellschafters aus der Gesellschaft führt dies zu einem – im Personengesellschaftsrecht – Abfindungsanspruch gemäß § 738 Abs. 1 Satz 2 BGB, §§ 161 Abs. 2, 150 Abs. 2 HGB i. V. m. § 738 Abs. 1 Satz 2 BGB.

Für den Gesellschafter einer Kapitalgesellschaft richtet sich der Abfindungsanspruch ebenfalls nach dem gesetzlichen Leitbild des § 738 Abs. 1 Satz 2 BGB – ein Abfindungsanspruch ist im GmbHG bzw. AktG insoweit nicht geregelt – und entspricht der Höhe dem Verkehrswert seines Geschäftsanteils/der Aktie, § 738 Abs. 1 Satz 2 BGB.[573]

Die jeweiligen Auseinandersetzungsansprüche/Liquidationserlöse stellen selbst nach h. M. keinen bestimmungsmäßigen Ertrag gemäß § 99 Abs. 2 BGB der Mitgliedschaft dar.[574] Dies ist auch dann nicht gegeben, wenn es sich um nicht-entnommene oder nicht-ausgeschüttete Gewinne handelt, welche in Rücklagen der Gesellschaft eingestellt wurden.[575] Ebenso stellt das Einziehungsentgelt gemäß § 34 GmbHG, § 237 AktG

---

571 *Queck,* Nießbrauch, S. 141 f.; *Hepp-Schwab,* Die Mitgliedschaft, S. 164; *Pohlmann,* in: MünchKomm-BGB, § 1068 Rn. 61; abw.: *Ulmer,* in: FS Fleck, ZGR 1988, 383 (392); *Wiedemann,* Übertragung, S. 405.

572 Staudinger/*Frank* (2009), BGB, Anh. zu §§ 1068 Rn. 85.

573 BGH v. 16.12.1991 – II ZR 58/91, BGHZ 116, 359 (370f.); OLG Köln v. 19.12.1997 – 4 U 31/97, NZG 1998, 779.

574 Staudinger/*Frank* (2009), Anh. zu §§ 1068 Rn. 88, 104; *Herrler,* in: Palandt, BGB, § 1068 Rn. 3; *Pohlmann,* in: MünchKomm-BGB, § 1068 Rn. 65; *Reichert/ Schlitt,* in: FS Flick (1997), 217, 235; *Hepp-Schwab,* Mitgliedschaft, S. 186; *Harders,* Nießbrauch, S. 104; *Kruse,* RNotZ 2002, 69 (79); *Ulmer,* in: FS Fleck, ZGR 1988, 383 (393).

575 *Harders,* Nießbrauch, S. 104; *Wiedemann,* Übertragung, S. 403.

keinen Ertrag und damit keine Rechtsfrucht der Mitgliedschaft dar, mit der Folge, dass diese dem Gesellschafter zuzuweisen ist.[576]

Mit der Beendigung der Mitgliedschaft vor Ablauf des Nießbrauchs, tritt keine Auflösung des Nießbrauchverhältnisses ein.[577] Vielmehr setzt sich der Nießbrauch an dem Auseinandersetzungsguthaben bzw. an der Abfindung kraft dinglicher Surrogation analog §§ 1076 ff. BGB fort.[578] Die Mitgliedschaft wandelt sich mithin in verzinsliche Forderungsrechte.[579] Dies lässt sich damit begründen, dass der Nießbrauch an einer Mitgliedschaft bestellt wurde, mit dem Ziel, Erträge hieraus zu beziehen. Kommt es nunmehr zum Untergang der Mitgliedschaft, kann es nur folgerichtig sein, dass sich das Nießbrauchrecht entsprechend dieser dinglichen Surrogation an einer verzinslichen Forderung fortsetzt. Dieser Auffassung folgt auch die überwiegende Meinung in der Literatur, mit der Folge, dass die Vorschriften gemäß §§ 1076 ff. BGB einschlägig sind.[580] Das jeweilige Guthaben/die Abfindung ist an die Nießbrauchbeteiligten gemeinsam auszuzahlen. Beide sind gemäß § 1079 BGB verpflichtet, das eingezogene Kapital gemeinsam anzulegen, wobei zugunsten des Nießbrauchers ein Nießbrauchrecht daran zu bestellen ist, § 1079 Satz 1 BGB.

576 Staudinger/*Frank* (2009), BGB, Anh. zu §§ 1068 Rn. 88, 104.

577 *Ulmer,* in: FS Fleck, ZGR 1988, 383 (393); *Harders,* Nießbrauch, S. 104; allerdings ist dies eine Auslegungsfrage, ob der Nießbrauch endet oder sich am Auseinandersetzungsguthaben fortsetzt; siehe hierzu: *Frank,* in: MittBayNot 2010, 96 (101); Staudinger/*Frank* (2009), BGB, Anh. zu §§ 1068 Rn. 88.

578 *Ulmer,* in: FS Fleck, ZGR 1988, 383 (393); *Frank,* in: MittBayNot 2010, 96 (101 f.); in der Literatur ist die Anwendung der Vorschriften für eine Surrogation uneinheitlich: Dingliche Surrogation analog §§ 1074, 1075 BGB bejahend: *Huber,* Vermögensanteil, S. 416; *Hepp-Schwab,* Die Mitgliedschaft, S. 187; oder dingliche Surrogation analog §§ 1076 ff. BGB: Staudinger/*Frank* (2009), Anh. zu §§ 1068 Rn. 88, 104; *Pohlmann,* in: MünchKomm-BGB, § 1068 Rn. 47.

579 Die jeweiligen Ansprüche sind als aus der Mitgliedschaft fließende Rechte, nießbrauchbelastet, anzusehen, so auch *Pohlmann,* in: MünchKomm-BGB, § 1068 Rn. 47.

580 *Pohlmann,* in: MünchKomm-BGB, § 1068 Rn. 47; *Frank,* MittBayNot 2010, 96 (101); *Petzoldt,* GmbHR 1978, 381 (385); *Sudhoff,* NJW 1971, 481 (482); *Wiedemann,* Übertragung, S. 403; eine Mindermeinung sieht lediglich einen schuldrechtlichen Anspruch des Nießbrauchers auf Nießbrauchbestellung an den jeweiligen Ansprüchen, vgl. *Wälzholz,* DStR 2010, 1786 (1789).

D. Gesamtergebnis

Der dem Nießbraucher gebührende bestimmungsmäßige Ertrag aus der Mitgliedschaft bestimmt sich bei Personengesellschaften grundsätzlich nach dem entnahmefähigen und dem nichtentnahmefähigen Gewinnanteil,[581] sofern dieser bilanzrechtlich auf Gesellschafterkonten erfasst wird, die an späteren Verlusten nicht teilnehmen bzw. für die Auffüllung des Kapitalanteils des Nießbrauchbestellers notwendig sind und damit ihrer Rechtsnatur eigenständige Ansprüche darstellen. Losgelöst von den Gesellschafterkonten bietet es sich an, eigenständige Nießbraucherkapital- und -darlehenskonten im Rechenwerk der Gesellschaft einzurichten.

Außerordentliche Erträge, soweit sie die Zeit vor Beginn des Nießbrauchverhältnisses betreffen, stehen grundsätzlich dem Gesellschafter zu. Durch die Erschwernis, diese im Jahresabschluss der Gesellschaft im Einzelnen festzustellen, bietet es sich an, zu Beginn der Nießbrauchbestellung die stillen Reserven des Gesellschaftsanteils mittels der Anteilsbewertung zu bestimmen. Die sich während des Nießbrauchverhältnisses ergebenden stillen Reserven, die sich gerade durch eine Innenfinanzierung – Finanzierung durch nichtentnahmefähige Gewinne – bilden, stehen dem Nießbraucher spätestens mit Beendigung des Nießbrauchverhältnisses zu. Mittels einer statistischen Nebenrechnung zum Jahresabschluss der Gesellschaft lassen sich diese in bestimmten zeitlichen Abständen fortführen. Über entsprechende Differenzrechnungen sind die Wertveränderungen des Anteils bestimmbar und jeweils dem Gesellschafter oder Nießbraucher zuzuordnen.

Liegen Kapitalanteilsveränderungen vor, stehen jeweils die erhöhten Anteile bzw. die durch Herabsetzung freigewordenen liquiden Mittel dem Gesellschafter zu. Unter Durchbrechung der Einheitlichkeit der Mitgliedschaft setzt sich das Nießbrauchrecht nicht am erhöhten bzw. neu geschaffenen Anteil fort, soweit die Erhöhung nicht aus „stehengelassenen" Gewinnen erfolgte.

Auseinandersetzungs- bzw. Liquidationserlöse bilden keinen Ertrag des Gesellschaftsanteils. Sofern das Nießbrauchverhältnis damit nicht beendet ist, setzt sich das Nießbrauchrecht jedoch an den Surrogaten fort.

---

581 Soergel/*Stürner*, BGB, Bd. 16, § 1068 Rn. 8b spricht vom Anteil am festgestellten Jahresergebnis.

Für ein Nießbrauchrecht am Kapitalgesellschaftsanteil gilt dem Grunde nach dasselbe wie bei einem Nießbrauch an einem Personengesellschaftsanteil. Dem Nießbraucher stehen nicht nur die beschlossenen Gewinnausschüttungen aus der Nießbrauchzeit zu, sondern ebenso ein Ausgleichsanspruch gegenüber dem Gesellschafter und Nießbrauchbesteller zum Zeitpunkt der Nießbrauchbeendigung auf die während dieser Zeit aus den laufenden Jahresergebnissen gebildeten Gewinnrücklagen.

2. Teil: Das Nießbrauchrecht an Mitgliedschaften im Bilanzrecht

Die im vorherigen Teil dargestellten Auswirkungen des sachenrechtlichen Fruchtziehungsrechts des Nießbrauchers auf die gesellschaftsrechtliche Mitgliedschaft, führen unweigerlich zu der Folgefrage, welche Bedeutung und insbesondere welche Wirkung die Bestellung eines Nießbrauchrechts an einer Mitgliedschaft auf den Jahresabschluss der betroffenen Gesellschaft hat. Neben der bereits geklärten Fragestellung, inwieweit die bilanzrechtliche Kapital- und Gesellschafterkontenstruktur des Nießbrauchbestellers/Gesellschafters in der Gesellschaft betroffen ist, gilt es hier in erster Linie eine Antwort auf die Frage zu finden, wie ggfs. bestehende Informationsasymetrien zwischen den jeweils Beteiligten aufgehoben werden können und wie durch eine bilanzrechtliche Darstellung eine erhöhte Transparenz zu einer weitreichenden Information, nicht nur für die internen Bilanzadressaten, sondern gerade auch externe Adressaten, wie Kapitalgeber etc., führen kann. Die Antwort auf diese Frage erfordert zunächst eine Analyse der wichtigsten Funktionen des Jahresabschlusses.

Erstes Kapitel: Der Jahresabschluss als Mittel der Rechnungslegung

§ 1 Der Jahresabschluss als integrierter Bestandteil des Gesellschaftsrechts

Das Gesellschaftsrecht sieht für die jeweiligen Gesellschaftsformen für die Ermittlung und Verteilung von Gewinnen und Verlusten einen Rechnungsabschluss, § 721 BGB für die GbR, bzw. einen Jahresabschluss, §§ 120–122 HGB für die OHG, §§ 167 i. V. m. 120 HGB für die KG, § 42 GmbHG für die GmbH, und § 150 ff. AktG für die AG, vor. Sie sind jeweils Instrumente der periodischen Ergebnisermittlung und der kaufmännischen Rechnungslegung, mit denen nicht nur die wirtschaftlichen Vorgänge und Zustände sowie deren Änderungen innerhalb einer Rechnungsperiode mittels Bilanzpositionen und quantitativen Größen durch Bewertungen erfasst werden, sondern die sich zu einem möglichst objektivierten Gesamtbild des Unternehmens in Form eines Jahresabschlusses[582] verdichten lassen.[583]

Mit dem Jahresabschluss erfüllt die Geschäftsführung von Personen- und Kapitalgesellschaften nach Ablauf eines Geschäftsjahres ihre Rechenschaftspflicht gegenüber den (Mit-)Gesellschaftern und Aktionären gemäß § 666 BGB i. V. m. § 713 BGB, §§ 105 Abs. 3, 161 Abs. 2 HGB, §§ 41–42a GmbHG, § 91 AktG.[584] Die hierfür notwendigen Rechnungslegungs-

---

582 Im Folgenden beinhaltet der Begriff „Jahresabschluss" auch den Rechnungsabschluss i. S. d. BGB; *Schäfer* unterscheidet zwischen einer Rechnungslegungspflicht gemäß § 238 ff. HGB (Bilanzrecht) und der in § 120 Abs. 1 HGB getroffenen gesellschaftsrechtlichen Pflicht zur Rechnungslegung. Diese findet zwar ihren Niederschlag im bilanzrechtlich geforderten Jahresabschluss und hat sich an das Bilanzrecht zu halten, sieht aber dennoch Unterschiede in beiden Rechenwerken allein schon über die jeweils verfolgten Zwecke, siehe im Einzelnen: *Schäfer,* in: Staub, HGB, § 120 Rn. 6 ff. Die h. M. aber verbindet die in § 120 Abs. 1 HGB genannte Rechnungslegungspflicht mit der Bilanzierungspflicht gemäß §§ 242 ff. HGB, vgl. *Ehricke,* in: Ebenroth/Boujong/Joost/Strohn, HGB, § 120 Rn. 1; *Finckh,* in: Henssler/Strohn, GesR, § 120 HGB Rn. 6; *Priester,* in: MünchKomm-HGB, § 120 Rn. 19 ff. m. w. N.

583 *Winnefeld,* Bilanz-Hdb., Einf. S. 4 ff.

584 *Winnefeld,* Bilanz-Hdb., C., S. 288 Rn. 10 f.

vorschriften und damit die für die Bilanz im Rechtssinne, finden sich rechtsformübergreifend ausdrücklich im Dritten Buch des Handelsgesetzbuches (HGB) in den §§ 238 – 342 HGB, ergänzt um rechtsformspezifische Vorschriften.[585]

Diese Vorschriften als Ausdruck des Bilanzrechts, einschließlich der Grundsätze ordnungsmäßiger Buchführung (GoB), sind Bestandteil des Gesellschaftsrechts und bestimmen, wie das Vermögen, die Schulden und das Kapital in der Bilanz nach objektivierten Kriterien anzusetzen und zu bewerten sind.[586] Mit den periodischen Veränderungen durch Geschäftsvorfälle lässt sich das weitgehend objektivierte Periodenergebnis bestimmen, welches in erster Linie nicht nur im Interesse der Gesellschafter, sondern ebenso in dem am Unternehmen interessierter Dritter liegt.[587]

Die Rechnungslegung dient damit unterschiedlichen Zielen und Zwecken, deren Bedeutung wiederum abhängig von der Rechtsform und auch der Unternehmensgröße ist.[588]

Auf der anderen Seite sind gerade auch bei gesellschaftsrechtlichen Veränderungen in der Struktur des Gesellschafterbestandes, die, soweit sie insbesondere Auswirkungen auf die bilanzielle Darstellung des Kapitals, des Vermögens und der Schulden haben, zweckadäquate Bilanzierungslösungen zu suchen, um gerade die Rechenschafts- und damit die Dokumentations- und Informationsfunktion der gesamten Rechnungslegung zu erfüllen.

---

585 Rechtsformspezifische Rechnungslegungsvorschriften: *Winkeljohann/Schellhorn,* in: Beck Bil-Komm., § 264 Rn. 33.

586 *Winnefeld,* Bilanz-Hdb. Einf. S. 6.

587 Daneben besteht natürlich Interesse der Gläubiger und künftiger Investoren als externe Adressaten, soweit diese Bilanzdaten für die Beurteilung der wirtschaftlichen Leistungsfähigkeit und damit für Entscheidungsfindungen überhaupt geeignet sind; siehe hierzu auch: *Winnefeld,* Bilanz-Hdb. Einf. S. 6 ff.

588 *Winnefeld,* Bilanz-Hdb. Einf. S. 10.

§ 2 Der Jahresabschluss als Instrument der Dokumentation und Information

Der Inhalt des Rechnungs- bzw. Jahresabschlusses[589] wird bestimmt durch seinen Zweck.[590] Dabei geht es vornehmlich um die Vermittlung objektivierter Informationen durch eine vollständige, richtige und systematische Dokumentation sämtlicher Geschäftsvorfälle und Leistungsbeziehungen durch die unternehmerische Tätigkeit, ausgelöst durch die Geschäftsführung des Unternehmens, ihre Geschäftspartner, Kapitalgeber, Arbeitnehmer und die sonstigen die Geschicke des Unternehmens beeinflussenden Personen.

Der handelsrechtliche Jahresabschluss hat damit neben der allgemeinen Gewinnermittlungs- und Ausschüttungsbemessungsfunktion eine an objektivierten Kriterien ausgerichtete Informationsvermittlungsfunktion auf der Grundlage vergangenheitsorientierter Daten und Informationen.[591] Das Bilanzrecht schafft hierfür mit seinen Regelungen in §§ 242, 264 ff. HGB die Grundlage für die Darstellung des Vermögens, der Schulden und des Eigenkapitals mittels der Bilanz. Sie vermittelt nicht nur Informationen über den Umfang des im Unternehmen bestehenden Vermögens und bestehender Schulden, sondern insbesondere auch über den Umfang und die Entwicklung des Eigenkapitals sowie dessen Zusammensetzung. Sie erfüllt damit gleichzeitig die Kapitalerhaltungs-, Gewinnentnahme- und Ausschüttungsfunktion.[592] Diese Information vermittelnden Funktionen des Jahresabschlusses sind insbesondere für die Gesellschafter und die am Ergebnis partizipierenden Personen (z. B. Nießbraucher) von Wichtigkeit.

Die Erfordernis, dass der handelsrechtliche Jahresabschluss ein den tatsächlichen Verhältnissen entsprechendes Bild der Vermögens-, Finanz- und Ertragslage zu vermitteln hat (§ 264 Abs. 2 HGB), wird dabei beherrscht vom Prinzip der kaufmännischen Vorsicht (Bildung stiller Reser-

---

589 Im Folgenden wird ausschließlich vom Jahresabschluss gesprochen, denn die Bilanzierungsgrundsätze einschließlich der handelsrechtlichen GoB sind bei der GbR, soweit sie als sog. Dauergesellschaften ausgerichtet sind, auch für den Rechnungsabschluss i.S.v. § 721 BGB analog anzuwenden, siehe hierzu *Winnefeld,* Bilanz-Hdb., L., S. 1907.

590 BGH v. 29.05.1978 – II ZR 52/77, WM 1978, 1044 (1045).

591 *Winkeljohann/Schellhorn,* in: Beck Bil-Komm., § 264 Rn. 35; *Winnefeld,* Bilanz-Hdb. Einf. S. 9.

592 *Winnefeld,* Bilanz-Hdb., Einf., S. 9; hier ist auf die unterschiedlichen Eigenkapitalgliederungen in Abhängigkeit der jeweiligen Gesellschaftsform hinzuweisen.

ven).[593] Durch eine zunehmende Internationalisierung der Unternehmen und der damit verbundenen Beanspruchung internationaler Kapitalmärkte kommt es immer stärker zur Berücksichtigung internationaler Rechnungslegungsstandards (z. B. IAS/IFRS-Rechnungslegungs-grundsätze), durch die dieses handelsrechtliche Vorsichtsprinzip zugunsten einer periodengerechten Gewinnermittlung wiederum an Bedeutung verliert.

593 *Winkeljohann/Schellhorn,* in: Beck Bil-Komm., § 264 Rn. 35.

Zweites Kapitel: Das Nießbrauchverhältnis im Bilanzrecht

§ 1 Die verschiedenen Informationsansprüche – Informationsasymetrien

A. Informationsanspruch des Nießbrauchers

Dem Nießbraucher obliegt, unabhängig von möglichen zugewiesenen Mitwirkungsbefugnissen, nach h. M. durch seine dingliche Berechtigung an der Mitgliedschaft ein eigenes Informationsrecht gemäß § 242 BGB[594], welches sich vornehmlich auf Auskünfte, die den Ertrag der Beteiligung betreffen, bezieht.[595] Der Jahresabschluss erhält damit auch eine Abrechnungsfunktion unter den Gesellschaftern und dem Nießbraucher als Berechtigten,[596] denn nur mit dem Jahresabschluss als Rechnungslegungsinstrument lässt sich das Jahresergebnis bestimmen, welches letztlich die Grundlage für die Gewinnentnahme- und Ausschüttungsrechte zugunsten der Gesellschafter und damit für den Nießbraucher bilden.[597]

Die Einflussnahme des Nießbrauchers auf bilanzpolitische, gesetzlich eingeräumte Wahlrechtsausübungen hinsichtlich Ansatz und Bewertung von Vermögensgegenständen und Schulden der Bilanz richtet sich bei Bilanzaufstellung, die allein eine Aufgabe der Geschäftsführung der Gesellschaft ist,[598] nach dem ihm aufgrund vertraglicher Abreden gewährten Mitwirkungsbefugnisse in der Geschäftsführung (rechtsgeschäftliche Geschäftsführung). Spätestens bei der Feststellung des Jahresabschlusses, die zu den laufenden Angelegenheiten des Gesellschafters[599] und damit im

---

594 *Chr. Meyer,* Nießbrauch, S. 261 f.; *Harders,* Nießbrauch, S. 63 ff.; *Pohlmann,* in: MünchKomm-BGB, § 1068 Rn. 82; a. A. *Bitz,* DB 1987, 1506 (1506).

595 *Pohlmann,* in: MünchKomm-BGB, § 1068 Rn. 82; *Kruse,* RNotZ 2002, 69, 77.

596 *Huber,* Vermögensanteil, S. 336.

597 Zur Unterscheidung von Gewinnbezugsrecht und Anspruch auf den Jahresüberschuss, siehe: *Salje,* in: Michalski, GmbHG, § 29 Rn. 23.

598 BGH v. 29.03.1996 – II ZR 263/94, DB 1996, 926 (927).

599 BGH v. 15.01.2007 – II ZR 245/05, DStR 2007, 494, wonach die Bilanzfeststellung weiterhin zu den Grundlagengeschäften zählt, denn insoweit haben die Gesellschafter darüber zu entscheiden; der Senat aber zählt diese Feststellung zu den Angelegenheiten der laufenden Verwaltung, BGH v. 15.01.2007 – II ZR 245/05, DStR 2007, 494 (496).

Nießbrauchverhältnis dem Nießbraucher zugeordnet sein kann, kann der Nießbraucher Einfluss auf bilanzpolitische Wahlrechtsausübungen nehmen, soweit sie die Ergebnisverwendung betreffen.[600]

B. Informationsanspruch der sonstigen Bilanzadressaten

I. Die Interessenlagen

Als Adressaten der Rechnungslegung und damit des Jahresabschlusses sind vorrangig die aktuellen Gesellschafter, Gläubiger, Kunden und Lieferanten in Betracht zu ziehen. Aber auch potenzielle zukünftige Anteilseigner haben ein Informationsinteresse an einer zu erwartenden Rendite ihres eingesetzten Kapitals bzw. einer positiven Wertentwicklung ihrer Anteile.[601] Das Interesse dieses Personenkreises liegt deshalb primär in der Vermögens- und Ertragslage und deren jeweiliger Struktur, wobei Gläubiger des Unternehmens ihr Informationsinteresse auf die Kapital- und Vermögensstruktur einschließlich der Liquiditätslage und der Kapitaldienstfähigkeit des Unternehmens legen, um damit die Kreditwürdigkeit zu beurteilen.[602] Daraus folgt, dass die jeweiligen Adressatenkreise ein erhebliches Interesse daran haben, wer Einfluss auf die Geschicke der Gesellschaft in welcher Intensität nimmt, mithin die Geschäftspolitik des Unternehmens beeinflusst und somit die wirtschaftliche und finanzielle Ausrichtung das Unternehmen mitbestimmt.

Bedenkt man, dass Gesellschafter und Nießbraucher ein grundsätzliches, gleichgerichtetes Interesse an einer positiven wirtschaftlichen Entwicklung des Unternehmens in der Substanz als auch im Ertrag haben und so eine Erhaltungs- (Unternehmenssicherung) und Erfolgsstrategie für das Unternehmen verfolgen, kann für externe Bilanzadressaten die Wertung des Geschäftsgebarens bei Kenntnis des Bestehens eines Nießbrauchverhältnisses, bei dem der Nießbraucher mit umfassenden Mitwirkungsbefugnissen ausgestattet ist, eine ganz andere sein. Gerade unter dem Aspekt

600 Siehe hierzu auch die Ausführungen im 1. Teil, Kapitel 3, Abschn. 3, § 2 B.

601 *Winnefeld,* Bilanz-Hdb., Einf., S. 11.

602 Auf die sonstigen Adressaten des Jahresabschlusses, wie Finanzbehörden, Aufsichtsbehörden, Arbeitnehmer etc., wird hier nicht weiter eingegangen; siehe hierzu: *Winkeljohann/Schellhorn,* in: Beck Bil-Komm., § 264 Rn. 35 ff.; *Winnefeld,* Bilanz-Hdb. Einf., S. 11.

des unterschiedlichen Zeithorizonts der Nießbrauchbeteiligten (Nießbrauchrecht auf Zeit) können sich ganz unterschiedlich gelagerte Interessen von Nießbraucher und Gesellschafter ergeben. Externe Adressaten vermuten beim Nießbraucher eher ein mangelndes Interesse an einer langfristig ausgerichteten Substanz- und Ertragskraftoptimierung des Unternehmens, während der Gesellschafter und potenzielle zukünftige Kapitalgeber das Ziel verfolgen könnten, die Gewinnverwendung durch Ausschüttungen oder Entnahmen der Gesellschafter zu minimieren, um so den Vermögenswert der Mitgliedschaft zu steigern.[603]

Diese möglichen unterschiedlichen Interessenlagen, die sich nicht nur im internen Personenkreis des Unternehmens herausstellen, sondern sich gerade auch mit den externen Bilanzadressaten ergeben können, macht es notwendig, den grundlegenden Zweck der Rechnungslegung im gezielten Abbau der Informationsasymmetrien zwischen der rechnungslegenden Gesellschaft und den Jahresabschlussadressaten[604] bei einem mitgliedschaftlichen Nießbrauchverhältnis im Jahresabschluss der Gesellschaft bilanzrechtlich zu berücksichtigen. Dies lässt sich durch eine Erweiterung der Kapital- und Vermögensstrukturen im Jahresabschluss der betroffenen Gesellschaft über § 265 Abs. 5 und 6 HGB i. V. m. § 266 HGB oder, soweit die Gesellschaft einen Anhang gemäß § 264 Abs. 1 HGB zu erstellen hat, durch Angabe und Begründung von Abweichungen von Bilanzierungsmethoden und ihre Darstellung im Anhang gemäß § 284 Abs. 2 Nr. 2 HGB erläutern.

II. Einfluss der registerlichen Nießbraucheintragung auf das Bilanzrecht

Die den öffentlichen Registern zukommende Publizitätsfunktion soll es der Öffentlichkeit ermöglichen, sich u. a. über Tatsachen und Rechtsverhältnisse von Gesellschaften zu unterrichten.[605] Eine Eintragung in ein öffentliches Register ist allerdings nur dann möglich, wenn ein erhebliches

---

603 Hierauf hinweisend bereits *Wiedemann,* Gesellschaftsrecht II, S. 444, der allerdings nur die unterschiedlichen Interessenlagen von Nießbraucher und Gesellschafter anreißt.

604 Grundl. zum Informationszeck der Rechnungslegung: *Winnefeld,* Bilanz-Hdb., Einf., S. 11.

605 BGH, Beschl. v. 14.2.2012 – II ZB 15/11, DNotZ 2012,788 (789); BGH, Beschl. 24.10.1988 – II ZB 7/88, BGHZ 105, 324 (344).

Interesse des Rechtsverkehrs hinsichtlich der einzutragenden Tatsache besteht. So wird auch mit dem durch die Novelle des Geldwäschegesetzes[606] eingeführten Transparenzregister, eine Eintragung des Nießbrauchers immer dann gefordert, wenn der Nießbraucher die Entscheidungen in den laufenden Angelegenheiten der Gesellschaft und damit die Entscheidungen in der Finanz- und Geschäftspolitik des Unternehmens erheblich mitbestimmen kann.[607]

Zur Eintragung des Nießbrauchers in ein öffentliches Register zeigen auch die beiden neueren Beschlüsse der Oberlandesgerichte Stuttgart[608] und Oldenburg[609], die zur Eintragungsfähigkeit des Nießbrauchers im Recht der Personengesellschaften in das Handelsregister ergangen sind, eine neuere Entwicklung des Verhältnisses von Nießbraucher, Gesellschafter und Gesellschaft im Rechtsverkehr sowohl im Innen- als auch im Außenverhältnis auf.[610]

Trotz der in der Literatur unterschiedlichen Meinungen zur Eintragungsfähigkeit eines Nießbrauchs an einem Gesellschaftsanteil[611] befürwortet die Rechtsprechung eine Eintragungsfähigkeit dann, wenn dem Nießbraucher eine dem Gesellschafter angeglichene Stellung zukommt, er also die Geschicke der Gesellschaft maßgeblich mitbestimmt, was auch in der Mitwirkung an Beschlussfassungen der Gesellschaft mündet und wodurch ihn eine eigene Haftung trifft.[612]

---

606 Am 26.06.2017 ist die Novelle des Geldwäschegesetzes in Kraft getreten, BGBl. I 2017, 1822.

607 *Longrée/Pesch,* NZG 2017, 1081 (1088); *Bochmann,* DB 2017, 1310 (1316).

608 OLG Stuttgart, Beschl. v. 28.01.2013 – 8 W 25/13, NZG 2013, 432.

609 OLG Oldenburg, Beschl. v. 09.03.2015 – 12 W 51/15 (HR), NZG 2015, 643.

610 A. A. OLG München, Beschl. v. 08.08.2016 – 31 Wx 204/16, nrkr., DStR 2016, 2000, welches allerdings die Eintragungsfähigkeit voraussichtlich dann bejahen würde, wenn im zu beurteilenden Sachverhalt der Nießbraucher mit umfassenden Mitwirkungsbefugnissen ausgestattet wäre.

611 Gegner einer Eintragung: *Krafka/Kühn,* Registerrecht, Rn. 770; *Langhein,* in: MünchKomm-HGB, § 106 Rn. 24; *K. Schmidt,* in: MünchKomm-HGB, Vor § 230 Rn. 16; *Wertenbruch,* in: Ebenroth/Boujong/Joost/Strohn, HGB, § 105 Rn. 238; Befürworter einer Eintragung: Staudinger/*Frank* (2009), Anh. zu §§ 1068 Rn. 92; *Pohlmann,* in: MünchKomm-BGB, § 1068 Rn. 83; *Roth,* in: Baumbach/Hopt, HGB, § 105 Rn. 44; *Schäfer,* in: Staub, HGB, § 105 Rn. 128; *Schön,* ZHR 158 (1994), 229 (256).

612 OLG Oldenburg, Beschl. v. 09.03.2015 – 12 W 51/15 (HR), NZG 2015, 643 (644); zur Haftung des Nießbrauchers, siehe: Staudinger/*Frank* (2009), Anh. zu §§ 1068 Rn. 91; *Lindemeier,* DNotZ 1999, 876 (894 f.); Ausführungen im 1. Teil, Kapitel 3, Abschn. 2, C. II. 5.

Bereits durch ein das Mitwirkungsrecht des Gesellschafters ausschließendes, eigenes Stimmrecht des Nießbrauchers bei Beschlüssen der Gesellschafter über die laufenden Angelegenheiten der Gesellschaft wird dem Nießbraucher Einfluss auf gesellschaftsrechtliche Maßnahmen zugebilligt. Er übt damit Einfluss auf die Geschicke der Gesellschaft aus.[613]

Auch im Recht der GmbH kann die Bestellung eines Nießbrauchrechts an einem GmbH-Geschäftsanteil zur Eintragung des Nießbrauchers in die Gesellschafterliste und damit zur Aufnahme in das Handelsregister gemäß § 16 Abs. 1 GmbHG führen. Auch hier leiten sich die Eintragungsfähigkeit und damit das erhebliche Informationsbedürfnis des Rechtsverkehrs aus der Rechtsposition des Nießbrauchers ab.[614] Die Rechtsprechung sieht es bereits als ausreichend an, wenn Nutzungs- und Mitwirkungsrechte zwischen Nießbraucher und Gesellschafter aufgeteilt werden und der Nießbraucher diese eigenständig gegenüber der Gesellschaft geltend machen kann.[615] Gleiches gilt nach überwiegender Literaturansicht auch für die Eintragungsfähigkeit eines Nießbrauchrechts an Namensaktien im Aktienregister gemäß § 67 Abs. 2 AktG.[616]

III. Ergebnis

Diese als hinreichende Gründe für die Eintragung des Nießbrauchers in das Handelsregister bzw. Aktienregister angesehenen berechtigten Interessen des Rechtsverkehrs müssen entsprechend auch zu Folgewirkungen in der Rechnungslegung der betroffenen Gesellschaft führen. Besonders

613 OLG Stuttgart, Beschl. v. 28.01.2013 – 8 W 25/13, NZG 2013, 432 (433).

614 LG Aachen, Beschl. v. 06.04.2009 – 44 T 1/09, ZEV 2009, 637 (638); allerdings existiert eine kritische bis ablehnende Haltung in der Lit. zur Eintragung in die Gesellschafterliste nach § 40 GmbHG, siehe hierzu u. a.: *Bayer,* in: Lutter/Hommelhoff, GmbHG, § 40 Rn. 7a; *Bayer,* GmbHR 2012, 1 (5); *Fastrich,* in: Baumbach/Hueck, GmbHG, § 16 Rn. 9; *Altmeppen,* in: Roth/Altmeppen, GmbHG § 16 Rn. 65; § 40 Rn. 9; *Bohrer,* DStR 2010, 1892 (1894); *D. Mayer,* DNotZ 2008, 403 (407, 419); *Uwe H. Schneider,* GmbHR 2009, 393, 394; *Wachter,* GmbHR 2009,785, 793 f.

615 LG Aachen, Beschl. v. 06.04.2009 – 44 T 1/09, ZEV 2009, 637 (638).

616 *Seibt,* in: Scholz, GmbHG, § 40 Rn. 26; *Cahn,* in: Spindler/Stilz, § 67 AktG Rn. 22; *Bayer,* in: MünchKomm-AktG, § 67 AktG Rn. 36; *Bezzenberger,* in: K.Schmidt/Lutter, AktG, § 67 Rn. 14. *Koch,* in: Hüffer, AktG, § 67 Rn. 9; auf Inhaberaktien finden die Vorschriften über das Aktienregister in § 67 AktG keine Anwendung.

dann, wenn der Nießbraucher nicht nur mit Vermögensrechten, sondern aufgrund rechtsgeschäftlicher Abreden gerade auch über umfassende Mitwirkungsbefugnisse aus der Mitgliedschaft verfügt und damit erheblichen Einfluss auf die Geschicke des Unternehmens nehmen kann, haben nicht nur die internen, sondern besonders auch die externen Bilanzadressaten ein Informationsinteresse über die Wirkungen auf die Rechnungslegung. Nur so kann eine Informationsasymmetrie zwischen den rechnungslegenden Unternehmen und den Rechnungslegungsadressaten abgebaut werden.

Das vom Gesetzgeber über § 264 Abs. 2 HGB geforderte Ziel, dass der Jahresabschluss ein „den tatsächlichen Verhältnissen entsprechendes Bild der Vermögens-, Finanz- und Ertragslage der Gesellschaft" zu vermitteln hat, kann durch eine Erweiterung des Jahresabschlusses um „Nießbraucher-Bilanzpositionen" erreicht werden.

§ 2 Das mitgliedschaftliche Nießbrauchrecht in der Rechnungslegung

A. Grundsätzliches

Mit der Nießbrauchbestellung an einer Mitgliedschaft geht grundsätzlich keine Veränderung des Eigenkapitals der Gesellschaft bzw. des Gesellschafters einher. Es wird lediglich die Mitgliedschaft belastet, während das Eigenkapital der Gesellschaft im Grundsatz nur eine Rechnungsgröße als Differenz vom Vermögen und den jeweiligen Schulden des Unternehmens darstellt. Dennoch führt eine Nießbrauchbestellung zu Auswirkungen auf die Rechnungslegung, und zwar immer dann, wenn der Nießbraucher als Quasi-Gesellschafter anzusehen ist und aufgrund seiner Berechtigungen Einfluss auf die Vermögens-, Finanz- und Ertragslage (VFE-Lage) des Unternehmens nehmen kann. Die Einflussnahme des Nießbrauchers auf die Rechnungslegung wurde auch mit der Entscheidung des *BGH* vom 15.01.2007[617] gestärkt, wonach die Feststellung des Jahresabschlusses der Gesellschaft als eine Angelegenheit zur laufenden Verwaltung des Gesellschafters und damit des Nießbrauchers, dem der *BGH* mit seiner Entscheidung vom 09.11.1998[618] Stimmrechtskompetenzen insoweit ermöglicht

617 BGH v. 15.01.2007 – II ZR 245/05, DB 2007, 564.
618 BGH v. 09.11.1998 – II ZR 213/97, NJW 1999, 571.

hat, wie es sich nicht um Grundlagenbeschlüsse der Gesellschaft handelt.[619]

Dies führt zur möglichen Mitwirkung des Nießbrauchers bei bilanzpolitischen Maßnahmen, die die Ergebnisverwendung der Gesellschaft betreffen. Dabei handelt es sich um die Einflussnahme auf Bilanzierungsfragen, die die Bildung von stillen Reserven und/oder offener Rücklagen im Unternehmen betreffen. Betroffen sind insbesondere die Bilanz- und GuV-Positionen:[620]

- Gewinnrücklagen nach § 272 Abs. 3 HGB
- Rückstellungen nach § 249 Abs. 1 HGB
- Abschreibungen nach § 253 Abs. 4 HGB.

B. Auswirkungen auf die Jahresabschluss-Bestandteile

Die Bildung der genannten Positionen hat nicht nur Auswirkungen auf das Fruchtziehungsrecht des Nießbrauchers als solches, sondern ebenso auf das Eigenkapital und damit auf die Vermögenslage der Gesellschaft, denn diese beschränkt sich nicht nur auf die Darstellung der Aktivseite, sondern umfasst auch die Passivseite der Bilanz und damit das Eigenkapital.[621] Die mit dem Jahresabschluss darzustellende Vermögenslage gibt Auskunft über den Vermögens- und Kapitalaufbau und dessen Struktur, insbesondere über die Struktur der Eigenkapitalposten gemäß § 266 Abs. 3 A. HGB.

Durch das Nießbrauchverhältnis können sich entsprechende Auswirkungen auf Bilanzpositionen des Jahresabschlusses der Gesellschaft je nach Gesellschaftsform ergeben.

---

619 Letztlich hat der BGH in der genannten Entscheidung diese Frage offen gelassen.

620 Die in der neueren Literatur aufgrund der Bezugnahme auf das BGH-Urteil v. 29.03.1996 genannten Positionen wie Aufwandsrückstellungen nach § 249 Abs. 1 S. 3 HGB oder die Inanspruchnahme von steuerrechtlichen Sonderabschreibungen sind in der Handelsbilanz aufgrund des Wegfalls dieser Positionen mit dem BilMoG bzw. der Aufhebung der umgekehrten Maßgeblichkeit steuerrechtlicher Bewertungsmethoden in der Handelsbilanz nicht mehr gegeben.

621 *Winnefeld,* Bilanz-Hdb., Einf., S. 14.

I. Personengesellschaft

1. Bilanz

Personengesellschaften[622] unterliegen der Rechnungslegungspflicht gemäß §§ 242 ff. HGB. Die geschäftsführenden Gesellschafter (§§ 114, 116 HGB)[623] haben unter Beachtung der zwingenden Ansatz- und Bewertungsvorschriften (§§ 238 ff., 242 ff., 246–256, § 264a i. V. m. §§ 264c, 264 HGB) den Jahresabschluss der Gesellschaft innerhalb der gesetzlichen Fristen u. a. vollständig, klar und übersichtlich aufzustellen. Bei der Nutzung bilanzpolitischer Gestaltungsspielräume, die sich auf das Jahresergebnis auswirken, sind die Gewinninteressen der Gesellschafter zu beachten.[624] Hieran sind die Gesellschafter bei der Feststellung des Jahresabschlusses gebunden, wenn sich die Ermessensentscheidungen der geschäftsführenden Organe im zulässigen Rahmen bewegen.[625] Mit der Feststellung des Jahresabschlusses ergibt sich gleichzeitig der Gewinnanspruch der Gesellschafter gegen die Gesellschaft,[626] der, sofern keine abweichende gesellschaftsvertragliche Vereinbarung besteht, dem Kapitalanteil des persönlich haftenden Gesellschafters zuzuschreiben ist.[627] Gleiches gilt für die Gewinnanteile der Kommanditisten, soweit der Kapitalan-

622 Im Folgenden werden die Personengesellschaften in Form der GbR als Dauergesellschaft (§ 721 Abs. 2 BGB) sowie in Form der OHG und KG einschl. der GmbH & Co KG betrachtet, die den Rechnungslegungsvorschriften nach §§ 238 ff. HGB unterliegen; der Begriff des „Rechnungsabschlusses" bei der GbR wird mit dem handelsrechtlichen Begriff „Jahresabschluss" gleichgesetzt. Zur Rechnungslegung der GbR siehe u. a. *Winnefeld,* Bilanz-Hdb., L, S. 1902 ff.

623 BGH v. 29.03.1996 – II ZR 263/94, DB 1996, 926 (927); BGH v. 27.09.1979 – II ZR 31/78, BB 1980, 121 (122).

624 BGH v. 29.03.1996 – II ZR 263/94, DB 1996, 926 (929), wobei der BGH die Interessenabwägung auf die gesellschaftsrechtliche Treuepflicht zurückführt; siehe auch: *Priester,* in: FS Heinsius (1991), 621(627 ff.); der sich daraus gleichzeitig ergebende Interessenkonflikt zwischen Nießbraucher und Gesellschafter ist ebenso zu beachten.

625 *Priester,* in: FS Quack (1991), 372 (381 ff.); *Ulmer,* in: FS Hefermehl (1976), 207 (218 f.); *Martens,* in: Schlegelberger, HGB, § 120 Rn. 3; *Weitemeyer,* in: Oetker, HGB, § 120 Rn. 15.

626 BGH v. 06.04.1981 – II ZR 186/80, NJW 1981, 2563; *Weitemeyer,* in: Oetker, HGB, § 121 Rn. 7.

627 IDW RS HFA 7, Rn. 47; bei Personengesellschaften ist die Bilanzaufstellung unter vollständiger Ergebnisverwendung der Regelfall; siehe hierzu: *Grottel/Waubke,* in: Beck Bil-Komm., § 268 Rn. 5, 9.

teil den Betrag der Pflichteinlage nicht erreicht. Sind Gewinnanteile hierfür nicht notwendig, sind sie dem sogenannten Gesellschafterkonto zuzuschreiben, welches Fremdkapitalcharakter hat.[628]

Besteht nunmehr ein Nießbrauchverhältnis mit einem Gesellschafter, kommt es unter Beachtung von § 265 Abs. 5 und 6 HGB i. V. m. § 266 HGB zu einer Bilanzgliederungserweiterung um Positionen, die den Nießbraucher betreffen. Nur so lässt sich die Vermögenslage der Gesellschaft umfassend darstellen.

Die weitere Untergliederung bzw. Hinzufügung neuer Positionen ist zulässig, soweit hiermit die gesetzlich vorgeschriebene Gliederung der Bilanz beibehalten wird und die Untergliederung nicht die Grundsätze der Klarheit und Übersichtlichkeit der Darstellung beeinträchtigt.[629] Auf der anderen Seite besteht eine Pflicht zur weiteren Untergliederung immer dann, wenn nur auf diese Weise ein umfassender Einblick in die VFE-Lage gegeben werden kann, wobei die Darstellung bei den einzelnen gesetzlich vorgeschriebenen Posten auch mit einem „Davon-Vermerk" möglich ist.[630]

Nimmt der Nießbraucher eine Quasi-Gesellschafterstellung ein, wäre im Jahresabschluss der Personengesellschaft nach der Bilanzposition „Eigenkapital" unter Erweiterung der Gliederung von § 266 Abs. 3 A. HGB der Gliederungspunkt B. mit „Quasi-Eigenkapital (Nießbraucher)" zu besetzen. Alle weiteren Positionen rücken entsprechend nach. Unter dieser Position wären bei entsprechender Ausrichtung des Nießbrauchers nichtentnahmefähige Gewinnanteile des Nießbrauchers auszuweisen.[631] Sie bleiben im Unternehmen gebunden.

Auch entnahmefähige, aber insoweit stehen gelassene Gewinnanteile des Nießbrauchers führen aus Gründen der Transparenz (Bilanzklarheit) zu einer Gliederungserweiterung der Position „C. Verbindlichkeiten" um die Position „Verbindlichkeiten gegenüber Nießbraucher" bzw. als sogenannter „Davon-Vermerk" gemäß § 265 Abs. 3 HGB bei den „Verbindlichkeiten gegenüber Gesellschaftern", die jeweils gesondert zu bilanzie-

---

628 *IDW,* RS HFA 7, Rn. 47.

629 *Winkeljohann/Büssow,* in: Beck Bil-Komm., § 265 Rn. 14.

630 *Winkeljohann/Büssow,* in: Beck Bil-Komm., § 265 Rn. 14; *Adler/Düring/Schmaltz,* § 265 HGB Rn. 53.

631 vgl. auch: *Sudhoff,* NJW 1971, 481 (483).

ren sind.[632] Ein entsprechender Ausweis unter der Position „sonstige Verbindlichkeiten" gemäß § 266 Abs. 3 Buchstabe C., 8. HGB mit einem entsprechenden „Davon-Vermerk" wäre ebenso als zulässig zu erachten.

Folgendes Bilanzbild einer GmbH & Co KG, bei der ein Kommanditist ein Nießbrauchrecht an seiner Mitgliedschaft bestellt hat, könnte sich ergeben:

x y GmbH & Co KG Bilanz 31.12.00	
Aktiva	**Passiva**
A. Anlagevermögen	**A. Eigenkapital**
……	I. Komplementärkapital
	1. Festkapital
B. Umlaufvermögen	2. variables Kapital
……	II. Kommanditkapital
	1. Pflichtkapital
	2. variables Kapital
	B. Rücklagen
	C. Quasi-Eigenkapital
	Nießbraucherkapital
	variables Kapital
	…..
	E. Verbindlichkeiten
	1. Verbindl. ggü. Kommanditsten
	2. Verbindl. ggü. Nießbraucher
	…..
Bilanzsumme	Bilanzsumme

2. Gewinn- und Verlustrechnung

Bei Personengesellschaften i. S. d. § 264a HGB sind gemäß § 264c Abs. 2 Satz 3 und 6 HGB i. V. m. §§ 120 Abs. 2, 161 Abs. 2, 167 Abs. 1 HGB die auf die persönlich haftenden Gesellschafter und Kommanditisten jeweils entfallenden Gewinne und Verluste ihren Kapitalanteilen zuzuschreiben.[633] Es kommt mithin bereits bei der Aufstellung des Jahresabschlusses gemäß § 268 Abs. 1 HGB zur vollständigen Verwendung des Jahresergeb-

632 Zu Verbindl. ggü. Ges'ter, siehe: *Schmidt/K. Hoffmann,* in: Beck Bil-Komm., § 264c Rn. 5 ff.; *Schubert/Waubke/Larenz,* in: Beck Bil-Komm., § 266 Rn. 254.

633 Gleiches gilt auch für Personengesellschaften, die nicht unter § 264a HGB fallen.

nisses. Bestehen gesetzliche oder gesellschaftsvertragliche Verwendungsregelungen, bspw. die Einstellung in Gewinnrücklagen, sind auch diese gemäß § 270 Abs. 1 und 2 HGB bereits bei der Bilanzaufstellung zu berücksichtigen.[634]

Bei Bestehen eines Nießbrauchverhältnisses an einem Gesellschaftsanteil wird die Gewinn- und Verlustrechnung der Gesellschaft nur insoweit berührt, dass die Ergebnisverwendung[635] in Fortführung der GuV nach der Position Jahresüberschuss/Jahresfehlbetrag darzustellen ist.[636] Folgende Gliederung könnte sich so ergeben:[637]

Jahresüberschuss/Jahresfehlbetrag	.....
-/+ Gutschrift/Belastung auf Rücklagenkonten	.....
-/+ Gutschrift/Belastung auf Ges´terkapitalkonten	.....
-/+ Gutschrift/Belastung auf Nießbraucherkapitalkonten	.....
-/+ Gutschrift/Belastung auf Ges´terverbindlichkeitskonten	.....
-/+ Gutschrift/Belastung auf Nießbraucherverbindlichkeitskonten	.....
Ergebnis nach Verwendungsrechnung/Bilanzgewinn	.....

3. Anhang

Soweit die Personengesellschaft mit der Aufstellung des Jahresabschlusses unter die Anwendungsnorm des § 264a HGB i. V. m. §§ 264, 264c HGB fällt, ist dieser gemäß § 264 Abs. 1 HGB um einen Anhang zu erweitern. Aufgabe des Anhangs, der insoweit der Bilanz und Gewinn- und Verlustrechnung gleichgestellt ist, ist die Vermittlung von Informationen zur VFE-Lage neben und zusätzlich zur Bilanz und Gewinn- und Verlustrechnung der Gesellschaft.[638]

---

634 Zum Ausweis eines unverteilten Jahresergebnisses kommt es nur dann, wenn im Gesellschaftsvertrag abweichend von § 120 Abs. 2 HGB, §§ 161 Abs. 2, 167 HGB bestimmt ist, dass die Ergebnisverwendung von der Beschlussfassung der Gesellschafter abhängig ist; siehe hierzu auch: *IDW,* RS HFA 7.

635 Der Begriff der Ergebnisverwendung wird im HGB nicht definiert, siehe hierzu: *Winnefeld,* Bilanz-Hdb., F, S. 1536 f.; *Grottel/Waubke,* in: Beck Bil-Komm., § 268 Rn. 1 ff.

636 *Grottel/Waubke,* in: Beck Bil-Komm., § 268 Rn. 5; *IDW,* RS HFA 7 Rn. 56.

637 In Anlehnung an die Darstellung in: *IDW,* RS HFA 7 Rn. 56.

638 *Grottel,* in: Beck Bil-Komm., § 284 Rn. 6 f.

Vermittelt der Jahresabschluss durch die Art der Ausgestaltung des Nießbrauchverhältnisses unter Beachtung der Grundsätze der ordnungsmäßigen Buchführung nicht ein entsprechendes Bild der VFE-Lage der Gesellschaft, sind zwingend gemäß § 264 Abs. 2 HGB i. V. m. § 284 Abs. 1 HGB hierzu Erläuterungen im Anhang zu machen.[639]

Werden Bilanzpositionen durch das Nießbrauchverhältnis berührt und ist ihre Darstellung in der Bilanz als Wahlrecht anzusehen, können diese Angaben gerade auch unter dem Gesichtspunkt der Klarheit und Übersichtlichkeit im Anhang gemäß § 284 Abs. 1 Satz 2 HGB aufgeführt werden.[640]

Auf der anderen Seite besteht eine Pflicht zur Angabe dann, wenn vom gesetzlich vorgeschriebenen Gliederungsschema abgewichen wird, § 284 Abs. 1 HGB i. V. m. § 265 Abs. 1 HGB. Die abweichend ausgewiesenen Bilanzpositionen sind zu erläutern und hinreichend zu begründen.[641]

II. Kapitalgesellschaft

1. Bilanz

Im Recht der Kapitalgesellschaften ergeben sich bei Bestehen eines Nießbrauchverhältnisses bilanzrechtliche Auswirkungen nur insoweit, dass noch nicht zur Auszahlung gelangte, aber bereits beschlossene Gewinnausschüttungen zum Bilanzstichtag zu zusätzlichen Bilanzpositionen im Jahresabschluss der Gesellschaft führen können. Hierbei wird das Stammkapital der GmbH als Zusammenfassung der Stammeinlagen der Gesellschafter bzw. bei der AG das Grundkapital als Zusammenfassung aller Aktiennennbeträge nicht berührt.

Auch kann sich dies bei der GmbH bereits vor Aufstellung und Feststellung des Jahresabschlusses ergeben, wenn entsprechende Gewinnverwendungsbeschlüsse bspw. in Form von Vorabausschüttungen gefasst

---

639 § 264 Abs. 2 Satz 2 HGB spricht von „besonderen Umständen"; die Kommentierung zu dieser Vorschrift sieht diese als dann gegeben, wenn eine Nichtangabe zu einer erheblichen Abweichung von der Gesamteinschätzung der VFE-Lage von einem „gedachten abstrakten Leitbild" führt; siehe hierzu: *Winkeljohann/ Schellhorn,* in: Beck Bil-Komm., § 264 Rn. 48 ff.

640 Im Einzelnen siehe hierzu: *Grottel,* in: Beck Bil-Komm., § 284 Rn. 10 f.

641 *Winkeljohann/Büssow,* in: Beck Bil-Komm., § 265 Rn. 4.

wurden. Wurde mithin vor Aufstellung des Jahresabschlusses der Gewinnverwendungsbeschluss gefasst, so erfolgt die Aufstellung des Jahresabschlusses unter Verwendung des gesamten Jahresergebnisses gemäß § 268 Abs. 1 HGB. Insoweit ist der jeweilige Gewinnanteil[642] bereits im aufzustellenden Jahresabschluss als „sonstige Verbindlichkeit" bzw. als „Verbindlichkeit gegenüber Gesellschafter" gemäß § 264 Abs. 1 HGB i. V. m. § 42 Abs. 3 GmbHG, versehen mit einem Davon-Vermerk (davon zugunsten des Nießbrauchers) oder aber in Erweiterung der Bilanzgliederung als „Verbindlichkeit gegenüber Nießbraucher", darzustellen.[643] Nähere Erläuterungen im Anhang sind insoweit erforderlich.[644]

Im Recht der AG sind bei der Aufstellung des Jahresabschlusses unter Ergebnisverwendungsgesichtspunkten zusätzlich die rechtsformspezifischen Vorschriften in §§ 58 –60, 150 ff. AktG zu beachten. So haben die Aktionäre lediglich den Anspruch auf den Bilanzgewinn, § 58 Abs. 4 AktG, der wiederum erst durch den Gewinnverwendungsbeschluss der Hauptversammlung entsteht, § 174 AktG.[645] Eine Abschlagszahlung auf den voraussichtlichen Bilanzgewinn (Vorabausschüttung) ist bei entsprechender Satzungsermächtigung des Vorstandes zulässig (§ 59 Abs. 1 AktG).[646] Daraus folgt, dass es auch bei der AG bei Bestehen eines Nießbrauchverhältnisses zum Ausweis von Verbindlichkeiten gegenüber den Gesellschaftern (Aktionäre), versehen mit einem „Davon-Vermerk" (davon zugunsten des Nießbrauchers), oder aber Verbindlichkeiten gegenüber dem Nießbraucher kommen kann.

Ergebnisverwendungsmaßnahmen wiederum sind nach § 158 Abs. 1 AktG grundsätzlich in der Gewinn- und Verlustrechnung oder im Anhang darzustellen.

---

642 Die Gesellschafter haben grds. Anspruch auf den Jahresüberschuss zzgl. Gewinnvortrag und abzgl. Verlustvortrag, § 29 Abs. 1 GmbHG.

643 Grds. zur Darstellung bei Gesellschaftern: *Winnefeld,* Bilanz-Hdb., Kapitel F, S. 1537 ff.; *Grottel/Waubke,* in: Beck Bil-Komm., § 268 Rn. 7.

644 *Grottel/Waubke,* in: Beck Bil-Komm., § 268 Rn. 8.

645 BGH v. 28.10.1993 – IX ZR 21/93, AG 1994, 81 (82); *Hoffmann-Becking,* in: MünchHdb. GesR IV, § 47 Rn. 1 ff.; die HV ist an den festgestellten Jahresabschluss und den dort ausgewiesenen Bilanzgewinn gebunden, vgl.: *Hoffmann-Becking,* in: MünchHdb. GesR IV, § 47 Rn. 1 f.

646 *Bayer,* in: MünchKomm-AktG, § 59 Rn. 4 ff.; *Grottel/Waubke,* in: Beck Bil-Komm., § 268 Rn. 7.

2. Gewinn- und Verlustrechnung

Für die GmbH besteht keine gesetzlich vorgeschriebene Form der Darstellung der Ergebnisverwendung nach der Position „Jahresüberschuss/Jahresfehlbetrag“ gemäß § 275 Abs. 2 und 3 HGB.

Der Gesellschafter und bei Bestehen eines Nießbrauchverhältnisses, der Nießbraucher, hat jeweils gemäß § 29 Abs. 1 GmbHG Anspruch auf den Jahresüberschuss. Die Ergebnisverwendung bedarf eines Gewinnverwendungsbeschlusses gemäß § 29 Abs. 2 GmbHG. Wird insoweit eine Gewinnausschüttung beschlossen, kann diese erst bei der Jahresabschlussaufstellung des Folgejahres in Anlehnung an §§ 158 Abs. 1, 174 Abs. 2 AktG i. V. m. § 270 HGB nachvollzogen werden. Die Ergebnisverwendungsrechnung hätte wie folgt auszusehen:

Jahresüberschuss/Jahresfehlbetrag	.....
+/- Gewinnvortrag/Verlustvortragaus dem Vorjahr	.....
....	
- Ausschüttungen an Gesellschafter	.....
- *davon an Nießbraucher*	.....
Ergebnis nach Verwendungsrechnung/Bilanzgewinn	.....

Für die AG würde unter Beachtung von § 174 Abs. 2 AktG die Darstellung in entsprechender Weise statt des Jahresüberschusses/Jahresfehlbetrages der Bilanzgewinn zu erfolgen haben.

3. Anhang

Soweit es sich nicht um Kleinstkapitalgesellschaften gemäß § 267a HGB Abs. 1 i. V. m. § 264 Abs. 1 HGB handelt, sind die bilanzrechtlichen Auswirkungen eines bestehenden Nießbrauchverhältnisses auch im Anhang darzustellen. Dies betrifft insbesondere die Abweichungen vom gesetzlich vorgeschriebenen Gliederungsschema, § 284 Abs. 1 HGB i. V. m. § 265 Abs. 1 HGB. Die abweichend ausgewiesenen Bilanzpositionen sind zu erläutern und hinreichend zu begründen.[647]

---

647 *Winkeljohann/Büssow,* in: Beck Bil-Komm., § 265 Rn. 4.

§ 3 Zusammenfassung und Ergebnis

Immer dann, wenn der Nießbraucher aufgrund rechtsgeschäftlicher Abreden mit Mitwirkungs- und Verwaltungsbefugnissen dergestalt ausgestattet ist, dass er umfassend auf die Geschicke der Gesellschaft Einfluss nehmen kann, also wie ein Gesellschafter in das Gesellschaftsverhältnis einbezogen ist, führt dies nicht nur zu gesellschaftsrechtlichen Konsequenzen (Eintragung ins Handelsregister, Aufnahme in die Gesellschafterliste etc.), sondern ebenso zu bilanzrechtlich im Jahresabschluss der Gesellschaft aufzunehmenden veränderten Darstellungen. Trotz der streng formalen Struktur des Jahresabschlusses (§§ 266, 275 HGB) hat dieser als Rechnungslegungsinstrument insbesondere seine Dokumentations-, Informations- und Ausschüttungsbemessungsfunktion zu erfüllen. Das Bilanzrecht gibt hierzu über §§ 265 Abs. 5 und 6, 284 Abs. 1 HGB weitreichende Darstellungsmöglichkeiten, um gerade den Bilanzgrundsätzen der Transparenz, Klarheit und Übersichtlichkeit gerecht zu werden.

Nicht nur der interne, sondern besonders der externe Bilanzadressat wird daran interessiert sein, zu erfahren, wer Einfluss auf die Gesellschaft nimmt und damit am Jahresergebnis partizipiert, mit den entsprechenden Wirkungen auf die Vermögens-, Finanz- und Ertragslage der vom Nießbrauchrecht betroffenen Gesellschaft. Dieses auch gerade unter dem Aspekt, dass dem Grunde nach die Unternehmensinteressen von Gesellschafter und Nießbraucher parallel laufen, unter dem zeitlichen Horizont aber unterschiedliche Ergebnisverwendungserwartungen bestehen. Auch durch die zunehmende Internationalisierung der Unternehmen gilt es gerade einen Stakeholder-Value – bzw. ein Shareholder-Value[648]-orientierten Rechnungslegungsansatz in Einklang mit der gleichzeitigen Abbildung eines Nießbrauchverhältnisses im Bilanzrecht zu bringen.

Diese mögliche unterschiedliche Ausrichtung führt auch zu entsprechenden, im Folgenden aufzuzeigenden Wirkungen im Steuerrecht.

---

648 Während der Shareholder-Value-Ansatz, die Bedürfnisse und Erwartungen der Anteilseigner in den Mittelpunkt des Interesses stellt, versucht das Stakeholder-Prinzip, die Gesellschaft in ihrem gesamten sozialökonomischen Kontext zu erfassen und die Bedürfnisse der unterschiedlichen Anspruchsgruppen in Einklang zu bringen; vgl. hierzu und zur internationalen Rechnungslegungsausrichtung für viele: *Winnefeld,* Bilanz-Hdb., Kapitel C, S. 302 ff.

3. Teil: Das Nießbrauchrecht an Mitgliedschaften im Steuerrecht

Während das Gesellschafts- und das Bilanzrecht insbesondere die Vertragsbeziehungen zwischen Nießbraucher und Nießbrauchbesteller/Gesellschafter in Bezug auf die Mitgliedschaft zum Gegenstand haben und in den bisherigen Teilen mit allen Facetten analysiert und dargestellt wurden, bleibt nunmehr die Frage zu klären, wie das Steuerrecht als öffentliches Recht und damit als weiterer Teil der Gesamtrechtsordnung die zivilrechtlichen Vertragsgestaltungen, wie sie mit der Bestellung eines Nießbrauchrechts an einer Mitgliedschaft und damit zwischen Nießbraucher, Nießbrauchbesteller/Gesellschafter und ggfs. den übrigen Gesellschaftern vorzufinden sind bzw. bestehen, behandelt. Verfolgt doch das Steuerrecht mit seinen grundlegenden Prinzipien das Ziel der Gewährleistung einer Gleichmäßigkeit der Besteuerung, verbunden mit dem Grundsatz der Besteuerung nach der wirtschaftlichen Leistungsfähigkeit, so ist gerade auch unter Beachtung der wirtschaftlichen Betrachtungsweise im Ertragsteuerrecht die Frage zu klären, welche Tatbestände ggfs. erfüllt sein müssen, um steuerrechtliche Wirkungen z. B. in Form einer Einkünfteverlagerung zum Nießbraucher zu erreichen und damit den Einkommensteuertatbestand zu erfüllen. Dies bedingt nicht nur die Analyse der steuerlichen Behandlung eines Nießbrauchrechts an einem Personengesellschafts- bzw. Kapitalgesellschaftsanteil (Kapitel 2 bis 4), sondern es sind zuvorderst die steuerrechtlichen Grundlagen bei einem mitgliedschaftlichen Nießbrauchrecht (Kapitel 1), gerade auch in Bezug auf die Bedeutung eines Nießbrauchrechts als Einkunftsquelle und damit die Frage nach den Tatbestandsvoraussetzungen der Einkünfteerzielung durch den Nießbraucher, der Einkünftequalifikation und Zurechnung, als auch die Grundsätze der Behandlung von Personengesellschaften im Steuerrecht, herauszustellen. Die steuerliche Behandlung der Kapitalgesellschaft mit ihrer strikten Trennung von Gesellschaft und Anteilseigner ist demgegenüber klar strukturiert. Darauf aufbauend sind die steuerrechtlichen Wirkungen der Bestellung eines Nießbrauchrechts an Personengesellschafts- und an Kapitalgesellschaftsanteilen zu analysieren und zu beantworten. Zusammengefasst läuft es zunächst auf die Frage hinaus, wie Zivil- und Steuerrecht als Teilrechtsordnungen zusammenwirken, mit der Folgefrage möglicher steuerrechtlicher Besonderheiten für eine steuerrechtliche Wirksamkeit bei der

Abfassung und Durchführung der zwischen Nießbrauchbesteller und Nießbraucher getroffenen privatschriftlichen Vereinbarungen, gerade unter dem Aspekt, dass eine Nießbrauchgestaltung vordergründig unter nahestehenden Personen auch im Zuge einer vorweggenommenen Erbfolge erfolgt.

Erstes Kapitel: Steuerrechtliche Grundlagen bei einem mitgliedschaftlichen Nießbrauchrecht

1. Abschnitt: Zivilrecht versus Steuerrecht

§ 1 Das Verhältnis zwischen Zivil- und Steuerrecht

A. Einordnung der einzelnen Teilrechtsordnungen

Die Vereinbarung eines Nießbrauchrechts an Mitgliedschaften nach dem Regelstatut des Bürgerlichen Gesetzbuchs als Rechtsordnung zwischen privaten Rechtssubjekten[649] und den damit zusammenhängenden Problemkreisen, die auch über das Gesellschaftsrecht als weiteres Rechtsgebiet ausgelöst werden, führen zu der Frage, wie diese im Steuerrecht als öffentliches Recht zu würdigen sind.[650] Hierbei können Steuerrecht und Zivilrecht nicht in ein Hierarchieverhältnis (Vorrangverhältnis) der Rechtsquellen geordnet bzw. das Steuerrecht kann nicht als Folgerecht des Zivilrecht gesehen werden.[651] Vielmehr stehen die Teilrechtsordnungen gleichrangig in einer Gesamtrechtsordnung; sie sind jeweils einander nebengeordnet.[652] Die jeweiligen Rechtsgebiete würdigen denselben Sachverhalt, nur aus unterschiedlicher Perspektive und anhand verschiedener Wertungsmaßstäbe.[653] So wird auch das Steuerrecht von einer eigenständigen Systematik, Sachgesetzlichkeit und Teleologie beherrscht, mit eigenständigen Begrif-

649 Das Zivil- oder Privatrecht umfasst nicht nur das bürgerliche Recht, geregelt im Bürgerlichen Gesetzbuch, sondern ebenso das Handels- und Gesellschaftsrecht, das Wertpapierrecht etc., siehe hierzu: *Tipke,* Steuerrechtsordnung, Bd. I, S. 44 f., Fn. 38.

650 Das Zivilrecht dient sozusagen dem Interessenausgleich zwischen privaten Rechtssubjekten, während das Steuerrecht als öffentliches Recht und damit als Gemeinschaftsrecht keine Individualrechte regelt; siehe hierzu im Einzelnen: *Tipke,* Steuerrechtsordnung, Bd. I, S. 50 f.

651 *Birk/Desens/Tappe,* Steuerrecht, S. 17 f.; *P. Kirchhof,* in: FS Röhricht (2005), 919 (925); a.A. *Crezelius,* Steurrechtliche Rechtsanwendung, S. 330 ff.

652 *Tipke,* Steuerrechtsordnung, Bd. I, S. 49; BVerfG, Beschl. v. 27.12.1991 – 2 BvR 72/90, BStBl. II 1992, 212 (213).

653 *Schulze-Osterloh,* AcP 190 (1999), 140 (153); *P. Kirchhof,* in: FS Röhricht (2005), 919 (925).

fen und eigenständigen Wertungen zivilrechtlich bestehender Terminologien.[654] Ob und inwieweit ein im Steuerrecht übernommener Begriff eines anderen Rechtsgebiets (Teilrechtsordnung) den Begriffsinhalt teilt, ist durch Auslegung zu ermitteln.[655] Es besteht keine rechtsgebietsübergreifende, einheitliche Auslegung von Begriffen.[656]

Ebenso sind steuerrechtliche Tatbestandsmerkmale, die aus einem anderen Rechtsgebiet entnommen sein können, nach dem Zweck der jeweiligen Steuerrechtsnorm und dem Inhalt der jeweiligen Regelung auszulegen.[657] Eine privatrechtliche Gestaltung eines Sachverhalts durch die Vertragsparteien ist also zunächst auf der Basis des jeweiligen Vertragsrechts zu qualifizieren und dann der Steuerrechtsnorm in Bezug auf die Bestimmung von Einkünften ggfs. mittels Auslegung zuzuordnen, denn durch das im Steuerrecht herrschende Prinzip der Besteuerung nach der wirtschaftlichen Leistungsfähigkeit sollen gerade Tatbestände wirtschaftlicher Leistungsfähigkeit erfasst werden.[658] So ist das Ertragsteuerrecht als Teil-Steuerrechtsgebiet durch diese sog. wirtschaftliche Betrachtungsweise geprägt.[659]

Das Zivilrecht bildet die Grundlage für steuerrechtliche Folgerungen, denn das Steuerrecht knüpft an zivilrechtliche Rechtsgeschäfte und Regelungsinhalte an, sofern sie wirtschaftliche Vorgänge und Zustände konstituiert, an die wiederum das Steuerrecht anknüpft.[660] Die h. M. spricht insoweit von der „Vorherigkeit" (Präzedenz) des Zivilrechts.[661] Es kommt mithin zur Subsumtion eines zivilrechtlichen Sachverhalts unter einen Besteuerungstatbestand.

---

654 *Wassermeyer,* StuW 1979, 209 (211); *Hey,* in: Herrmann/Heuer/Raupach, Einf. ESt Rn. 900; *Tipke,* Steuerrechtsordnung, Bd. I, S. 50.

655 *P. Kirchhof,* in: FS Röhricht (2005), 919 (926); *Seer,* in: Tipke/Lang, § 1 Rn. 34 ff.

656 Ähnlich: *Hey,* in: Herrmann/Heuer/Raupach, Einf. ESt Rn. 900; *Weber-Grellert,* StuW 1999, 311 (312 f.); *ders.,* StuW 1993, 195 (202 f.).

657 *P. Kirchhof,* in: FS Röhricht (2005), 919 (927).

658 *Hey,* in: Herrmann/Heuer/Raupach, Einf. ESt Rn. 900; siehe hierzu auch: *F. Kirchhof,* BB 2017, 662; *Desens,* StuW 2016, 240.

659 *Seer,* in: Tipke/Lang, Steuerrecht, § 1 Rz. 34; *P.Kirchhof* spricht von einer „steuerjuristischen Betrachtungsweise", *P. Kirchhof,* in: FS Röhricht (2005), 919 (927).

660 *Seer,* in: Tipke/Lang, Steuerrecht, § 1 Rz. 35; *Tipke,* Steuerrechtsordnung, Bd. I, S. 44.

661 *Tipke,* Steuerrechtsordnung, Bd. I, S. 44; *A. Meyer,* Steuerliches Leistungsfähigkeitsprinzip, S. 15 ff.; auch das *BVerfG* geht diesen Weg, BVerfG v. 27.12.1992, BStBl. II 1992, 212 (213).

B. Reichweite des Prinzips der Maßgeblichkeit des Zivilrechts für das Steuerrecht

Die im Steuerrecht vorherrschende wirtschaftliche Betrachtungsweise, die auch über § 39 Abs. 2 AO (wirtschaftliches Eigentum) verstärkt wird, gilt für alle Steuerarten, sofern sich aus der Systematik einzelner Vorschriften nichts Gegenteiliges ergibt.[662] Zivilrechtliche Gestaltungen, Vorgänge und Begriffe sind im Steuerrecht entsprechend den steuerrechtlichen Bedeutungszusammenhängen zu interpretieren.[663] So hat das *BVerfG* in seinem Urteil v. 27.12.1991[664] nochmals herausgestellt, dass es unter Beachtung des Fundamentalprinzips der Besteuerung nach der wirtschaftlichen Leistungsfähigkeit keine Vermutung gibt, dass ein dem Zivilrecht entlehntes Tatbestandsmerkmal einer Steuerrechtsnorm im Sinne des zivilrechtlichen Verständnisses zu interpretieren sei. Vielmehr hat die steuerrechtliche Beurteilung einer zivilrechtlichen Sachverhaltsgestaltung sich danach auszurichten, ob der bewirkte wirtschaftliche Erfolg einen Steuertatbestand erfüllt.[665] Die wirtschaftliche Betrachtungsweise ist also nichts anderes als die wirtschaftliche Interpretation der Steuergesetze bzw. Umschreibung der steuerrechtlichen Beurteilung eines zivilrechtlich gestalteten Sachverhalts. Sie stellt eine steuerrechtsspezifische Auslegung von in Steuergesetzen – hier primär in Ertragsteuergesetzen – verwandten zivilrechtlichen Begriffen dar, mit dem Ziel, „Rechtsnormen, gesetzliche Tatbestände und die in ihnen verwendeten Begriffe nach ihrem wirtschaftlichen Sinn zu verstehen (…)“[666] Für die Auslegung einer Gesetzesvorschrift maßgebend ist der in dieser Vorschrift zum Ausdruck kommende objektivierte Wille des Gesetzgebers.[667] Dieser ist mittels des Gesetzeswortlauts (grammatikalische Auslegung), seines Zwecks (teleologische Auslegung), der systematischen Stellung sowie seiner Entstehungsgeschichte (historische Auslegung) zu ermitteln.[668] Diese verschiedenen Auslegungsmethoden finden

---

662 *Englisch,* in: Tipke/Lang, § 5 Rn. 141.
663 BFH v. 8.12.1993 – II R 61/89, BFH/NV 1994, 373.
664 BVerfG, Beschl. v. 27.12.1991 – 2 BvR 72/90, BStBl. II 1992, 212.
665 *Englisch,* in: Tipke/Lang, § 5 Rn. 141.
666 *Eibelshäuser,* DStR 2002, 1426 (1429).
667 BFH v. 05.05.1982 – VII R 96/78, BFHE 136, 319.
668 BFH v. 21.07.2016 – IV R 26/14, BStBl. II 2017, 206; *Kamps/Zapf,* FR 2016, 939 (942).

für die Erfassung des Inhalts einer Norm gleichzeitig und nebeneinander Anwendung.[669]

Die zivilrechtliche Gestaltung eines Sachverhalts ist mithin für die Besteuerung nicht verbindlich.[670] Die Besteuerung knüpft aber an wirtschaftliche Sachverhalte an. In diesem Zusammenhang stellt sich die Frage, ob die Bestellung eines Nießbrauchrechts an Mitgliedschaften zu einer steuertatbestandlichen Einkünfteverlagerung führt und welche steuerrechtlichen Konsequenzen sich hieraus ergeben.

§ 2 Das Nießbrauchrecht im Kontext von Zivil- und Steuerrecht

A. Bedeutung

Der Nießbrauch als dingliches, höchstpersönliches Recht an einer Sache oder einem Recht führt als zivilrechtliches Fruchtziehungsrecht zu einer Einkünfteverlagerung vom Nießbrauchbesteller auf den Nießbraucher. Dieses Recht bezieht sich nach einhelliger Auffassung im Schrifttum und in der Rechtsprechung auf die laufenden Erträge aus dem jeweiligen Recht. Erträge, die aus der Vermögenssubstanz resultieren, sind nicht Inhalt dieses Rechts.[671] Der Nießbrauch an Mitgliedschaften führt mithin zu einer Trennung von der Gesellschafterstellung (Vermögenssubstanz) und den Gewinnanteilen (Vermögensertrag). Die damit einhergehende Einkünfteverlagerung führt allerdings steuerrechtlich nur dann zu einer Verschiebung der Besteuerung, wenn die Tatbestandsvoraussetzungen der Einkünfteerzielung gemäß § 2 Abs. 1 EStG durch den Nießbraucher erfüllt werden. Damit dem Nießbraucher statt dem Rechtsinhaber auch steuerrechtlich die jeweiligen Erträge zugerechnet werden können, muss der Nießbraucher eine Rechtsstellung innehaben, mittels derer er den Tatbestand der Einkünfteerzielung auch erfüllen kann, also selbst die dafür notwendige Leistung erbringen.[672] Dies setzt zunächst grundsätzlich die rechtswirksame Bestellung des Nießbrauchs voraus.

669 BFH v. 21.07.2016 – IV R 26/14, BStBl. II 2017, 206; BFH v. 05.05.1982 – VII R 96/78, BFHE 136, 319.

670 *Ratschow,* in: Blümich, § 2 EStG Rn. 40.

671 *Blaurock,* Unterbeteiligung, S. 135.

672 *Musil,* in: Herrmann/Heuer/Raupach, § 2 EStG Rn. 213.

Für die wirksame Bestellung eines Nießbrauchs an einem Personengesellschaftsanteil bedeutet dies, dass – wie bereits oben ausgeführt – die Übertragbarkeit des Gesellschaftsanteils durch einen Gesellschaftsvertrag oder durch eine besondere Vereinbarung der Gesellschafter untereinander zugelassen ist. Liegt ein Geschäftsanteil einer GmbH vor, erfolgt die Bestellung eines Nießbrauchs nach § 1069 Abs. 1 GmbHG wie die Übertragung des GmbH-Anteils durch notarielle Beurkundung, ggfs. unter Beachtung weiterer durch den Gesellschaftsvertrag bestimmter Voraussetzungen (Vinkulierung, § 15 Abs. 5 GmbHG).[673]

Bei Aktien als Unternehmensbeteiligung ist unter Beachtung von § 1081 BGB wenigstens zu gewährleisten, dass, soweit keine Übergabe der Aktie erfolgt, die Einräumung des Mitbesitzes für den Nießbraucher bestellt ist (§ 1081 Abs. 2 BGB). Der mit dem Nießbrauchrecht verbundene Ertragsanspruch kann zusätzlich als Dividendenschein oder als Zinskupon verbrieft sein (§ 20 Abs. 2 Nr. 2 ff. EStG). Diese verbriefen das Recht auf die von der Hauptversammlung der AG festgestellte Dividende.

Ist die Nießbrauchbestellung zivilrechtlich unwirksam, weil bspw. Formvorschriften nicht beachtet wurden, ist dies gleichwohl für das Steuerrecht gemäß § 41 Abs. 1 AO und damit für die Besteuerung unerheblich, soweit die Nießbrauchbeteiligten das wirtschaftliche Ergebnis ihrer Vereinbarung (Rechtsgeschäft) eintreten und bestehen lassen. Eine erhöhte Anforderung stellt die Rechtsprechung allerdings bei Nießbrauchvereinbarungen einander nahestehender Personen.[674] Das zivilrechtliche Nießbrauchrecht erfährt damit über die wirtschaftliche Betrachtung und ebenso über das wirtschaftliche Eigentum als Zurechnungsvorschrift eine Erweiterung im Steuerrecht, welches im Ertragsteuerrecht eben nicht nach der dinglichen Berechtigung an dem belasteten Gegenstand fragt, sondern die Frage aufwirft, wer die Leistung erbringt, an die das Einkommensteuerrecht die Steuerpflicht knüpft.[675]

---

673 *Verse,* in: Henssler/Strohn, GesR, § 15 Rn. 112.

674 *Musil,* in: Herrmann/Heuer/Raupach, § 2 EStG Rn. 213; vgl. die Ausführungen weiter unten.

675 *Doralt,* in: FS Kruse (2001), 395 (397).

B. Wirtschaftliche Betrachtungsweise und wirtschaftliches Eigentum im Nießbrauchverhältnis

Die Besteuerung knüpft an wirtschaftliche Vorgänge und Zustände und weniger an die Gültigkeit des Rechtsgeschäfts an. Steuerrechtlich maßgeblich ist also unter wirtschaftlicher Betrachtung das tatsächlich Gewollte und Gestaltete und weniger das Formaljuristische.[676] Insofern gilt auch für das Nießbrauchverhältnis und seine Beteiligten der Grundsatz der Besteuerung nach der wirtschaftlichen Leistungsfähigkeit, womit es auch hier auf das wirtschaftliche und tatsächliche Verhalten der Nießbrauchbeteiligten ankommt. Auch nach ständiger Finanzrechtsprechung ist allein entscheidend, wie die Beteiligten das Nießbrauchverhältnis durchführen.[677] Die Verwirklichung des Einkünfteerzielungstatbestands durch eine umfassende Dispositions- und Verwaltungsbefugnis schließt grundsätzlich das zivilrechtliche Eigentum und damit die wirtschaftliche Verfügungsmacht ein.[678] Sie bildet ein Indiz für die Einkünfteerzielung und damit für die Einkünftezurechnung.

Im Nießbrauchverhältnis aber kann es zu einem Auseinanderfallen von Eigentum/Rechtsinhaberschaft und der steuerrechtlichen Einkünftezurechnung gemäß § 2 Abs. 1 EStG immer dann kommen, wenn der Nießbraucher die Dispositionsbefugnis innehat, obwohl er nicht zivilrechtlicher Eigentümer der Mitgliedschaft ist. An dieser Stelle sei bereits angemerkt, dass wiederum das zivilrechtliche Fruchtziehungsrecht des Nießbrauchers nicht sachlogisch eine Dispositionsbefugnis beinhaltet. Um diese Dispositions- und Verwaltungsbefugnisse innezuhaben, muss er über die Einkunftsquelle „Mitgliedschaft" verfügen können. Zivilrechtlicher Rechtsinhaber (Eigentümer) ist wiederum der Gesellschafter/Nießbrauchbesteller. § 39 AO knüpft zwar für die Zurechnung von Wirtschaftsgüter (hier: die Mitgliedschaft) grundsätzlich an das zivilrechtliche Eigentum an, weist aber das Eigentum und damit die Rechtsinhaberschaft steuerrechtlich dann einem anderen zu, wenn dieser die tatsächliche Herrschaft über ein Wirtschaftsgut in der Weise ausübt, dass er den Eigentümer „im Regelfall für

---

676 BFH v. 22.07.1997 – VIII R 12/96, BStBl. II 1997, 761 (766); *Englisch,* in: Tipke/Lang, § 5 Rn. 95.

677 Siehe hierzu beispielhaft Sachverhalt zum Urteil des FG Düsseldorf v. 26.04.2013 – 1 K 1143/12 E, EFG 2014, 447, in dem von den getroffenen Abreden in tatsächlicher Hinsicht abgewichen wurde.

678 *Englisch,* in: Tipke/Lang, § 5 Rn. 142.

die gewöhnliche Nutzungsdauer von der Einwirkung auf das Wirtschaftsgut wirtschaftlich ausschließen kann“[679]. Das Steuerrecht spezifiziert damit über die wirtschaftliche Betrachtungsweise die Zurechnung von Wirtschaftsgütern und bringt diese durch ein sog. wirtschaftliches Eigentum zum Ausdruck.[680] Die Definition des wirtschaftlichen Eigentums wiederum umfasst nach ständiger Rechtsprechung eine Mehrzahl ungleichartiger „zivilrechtlicher Rechtslagen“, die Nichteigentümern bzw. Nicht-Rechtsinhabern eine eigentumsähnliche Rechtsposition verschaffen.[681] Hierfür ist die Bildung von Fallgruppen und deren wertende Zuordnung notwendig. In diesem Zusammenhang stellt sich also die Frage, ob der Nießbraucher überhaupt wirtschaftlicher Eigentümer werden kann und welche Kriterien erfüllt sein müssen, um ihm das Wirtschaftsgut „Mitgliedschaft“[682] zuzurechnen, denn i. d. R. ist der Nießbraucher nicht wirtschaftlicher Eigentümer des belasteten Wirtschaftsguts.[683] Er übt im Normalfall kein Herrschaftsrecht in der Weise aus, dass er den zivilrechtlichen Rechtsinhaber der Mitgliedschaft auf Dauer von der Einwirkung auf das mit dem Nießbrauchrecht belastete Wirtschaftsgut ausschließen kann.[684]

---

679 § 39 Abs. 2 Nr. 1 AO; BFH v. 25.01.2017 – X R 59/14, DStR 2017, 1308 (1311); BFH v. 22.06.2017 – IV R 42/13, DStR 2017, 2653 (2655 f.).

680 *Englisch,* in: Tipke/Lang, § 5 Rn. 143; das Steuerrecht schafft in § 39 Abs. 2 AO allerdings keinen eigenen steuerrechtlichen Eigentumsbegriff, sondern beschreibt lediglich die Voraussetzungen für die Abweichung vom zivilrechtlichen Eigentum; vgl. hierzu: grundl. *Seeliger,* Der Begriff des wirtschaftlichen Eigentums im Steuerrecht, 1962; *Fischer,* in: Hübschmann/Hepp/Spitaler, § 39 AO Rn. 39 ff.; *Drüen,* in: Tipke/Kruse, § 39 AO Rn. 21.

681 BFH v. 24.06.2004 – III R 50/01, BStBl. II 2005, 80; BFH v. 14.05.2002 – VIII R 30/98, BStBl. II 2002 741; BFH v. 28.07.1999 – X R 38/98, BStBl. II 2000, 653, BFH v. 27.11.1996 – X R 92/92, BStBl. II 1998, 97.

682 Die Bezeichnung der Mitgliedschaft als Wirtschaftsgut ist insoweit ungenau, denn verkörpert die Mitgliedschaft einen Personengesellschaftsanteil, so stellt dieser ertragsteuerrechtlich kein Wirtschaftsgut i. e. S. dar; sondern die Summe der ideellen Anteile des Gesellschafters an den einzelnen Wirtschaftsgütern des Gesamthandsvermögens, vgl. BFH v. 03.03.1998 – VIII R 66/96, BStBl. II 1998, 383. Auf der anderen Seite kommt der BFH bei Auslegung des Begriffs „Wirtschaftsgut“ i. S. v. § 39 AO zu dem Ergebnis, dass auch ein Gesellschaftsanteil ein Wirtschaftsgut darstellen kann, vgl. BFH v. 16.05.1989 – VIII R 196/84, BStBl. II 1986, 798.

683 BFH v. 28.11.2007 – IX R 27/07, BStBl. II 2008, 349 (349); BFH v. 24.06.2004 – III R 50/01, BStBl. II 2005, 80 (81).

684 BFH v. 24.07.1991 – II R 81/88, BStBl. II 1991, 909 (910); *Drüen,* in: Tipke/Kruse, § 39 AO Rn. 59.

Durch das Fruchtziehungsrecht des Nießbrauchers wird dieser noch nicht zum wirtschaftlichen Eigentümer.[685] „Gefahr, Nutzungen und Lasten" in Form des Übergangs der wesentlichen Rechte einer Mitgliedschaft einschließlich des Risikos bzw. der Chance auf Wertsteigerungen der jeweiligen Mitgliedschaft sind grundsätzlich nicht mit der Nießbrauchbestellung verbunden – unabhängig von der Art des Nießbrauchrechts.[686] Danach erlangt wirtschaftliches Eigentum, wer nach dem Inhalt der getroffenen Abrede alle mit der Beteiligung verbundenen wesentlichen Rechte (Vermögens- und Verwaltungsrechte, insbesondere Gewinnbezugs- und Stimmrecht) ausüben und im Konfliktfall effektiv durchsetzen kann.[687]

Der *BFH* lässt in ständiger Rechtsprechung auch das wirtschaftliche Eigentum auch an Mitgliedschaften und damit eine eigentümerähnliche Rechtsposition des Nießbrauchers zu, stellt aber hierfür in Abhängigkeit von der Art der Mitgliedschaft unterschiedliche Kriterien auf.[688] Er betont hierbei, dass die jeweils aufgestellten Kriterien für einen Übergang des wirtschaftlichen Eigentums nicht insgesamt erfüllt sein müssen, sondern stets nach dem Gesamtbild der Verhältnisse im jeweiligen Einzelfall zu bestimmen sind.[689] Daraus folgt, dass eine von der zivilrechtlichen Rechtsinhaberschaft abweichende Zuordnung auch dann in Betracht zu ziehen ist, wenn die jeweiligen Kriterien nicht in vollem Umfang erfüllt sind.[690] Unabhängig von der Gewichtung der einzelnen Kriterien bei der Gesamtbildbetrachtung wird allerdings eine rechtlich geschützte und nicht entziehbare Herrschaftsposition eine unverzichtbare Grundlagenfunktion sein.

Die nachfolgenden Ausführungen untersuchen die Bedeutung und notwendige Geltung sowohl der wirtschaftlichen Betrachtungsweise als auch

---

685 BFH v. 04.12.1962 – VI 255/62, BeckRS 1962, 21008079.

686 BFH v. 25.01.2017 – X R 59/14, DStR 2017, 1308 (1311); BFH v. 24.07.1991 – II R 81/88, BStBl. II 1991, 909 (910).

687 BFH v. 24.1.2012 – IX R 69/10, BFH/NV 2012, 1099; BFH v. 1.8.2012 – IX R 6/11, BFH/NV 2013, 9; BFH v. 26. 01.2011 – IX R 7/09, BStBl.II 2011, 540.

688 Exemplarisch: für Personengesellschaftsanteile: BFH v. 23.02.2010 – II R 42/08, BStBl. II 2010, 555 (557); BFH v. 06.05.2010 – IV R 52/08, BStBl. II 2011, 26 (27); für GmbH-Anteile: BFH v. 09.10.2008 – IX R 73/06, BStBl. II 2009, 140 (141); BFH v. 10.03.1988 – IV R 226/85, BStBl. II 1988, 832 (834); für Wertpapiere (Aktien): BFH v. 22.07.2008 – IX R 74/06, BStBl. II 2009, 124 (125); BFH v. 15.12.1999 – I R 29–97, BStBl. II 2000, 527 (529 f.).

689 BFH v. 09.10.2008 – IX R 73/06, BStBl. II 2009, 140 (141).

690 *Kleinheisterkamp/Schell,* DStR 2010, 833 (834).

des sog. wirtschaftlichen Eigentums für die steuerrechtliche Behandlung des Nießbrauchrechts an Mitgliedschaften als Gestaltungsmittel für eine wirksame Einkünfteverlagerung im Ertragsteuerrecht als auch für die Inanspruchnahme erbschaft- und schenkungsteuerlicher Begünstigungen, denn nur dann, wenn das zivilrechtlich begründete Nießbrauchverhältnis tatsächlich entsprechend den gesetzlichen Regelungen und den vertraglichen Abreden (Vereinbarungen) durchgeführt wird, kann der Tatbestand der Einkünfteerzielung erfüllt werden. Hierbei sind allerdings besondere und erhöhte Anforderungen zu beachten, wenn es sich bei den Nießbrauchbeteiligten um sich nahestehende Personen handelt.[691]

C. Besonderheiten bei Verträgen zwischen nahestehende Personen

Die Gewährung eines Nießbrauchrechts an Mitgliedschaften findet sich insbesondere bei der vorweggenommenen Erbfolge als Instrument der Unternehmensnachfolge. Nicht zuletzt findet diese im Familienverbund statt. Die Übertragung von Einkunftsquellen und die dadurch entstehende Möglichkeit der Einkünfteverlagerung mit steuerrechtlicher Wirkung wird sowohl von der Finanzverwaltung als auch von der Finanzrechtsprechung immer dann kritisch geprüft, wenn eine Übertragung unter sich nahestehenden Personen stattfindet.

I. Begriffsbestimmung

Eine gesetzliche Definition der „nahestehenden Person" fehlt. § 15 AO enthält lediglich eine Definition des Begriffs „Angehörige" und reicht vom Verlobten bis hin zu Pflegeeltern und Pflegekindern.

Ein Näheverhältnis von Personen spiegelt immer dann eine enge persönliche Bindung wider, wenn durch ihre rechtliche und wirtschaftliche Beziehung ein Sachverhalt durch eine Gestaltung so beeinflusst werden kann, dass eine solche wiederum von derjenigen zwischen Fremden typischerweise abweicht.[692] Es fehlt ein natürlicher Interessengegensatz, der zwischen Fremden typischerweise besteht und somit die Ausgewogenheit

---

691 BFH v. 18.03.1986 – VIII R 316/84, BStBl. II 1986, 713 (713); *Musil,* in: Herrmann/Heuer/Raupach, § 2 EStG Rn. 214.

692 Siehe auch *Musil,* in: Herrmann/Heuer/Raupach, § 2 EStG Rn. 302.

von Verträgen bewirkt.[693] Insoweit erhalten § 12 Nr. 2 EStG, § 41 Abs. 2 AO als auch § 42 AO für eine Einkünfteverlagerung unter nahestehende Personen mittels Nießbrauchbestellung ihre Bedeutung. Ist im Rahmen einer Einzelfallbetrachtung unter Beachtung sämtlicher objektiver Gegebenheiten ein Interessengegensatz anzunehmen, ist auch das Vertragsverhältnis zweier sich nahestehender Personen anzuerkennen.[694]

Damit ist auch die steuerliche Anerkennung eines Nießbrauchvertrags unter nahen Angehörigen an strenge Anforderungen geknüpft, was auch das *BVerfG* in seiner Grundsatzentscheidung vom 07.11.1995[695] für geboten und zulässig erachtet. Das Nießbrauchvertragsverhältnis entfaltet hiernach unter Berücksichtigung der BFH-Rechtsprechung und der Auffassung der Finanzverwaltung immer dann steuerrechtliche Wirkung, wenn es einem Fremdvergleich standhält, der Vertrag also zivilrechtlich wirksam geschlossen, inhaltlich klar und eindeutig formuliert und auch tatsächlich entsprechend der getroffenen Vereinbarungen vollzogen wird.[696]

II. Die allgemeinen Kriterien

Die notwendige, wirksame Nießbrauchbestellung, die in Abhängigkeit der Mitgliedschaft variiert, wurde bereits weiter oben ausgeführt. Liegt allerdings ein Formmangel vor, neigt der *BFH* dennoch zur Anerkennung der getroffenen Vereinbarungen, wenn die Vertragsparteien alle übrigen Beweisanzeichen für die Ernsthaftigkeit des Vertrags erfüllen, insbesondere, wenn eine eindeutige und tatsächliche Durchführung des Vertrags gegeben ist.[697] Liegt ein Formmangel vor, ist dieser bei Erkennen des Fehlers zu beheben. Auf die Einhaltung der Formvorschriften sollte mithin geachtet werden.

Des Weiteren ist ein klarer, eindeutiger und ernsthafter Inhalt der Nießbrauchvereinbarung gerade in Bezug auf weiterreichende Abreden gegen-

---

693 BFH v. 22.02.2007 – IX R 45/06, BStBl. II 2011, 20 (21); BFH v. 07.11.2000 – VIII R 16/97, BStBl. II 2001, 186 (188); *Kulosa,* DB 2014, 972 (972).

694 *Gemeinhardt,* BB 2012, 739 (739); BVerfG, Beschl. v. 07.11.1995 – 2 BvR 802/90, BStBl. II 1996, 34.

695 BVerfG, Beschl. v. 07.11.1995 – 2 BvR 802/90, BStBl. II 1996, 34.

696 *Gemeinhardt,* BB 2012, 739 (739 f.); *Kulosa,* DB 2014, 972 (972).

697 BFH v. 07.06.2006 – IX R 4/04, BStBl. II 2007, 294 (295); BFH v. 13.07.1999 – VIII R 29/97, BStBl. II 2000, 386 (388); BFH v. 21.10.1997 – IX R 57/96, BStBl. II 1998, 108 (109).

über dem auf den grundsätzlichen, zivilrechtlichen Fruchtziehungsrecht begrenzten Nießbrauch von Wichtigkeit, dies gerade auch dann, wenn das Tatbestandsmerkmal der ertragsteuerrechtlichen Einkünfteerzielung gemäß § 2 Abs. 1 EStG i. V. mit §§ 13–24 EStG auch beim Nießbraucher erreicht werden soll. Dies betrifft besonders bei einem Anteilsnießbrauch die mit der Mitgliedschaft verbundenen Mitwirkungsrechte, insbesondere die Ausübung eines Stimmrechts. Klare und eindeutige Bestimmungen in der Vereinbarung vermitteln dem Nießbraucher nur so eine gesicherte Rechtsposition.

Auch muss die Nießbrauchvereinbarung so ausgestaltet sein, wie es einer Vertragsgestaltung unter fremden Dritten mit unterschiedlichen Interessen entspricht.[698] Abweichungen vom Fremdüblichen, die sich auf „Nebenabreden" begrenzen lassen, sind i. d. R. unschädlich.[699]

Die Nießbrauchvereinbarung muss tatsächlich durchgeführt werden. Eine klare, eindeutige, fremdübliche und auch zivilrechtlich wirksame Nießbrauchbestellung ist als Rechtsverhältnis steuerrechtlich nicht anzuerkennen, wenn die tatsächliche Durchführung besonders in den wesentlichen Punkten scheitert.[700]

Maßgeblich ist also das von den Parteien wirtschaftlich Gewollte und als solches Durchgeführte, d. h. das tatsächlich Bewirkte.[701] Kommt es allerdings zur Nichtanwendung einzelner Abreden, so kann daraus noch nicht auf das Fehlen eines Rechtsbindungswillens geschlossen werden. Die Gesamtwürdigung der Nießbrauchvereinbarung ist insoweit maßgebend.[702]

D. Stellungnahme

Soll ein Nießbrauchverhältnis nicht nur zivilrechtlich, sondern auch steuerrechtlich begründet werden, sind die zuvor genannten Anforderungen des Steuerrechts unter Beachtung der wirtschaftlichen Betrachtungsweise

---

698 *Gemeinhardt,* BB 2012, 739 (740).

699 *Kulosa,* DB 2014, 972 (975).

700 Zum Übergang des wirtschaftlichen Eigentums siehe BFH v. 18.11.2014 – IX R 49/13, BStBl. II 2015, 224 i. V. m. BFH v. 24.01.2012 – IX R 51/10, BStBl. II 2012, 308, FG Düsseldorf v. 26.04.2013 – 1 K 1143/12E, EFG 2014, 447.

701 BFH v. 24.01.2012 – IX R 69/10, GmbHR 2012, 808 (810).

702 BFH v. 03.03.2004 – X R 14/01, BStBl. II 2004, 826 (828 f.).

als auch des wirtschaftlichen Eigentums zu bedenken. Nur so lässt sich nicht nur eine ertragsteuerrechtlich wirksame Einkünfteverlagerung erzielen, sondern ebenso die Inanspruchnahme der Begünstigungen des Erbschaft- und Schenkungsteuerrechts im Rahmen der Vermögensübertragung unter Nießbrauchvorbehalt als auch für die Einräumung eines Zuwendungs- und Vermächtnisnießbrauchs erreichen. Eine geringfügige Abweichung einzelner Sachverhaltsmerkmale vom „Üblichen" führt nicht automatisch zur steuerrechtlichen Aberkennung des Vertragsverhältnisses.[703] Vielmehr sind auch bei einem Nießbrauchverhältnis unter nahestehenden Personen die einzelnen Kriterien des Fremdvergleichs im Rahmen einer gebotenen Gesamtbetrachtung zu würdigen.

Liegt ein steuerrechtlich wirksames Vertragsverhältnis zwischen Nießbraucher und Nießbrauchbesteller vor, ist für die ertragsteuerrechtliche Tatbestandsverwirklichung der Einkünfteerzielung gemäß § 2 Abs. 1 i. V. m. §§ 13–24 EStG desweiteren erforderlich, dass mit dem Nießbrauchrecht an der Mitgliedschaft eine Einkunftsquelle gegeben ist, aus der Einkünfte fließen oder aber generiert werden können, die entsprechend zu einer Einkünfteverlagerung führen. Dies führt mithin zu der im Schrifttum und in der Rechtsprechung unbeantworteten Frage, ob im Nießbrauchrecht eine Einkunftsquelle zu sehen ist bzw. welche Anforderungen hierfür erfüllt sein müssen, um den Tatbestand der Einkünfteerzielung zu erreichen. Hierfür ist zunächst der Begriff der Einkunftsquelle zu klären.

2. Abschnitt: Das Nießbrauchrecht im Ertragsteuerrecht

§ 1 Das Nießbrauchrecht als Einkunftsquelle

A. Die Einkunftsquelle im Allgemeinen

I. Der Begriff

Der Begriff der Einkunftsquelle wurde besonders im vorigen Jahrhundert im steuerjuristischen Schrifttum und dort im Zusammenhang mit der Einkünfteverlagerung mittels der Bestellung eines Nießbrauchrechts kontro-

---

703 BFH v. 22.10.2013 – XR 26/11, BStBl. II 2014, 374 (377).

vers diskutiert, weil Schrifttum[704] und Finanzrechtsprechung[705] sich dieses Begriffs ohne Vorliegen einer Definition oder einer eindeutigen Begriffsbestimmung bedienen.[706] Dem ist wohl der Umstand geschuldet, dass der Begriff der Einkunftsquelle als bekannt vorausgesetzt wird und dieser in einem direkten Zusammenhang mit „Erzielung von Einkünften" zu sehen ist. Das Erzielen von Einkünften ist demnach die wesentliche Voraussetzung für die Besteuerung des Einkommens.[707]

Einkünfte erzielt wiederum derjenige, der sie erwirtschaftet. Erwirtschaftet werden sie von demjenigen, der die Bezüge aufgrund einer Betätigung, also einer zielgerichteten Handlung, durch seine Arbeit und/oder seinen Vermögenseinsatz erhält.[708] So hat *Ruppe*[709] seinerzeit den Versuch einer Definition der Einkunftsquelle unternommen, indem er die These aufgestellt hat, dass die Teilnahme am Marktgeschehen, der Umsatz von Leistungen und damit derjenige, der die Möglichkeit hat, Marktchancen zu nutzen oder aber über die Leistungserstellung zu disponieren, mit dieser Tätigkeit über eine Einkunftsquelle verfügt.[710] Aus seiner Sicht sind also nicht der Betrieb, ertragbringende Wirtschaftsgüter oder die persönliche Arbeitskraft die jeweilige Einkunftsquelle, sondern einzig und allein die

---

704 *Tipke (Hrsg.),* Die Übertragung von Einkunftsquellen, DStJG (Bd. 1), insb. mit den Beiträgen von *Ruppe,* Möglichkeiten und Grenzen der Übertragung von Einkunftsquellen als Problem der Zurechnung, S. 7 ff.; *L. Schmidt,* Möglichkeiten und Grenzen der Übertragung von Einkunftsquellen von Eltern auf Kinder, S. 41 ff.; *Söffing,* Möglichkeiten und Grenzen der Übertragung von Einkunftsquellen durch Bestellung eines unentgeltlichen Nießbrauchs für Familienangehörige, S. 125 ff.; *Blaurock,* Unterbeteiligung, S. 320 ff.; *Messmer,* StbJb. 1979/80, 163 (165 ff.); *L. Schmidt,* StbJb 1980/81, 115 (119 ff.); *Tipke,* StuW 1977, 293 (294 ff.).

705 BFH, Beschl. v. 03.03.2016 – VIII B 25/14, BeckRS 2016, 94683; BFH v. 26.05.1971 – IV R 11/70, BStBl. II 1971, 557; BFH v. 29.05.1972 – GrS 4/71, BStBl. II 1973, 5; BFH v. 04.06.1973 – IV R 26/68, BStBl. II 1973, 866; BFH v. 29.07.1973 – IV R 33/71 – BStBl. II 1974,51; BFH v. 19.09.1974 – IV R 95/73, BStBl. II 1975, 141; BFH v. 29.01.1976 – IV R 89/75, BStBl. II 1976, 374.

706 *Messmer,* StbJb. 1979/80, 163 (165).

707 *Hey,* in: Tipke/Lang, § 8 Rn. 150.

708 *Hey,* in: Tipke/Lang, § 8 Rn. 120 ff.; *Musil,* in: Herrmann/Heuer/Raupach, § 2 EStG Rn. 57 ff.

709 *Ruppe,* in: Tipke (Hrsg.), Die Übertragung von Einkunftsquellen, DStJG (Bd. 1), S. 15 ff.

710 *Ruppe,* in: Tipke (Hrsg.), Die Übertragung von Einkunftsquellen, DStJG (Bd. 1), S. 18.

Teilnahme am Marktgeschehen, der Umsatz von Leistungen und damit ihre jeweilige Dispositionsbefugnis (Markteinkommenstheorie).[711] Daraus folgt, dass Einkünfte demjenigen zuzurechnen sind, der in der Lage ist, über die der Einkunftsquelle innewohnenden Leistungen zu disponieren, der mithin die Möglichkeit hat, Marktchancen zu nutzen oder auch die Leistung zu verweigern.[712] Die Zuordnung von Einkünften ist damit nicht abhängig von einem zivilrechtlichen oder wirtschaftlichen Eigentum an Wirtschaftsgütern, sondern ausschließlich von der Innehabung einer Einkunftsquelle, mit der Befugnis Leistungen oder Wirtschaftsgüter am Markt auf eigene Rechnung entgeltlich zu verwerten,[713] (*leistungsbezogener* Einkunftsquellenbegriff[714]).

Diese Theorie ist zum damaligen Zeitpunkt auf viel Kritik gestoßen.[715] So würde unbeantwortet bleiben, ob unter Dispositionsbefugnis eine Rechtsposition, die Befugnis, zu verstehen ist und inwieweit Zurechnungssubjekt auch eine Person sein kann, die, ohne eine Rechtsposition inne zu haben, faktisch disponiert.[716] Andere kritisieren, dass der so verwendete Begriff der Einkunftsquelle nichts über den Bezug von Einkünften aussagt und lediglich eine Zusammenfassung der bereits in §§ 13 ff. EStG dargelegten Einkunftsarten sei, die die Einkunftsquellen widerspiegeln.[717] Die Anhänger dieser *einkunftsartbezogenen* Einkunftsquellenbegriffserklärung nehmen ihre Vorstellung vom Begriff der Einkunftsquelle aus der Art und Weise der Bezeichnung der sieben Einkunftsarten. So weist das Wort „*aus*" bei Einkünfte *aus* Land- und Forstwirtschaft, Einkünfte *aus* Gewerbebetrieb etc. in § 2 Abs. 1 S. 1 EStG darauf

711 *Ruppe,* in: Tipke (Hrsg.), Die Übertragung von Einkunftsquellen, DStJG (Bd. 1), S. 38 f.

712 *Ruppe,* in: Tipke (Hrsg.), Die Übertragung von Einkunftsquellen, DStJG (Bd. 1), S. 39.

713 *Ruppe,* in: Tipke (Hrsg.), Die Übertragung von Einkunftsquellen, DStJG (Bd. 1), S. 38; *Ehlers,* Übertragung, S. 14; dies entspricht letztlich dem Grundsatz des Bundesfinanzhofs, dass Einkünfte demjenigen zuzurechnen sind, der den Tatbestand der Einkünfteerzielung erfüllt; so auch: *Hutter,* DStZ 1981, S. 49; dieser Auffassung kann grds. gefolgt werden, das „Eigentum" stellt dennoch ein Indiz für die Einkünftezurechnung dar.

714 Vom Verfasser ergänzte Einstufung; im Schrifttum wird auch von der *Ruppe 'schen* Marktbeteiligungsthese gesprochen, *Söffing,* DStZ 1981, 199 (202).

715 Siehe hierzu ausführlich: *Musil,* in: Herrmann/Heuer/Raupach, § 2 EStG Rn 102 ff. m. w. N.

716 *Biergans/Stockinger,* FR 1982, 25 (31).

717 *Wassermeyer,* FR 1983, 157 (158); *Steinberg,* DStZ 1988, 315 (316 f.).

hin, dass das Einkommensteuerrecht nur die Einkünfte besteuern will, die aus einer dieser Quellen (Einkunftsquelle) fließen.[718] Einkünfte also, die aus einer solchen Quelle herrühren, führen zwangsläufig zur Erzielung von einkommensteuerrechtlich relevanten Einkünften und damit zur Erzielung von Einkünften aus einer der sieben Einkunftsarten.[719]

Diese einkunftsartenbezogene Auslegung des Einkunftsquellenbegriffs greift allerdings zu kurz, bedenkt man einmal den Fall des Nießbrauchs und damit die Frage, inwieweit ein Nießbraucher eigene Einkünfte erzielt oder nicht. Was also stellt bei einer Nießbrauchbestellung die Einkunftsquelle dar?

Diese Frage führt unweigerlich zum *wirtschaftsgutbezogenen* Einkunftsquellenbegriff, denn das Nießbrauchrecht berechtigt zivilrechtlich die Nutzung aus einem Gegenstand und damit aus dem belasteten Wirtschaftsgut originär zu ziehen, wie dies der Eigentümer oder Rechtsinhaber vor der Nießbrauchbestellung getan hat.[720] Inwieweit mit diesem wirtschaftsgutbezogenen Einkunftsquellenbegriff der Tatbestand der Einkünfteerzielung erfüllt wird, wird weiter unten untersucht.

Diese unterschiedlichen Begriffsinhalte und der Umstand, dass der Begriff der Einkunftsquelle bis zum 21. Jahrhundert dem Einkommensteuergesetz unbekannt war, führte besonders bei *Messmer*[721] zur Auffassung, keine rechtlichen Schlussfolgerungen aus dem Begriff der Einkunftsquelle für das Steuerrecht zu ziehen. Er spricht sich gegen diesen Begriff aus und plädiert für eine strenge Subsumtion unter die entsprechenden Tatbestandsmerkmale, insbesondere der § 13 ff. EStG.[722] Auch *L. Schmidt* hat sich letztlich dieser Auffassung angeschlossen und dem Begriff der Einkunftsquelle eine Absage erteilt.[723]

Trotz dieser Meinungen zweier Vorsitzender Richter des Bundesfinanzhofs wird der Begriff der Einkunftsquelle weiterhin sowohl in der Recht-

---

718 *Steinberg,* DStZ 1988, 315 (315 f.); *Söffing,* DStZ 1981, 199 (200).
719 *Söffing,* DStZ 1981, 199 (200).
720 *Söffing,* DStZ 1981, 199 (201).
721 *Messmer,* StbJb. 1979/80, 163 (166).
722 *Messmer,* StbJb. 1979/80, 163 (240, 243).
723 *L. Schmidt,* StbJb. 1980/1981, 115 (120).

sprechung,[724] als auch im Schrifttum[725] verwandt und erfährt letztlich mit dem *Gesetz zur Beschränkung der Verlustverrechnung im Zusammenhang mit Steuerstundungsmodellen*[726] im Jahr 2005 in § 15 b Abs. 1 S. 2 EStG seinen Einzug in das Einkommensteuergesetz. Eine Definition erfährt der Begriff im Einkommensteuergesetz auch zu diesem Zeitpunkt nicht. Im Gesetzesentwurf heißt es lediglich: „Die Beteiligung am jeweiligen Steuerstundungsmodell stellt die Einkunftsquelle dar."[727]

Der Begriff scheint in der Tat selbsterklärend zu sein, gerade, wenn man Satz 2 der Vorschrift liest: „(…) die Einkünfte, die der Steuerpflichtige in den folgenden Wirtschaftsjahren aus derselben Einkunftsquelle erzielt".[728]

Versucht man nunmehr den Begriff der Einkunftsquelle zu definieren, so stellt diese die Wurzel, den Ursprung dar, aus der Einkünfte fließen bzw. mit der Einkünfte generiert werden, die den Tatbestand der Einkünfteerzielung erfüllen, die ganz, oder nur Teile davon, dann einer bestimmten Einkunftsart i. S. v. § 2 Abs. 1 EStG i. V. m. §§ 13–24 EStG zuzuordnen sind. Der Begriff „Einkunftsquelle" kann sowohl leistungsbezogen als auch wirtschaftsgutbezogen sein.

In diesem Zusammenhang stellt der Begriff „Einkünfte" eine Differenzgröße dar, die verbleibt, wenn man von den Einnahmen die Ausgaben zum Abzug bringt. Hierbei wird nach verschiedenen Einkunftsarten unterschieden. Es hat mithin gleichzeitig auch eine Einkünftequalifikation zu erfolgen.

---

724 Exemplarisch: BFH, Beschl. v. 20.10.2016 – VI R 27/15, BeckRS 2016, 95794; BFH v. 01.09.2016 – IV R 17/13, BStBl. II 2016, 1003 (1004); BFH v. 23.06.2015 – III R 7/14, BStBl. II 2016, 871 (873); BFH v. 11.04.2005 – GrS 2/02, BStBl. II 2005, 679 (682); Hess. FG v. 26.11.2013 – 5 K 3146/10, EFG 2014, 440 (441); FG Köln v. 15. 11. 2002 – 5 K 4243/93, EFG 2003, 587.

725 *Birk/Desens/Tappe,* Steuerrecht, § 5 Rn. 605; *Hey,* in: Tipke/Lang, § 8 Rn. 150 ff.; *Kirchhof* spricht bei der Einkunftsquelle von der Erwerbsgrundlage, *Kirchhof,* in: Kirchhof, EStG, § 2 Rn. 7 ff.

726 Gesetz zur Beschränkung der Verlustverrechnung im Zusammenhang mit Steuerstundungsmodellen v. 22.12.2005, BGBl. I 2005, 3683.

727 BT-Drs. 16/107 v. 29.11.2005, S. 4 linke Spalte.

728 Mit dem Unternehmensteuerreformgesetz (UntStRefG) 2008 v. 14.08.2007, BGBl. I 2007, S. 1912, wurde in § 23 Abs. 1 Nr. 2 EStG der S. 2 (nunmehr § 23 Abs. 1 Nr. 2 S. 4 EStG) neu gefasst, mit dem Inhalt, „(…) aus deren Nutzung als Einkunftsquelle (…) Einkünfte erzielt werden" erfuhr das EStG ein weiteres Mal die Begriffsaufnahme in den Gesetzestext.

Erfasst wird nur das Erwerbseinkommen, also die Gesamtheit der Einkünfte, die die Person durch ihre Erwerbstätigkeit aus der/den Einkunftsquelle(n) erwirtschaftet hat (Erwerbseinkommen).[729] Erwirtschaftet werden wiederum die Einkünfte von demjenigen, der aufgrund seiner Betätigung (die geleistete Arbeit als persönliche Einkunftsquelle) und/oder durch einen Vermögenseinsatz bei gleichzeitiger Teilnahme am wirtschaftlichen Verkehr (Vermögen als sachliche Einkunftsquelle) erzielt.[730] Es lassen sich damit zwei Gruppen von Einkunftsquellen bilden, zum einen Einkunftsquellen, die auf der Tätigkeit einer Person beruhen, nämlich die persönliche Einkunftsquelle, und zum anderen Einkunftsquellen, die vom Vermögen einer Person abzuleiten sind, also die sachliche Einkunftsquelle.[731] Ist eine Zuordnung unter § 2 Abs. 1 EStG i. V. m. §§ 13–24 EStG nicht möglich, entfällt eine Besteuerung.[732]

II. Abgrenzung von „Einkunftsquelle“ und „Einkunftsart“

Der Begriff der Einkunftsquelle sagt zunächst nichts über die Einkunftsart aus. Zieht man die Quellentheorie von *Fuisting*[733] für eine einkommensteuerrechtliche Auslegung des Begriffs Einkunftsquelle heran, so sind zunächst nur solche Einkünfte/Erträge einer Einkunftsquelle zum Einkommen zu zählen, die aus einer Quelle fließen bzw. aus ihr generiert werden und zur Bestreitung der persönlichen Bedürfnisse und für den Lebensunterhalt zur Verfügung stehen. Diese können aus einer persönlichen oder aber einer sachlichen Einkunftsquelle resultieren.[734]

Die einer Person zugeflossenen Güter in Geld oder Geldeswert sind allerdings nur dann Einnahmen im einkommensteuerrechtlichen Sinne, wenn der Zufluss im Zusammenhang mit einer bestimmten Einkunftsart erfolgt ist. Inwieweit wiederum ein solcher Zufluss in einem erforderli-

---

729 *Hey,* in: Tipke/Lang, § 8 Rn. 52.

730 *Hey,* in: Tipke/Lang, § 8 Rn. 52.

731 *Hey,* in: Tipke/Lang, § 8 Rn. 151.

732 *Kirchhof,* in: Kirchhof, EStG, § 2 Rn. 39; *G.Rose,* DB 1980, 2464.

733 Grundl. *Fuisting,* Die preußischen direkten Steuern, 4. Bd.: Grundzüge der Steuerlehre, § 41, S. 110: Einkommen, welches „als Erträge dauernder Quellen der Gütererzeugung (…) zur Verfügung stehen.“

734 *Hey,* in: Tipke/Lang, § 8 Rn. 151; *Kirchhof* sieht in den sieben Einkunftsarten sieben Erwerbsgrundlagen, die wiederum für ihn Einkunftsquellen darstellen, *Kirchhof,* in: Kirchhof, EStG, § 2 Rn. 46.

chen Zusammenhang mit einer Einkunftsart steht, ergibt sich aus § 2 Abs. 1 EStG i. V. m. §§ 13–24 EStG und wird anhand der Umstände des Einzelfalls beurteilt.[735]

Daraus folgt, dass zwischen dem Begriff „Einkunftsquelle" und dem Begriff „Einkunftsart" i. S. v. § 2 Abs. 1 S. 1 EStG keinerlei Identität besteht. Kritiker des Begriffs Einkunftsquelle sehen demgegenüber beide Begriffe als gleichbedeutend an.[736] Dem ist nicht zuzustimmen, denn das Einkommensteuergesetz verwendet mittlerweile nicht nur beide Begriffe, sondern trifft die allgemeine Aussage, dass Einkünfte nur dann steuerbar sind, wenn sie durch eine Erwerbstätigkeit erwirtschaftet worden sind, also aus einer Einkunftsquelle fließen, und sich einer Einkunftsart zuordnen lassen.[737] *Messmer* fordert insoweit auch für Wissenschaft und Rechtsprechung im Bereich des Steuerrechts eine Klarheit über den Inhalt von zu verwendenden Begriffen als auch Eindeutigkeit in der Beschreibung der Begriffsinhalte.[738]

B. Das Nießbrauchrecht im Kontext der Einkunftsquellendogmatik

I. Rechtsprechungsüberblick (historische Darstellung)

Der *BFH* hat bis zum Jahre 1976 in ständiger Rechtsprechung die Nießbrauchbestellung an einem Gegenstand als eine eigene Einkunftsquelle des Nießbrauchers gesehen, aus dem dem Nießbraucher originäre Einkünfte zuflossen und der Besteuerung unterlagen.[739] Im Jahre 1976 ist er von dieser grundsätzlichen Einstufung des Nießbrauchs an einem Gegenstand als eigene Einkunftsquelle abgerückt und stellte in seinem Urteil fest, dass ein Nießbrauch an einem Gewinnstammrecht eines Personengesellschaftsanteils nicht zu originären Einkünften des Nießbrauchers führt,

---

735 *Musil,* in: Herrmann/Heuer/Raupach, § 2 EStG Rn. 68.

736 Insbesondere *Steinberg,* DStZ 1988, 315 (316 ff.), der die Gleichbedeutung an verschiedenen BFH-Urteilen versucht abzuleiten, siehe S. 317 f.; *Biergans/Stockinger,* FR 1982, 25 (30 f.) m. w. N., die sich allerdings kritisch mit dieser Thematik auseinandersetzen.

737 § 2 Abs. 1 EStG; gl.A: *Birk/Desens/Tappe,* Steuerrecht, § 5 Rn. 605.

738 *Messmer,* StbJb. 1979/80, 163 (168).

739 BFH v. 29.10.1953 – IV 238/53 U, BStBl. III 1953, 353; BFH v. 15.11.1957 – VI 79/55 U, BStBl. III 1958, 103; BFH v. 06.07.1966 – VI 124/65, BStBl. III 1966, 584; BFH v. 26.03.1974 – III R 210/72, BStBl. II 1975, 6.

also keinen eigenen Anteil des Nießbrauchers am Gewinn der Personengesellschaft begründet.[740] Der 4. Senat des *BFH* begründet es damit, dass der Nießbrauch am Gewinnstammrecht eines Personengesellschaftsanteils zivilrechtlich, wie auch wirtschaftlich einer Vorausabtretung künftiger Gewinnansprüche gleichkomme und damit einer Forderungsabtretung entspreche, mit der Folge, dass die Einkunftsquelle beim Abtretenden verblieb.[741] Im Jahre 1980 stellte der *BFH* dann in drei Urteilen[742] nochmals klar, dass die Zurechnung von Einkünften beim Nießbraucher oder Nießbrauchbesteller einzig und allein davon abhängig ist, wer von beiden den Tatbestand der Einkünfteerzielung i. S. v. § 2 Abs. 1 EStG erfüllt.

Auch die Finanzverwaltung hat in den achtziger Jahren die Auffassung des *BFH* in einem Erlass bekräftigt, dass bei einem Nießbrauchverhältnis für die Zurechnung von Einkünften bei einer Person die Tatbestandsvoraussetzungen des Einkommensteuergesetzes erfüllt sein müssen. D. h., die Person müsse die ihr zuzurechnenden Einkünfte erwirtschaften, indem sie selbst die Chancen nutzt, Leistungen erbringt, ändert oder verweigert, sodass Erfolg oder Misserfolg dieses Handelns sie selbst trifft.[743]

Der *BFH* hat auch seine Rechtsprechung konsequent bis zum heutigen Tage, unabhängig, ob ein dingliches oder nur schuldrechtliches Nutzungsrecht vorliegt, ausschließlich davon abhängig gemacht, ob die Tatbestandsverwirklichung der Einkünfteerzielung in der jeweiligen Person erfüllt ist.[744] Damit wird einmal mehr die wirtschaftliche Betrachtungsweise auch bei der Bestellung eines Nießbrauchs an Mitgliedschaften in den Vordergrund gerückt, was darauf abzielt, dass nur derjenige, der wirtschaftlich die Leistung erbringt, die Steuerpflicht nach dem Einkommensteuergesetz auslöst.[745]

---

740 BFH v. 13.05.1976 – IV R 83/75, BStBl. II 1976, 592 (593).

741 BFH v. 13.05.1976 – IV R 83/75, BStBl. II 1976, 592 (593).

742 BFH v. 13.05.1980 – VIII R 63/79, BStBl. II 1981, 295; BFH v. 13.05.1980 – VIII R 75/79, BStBl. II 1981, 297; BFH v. 13.05.1980 – VIII R 128/78, BStBl. II 1981, 299.

743 BMF v. 23.11.2016 – IV B 1-S 2253-103/83, BStBl. I 1983, 508; *Ehlers,* Übertragung, S. 82 f.

744 Vgl. hierzu beispielhaft: BFH v. 07.04.2016 – IV R 38/13, BStBl. II 2016, 765; BFH v. 24.01.2012 – IX R 51/10, BStBl. II 2012, 308; BFH, Beschl. v. 17.08.2012 – IX B 56/12; BeckRS 2012, 96172; BFH v. 24.06.2009 – IV R 20/07, BeckRS 2009, 25015682.

745 *Düren,* in: Tipke/Kruse, § 4 AO Rn. 332; *Doralt,* in: FS Kruse (2001), 395 (401).

II. Das Nießbrauchrecht als Wirtschaftsgut und als Einkunftsquelle

Das Nießbrauchrecht als Nutzungsrecht gewährt einen rechtlich gesicherten Anspruch, Nutzungen aus einem bestimmten Gegenstand zu ziehen.[746] Nutzungsrechte und damit auch Nießbrauchrechte stellen hierbei Wirtschaftsgüter besonderer Art dar, denn der zivilrechtliche oder aber der wirtschaftliche Eigentümer i. S. v. § 39 AO behält die Substanz des der Nutzung zugrunde liegenden Wirtschaftsguts, was wiederum selbst ein immaterielles Wirtschaftsgut sein kann.[747] Der *BFH*[748] qualifiziert Nutzungsrechte in ständiger Rechtsprechung dann als immaterielle Wirtschaftsgüter, wenn sie die allgemeinen Wirtschaftsgutkriterien erfüllen.[749] Der Begriff des Wirtschaftsguts ist dabei weniger zivilrechtlich als ertragsteuerrechtlich geprägt.[750] D. h., ein dinglich gesichertes Nießbrauchrecht wird im Steuerrecht einem bürgerlich-rechtlich wirksam vereinbarten obligatorischen Nutzungsrecht gleichgesetzt.[751]

Die Wirtschaftsguteigenschaft erfüllt das Nießbrauchrecht dann, wenn der durch das Nutzungsrecht vermittelte wirtschaftliche Vorteil einer gesonderten Bewertung zugänglich ist.[752] Die gesonderte Bewertbarkeit wiederum ist nur dann gegeben, wenn der Nutzende eine rechtlich gesicherte Position innehat, die ihm ohne seine Zustimmung (Willen) nicht entzogen werden kann.[753] Hierfür muss das Nutzungsrecht wenigstens für eine bestimmte Zeit eingeräumt sein.

---

746 *Anzinger,* in: Herrmann/Heuer/Raupach, § 5 EStG Rn. 1787.

747 *Schubert,* DStR 1995, 362 (362).

748 BFH v. 12.02.2015 – IV R 29/12, DStR 2015, 811; BFH v. 29.11.2012 – IV R 47/09, BStBl. II 2013, 324; BFH v. 14.12.2011 – I R 108/10, BStBl. II 2012, 238; BFH v. 01.09.2011 – II R 67/09, BStBl. II 2013, 210 (213); BFH v. 14.03.2006 – I R 109/04, BeckRS 2006, 25010260; BFH v. 20.03.2003 – IV R 27/01, BStBl. II 2003, 878 (879); BFH v. 19.06.1997 – IV R 16/95, BStBl. II 1997, 808 (809); BFH v. 09.08.1989 – X R 20/86, BStBl. II 1990, 128; BFH v. 08.12.1983, BStBl. II 1984, 202; BMF v. 03.05.1985, BStBl. I 1985 188; im Erlass der obersten Finanzbehörden v. 02.11.2012 heißt es ganz allgemein „(…) gehört das Nießbrauchrecht als immaterielles Wirtschaftsgut (…)", DB 2013, 28 (28).

749 BFH v. 26.10.1987 – GrS 2/86, BStBl. II 1988, 348.

750 BFH v. 12.04.1984 – IV R 112/81, BStBl. 1984, 554 (555).

751 BFH v. 30.07.1985 – VIII R 71/81, BStBl. II 1986, 327 (328); *Hutter*, DStZ 1981, 47 (50).

752 *Kraft/Hohage,* DStR 2017, 62 (63).

753 BFH v. 26.10.1987 – GrS 2/86, BStBl. II 1988, 348 (353); BFH v. 16.12.1988 – III R 113/85, BStBl. II 1989, 763; BFH v. 09.8.1989 – X R 20/86, BStBl. II 1990,

Das Nießbrauchrecht als Nutzungsrecht gewährt damit dem Rechtsinhaber über § 1071 Abs. 1 und 2 BGB eine Rechtsposition mit einem wirtschaftlichen Wert[754], aus bzw. mit dem Einkünfte im einkommensteuerrechtlichen Sinn fließen bzw. generiert werden können. Das Nießbrauchrecht als Wirtschaftsgut ist damit als Einkunftsquelle geeignet.[755]

III. Ableitung der Einkunftsquelle aus der Ruppe´schen These

Folgt man der Theorie von *Ruppe*[756], wonach die Zurechnung von Einkünften nicht abhängig ist vom zivil- oder wirtschaftlichen Eigentum an Wirtschaftsgütern, sondern die Einkunftsquelle in der Möglichkeit besteht, am Marktgeschehen teilzunehmen (Marktbeteiligungsthese), folgt daraus, dass in der Übertragung einer Einkunftsquelle die Verschaffung der Befugnis liegt, die zur Einkünfteerzielung erforderliche Ertragsgrundlage zwecks Erzielung von eigenen Einkünften einzusetzen. Die rein zivilrechtliche Übertragung von Eigentum oder die Begründung/Übertragung von Nutzungsrechten ist nicht ausreichend, um den Tatbestand der Einkünfteerzielung in der Person des Erwerbers verwirklichen zu können.[757] In der Person des Erwerbers muss vielmehr die Dispositionsbefugnis zur Erbringung und Verwertung von Leistungen und damit die Teilnahme am Marktgeschehen begründet sein, deren Entgelt die Einnahmen darstellen.[758]

128; BFH v. 20.09.1990 – IV R 71/81, BStBl. II 1991, 82; *Anzinger,* in: Herrmann/Heuer/Raupach, § 5 EStG Rn. 1787; *Hennrichs,* in: Tipke/Lang, § 9 Rn. 120 ff; *Kraft/Hohage,* DStR 2017, 62 (63); *Schubert,* DStR 1995, 362 (362).

754 Der wirtschaftliche Wert ergibt sich aus dem kapitalisierten Jahreswert gemäß §§ 13 ff. BewG, der sich bei einen Nießbrauchrecht an einem Personengesellschaftsanteil aus dem durchschnittlichen Gewinn der letzten drei Jahre und bei einem Nießbrauchrecht an Kapitalgesellschaftsanteilen aus den durchschnittlichen Gewinnausschüttungen der letzten drei Jahre bestimmen lässt.

755 So auch *Braun,* Anmerkung zu Urteil des FG Köln v. 15.11.2002 – 5 K 4243/93, EFG 2003, 587 (589), der herausstellt, dass der Nießbraucher dann über eine eigene Einkunftsquelle verfügt, wenn ihm wenigstens Stimm- und einige Vermögensrechte übertragen wurden.

756 *Ruppe,* in: Tipke (Hrsg.), Die Übertragung von Einkunftsquellen, DStJG (Bd. 1), S. 7 ff.

757 *Ruppe,* in: Tipke (Hrsg.), Die Übertragung von Einkunftsquellen, DStJG (Bd. 1), S. 17; *Ehlers,* Übertragung, S. 14.

758 *L. Schmidt,* StbJb. 1975/76, 164 ff.; *Uelner,* StKongrRep. 1979, 99 (101).

Verfügt damit der Nießbraucher neben der zivilrechtlichen Grundlage über die Dispositionsbefugnis, ist das Nießbrauchrecht mit dem belasteten Gegenstand, unabhängig von seiner Wirtschaftsguteigenschaft, als eigene Einkunftsquelle zu werten.

Die im Gesellschaftsrecht noch zu findende Abspaltungstheorie bezüglich des Nießbrauchrechts, wonach das Nießbrauchrecht einen Eigentumssplitter des belasteten Gegenstands darstellt,[759] hat im steuerrechtlichen Schrifttum[760] und in der Finanzrechtsprechung[761] insoweit eine Abkehr erhalten, da es für den Tatbestand der Einkünfteerzielung nicht primär auf die Bestellung oder Übertragung eines dinglichen oder obligatorischen Rechts ankommt, sondern darauf, ob der Empfänger mithilfe der ihm übertragenen Wirtschaftsgüter und der ihm eingeräumten Rechtspositionen eben den Tatbestand der Einkünfteerzielung selbst verwirklicht.[762]

IV. Ergebnis

Hat der Nießbraucher mit dem Nießbrauchrecht eine rechtlich gesicherte Position an einem Gegenstand (Sache oder Recht) inne, die ihm auch über eine bestimmte Zeit nicht entzogen werden kann, stellt das Nießbrauchrecht ein Wirtschaftsgut dar, losgelöst von dem Gegenstand, an dem das Nießbrauchrecht bestellt wurde.[763] Es ist damit als Einkunftsquelle immer dann anzusehen, wenn aus bzw. mit ihm Einkünfte fließen oder generiert werden können. Unabhängig von der Wirtschaftsguteigenschaft des Nießbrauchrechts muss es auch dann als Einkunftsquelle angesehen werden, wenn der Nießbraucher aufgrund seiner Rechtsposition über eine Dispositionsbefugnis zur Erbringung und Verwertung von Leistungen und die Teilnahme am Marktgeschehen verfügt.

---

759 Vgl. Ausführungen im 1. Teil, Kapitel 1, § 2 A.

760 *Musil,* in: Herrmann/Heuer/Raupach, § 2 EStG Rn. 68.

761 BFH v. 13.05.1980 – VIII R 63/79, BStBl. II 1981, 295; BFH v. 13.05.1980 – VIII R 75/79, BStBl. II 1981, 297; BFH v. 13.05.1980 – VIII R 128/78, BStBl. II 1981, 299.

762 *Ehlers,* Übertragung, S. 14.

763 Diese Auffassung wird auch gestärkt durch den Ländererlass v. 02.11.2012, DB 2012, 28.

§ 2 Einkünftequalifikation und -zurechnung nach Nießbrauchbestellung

Fließen dem Nießbraucher Einkünfte zu, vermittelt durch das Nießbrauchrecht als Einkunftsquelle, ist die Frage zu beantworten, ob diese einer Besteuerung unterliegen. Dies ist wiederum eine Frage der Tatbestandsverwirklichung der Einkünfteerzielung durch den Nießbraucher, verbunden mit der Frage der Einkünftequalifikation bezüglich der sieben Einkunftsarten i. S. v. § 2 Abs. 1 EStG. Um diese Frage allerdings beantworten zu können, ist es angebracht, zunächst allgemein auf die Bedeutung der Einkünftequalifikation und ihre Zurechnung im Ertragsteuerrecht einzugehen.

A. Einkünftequalifikation im Allgemeinen

I. Tatbestandsmäßigkeit der Besteuerung

Eine sachliche Einkünftequalifikation hat an der Einkunftsquelle, mit der die Einkünfte erzielt werden, aus der sich die wirtschaftliche Leistungsfähigkeit der Person ergibt, zu erfolgen. Hier treten die Qualifizierung der Einkünfte und Einkunftsteile und damit die Bestimmung der maßgebenden Einkunftsart ein.[764] § 2 Abs. 1 S. 1 EStG regelt hierbei die Einkommensteuerpflicht der Einkünfte, die von den insgesamt sieben Einkunftsarten erfasst werden und damit zu steuerpflichtigem Einkommen führen. Dieser Einkünftekatalog ist abschließend.[765] Eine rechtliche Einordnung einer nach dem Einkommensteuerrecht relevanten Tätigkeit unter die Tatbestandsmerkmale einer Einkunftsart i. S. v. § 2 Abs. 1 S. 1 EStG wird allgemein als Einkünftequalifikation bezeichnet.[766] Damit hat die „richtige" Zuordnung von Einnahmen aus einer Einkunftsquelle zu den einzelnen Einkunftsarten eine erhebliche Relevanz für die individuelle Einkommensteuerbelastung,[767] denn je nach Qualifikation der Einkünfte werden diese nicht nur unterschiedlich ermittelt, sondern unterliegen der Höhe als auch

---

764 *Stadie,* Zurechnung. S. 14.

765 *Musil,* in: Herrmann/Heuer/Raupach, § 2 EStG Rn. 66.

766 *Zugmaier,* StuW 1988, 334 (335); *G. Rose,* DB 1980, 2464 (2465); *Beierl,* Einkünftequalifikation, S. 14.

767 *Birk,* in: Hey, Einkunftsermittlung, DStJG 34 (2011), S. 22 mit weiteren Ausführungen.

der Zeit nach einer unterschiedlichen Besteuerung. Die Problematik der Einkünftequalifikation steht wiederum im engen Zusammenhang mit der Frage der Tatbestandsverwirklichung im Einkommensteuerrecht und ist damit eine Frage der Tatbestandsmäßigkeit der Besteuerung.[768] Bezogen auf das Einkommensteuerrecht bedeutet dies gemäß §§ 1, 2 Abs. 1 EStG i. V. m. § 38 AO, dass nur derjenige, der den Tatbestand verwirklicht, an den das Einkommensteuergesetz die Steuer knüpft, Einkünfte erzielt und diese zu versteuern hat.[769]

Der Steuertatbestand wiederum beinhaltet für die hier zu untersuchende Frage der Einkünftequalifikation und -zurechnung von Einkünften aus einem Nießbrauchrecht an Mitgliedschaften die Elemente „Steuersubjekt", „Steuerobjekt" und „Zurechnung". Steuersubjekt gemäß § 1 EStG ist die natürliche Person, Steuerobjekt wiederum die jeweilige Einkunftsquelle mit den daraus fließenden Einkünften, die realiter Einkünfte der Einkunftsarten gemäß § 2 Abs. 1 i. V. m. §§ 13–24 EStG darstellen.[770] Mit dem Merkmal „Zurechnung" wird wiederum der Zusammenhang zwischen dem subjektiven und dem objektiven Einkommensteuertatbestand beschrieben, also die Frage der persönlichen Zurechnung von Einkünften i. S. v. § 2 Abs. 1 S. 1 EStG.[771] Persönliche Zurechnung bedeutet in diesem Zusammenhang, dass demjenigen, der einen steuerpflichtigen Tatbestand verwirklicht, also Einkünfte erzielt, das Ergebnis aus dem verwirklichten Steuertatbestand zuzurechnen ist.[772]

---

768 *Hey,* in: Tipke/Lang, § 3 Rn. 230; Der Grundsatz der Tatbestandsmäßigkeit der Besteuerung besagt, dass die Festsetzung einer Steuer nur dann entsteht, wenn ein konkreter Lebenssachverhalt die abstrakten Tatbestände des Steuergesetzes erfüllt; siehe hierzu: *Tipke,* Steuerrechtsordnung I, S. 120.

769 BFH v. 26.01.2011 – VIII R 14/10, BFH/NV 2011, 1512; BFH v. 17.12.2007 – GrS 2/04, BStBl. II 2008, 608 (614) BFH v. 29.11.1982 – GrS 1/81, BStBl. II 1983, 272; BFH v. 30.01.1986 – IV R 125/83, BStBl. II 1986, 404; FG Köln v. 24.06.2015 – 14 K 1130/13, EFG 2015, 1923 (1828); *Weber-Grellert,* in: Schmidt, EStG, § 2 Rn. 18; *Tipke,* StuW 1977, 293 (298 f.); *Stadie,* Zurechnung, S. 24.

770 *Hey,* in: Tipke/Lang, § 8 Rn. 400 ff.; *Seer,* in: Tipke/Lang, § 6 Rn. 30 ff.

771 *Musil,* in: Herrmann/Heuer/Raupach, § 2 EStG Rn. 100.

772 *Musil,* in: Herrmann/Heuer/Raupach, § 2 EStG Rn. 114.

II. Vorgehensweise zur Beurteilung der Einkünftequalifikation

Für die Qualifikation von Einkünften aus dem Nießbrauchrecht an einer Mitgliedschaft ist zunächst die Art der Mitgliedschaft zu beurteilen. Handelt es sich um einen Anteil an einer Personengesellschaft (Gesellschaftsanteil), ist zu klären, ob es sich um eine gewerblich tätige oder aber um eine vermögensverwaltende Gesellschaft handelt. Auf einer weiteren Stufe sind die Position und damit das Rechtsverhältnis von Nießbraucher und Gesellschafter (Nießbrauchbesteller) zueinander und zur Gesellschaft zu eruieren, womit gleichzeitig die ertragsteuerrechtliche Stellung der jeweiligen Personen zu sich und zur Gesellschaft bestimmt wird.

Handelt es sich bei der nießbrauchbelasteten Mitgliedschaft um einen Geschäftsanteil, also eine Mitgliedschaft an einer Gesellschaft mit beschränkter Haftung, ist die Einkünftequalifikation dem Grunde nach eindeutig. Die aus dem Geschäftsanteil fließenden Einkünfte stellen i. d. R. Einkünfte aus Kapitalvermögen i. S. v. § 2 Abs. 1 Nr. 5 EStG i. V. m. § 20 Abs. 1 Nr. 1 EStG dar.[773] Gleiches gilt für nießbrauchbelastete Wertpapiere in Form von Aktien.

Ist die Einkunftsart bestimmt, ist für die Zurechnung der Einkünfte aus dem Nießbrauchverhältnis zu prüfen, ob die Merkmale der jeweiligen Einkunftsart für eine Zurechnung beim Nießbraucher erfüllt werden, um den Tatbestand der Einkünfteerzielung zu verwirklichen.[774] In diesem Zusammenhang stellt der *BFH* klar, dass der Nießbraucher immer dann eigene (originäre) Einkünfte erzielt, wenn er durch seine Rechtsstellung die Tatbestandsmerkmale verwirklicht, die eine bestimmte Einkunftsart des Einkommensteuerrechts charakterisieren und der Nießbraucher seine Rechtsstellung auch tatsächlich zur Erzielung von Einkünften nutzt, ihm mithin die Dispositionsbefugnis über die Einkunftsquelle eingeräumt ist.[775]

---

773 Sofern sich die Anteile im Privatvermögen befinden; werden die Anteile im Betriebsvermögen gehalten, bestimmt sich die Einkünftequalifikation nach §§ 13, 15, 18 EStG.

774 *Musil,* in: Herrmann/Heuer/Raupach, § 2 EStG Rn. 204.

775 BFH, Beschl. v. 03.03.2016 – VIII B 25/14, BeckRS 2016, 94683; BFH v. 26.01.2011 – VIII R 14/10, BFH/NV 2011, 1512; BFH v. 29.03.2001 – IV R 71/99, BFH/NV 2001, 1251; BFH v. 14.11.1979 – I R 123/76, BStBl. II 1980, 432 (433); BFH v. 13.05.1980 – VIII R 35/79, BStBl. II 1981, 299 (300 f.); BFH v. 13.05.1980 – VIII R 75/79, BStBl. II 1981, 297 (299 f.); BFH v. 13.05.1980 – VIII R 63/79, BStBl. II 1981, 295 (296).

B. Zurechnung der Einkünfte im Nießbrauchverhältnis

I. Zurechnungstatbestände

1. Grundsätze der Tatbestandsverwirklichung

Ist die Einkunftsquelle und damit die Erwerbsgrundlage[776] aufgrund der tatsächlichen und rechtlichen Beziehung des Quelleninhabers bestimmt, so entstehen die Einkünfte originär beim Quelleninhaber.[777] Ihm sind grundsätzlich die aus der Einkunftsquelle fließenden Einkünfte zuzurechnen.[778] Der Tatbestand der Besteuerung wird aber erst dann ausgelöst und der Steueranspruch gemäß § 38 AO entsteht erst dann, wenn die Tatbestandsverwirklichung der Einkünfteerzielung im Sinne des Einkommensteuergesetzes erfüllt ist.

Um den Tatbestand einer Einkunftsart i. S. v. §§ 13–24 EStG zu verwirklichen, muss es sich bei den aus der Einkunftsquelle fließenden oder generierten Einkünfte um Erwerbseinkommen handeln, d. h., um Einkünfte, die die Person „durch eine mit Gewinnabsicht ausgeübte Erwerbstätigkeit erwirtschaftet hat“[779]. Es sind mithin die Merkmale der jeweiligen Einkunftsart maßgebend, um den Tatbestand der Einkünfteerzielung zu verwirklichen. Erst dann können Einkünfte demjenigen zugerechnet werden, der sie erzielt, also die Tatbestandsmerkmale verwirklicht, die nach dem Einkommensteuerrecht eine bestimmte Einkunftsart charakterisieren oder, anders gewendet, die Frage nach der persönlichen Zurechnung von Einkünften ist identisch mit der Frage, welche Voraussetzungen erfüllt sein müssen, um den Tatbestand der Einkünfteerzielung zu erfüllen.[780] Dies bedeutet aber auch, dass die Person die jeweiligen zur vollständigen Tatbestandserfüllung führenden Erwerbshandlungen nicht selbst erbringen muss. So bestehen unterschiedliche Anforderungen zur steuerrelevanten

---

776 Der Begriff der „Erwerbsgrundlage“ wird besonders von *Kirchhof,* in: Kirchhof, EStG, § 2 verwandt und stellt hier ein Synonym für die „Einkunftsquelle“ dar.

777 *Flößer,* Die Zurechnung, S. 85.

778 *Söffing,* Einkunftsquellen, in: Tipke (Hrsg.), Die Übertragung von Einkunftsquellen, DStJG (Bd. 1) S. 125.

779 *Hey,* in: Tipke/Lang, § 8 Rn. 52, 121 ff.

780 BFH v. 14.11.1979 – I R 123/76, BStBl. II 1980, 432 (433); *Hey,* in: Tipke/Lang, § 8 Rn. 150 ff.; *Biergans/Stockinger,* FR 1982, 25.

Tätigkeit, abhängig von der Intensität der einzelnen zu erfüllenden Tatbestandsmerkmale.[781]

Ist ein Nießbrauchrecht an einer Mitgliedschaft vereinbart, handelt der Gesellschafter, dessen Mitgliedschaft belastet ist, nicht auf Rechnung des Nießbrauchers. Entweder erfüllt der Nießbraucher selbst die Tatbestandsmerkmale der Einkünfteerzielung im Sinne des Steuerrechts und erzielt Einkünfte aus der jeweiligen Einkunftsart oder aber der Gesellschafter erzielt weiterhin originär die Einkünfte aus der entsprechenden Einkunftsart. Die Zahlungen an den Nießbraucher sind dann je nach Vertragsgestaltung entweder als Einkommensverwendung und damit nicht steuerbar, als wiederkehrende Bezüge oder aber als Einkünfte aus Kapitalvermögen einzustufen.[782]

2. § 39 AO als Zurechnungskriterium

Wirtschaftlicher Eigentümer ist gemäß § 39 Abs. 2 Nr. 1 Satz 1 AO derjenige, der die tatsächliche Herrschaft über ein Wirtschaftsgut (hier: Mitgliedschaft) in der Weise ausübt, dass er den zivilrechtlichen Eigentümer/ Rechtsinhaber im Regelfall über eine längere Zeit von der Einwirkung wirtschaftlich ausschließen kann. Nach ständiger BFH-Rechtsprechung wird dies immer dann angenommen, wenn nach dem Gesamtbild der Verhältnisse neben dem Bestehen der Sachherrschaft kein Herausgabeanspruch besteht oder der Herausgabeanspruch des zivilrechtlichen Eigentümers keine wirtschaftliche Bedeutung mehr hat.[783] Dies gilt unabhängig davon, ob das Verfügungsrecht, insbesondere das Recht zur Belastung und Veräußerung, beim zivilrechtlichen Eigentümer verbleibt. Entscheidend für die Annahme wirtschaftlichen Eigentums ist der wirtschaftliche Ausschluss des Eigentümers von der Einwirkung auf die Sache und damit das Innehaben einer eigentumsähnlichen Rechtsposition.[784] Auch hier ist

---

781 *Groll,* StuW 1995, 326 (331); *Bodden,* Einkünftequalifikation, S. 11.

782 *Wolff-Diepenbrock,* in: FS Döllerer, 757 (765 f.); *Blaurock,* Unterbeteiligung, S. 309; BFH v. 01.02.1972 – VIII R 118/71, BStBl. II 1972, 347 (347); BFH v. 14.11.1979 – I R 123/76, BStBl. II 1980, 432 (433).

783 BFH v. 18.09.2003 – X R 21/01, BFH/NV 2004, 306; BFH v. 27.11.1996 – X R 92/92, BStBl. II 1998, 97 (98); BFH v. 12.04.2000 – X R 20/99, BFH/NV 2001, 9.

784 BFH v. 18.11.1970 – I 133/64, BeckRS 1970, 22000796, unter III. 1.; BFH v. 27.11.1996 – X R 92/92, BStBl. II 1998, 97 (98 f.).

das Gesamtbild der Verhältnisse im jeweiligen Einzelfall maßgebend. So ist gerade bei einander nahestehenden Personen wirtschaftliches Eigentum des Nutzenden nur anzunehmen, wenn ihm aufgrund eindeutiger, d. h. überprüfbarer und im Voraus getroffener Abmachungen mit dem zivilrechtlichen Eigentümer die genannte Stellung eingeräumt wird, also eine Einwirkung auf das Wirtschaftsgut wirtschaftlich ausgeschlossen wird.[785]

Das zivilrechtliche oder wirtschaftliche Eigentum nach § 39 Abs. 1 und Abs. 2 Nr. 1 AO ist allerdings für die persönliche Zurechnung von Einkünften nicht von entscheidender Bedeutung und erhält hierfür lediglich eine indizielle Wirkung. So wird bspw. § 39 Abs. 2 Nr. 2 AO durch § 15 Abs. 1 Satz 1 Nr. 2 Satz 1 Hs. 1 EStG verdrängt.[786] Auch ist nicht in jedem Fall anzunehmen, dass wirtschaftliches Eigentum an einer Mitgliedschaft zwingend die Zuordnung daraus fließender Einkünfte nach sich zieht.[787]

Nur in bestimmten Fällen ist der Nießbraucher auch als wirtschaftlicher Eigentümer einer Mitgliedschaft anzusehen, nämlich dann, wenn er durch die Nießbrauchbestellung eine Position erlangt hat, die ihm gegen seinen Willen nicht mehr entzogen werden kann und die mit dem Anteil verbundenen wesentlichen Rechte (insbesondere Gewinnbezugsrecht und Stimmrecht) sowie das Risiko einer Wertminderung und die Chance einer Wertsteigerung auf ihn übergegangen sind.[788]

---

785 BFH v. 20.09.1989 – X R 140/87, BStBl. II 1990, 368 (370); BFH v. 27.11.1996 – X R 92/92, BStBl. II 1998, 97 (98).

786 BFH, Beschl. v. 21.07.2016 – IV R 26/14, DStR 2016, 2516 (2522); BFH v. 26.04.2012 – IV R 44/09, BStBl. II 2013, 142.

787 BFH, Beschl. v. 03.03.2016 – VIII B 25/14, BeckRS 2016, 94683; BFH v. 26.01.2011 – VIII R 14/10, BeckRS 2011, 95767; BFH, Beschl. v. 29.11.1982 – GrS 1/81, BStBl. II 1983, 272 (274 f.); BFH v. 18.02.1959 – VI D 1/58, BStBl. III 1959, 263; *Düren*, in: Tipke/Kruse, § 39 AO Rn. 18; *Rödder*, DB 1988, 195 (196); *Biergans/Stockinger*, FR 1982 25 (29).

788 BFH v. 24.01.2012 – IX R 51/10, DStRE 2012, 581 (582); BFH v. 26.01.2011 – IX R 7/09, BStBl. II 2011, 540 (542), BFH v. 20.07.2010 – IX R 38/09, BFH/NV 2011.

II. Verwirklichung des Tatbestands der Einkünfteerzielung bei einem Nießbrauch an Mitgliedschaften

1. Voraussetzungen für eine Tatbestandsverwirklichung

Die Zurechnung von Einkünften aus dem Nießbrauch ist abhängig von den Merkmalen der jeweiligen Einkunftsart, sofern der Nießbraucher den Tatbestand der Einkünfteerzielung verwirklicht. Hierzu hat der BFH festgehalten, dass eine Zurechnung der Einkünfte aus einem Nießbrauchverhältnis davon abhängig ist, ob der Nießbraucher für die Ausübung seines Nießbrauchrechts eine Rechtsstellung erlangt, die es ihm ermöglicht, die Tatbestandsmerkmale zu verwirklichen, die eine bestimmte Einkunftsart nach dem Einkommensteuergesetz charakterisieren und der Nießbraucher seine Rechtsstellung auch tatsächlich zur Erzielung von Einkünften nutzt.[789]

Um den Tatbestand der Einkünfteerzielung mithin zu erfüllen, fordert die Rechtsprechung die Rechtswirksamkeit der Nießbrauchbestellung. Bezogen auf das Nießbrauchrecht an Mitgliedschaften sind für eine dingliche Bestellung die einschlägigen Rechtsvorschriften bei den jeweiligen Nießbrauchgegenständen zu beachten.[790] Da es sich häufig auch um Nießbrauchbestellungen innerhalb des Familienverbundes handelt, sind hier des Weiteren auch die durch die Rechtsprechung entwickelten Grundsätze zu den Verträgen unter nahen Angehörigen heranzuziehen. So kann der Tatbestand der Einkünfteerzielung nur dann verwirklicht und die steuerrechtlichen Folgen erst dann gezogen werden, wenn die bürgerlich-rechtliche Gestaltungen zwischen nahen Angehörigen steuerrechtlich anerkannt, sie also klar vereinbart, ernsthaft gewollt und tatsächlich durchgeführt werden.[791]

Maßgebend für den Bezug von Einkünften i. S. des § 2 Abs. 1 EStG ist also das Rechtsverhältnis von Nießbraucher und Nießbrauchbesteller. Es kommt nicht darauf an, wer zivilrechtlich Eigentümer einer Mitgliedschaft

---

789 BFH v. 14.11.1979 – I R 123/76, BStBl. II 1980, 432 (433).

790 Siehe hierzu die Ausführungen im 1. Teil, Kapitel 1, § 3; vgl. auch *Musil,* in: Herrmann/Heuer/ Raupach, § 2 EStG Rn. 213.

791 BFH v. 11.03.1976 – IV R 119/72, BStBl. II 1976, 421; BFH v. 11.03.1976 – VIII R 225/71; BStBl. II 1976, 613; BFH v. 13.05.1980 – VIII R 75/79, BStBl. II 1981, 297; BFH v. 18.03.1986 – VIII R 316/84, BStBl. II 1986; *Kulosa,* DB 2014, 972; vgl. auch 3.Teil, Kapitel 1, Abschn. 1, § 2 C.

ist, sondern darauf, wer im steuerrechtlichen Sinn nach § 2 Abs. 1 EStG die Einkünfte erzielt.[792] Dies richtet sich nach der Dispositionsbefugnis über die Einkunftsquelle und damit nach dem Innehaben einer Rechtsposition, die über das bloße Empfangen der Einkünfte hinausgeht. Der Begriff „Gesellschafter" ist damit nicht rein zivilrechtlich, sondern unter Beachtung der wirtschaftlichen Betrachtungsweise teleologisch auszulegen. Die Einwirkung auf die Mitgliedschaft über die jeweiligen Mitwirkungs- und Verwaltungsrechte erhält so für die Zurechnung von Einkünften eine besondere Bedeutung und ist bei der jeweiligen Mitgliedschaftsart gesondert zu prüfen.

2. Rechtsfolgen bei Nichterfüllung der Tatbestandsvoraussetzungen

Ist eine dingliche Nießbrauchbestellung rechtsunwirksam, kann dennoch zwischen den Beteiligten aufgrund der getroffenen Vereinbarungen ein schuldrechtliches Nießbrauchverhältnis begründet worden sein.[793] Gemäß § 41 Abs. 1 AO ist ein zivilrechtlich unwirksames Rechtsgeschäft unerheblich, „soweit und solange die Beteiligten das wirtschaftliche Ergebnis dieses Rechtsgeschäfts gleichwohl eintreten und bestehen lassen" (Ausdruck der wirtschaftlichen Betrachtungsweise).[794] Ist also der Nießbraucher in der rechtlichen Lage, die Leistungen zu erbringen, die für die Tatbestandsverwirklichung der Einkünfteerzielung notwendig sind und dies auch tatsächlich durchführt, so hat die Zurechnung der Einkünfte beim Nießbraucher zu erfolgen.[795] Überlässt allerdings gerade in Bezug auf den Nießbrauch an Mitgliedschaften der Nießbraucher die Mitwirkungs- und Verwaltungsrechte dem Nießbrauchbesteller, kann von einer Tatbestandsverwirklichung der Einkünfteerzielung nicht mehr ausgegangen werden. Der Nießbraucher erzielt i. d. R. keine Einkünfte im Sinne des Einkommensteuerrechts. Die ihm dennoch zufließenden Zahlungen stellen aus Sicht des Nießbrauchbestellers eine Einkommensverwendung dar, die einkommensteuerrechtlich als bloße Vorausabtretung künftiger Erträgnisan-

---

792 BFH v. 29.03.2001 – IV R 71/99, BFH/NV 2001, 1251; BFH v. 22.08.1990 – I R 69/89, BStBl. II 1991, 38 (38).

793 *Musil,* in: Herrmann/Heuer/Raupach, § 2 EStG Rn. 213.

794 § 41 Abs. 1 S. 1 AO; *Drüen,* in: Tipke/Kruse, § 4 AO Rn. 332.

795 *Musil,* in: Herrmann/Heuer/Raupach, § 2 EStG Rn. 213

sprüche zu werten ist.[796] Je nach Vertragsgestaltung können allerdings auch wiederkehrende Bezüge und ggfs. Einkünfte aus Kapitalvermögen vorliegen.

C. Ergebnis

Das Nießbrauchrecht an einer Mitgliedschaft stellt für sich eine Einkunftsquelle dar. Rechtsformbedingte Zusatzvoraussetzungen sind zu beachten.[797] Die aus dieser Quelle fließenden Einkünfte stellen grundsätzlich originäre Einkünfte des Quelleninhabers dar. Um daraus eine Einkommensteuerrelevanz i. S. v. § 38 AO abzuleiten, sind diese Einkünfte mittels einer Einkünftequalifikation einer Einkunftsart gemäß § 2 Abs. 1 i. V. m. §§ 13–24 EStG zuzuordnen. Das Einkommensteuerrecht stellt sich damit als ein Einkunftsartenrecht dar.[798]

Diese Einkünftequalifikation ist abhängig von der Tatbestandsverwirklichung im Einkommensteuerrecht. Nur derjenige, der den Tatbestand verwirklicht, an den das Einkommensteuerrecht die Entstehung der Steuer knüpft, erzielt im Sinne des Steuerrechts Einkünfte. Diesem sind die Einkünfte nicht nur zuzurechnen, er hat sie auch der Besteuerung zu unterwerfen.

Besteht nunmehr ein Nießbrauchrecht an einer Mitgliedschaft, muss der Nießbraucher und/oder der Nießbrauchbesteller (Gesellschafter) über die Dispositions- und Verwaltungsbefugnis verfügen, um den Tatbestand der Einkünfteerzielung zu verwirklichen. Dies ist wiederum abhängig von der Mitgliedschaftsart, an der der Rechtsinhaber (Gesellschafter) zugunsten des Berechtigten (Nießbrauchers) rechtswirksam ein Nießbrauchrecht bestellt. Sind die Tatbestandsvoraussetzungen aufseiten des Nießbrauchers allerdings nicht erfüllt, führt dies i. d. R. zu einer einkommensteuerirrelevanten Einkommensverwendung durch den Nießbrauchbesteller/Gesellschafter.

---

796 FG Münster v. 16.05.2013, 2-K-577/11 E, EFG 2014, 270.

797 So stellt sich beispielsweise bei einem Nießbrauchrecht an einem Personengesellschaftsanteil die Frage, ob die Gesellschafterstellung als weiteres einkunftsartenspezifisches Kriterium für eine Beurteilung als Einkunftsquelle hinzutreten muss; siehe hierzu auch: 3.Teil, Kapitel 1, Abschn. 2, § 1 B.

798 *G. Rose,* DB 1980, 2464.

3. Abschnitt: Personengesellschaften im Steuerrecht

§ 1 Überblick

Ein eigenständiges Steuerrecht für Personengesellschaften (Unternehmensteuerrecht) existiert nicht. Das Unternehmensteuerrecht ist vielmehr geprägt durch ein Dualismus von Einkommen- und Körperschaftsteuer.[799] Steuersubjekt ist die natürliche Person oder aber die Körperschaft.[800] So erfahren die Personengesellschaften und ihre Besteuerung im Steuerrecht keine – allenfalls eine rudimentäre – gesetzliche Regelung. Während das Zivilrecht die Einheit der Gesellschaft betrachtet, der Personengesellschaft also eine Rechtssubjektivität zuspricht,[801] ist eine Steuersubjektivität der Gesellschaft nicht gegeben. Die Personengesellschaft ist weder Subjekt der Einkommensteuer noch der Körperschaftsteuer. Dieses sind vielmehr die Gesellschafter und Mitunternehmer einer Personengesellschaft i. S. v. § 15 Abs. 1 Satz 1 Nr. 2 EStG, also nicht die Gesellschaft selbst (Transparenzprinzip).[802] Dennoch wird die Personengesellschaft auf einer Vorstufe zur Feststellung der Einkunftsart hinsichtlich der aus einer Einkunftsquelle fließenden oder generierten Einkünfte (Einkünfteerzielung) und zur Einkünfteermittlung als partielles Steuerrechtssubjekt gesehen, aber nicht hinsichtlich der Einkommensbesteuerung.[803] Die einkunftserzielende Tätigkeit wird also von den Gesellschaftern in ihrer gesamthänderischen Verbundenheit erbracht, womit sie den Tatbestand der Einkunftsart (Einkünftequalifikation) verwirklichen.[804] Die so ermittelten Einkünfte werden den Beteiligten (Gesellschafter) im Jahr der Entstehung unmittelbar als originäre Einkünfte zugerechnet, wobei die abschließende Einkunftsart auf der Ebene des Gesellschafters bestimmt wird, denn er allein verwirklicht den Einkommensteuertatbestand.[805] Je nach Rechtsnatur der Gesellschafter – als natürliche oder juristische Person – werden dann

799 *Hennrichs,* in: Tipke/Lang, § 10 Rn. 1; *Birk/Desens/Tappe,* Steuerrecht, S. 337.

800 Vgl. § 1 EStG, §§ 1–3 KStG.

801 *Dötsch,* Mitunternehmer, S. 9.

802 *Hennrichs,* in: Tipke/Lang, § 10 Rn. 10; *Birk/Desens/Tappe,* Steuerrecht, S. 338 ff.

803 BFH, Beschl. v. 03.07.1995 – GrS 1/93, BStBl. II 1995, 617 (620 ff.); BFH, Beschl. v. 02.09.1985 – IV B 51/85, BStBl. II 1986, 10 (11).

804 *Birk/Desens/Tappe,* Steuerrecht, S. 339.

805 *Hennrichs,* in: Tipke/Lang, § 10 Rn. 10; die Einkunftsart auf der Ebene des Gesellschafters kann so von der auf der Ebene der Personengesellschaft bestimmten

diese Einkünfte der Einkommen- oder der Körperschaftsteuer unterworfen. Für die Besteuerung der Personengesellschaft ist damit nicht nur die Ebene der Gesellschaft, sondern auch die Ebene der Gesellschafter von erheblicher Bedeutung (Transparenzprinzip). Körperschaften stellen demgegenüber eigenständige Steuersubjekte dar und unterliegen der Körperschaftsteuer. Körperschaft und Anteilseigner stehen sich wie zwei fremde Dritte gegenüber (Trennungsprinzip).[806] Daraus folgt, dass aufgrund des für die Besteuerung der Personengesellschaften geltenden Transparenzprinzips für die steuerrechtliche Beurteilung eines Nießbrauchrechts am Anteil einer Personengesellschaft zunächst die steuerrechtlichen Grundlagen und Begrifflichkeiten der Besteuerung von Personengesellschaften und ihren Gesellschaftern herauszustellen sind.

§ 2 Die gewerbliche Personengesellschaft (Mitunternehmerschaft)

A. § 15 Abs. 1 Satz 1 Nr. 2 EStG als Grundtatbestand

I. Überblick und sachlicher Anwendungsbereich

Sinn und Zweck von § 15 EStG ist es, nach Möglichkeit eine Gleichheit der Besteuerung von Einzelunternehmern und Mitunternehmern, als Gesellschafter von Personengesellschaften, herzustellen.[807] So sind die Besteuerungsregelungen für Einzel- und Mitunternehmer zusammengefasst in dieser Vorschrift enthalten, mit § 15 Abs. 1 Satz 1 Nr. 2 EStG als zentraler Norm für Mitunternehmer, mit dem Ziel, das Einkommen beim gemeinschaftlichen Bezug zu bestimmen.[808] Damit findet diese Vorschrift unmittelbare Anwendung nur für solche Personenzusammenschlüsse, die steuerrechtlich als Gewerbebetrieb gelten und deren Beteiligte (Gesellschafter) als Mitunternehmer anzusehen sind, also in ihrer Verbundenheit

---

Einkunftsart abweichen. So bezieht bspw. ein Gesellschafter einer vermögensverwaltenden Personengesellschaft, der seine Anteile im Betriebsvermögen hält, gewerbliche Einkünfte, die Gesellschaft und die übrigen Gesellschafter weiterhin „vermögensverwaltende" Einkünfte; siehe hierzu auch: BFH v. 30.10.2002 – IX R 80/98, BStBl. II 2003, 167 (172).

806 *Hennrichs,* in: Tipke/Lang, § 11 Rn. 1.

807 BFH v. 25.01.1980 – IV R 159/78, BStBl. II 1980, 275; BFH v. 24.08.2000 – IV R 51/98, BStBl. II 2005, 173.

808 BFH v. 26.06.1984 – GrS 4/82, BStBl. II 1984, 751.

unternehmerisch tätig und so an den Chancen und Risiken des gemeinsamen Geschäftsbetriebs beteiligt sind.[809] Allerdings erfährt die Rechtsnorm über § 18 Abs. 4 Satz 2 und § 13 Abs. 7 EStG eine entsprechende Anwendung auch auf Personengesellschaften, die Einkünfte aus selbstständiger Arbeit oder Land- und Forstwirtschaft beziehen. Auf die letztgenannten Sachverhalte wird im Folgenden nicht weiter eingegangen.

Die gewerbliche Mitunternehmerschaft, ein spezifisch steuerrechtlicher und in der genannten Vorschrift verorteter Terminus, ist damit als Unterfall der Personengesellschaften zu sehen und insbesondere bei den gewerblich tätigen Personengesellschaften sowie bei den gewerblich geprägten Personengesellschaften i. S. v. § 15 Abs. 3 EStG erfüllt. Vermögensverwaltende Personengesellschaften und solche mit sonstigen Einkünften gemäß §§ 2 Abs. 1 Nr. 7, 22 EStG, stellen insoweit keine Mitunternehmerschaften dar.[810] Ein Gesellschaftsverhältnis im zivilrechtlichen Sinne ist allerdings nicht zwingende und notwendige Voraussetzung. Auch ohne das Bestehen einer zivilrechtlichen Personengesellschaft kann eine Mitunternehmerschaft vorliegen, wenn ein Zusammenschluss mehrerer Personen dem Einzelnen eine dem Gesellschafter einer Personengesellschaft wirtschaftlich vergleichbare Stellung gewährt und sie gemeinsam, gleichgerichtet, unternehmerisch tätig und damit an den Chancen und Risiken des gemeinsamen Geschäftsbetrieb beteiligt sind (verdecktes Gesellschaftsverhältnis).[811]

Das Bestehen einer gewerblichen Tätigkeit und damit eines Gewerbebetriebs ist die Grundvoraussetzung einer gewerblichen Mitunternehmerschaft. Diese wiederum liegt vor, wenn die Personengesellschaft und damit ihre Gesellschafter in ihrer gesellschaftsrechtlichen Verbundenheit[812] ein gewerbliches Unternehmen mit den Merkmalen der selbstständigen, nachhaltigen Betätigung mit Gewinnerzielungsabsicht und der Beteiligung

---

809 *Bode,* in: Blümich, § 15 EStG Rn. 222.

810 *Hennrichs,* in: Tipke/Lang, § 10 Rn. 25; *Tulloch/Wellisch,* DStR 1999, 1093 (1094).

811 BFH v. 01.07.2010 – IV R 34/07, BFH/NV 2010, 2246; BFH v. 09.12.2002 – VIII R 40/01, BStBl. II 2003, 294 (295); BFH v. 16.12.1997 – VIII R 32/90, BStBl. II 1998, 480; BFH v. 13.07.1993 – VIII R 50/92, BStBl. II 1994, 282; BFH v. 25.06.1984, GrS 4/82, BStBl. II 1984, 751 (768); hierauf wird im 3. Teil, Kapitel 2, Abschn. 3, § 1 näher eingegangen.

812 BFH v. 03.05.1993 – GrS 3/92, BStBl. II 1993, 616 (621).

am allgemeinen wirtschaftlichen Verkehr betreiben.[813] Die Gesellschafter haben zusätzlich die Mitunternehmermerkmale zu erfüllen, um die Tatbestandsmerkmale von § 15 Abs. 1 Satz 1 Nr. 2 EStG für das Erzielen von Einkünften aus einem Gewerbebetrieb zu erreichen. Nur dann ist eine Mitunternehmerschaft im ertragsteuerrechtlichen Sinne gegeben, die damit vom zivilrechtlichen Begriff der Personengesellschaft bzw. dem in § 15 Abs. 1 Satz 1 Nr. 2 EStG verwendeten Begriff der Gesellschaft abweicht.[814]

Die nachfolgenden Ausführungen werden zunächst die beiden Meinungsströme zu den Inhalten der Tatbestandsverwirklichung analysieren, wobei die Merkmale der Mitunternehmerstellung als ein Kriterium der Tatbestandsmerkmale in einem gesonderten Punkt im Fokus der nachfolgenden Untersuchung stehen.

II. Ansichten zur Tatbestandsverwirklichung

§ 15 Abs. 1 Satz 1 Nr. 2 EStG lautet: „Einkünfte aus Gewerbebetrieb sind (…) 2. die Gewinnanteile der Gesellschafter einer Offenen Handelsgesellschaft, einer Kommanditgesellschaft und einer anderen Gesellschaft, bei der der Gesellschafter als Unternehmer (Mitunternehmer) des Betriebs anzusehen ist, (...)“

Mit diesem Gesetzestext stellt sich die Frage, wer bei gemeinsamer wirtschaftlicher Betätigung Subjekt der Tatbestandsverwirklichung ist, auf welcher Ebene also (Gesellschafts- oder Gesellschafterebene) der Steuertatbestand verwirklicht wird.[815] Hierzu bestehen zwei unterschiedliche Meinungsströme, die im Folgenden dargelegt werden, da sie gerade für das später zu behandelnde Thema des Nießbrauchverhältnisses an Gesellschaftsanteilen von Wichtigkeit sind.

---

813 BFH v. 09.12.2002 – VIII R 40/01, BStBl. II 2003, 294 (295); BFH 26.06.1984 – GrS 4/82, BStBl. II 1984, 751 (762 f.); *Wacker,* in: Schmidt, EStG, § 15 Rn. 8.

814 BFH v. 01.09.2011 – II R 67/09, BStBl. II 2013, 210 (212); die Begriffe Mitunternehmerschaft und Mitunternehmer sind damit nicht deckungsgleich mit den zivilrechtlichen Begriffen „Gesellschaft“ und „Gesellschafter“.

815 Grundlegend hierzu: *Bodden,* Einkünftequalifikation bei Mitunternehmern, Diss. Köln 2001.

1. Gesetzmäßige Tatbestandsverwirklichung

Ausgehend von der zivilrechtlichen Rechtsnatur der Personengesellschaft, die über eigenes Vermögen verfügt und so auch eigene Einkünfte erzielt, die Personengesellschaft damit Inhaberin des Betriebs und auch Trägerin des Steuerobjekts ist,[816] ist eine subjektive Steuerpflicht der Personengesellschaft nach § 1 EStG zwar nicht gegeben, denn dieses sind nun mal ausschließlich die natürlichen Personen, sehr wohl aber wird eine partielle Steuerrechtsfähigkeit für die Verwirklichung einkommensteuerrechtlicher Tatbestände angenommen.[817] Mit der ersten wegweisenden Entscheidung des Großen Senats des Bundesfinanzhofs vom 25.06.1984[818] und den daran anschließenden Entscheidungen des Großen Senats vom 25.02.1991[819], vom 03.05.1993[820] und vom 03.07.1995[821], hat dieser zusammenfassend entschieden, dass zwar die Personengesellschaft rechtszuständig für die Gewinnermittlung und -verteilung ist, Subjekte der Einkommensteuer und Träger des Gewerbebetriebs aber nur die Gesellschafter sein können. Bei der Personengesellschaft müssen alle ein gewerbliches Unternehmen kennzeichnenden Merkmale erfüllt sein, um gewerbliche Einkünfte generieren zu können.[822] Diese Aktivitäten der Gesellschaft sind wiederum solche der Gesellschafter in ihrer gesellschaftsrechtlichen Verbundenheit.[823] Sie betreiben letztlich ein gewerbliches Unternehmen mit den Merkmalen der selbstständigen, nachhaltigen Betätigung mit Gewinnerzielungsabsicht und der Beteiligung am allgemeinen wirtschaftlichen Verkehr.[824]

---

816 *Dötsch,* Mitunternehmer, S. 10 f.; *Hennrichs,* FR 2010, 721 (726); *Schön,* StuW 1996, 275 (282 f.).

817 *Schön,* StuW 1996, 275 (282); *Meßmer,* in: FS Döllerer, S. 429 f.

818 BFH v. 26.06.1984 – GrS 4/82, BStBl. II 1984, 751 (768).

819 BFH v. 25.02.1991 – GrS 7/89, BStBl. II 1991, 691.

820 BFH v. 03.05.1993 – GrS 3/92, BStBl. II 1993, 616.

821 BFH v. 03.07.1995 – GrS 1/93, BStBl. II 1995, 617.

822 *Knobbe-Keuk,* Unternehmenssteuerecht, § 9 II 1b) S. 372; ist die Personengesellschaft nicht gewerblich, sondern nur vermögensverwaltend tätig, wird der Tatbestand der Einkünfte aus Vermietung und Verpachtung und/oder Einkünfte aus Kapitalvermögen verwirklicht.

823 *Schön,* StuW 1996, 275 (281).

824 BFH v. 09.12.2002 – VIII R 40/01, BStBl. II 2003, 294 (295); BFH 26.06.1984 – GrS 4/82, BStBl. II 1984, 751 (762 f.); *Wacker,* in: Schmidt, EStG, § 15 Rn. 8.

Der Gesellschafter ist und bleibt so weiterhin das Subjekt der Einkünfteerzielung.[825]

Der steuerliche Tatbestand wird zwar auf der Ebene der Gesellschaft verwirklicht, d. h. also, dass die Tätigkeit der Personengesellschaft auf „Rechnung und Gefahr" der Gesellschafter durchgeführt wird, das Ergebnis dieser Tätigkeit wird aber dann den Gesellschaftern zur Besteuerung zugewiesen.[826] Sie erzielen die Einkünfte als „originäre" Einkünfte i. S. v. § 2 Abs. 1 EStG und erfüllen somit den Besteuerungstatbestand.

Neben diesen Grundsätzen hat der *BFH*[827] herausgestellt, dass der Gesellschafter diese Einkünfte nur dann gemäß § 15 Abs. 1 Satz 1 Nr. 2 EStG als Einkunftsart „Einkünfte aus Gewerbebetrieb" der Besteuerung zu unterwerfen hat, wenn er gleichzeitig für die Einkünfteerzielung die Merkmale des Mitunternehmers erfüllt. Nur dann, wenn er (der Gesellschafter) seinen individuellen Entschluss, künftig mit anderen gemeinschaftlich einer gewerblichen Tätigkeit nachzugehen verfolgt, Unternehmerrisiko trägt und Unternehmerinitiative entfaltet, vermittelt die Mitgliedschaft die Einkunftsquelle.[828] Mitunternehmer nach § 15 Abs. 1 Satz 1 Nr. 2 EStG kann wiederum nur sein, „wer *(zumindest)*[829] zivilrechtlicher Gesellschafter einer Personengesellschaft ist oder – in Ausnahmefällen – eine diesem wirtschaftlich vergleichbare Stellung hat".[830]

Zusammenfassend ist also festzuhalten, dass die gesetzliche Vorschrift von § 15 Abs. 1 Satz 1 Nr. 2 EStG und damit das Erzielen von gewerblichen Einkünften dem Wortlaut entsprechend nur dann gegeben ist, wenn

---

825 BFH v. 03.07.1995 – GrS 1/93, BStBl. II 1995, 617 (621); so hat gerade der BFH in ständiger Rechtsprechung zu dem Bereich der gewerblichen Einkünfte herausgestellt, dass unabhängig von der Rechtsform der mitunternehmerischen Verbindung die Gesellschafter als Träger des Unternehmens anzusehen sind und deswegen die Subjekte der Einkünfteerzielung darstellen; vgl. auch: *Wacker*, in: FS Goette (2011), 561 (569).

826 *Knobbe-Keuk,* Unternehmenssteuerecht, § 9 II 3c) bb), S. 388; *Schön,* StuW 1996, 275 (285).

827 BFH v. 26.06.1984 – GrS 4/82, BStBl. II 1984, 751 (769).

828 *Herzig/Kessler,* DB 1985, 2476 (2477); *Schön,* StuW 1996, 275 (286); die „Einkunftsquelle" wird damit zum Steuergegenstand des EStG; letztlich ist es die am Markt entgeltlich verwertete Tätigkeit. Vgl. die Ausführungen im 3.Teil, Kapitel 1, Abschn. 2, § 1 A.

829 Vom Verfasser eingefügt.

830 BFH v. 26.06.1984 – GrS 4/82, BStBl. II 1984, 751 (768).

1. eine Personengesellschaft oder eine andere Gesellschaft[831] vorliegt,
2. gewerbliche Einkünfte erzielt werden und
3. die „Personengesellschafter" die Qualifikation als Mitunternehmer erfüllen. Dies setzt voraus, dass
   a) Mitunternehmerrisiko und
   b) Mitunternehmerinitiative gegeben sind.[832]

Sind diese Voraussetzungen erfüllt, ist damit nicht nur die Tatbestandsverwirklichung für Einkünfte aus einem Gewerbebetrieb gemäß § 15 Abs. 1 Satz 1 Nr. 2 EStG gegeben, sondern gleichzeitig die Mitunternehmerschaft im ertragsteuerrechtlichen Sinn. Das Erzielen von gewerblichen Einkünften wird dem Gesellschafter somit durch seine Dispositionsbefugnis über die Einkunftsquelle Gesellschaftsanteil vermittelt.[833]

2. Gemeinschaftliche Tatbestandsverwirklichung

Die *Vertreter*[834] einer gemeinschaftlichen Tatbestandsverwirklichung sehen das Vorliegen eines Gesellschaftsverhältnisses nicht als Voraussetzung für das Eintreten von Rechtsfolgen, wenn diese auch ohne ein Gesellschaftsverhältnis eintreten können.[835] Diesem Gesellschaftsverhältnis kommt lediglich die Bedeutung zu, den Handlungstatbestand für das Erzielen von gewerblichen Einkünften durch mehrere Personen klarzustellen.[836] Der Begriff der Gesellschaft in § 15 Abs. 1 Satz 1 Nr. 2 EStG ist steuerrechtlich dahingehend zu interpretieren, dass es sich ganz allgemein um ein Gemeinschaftsverhältnis handeln muss, bei dem die Mitglieder dieser Gemeinschaft wenigstens für Grundlagengeschäfte Mitwirkungsrechte inne und ansonsten an den Früchten und Lasten des Vermögens teilhaben.[837] Sie erstellen arbeitsteilig Leistungen, die sie als Mitunternehmer

---

831 Ausführungen zu „andere Gesellschaft" erfolgt im 3. Teil, Kapitel 2, Abschn. 3, § 1.

832 BFH v. 26.06.1984 – GrS 4/82, BStBl. II 1984, 751 (769); *Hennrichs,* in: Tipke/Lang, § 10 Rn. 35; *Dötsch,* Mitunternehmer, S. 12.

833 *Schön,* StuW 1996, 275 (286).

834 *Reiß,* in: Kirchhof, EStG, § 15 Rn. 214 ff.; *Bodden,* Einkünftequalifikation, S. 86 ff. und S. 90 f.; *Pinkernell,* Einkünftezurechnung, S. 85; *Haas/Drüen,* in: FS Priester, 133 (140 ff.); *P. Fischer,* in: FS Beisse, S. 189, 196 f.

835 *Bodden,* Einkünftequalifikation, S. 87.

836 *Reiß,* Stbg, 1999, 356 (364).

837 *Reiß,* Stbg, 1999, 356 (364).

am Markt verwerten und anschließend das Ergebnis teilen (gemeinschaftliche Tatbestandsverwirklichung).[838] Die Personengesellschaft nimmt bei dieser gemeinschaftlichen Tatbestandsverwirklichung und damit an der einkommensteuerrechtlichen Tatbestandserfüllung nicht teil. Das Gesellschaftsverhältnis bildet lediglich eine zivilrechtlich orientierte, organisatorische Binnenstruktur für die gemeinsame Teilnahme am Marktgeschehen. Es ist nicht konstitutiv für eine Zurechnung von gewerblichen Einkünften.[839] Die Tatbestandsverwirklichung des § 15 Abs. 1 Satz 1 Nr. 2 EStG erfolgt also einzig und allein nach Maßgabe des Mitunternehmerbegriffs. Der Gesellschafterbegriff wirkt für den Zweck von § 15 Abs. 1 Satz 1 Nr. 2 EStG, „(…) Einkünfte beim gemeinsamen Bezug von Einkünften aus einem gewerblichen Unternehmen zu bestimmen (…)“[840], nur einschränkend. So erfolgt die Marktteilnahme dadurch, dass die Person die tatbestandliche Leistung am Markt selbst bewirkt oder aber in der Weise, dass ihr die Leistungserbringung der nach außen auftretenden Personen dieser Personenmehrheit aufgrund ihrer Einflussmöglichkeit als eigene zugerechnet wird.[841] Die gemeinschaftliche Tatbestandsverwirklichung wird also durch ein bewusstes Zusammenwirken mehrerer Personen auf die eine oder andere Art und Weise erfüllt, was auf der Basis einer Binnenordnung erfolgt und so dem Beteiligten einen Anteil am Erfolg der wirtschaftlichen Betätigung zuweist.[842]

III. Begriff des Mitunternehmers

1. Ertragsteuerrechtliche Bedeutung

Nach dem Wortlaut des § 15 Abs. 1 Satz 1 Nr. 2 EStG ist die Gesellschaftereigenschaft eine Grundvoraussetzung für die Qualifikation als Mitunternehmer. Das bedeutet aber nicht, dass per se jeder Gesellschafter Mitunternehmer ist. Nur dann, wenn er durch seine gesellschaftsrechtlichen oder

---

838 *P. Fischer,* in: FS Beisse, S. 189, 196 f.

839 *Fischer,* FR 1998, 813 (814); *Pinkernell,* Einkünftezurechnung, S. 139.

840 BFH v. 26.06.1984 – GrS 4/82, BStBl. II 1984, 751 (768).

841 *Pinkernell,* Einkünftezurechnung, S. 86 f.

842 *Pinkernell,* Einkünftezurechnung, S. 87; so wohl auch *P. Kirchhof,* in: Kirchhof/Söhn/Mellinhoff, EStG, § 2 Rn. B 223: „Mitunternehmerschaft als Form gemeinschaftlicher Marktteilnahme“.

einer wirtschaftlich vergleichbaren Stellung (Rechtsposition) Mitunternehmerrisiko trägt und Mitunternehmerinitiative entfalten kann, besteht eine Mitunternehmerposition.[843]

Mitunternehmer kann allerdings auch sein, wer eine dem Gesellschafter wirtschaftlich vergleichbare Stellung innehat oder aber wirtschaftlicher Eigentümer des Gesellschaftsanteils i. S. v. § 39 Abs. 2 Nr. 1 AO ist.[844]

Bei einem Nicht-Gesellschafter, der die Mitunternehmereigenschaft erfüllt und wenn die weiteren Beteiligten der Unternehmung insgesamt einen Rechtsbindungswillen aufweisen, das Unternehmen gemeinsam zu führen, spricht das Steuerrecht insoweit von einer verdeckten Mitunternehmerschaft, die sich nach dem Gesamtbild der Verhältnisse beurteilt.[845] In der Regel ist dies bei zivilrechtlich fehlerhaften Gesellschaften gegeben sowie bei sonstigen Personenzusammenschlüssen, sofern ein Rechtsbindungswille besteht, der sich in der Verfolgung eines gemeinsamen Unternehmenszwecks wiederfindet (verdecktes Gesellschaftsverhältnis).

2. Mitunternehmereigenschaft

a) Gesellschaftsrechtliche Stellung und Abgrenzung

Das Gesetz verwendet den Mitunternehmerbegriff in § 15 Abs. 1 Satz 1 Nr. 2 EStG als Tatbestandsmerkmal für das Vorliegen gewerblicher Einkünfte, ohne ihn näher zu definieren. Der Inhalt ergibt sich mittelbar daraus, dass nach dem Klammerzusatz in § 15 Abs. 1 Satz 1 Nr. 2 EStG der Mitunternehmer einem Einzelunternehmer gleichgestellt wird. Der Mitunternehmer unterscheidet sich vom Unternehmer also nur dadurch, dass dieser gegenüber dem Einzelunternehmer seine unternehmerische Tätig-

---

843 *Kraft/Schreiber,* NWB 2016, 1492 (1493).

844 BFH v. 25.06.1984 – GrS 4/82, BStBl. II 1984, 751 (768); BFH v. 25.02.1991 – GrS 7/89, BStBl. II 1991, 691 (699); BFH v. 16.05.1989 – VIII R 196/84, BStBl. II 1989, 877 (877 f.); BFH v. 01.03.1994 – VIII R 35/92, BStBl. II 1995, 241 (244); BFH v. 02.09.1985 – IV B 51/85, BStBl. II 1986, 10 (11); BFH v. 06.08.1985 – VIII R 246/81, BFH/NV 1984, 79; BFH v. 31.01.1985 – IV R 104/82, BFH /NV 1986, 17; *Wacker,* in: Schmidt, EStG, § 15 Rn. 257.

845 BFH v. 13.07.1993 – VIII R 50/92, BStBl. II 1994, 282 (284); im Schrifttum findet sich ebenso der Begriff der „faktischen Mitunternehmerschaft", welcher häufig synonym verstanden wird, so auch *Hennrichs,* in: Tipke/Lang, § 10 Rn. 32; a. A.: *Haep,* in: Herrmann/Heuer/Raupach, § 15 EStG Rn. 340.

keit mit anderen Mitunternehmern in gesellschaftsrechtlicher Verbundenheit ausübt (Mitunternehmerschaft).[846] Diese gesellschaftsrechtliche Verbundenheit kann ertragsteuerrechtlich durch ein zivilrechtliches, ggfs. verdecktes Gesellschaftsverhältnis oder ein ähnliches, wirtschaftlich vergleichbares Gemeinschaftsverhältnis gegeben sein. Eine bloß faktische Mitunternehmerschaft reicht nach BFH-Rechtsprechung und h. M. nicht aus.[847]

Neben den klassischen gesellschaftsrechtlichen Personengesellschaftsformen wie oHG und KG, können so auch Personenmehrheiten, die zivilrechtlich nicht als Gesellschaften eingeordnet werden, die Mitunternehmerschaft erfüllen, soweit sie mit den zivilrechtlichen Gesellschaftsformen vergleichbar sind.[848]

Die Mitunternehmereigenschaft richtet sich wiederum zum einen nach der Tätigkeit eines solchen Unternehmens und damit nach dem Vorliegen der für ein gewerbliches Unternehmen kennzeichnenden Merkmale und zum anderen danach, inwieweit diese Person gemeinsam mit den anderen Mitunternehmern durch ihre gesellschaftsrechtliche Stellung Unternehmerinitiative entfalten und ein Unternehmerrisiko tragen kann.[849] Das Rechtsverhältnis muss also über einen allgemeinen Leistungsaustausch hinausgehen, ein gemeinsames Interesse der Mitunternehmer aufweisen und über einen längeren Zeitraum bestehen.[850]

Der Mitunternehmerbegriff stellt sich als ein Typusbegriff dar, der nur durch eine Vielzahl von austauschbaren Merkmalen beschrieben werden kann.[851] Entscheidend ist, ob der Beteiligte annähernd die Rechte wahr-

---

846 BFH v. 03.05.1993 – GrS 3/92, BStBl. II 1993, 616 (621).

847 BFH v. 13.07.1993 – VIII R 50/92, BStBl. II 1994, 282 (284); BFH v. 26.06.1990 – VIII R 81/85, BFHE 161, 472 (476); BFH v. 02.09.1985 – IV B 51/85, BStBl. II 1986, 10; *Haep*, in: Herrmann/Heuer/Raupach, § 15 EStG Rn. 340; *Wacker,* in: Schmidt, EStG, § 15 Rn. 280 ff.; *Priester,* in: FS L. Schmidt, 331 (336); *Herzig/Kessler,* DB 1985, 2476; *Hennerkes/Binz,* DB 1985, 1307; im Schrifttum entwickelt sich die Auffassung, dass ein Gesellschaftsverhältnis nicht unbedingt Voraussetzung ist für eine subjektive Zurechnung von gewerblichen Einkünften.

848 BFH v. 25.06.1984 – GrS 4/82, BStBl. II 1984, 751 (768).

849 BFH v. 25.06.1984 – GrS 4/82, BStBl. II 1984, 751 (769); teilweise wird als weiteres Merkmal die individuelle Gewinnabsicht genannt, siehe hierzu: *Wacker,* in: FS Goette, 2011, 561 (569); *Wacker,* in: Schmidt, EStG, § 15 Rn. 265.

850 *Schulze zur Wiesche,* StBp 2011, 190 (190).

851 BFH v. 10.10.2012 – VIII R 42/10, BStBl. II 2013, 79 (80 f.); BFH v. 25.06.1984 – GrS 4/82, BStBl. II 1984, 751 (769); BFH v. 25.04.2006 – VIII R 74/03, BStBl.

nehmen kann, die das Zivil- und Gesellschaftsrecht für eine vergleichbare Gesellschafterstellung gewähren.

In gefestigter Rechtsprechung[852] hat sich so die Definition eines Mitunternehmers wie folgt herausgebildet:

Mitunternehmer i. S. d. § 15 Abs. 1 Satz 1 Nr. 2 EStG ist,

1. *wer Gesellschafter einer Personengesellschaft ist oder*
2. *eine wirtschaftlich vergleichbare Stellung innehat oder*
3. *Beteiligter eines wirtschaftlich vergleichbaren Gemeinschaftsverhältnisses ist*

und der – ggfs. gemeinsam mit anderen – Mitunternehmerrisiko trägt und Mitunternehmerinitiative entfalten kann.

b) Die Mitunternehmertatbestandsmerkmale

Für einen Mitunternehmer i. S. d. § 15 Abs. 1 Satz 1 Nr. 2 EStG ist kennzeichnend, dass er gemeinsam mit anderen Personen (Mit-)Unternehmerinitiative entfalten kann und ebenso (Mit-)Unternehmerrisiko trägt.[853]

Mitunternehmerinitiative erfordert die Teilhabe an, zumindest aber die Einflussnahme auf unternehmerische Entscheidungen, wie sie beispielsweise den Gesellschaftern oder diesen vergleichbaren Personen als Geschäftsführern, Prokuristen oder auch leitenden Angestellten als Aufgabe obliegt.[854] Der Gesellschafter muss wesentliche Einflussnahmemöglichkeiten ausüben können und die wirtschaftlichen Folgen verantworten. Wesentliche Einflussnahmemöglichkeiten entstehen allerdings nicht bereits dadurch, dass der Gesellschafter oder Geschäftsführer für die Gesellschaft handelt. Die Einflussnahmemöglichkeiten müssen den Gesellschaftern

---

II 2006, 595 (597); *Wacker,* in: Schmidt, EStG, § 15 Rn. 261; *Niehus/Wilke,* Personengesellschaften, S. 47; *Zimmermann u. a.,* Personengesellschaft, S. 67 ff.; *Strahl,* typisierende Betrachtungsweise, S. 165 ff.; *Englisch,* in: Tipke/Lang, § 5 Rn. 53; *Kraft/Schreiber,* NWB 2016, 1492 (1493).

852 BFH v. 25.04.2006 – VIII R 74/03, BStBl. II 2006, 595; BFH, Beschl. v. 03.05.1993 – GrS 3/92, BStBl. II 1993, 616; BFH, Beschl. v. 25.06.1984 – GrS 4/82, BStBl. II 1984, 751.

853 BFH v. 28.10.1981 – I R 25/79, BStBl. II 1982, 188.

854 BFH v. 25.04.2006 – VIII R 74/03, BStBl. II 2006, 595 (597); BFH v. 01.08.1996 – VIII R 12/94, BStBl. II 1997, 272; BFH v. 25.06.1984 – GrS 4/82, BStBl. II 1984, 751 (769); *Haep,* in: Herrmann/Heuer/Raupach, § 15 EStG Rn. 309 ff.

selbst gegeben sein, die sie im Rahmen der gesellschaftsrechtlichen Verbundenheit ausüben.[855]

Die Anforderungen hierzu sind seitens der Rechtsprechung dennoch minimal. So reichen die Möglichkeiten der Ausübung von Gesellschafterrechten, die zumindest den Stimm-, Kontroll- und Widerspruchsrechten angenähert sind, welche einem Kommanditisten nach dem Handelsgesetzbuch zustehen oder wenigstens den gesellschaftsrechtlichen Kontrollrechten gemäß § 716 Abs. 1 BGB entsprechen, bereits aus.[856] Der *BFH* orientiert sich damit an einem typischen Kommanditisten und den ihm zustehenden Rechten gemäß §§ 164 ff. HGB. Hiernach kann der Kommanditist Widerspruch gegen bestimmte Maßnahmen der Geschäftsführung einlegen; er kann über die Gesellschafterversammlung, für die nach dem Gesetz grundsätzlich das Prinzip der Einstimmigkeit gilt, (§ 161 Abs. 2 HGB i. V. m. § 119 Abs. 1 HGB) in allen Fragen, die der Gesellschafterversammlung vorbehalten sind, insbesondere bei der Änderung des Gesellschaftsvertrags, durch Ausübung seines Stimmrechts mitentscheiden; er kann über die ihm zustehenden Kontrollrechte (§ 166 HGB) die Geschäftsführung überwachen.[857]

Stehen dem Gesellschafter allerdings weniger als diese Mitwirkungsrechte zu, so kann nicht mehr von einer Mitunternehmerinitiative gesprochen werden.[858] Die Mitunternehmerinitiative orientiert sich damit an

1. Geschäftsführungs- und/oder Vertretungsbefugnissen i. S. v. § 709 BGB, §§ 114, 161 Abs. 2 HGB[859],
2. Mitarbeit,
3. Teilnahme an oder Einfluss auf Unternehmensentscheidungen[860],
4. Stimmrechten und/oder Zustimmungsbefugnissen.

Mitunternehmerrisiko wiederum ist gegeben, wenn die gesellschaftsrechtliche oder eine wirtschaftlich vergleichbare Teilnahme am Erfolg oder

---

855 BMF-Schreiben v. 23.02.2001, BStBl. I 2001, 175 (176).

856 BFH v. 03.11.2015 – VIII R 63/13, BStBl. II 2016, 383 (385); BFH v. 25.06.1984 – GrS 4/82, BStBl. II 1984, 751 (769); BFH v. 11.10.1988 – VIII R 328/83, BStBl. II 1989, 762 (763); BFH v. 01.08.1996 – VIII R 12/94, BStBl. II 1997, 272 (275 ff.); *Dötsch,* Mitunternehmer, S. 30; *Wacker,* in: Schmidt, EStG, § 15 Rn. 263; *Niehus/Wilke,* Personengesellschaften, S. 49.

857 BFH v. 11.10.1988 – VIII R 328/83, BStBl. II 1989, 762 (763).

858 BFH v. 11.10.1988 – VIII R 328/83, BStBl. II 1989, 762 (763); *Niehus/Wilke,* Personengesellschaften, S. 49.

859 BFH v. 03.11.2015 – VIII R 63/13, BStBl. II 2016, 383 (387).

860 BFH v. 03.11.2015 – VIII R 63/13, BStBl. II 2016, 383 (385).

Misserfolg des gewerblichen Unternehmens vorliegt.[861] Dieses Risiko zeigt sich durch die Beteiligung an Gewinn und Verlust der unternehmerischen Handlungen. Hierbei ist die allseitige Beteiligung am laufenden Gewinn für die Annahme einer Mitunternehmerschaft grundsätzlich obligatorisch, während eine Beschränkung der Verlustbeteiligung unschädlich ist, da auch ein Kommanditist nur bis zur Höhe seiner Einlage am Verlust der Gesellschaft teilnimmt.[862] Das Mitunternehmerrisiko eines Gesellschafters ist also dadurch gekennzeichnet, dass das Unternehmen im Innenverhältnis auf gemeinsame Rechnung und Gefahr der Beteiligten geführt wird.[863] Hinzu tritt die Gewähr der Teilnahme an den stillen Reserven des Anlagevermögens einschließlich eines Geschäftswerts entsprechend den gesellschaftsvertraglichen Regelungen.[864]

Auch hier orientiert sich der *BFH* am gesetzlichen Leitbild eines Kommanditisten einer KG, wobei eine fehlende Beteiligung an den stillen Reserven nicht als wesentliche Abweichung vom Regelstatut des HGB gesehen wird.[865]

Daraus folgt, dass eine Person dann kein Mitunternehmerrisiko mehr trägt, wenn sie zwar am laufenden Gewinn beteiligt ist, aber nicht am Verlust, an den stillen Reserven und am Geschäftswert teilhat.[866] Eine lediglich fehlende unmittelbare Verlustbeteiligung ist nicht schädlich.[867]

---

861 BFH v. 07.11.2000 – VIII R 16/97, BStBl. II 2001, 186 (188).

862 BFH v. 03.11.2015 – VIII R 63/13, BStBl. II 2016, 383 (387); BFH v. 01.07.2010 – IV R 100/06, GmbHR 2010, 1168 (1171); BFH v. 28.10.1999 – VIII R 66-70/97, BStBl. II 2000, 183 (184).

863 *Kraft/Schreiber,* NWB 2016, 1492 (1493).

864 BFH v. 16.12.2003 – VIII R 6/93, GmbHR 2004, 973; BFH v. 28.10.1999 – VIII R 66–70–97, BStBl. II 2000, 183 (184); BFH v. 25.06.1984 – GrS 4/82, BStBl. II 1984, 751 (769 f.); BFH v. 14.08.1986 – IV R 131/84, BStBl. II 1987, 60 (61); *Haep,* in: Herrmann/Heuer/Raupach, § 15 EStG Rn. 321 ff.; *Daragan,* DStR 2011, 1347 (1348).

865 BFH v. 03.11.2015 – VIII R 63/13, BStBl. II 2016, 383 (385); BFH v. 25.04.2006 – VIII R 74/03, BStBl. II 2006, 595 (596 f.).

866 BFH v. 24.09.1991 – VIII R 349/83, BStBl. II 1992, 330 (333).

867 BFH v. 16.12.1997 – VIII R 32–90, BStBl. II 1998, 480 (484); *Wacker,* in: Schmidt, EStG, § 15 Rn. 264, 271.

Die Kriterien eines Mitunternehmerrisikos stellen sich damit wie folgt dar:

1. Beteiligung am laufenden Gewinn und Verlust,
2. Beteiligung am Vermögen,[868]
3. Beteiligung an den stillen Reserven des Anlagevermögens einschließlich eines Geschäftswerts,[869]
4. persönliche Haftung[870] und
5. am Geschäftsergebnis orientiertes Entnahmerecht.

Die Stellung eines Kommanditisten nach dem Regelstatut des HGB ist allerdings auch hier als eine Untergrenze für die Mitunternehmerschaft anzusehen.

Die genannten Merkmale können in Abhängigkeit voneinander teils stärker, teils schwächer ausgeprägt sein. Sie müssen aber kumulativ vorliegen.[871] Ist etwa ein Initiativrecht schwach ausgeprägt, so kann dies durch ein besonders stark ausgeprägtes Mitunternehmerrisiko ausgeglichen werden und umgekehrt.[872] Die Merkmale ergänzen sich also und können sich in gewissen Grenzen wechselseitig kompensieren. Inwieweit dies gewährleistet ist, ist unter Berücksichtigung aller die rechtliche und wirtschaftliche Stellung einer Person insgesamt bestimmenden Umstände zu würdigen.[873] Das bedeutet aber auch, dass, sollten beide Merkmale nur schwach ausgeprägt sein, eine Mitunternehmerstellung nicht gegeben

---

868 Eine zivilrechtliche Gesellschafterstellung ist auch bei einer sog. Null-Kapitalbeteiligung zulässig, siehe hierzu: BGH v. 06.04.1987 – II ZR 101/86, BB 1987, 1276; OLG Frankfurt v. 20.09.2012 – 20 W 264/12, NZG 2013, 338 (338); auch das Steuerrecht schließt die Mitunternehmerstellung nicht grundsätzlich aus, BFH v. 25.04.2006 – VIII R 74/03, BStBl. II 2006, 595 (597); im Urteil v. 03.11.2015 – VIII R 63/13, BStBl. II 2016, 383 (385) hat der BFH die Frage offen gelassen.

869 Hierauf kann unter bestimmten Umständen verzichtet werden, BFH v. 22.08.2002 – IV R6/01, BFH/NV 2003, 36 (37); BFH v. 11.12.1990 – VIII R 122/86, DB 1991, 1054.

870 Eine „nur" Übernahme der persönlichen Haftung ist bereits ausreichend: BFH v. 25.04.2006 – VIII R 74/03, BStBl. II 2006, 595 (596).

871 BFH v. 03.11.2015 – VIII R 63/13, BStBl. II 2016, 383 (385); BFH v. 25.06.1984 – GrS 4/82, BStBl. II 1984, 751 (769).

872 BFH v. 10.10.2012 – VIII R 42/10, BStBl. II 2013, 79; FG München v. 23.10.2008 – 5 K 2605/06, BeckRS 2008, 26027041.

873 BFH v. 10.10.2012 – VIII R 42/10, BStBl. II 2013, 79; BFH v. 25.06.2006 – VIII R 74/03, BStBl. II 2006, 595 (597); BFH v. 25.06.1984 – GrS 4/82, BStBl. II 1984, 751 (769).

ist.[874] Für das Vorliegen einer Mitunternehmerschaft sind mithin stets die Verhältnisse des Einzelfalls maßgebend.

c) Ergebnis

Die Finanzgerichtsbarkeit kommt in ständiger Rechtsprechung zu dem Ergebnis, dass die beiden Kriterien Mitunternehmerinitiative und Mitunternehmerrisiko für die Mitunternehmereigenschaft in der gesellschaftsrechtlichen Verbundenheit von Gesellschaftern erfüllt sein müssen. Auch im Kontext der Rechtsfigur der „verdeckten Mitunternehmerschaft" kann ein schwächer ausgeprägtes Mitunternehmerrisiko mit einer starken Stellung bei der laufenden Verwaltung (Initiativrechte) kompensiert werden.[875] Entscheidend ist, dass eine Gewinnbeteiligung vorliegt und ein Verlustrisiko besteht.[876] Das Gesamtbild der Verhältnisse ist ausschlaggebend, womit unter Beachtung der die wirtschaftliche und rechtliche Stellung der Person insgesamt bestimmenden Umstände zu ermitteln sind.[877]

B. Rechtsfolge des § 15 Abs. 1 Satz 1 Nr. 2 EStG

Sind die Kriterien für das Vorliegen einer Mitunternehmerschaft erfüllt, gehören als Rechtsfolge gemäß § 15 Abs. 1 Satz 1 Nr. 2 Hs. 1 EStG die Gewinnanteile dieses Gesellschafters und die sich in wirtschaftlich vergleichbarer Stellung befindliche Person aus der unternehmerischen Betätigung zu den gewerblichen Einkünften. Die Gesellschafterstellung mit der gewerblichen Betätigung (Dispositions- und Verwaltungsbefugnis), vermittelt über die Mitgliedschaft, stellt mithin die Einkunftsquelle dar. Der dem Gesellschafter zustehende Ergebnisanteil muss ihm nicht zufließen, er wird ihm allein durch den Bezug zur Gesellschaft unmittelbar zugerech-

---

874 BFH v. 03.11.2015 – VIII R 63/13, BStBl. II 2016, 383 (385).

875 BFH v. 16.12.1997 – VIII R 32/90, BStBl. II 1998, 480 (482 f.); BFH v. 21.04.2009 – II R 26/07, BStBl. II 2009, 602 (604); FG Niedersachsen v. 19.11.2015 – 5 K 286/12, EFG 2016, 138, nrkr. (Az. beim BFH: IV B 125/15).

876 BFH v. 03.11.2015 – VIII R 63/13, BStBl. II 2016, 383 (385); BFH v. 01.07.2010 – IV R 100/06, BFH/NV 2010, 2056; BFH v. 28.10.1999 – VIII R 66 –70/97, BStBl. II 2000, 183 (184).

877 BFH v. 10.05.2007 – IV R 2/05, BStBl. II 2007, 927 (929 f.); BFH v. 25.06.1984 – GrS 4/82, BStBl. II 1984, 751 (769).

net. Inwieweit dem Gesellschafter aufgrund gesellschaftsrechtlicher Vereinbarungen ein Entnahmerecht zusteht, ist für die einkommensteuerrechtliche Zurechnung ohne Bedeutung.[878]

C. Verfahrensrechtliche Darstellung

Das Verfahrensrecht folgt dem dualen System des materiellen Rechts, indem es gemeinschaftlich erzielte Einkünfte und damit im Zusammenhang stehende sonstige Besteuerungsgrundlagen gemäß §§ 179, 180 Abs. 1 Nr. 2a AO gesondert und einheitlich feststellt. Dies gilt generell für gewerblich tätige Personengesellschaften, wie auch für Personengesellschaften, bei denen die Gesellschafter gemeinsam andere Gewinn- oder Überschusseinkünfte erzielen. Die Einkünfte resultieren aus einer gemeinsamen Einkunftsquelle; an dieser partizipieren die Beteiligten.

Die Feststellung erfolgt gesondert, weil sie von der Steuerfestsetzung gegen die einzelnen Beteiligten verfahrensrechtlich unabhängig ist.[879] Sie erfolgt einheitlich, weil sie gegenüber allen Beteiligten einheitlich ergeht. Dadurch wird gewährleistet, dass gegenüber mehreren Personen aus ein und demselben Sachverhalt die gleichen Rechtsfolgen gezogen werden.[880]

Die so im Rahmen dieses Verfahrens getroffenen Feststellungen werden nunmehr bei der persönlichen Einkommensbesteuerung und damit eigenständigen Würdigung der vom Beteiligten in seiner Person verwirklichten Steuertatbestände übernommen. Der Feststellungsbescheid hat damit die Wirkung eines sog. Grundlagenbescheids für die Einkommen- bzw. Körperschaftsteuerveranlagung der Beteiligten (§§ 182, 171 Abs. 10 AO).[881]

§ 3 Vermögensverwaltende Personengesellschaften

Personengesellschaften, die weder eine gewerbliche Tätigkeit i. S. d. § 15 Abs. 2 EStG ausüben, noch gewerblich geprägt (§ 15 Abs. 3 Nr. 2

---

878 BFH v. 15.11.2011 – VIII R 12/09, BStBl. II 2012, 207; auf die Begünstigung von nicht entnommenen Gewinnen gemäß § 34a EStG wird hier nicht weiter eingegangen.

879 *Seer,* in: Tipke/Lang, § 21 Rn. 121 ff.

880 *Seer,* in: Tipke/Lang, § 21 Rn. 123.

881 Grundl. hierzu: *Seer,* in: Tipke/Lang, § 21 Rn. 114 ff.

EStG) bzw. gewerblich infiziert (§ 15 Abs. 3 Nr. 1 EStG) sind und ebenso keine land- und forstwirtschaftliche, freiberufliche oder selbstständige Arbeit ausüben, sind steuerrechtlich als vermögensverwaltende Personengesellschaften i. S. v. § 14 Satz 3 AO anzusehen.[882] Sie sind also mangels unternehmerischer Tätigkeit keine Mitunternehmerschaften.

Es entspricht ständiger Finanzrechtsprechung, dass auch rein vermögensverwaltende Personengesellschaften Subjekt der Einkünfteerzielung und Einkünfteermittlung sind (partielle Steuerrechtsfähigkeit).[883] Vermögensverwaltung liegt gemäß § 14 Satz 3 AO dann vor, „wenn Vermögen genutzt, z. B. Kapitalvermögen verzinslich angelegt oder unbewegliches Vermögen vermietet oder verpachtet wird".

Weder der Begriff „Vermögensverwaltung" noch der Begriff „vermögensverwaltende Personengesellschaft" wird im Einkommensteuergesetz verwandt. Für die Abgrenzung der einkommensteuerrechtlichen Vermögensverwaltung vom Begriff des Gewerbebetriebs ist damit auf die allgemeinen Kriterien des § 15 Abs. 2 EStG zurückzugreifen.[884] Eine vermögensverwaltende Personengesellschaft ist somit dann gegeben, wenn sich deren wirtschaftliche Aktivität weder als gewerbliche, noch als land- und forstwirtschaftliche oder als freiberufliche Tätigkeit darstellt. Während für gewerblich tätige Personengesellschaften die Einheitsbetrachtung gilt (partielle Steuerrechtsfähigkeit), tritt für vermögensverwaltende Personengesellschaften die Bruchteilsbetrachtung gemäß § 39 Abs. 2 Nr. 2 AO ein, d. h. die Wirtschaftsgüter des Gesamthandsvermögens der Personengesellschaft sind zwar gesamthänderisch gebunden, sind aber steuerrechtlich den Gesellschaftern anteilig zuzurechnen, soweit eine getrennte Zuordnung für die Besteuerung erforderlich ist.[885] Die Rechtszuständigkeit der Gesamthand für die Zurechnung von Wirtschaftsgütern und die damit zusammenhängenden Transaktionen wird insoweit von der Rechtsprechung

882 *Engel,* Vermögensverwaltende Personengesellschaften, S. 67 Rn. 22.

883 BFH, Beschl. v. 03.07.1995 – GrS 1/93, BStBl. II 1995, 617 (621); BFH v. 25.02.1991 – GrS 7/89, BStBl. II 1991, 691 (699); BFH v. 25.06.1984 – GrS 4/82, BStBl. II 1984, 751 (761).

884 Hierzu ausführlich: *Engel,* Vermögensverwaltende Personengesellschaften, S. 67 ff.; *Stapperfend,* in: Herrmann/Heuer/Raupach, § 15 EStG Rn. 1000 ff.; *Wacker,* in: Schmidt, EStG, § 15 Rn. 8 ff.; BFH v. 11.10.2012 – IV R 32/10, BStBl. II 2013, 538 (540 f.).

885 *Milatz/Sax,* DStR 2017, 141 (142); *Strahl,* KÖSDI 2001, 12802 (12802 f.); ausführlich: *Engel,* Vermögensverwaltende Personengesellschaften, S. 70 ff.

negiert; sie stellt in der Rechtsfolge allein auf den Anteil des Gesellschafters an den Wirtschaftsgütern ab.[886]

Es entspricht des Weiteren ständiger Finanzrechtsprechung, dass auch rein vermögensverwaltende Personengesellschaften Subjekt der Einkünfteerzielung und Einkünfteermittlung sind (partielle Steuerrechtsfähigkeit).[887] Bezugspunkt der Einkünfteermittlung ist damit auch bei einer vermögensverwaltenden Personengesellschaft die Gesellschaft selbst.[888] Sie verwirklicht in der gesamthänderischen Verbundenheit ihrer Gesellschafter die Merkmale eines Besteuerungstatbestands, welche wiederum den Gesellschaftern bei deren Besteuerung zugerechnet werden.[889] Betreibt die Gesellschaft also die Verwaltung eigenen Vermögens, so vermittelt sie in ihrer gesamthänderischen Verbundenheit ihren Gesellschaftern aus der Einkunftsquelle die entsprechenden Einkünfte innerhalb der jeweiligen Einkunftsart.[890] Diese sind bei vermögensverwaltenden Personengesellschaften die Einkünfte aus Kapitalvermögen gemäß § 20 EStG, die Einkünfte aus Vermietung und Verpachtung gemäß § 21 EStG sowie die sonstigen Einkünfte gemäß §§ 22, 23 EStG.

Bestellt der Gesellschafter einer solchen Personengesellschaft nunmehr den Nießbrauch an einem Gesellschaftsanteil bzw. überträgt einen solchen Gesellschaftsanteil unter Nießbrauchvorbehalt, stellt sich für den Nießbraucher die Frage der Einkünftezurechnung und der -qualifikation und damit der Einkunftsart.[891]

---

886 BFH, Beschl. v. 21.07.2016 – IV R 26/14, DStR 2016, 2516 (2523); BFH v. 12.11.2004 – IX R 20/03, BStBl. II 2005, 33 (34); BFH v. 09.10.2008 – IX R 72/07, BStBl. II 2009, 231.

887 BFH, Beschl. v. 03.07. 1995 - GrS 1/93, BStBl. II 1995, 617 (621); BFH, Beschl. v. 25.06.1984 – GrS 4/82, BStBl. II 1984, 751 (761 f.).

888 BFH v. 07.10.1986 – IX R 167/83, BStBl. II 1987, 322 (323); BFH v. 06.10.2004 – IX R 68/01, BStBl. II 2005, 324 (326).

889 BFH, Beschl. v. 25.06.1984 – GrS 4/82, BStBl. II 1984, 751 (761 f.); *Milatz/Sax,* DStR 2017, 141.

890 *Lüdicke,* in: Lüdicke/Sistermann, Unternehmensteuerrecht, § 1 Rn. 20, 140; *Strahl,* KÖSDI 2001, 12802.

891 BMF v. 30.09.2013, IV C 1 – S 2253/07/10004, BStBl. I 2013, 1184, Tz. 1.

§ 4 Zusammenfassung und Stellungnahme

Der Tatbestandsverwirklichung von § 15 Abs. 1 Satz 1 Nr. 2 EStG und ihren beiden in der Literatur sich herausgebildeten Meinungsströmungen ist gemeinsam, dass als Einkunftsquelle die gewerbliche Tätigkeit gilt, die durch eine nachhaltige, am allgemeinen wirtschaftlichen Verkehr teilnehmende, mit Gewinnerzielungsabsicht unternommene Betätigung i. S. v. § 15 Abs. 2 Satz 1 EStG geprägt ist. (Mit-)Unternehmer i. S. von § 15 EStG ist mithin derjenige, der das Unternehmen betreibt, d. h. auf dessen Rechnung und Gefahr der Betrieb geführt wird. Bei der gesetzmäßigen Tatbestandsverwirklichung erfolgt die Zurechnung der Einkünfte (Gewinnanteil) über den Gesellschaftsanteil. Dieser stellt damit die Einkunftsquelle dar.[892] Die Gesellschaft, und damit die Gesellschafter in ihrer gesamthänderischen Verbundenheit[893], ist Inhaberin (Trägerin) des Gewerbebetriebs. Mit ihrer Tätigkeit führt sie den gewerblichen Betrieb, während bei der gemeinschaftlichen Tatbestandsverwirklichung für die „Personengesellschaft“ kein Raum und damit die formale Rechtsstellung eines Beteiligten von untergeordneter Bedeutung ist. Der Mitunternehmerbegriff stellt das ausschlaggebende Kriterium für die Zurechnung von gewerblichen Einkünften der „Personenmehrheit“ dar.

Und dennoch verwendet diese Rechtsnorm in starkem Maße zivilrechtliche (gesellschaftsrechtliche) Begriffe und knüpft damit an Teilgebiete der Gesamtrechtsodnung außerhalb des Steuerrechts an. So bestand bereits im Einkommensteuergesetz von 1920[894] § 15 EStG als Rechtsnorm für Einkünfte aus Gewerbebetrieb. Die Vorschrift hatte bereits hier den Inhalt, dass „(…) bei Gesellschaftern einer OHG, einer KG oder einer anderen Erwerbsgemeinschaft, bei der der Gesellschafter als Unternehmer (Mitunternehmer) des Betriebs anzusehen ist, ihr Anteil am Geschäftsgewinn (…), zu den Einkünften aus Gewerbebetrieb“[895] zählt. Bis auf wenige Änderungen in der Stellung im Gesetz wie auch im Wortlaut ist der Inhalt des Gesetzes seit 1992 mit dem nunmehr bis zum heutigen Zeitpunkt geltenden Wortlaut von § 15 Abs. 1 Satz 1 Nr. 2 EStG „Einkünfte aus Gewerbebetrieb sind (…) 2. die Gewinnanteile der Gesellschafter einer offenen Handelsgesellschaft, einer Kommanditgesellschaft und *einer anderen Ge-*

---

892 *Hey,* in: Herrmann/Heuer/Raupach, Einf. ESt, Rn. 46.
893 BFH v. 25.06.1984 – GrS 4/82, BStBl. II 1984, 751 (762).
894 RGBl. 1920, 359.
895 § 7 Nr. 3 EStG 1920.

sellschaft[896], bei der der Gesellschafter als Unternehmer (Mitunternehmer) des Betriebs anzusehen ist, (…)“, unverändert. Unter dem Aspekt der „Vorherigkeit“ des Zivilrechts für das Steuerrecht[897] – § 15 Abs. 1 Satz 1 Nr. 2 EStG setzt die Existenz und die Ordnung dieser Gesellschaften voraus – ist also weiterhin zu prüfen, wie die dem Zivilrecht entlehnten Begriffe im Steuerrecht zu verstehen sind.[898] Zwar ist der Gesetzgeber steuerrechtlicher Normen frei in der Bestimmung der Subjekte, die er einer Besteuerung unterwerfen möchte, und kann dabei dem Privatrecht (hier: Gesellschaftsrecht) folgen, ist daran aber nicht gebunden.[899] Dennoch ist für die Rechtsanwendung des Steuerrechts der zivilrechtlich gestaltete Sachverhalt vorgegeben und liefert über die wirtschaftliche Betrachtungsweise Indizien für die steuerrechtliche Qualifikation dieses Sachverhalts.

Für das Vorliegen von Einkünften aus einem Gewerbebetrieb verlangt § 15 Abs. 1 Satz 1 Nr. 2 EStG bei Personenmehrheiten in Gestalt einer zivilrechtlichen oder anders gearteten Gesellschaft das Betreiben eines gewerblichen Unternehmens mit den an ihr beteiligten Gesellschaftern als Mitunternehmer. Die in dieser Vorschrift verorteten Begriffe „Gesellschafter“ und „andere Gesellschaft“ erfahren ertragsteuerrechtlich eine begriffliche Erweiterung. Der Mitunternehmerbegriff ist rein steuerlich geprägt und als Typusbegriff anzusehen, der wiederum durch eine unbestimmte Zahl von austauschbaren Merkmalen beschrieben wird. Für die Entscheidung über die Mitunternehmerstellung ist eine Gesamtwürdigung erforderlich.

---

896 Vom Verfasser hervorgehoben, da es gerade bei dem noch zu behandelnden Nießbrauchverhältnis um die Einordnung dieses Verhältnisses geht.

897 Siehe hierzu die Ausführungen im 3. Teil, Kapitel 1, Abschn. 1, § 1; vgl. auch *Schön,* StuW 2005, 247 (252 f.).

898 *Weber-Grellert,* StuW 1993, 195 (203); *ders.,* StuW 1999, 311 (312 f.); *Drüen,* in: Tipke/Kruse, § 4 AO Rn. 324; auch der *BFH* nimmt in seinem Beschluss v. 22.09.2016 – IV R 35/13 zu gesellschaftsrechtlichen Begrifflichkeiten in § 15 EStG Stellung und führt aus, „… dass das Gesetz an bestimmte gesellschaftsrechtliche Gestaltungen anknüpft, …“. Diese Begriffe müssen dann auch entsprechend gesellschaftsrechtlich interpretiert werden: BFH, Beschl. v. 22.09.2016 – IV R 35/13, DStR 2016, 2704.

899 *Drüen,* in: Tipke/Kruse, § 4 AO Rn. 322; folglich wird im Steuerrecht von Mitunternehmerschaft; Mitunternehmer und Mitunternehmeranteil gesprochen, die damit nicht deckungsgleich mit den zivilrechtlichen Begriffen „Gesellschaft, Gesellschafter und Gesellschaftsanteil sind.

Nach ständiger Rechtsprechung der Finanzgerichtsbarkeit erfüllt nicht jeder zivilrechtliche Gesellschafter einer Personengesellschaft die Mitunternehmerqualifikation. Dies ist nur dann gegeben, wenn er aufgrund seiner gesellschaftsrechtlichen oder einer wirtschaftlich vergleichbaren Stellung Mitunternehmerinitiative ausüben kann und Mitunternehmerrisiko trägt. Für das Mitunternehmerrisiko ist die Beteiligung am laufenden Gewinn grundsätzlich obligatorisch. Eine Beschränkung der Verlustbeteiligung ist unschädlich. Selbst die Teilnahme an den stillen Reserven des Unternehmens ist nicht zwingend erforderlich. Mitunternehmerinitiative ist durch die Teilnahme an unternehmerischen Entscheidungen charakterisiert. Ausreichend ist bereits die Möglichkeit zur Ausübung von Gesellschaftsrechten, die mindestens den Stimm-, Kontroll- und Widerspruchsrechten eines Kommanditisten nach dem Regelstatut des HGB angenähert sind. Beide Merkmale müssen erfüllt, können aber unterschiedlich ausgeprägt sein, wobei ein schwächer hervortretendes Merkmal nur durch ein stärker ausgeprägtes Merkmal kompensiert werden kann. Sind die Kriterien erfüllt, erzielt der Mitunternehmer Einkünfte aus Gewerbebetrieb. Er gilt als „Unternehmer des Betriebs" und nicht als Zurechnungssubjekt von „fremden" Einkünften.[900] Mit dieser in Rechtsprechung und Schrifttum vorherrschenden Sichtweise der Gleichstellung des Mitunternehmers mit einem Einzelunternehmer erfolgt eine Negation der zivilrechtlichen Trennung vom unternehmerischen Betrieb und der Gesellschaftsbeteiligung. Allerdings hat der Große Senat des *BFH* herausgestellt, dass die Personengesellschaft als Steuerrechtssubjekt gilt, soweit sie den Besteuerungstatbestand verwirklicht, was wiederum den Gesellschaftern für deren Besteuerung zuzurechnen ist.[901] Erfüllt der Beteiligte wiederum die Kriterien nicht, ist zu prüfen, unter welcher Einkunftsart die erzielten Einkünfte gemäß § 2 Abs. 1 EStG i. V. m. §§ 13 –24 EStG zu subsumieren sind.

Besteht lediglich eine vermögensverwaltende Personengesellschaft, kommen für die Einkünftezuordnung an die Gesellschafter die Einkunftsarten Einkünfte aus Kapitalvermögen gemäß § 20 EStG, die Einkünfte aus

900 BFH v. 03.02.2010 – IV R 26/07, DStR 2010, 743 (745); BFH v. 03.05.1993 – GrS 3/92, BStBl. II 1993, 616 (620); *Schön,* DStR 1993, 185 (191).

901 Zur These der Gleichstellung des Mitunternehmers mit dem Einzelunternehmer gegenüber der Zurechnungsthese, bei der der Mitunternehmer als „Bezieher" fremder Einkünfte angesehen wird, siehe: *Hüttemann,* Einkünfteermittlung bei Gesellschaften, in: *Hey,* Einkünfteermittlung, DStJG 2011, Bd. 34, S. 291.

Vermietung und Verpachtung gemäß § 21 EStG sowie die sonstigen Einkünfte gemäß §§ 22, 23 EStG in Betracht.

Zweites Kapitel: Das Nießbrauchrecht am Anteil einer gewerblichen Mitunternehmerschaft

Mit den im ersten Kapitel dargestellten Grundlagen sind in den folgenden Abschnitten die Besonderheiten eines Nießbrauchrechts am Anteil einer gewerblichen Mitunternehmerschaft herauszuarbeiten. Hier sind dem Grunde nach drei zentrale Fragen auseinanderzuhalten: Wie muss ein Nießbrauchrecht an einem Mitunternehmeranteil ausgestaltet sein, um steuerliche Wirkung zu entfalten, wie sind in diesem Zusammenhang die Positionen der Nießbrauchbeteiligten und hier insbesondere die des Nießbrauchers zur Mitunternehmerschaft zu sehen und des Weiteren, welche Bedeutung nimmt das Nießbrauchverhältnis als solches zur Mitunternehmerschaft ein und wie muss dieses ausgestaltet sein, um selbst als partielles Steuerrechtssubjekt gesehen zu werden. Damit verbunden sind gerade auch die weiteren Rechtsfolgen und Auswirkungen eines mitunternehmerischen Nießbrauchs in Abhängigkeit der jeweils zu erfüllenden Voraussetzungen zu bestimmen. Dies auch unter dem Aspekt der Uneinheitlichkeit in Schrifttum, Finanzverwaltung und Rechtsprechung. Unterschieden werden muss hierbei zwischen den Folgewirkungen auf der einkommensteuerrechtlichen Ebene und der Ebene des Erbschaft- und Schenkungsteuerrechts. Zuvorderst ist es jedoch angebracht, den Begriff des Mitunternehmeranteils zu klären und die Bedeutung und Wirkung der Bestellung eines Nießbrauchrechts an diesem zu bestimmen.

1. Abschnitt: Die Nießbrauchbegründung am Mitunternehmeranteil

§ 1 Der Mitunternehmeranteil

Der Begriff des Mitunternehmeranteils (= Anteil an einer Mitunternehmerschaft im stl. Sinn) ist weder in §§ 15, 16 EStG, noch in §§ 20, 24 UmwStG definiert. Es handelt sich um einen gesetzlichen Typusbegriff, dessen Inhalt nicht inhaltsgleich mit dem zivilrechtlichen Begriff des Gesellschafts- oder Geschäftsanteils an einem Gesellschaftsvermögen ist.[902] Während die gesellschaftsrechtliche Beteiligung an einer Personengesellschaft ein eigenständiges und einer gesonderten Übertragung fähiges Rechtsobjekt (Vermögensgegenstand) darstellt,[903] ist zunächst bei dem Begriff Mitunternehmeranteil auf den einkommensteuerrechtlichen Begriff der Mitunternehmerschaft abzustellen.[904] Hiernach ist von einer Mitunternehmerschaft dann auszugehen, wenn eine natürliche Person, Körperschaft oder Personengesellschaft in gesellschaftsrechtlicher Verbundenheit bzw. eines vergleichbaren Gemeinschaftsverhältnisses einer gemeinsamen unternehmerischen Tätigkeit mit Gewinnerzielungsabsicht nachgeht und die Beteiligten Mitunternehmerinitiative entfalten können und Mitunternehmerrisiko tragen.[905] Sind diese Anforderungen erfüllt, verkörpert der Mitunternehmeranteil die quotale Berechtigung des Gesellschafters (Mitunternehmers) an den zum Gesamthandsvermögen zählenden Wirtschaftsgütern i. S v. § 39 Abs. 2 Nr. 2 AO.[906] Dieser besteht also aus der Mitberechtigung an einem gewerblichen Betrieb i. S. d. § 15 Abs. 1 Satz 1 Nr. 2 oder Abs. 2 EStG oder an einer gewerblich geprägten Personengesellschaft i. S. d. § 15 Abs. 3 Nr. 2 EStG.[907] Die zivilrechtliche Ausgestaltung der Mitberechtigung ist hierbei nicht entscheidend.[908]

Bei dem Mitunternehmeranteil handelt es sich also nicht um ein (eigenständiges) immaterielles Wirtschaftsgut, das im ertragsteuerrechtlichen Sinne selbst Gegenstand einer Veräußerung oder unentgeltlichen Übertragung sein kann,[909] sondern er wirkt wie ein „Sammelposten" für sämtliche im Gesamthandsvermögen der Personengesellschaft befindlichen einzel-

---

902 *Schmitt,* in: Schmitt/Hörtnagl/Stratz, UmwG/UmwStG, § 20 UmwStG Rn. 132.

903 *Ulmer/Schäfer,* in: MünchKomm-BGB, § 705 Rn. 159.

904 *Menner,* in Haritz/Menner, UmwStG, § 20 Rn. 120.

905 *Herlinghaus,* in: Rödder/Herlinghaus/van Lishaut, UmwStG, § 20 Rn. 84; *Menner,* in: Haritz/ Menner, UmwStG, § 20 Rn. 120; vgl. auch Ausführungen im 3. Teil, Kapitel 2, Abschn. 1, § 2. Die Definition des Mitunternehmeranteils ergibt sich damit letztlich aus der Definition des Mitunternehmerbegriffs in § 15 Abs. 1 S. 1 Nr. 2 EStG.

906 BFH v. 20.11.2014 – IV R 1/11, BStBl. II 2017, 34 (36); BFH v. 26.04.2012 – IV R 44/09, BStBl. II 2013, 142 (144); BFH v. 06.05.2010 – IV R 52/08, BStBl. II 2011, 261 (263).

907 *Stahl,* in: Korn, EStG, § 16 Rn. 117.

908 *Stahl,* in: Korn, EStG, § 16 Rn. 117

909 BFH v. 30.08.2012 – IV R 44/10, BeckRS 2013, 94135; BFH v. 30.04.2003 – I R 102/01, BStBl. II 2004, 804 (805); BFH v. 30.10.2002 – IV R 33/01, BStBl. II 2003, 272; BFH v. 06.11.1995 – I R 242/81, BStBl. II 1986, 333 (334 f.); *Menner,* in: Haritz/Menner, UmwStG, § 20 Rn. 146.

nen Wirtschaftsgüter (Bruchteilsbetrachtung), dessen Wert sich im Kapitalkonto des betreffenden Gesellschafters widerspiegelt.[910]

Dieser Mitunternehmeranteil wird durch zwei Komponenten charakterisiert: zum einen durch den zivilrechtlichen Gesellschaftsanteil und zum anderen, soweit vorhanden, durch das Sonderbetriebsvermögen des Gesellschafters, also Wirtschaftsgüter eines Gesellschafters, welche aufgrund vertraglicher Beziehung zwischen ihm und der Gesellschaft dieser zur Nutzung überlassen werden.[911] Gesellschaftsanteil und Sonderbetriebsvermögen bilden abweichend von der zivilrechtlichen Betrachtungsweise einen einheitlichen Anteil an der Mitunternehmerschaft.[912] Durch diese Wertung wird die Gleichstellung des Mitunternehmers mit der Rechtsposition eines Einzelunternehmers erreicht, denn der Mitunternehmer unterscheidet sich von diesem nur dadurch, dass er seine unternehmerische Tätigkeit nicht allein, sondern zusammen mit anderen (Mit-) Unternehmern in gesellschaftsrechtlicher Verbundenheit ausübt.

§ 2 Bestellung eines Nießbrauchrechts an einem Mitunternehmeranteil

A. Allgemeines – Erscheinungsformen

Mit der Bestellung eines Nießbrauchrechts an einem Mitunternehmeranteil ist aus ertragsteuerlicher Sicht zunächst eine Unterscheidung hinsichtlich

---

910 BFH v. 06.05.2010 – IV R 52/08, BStBl. II 2011, 261 (263 ff.); BFH v. 03.02.2010 – IV R 26/07, DStR 2010, 743 (745); *Borggräfe/Staud,* NWB 2017, 277 (279); *Mische,* BB 2010, 2946 (2947); a. A. und die Bruchteilsbetrachtung ablehnend: *Geschwendtner,* DStR 1993, 817 (820); *Schön,* FR 1994, 658 (662); dieser Mitunternehmeranteil (Beteiligung) ist ggfs. in der Steuerbilanz des Gesellschafters auszuweisen, aber nicht wie ein Wirtschaftsgut zu bewerten, vgl. auch: BFH v. 30.04.2003 – I R 102/01, BStBl. 2004, 804, des Weiteren gilt er als selbstständiger, eigenständiger Sacheinlagegegenstand nach § 20 Abs. 1 UmwStG, vgl. hierzu für viele: *Menner,* in: Haritz/Menner, UmwStG, § 20 Rn. 146.

911 BFH v. 19.03.1991 – VIII R 76/87, BStBl. II 1991, 635 (636); BFH v. 25.02.1991 – GrS 7/89, BStBl. II 1991, 691 (700); *Naujok,* in: Lüdicke/Sistermann, Unternehmensteuerrecht, Rn. 29; *Wacker,* in: Schmidt, § 16 EStG Rn. 407; *Hennrichs,* in: Tipke/Lang, § 10, Rz. 180 f.

912 BFH v. 19.03.1991 – VIII R 76/87, BStBl. II 1991, 635; BFH v. 12.12.1996 – IV R 77/93, BStBl. II 1998, 180; BFH v. 24.08.2000 – IV R 51/98, BStBl. II 2005, 173.

der Erscheinungsformen eines Nießbrauchs zu treffen. Anlass und Inhalt einer Nießbrauchbestellung lassen sich in Vorbehalts-, Zuwendungs- und Vermächtnisnießbrauch unterscheiden.[913]

Durch die Vereinbarung eines Vorbehaltsnießbrauchs hält der ausscheidungswillige Gesellschafter aus Versorgungsgesichtspunkten die Teilhabe an den Erträgen aufrecht. Es kommt mithin zu einer i. d. R. unentgeltlichen Übertragung eines Mitunternehmeranteils unter Zurückbehaltung eines Nutzungsrechts in Form eines Nießbrauchrechts.[914] Hierzu hat bereits der Reichsfinanzhof in seinem Urteil vom 11.07.1928[915] entschieden, dass es mit der Zurückbehaltung eines Nutzungsrechts lediglich zu einer im Wert geminderten Übertragung eines Wirtschaftsguts kommt. Auch der *BFH* sieht in der Folgezeit in der Übertragung mit vorbehaltenem dinglichen oder schuldrechtlichen Nutzungsrecht keine Gegenleistung des Erwerbers für das erhaltene Wirtschaftsgut.[916] Es mindert vielmehr von Anfang an das übertragene Vermögen, denn die Nutzungsmöglichkeit bleibt unverändert beim Übertragenden. Der Erwerber wird insoweit nur Rechtsinhaber eines belasteten Rechts; seine Rechte sind von Beginn an beschränkt.[917] Der gesamte Mitunternehmeranteil ist insoweit belastet, alle Nutzungen sind dem Nießbraucher zuzuweisen (Vollrechts-/Vorbehaltsnießbrauch).

Erfolgt die Anordnung eines Nießbrauchs an einem Gesellschaftsanteil von Todes wegen, liegt ein Vermächtnisnießbrauch vor. Ziel des Erblassers ist es insoweit, die Versorgung von Familienmitgliedern sicherzustellen, die durch die letztwillige Verfügung des Rechtsinhabers von dessen

---

913 Staudinger/*Frank* (2009), BGB, Vorbem. zu §§ 1030 ff. Rn. 23 f.; *Schlitt/Bortfeldt,* in: Reichert, GmbH & Co KG, § 39 Rn. 1 ff.

914 Auf grunderwerbsteuerrechtliche Konsequenzen, insbes. von § 1 Abs. 2a und 3 GrEStG, wird hier nicht weiter eingegangen.

915 RFH v. 11.07.1928 – VI A 221/28, RStBl. 1928, 330.

916 BFH v. 06.05.2010 – IV R 52/08, BStBl. II 2011, 261 (267); BFH v. 07.06.1994 – IX R 33-34/92, BStBl. II 1994, 927 (929); BFH v. 24.04.1991 – XI R 5/83, BStBl. II 1991, 793 (794); BFH v. 26.02.1987 – IV R 325/84, BStBl. II 1987, 772 (773); BFH v. 28.07.1981 – VIII R 124/76, BStBl. II 1982, 378 (379); BFH v. 23.08.1963 – VI 81/62 U, BStBl. III 1963, 484 (485). Dem folgt auch die Finanzverwaltung, vgl. BMF v. 13.01.1993 – IV B 3 – S 2190 – 37/92, BStBl. I 1993, 80, geändert durch BMF v. 26.02.2007, BStBl. I 2007, 269.

917 BFH v. 28.07.1981 – VIII R 124/76, BStBl. II 1982, 378 (379).

Erben einer weiteren Person eingeräumt wird.[918] Auch hier wird in der Nießbrauchbestellung keine Gegenleistung gesehen.[919]

Wird der Nießbrauch allerdings einem Dritten zugewandt, ist von einem Zuwendungsnießbrauch zu sprechen. In diesem Fall bleibt der Gesellschafter weiterhin Gesellschafter der Mitgliedschaft; lediglich das Nutzungsrecht an diesem Anteil wird auf eine dritte Person übertragen.

Erfolgt die Bestellung des Nießbrauchs an einem Gesellschaftsanteil zwischen nahen Angehörigen, ist die steuerrechtliche Anerkennung nur zu gewähren, wenn sie klar vereinbart, ernstlich gewollt und tatsächlich durchgeführt wird. Daraus folgt des Weiteren, dass steuerrechtliche Folgerungen nur dann gezogen werden, wenn die Beteiligten ein bürgerlichrechtliches Nutzungsrecht begründet haben und die zwischen ihnen getroffenen Vereinbarungen auch tatsächlich durchgeführt werden.[920]

Die Nießbrauchgewährung kann in entgeltlicher oder unentgeltlicher Form erfolgen.[921] Für die Abgrenzung zwischen entgeltlich und unentgeltlich bestelltem Nießbrauch ist von Bedeutung, inwieweit die Vereinbarung zwischen Fremden oder nahen Angehörigen stattfindet. Sind nach wirtschaftlichen Gesichtspunkten der Wert des Nießbrauchs und der Wert der Gegenleistung für den Gesellschaftsanteil ausgewogen, liegt in beiden Fällen eine entgeltliche Bestellung vor. Fehlt es bei einer entgeltlichen Vereinbarung an der wirtschaftlichen Angemessenheit wie unter Fremden bezüglich Nießbrauch- und Gegenleistungswert, ist von einem teilentgeltlichen Nießbrauch auszugehen.[922] Hierfür ist regelmäßig der Fremdvergleichsmaßstab heranzuziehen. Fehlt es gänzlich an einer Entgeltlichkeit, liegt ein unentgeltlicher Nießbrauch vor.

B. Die Bedeutung des Sonderbetriebsvermögens

Zivilrechtlich erfolgt die Bestellung eines Nießbrauchs an einem Gesellschaftsanteil nach den für dieses Recht maßgebenden zivilrechtlichen Vor-

---

918 *Milatz/Sonneborn,* DStR 1999, 137 (140).

919 *Döllerer,* StbJb. 1984/85, 55 (74); *Wolff-Diepenbrock,* DStR 1983, 250 (252).

920 BFH v. 16.01.2007 – IX R 69/04, BStBl. II 2007, 579 (580); BMF-Schreiben v. 30.09.2013, BStBl. I 2013, 1184 (1185).

921 BMF v. 30.09.2013, IV C 1 – S 2253/07/10004, BStBl. I 2013, S. 1184 Rn. 10 ff.

922 BMF v. 30.09.2013, IV C 1 – S 2253/07/10004, BStBl. I 2013, S. 1184 Rn. 12.

schriften (§ 1069 Abs. 1 BGB).[923] Mit dieser Bestellung geht aus steuerrechtlicher Sicht einher, inwieweit zu diesem Gesellschaftsanteil steuerrechtlich, funktional wesentliches Sonderbetriebsvermögen des Nießbrauchbestellers zur Mitunternehmerschaft besteht, denn insoweit ist der zivilrechtliche Gesellschaftsanteil nur ein Teil des Mitunternehmeranteils oder, anders gewendet, das Nießbrauchrecht erstreckt sich grundsätzlich nicht auf das Sondervermögen des Gesellschafters/Nießbrauchbestellers. Steuerrechtlich aber bildet es einen Bestandteil des Mitunternehmeranteils und führt damit bei einer Nichtbeachtung zu erheblichen steuerlichen Konsequenzen.[924]

I. Begriff des Sonderbetriebsvermögens

Der Begriff des Sonderbetriebsvermögens ist eine rein steuerrechtlich geprägte Rechtsfigur.[925] Mit dem Rechtsinstitut wird das Ziel verfolgt, eine zumindest partielle Gleichstellung des Mitunternehmers mit einem Einzelunternehmer zu erreichen. Hierzu werden Wirtschaftsgüter, die im Eigentum eines Gesellschafters stehen und sowohl objektiv wie auch subjektiv geeignet und dazu bestimmt sind, der Erzielung von Einkünften aus der Mitunternehmerschaft zu dienen, in die Ermittlung und Bestimmung der gewerblichen Einkünfte dieses Gesellschafters einbezogen. Dies hat zur Folge, dass das Entgelt für die Nutzungsüberlassung der im Eigentum des Gesellschafters stehenden und von der Personengesellschaft genutzten Wirtschaftsgüter, gewerbliche Einkünfte darstellen.[926]

---

923 Vgl. hierzu die Ausführungen im 1. Teil, Kapitel 1, § 3 A.

924 BFH v. 03.12.2015 – IV R 4/13, GmbHR 2016, 437 (439); BFH v. 06.05.2010 – IV R 52/08, BStBl. II 2011, 261 (263); BFH, Beschl. v. 31.08.1995 – VIII B 21/93, BStBl. II 1995, 890 (892); *Kempermann,* GmbHR 2002, 200 (202).

925 *Schneider,* in: Herrmann/Heuer/Raupach, § 15 EStG Rn. 700 f.

926 Grundl. hierzu: *Schneider,* in: Herrmann/Heuer/Raupach, § 15 EStG Rn. 700 f.; *Wichmann,* DStZ 2016, 414.

II. Nießbrauchbestellung am Mitunternehmeranteil und Sonderbetriebsvermögen

1. Vorbehaltsnießbrauch bei einer Mitunternehmeranteilsübertragung

Kommt es zur Begründung eines Nießbrauchverhältnisses durch Übertragung eines Gesellschaftsanteils unter Zurückbehaltung eines Nießbrauchrechts, so ist für die Gewährleistung einer steuerneutralen Übertragung gemäß § 6 Abs. 3 EStG sicherzustellen, dass ein Mitunternehmeranteil, mithin also auch das gesamte funktional wesentliche Sonderbetriebsvermögen des Gesellschafters (Mitunternehmers), übertragen wird.[927] Der Nießbrauchvorbehalt steht der Anwendung von § 6 Abs. 3 EStG insoweit nicht entgegen, denn der Nießbraucher hat gemäß § 1036 Abs. 2 BGB die bisherige wirtschaftliche Bestimmung der Sache aufrechtzuerhalten und nach den Regeln einer ordnungsmäßigen Wirtschaft zu verfahren.[928] Dies führt mithin nicht zu einer Unterbrechung des betrieblichen Zusammenhangs. Findet dies keine Beachtung, kommt es zur Aufdeckung sowohl der sich im Gesellschaftsanteil, als auch der sich im Sonderbetriebsvermögen befindenden stillen Reserven, die der Ertragsbesteuerung gemäß § 16 Abs. 3 EStG zu unterwerfen wären, ggfs. begünstigt nach § 16 Abs. 4 EStG i. V. m. § 34 EStG.[929]

Sind allerdings beide Parteien, Nießbrauchbesteller und Nießbraucher, als Mitunternehmer anzusehen, ist eine Zurückbehaltung von Sonderbetriebsvermögen gemäß § 6 Abs. 3 S. 2 EStG steuerneutral möglich.

Ist der Nießbraucher als Mitunternehmer anzusehen, wird nach Auffassung der Finanzverwaltung das Nießbrauchrecht als Wirtschaftsgut zum notwendigen Sonderbetriebsvermögen des Nießbrauchers, da es für die Erzielung der gewerblichen Einkünfte unmittelbare Voraussetzung ist.[930]

---

927 BFH v. 02.08.2012 – IV R 41/11, ZEV 2012, 685 (685 f.); BFH v. 22.09.2011 – IV R 33/08, DStR 2011, 2137 (2139); *Mourabit,* ZEV 2016, 14 (16)

928 FG Münster v. 24.06.2014 – 3 K 3886/12 F, ZEV 2014, 687; kritisch hierzu: *Kulosa,* in: Schmidt, EStG, § 6 Rn. 651 (4).

929 BFH v. 06.05.2010 – IV R 52/08, BStBl. II 2011, 261(263); BFH v. 01.03.1994 – VIII R 35/92, BStBl. II 1995, 241 (244 f.); *Altendorf/Köcher,* GmbH-StB 2013, 13 (16); *Wälzholz,* DStR 2010, 1930 (1931); allg.: *Düll/Fuhrmann/Eberhard,* DStR 2001, 1773.

930 Gleichlautende Ländererl. v. 02.11.2012, BStBl. I 2012, 1101; zur kritischen Anmerkung siehe 3. Teil, Kapitel 2, Abschn. 2, § 3 B. III.

2. Mitunternehmeranteil und Zuwendungsnießbrauch

Wird zugunsten eines Dritten ein Nießbrauch an einem Mitunternehmeranteil bestellt (Zuwendungsnießbrauch), so ist eine Steuerneutralität nur gegeben, sofern der Nießbrauchbesteller (Gesellschafter) weiterhin die Mitunternehmereigenschaften erfüllt, mithin also Mitunternehmerrisiko trägt und Mitunternehmerinitiative entfalten kann.[931] Dieser behält grundsätzlich einen hinreichenden Bestand an vermögensrechtlicher Substanz des nießbrauchbelasteten Gesellschaftsanteils und einen hinreichenden Bestand an gesellschaftsrechtlichen Mitwirkungsrechten zurück, die seine bisherige Stellung als Gesellschafter und Mitunternehmer aufrechterhalten lassen.[932] Auch die betriebliche Bindung des Sonderbetriebsvermögens zur Mitunternehmerschaft wird durch die Zuwendung eines Nießbrauchs grundsätzlich nicht gelöst.[933] Die Position des Nießbrauchers im Kontext zur Mitunternehmerschaft ist insoweit unerheblich.

3. Übertragung nur des Gesellschaftsanteils

Wird nur der Gesellschaftsanteil übertragen und ist Sonderbetriebsvermögen beim Übertragenden vorhanden, ist eine Steuerneutralität nur dann gemäß § 6 Abs. 3 S. 2 EStG gewährleistet, wenn beide Parteien die Mitunternehmereigenschaften in derselben Mitunternehmerschaft erfüllen, die Wirtschaftsgüter des Sonderbetriebsvermögens der Mitunternehmerschaft weiterhin zur Verfügung stehen und der Rechtsnachfolger den übernommenen Anteil über eine Zeitspanne von mindestens fünf Jahren weder veräußert noch aufgibt.[934]

---

931 Zu den Mitunternehmermerkmalen siehe die Ausführungen im 3. Teil, Kapitel 1, Abschn. 3, § 2 A. III.

932 BFH v. 01.03.1994 – VIII R 35/92, BStBl. II 1995, 241 (244); verliert der Gesellschafter und Nießbrauchbesteller mit der Nießbrauchbestellung (Zuwendungsnießbrauch) seine Mitunternehmerstellung, bleibt zu prüfen, inwieweit die Betriebsverpachtungsgrundsätze analog zur Anwendung kommen; siehe hierzu die Ausführungen im 3. Teil, Kapitel 2, Abschn. 2, § 4 A. I. 1b).

933 BFH v. 01.03.1994 – VIII R 35/92, BStBl. II 1995, 241 (244).

934 § 6 Abs. 3 S. 2 EStG.

4. Übertragung des Mitunternehmeranteils unter Nießbrauchvorbehalt am Gesellschaftsanteil

Wird der Mitunternehmeranteil übertragen, aber ein Nießbrauchvorbehalt nur am Gesellschaftsanteil bestellt, ist die steuerneutrale Übertragung des Mitunternehmeranteils gewährleistet, wenn beide Parteien als Mitunternehmer anzusehen sind. Werden die Rechte des neuen Gesellschafters so stark eingeschränkt, dass er die Mitunternehmereigenschaft nicht erfüllt und bleibt nur der Übertragende und Nießbraucher in der Mitunternehmerposition, kommt es zum Bruch in der Mitunternehmerkette, mit der Konsequenz der Aufdeckung der stillen Reserven im Sonderbetriebsvermögen, denn dieses verliert zu diesem Zeitpunkt seine mitunternehmerische Bindung.[935]

§ 3 Nießbrauchbestellung an einem Teil-Mitunternehmeranteil

A. Grundsätzliches (zur Einheitlichkeit der Mitgliedschaft)

Gesellschaftsrechtlich kann die Beteiligung an einer Personengesellschaft eines Gesellschafters grundsätzlich nicht in mehrere Teile in der Hand eines Gesellschafters aufgespalten werden (Einheitlichkeit der Mitgliedschaft).[936] Allerdings wird dieser Grundsatz der Einheitlichkeit der Beteiligung an einer Personengesellschaft nicht mehr ausnahmslos aufrechtgehalten und eine Trennung zwischen belasteten und unbelasteten Anteilen befürwortet.[937] Das Steuerrecht kennt einen vergleichbaren Grundsatz der Einheitlichkeit eines Mitunternehmeranteils nicht, leitet aber aus diesem gesellschaftsrechtlichen Grundsatz auch die Unteilbarkeit eines Mitunternehmeranteils an einer Mitunternehmerschaft in der Person eines Mitun-

935 BFH v. 10.12.2008 – II R 34/07, BStBl. II 2009, 312 (313 f.); BFH v. 23.02.2010 – II R 42/08, BStBl. II 2010, 555 (557); *Wälzholz,* DStR 2010, 1930 (1932).

936 *Ulmer/Schäfer,* in: MünchKomm-BGB, § 705 Rn. 61 ff., 181 ff.; *Crezelius,* DB 1997, 1584 (1586); vgl. hierzu auch die Ausführungen im 1. Teil, Kapitel 1, § 1 B. II.

937 LG Hamburg v. 13.06.2005 – 312 T 30/04, NZG 2005, 926 (927); *Ulmer/Schäfer,* in: MünchKomm-BGB, § 705 Rn. 61 ff., 181 ff. m. w. N.

ternehmers ab.[938] Es können also nicht mehrere Mitunternehmeranteile an derselben Mitunternehmerschaft in der Hand eines Rechtsträgers liegen.

B. Quoten- und Bruchteilsnießbrauch

Der gesamte Mitunternehmeranteil, der Gegenstand einer Übertragung ist, wird grundsätzlich auch bei der Bestellung eines Quotennießbrauchs mit dem Nießbrauchrecht belastet. Lediglich die aus dem Mitunternehmeranteil fließenden Nutzungen werden quotal zwischen dem Gesellschafter und dem Nießbraucher aufgeteilt.[939]

Für die Frage der Mitunternehmerstellung sowohl des Nießbrauchers als auch des Nießbrauchbestellers ist die Ausgestaltung des gesamten Nießbrauchs zu beurteilen und nicht die quotenmäßige Aufteilung der Nutzungen.[940] So kommt der *BFH* unabhängig von der zivilrechtlichen Zulässigkeit der Teilbarkeit einer Mitgliedschaft an einer Personengesellschaft in einen nießbrauchbelasteten und einen -unbelasteten Teil auf der Grundlage der wirtschaftlichen Betrachtung gemäß § 41 Abs. 1 AO zur Frage, inwieweit die Voraussetzungen für das wirtschaftlich Gewollte erfüllt sind.[941] Hieran kann sich die Frage der Mitunternehmerstellung der Beteiligten nur anschließen. Soweit durch die erhaltene Gesellschafterstellung auch die Mitunternehmereigenschaft im ertragsteuerlichen Sinne gegeben ist, treten hierfür die entsprechenden Rechtsfolgen ein.[942] D. h., dass für den nießbrauchbelasteten wie auch für den unbelasteten Anteil jeweils getrennt voneinander zu prüfen ist, ob sie eine Mitunternehmerstellung vermitteln und es zur tatsächlichen Durchführung der getroffenen Vereinbarungen kommt.[943] Es kommt nicht zu einer Infizierung der sich aus dem unbelasteten Anteil ergebenen Eigenschaften für den Gesellschafter als Mitunternehmer auch für den belasteten Anteil.[944] Der *BFH* teilt

---

938 BFH, Beschl. v. 08.10.2008 – II B 107/08 (NV), ZEV 2008, 611 (612); *Schmitt,* in: Schmitt/ Hörtnagl/Stratz, UmwG/UmwStG, § 24 UmwStG Rn. 67 m. w. N.

939 *Wachter,* DStR 2013, 1929 (1932).

940 BFH v. 16.05.2013 – II R 5/12, BStBl. II 2013, 635 (636); *Wachter,* DStR 2013, 1929 (1932); *Götz,* ZEV 2014, 241 (243).

941 BFH, Beschl. v. 08.10.2008 – II B 107/08 (NV), ZEV 2008, 611 (612).

942 BFH v. 23.02.2010 – II R 42/08, BStBl. II 2010, 555; BFH v. 16.05.2013 – II R 5/12, BStBl. II 2013, 635 (636).

943 BFH v. 16.05.2013 – II R 5/12, BStBl. II 2013, 635 (636).

944 BFH v. 16.05.2013 – II R 5/12, BStBl. II 2013, 635 (636).

damit nicht die zivilrechtliche Mitgliedschaft, sondern die steuerrechtliche Mitunternehmerstellung. Hiernach richten sich die Rechtsfolgen für die ertragsteuerliche Einkünftequalifikation und -zurechnung als auch für die Gewährung erbschaft- und schenkungsteuerlicher Vergünstigungen.[945] Eine Aufteilung der Mitunternehmerstellung des Übernehmers hinsichtlich eines belasteten und eines unbelasteten Mitunternehmeranteils erfolgt nicht.

Demgegenüber wird bei einem Bruchteilsnießbrauch nicht der gesamte Gesellschaftsanteil, mithin der gesamte Mitunternehmeranteil, mit einem Nießbrauchrecht belastet, sondern lediglich ein ideeller Bruchteil des Anteils. Dieser ist somit im vollen Umfang belastet.[946] Es bestehen zwei Mitunternehmeranteilsbruchteile, ein unbelasteter und ein belasteter Anteil. Aus diesem belasteten Anteil stehen dem Nießbraucher entsprechend sämtliche Nutzungen zu (partieller Vollrechtsnießbrauch). Ein einheitlicher Mitunternehmeranteil ist nicht mehr gegeben, sodass für jeden einzelnen Anteil, belastet oder unbelastet, die steuerrechtlichen Tatbestandsmerkmale für die ertragsteuerliche Einkünftequalifikation und -zurechnung und damit auch die Mitunternehmereigenschaft zu prüfen sind. Hierzu ist bisher noch keine BFH-Rechtsprechung ergangen.[947]

§ 4 Steuerrechtliche Bruchteilsbetrachtung und mitunternehmerischer Nießbrauch

Der Anteil an einer Personengesellschaft verkörpert im ertragsteuerrechtlichen Sinn die quotale Berechtigung des Gesellschafters an den zum Gesamthandsvermögen gehörenden Wirtschaftsgütern (§ 39 Abs. 2 Nr. 2 AO).[948] Mit der Nießbrauchbestellung an einem Gesellschaftsanteil stellt

945 BFH, Beschl. v. 08.10.2008 – II B 107/08 (NV), ZEV 2008, 611(612); *Altendorf/ Köcher,* GmbH-StB 2013, 13 (17); *Hochheim/Wagenmann,* DStR 2010, 1707 (1707).

946 *Wachter,* DStR 2013, 1929 (1932).

947 Der BFH stellt in seinem Urteil v. 23.02.2010 – II R 42/08, BStBl. II 2010, 555 (557) lediglich heraus, dass die Meinung im Vordringen sei, „dass beim Erwerb eines nießbrauchbelasteten Gesellschaftsanteils eine mehrfache Beteiligung des erwerbenden Gesellschafters zugelassen werden müsse."

948 BFH v. 26.04.2012 – IV R 44/09, BStBl. II 2013, 142 (144); BFH v. 25.02.1991 – GrS 7/89, BStBl. II 1991, 691 (698 ff.); BFH v. 12.12.1996 – IV R 77/93, BStBl. II 1998, 180 (182); BFH v. 06.05.2010 – IV R 52/08, BStBl. II 2011, 261 (263).

sich nunmehr die Frage, ob es aus steuerrechtlicher Sicht zu einer quotalen Belastung der einzelnen zum Gesamthandsvermögen gehörenden Wirtschaftsgüter kommt und welche Konsequenzen sich bei möglichen Veränderungen im Bestand der Wirtschaftsgüter des Gesamthandsvermögens für das Nießbrauchrecht ergeben.

Zwar hat der Nießbraucher nach der zivilrechtlichen Rechtsprechung und h. M. in der Literatur und dem folgend auch in der steuerrechtlichen Rechtsprechung und im Schrifttum keinen Anspruch auf etwaige im Anlagevermögen sich befindenden stillen Reserven und daraus resultierende etwaige Veräußerungs- und Liquidationserlöse. Aufgrund der Systematik des Steuerrechts und unter Heranziehung der wirtschaftlichen Betrachtungsweise kann und muss es aber nur konsequent sein, den Nießbraucher hieran partizipieren zu lassen, denn der Mitunternehmeranteil und damit die einzelnen zum Gesamthandsvermögen zählenden Wirtschaftsgüter sind nun einmal quotal belastet (logische Auslegung). Mithin wären dem Nießbraucher auch Gewinnanteile, die sich aus der Auflösung stiller Reserven des Anlagevermögens der Mitunternehmerschaft ergeben, über den ihm zuzuweisenden, entnahmefähigen Gewinnanteil zuzurechnen. Damit kommt es wiederum zu einem Auseinanderfallen von zivil- und steuerrechtlicher Sichtweise hinsichtlich der Behandlung und Zurechnung der Erträge aus der Auflösung stiller Reserven des Anlagevermögens der Mitunternehmerschaft.

§ 5 Ergebnis

Die Behandlung eines Nießbrauchrechts an einem Mitunternehmeranteil führt immer dann zu einer steuerrechtlichen Fragestellung, wenn der Gesellschafter und Nießbrauchbesteller über Sonderbetriebsvermögen verfügt. Um eine Steuerneutralität aufrechtzuhalten, ist darauf zu achten, dass beide Parteien, mithin auch der Nießbraucher, die Mitunternehmermerkmale erfüllen und damit eine Mitunternehmerstellung innehaben, mindestens aber sollte der Nießbrauchbesteller darüber verfügen, um der Gefahr der Auflösung stiller Reserven vorzubeugen.

2. Abschnitt: Die Nießbrauchbeteiligten im System der Mitunternehmerschaft

Ist ein Nießbrauchrecht mit steuerrechtlicher Wirkung an einem Mitunternehmeranteil begründet, ist nunmehr eine Antwort auf die Frage zu geben, wie die jeweilige Stellung der Nießbrauchbeteiligten sich gerade in Bezug auf die Mitunternehmerschaft darstellt. Nach anfänglicher Erläuterung der Voraussetzungen für die Erfüllung einer Mitunternehmerstellung der Nießbrauchbeteiligten, gilt es, sich kritisch mit der in Schrifttum und Rechtsprechung verfolgten Sichtweise einer Mitunternehmerverdoppelung bei der Erfüllung der Mitunternehmerkriterien sowohl durch den Nießbraucher als auch durch den Nießbrauchbesteller auseinanderzusetzen. Aus dieser Kritik heraus und dem Gedanken, dass das Nießbrauchrecht unter bestimmten, bereits erläuterten Voraussetzungen, eine eigene Einkunftsquelle darstellen kann, ist der Frage nachzugehen, inwieweit es dennoch zu einer Mitunternehmeranteilserweiterung bzw. einer schlichten Mitunternehmererweiterung auf der Basis einer sog. Nullbeteiligung als Lösungsansatz kommen kann. Weder Schrifttum noch Rechtsprechung sind dieser Frage bisher nachgegangen. Zuvor ist es jedoch angebracht, einen kurzen zivilrechtlichen Rückblick zu geben.

§ 1 Zivilrechtlicher Rückblick

Mit der dinglichen Bestellung eines Nießbrauchrechts an einem Gesellschaftsanteil, respektive Mitunternehmeranteil, kommt es zur Belastung des Anteils mit den Rechten des Nießbrauchers im Ganzen. Dies geschieht aber nur dann, wenn alle Gesellschafter des Personenverbands die Belastung eines Gesellschaftsanteils gesellschaftsvertraglich geregelt oder aber durch eine Ad-hoc-Zustimmung eingewilligt haben.[949] Damit wird deutlich, dass alle Beteiligten des Personenverbandes in Kenntnis sind, dass eine weitere Person, der Nießbraucher, unter bestimmten Voraussetzungen Einfluss auf die Geschicke der Gesellschaft nehmen kann. Denn das mit dem Nießbrauchrecht verbundene Fruchtziehungsrecht geht über den Anspruch auf den entsprechenden entnahmefähigen Gewinn hinaus und be-

---

949 Siehe hierzu die Ausführungen im 1. Teil, Kapitel 1, § 3 A II.

inhaltet auch bestimmte Mitwirkungs- und Mitverwaltungsrechte zivilrechtlicher Art.

Eine einem Gesellschafter wirtschaftlich vergleichbare Position wird der Nießbraucher im Sinne des Gesellschaftsrechts allerdings nur dann innehaben, wenn er in seiner Position eine so starke wirtschaftliche Rechtsbeziehung über den Nießbrauchbesteller zum Personenverband hat, dass sie einem Gesellschafter gleichkommt. Hierfür ausreichend wäre laut BGH-Rechtsprechung die wirtschaftliche Stellung eines vergleichbar unmittelbar beteiligten Kommanditisten.[950]

§ 2 Die Mitunternehmerstellung

A. Nießbrauchbesteller (Gesellschafter) als Mitunternehmer

Kraft seiner Gesellschafterstellung wird durch die Nießbrauchbestellung am Gesellschaftsanteil die Mitunternehmerqualifikation grundsätzlich nicht berührt, soweit beim Anteilsinhaber ein ausreichender Bestand an vermögensrechtlicher Substanz (Mitunternehmerrisiko) und gesellschaftsrechtliche Mitwirkungsrechte (Mitunternehmerinitiative) verbleiben.[951] Maßgeblich ist hierfür das Gesamtbild der Verhältnisse und damit die Ausgestaltung des Nießbrauchverhältnisses im Einzelfall.

So stehen dem Gesellschafter nach überwiegender zivilrechtlicher Meinung der nicht entnahmefähige Gewinnanteil wie auch der Gewinnanspruch bei Auflösung stiller Reserven des Anlagevermögens sowie ein anteiliger Liquidationserlös bei Auflösung der Gesellschaft zu, womit auch aus steuerrechtlicher Sicht das Mitunternehmerrisiko hinreichend gegeben ist.[952] Dieses ist selbst dann erfüllt, wenn der Nießbrauchbesteller ausschließlich am Veräußerungserlös beteiligt wäre.[953]

---

950 BGH v. 20.01.2015 – II ZR 444/13, NJW 2015, 1169 (1170).

951 BFH v. 01.03.1994 – VIII R 35/92, BStBl. II 1995, 241 (244); BFH v. 16.05.1995 – VIII R 18/93, BStBl. II 1995, 714 (717); *Haep,* in: Herrmann/Heuer/Raupach, § 15 EStG Rn. 439; *Söffing/Jordan,* BB 2004, 353 (353); *Fleischer,* ZEV 2012, 466 (469); *Korn/Carlé,* KÖSDI 2009, 16514 (16527).

952 BFH v. 01.03.1994 – VIII R 35/92, BStBl. II 1995, 241 (244); *Haep,* in: Herrmann/Heuer/Raupach, § 15 EStG Rn. 439; *Kleinert/Geuß,* DStR 2013, 288 (291 f.).

953 Vgl. BFH v. 23.02.2010 – II R 42/08, BStBl. II 2010, 555 (557).

Die Teilhabe des Gesellschafters an unternehmerischen Entscheidungen (Initiativrechte) ist gemäß h. M. des Zivilrechts allein schon durch das Stimm- und Mitwirkungsrecht bei den Grundlagengeschäften gewahrt.[954] Diese Kompetenz wird dem Nießbrauchbesteller auch nicht durch die Einräumung eines Nießbrauchrechts am Gesellschaftskapital genommen.[955]

Die Finanzrechtsprechung geht hier einen Schritt weiter und bestätigt, dass es für das Vorliegen der Mitunternehmerinitiative beim Nießbrauchbesteller ausreichend ist, wenigstens annäherungsweise die Stimm-, Kontroll- und Widerspruchsrechte eines Kommanditisten nach den Regelungen des HGB oder der gesellschaftsrechtlichen Kontrollrechte gemäß § 716 Abs. 1 BGB zum Zeitpunkt der Übertragung der Gesellschaftsanteile inne zu haben.[956] Der Stimmrechtsausschluss des Gesellschafters für die laufenden Angelegenheiten der Gesellschaft ist für seine Mitunternehmerstellung unschädlich, da auch der Kommanditist nach der gesetzlichen Regelung in § 164 S. 1 HGB von der Geschäftsführung in laufenden Angelegenheiten ausgeschlossen ist.[957] Damit lässt nach Auffassung des *BFH* ein nach den zivilrechtlichen Vorgaben des BGB ausgestaltetes Nießbrauchrecht die Stellung des Nießbrauchbestellers als Mitunternehmer grundsätzlich nicht entfallen.[958] Hiernach vermittelt der nießbrauchbelastete Anteil weiterhin die Mitunternehmerstellung. Ist der Nießbrauchbesteller und Neu-Gesellschafter bereits vor der Anteilsübertragung Gesellschafter der Personengesellschaft und vermittelt dieser Anteil bereits eine Mitunternehmerstellung, so kompensiert diese nicht eine fehlende Mitunternehmereigenschaft für den hinzuerworbenen Gesellschaftsanteil aufgrund zivilrechtlich bestehender Einheitlichkeit der Mitgliedschaft. Der hinzuerworbene Gesellschaftsanteil muss für sich wiederum die Mitunternehmerstellung vermitteln.[959]

Hat der Gesellschafter vertraglich auf sein Stimmrecht zugunsten des Nießbrauchers insgesamt verzichtet oder ihm eine umfassende Stimm-

---

954 BFH v. 16.12.2009 – II R 44/08, GmbHR 2010, 499 (500).

955 BGH v. 09.11.1998 – II ZR 213/97, NJW 1999, 571.

956 BFH v. 06.05.2015 – II R 34/13, NZG 2015, 1207 (1208); BFH v. 16.05.2013 – II R 5/12, BStBl. II 2013, 635 (636); BFH v. 01.03.1994 – VIII R 35/92, BStBl. II 1995, 241 (245).

957 BFH v. 01.03.1994 – VIII R 35/92, BStBl. II 1995, 241 (245).

958 BFH v. 16.05.2013 – II R 5/12, BStBl. II 2013, 635 (636); BFH v. 23.02.2010 – II R 41/08, BStBl. II 2010, 555 (557); BFH v. 01.03.1994 – VIII R 35/92, BStBl. II 1995, 241 (245).

959 BFH v. 16.05.2013 – II R 5/12, BStBl. II 2013, 635 (636).

rechtsvollmacht erteilt, welche auch die Grundlagengeschäfte und damit den Kernbereich seiner Gesellschafterstellung beinhaltet, ist gemäß Rechtsprechung und Schrifttum das Kriterium der Mitunternehmerinitiative nicht mehr erfüllt.[960] Die Mitunternehmerinitiative des Gesellschafters ist auch dann nicht mehr gegeben, wenn er, bezogen auf den nießbrauchbelasteten Anteil, die Stimmrechte nach Weisung des Nießbrauchers ausübt und diesem selbst die uneingeschränkten Auskunfts- und Einsichtsrechte eines Gesellschafters zustehen.[961] Die Position des Nießbrauchbestellers ist damit so geschwächt, dass nicht mehr von einem Mitunternehmer gesprochen werden kann.[962] Beispielhaft seien folgende Urteile des *BFH* genannt, in dem er die Mitunternehmerstellung des Nießbrauchbestellers (Beschenkter und Neu-Gesellschafter) versagt hat:

- BFH v. 10.12.2008 – II R 34/07, BStBl. II 2009, 312:
  Die Eltern haben sich die Gesellschafterrechte vorbehalten und sich zusätzlich („vorsorglich") Stimmrechtsvollmacht erteilen lassen.
- BFH v. 23.02.2010 – II R 42/08, BStBl. II 2010, 555:
  Schenker (Nießbraucher) behält sich die Stimmrechte auch für die Grundlagengeschäfte eines Gesellschafters vor.
- BFH v. 16.05.2013 – II R 5/12, BStBl. II 2013, 635:
  Schenker (Nießbraucher) behält sich zu einer bestimmten Quote Stimm- und Mitverwaltungsrechte vor.
- BFH v. 01.10.2014 – II R 40/12 (NV), BFH/NV 2015, 500:
  Stimm- und Mitverwaltungsrechte sollen dem Nießbraucher zustehen.
- BFH v. 06.05.2015 – II R 34/13, BStBl. II 2015, 821:
  Schenker behält sich die Ausübung der Stimmrechte auch für Grundlagengeschäfte vor.

Die Beispiele zeigen, dass bei der Abfassung der rechtsgeschäftlichen Abrede zwischen den Nießbrauchsbeteiligten nicht nur die zivilrechtlichen, sondern auch die steuerrechtlichen Wirkungen zu beachten sind.

---

960 BFH v. 23.02.2010 – II R 42/08, BStBl. II 2010, 555 (557); FG Düsseldorf, v. 24.8.2016 – 4 K 3250/15 Erb, Rev. eingelegt, Az. BFH: II R 34/16, EFG 2016, 1727; *Kraft,* NWB 2017, 2972.

961 *Kleinert/Geuß,* DStR 2013, 288 (291).

962 BFH v. 06.05.2015 – II R 34/13, BStBl. II 2015, 821 (823 f.); BFH v. 10.12.2008 – II R 34/07, BStBl. II 2009, 312 (314); BFH v. 23.02.2010 – II R 42/08, BStBl. II 2010, 555 (557 f.); *Frank,* MittBayNot 2010, 96 (102); *Götz,* ZEV 2014, 241 (241).

B. Nießbraucher als Mitunternehmer

Ertragsteuerrechtlich erlangt der Nießbraucher die Mitunternehmerqualifikation, wenn er auf der Grundlage des Gesamtbildes der Verhältnisse, mithin also nach den zivilrechtlichen Regelungen bzw. nach den zwischen Gesellschafter und Nießbraucher getroffenen Abreden, Mitunternehmerinitiative und -risiko entfalten kann bzw. eingeht.[963]

I. Mitunternehmerrisiko

Der Nießbraucher hat entsprechend seines Fruchtziehungsrechts Anspruch auf den zur Entnahme freigegebenen Gewinnanteil, was sich wiederum nach der h. M. nicht auf die stillen Reserven am Gesellschaftsvermögen bezieht. Für die Annahme einer Mitunternehmerstellung ist nach ständiger BFH-Rechtsprechung eine Gewinnbeteiligung obligatorisch,[964] während auf die grundsätzlich auch erforderliche Beteiligung an den stillen Reserven einschließlich eines Firmenwerts/Geschäftswerts im Einzelfall verzichtet werden kann.[965] Allerdings nimmt der Nießbraucher damit nur in einem sehr eingeschränkten Umfang am Erfolg der Gesellschaft teil, denn der auf den mit dem Vorbehaltsnießbrauch belastete Gesellschaftsanteil entfallende anteilige Verlust eines Verlustjahres der Gesellschaft ist grundsätzlich dem Gesellschafter und nicht dem Vorbehaltsnießbraucher zuzurechnen.[966] An diesem Verlust der Gesellschaft ist der Nießbraucher nicht direkt beteiligt, trägt aber sehr wohl mittelbar das Verlustrisiko, als ihm insoweit zukünftige Gewinnanteile grundsätzlich nicht zustehen. Diese sind als nicht entnahmefähige Gewinne auch vom Nießbrauchbesteller zu versteuern.

---

963 BFH v. 01.03.1994 – VIII R 35/92, BStBl. II 1995, 241 (245); BFH v. 14.11.1979 – I R 123/76, BStBl. II 1980, 432 (433 f.); BFH v. 11.04.1973 – IV R 67/69, BStBl. II 1973 528 (530); *Söffing/Jordan,* BB 2004, 353 (353); *Schulze zur Wiesche,* BB 2004, 355 (356).

964 BFH v. 03.11.2015 – VIII R 63/13, BStBl. II 2016, 383 (385); BFH v. 01.07.2010 – IV R 100/06, BFH/NV 2010, 2056 = BeckRS 2010, 25016454.

965 BFH v. 01.07.2010 – IV R 100/06, GmbHR 2010, 1168 (1171); BFH v. 18.02.1993 – IV R 132/91, BFH/NV 1993, 647.

966 BFH v. 03.12.2015 – IV R 43/13, BFH/NV 2016, 742 = BeckRS 2016, 94366.

Über diese mittelbare Verlustteilnahme hinaus, sieht die Finanzrechtsprechung auch in der fehlenden persönlichen Haftung des Nießbrauchers keine Gefährdung des Kriteriums Mitunternehmerrisiko.[967]

Dagegen wird eine fehlende Beteiligung des Nießbrauchers an den stillen Reserven und dem Geschäftswert in der Literatur wie auch in der Finanzrechtsprechung unterschiedlich gesehen.

So wird teilweise vertreten, dass ein Mitunternehmerrisiko auch bei Fehlen dieses Kriteriums vorliegen kann, soweit die weiteren Voraussetzungen in entsprechend stärkerer Ausprägung erfüllt sind.[968] Andere Stimmen wiederum verneinen ein Mitunternehmerrisiko des Nießbrauchers, wenn eine Beteiligung an den stillen Reserven des gewerblichen Betriebs nicht vermittelt wird.[969]

Mithin kann das Kriterium des vollen Mitunternehmerrisikos nur dann als erfüllt angesehen werden, wenn nicht nur die Teilnahme am laufenden Unternehmenserfolg besteht, sondern auch gewährleistet ist, dass bei Beendigung des Nießbrauchverhältnisses und damit bei Beendigung einer „Quasi" – Gesellschafterstellung des Nießbrauchers in Bezug auf die betroffene Gesellschaft, dieser auch einen entsprechenden Anspruch auf den Zuwachs der stillen Reserven des Betriebsvermögens einschließlich eines Firmenwerts hat.[970] Insgesamt bleibt aber das Gesamtbild der Verhältnisse entscheidend, d. h., dass zu einem schwach ausgeprägten Mitunternehmerrisiko dann eine besonders stark ausgeprägte Mitunternehmerinitiative hinzutreten muss, um die Mitunternehmereigenschaft des Nießbrauchers zu erfüllen.

---

967 BFH v. 24.09.1991 – VIII R 349/83, BStBl. II 1992, 330 (333); *Daragan,* DStR 2011, 1347 (1348 f.); a. A. *Wacker,* in: Schmidt, EStG, § 15 Rn. 311.

968 BFH v. 11.04.1973 – IV R 67/69, BStBl. II 1973 528 (530); BFH v. 01.03.1994 – VIII R 35/92, BStBl. II 1995, 241 (244 f.); *Haep,* in: Herrmann/Heuer/Raupach, § 15 EStG Rn. 441; *Schulze zur Wiesche,* DStR 1995, 318 (320); *Bode,* in: Blümich, EStG, § 15 EStG Rn. 365.

969 BFH v. 21.04.2009 – II R 26/07, BStBl. II 2009, 602 (604); BFH v. 28.10.1999 – VIII R 66–70–97, BStBl. II 2000, 183 (184); *Wacker,* in: Schmidt, EStG, § 15 Rn. 264; *Küspert,* FR 2014, 397 (401 f.).

970 So auch der BFH in seinem Urteil vom 13.07.2017 – IV R 41/14, DStR 2017, 2104 (2106), ergangen zur Mitunternehmerinitiative und Mitunternehmerrisiko bei einer GmbH & Still.

II. Mitunternehmerinitiative

Das Stimmrecht als Ausdruck der Mitunternehmerinitiative vermittelt die rechtliche und tatsächliche Möglichkeit, Einfluss auf die Geschicke des Unternehmens zu nehmen und damit an den unternehmerischen Entscheidungen teilzuhaben.[971] Das Stimmrecht des Nießbrauchers kann hierbei unterschiedlich ausgestaltet sein. So kann es ausschließlich beim Nießbraucher liegen, gemeinsam von Gesellschafter und Nießbraucher ausgeübt oder aber zwischen beiden aufgeteilt werden.[972]

Steht dem Nießbraucher das alleinige Stimmrecht zu, besteht die Gefahr, dass die gesellschaftsrechtlichen Kompetenzen des Gesellschafters dadurch ausgehebelt werden und damit als unzulässig anzusehen sind.[973] Dem Gesellschafter wird ein gewisser Kernbereich aus seiner Mitgliedschaft verbleiben müssen, um nicht gegen § 717 Abs. 1 BGB zu verstoßen und die eigene Mitunternehmerstellung zu gefährden.[974]

Der *BFH* vertritt die Ansicht der Stimmrechtsaufteilung zwischen Gesellschafter und Nießbraucher und ordnet die Stimmrechte für Beschlüsse in laufenden Angelegenheiten dem Nießbraucher zu, während für Grundlagengeschäfte die Rechte beim Gesellschafter verbleiben.[975] Gewährleistet ist mit diesem Ansatz das Kriterium der Mitunternehmerinitiative für die Mitunternehmerstellung sowohl des Gesellschafters als auch des Nießbrauchers, obwohl die Schwierigkeit in der Aufteilung und Zuweisung der Beschlussgegenstände selbst liegt.[976]

Eine besonders stark ausgeprägte Mitunternehmerinitiative wird allerdings dann für den Nießbraucher zu fordern sein, wenn das Mitunternehmerrisiko hinter der Rechtsstellung zurückbleibt, die das HGB einem

---

971 BFH v. 11.04.1973 – IV R 67/69, BStBl. II 1973, 528 (530); BFH v. 01.09.2011 – II R 67/09, BStBl. II 2013, 210 (215); *Haep,* in: Herrmann/Heuer/Raupach, § 15 EStG Rn. 441.

972 Vgl. auch: *Wachter,* DStR 2013, 1929 (1933), siehe auch die umfassenden Ausführungen im 1. Teil, Kapitel 3, Abschn. 2, § 2 B.

973 BGH v. 10. 11. 1951 – II ZR 111/50, NJW 1952, 178 (179 f.), wonach eine unwiderrufliche Stimmrechtsvollmacht unter gleichzeitigem Stimmrechtsverzicht zu einer Stimmrechtsabtretung führt und damit als unzulässig anzusehen ist; siehe hierzu auch: *Wertenbruch,* NZG 2017, 81.

974 *Wachter,* DStR 2013, 1929 (1933).

975 BFH v. 23.02.2010 – II R 42/08, BStBl. II 2010, 555 (557); BFH v. 01.03.1994 – VIII R 35/92, BStBl. II 1995, 241 (245).

976 *Wachter,* DStR 2013, 1929 (1933).

Kommanditisten zuweist.[977] So kommt das *FG Köln* in seinem Urteil vom 15.11.2002[978] zu dem Ergebnis, dass es an der Mitunternehmerinitiative fehlt, wenn der Nießbraucher nicht auf die Geschicke der Gesellschaft Einfluss nehmen kann, er beispielsweise nicht an der Aufstellung, Prüfung und Feststellung des Jahresabschlusses mitwirkt. Das *FG München*[979] wiederum stellt heraus, dass die Mitunternehmerinitiative die Teilhabe an unternehmerischen Entscheidungen wenigstens im Umfang der Stimm-, Kontroll- und Widerspruchsrechte eines Kommanditisten nach dem Regelstatut des HGB voraussetzt.

Der *BFH*[980] sieht insgesamt die zwischen den Beteiligten getroffenen, vertraglichen Regelungen nicht allein als maßgebende Kriterien für die Beurteilung einer Mitunternehmerstellung an. Entscheidend ist vielmehr das Gesamtbild der tatsächlichen Verhältnisse im Einzelfall, wobei auf das wirtschaftlich Gewollte und das tatsächlich Bewirkte abzustellen ist.[981]

Im steuerrechtlichen Schrifttum wird für einige eine Mitunternehmerinitiative beim Nießbraucher als gegeben angesehen, wenn wenigstens die zivilrechtlichen Regelungen vereinbart wurden,[982] für andere ist die Übertragung des Stimmrechts in der Gesellschafterversammlung zugunsten des Nießbrauchers das ausschlaggebende Kriterium.[983]

Treten Auskunfts- und Einsichtsrechte zum Stimmrecht hinzu, werden dadurch nochmals die Initiativrechte des Nießbrauchers verstärkt.[984]

III. Stellungnahme

Die Mitunternehmerstellung ist nur dann erfüllt, wenn Mitunternehmerinitiative und Mitunternehmerrisiko kumulativ, ggfs. in unterschiedlicher

---

977 So der BFH in seinem Urteil vom 13.07.2017 – IV R 41/14, DStR 2017, 2104 (2106), ergangen zur Mitunternehmerinitiative und Mitunternehmerrisiko bei einer GmbH & Still.

978 FG Köln v. 15.11.2002 – 5 K 4243/93, EFG 2003, 587 (588).

979 FG München v. 26.04.2016, 12 K 1204/15, BeckRS 2016, 124396, (anh. Verfahren beim BFH, BFH – IV R 10/17).

980 BFH v. 24.01.2012 – IX R 51/10, ZEV 2012, 284 (285).

981 So auch: *von Oertzen/Stein,* Ubg 2012, 285 (287).

982 *Schulze zur Wiesche,* BB 2004, 355 (356); *Daragan,* DStR 2011, 1347 (1348); *Korn,* DStR 1999, 1461 (1470); kritisch: *Mitsch,* INF 2003, 388 (390 f.)

983 *Götz/Jorde,* FR 2003, 998 (1002); *von Oertzen/Stein,* Ubg 2012, 285 (287).

984 *Kleinert/Geuß,* DStR 2013, 288 (291); *Götz/Hülsmann,* Der Nießbrauch, S. 248.

Ausprägung, gegeben sind. Ist ein Merkmal schwach ausgeprägt, muss es durch das weitere Merkmal entsprechend stark kompensiert werden können.

Für ein Mitunternehmerrisiko ist die Gewinnbeteiligung obligatorisch. Dies bedeutet aber auch die Teilhabe am Misserfolg sowie eine Beteiligung an den stillen Reserven und einem Geschäftswert der Gesellschaft. All dies ist bei einer zivilrechtlich gestalteten Nießbrauchbestellung für den Nießbraucher kaum bzw. gar nicht erfüllt. Aufgrund seines Fruchtziehungsrechts besteht sein Gewinnanspruch nur auf den durch Gewinnverteilungsbeschluss der Gesellschafter bestimmten entnahmefähigen Gewinn. Erfüllt der Nießbraucher eine gesellschafterähnliche Rechtsposition, ist er dennoch als Null-Beteiligungs-Quasi-Gesellschafter nur geringfügig durch eine mittelbare Verlustteilnahme am Misserfolg der Gesellschaft beteiligt. Eine Beteiligung an den stillen Reserven des Unternehmens fehlt ihm gänzlich. Das damit beim Nießbraucher schwach ausgeprägte Mitunternehmerrisiko muss folglich durch ein Übermaß an Initiativrechten kompensiert werden können, um die Mitunternehmerstellung zu erreichen. Hat hierzu der Nießbraucher lediglich die gemäß den Vorschriften des HGB geltenden Mitwirkungs- und Verwaltungsrechte eines Kommanditisten inne, werden diese Initiativrechte voraussichtlich nicht ausreichend sein, um die fehlende Ausprägung beim Mitunternehmerrisiko zu kompensieren.[985] Hier werden Aufgaben der Geschäftsführung und damit Einfluss auf die Geschicke des Unternehmens hinzutreten müssen.[986] Für das Vorliegen einer Mitunternehmerschaft sind also die Verhältnisse im Einzelfall und in ihrer Gesamtheit zu prüfen und auch maßgebend.[987] Hierbei muss das Augenmerk nicht auf das formal Rechtliche, sondern auf das wirtschaftlich Gewollte und tatsächlich Bewirkte gelegt werden.

Der Gesellschafter und Nießbrauchbesteller wird im Regelfall aufgrund seiner zurückbehaltenen Rechte über ein ausreichendes Mitunternehmerrisiko verfügen bzw. Initiativrechte innehaben, womit er die Mitunternehmerkriterien erfüllt und damit weiterhin als Mitunternehmer anzusehen ist. Sind beide Parteien des Nießbrauchverhältnisses als Mitunternehmer anzusehen, ergeben sich die bereits oben erläuterten Fragestellungen.[988]

---

985 So auch: *Wacker,* in: Schmidt, EStG, § 15 Rn. 306; *Hochheim/Wagenmann,* ZEV 2010, 109 (110); BFH v. 13.07.2017 – IV R 41/14, DStR 2017, 2104 (2107).

986 BFH v. 13.07.2017 – IV R 41/14, DStR 2017, 2104 (2107).

987 *Kraft/Schreiber,* NWB 2016, 1492 (1494).

988 Siehe hierzu die Ausführungen im 3. Teil, Kapitel 2, Abschn. 2, § 2.

Vermittelt die Rechtsposition des Nießbrauchers eine Sachherrschaft über den Mitunternehmeranteil in der Weise, dass er den Nießbrauchbesteller von der Einwirkung auf den Anteil ausschließen kann, ist ihm das wirtschaftliche Eigentum gemäß § 39 Abs. 2 Nr. 1 AO zuzurechnen. Dies ist erst recht dann anzunehmen, wenn der Nießbraucher im Rahmen des Vorbehaltsnießbrauchs einen unwiderruflichen Widerrufsvorbehalt bzw. ein jederzeitiges Rückforderungsrecht innehat. Die Mitunternehmerstellung des Nießbrauchers ist in dieser Situation eindeutig. Er nimmt anstelle des Gesellschafters dessen gesellschaftsrechtliche Position ein, denn insoweit ist der Nießbraucher in der Lage, den zivilrechtlichen Gesellschafter für die Dauer des Nießbrauchverhältnisses wirtschaftlich aus dessen Stellung zu verdrängen.[989]

§ 3 Der mitunternehmerische Nießbraucher und die Mitunternehmerschaft

Erfüllen Nießbraucher und Nießbrauchbesteller die Mitunternehmerkriterien, ist auch der Nießbraucher Mitunternehmer der betroffenen Mitunternehmerschaft. In Schrifttum und Rechtsprechung wird hierzu die Mitunternehmerverdoppelung an ein und denselben Mitunternehmeranteil über den Weg der diagonalen Spaltung vertreten. Wie diese zu rechtfertigen ist und ob es überhaupt zu einer entsprechenden Spaltung des Mitunternehmeranteils kommen kann bzw. wie sich dennoch eine Erweiterung der Mitunternehmerschaft mit dem mitunternehmerischen Nießbraucher darstellen lässt, wird im Folgenden untersucht. Zuvor gilt es jedoch die Grundproblematik nochmals aufzugreifen.

A. Grundproblematik

Das Gesellschaftsverhältnis wird durch eine personenrechtliche Gemeinschaft verkörpert, welche einen gemeinsamen Zweck verfolgt und durch den Rechtsbindungswillen getragen wird, diesen Zweck nicht nur zu verfolgen, sondern durch eine gemeinsame Teilnahme am Marktgeschehen und damit ein gemeinsames Handeln auch zu fördern. Ein ausdrücklicher,

---

989 BFH v. 22.06.2017 – IV R 42/13, DStR 2017, 2653 (2656 f.) m. w. N.

schriftlich zu vereinbarender Gesellschaftsvertrag ist nicht zwingend. Ein partnerschaftliches Zusammenwirken auf unternehmerischer Grundlage zur Erreichung eines gemeinsamen wirtschaftlichen Zieles ist ausreichend, um ein konkludent zustande gekommenes Gesellschaftsverhältnis zu begründen.[990] Auch eine kapitalmäßige Beteiligung ist weder zivilrechtlich noch steuerrechtlich zwingende Voraussetzung.[991]

Betrachtet man nunmehr das zivilrechtliche Nießbrauchverhältnis, so bewirkt die Dinglichkeit eine Berechtigung am belasteten Gegenstand, mit der Folge, dass der Nießbraucher aus eigenem Recht die Erträge aus dem Gesellschaftsanteil als originäre Erträge beanspruchen und ggfs. zivilrechtliche Mitwirkungsrechte ausüben kann. Inwieweit es aber zu einem Auseinanderfallen von der tatsächlichen Sachherrschaft über einen Gesellschaftsanteil einerseits und der formellen (zivilrechtlichen) Inhaberschaft andererseits kommt, mit der Folge, dass dann derjenige als Gesellschafter anzusehen ist, bei dem die tatsächliche Sachherrschaft liegt, bleibt fraglich. Ohne einen Rechtsbindungswillen lässt sich ein Gesellschaftsverhältnis nicht konstruieren.[992] Auch aus einer bloßen wirtschaftlichen Machtposition des Nießbrauchers lässt sich ein solcher Verpflichtungswille nicht ableiten.[993]

Dies hat zur Folge, dass der Nießbraucher grundsätzlich nicht Gesellschafter/Mitunternehmer wird und damit kein Gesellschaftsverhältnis/keine Mitunternehmerschaft als Tatbestandsmerkmal von § 15 Abs. 1 Satz 1 Nr. 2 EStG auslöst. Auch das Nießbrauchverhältnis selbst stellt kein Gesellschaftsverhältnis mangels Vorliegen der tatbestandsmäßigen Voraussetzungen dar.[994]

---

990 BFH v. 14.08.1986 – IV R 248/84, BStBl. II 1987, 17; FG München, v. 21.04.2016 – 10 K 1375/15, Rev. eingelegt (BFH v. 23.01.2017 – VI R 45/16, ANHVERF 2017).

991 BGH v. 06.04.1987 – II ZR 101/86, BB 1987, 1276; OLG Frankfurt a. M., Beschl. v. 20.09.2012 – 20 W 264/12, NZG 2013, 338 (338); BFH v. 03.11.2015 – VIII R 63/13, BStBl. II 2016, 383; BFH v. 25.4.2006 – VIII R 74/03, BStBl. II 2006, 595 (597); *Levedag,* FR 2016, 733 (734).

992 BFH v. 16.05 1989 – III R 196/84, BStBl. II 1989, 877 (878).

993 BFH v. 01.07.2003 – VIII R 2/03, BFH/NV 2003, 1564 = GmbHR 2003, 1507; *Birk/Desens/Tappe,* Steuerrecht, S. 342.

994 *Küspert,* FR 2014, 397 (405).

Grafisch lässt sich die Beziehung wie folgt darstellen:

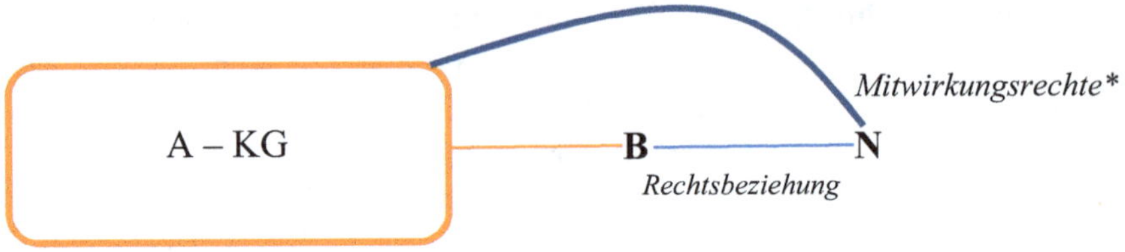

mit:
B = Gesellschafter/Nießbrauchbesteller
N = Nießbraucher

**rein zivilrechtlicher Art*

Der Nießbraucher wird nur dann eine einem Gesellschafter wirtschaftlich vergleichbare Rechtsposition einnehmen, wenn er nicht nur Rechte und Pflichten vermögensrechtlicher Art, sondern ebenso Mitwirkungs- und Mitverwaltungsrechte innehat, die ihm Einfluss auf gesellschaftsrechtliche Maßnahmen zubilligen und damit letztlich über die ihm zustehenden Rechte des Bürgerlichen Gesetzbuchs hinausgehen. Hierfür müssen als Maßstab wenigstens die Rechte und Pflichten eines Kommanditisten gemäß § 161 HGB herangezogen werden. Dafür bedarf es gesellschaftsrechtlicher Abreden zwischen Nießbraucher und Nießbrauchbesteller.[995]

Nimmt der Nießbraucher diese Rechtsposition ein und verfügt er über einen entsprechenden auf den Unternehmenszweck gerichteten Verpflichtungswillen, ist von einer dem Gesellschafter vergleichbaren Stellung zur Gesellschaft auszugehen.

Mit dieser Quasi-Gesellschafterstellung ist aber noch keine Aussage über die steuerrechtliche Mitunternehmereigenschaft, wie § 15 Abs. 1 Satz 1 Nr. 2 EStG sie fordert, getroffen. Die Mitunternehmereigenschaft kann aber über diese Quasi-Gesellschafterstellung vermittelt werden.

Erfüllt nicht nur der Nießbraucher mit dieser Quasi-Gesellschafterstellung die Mitunternehmereigenschaften, sondern auch der Nießbrauchbe-

---

995 Vgl. auch *Mitsch,* INF 2003, 388 (390), der ebenso davon ausgeht, dass der Nießbraucher und der Nießbrauchbesteller unabhängig von der Ausgestaltung des Nießbrauchrechts nicht stets als Mitunternehmer anzusehen ist; *Korn,* DStR 1999, 1461 (1470 f.) neigt dazu, bei einem Nießbrauchrecht mit nur zivilrechtlichem Inhalt die Mitunternehmereigenschaft sowohl bei dem Gesellschafter als auch beim Nießbraucher zu bejahen.

steller,[996] gehen Schrifttum und die Finanzrechtsprechung von einer sogenannten Mitunternehmerverdoppelung in Bezug zum Gesellschafterkreis aus.

B. Das Problem der Mitunternehmerverdoppelung

I. Sichtweise im Schrifttum und in der Rechtsprechung

Während im Zivilrecht bei entsprechender Ausgestaltung des Nießbrauchverhältnisses die Meinung vertreten wird, dass es zu einem Nebeneinander von Nießbraucher und Gesellschafter in Bezug auf die Mitgliedschaft kommt und damit faktisch der Nießbraucher in den Gesellschafterkreis tritt,[997] vertritt auch die Finanzrechtsprechung[998] die Auffassung, dass es mit der Bestellung eines Nießbrauchs an einem Mitunternehmeranteil, sofern die Mitunternehmerkriterien von den Nießbrauchbeteiligten erfüllt sind, zu einem Nebeneinander von Nießbraucher und Gesellschafter und damit zu einer diagonalen Spaltung des Mitunternehmeranteils kommt:[999]

---

996 Zu den Mitunternehmereigenschaften von Nießbraucher und Nießbrauchbesteller, siehe Ausführungen im 3. Teil, Kapitel 2, Abschn. 2, § 2.

997 Vgl. Ausführungen im 1. Teil, Kapitel 2, § 2; sowie: *Flume,* Personengesellschaft, § 17 VI, S. 366.

998 BFH v. 01.03.1994 – VIII R 35/92, BStBl. II 1995, 241 (244); BFH v. 09.04.1991 – IX R 78/88, NJW 1992, 335 (336); FG Niedersachsen v. 22.12.2004 – 3 K 277/03, EFG 2005, 639, rkr; bereits der RFH hat in seiner Entscheidung v. 22.01.1937 – VI 87/37, RStBl. 1938, 77, es grundsätzlich als zulässig betrachtet, Nießbraucher und Eigentümer nebeneinander als Mitunternehmer zu sehen; vgl. auch, *Heuer,* DB 1954, 727.

999 Der Begriff der „diagonalen Spaltung“ wird erstmals verwandt von: *L. Schmidt,* in: FS Hugo von Wallis (1985), 359 (360); danach: *Söffing/Jordan,* BB 2004, 353 (353); *Spiegelberger,* in: FS Brambring (2011), 343 (347).

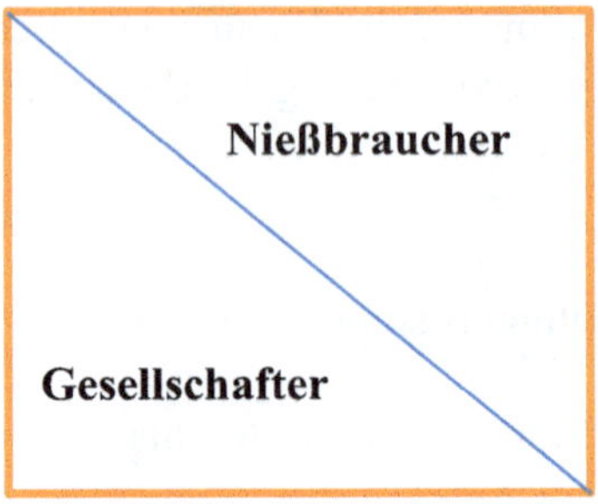

Mitunternehmeranteil

Hiernach behält der Anteilsinhaber in den noch zu realisierenden Erträgen in Form der stillen Reserven am Gesellschaftsvermögen einen hinreichenden Bestand an vermögensrechtlicher Substanz des belasteten Gesellschaftsanteils und ebenso einen hinreichenden Bestand an gesellschaftsrechtlichen Mitwirkungsrechten, die die Mitwirkung bei den Kerngeschäften beinhalten, zurück, die so seine Stellung als Gesellschafter und Mitunternehmer bestehen lassen.[1000]

Erfüllt auch der Nießbraucher die Mitunternehmerkriterien, führt die diagonale Spaltung des Mitunternehmeranteils zu einer Mitunternehmerverdoppelung, ausgelöst durch ein und denselben Gesellschaftsanteil (Mitunternehmeranteil), mit der Rechtsfolge einer eigenständigen Einkünftezurechnung beim Gesellschafter/Nießbrauchbesteller und Nießbraucher.[1001]

II. Sicht der Finanzverwaltung

Ist der Nießbraucher im ertragsteuerlichen Sinn Mitunternehmer der Personengesellschaft, wird im Nießbrauchrecht ein Anteil an einer Personengesellschaft i. S. d. § 15 Abs. 1 Satz 1 Nr. 2 EStG, also an derselben Mitunternehmerschaft, gesehen (das Nießbrauchrecht als Anteil an einem Mitunternehmeranteil).[1002] Mit dieser Qualifikation geht einher, dass im

---

1000 FG Niedersachsen v. 22.12.2004 – 3 K 277/03, EFG 2005, 639.

1001 *Küspert,* FR 2014, 397 (398); *Walpert,* in: Sudhoff, Personengesellschaften, § 27 Rn. 49; *Götz/Hülsmann,* Der Nießbrauch, S. 248; *Jebens,* DStZ 2009, 321 (324); *Haep,* in: Herrmann/Heuer/Raupach, § 15 EStG Rn. 441.

1002 Oberste Finanzbehörden der Länder, Erlass v. 02.11.2012, DB 2013, 28 (28 f.); vgl. auch: *Jülicher,* in: Troll/Gebel/Jülicher/Gottschalk, ErbStG, § 13a Rn. 163; BFH v. 01.09.2011 – II R 67/09, BStBl. II 2013, 210 (212 f.).

Nießbrauchrecht als immaterielles Wirtschaftsgut ertragsteuerrechtlich und damit auch bewertungsrechtlich Sonderbetriebsvermögen gesehen wird, und zwar deshalb, weil das Nießbrauchrecht unmittelbare Voraussetzung der gewerblichen Einkünfteerzielung ist.[1003]

Mit der Annahme der Mitunternehmerverdoppelung nimmt auch der Nießbraucher am gesonderten und einheitlichen Feststellungsverfahren gemäß §§ 179, 180 Abs. 1 Nr. 2a AO teil; er wird in das Feststellungsverfahren der Mitunternehmerschaft einbezogen.[1004]

Damit obliegt dem Nießbraucher als Feststellungsbeteiligter nicht nur die Erklärungspflicht, also die Abgabe einer Erklärung zur gesonderten Feststellung gemäß § 181 Abs. 2 Nr. 1a AO, sondern er ist gleichzeitig auch gemäß § 183 Abs. 1 AO für die Mitunternehmerschaft rechtsbehelfsbefugt.[1005]

III. Stellungnahme und Kritik

Mit der Theorie der diagonalen Spaltung eines Mitunternehmeranteils wird der Nießbraucher in die steuerliche Mitunternehmerschaft und damit in ein Gesellschaftsverhältnis einbezogen. Es kommt zu einer Verdoppelung der Mitunternehmer, ausgelöst durch ein und dieselbe Gesellschaftsbeteiligung. Diese Mitunternehmerstellung wird mithin durch das Nießbrauchrecht vermittelt. Die Literaturmeinung rechtfertigt diese Auslegung damit, dass der Nießbraucher seine Position als Mitunternehmer vom Gesellschafter ableitet, dessen Gesellschaftsanteil mit einem Nießbrauchrecht belastet ist und damit zu einer Abspaltung von Rechten führt.[1006]

Verkannt wird bei dieser Annahme allerdings, dass der Nießbraucher nicht am Gesellschaftsanteil (als Teil des Mitunternehmeranteils) beteiligt ist und damit grundsätzlich auch nicht quotal an den einzelnen zum Gesamthandsvermögen gehörenden Wirtschaftsgütern.[1007] Diese sind, wenn

1003 Oberste Finanzbehörden der Länder, Erlass v. 02.11.2012, DB 2013, 28 (28).

1004 BFH v. 22.02.2017 – I R 35/14, GmbHR 2017, 998 (999); BFH v. 12.05.2016 – IV R 27/13, NJW 2016, 3470 (3471); FG Köln v. 15.11.2002 – 5 K 4243/93, EFG 2003, 587 (588), mit Anm. *Braun,* S. 590.

1005 FG Köln v. 15.11.2002 – 5 K 4243/93, EFG 2003, 587, mit Anm. *Braun,* S. 590.

1006 *Söffing/Jordan,* BB 2004, 353 (354); verschiedentlich wird auch vom Eigentumssplitter gesprochen, siehe hierzu die Ausführungen im 1. Teil, Kapitel 1, § 3 B. I.

1007 So auch *Daragan,* DStR 2011, 1347 (1348).

überhaupt, quotal mit dem Nießbrauchrecht belastet.[1008] Ein Einbezug des Nießbrauchers in dieselbe Mitunternehmerschaft über denselben Mitunternehmeranteil kann damit nicht gerechtfertigt werden.

Eine Mitunternehmereigenschaft wird grundsätzlich über die Gesellschafterstellung vermittelt. So ist nach ständiger BFH-Rechtsprechung auch nicht jeder Gesellschafter als Mitunternehmer anzusehen. Das bedeutet im Umkehrschluss, dass als Mitunternehmer nur derjenige angesehen werden kann, der wenigstens eine dem Gesellschafter ähnliche Stellung innerhalb der Gesellschaft einnimmt. Ob der Neu-Gesellschafter (Nießbrauchbesteller) als Mitunternehmer zu qualifizieren ist, hängt mithin von der konkreten Ausgestaltung des Nießbrauchrechts ab. Entspricht dieses Recht den Vorgaben des BGB, ist der Nießbrauchbesteller als Mitunternehmer zu sehen, denn es handelt sich insoweit um eine dem HGB-Regelstatut eines Kommanditisten angenäherte Stellung. Der Nießbraucher muss wiederum wenigstens mit Stimm- und einigen Vermögensrechten ausgestattet sein, um in den Genuss einer Mitunternehmerstellung zu kommen. Dies bedarf vertraglicher Abreden. Daraus folgt, dass die Mitunternehmerposition des Nießbrauchers zwar aus der Gesellschafterstellung des Nießbrauchbestellers abgeleitet wird, er damit eine eigene Mitunternehmerstellung einnimmt, aber ohne einen Mitunternehmeranteil inne zu haben.

Die Finanzverwaltung sieht im Nießbrauchrecht einen Anteil an einer Personengesellschaft, sofern der Nießbraucher ertragsteuerlich Mitunternehmer ist. Dies hat nach Verwaltungsauffassung die Folge, dass das Nießbrauchrecht Sonderbetriebsvermögen zur Mitunternehmerschaft darstellt.

Sonderbetriebsvermögen des Nießbrauchers kann es aber wiederum nicht darstellen, denn bei logischer Konsequenz stellt das Nießbrauchrecht als Mitunternehmeranteil die Einkunftsquelle für den Nießbraucher dar und vermittelt so die Erzielung gewerblicher Einkünfte. Entsprechendes gilt für den Gesellschafter und seinen Mitunternehmeranteil. Das Nießbrauchrecht vermittelt also unter bestimmten Voraussetzungen dem Nießbraucher gerade die Mitunternehmerstellung, wie sie der Gesellschaftsanteil des Gesellschafters vermittelt. Sollte das Nießbrauchrecht Sonderbetriebsvermögen darstellen, hätte es die Funktion, besonderen Einfluss auf

1008 Zur quotalen Nießbrauchbelastung der einzelnen Wirtschaftsgüter siehe die Ausführungen im 3. Teil, Kapitel 2, Abschn. 1, § 4.

die Personengesellschaft auszuüben, um damit unmittelbar die Mitunternehmerstellung in der Mitunternehmerschaft zu stärken.[1009]

Ist der Nießbraucher als Mitunternehmer der Mitunternehmerschaft anzusehen, bleibt für die verfahrenstechnische Vorgehensweise die Frage offen, ob der Umfang und die Reichweite des verfahrensbeteiligten Nießbrauchers für alle Verfahrensbeteiligten klar und eindeutig sind, gerade auch hinsichtlich der ihm damit gebührenden Einsichtsrechte in die Rechnungslegung der Gesellschaft. In der Literatur findet sich insoweit der Hinweis, dass, wenn das Nießbrauchverhältnis nicht offengelegt wird, ein zweites Feststellungsverfahren nur für die Beteiligten des Nießbrauchverhältnisses durchzuführen ist.[1010] Dem kann nicht gefolgt werden, bedenkt man, dass für eine gesellschaftsrechtliche Zulassung einer Nießbrauchbestellung diese gesellschaftsvertraglich zulässig sein muss oder aber eine Ad-hoc-Zustimmung aller Gesellschafter einzuholen ist. Des Weiteren wird der Nießbraucher seine Initiativrechte in der Gesellschaft wahrnehmen, denn sonst würde er kaum die Mitunternehmerstellung erfüllen. Dies zeigt, dass allen Beteiligten das Nießbrauchverhältnis bekannt sein muss. Ein gesondertes Feststellungsverfahren ergibt sich damit nicht.

Kommt man insgesamt zu dem Schluss, dass es nicht zu einer Mitunternehmerverdoppelung an ein und demselben Mitunternehmeranteil kommen kann, ist eine Mitunternehmererweiterung derselben Mitunternehemrschaft dennoch denkbar. Hierzu lassen sich zwei Lösungsansätze aufzeigen.

1009 Zum Sonderbetriebsvermögen eines Mitunternehmers zählen alle Wirtschaftsgüter, die dazu geeignet und bestimmt sind, dem Betrieb der Personengesellschaft zu dienen (SBV I) bzw. die der Beteiligung des Gesellschafters an der Gesellschaft zu dienen bestimmt, also ihr förderlich sind (SBV II), vgl. hierzu: BFH, v. 03. 03. 1998 – VIII R 66–96, BStBl. II 1998, 383; BFH v. 07.07.1992 – VIII R 2/87, BStBl. II 1993, 323; BFH v. 01.02.2001 – IV R 3/00, BStBl. II 2001, 520; weitergehend: *Daragan,* DStR 2011, 1347 (1349), der im Nießbrauchrecht ein sog. Sonderbetriebsvermögen III als Weiterentwicklung der Sonderbetriebsvermögensarten sieht; zweifelnd zum Nießbrauchrecht als Sonderbetriebsvermögen auch: *Wacker,* in: Schmidt, EStG, § 15 Rn. 307.

1010 *Götz/Jorde,* FR 2003, 998 (1004); *von Oertzen/Stein,* Ubg 2012, 285 (288).

C. Die Erweiterung der Mitunternehmerschaft – eigener Lösungsansatz

I. Überlegungen

1. Mitunternehmeranteilserweiterung

Nach ständiger BFH-Rechtsprechung ist ein vorbehaltenes dingliches oder schuldrechtliches Nießbrauchrecht regelmäßig nicht als Entgelt für die Übertragung der Mitgliedschaft zu qualifizieren.[1011] Vielmehr mindert das Nießbrauchrecht von vornherein den Wert des übertragenen Vermögens. Es stellt sich die Frage, was dieses Nießbrauchrecht an einem Mitunternehmeranteil in Bezug zur betroffenen Mitunternehmerschaft verkörpert.

Wird dem Nießbraucher mit der Nießbrauchbestellung eine Quasi-Gesellschafterstellung vermittelt, erlangt er also eine einem Gesellschafter vergleichbare Stellung und führt diese Rechtsposition auch zu einer Mitunternehmerstellung, ist zu klären, ob aus ertragsteuerrechtlicher Sicht in diesem Nießbrauchrecht ein Mitunternehmeranteil zu sehen ist, der dann mit der Nießbrauchbestellung in Abhängigkeit der getroffenen vertraglichen Abreden zwischen den Beteiligten neu entsteht.[1012]

Der Mitunternehmeranteil verkörpert die quotale Berechtigung des Mitunternehmers an den zum Gesamthandsvermögen gehörenden Wirtschaftsgütern.[1013] Mit dem Nießbrauchrecht wird grundsätzlich der Gesellschaftsanteil und damit der Mitunternehmeranteil im Ganzen belastet, aber keine Beteiligung am Gesamthandsvermögen der Mitunternehmerschaft ausgelöst. Gesamthandseigentümer bleibt stets der Gesellschafter.

Folgt man aber der Annahme, dass das Nießbrauchrecht grundsätzlich die Rechtsnatur des belasteten Rechts teilt, hat dies zur Konsequenz, dass durch das Nießbrauchrecht – bei entsprechenden rechtsgeschäftlichen Abreden der Nießbrauchbeteiligten – nicht nur eine Quasi-Gesellschafterstellung, sondern ebenso eine Mitunternehmerstellung vermittelt werden kann, sofern der Nießbraucher mit dieser gesellschafterähnlichen Stellung

---

1011 Für viele: BFH, Beschl. v. 22.05.2013 – IX B 187/12, BeckRS 2013, 95493; BFH v. 06.05.2010 – IV R 52/08, BStBl. II 2011, 261 (267); BFH v. 07.06.1994 – IX R 33-34/92, BStBl. II 1994, 927 (929).

1012 Vgl. Oberste Finanzbehörden der Länder, Erlass v. 02.11.2012, DB 2013, 28 (28).

1013 Vgl. Ausführungen im 3. Teil, Kapitel 2, Abschn. 1, § 1; ergänzend: BFH v. 26.04.2012 – IV R 44/09, BStBl. II 2013, 142 (144).

die Mitunternehmerkriterien erfüllt. Der Nießbraucher ist nicht nur Mitunternehmer der Mitunternehmerschaft, ausgelöst durch das Nießbrauchrecht, sondern hat mit diesem Nießbrauchrecht einen eigenen Mitunternehmeranteil inne. Das Nießbrauchrecht verkörpert mithin diesen Mitunternehmeranteil, stellt also die Einkunftsquelle dar, aus dem Einkünfte fließen bzw. mit dem Einkünfte generiert werden können.[1014]

Die Mitunternehmerschaft wird mit dem Nießbraucher als Mitunternehmer also nicht nur erweitert, sondern es entsteht zum Zeitpunkt der Anteilsübertragung und der Bestellung eines Vorbehaltsnießbrauchs ein zusätzlicher Mitunternehmeranteil neben dem bestehenden Mitunternehmeranteil des Nießbrauchbestellers (Mitunternehmeranteilserweiterung).[1015] Dieser neugeschaffene Mitunternehmeranteil ist kein „Stück Eigentum", das beim alten Eigentümer (Alt-Gesellschafter) verblieben ist, stellt also keinen „Eigentumssplitter"[1016] dar.[1017] Vielmehr liegt beim Nießbraucher im Mitunternehmeranteil ein Recht besonderer Art vor, dessen Inhalt von den rechtsgeschäftlichen Abreden mit dem Nießbrauchbesteller abhängig ist. Bestandteil dieses Mitunternehmeranteils ist also die Bündelung der dem Nießbraucher gewährten Befugnisse. Der Nießbrauchbesteller erfährt mit der mitunternehmerischen Nießbrauchbestellung in seinem Mitunternehmeranteil wiederum ein Minus zum bisherigen Vollrecht „Mitunternehmeranteil" in dem Umfang der gewährten Befugnisse. Sein bisher vollwertiger Mitunternehmeranteil wandelt sich damit in einen Mitunternehmeranteil besonderer Art. Aufgrund unentgeltlicher Anteilsübertragung unter Nießbrauchsvorbehalt wird ein ertragsteuerrechtlicher Besteuerungstatbestand i. S. v. § 16 Abs. 1 EStG i. V. m. § 6 Abs. 3 EStG nicht ausge-

---

1014 Vgl. hierzu auch die Ausführungen im 3. Teil, Kapitel 1, Abschn. 2, § 1 B.

1015 Es wird unterstellt, dass auch der Nießbrauchbesteller (Neu-Gesellschafter) die Mitunternehmereigenschaften innehat, der Nießbrauch mindestens die Vorgaben des BGB erfüllt, die eine dem HGB-Regelstatut des Kommanditisten angenäherten Stellung entsprechen; vgl. auch BFH v. 10.12.2008 – II R 34/07, BStBl. II 2009, 312 (314).

1016 Zum Begriff „Eigentumssplitter" siehe im 1. Teil, Kapitel 1, § 2 A.

1017 Vgl. hierzu auch BFH v. 8.12.1983 – IV R 20/82, BStBl. II 1984, 202 (203), wonach das Wirtschaftsgut des Vorbehaltsnießbrauchs an einem Grundstück mit der Übertragung des Grundstückseigentums entsteht und kein „Stück Eigentum", darstellt, was beim alten Eigentümer verblieben ist; so auch *Wolff-Diepenbrock,* DStR 1983, 250 (252).

löst.[1018] Besteht zusätzlich funktional wesentliches Sonderbetriebsvermögen des bisherigen Mitunternehmers, ergeben sich ebenso keine steuerrechtlichen Konsequenzen, soweit die Nießbrauchbeteiligten Mitunternehmer sind.[1019]

Wird ein unentgeltlicher Zuwendungsnießbrauch bestellt, liegt bei der o.g. Annahme des im Nießbrauchrecht verkörperten Mitunternehmeranteils eine unentgeltliche (Teil-) Mitunternehmeranteilsübertragung i. S. v. § 6 Abs. 3 EStG. Bei einer entsprechenden entgeltlichen Nießbrauchbestellung wird ein Veräußerungsvorgang gemäß § 16 Abs. 1 Nr. 2 EStG ausgelöst. Der Wert dieses Übertragungsobjektes lässt sich aus dem kapitalisierten Jahreswert (§§ 13, 14, 15 Abs. 3 BewG) der durchschnittlichen Gewinnanteile des Nießbrauchbestellers der letzten drei Jahre vor dem Bestellungsstichtag bestimmen. Beim Nießbrauchbesteller ist ein entsprechender Veräußerungsgewinn der Besteuerung gemäß § 16 Abs. 1 EStG zu unterwerfen.[1020]

Wird der Nießbraucher sowohl beim Vorbehalts- als auch beim Zuwendungsnießbrauch durch das die gesamte Beteiligung umfassende Nießbrauchrecht in eine Rechtsposition versetzt, durch die ihm ein entscheidender Einfluss auf die Geschicke der Gesellschaft vermittelt wird[1021] und er dadurch die tatsächliche Herrschaft über die Mitgliedschaft in einer Weise ausüben kann, dass er den Rechtsinhaber (Gesellschafter und Nießbrauchbesteller) über die Nießbrauchzeit von der Einwirkung auf die Mitgliedschaft ausschließen kann, ist dieser als wirtschaftlicher Eigentümer anzusehen.[1022] Ihm ist die Mitgliedschaft (Personengesellschafts–/Mitunternehmeranteil) gemäß § 39 Abs. 2 Nr. 1 AO zuzurechnen, denn der Nießbraucher ist insoweit in der Lage, den zivilrechtlichen Gesellschafter

---

1018 Vgl. hierzu die Ausführungen im 3. Teil, Kapitel 2, Abschn. 2, § 4 A. I. 2 bb) sowie Nachweise in Fußnote 1083.

1019 Siehe hierzu die Ausführungen im 3. Teil, Kapitel 2, Abschn. 1, § 2 B. II.

1020 Zu den steuerrechtlichen Konsequenzen einer (Teil-)Mitunternehmeranteilsübertragung siehe u. a. BFH v. 12.05.2016 – IV R 12/15, DB 2016, 1540.

1021 Vgl. auch BFH v. 24.01.2012 – IX R 51/10, ZEV 2012, 284 (285); BFH v. 22.06.2017 – IV R 42/13, DStR 2017, 2653 (2655 f.).

1022 BFH v. 22.06.2017 – IV R 42/13, DStR 2017, 2653 (2655 f.); BFH v. 26.06.1990 – VIII R 81/85, BStBl. II 1994, 645.

aus seiner Gesellschafter- und Mitunternehmerstellung zu verdrängen.[1023] Eine Mitunternehmeranteilserweiterung liegt dann nicht vor.[1024]

Die oben erläuterte Erweiterung des Mitunternehmerkreises (Mitunternehmeranteilserweiterung) erfolgt auch mit Kenntnis der übrigen Gesellschafter/Mitunternehmer, denn die Belastung eines Anteils ist ohne die Zustimmung sämtlicher Gesellschafter durch Gesellschaftsvertrag oder ad hoc, nicht möglich. Über den Inhalt des jeweiligen Nießbrauchrechts sind ebenso alle Gesellschafter/Mitunternehmer in Kenntnis zu setzen. Kommt es zur Beendigung des Nießbrauchverhältnisses, fällt dieser Anteil dem Nießbrauchbesteller wieder zu (Anwachsung).[1025] Er erstarkt im Mitunternehmeranteil des Gesellschafters zum mitunternehmerischen Vollrecht. Ertragsteuerrechtliche Konsequenzen in Bezug auf § 16 EStG ergeben sich allenfalls im Fall des Zuwendungsnießbrauchs.[1026]

2. Mitunternehmererweiterung (sog. Nullbeteiligung)

Neben der Nießbraucher-Mitunternehmeranteilserweiterung besonderer Art, ergibt sich auch die Fragestellung, ob der Nießbraucher durch seine Position als sogenannter Nullbeteiligungs-Quasi-Gesellschafter auch als Mitunternehmer der Mitunternehmerschaft anzusehen ist, soweit die Mitunternehmereigenschaften erfüllt sind.[1027] Die mangelnde Beteiligung am Gesamthandsvermögen der Gesellschaft führt nicht ohne weiteres zum Ausschluss der Mitunternehmerstellung.[1028] Der Beteiligung am laufenden

1023 BFH v. 22.06.2017 – IV R 42/13, DStR 2017, 2653 (2655 f.).

1024 Zu den ertragsteuerrechtlichen Konsequenzen siehe die Ausführungen im 3. Teil, Kapitel 2, Abschn. 1, § 2 II und Abschn. 2, § 4 A. I.

1025 Allgemein zur Anwachsung bei Personengesellschaften, siehe: *Freiherr v. Proff*, DStR 2016, 2227.

1026 Vgl. hierzu die Ausführungen im 3. Teil, Kapitel 2, Abschn. 1, § 2 A. ff.

1027 Der „Null-Beteiligungs-Gesellschafter" ist zivilrechtlich zulässig, vgl. z. B. BGH v. 06.04.1987 – II ZR 101/86, BB 1987, 1276; OLG München, Beschl. v. 10.07.2013 – 31 Wx 131/13, DStR 2013, 2018; OLG Frankfurt v. 20.09.2012 – 20 W 264/12, NZG 2013, 338; zur fehlenden Kapitaleinlage einer Komplementär-GmbH einer GmbH & Co KG und der Erfüllung der Tatbestandsmerkmale gemäß § 15 Abs. 1 Satz 1 Nr. 2 EStG siehe: FG Saarland v. 28.03.1990, EFG 1990, 586; *Lersch/Schaaf*, GmbHR 1973, 167; *Thiel*, DB 1968, 1870.

1028 Zur Zulässigkeit siehe: BFH v. 25.04.2006 – VIII R 74/03, BStBl. II 2006, 595 (597); in zwei aktuell entschiedenen Fällen, BFH v. 03.11.2015 – VIII R 62/13, BStBl. II 2016, 381 und BFH v. 03.11.2015 – VIII R 63/13, BStBl. II 2016, 383,

Gewinn als Tatbestandsmerkmal des Mitunternehmerrisikos, was als Regelanforderung gilt,[1029] muss dann eine hinreichend starke Ausprägung von Initiativrechten in Form von Teilnahme- und sonstigen Mitwirkungsrechten gegenüberstehen. Nur dann tritt er als zusätzlicher Mitunternehmer, neben dem Nießbrauchbesteller-Mitunternehmer und den übrigen Gesellschaftern/Mitunternehmern, in den Kreis der Mitunternehmerschaft.

Der Nießbrauchbesteller ist weiterhin uneingeschränkt sowohl zivilrechtlicher als auch wirtschaftlicher Eigentümer des mit dem Nießbrauchrecht belasteten Mitunternehmeranteils. Nießbraucher und Nießbrauchbesteller erhalten ihre Mitunternehmerstellung auch hier nicht aus ein und demselben Mitunternehmeranteil vermittelt. Die Mitunternehmerstellung des Nießbrauchers wird vielmehr aus seinem eigenen Recht, dem Nießbrauchrecht, begründet. Dieses Nießbrauchrecht am Mitunternehmeranteil stellt somit auch die Einkunftsquelle des Nießbrauchers dar, aus dem ihm die Einkünfte gemäß § 2 Abs. 1 EStG i. V. m. § 15 Abs. 1 Satz 1 Nr. 2 EStG zuzurechnen sind. Insoweit wird § 15 Abs. 1 Satz 1 Nr. 2 EStG seinem Sinn und Zweck als Zuordnungsnorm gerecht.[1030]

II. Rechtsfolge und Ergebnis

Mit der Bestellung eines Nießbrauchrechts an einem Gesellschaftsanteil (Mitunternehmeranteil) erfolgt ertragsteuerrechtlich die quotale Belastung der in der gesellschaftsrechtlichen Verbundenheit bestehenden Wirtschaftsgüter[1031], mit der Folge, dass auch der Nießbraucher an etwaige stillen Reserven, die ab dem Zeitpunkt der Nießbrauchbestellung entste-

wurde der sog. Null-Beteiligungsgesellschafter aufgegriffen, in den Entscheidungen aber offengelassen, da die zu Null beteiligte Person auch nicht die Mitunternehmereigenschaften erfüllte.

1029 BFH v. 03.11.2015 – VIII R 63/13, BStBl. II 2016, 383; BFH v. 01.07.2010 – IV R 100/06, BeckRS 2010, 25016454.

1030 BFH v. 18.07.1979 – I R 199/75, BeckRS 1979, 22004969.

1031 Eine klarstellende, gesetzliche Regelung, wer Träger des Vermögens einer Personengesellschaft ist, besteht im Steuerrecht nicht; d.h., die personengesellschaftsrechtliche, gesamthänderische Verbundenheit gilt nicht im Einkommensteuerrecht. Vielmehr ist allein der einzelne Gesellschafter einkommensteuerrechtliches (anteiliges) Zurechnungssubjekt; siehe hierzu auch: *Borggräfe/Staud,* NWB 2017, 277 (279) m.w.N.

hen, mit seinem Fruchtziehungsrecht direkt berechtigt wäre.[1032] Auch dies zeigt letztlich die Entstehung eines neuen Mitunternehmeranteils, verkörpert im mitunternehmerischen Nießbrauchrecht neben dem Mitunternehmeranteil des Nießbrauchbestellers (Gesellschafter).[1033] Der Nießbraucher gilt als in den Mitunternehmerkreis der Mitunternehmerschaft einbezogen. Der aus dem Nießbrauchrecht entspringende Mitunternehmeranteil verkörpert die Einkunftsquelle. Er erzielt ertragsteuerrechtlich entsprechend Einkünfte aus Gewerbebetrieb gemäß § 15 Abs. 1 Satz 1 Nr. 2 EStG. Dies gilt sowohl für die Vereinbarung eines Vorbehalts- als auch eines Zuwendungsnießbrauchs.

Bilanzsteuerrechtlich lässt sich mit dieser Sichtweise wiederum auch ein Nießbraucher-Kapitalanteil(-konto) in der Steuerbilanz der Mitunternehmerschaft begründen, auf dem entsprechend entnahme- und nichtentnahmefähige Ergebnisanteile erfasst werden.[1034]

Ein mit einer Anteilsübertragung verbundener Nießbrauchvorbehalt begründet des Weiteren nicht konkludent wirtschaftliches Eigentum beim Nießbraucher, wenn dieser die Mitunternehmereigenschaften erfüllt.[1035] Wird allerdings wirtschaftliches Eigentum beim Nießbraucher begründet bzw. wandelt sich die bisherige zivilrechtliche Rechtsinhaberschaft in eine wirtschaftliche (wirtschaftliches Eigentum), hat dieser als bisheriger Rechtsinhaber bzw. als Rechtsnachfolger gemäß § 6 Abs. 3 Satz 1 EStG den Buchwert des Mitunternehmeranteils fortzuführen. Die stillen Reserven gehen auf den Nießbraucher über bzw. verbleiben bei ihm. Eine Gewinn- bzw. Verlustrealisierung findet nicht statt.[1036]

Wird das Nießbrauchverhältnis durch Tod oder Verzicht des Nießbrauchers beendet, kommt es zur unentgeltlichen Vereinigung der Mitunter-

---

1032 Zur Festschreibung und Zuordnung der stillen Reserven im Gesellschaftsvermögen, siehe die Ausführungen im 1. Teil, Kapitel 3, Abschn. 3, § 2 II. 3.

1033 *Küspert,* FR 2014, 397 (405) spricht demgegenüber bei einem mitunternehmerischen Nießbrauchrecht von einer Annäherung der Nießbrauchbeziehung an eine atypische Unterbeteiligung und leitet dieses wiederum aus dem BMF-Schreiben v. 18.01.2013 – IV C 6 – S 2296-a/07/10001, DStR 2013, 199, ab; *Jülicher,* in: Troll/Gebel/Jülicher/Gottschalk, ErbStG, § 13a Rn. 163, spricht von einem Anteil an einen Mitunternehmeranteil und leitet dieses aus dem Urteil des BFH v. 01.09. 2011 – II R 67/09, BStBl. II 2013, 210 ab.

1034 Vgl. hierzu auch die Ausführungen im 1. Teil, Kapitel 3, Abschn. 3, § 1 B. III.

1035 BFH v. 26.11.1998 – IV R 39/98, BStBl. II 1999, 263 (264).

1036 Zu den Rechtsfolgen beim Zuwendungsnießbrauch für Gesellschafter/Nießbrauchbesteller und Nießbraucher siehe 3. Teil, Kapitel 2, Abschn. 2, § 4 A.

nehmeranteile in der Person des Nießbrauchbestellers.[1037] War der Nießbraucher wirtschaftlicher Eigentümer des Mitunternehmeranteils, vereinigen sich zivilrechtliches und wirtschaftliches Eigentum beim Nießbrauchbesteller, der mit diesem Akt wieder die vollwertige Mitunternehmerstellung einnimmt. Ertragsteuerrechtlich gilt § 6 Abs. 3 Satz 1 EStG, mit der Folge der zwingenden Buchwertfortführung auf der Ebene der Mitunternehmerschaft und damit die Ertragsteuerneutralität.[1038]

§ 4 Steuerliche Rechtsfolgen und Auswirkungen eines mitunternehmerischen Nießbrauchrechts

§ 2 Abs. 1 EStG i. V. m. § 15 Abs. 1 Satz 1 Nr. 2 EStG knüpft für eine gewerbliche Einkünfteerzielung (Einkünfte aus Gewerbebetrieb) und ihre Zurechnung an die jeweiligen Personen, an verschiedene zu erfüllende Tatbestandsmerkmale an. Werden diese Kriterien nicht erfüllt, führt dies zu unterschiedlichen Rechtsfolgen im Steuerrecht. Hiermit verbunden sind die jeweiligen Auswirkungen auf die Einkünftermittlung und ihre Zuordnung, nicht nur dem Grunde, sondern insbesondere auch der Höhe nach. Dabei steht nicht nur die Kernaussage des *BFH,* der zufolge die Mitunternehmerstellung des Nießbrauchbestellers mit der Bestellung eines Nießbrauchrechts an seinem Personengesellschaftsanteil grundsätzlich nicht berührt wird[1039], unangetastet im Raum, sondern ebenso die Feststellung von *BGH* und *BFH,* dass dem Nießbraucher lediglich der entnahmefähige Gewinnanteil gebührt.[1040] Neben den unterschiedlichen einkommensteuerrechtlichen Wirkungen sind auch die unterschiedlichen Rechtsfolgen im Erbschaft- und Schenkungsteuerrecht zu untersuchen, abhängig vom Vorliegen eines Vorbehalts- oder Zuwendungsnießbrauchs und der Erfüllung der mitunternehmerischen Kriterien. In diesem Zusammenhang ist zuächst eine Antwort auf die Frage zu geben, welche Auswirkungen und Rechtsfolgen eintreten, wenn die notwendigen einkommensteuerrechtlichen Tatbestandsmerkmale für die Einkünfteerzielung gemäß § 15 Abs. 1 Satz 1 Nr. 2 EStG von den jeweils Beteiligten nicht bewirkt werden.

1037 *Mielke,* DStR 2014, 18 (19); *Reich/Stein,* DStR 2013, 1272 (1273).

1038 *Kulosa,* in: Schmidt, EStG, § 6 Rn. 654, 657; *Mielke,* DStR 2014, 18 (19); *Reich/Stein,* DStR 2013, 1272 (1273).

1039 BFH v. 01.03.1994 – VIII R 35/92, BStBl. II 1995, 241.

1040 Siehe hierzu u.a. die Ausführungen im 1. Teil, Kapitel 3, Abschn. 3, § 2 A.

A. Einkommensteuerrecht

I. Rechtsfolgen auf der Ebene der Nießbrauchbeteiligten – Einkünftezuordnung dem Grunde nach

1. Nießbrauchbesteller/Gesellschafter-Ebene

a) Nicht-Mitunternehmer ab Beginn der Mitgliedschaft

aa) Auffassung von Rechtsprechung und Schrifttum

Ist der Gesellschafter (Alt–Gesellschafter) und Nießbrauchbesteller bereits *vor* der Bestellung eines Nießbrauchrechts an seinem Gesellschaftsanteil als Nicht-Mitunternehmer anzusehen, erfüllt er also in seiner Person nicht die Mitunternehmerkriterien gemäß § 15 Abs. 1 Satz 1 Nr. 2 EStG, so ist er zwar zivilrechtlicher Gesellschafter der Personengesellschaft, erzielt aber mit den ihm zugewiesenen Gewinnanteilen keine Einkünfte aus Gewerbebetrieb gemäß § 2 Abs. 1 EStG i. V. m. § 15 Abs. 1 Satz 1 Nr. 2 EStG. Als Gesellschafter und Nicht-Mitunternehmer überlässt er mithin der Gesellschaft dem Grunde nach Kapitalvermögen im eigenen Namen und auf eigene Rechnung gegen Entgelt zur Nutzung und kommt damit einem stillen Gesellschafter gleich. Er erzielt Einkünfte aus Kapitalvermögen gemäß § 2 Abs. 1 EStG i. V. m. § 20 Abs. 1 Nr. 4 EStG. Hält die Person diesen Gesellschaftsanteil im Betriebsvermögen, d. h., ist sie über ein gewerblich tätiges Einzelunternehmen, eine gewerblich tätige, eine gewerblich geprägte Personengesellschaft bzw. eine Kapitalgesellschaft, die kraft Rechtsform gewerblich tätig ist, mittelbar beteiligt, hat dies die Beibehaltung der auf der Ebene der Personengesellschaft bestimmten Einkunftsart zur Folge. Eine Umqualifizierung der Einkünfte des Gesellschafters findet nicht statt.[1041]

Mit der Nießbrauchbestellung an dem nicht–mitunternehmerischen Gesellschaftsanteil (bei Anteilsübertragung unter Nießbrauchsvorbehalt) stellt sich nunmehr die Frage, wem die Einkünfte aus der Einkunftsquelle

---

1041 Die Einkunftsart wird abschließend auf der Ebene des Gesellschafters bestimmt; nur dieser verwirklicht den Einkommensteuertatbestand, BFH v. 03.07.1995 – GrS 1/93, BStBl. II 1995, 617 (622); die Gesellschafter einer Gesellschaft können damit verschiedenartige Einkünfte aus der Gesellschaft beziehen, vgl. auch, *Hennrichs,* in: Tipke/Lang, Steuerrecht, § 10 Rn. 47.

Gesellschaftsanteil zuzurechnen sind, also wer den Tatbestand des § 20 EStG erfüllt.

Den Tatbestand der Erzielung von Einkünften aus Kapitalvermögen wird nach ständiger Rechtsprechung des *BFH* von demjenigen erfüllt, der Kapitalvermögen im eigenen Namen und auf eigene Rechnung gegen Entgelt einem Dritten zur Nutzung überlässt.[1042] Dies ist wiederum derjenige, der die rechtliche und tatsächliche Herrschaft hat, das in § 20 Abs. 1 EStG genannte Kapitalvermögen entgeltlich auf Zeit zur Nutzung zu überlassen. Maßgebend ist hierbei das Rechtsverhältnis, auf dem die Überlassung des Kapitalvermögens beruht.[1043]

Eine vom Zivilrecht abweichende Zurechnung der Einkünfte i. S. des § 2 Abs. 1 Nr. 5 EStG kommt nur dann in Betracht, wenn der wirtschaftliche Eigentümer über eine Dispositionsbefugnis dieser Einkunftsquelle verfügt und damit eine Rechtsposition innehat, die über das bloße Empfangen der Einkünfte hinausgeht.[1044] Dies ist dann anzunehmen, wenn Besitz und Gefahr, Nutzen und Lasten, insbesondere die Chancen auf eine Wertsteigerung und das Risiko einer Wertminderung nicht beim zivilrechtlichen Eigentümer, sondern beim Nießbraucher liegen.[1045] Damit verbunden ist bei einem Gesellschaftsanteil auch die Möglichkeit, Stimm-, Anfechtungs- und sonstige Mitgliedschaftsrechte auszuüben.

Dies führt mithin zu einem Rückgriff auf die dem Nießbraucher nach dem Bürgerlichen Gesetzbuch zustehenden Rechte. Hiernach hat er ein reines Fruchtziehungsrecht, §§ 1068 Abs. 2, 1030 Abs. 1 BGB, nicht aber ein Recht, über die Substanz des belasteten Rechts zu verfügen. Auch eine Veräußerung des nießbrauchbelasteten Gegenstands durch den Nießbraucher und gegen den Willen des zivilrechtlichen Gesellschafters ist ausge-

---

1042 BFH v. 26.01.2011 – VIII R 14/10, BeckRS 2011, 95767; BFH, Beschl. v. 29.11.1982, GrS 1/81, BStBl. II 1983, 272 (274).

1043 BFH v. 08.07.1998 – I R 112/97, BStBl. II 1999, 123 (125); BFH v. 26.01.1997 – X R 114/94, BStBl. II 1998, 190 (191); BFH, Beschl. v. 29.11.1982 – GrS 1/81, BStBl. II 1983, 272 (274); BFH v. 29.03.2001 – IV R 71/99, BeckRS 2001, 25005923; FG Baden-Württemberg, v. 13.12.2001 – 14 K 210/97, EFG 2002, 826.

1044 BFH v. 29.03.2001 – IV R 71/99, BStBl. II 1991, 172; *Wassermeyer,* StuW 1979, 209 (216 f.).

1045 BFH v. 26.01.2011 – VIII R 14/10, BeckRS 2011, 95767.

schlossen.[1046] Der Nießbraucher hat lediglich ein Informations- und Kontrollrecht inne.

Vergleicht man wiederum die Rechtslage mit dem Nießbrauch an einer verzinslichen Kapitalforderung, so sind die Rechte des Nießbrauchers gemäß §§ 1076 ff. BGB letztlich auf die Einziehung der Kapitalerträge beschränkt. Inhaber der Kapitalforderung bleibt der Nießbrauchbesteller. Der Schuldner der Kapitalforderung kann das Kapital nur an den Nießbraucher und Inhaber der Kapitalforderung gemeinschaftlich zurückzahlen, § 1077 Abs. 1 Satz 1 BGB. Hinsichtlich etwaiger Mitwirkungsrechte sind Nießbraucher und Nießbrauchbesteller einander verpflichtet, § 1079 Abs. 1 BGB. Übertragen auf das Nießbrauchrecht an einem Gesellschaftsanteil bedeutet dies, dass der Nießbraucher über das Kapital und damit über den Gesellschaftsanteil nicht frei disponieren kann. Er erfüllt damit weder die Tatbestandsmerkmale gemäß § 2 Abs. 1 EStG i. V. m. § 20 Abs. 1 Nr. 4 EStG, noch die Tatbestandsmerkmale von § 20 Abs. 5 EStG. Er ist nicht als wirtschaftlicher Eigentümer anzusehen, mit der Folge, dass die Einkünfte aus der Beteiligung ausschließlich dem Gesellschafter zuzurechnen sind.

Eine dennoch steuerwirksame Einkünfteverlagerung durch die Annahme der durch die vom Gesellschafter an den Nießbraucher über die Dauer des Nießbrauchverhältnisses auszuzahlenden Erträge (Gewinnanteile) als wiederkehrende Bezüge im Sinne des § 22 Nr. 1 EStG, mit der Folge, dass diese damit beim Inhaber des Gesellschaftsanteils Sonderausgaben gemäß § 10 Abs. 1 Nr. 2 EStG nach sich ziehen, ist nicht gegeben. Eine Abzugsfähigkeit ist nur bei besonderen Verpflichtungsgründen (Versorgungsleistungen) zulässig, die im Zusammenhang mit der Übertragung eines Mitunternehmeranteils[1047] an einer Personengesellschaft gemäß § 10 Abs. 1 Nr. 2 Satz 2a EStG stehen.

Bei den vom Gesellschafter an den Nießbraucher auszuzahlenden Erträgen handelt es sich mithin um eine einkommensteuerrechtlich irrelevante Einkommensverwendung und sie sind damit als bloße Vorausabtretung künftiger Erträgnisansprüche zu werten (sog. Ertragsnießbrauch).[1048]

1046 *Uelner,* StKongRep. 1979, 99 (104); vgl. auch die Ausführungen im 1. Teil, Kapitel 3, Abschn.3, § 1 ff.

1047 Vom Verfasser kursiv gesetzt.

1048 *Ratschow,* in: Blümich, § 20 EStG Rn. 455; BFH v. 16.05.1995 – VIII R 18/93, BStBl. II 1995, 714 (716 f.); FG Münster v. 16.05.2013 – 2 K 577/11 E, EFG 2014, 270.

Liegt wiederum ein Zuwendungsnießbrauch an einem Gesellschaftsanteil vor, bleibt der Gesellschafter weiterhin der Inhaber der Beteiligung und damit derjenige, der im Kapitalüberlassungsverhältnis zur Gesellschaft steht.[1049] Dem Nießbraucher wird lediglich das Fruchtziehungsrecht eingeräumt, ohne dass es zu einer Übertragung des Gesellschaftsanteils kommt. Im Schrifttum, durch *Siebert*[1050] geprägt und durch *Sudhoff*[1051] fortgeführt, hat sich der Begriff des Nießbrauchs an einem Gewinnstammrecht als ein auf Auszahlung von laufenden Gewinnanteilen zu unterscheidender Anspruch gebildet.[1052] Das Nießbrauchrecht besteht nicht am Gesellschaftsanteil selbst, sodass dem Nießbraucher keine Verwaltungsrechte zustehen und nur die laufenden Gewinne die Nutzungen dieses Gewinnstammrechts darstellen.[1053] Die aus diesem Rechtsverhältnis fließenden Rechte und Pflichten betreffen weiterhin den Inhaber (Gesellschafter) der Beteiligung, denn er erwirtschaftet letztlich die Einkünfte, indem ihm die Bewirtschaftungs- und Dispositionsbefugnis im eigenen Namen und auf eigenes Risiko obliegen. Dies lässt sich auch durch § 24 Nr. 2 EStG begründen, wonach Einkünfte im Sinne des § 2 Abs. 1 EStG auch Einkünfte aus einem früheren Rechtsverhältnis im Sinne des § 2 Abs. 1 Satz 1 Nr. 5–7 EStG darstellen, selbst wenn Berechtigter der Einkünfte ein Dritter ist.[1054] Hier ist das Rechtsverhältnis durch den Rechtsgrund für die Kapitalüberlassung und damit das Eingehen der Beteiligung charakterisiert. Lediglich die Einkünfte fließen einem Dritten zu. Ertragsteuerrechtlich erfüllt damit der Nießbrauchbesteller weiterhin den Tatbestand der Einkünfteerzielung. Ihm sind die Gewinnanteile einkommensteuerrechtlich als Einkünfte aus Kapitalvermögen zuzurechnen.[1055]

1049 BFH v. 14.12.1976 – VIII R 146/73, BStBl. II 1977, 115 (116).

1050 *Siebert,* BB 1956, 1126 (1127).

1051 *Sudhoff,* NJW 1971, 481 (483).

1052 *Levedag,* GmbHR 2010, 855 (860).

1053 *Fichtelmann,* DStR 1974, 299 (306, 310); inwieweit ein von der Mitgliedschaft getrenntes selbstständig belastbares „Gewinnstammrecht" zulässig ist, ist bisher höchstrichterlich nicht geklärt. Sowohl der BGH als auch der BFH haben die Frage der Zulässigkeit bisher offengelassen. Siehe hierzu: BGH v. 12.12.1974 – II ZR 166/72, DB 1975, 439; BFH v. 27.07.1983 – II R 221/81, BStBl. II 1983, 740.

1054 BFH v. 22.08.1990 – I R 69/89, BStBl. II 1991, 38 (39).

1055 *Ratschow,* in: Blümich, § 20 EStG Rn. 455; BFH v. 14.12.1976 – VIII R 146/73, BStBl. II 1977, 115 (116).

bb) Sichtweise der Finanzverwaltung

Die Finanzverwaltung unterscheidet bei Vorliegen von Kapitalvermögen – nichts anderes stellt die Beteiligung des Gesellschafters an einer Personengesellschaft dar, bei der der Gesellschafter von Beginn seiner Beteiligung an als Nicht-Mitunternehmer gilt, – ebenso zwischen dem Vorliegen eines Vorbehalts- und Vermächtnisnießbrauchs und einem Zuwendungsnießbrauch.

Liegt ein Vorbehalts- und Vermächtnisnießbrauch vor, der durch eine schenkweise Übertragung von Kapitalvermögen begründet wurde, so bestimmt die Finanzverwaltung, dass die Einnahmen hieraus dem Nießbraucher zuzurechnen sind.[1056] Eine nähere Begründung gibt die Finanzverwaltung nicht. Letztlich kann diese Sichtweise auch nur über § 24 Nr. 2 EStG begründet werden, wonach der Vorbehaltsnießbraucher den nunmehr mit dem Vorbehaltsnießbrauch belasteten und „weggegebenen" Anteil aus einem früheren Rechtsverhältnis aus wirtschaftlicher Sicht ununterbrochen aufgrund eines eigenen Rechts nutzt.[1057]

Ist ein Zuwendungsnießbrauch gegeben, unterscheidet die Finanzverwaltung zwischen einem entgeltlichen und einem unentgeltlichen Nießbrauch. Liegt ein unentgeltlich bestellter Zuwendungsnießbrauch vor, sind nach Ansicht der Finanzverwaltung die Gewinnanteile dem Nießbrauchbesteller zuzurechnen. Zur Begründung wird auf ein Urteil des *BFH* aus dem Jahre 1976 Bezug genommen, wonach Einkünfte aus Kapitalvermögen nur derjenige erzielt, wer Kapital gegen Entgelt zur Nutzung überlässt.[1058]

Liegt ein entgeltlich bestellter Nießbrauch vor, d. h. der Nießbrauchbesteller erhält als Gegenleistung für die Bestellung eines Nießbrauchs an dem Gesellschaftsanteil ein Entgelt, hat dieser dieses Entgelt gemäß § 20 Abs. 3 EStG zu versteuern.[1059] Dies wird damit begründet, dass der Nießbrauchbesteller mit dem vereinbarten Entgelt wirtschaftlich den zukünftigen Ertrag seines ihm nach wie vor verbleibenden Anteils vorzieht. Der Nießbraucher selbst erzielt mit den zukünftigen Gewinnanteilen nicht

1056 BMF v. 23.12.1983, BStBl. I 1983, 508, Tz. 55; OFD Erfurt v. 14.06.1995, DStR. 1995, 1419, Tz. 55.

1057 So auch *Buge,* in: Herrmann/Heuer/Raupach, § 20 EStG, Rn. 27.

1058 BFH v. 14.12.1976 – VIII R 146/73, BStBl. II 1977, 115 (116).

1059 BMF v. 23.12.1983, BStBl. I 1983, 508, Tz. 57.

ebenfalls Einkünfte aus Kapitalvermögen, sondern zieht lediglich die ihm abgetretene Forderung ein.[1060]

cc) Ergebnis und Kritik

Die hier dargestellten unterschiedlichen Sichtweisen der Behandlung eines Nießbrauchs an einem Gesellschaftsanteil, bei dem der Gesellschafter bereits bei Eingehung der Beteiligung ertragsteuerrechtlich als Nicht-Mitunternehmer zu sehen und die Beteiligung damit als ein stilles Beteiligungsverhältnis zu werten ist, mit der Konsequenz, dass in den zugewiesenen Gewinnanteilen Einkünfte aus Kapitalvermögen liegen, zeigen die Uneinheitlichkeit der Behandlung der Gewinnanteile auf. Dass nur demjenigen die Gewinnanteile im Nießbrauchverhältnis zuzurechnen sind, der das Kapital auf eigene Rechnung und damit die eigene Substanz zur Nutzung überlässt, ist kritisch zu sehen. Einzig und allein maßgebend kann nur sein, wer die ihm zuzurechnenden Einkünfte erwirtschaftet, also die wirtschaftlichen Chancen nutzt, Leistungen erbringt, ändert oder verweigert, wodurch den Handelnden gleichzeitig Erfolg oder Misserfolg treffen. Nur dies drückt die Bewirtschaftungs- und Dispositionsbefugnis im eigenen Namen und auf eigenes Risiko aus. Unter Beachtung der zivilrechtlichen Ausgestaltung eines Nießbrauchrechts ist es dem Nießbraucher insofern verwehrt, über den nießbrauchbelasteten Anteil zu disponieren. Mittels seiner ihm zivilrechtlich eingeräumten Verwaltungs- und Kontrollrechte sind seine Entscheidungsbefugnisse nicht so stark ausgeprägt, als dass sie geeignet wären, ihm eine Herrschaftsmacht und damit eine Dispositionsbefugnis über die Einkunftsquelle Gesellschaftsanteil zuzuordnen.

Bedenkt man allerdings, dass bei Vorliegen einer stillen Beteiligung, wie sie in dem hier zugrundeliegenden Sachverhalt gegeben ist, eine Leistungserbringung, Chancennutzung oder Teilnahme am Marktgeschehen nur minimal ausgeprägt sein kann, ist es schwer vorstellbar, wie in diesem Fall eine Aktivität des Nießbrauchers auszusehen hat, um bei ihm eine Einkünftezurechnung vorzunehmen. Es zeigt sich, dass auch hier die Ausgestaltung des Rechtsverhältnisses von Nießbraucher und Nießbrauchbesteller in Bezug zur Kapitalüberlassung als Einkunftsquelle eine entschei-

1060 BMF v. 23.12.1983, BStBl. I 1983, 508, Tz. 58; BFH v. 12.12.1969 – VI R 301/67, BStBl. II 1970, 212 (214).

dende Größe einnimmt. Nur dann, wenn der Nießbraucher entsprechend der Marktbeteiligungstheorie die Möglichkeit hat, die Höhe der Erträge tatsächlich zu beeinflussen, sind ihm die Einkünfte aus der Beteiligung als Einkünfte aus Kapitalvermögen zuzurechnen.[1061]

b) Nicht-Mitunternehmer ab Nießbrauchbestellung – Anwendung der Betriebsverpachtungsgrundsätze

Sind zwischen Gesellschafter/Nießbrauchbesteller und Nießbraucher vertragliche Abreden dergestalt getroffen, wonach der Gesellschafter mit der Nießbrauchbestellung seine einkommensteuerrechtliche Mitunternehmerstellung und damit die Mitunternehmerkriterien nicht mehr erfüllt, bleibt er zwar weiterhin zivilrechtlicher Gesellschafter der Personengesellschaft, als wirtschaftlicher Eigentümer des Gesellschaftsanteils i. S v. § 39 Abs. 2 Nr. 1 AO, wird aber der Nießbraucher anzusehen sein. Dies ist insbesondere dann anzunehmen, wenn die aus dem Gesellschaftsanteil erwachsenen Vermögens- wie auch Mitwirkungs- und Verwaltungsrechte dem Nießbraucher so umfassend zugesprochen werden, dass nur er entscheidenden Einfluss auf die Geschicke der Gesellschaft nehmen kann.[1062] Dies bedeutet im Umkehrschluss, dass der Gesellschafter wiederum so stark in seinen Rechten begrenzt wird, dass dieser die Mitunternehmerkriterien nicht mehr erfüllt, die die Rechtsprechung mit diesem Typusbegriff verbindet.[1063] Der zivilrechtliche Gesellschafter wird mithin für die Dauer des Nießbrauchverhältnisses aus seiner mitunternehmerischen Stellung verdrängt. Dies wird vornehmlich im Zuwendungsnießbrauch der Fall sein, denn im Fall des Vorbehalts- bzw. Vermächtnisnießbrauchs wäre der Begünstigte und damit der Neu-Gesellschafter zu keinem Zeitpunkt ertragsteuerrechtlich Mitunternehmer.

Verliert der Gesellschafter mit der Nießbrauchbestellung seine Mitunternehmerstellung, ist anzunehmen, dass über die zeitliche Dauer des Nießbrauchverhältnisses die Mitunternehmerqualifikation des Gesell-

1061 Zur Kritik siehe auch: *Uelner,* StKongRep. 1979, 99 (104); *Schön,* StbJb. 1996/1997, 45 (76 ff.); *D. Meyer,* Nutzungsüberlassung, S. 91 ff.

1062 Siehe zur ausnahmsweisen Mitunternehmerstellung eines Nicht-Gesellschafters: BFH v. 22.06.2017 – IV R 42/13, DStR 2017, 2653 (2655 f.) m. w. N.

1063 Vgl. Ausführungen im 3. Teil, Kapitel 1, Abschn. 3, § 2 A. III.; *L. Schmidt,* in: FS Hugo von Wallis (1985), 359 (363 ff.).

schafters ruht und erst zu dem Zeitpunkt wieder auflebt, an dem dieses Rechtsverhältnis endet. Es stellt sich mithin die Frage, wie dieser Zustand des „Ruhens“ der Mitunternehmerfunktion und damit des „Mitunternehmeranteils“ zu beurteilen ist. Bestehen Wirtschaftsgüter, die der Nießbrauchbesteller der Personengesellschaft zur Nutzung überlässt (Sonderbetriebsvermögen), so können diese nur dann weiterhin zum Sonderbetriebsvermögen gehören, wenn sich das Nießbrauchrecht auch auf dieses Sonderbetriebsvermögen erstreckt.[1064] Ist das nicht der Fall, gelten diese Wirtschaftsgüter als aus dem Betriebsvermögen zum Zeitpunkt der Beendigung der Mitunternehmerstellung gemäß § 6 Abs. 1 Nr. 4 EStG mit dem Teilwert entnommen, mit der Folge, dass die in den Wirtschaftsgütern befindlichen stillen Reserven der Besteuerung zu unterwerfen sind.

Im Schrifttum wird vereinzelt darauf verwiesen, dass es in der dargelegten Situation zu einer analogen Anwendung der Grundsätze über die Betriebsverpachtung kommen muss.[1065] § 16 Abs. 3b EStG i. V. m. § 16 Abs. 1 Satz 1 Nr. 2 EStG formuliert hierzu, dass ein Mitunternehmeranteil im Ganzen nicht als aufgegeben gilt, bis der Steuerpflichtige die Aufgabe seines Anteils im Sinne des § 16 Abs. 1 Satz 1 EStG gegenüber der Finanzverwaltung erklärt hat oder aber der Finanzverwaltung Tatsachen bekannt werden, die an eine Aufgabe geknüpft sind. In diesem Fall ist auch bei einem Mitunternehmeranteil von einer Betriebsunterbrechung im engeren Sinne zu sprechen,[1066] denn die Einstellung der werbenden Tätigkeit – gemeint ist die auf eine Einkünfteerzielung im Sinne von § 2 Abs. 1 EStG i. V. m. § 15 Abs. 1 Satz 1 Nr. 2 EStG gerichtete Tätigkeit – kann noch nicht abschließend beurteilt werden. Es fehlt insoweit an einem eindeutig in Erscheinung tretenden Entschluss, der sich als „Aufgabehandlung“ darstellt.[1067]

1064 *Wälzholz,* DStR 2010, 1930 (1931 ff.); *Schulze zur Wiesche,* BB 2004, 355 (358); zu den einzelnen Rechtsfolgen bei Übertragung eines Gesellschaftsanteils unter Nießbrauchvorbehalt und Vorliegen von Sonderbetriebsvermögen, siehe im 3. Teil, Kapitel 2, Abschn. 2, § 2 B. II. m. w. N.

1065 *Bitz,* DB 1987, 1506 (1508); *Wacker,* in: Schmidt, EStG, § 15 Rn. 313; nur andeutend: *Schulze zur Wiesche,* DStR 1980, 222 (225).

1066 Die Rechtsinstitute der Betriebsunterbrechung und Betriebsverpachtung im Ganzen werden in der Kommentierung zu § 16 Abs. 3b EStG unter dem Oberbegriff „Betriebsunterbrechung im weiteren Sinne“ zusammengefasst; siehe hierzu: *Kulosa,* in: Herrmann/Heuer/Raupach, § 16 EStG Rn. 653; *Schallmoser,* in: Blümich, § 16 EStG Rn. 471.

1067 BMF v. 22.11.2016 – IV C 6 – S 2242/12/10001, GmbHR 2017, 54.

Mit der Bestellung eines Nießbrauchrechts an einem Gesellschaftsanteil sind diese Grundsätze analog anzuwenden, denn bei entsprechender Abrede zwischen Nießbraucher und Nießbrauchbesteller verliert dieser zwar seine Mitunternehmereigenschaft, damit ist aber nicht der Mitunternehmeranteil endgültig aufgegeben.[1068] Des Weiteren kann bei einer Nießbrauchrechtsbelastung eines Mitunternehmeranteils nur von einer Betriebsunterbrechung und nicht von einer Betriebsverpachtung im Ganzen gesprochen werden, denn insoweit liegt lediglich ein zeitlich beschränkter Verlust der Mitunternehmerstellung vor.[1069] Der Nießbrauchbesteller erzielt damit weiterhin Einkünfte aus Gewerbebetrieb.

Verfügt der Nießbrauchbesteller über Sonderbetriebsvermögen und wird hieran das Nießbrauchrecht zugunsten des Nießbrauchers nicht bestellt, so muss konsequenterweise über die Dauer des Ruhens der Mitunternehmerstellung auch dieses Sonderbetriebsvermögen weiterhin „betriebsverhaftet" bleiben. Eine Überführung ins Privatvermögen findet nicht statt.

Eine feste Zeitspanne als zulässige Höchstdauer der Betriebsunterbrechung besteht insoweit nicht.[1070] Die Rechtsprechung spricht von einem „überschaubaren Zeitraum" und bestimmt die Dauer der Betriebsunterbrechung nach den Umständen des Einzelfalls.[1071]

Überträgt der (Alt-)Gesellschafter seinen Mitunternehmeranteil (einschließlich etwaigem Sonderbetriebsvermögen) in der Weise, dass er auch seine Mitunternehmerstellung verliert, behält sich aber ein „schlichtes" Nießbrauchrecht vor[1072], liegt hier eine eindeutige Aufgabehandlung vor. Es kommt zur Aufdeckung der in dem Mitunternehmeranteil ruhenden stillen Reserven einschließlich etwaiger stiller Reserven im ggf. vorhandenen Sonderbetriebsvermögen. Ein Aufgabegewinn ist gemäß § 16 Abs. 3 Satz 1 EStG zu versteuern, ggf. begünstigt nach § 16 Abs. 4 EStG, § 34 Abs. 1 bis Abs. 3 EStG. Die Grundsätze der Betriebsverpachtung im Ganzen greifen nicht.

1068 *Bode,* in: Blümich, § 15 EStG Rn. 366; *Haep,* in: Herrmann/Heuer/Raupach, § 15 EStG Rn. 445.

1069 Gl. A. *Wendt,* FR 2011, 1023 (1027).

1070 BFH, v. 12.05.2011 – IV R 36/09, BFH/NV 2011, 2092 = BeckRS 2011, 96544.

1071 BFH, Beschl. v. 24.03.2006 – VIII B 98/01 (NV), BeckRS 2006, 25009938.

1072 *Haep,* in: Herrmann/Heuer/Raupach, § 15 EStG Rn. 445.

2. Nießbraucher-Ebene

Während die Einkünftequalifikation und -zurechnung für den Nießbraucher in der Situation des Gesellschafters als Nicht-Mitunternehmer im vorherigen Abschnitt bereits dargestellt wurde,[1073] bleibt die Frage der Zurechnung der Einkünfte aus dem Nießbrauchverhältnis am Gesellschaftsanteil in den sonstigen Fällen zu analysieren und zu beurteilen.

Zur Erinnerung: Ist ausschließlich der Gesellschafter als Mitunternehmer anzusehen, so erzielt dieser mit seinem Gewinnanteil gewerbliche Einkünfte im Sinne von § 15 Abs. 1 Satz 1 Nr. 2 EStG aus der gewerblichen Mitunternehmerschaft.[1074] Darin enthalten sind auch die dem Nießbraucher zufließenden entnahmefähigen Gewinnanteile.[1075]

a) Ertragsnießbrauch am Gesellschaftsanteil

Aus Sicht des Nießbrauchers führt sein Fruchtziehungsrecht als Nicht-Mitunternehmer zur Annahme eines sog. Ertragsnießbrauchs.[1076] Dieser Begriff ist gesetzlich nicht definiert. Er ist des Weiteren steuerrechtlich geprägt, denn die Mitunternehmerstellung liegt ausschließlich beim Gesellschafter/Nießbrauchbesteller. Die dem Nießbraucher zustehenden Mitwirkungsbefugnisse beschränken sich auf die zivilrechtlichen Regelungen des Bürgerlichen Gesetzbuchs. Er ist damit nicht befugt, die mit dem Gesellschaftsanteil verbundenen Mitwirkungsrechte auszuüben.[1077] Damit hat er lediglich einen Anspruch gegen den Gesellschafter-Mitunternehmer auf Auszahlung der entnahmefähigen Gewinnanteile.[1078]

1073 Siehe die Ausführungen im 3. Teil, Kapitel 2, Abschn. 2, § 2 B. und § 4 A. I.

1074 *Altendorf/Köcher,* GmbH-StB 2013, 13 (15).

1075 FG Köln v. 15.11.2002 – 5 K 4243/93, EFG 2003, 587 (588).

1076 In der Lit. findet sich auch die Rechtsfigur des Nießbrauchs am sog. Gewinnstammrecht, von *Siebert* entwickelt (*Siebert,* BB 1956, 1126) und von *Sudhoff* weitergeführt (*Sudhoff,* NJW 1971, 481); hierbei handelt es sich um ein Nießbrauchrecht nur an dem Teil der Mitgliedschaftsrechte des Gesellschafters, der sich auf den Gewinnanteil bezieht und nichts anderes als den Ertragsnießbrauch darstellt; weshalb diese Rechtsfigur auch überwiegend abgelehnt wird; siehe hierzu auch *Götz/Hülsmann,* Nießbrauch, S. 123; *Wälzholz,* DStR 2010, 1786 (1787).

1077 *Götz/Jorde,* FR 2003, 998 (999).

1078 *Götz/Hülsmann,* Nießbrauch, S. 102.

aa) Zuwendungsnießbrauch

Hat der Gesellschafter-Mitunternehmer das Nießbrauchrecht zugunsten des Nießbrauchers aus privatem Anlass an seinem Gesellschaftsanteil bestellt, liegt also eine freiwillige Zuwendung aufgrund einer freiwillig begründeten Rechtspflicht gemäß § 12 Nr. 2 EStG vor (Zuwendungsnießbrauch), kann der Gesellschafter die von ihm zu leistenden Zahlungen nicht als Sonderbetriebsausgabe berücksichtigen, auch, wenn sich die Höhe der Zahlungsverpflichtung nach den Erträgnissen und nach den entnahmefähigen Gewinnanteilen bestimmt und die zur Weiterleitung bestimmten Gewinnanteile mit seinem Gewinnanteil zusammenhängen. Die Nießbrauchbestellung und damit der Rechtsgrund sind ausschließlich privat veranlasst. Auch ein Sonderausgabenabzug kommt aufgrund der freiwillig eingegangenen Verpflichtung nicht in Betracht. Für den Nießbraucher ergibt sich insoweit keine Steuerbarkeit als wiederkehrende Leistung gemäß § 22 Nr. 1 Satz 1 EStG (Korrespondenzprinzip).[1079]

Unter dem Aspekt des Versorgungscharakters der Nießbrauchsbestellung wäre allerdings nur dann eine Besteuerung beim Nießbraucher gemäß § 22 Nr. 1 Satz 1 EStG als wiederkehrende Bezüge gegeben, wenn die Versorgungsleistungen im Zusammenhang mit der Übertragung eines Mitunternehmeranteils i. S. v. § 10 Abs. 1a Nr. 2 Satz 1 und 2 lit. a) EStG erfolgen. Unabhängig von der Frage, ob überhaupt Versorgungsleistungen vorliegen, scheitert die Abzugsfähigkeit allein schon an der fehlenden Anteilsübertragung.

Damit kommt es zur sog. einkommensteuerrechtlich unbeachtlichen Ergebnisverwendung auf der Ebene des Gesellschafters, d. h., der dem Nießbraucher zustehende Gewinnanteil ist ausschließlich Ausfluss seines Fruchtziehungsrechts und damit aus dem Vermögen des Nießbrauchbestellers/Gesellschafters zu leisten.[1080] Entsprechend muss der Nießbraucher als Empfänger der an ihn weitergeleiteten, entnahmefähigen Gewinnanteile diese nicht als sonstige Bezüge gemäß § 22 Nr. 1 Satz 1 EStG der Besteuerung unterwerfen. So handelt es sich beim Ertragsnießbrauch letztlich um einen schuldrechtlichen Gewinnauszahlungsanspruch und damit

1079 *Heinicke,* in: Schmidt, EStG, § 10 Rn. 141; *Haas,* in: FS L. Schmidt (1993), 315 (326 f.).

1080 BFH v. 16.05.1995 – VIII R 18/93, BStBl. II 1995, 714 (717); *Götz/Jorde,* FR 2003, 998 (999).

einkommensteuerrechtlich um eine unbeachtliche Einkommensverwendung.[1081]

bb) Vorbehaltsnießbrauch – Vermächtnisnießbrauch

Beim Vorbehaltsnießbrauch überträgt der (Alt-)Gesellschafter aus privatem Anlass seinen Gesellschaftsanteil unter Vorbehalt eines Nießbrauchrechts an den Erträgen aus diesem Gesellschaftsanteil. Durch die Zurückbehaltung der Erträge aus dem übertragenen Vermögen ist die Verfügungsmacht des Erwerbers von Anfang an beschränkt.[1082] In dieser Zurückbehaltung sehen Rechtsprechung und Finanzverwaltung kein Entgelt und damit keinen Veräußerungstatbestand i. S. v. § 16 Abs. 3 Satz 1 EStG,[1083] da lediglich eine im Wert geminderte Gesellschaftsanteilsübertragung gegeben ist.[1084] Bestehen keinerlei vertragliche Abreden zwischen Nießbraucher und Nießbrauchbesteller (Neu-Gesellschafter), werden grundsätzlich beide Mitunternehmer.[1085] Der Nießbraucher hat den ihm zugewiesenen Gewinnanteil gemäß § 15 Abs. 1 Satz 1 Nr. 2 EStG zu versteuern.

Erfüllt der Nießbraucher aufgrund vertraglicher Abreden die Mitunternehmerkriterien nicht, ist die Frage zu beantworten, ob in den an ihn weiterzuleitenden Gewinnanteilen eine Versorgungsleistung i. S. v. § 10 Abs. 1a Nr. 2 Satz 1 und 2 lit. a) EStG zu sehen ist, mit der Folge einer Abzugsfähigkeit als Sonderausgabe für den Gesellschafter und einer Besteuerung beim Nießbraucher als wiederkehrende Leistung gemäß § 22 Nr. 1a EStG (Korrespondenzprinzip).

Versorgungsleistungen stellen ganz oder teilweise existenzsichernde wiederkehrende Zahlungen i. Z. mit einer unentgeltlichen Vermögensübertragung dar.[1086] Die Zahlungen müssen aus den langfristig erzielbaren

1081 BFH v. 16.05.1995 – VIII R 18/93, BStBl. II 1995, 714 (717); *Götz/Hülsmann,* Nießbrauch, S. 102; *Götz/Jorde,* FR 2003, 998 (999).

1082 BFH v. 28.07.1981 – VIII R 124/76, BStBl. II 1982, 378 (379).

1083 BFH, Beschl. v. 05.07.1990 – GrS 4-6/89, BStBl. II 1990, 847 (852); BFH v. 24.04.1991– XI R 5/83, BStBl. II 1991, 793 (794); BMF v. 13.01.1993, IV B 3 – S 2190 – 37/92, BStBl. I 1993, 80 Tz. 10.

1084 BFH v. 24.04.1991 – XI R 5/83, BStBl. II 1991, 793 (794); BFH v. 28.07.1981 – VIII R 124/76, BStBl. II 1982, 378 (379); BMF 13.01.1993, IV B 3 – S 2190 – 37/92, BStBl. I 1993, 80 Rn. 10.

1085 BFH v. 01.01.1994 – VIII R 35/92, BStBl. II 1995, 241 (244 f.).

1086 *Heimicke,* in: Schmidt, EStG, § 10 Rn. 140.

Nettoerträgen des übertragenen Gesellschaftsanteils erbracht werden.[1087] Diese sind lebenslang zu erbringen, § 10 Abs. 1a Nr. 2 Satz 1 EStG.

Zu klären ist, ob die Überlassung eines Gewinnanspruchs diese Voraussetzungen erfüllt. Ein Gewinnanspruch ist sowohl von einer Regelmäßigkeit als auch von der Höhe unbestimmt, bedenkt man weiterhin, dass die Gesellschaft zunächst überhaupt einen Gewinn erwirtschaften muss. In Verlustsituationen der Gesellschaft sind zukünftige Gewinne zunächst mit den entstandenen Verlusten aufzurechnen, sodass der Nießbraucher an diesen Gewinnen nicht partizipiert.

Unter dem Aspekt, dass der (Neu-)Gesellschafter und Nießbrauchbesteller mit dem Vorbehaltsnießbrauchrecht erst gar nicht einen vollwertigen Gesellschaftsanteil erhält (ein „Minus“ zum Vollrecht), sondern lediglich einen mit der Nießbrauchbelastung geminderten Anteil, mithin also beim Übergeber durch die weitere Nutzung und Fruchtziehung erst gar keine Versorgungslücke entsteht, kann schon hierin keine Erbringung von Versorgungsleistungen des (Neu-)Gesellschafters gesehen werden. Der Nießbrauchbesteller erbringt insoweit keine Versorgungsleistung.[1088] Ein Sonderausgabenabzug gemäß § 10 Abs. 1a Nr. 2 Satz 1 und 2 lit. a) EStG ist ihm nicht zu gewähren. Der Nießbraucher unterliegt wiederum mit den ihm zugewiesenen Gewinnanteilen nicht der Besteuerung gemäß § 22 Nr. 1a EStG.

Wird das Nießbrauchrecht allerdings durch eine Versorgungsleistung i. S. v. § 10 Abs. 1a Nr. 2 Satz 1 und 2 lit. a) EStG ersetzt, kann die Korrespondenzbesteuerung erreicht werden; hier ist von einer gleitenden Vermögensübergabe zu sprechen.[1089]

1087 BMF v. 11.03.2010, IV C 3 - S 2221/09/10004, BStBl. I 2010, 227 Tz. 27; *Kulosa,* in: Herrmann/Heuer/Raupach, § 10 EStG Rn. 74.

1088 BFH v. 14.07.1993 – X R 54/91, BStBl. II 1994, 19 (21 f.); gl. A. *Grün,* NWB 2010, 1040 (1049 f.); a. A.: *Zimmermann u. a.,* Die Personengesellschaft, S. 1231, sehen auch in den Zahlungen aufgrund des Nießbrauchrechts Versorgungsleistungen gegeben, da zum einen mit dem Gesellschaftsanteil eine existenzsichernde und ertragbringende Wirtschaftseinheit gegeben ist, und zum anderen der Nießbraucher nur die entnahmefähigen Gewinnanteile erhält und damit der Gesamtertrag höher ist.

1089 Die gleitende Vermögensübergabe ist abgesichert durch Rechtsprechung und Finanzverwaltung: BFH v. 03.06.1992 – X R 14/89, BStBl. II 1993, 23 (25); BFH v. 16.06.2004 – X R 50/01, BStBl. II 2005, 130 (130 f.); BFH v. 12.05.2015 – IX R 32/14; BStBl. II 2016, 331; BMF v. 01.03.11.03.2010, IV C 3 – S 2221/09/10004, BStBl. I 2010, 227 Tz. 25; BMF v. 06.05.2016, IV C 3 – S 2221/15/10011:004, DStR 2016, 1112.

b) Nießbrauch am Gewinnstammrecht

Zivilrechtlich wie auch steuerrechtlich wird der Nießbrauch am Gewinnstammrecht[1090] mit dem bereits oben beschriebenen Ertragsnießbrauch gleichgesetzt. Darüber hinaus wird diese Rechtsfigur im Schrifttum überwiegend abgelehnt.[1091] Auch die Rechtsprechung, sowohl des *BGH*[1092] als auch des *BFH*[1093] hat hierzu bisher wenig geurteilt.

Da die Rechtswirkungen denen des Ertragsnießbrauchrechts entsprechen, also einkommensteuerrechtlich nicht zu originären Einkünften des Nießbrauchers aus Gewerbebetrieb führen, mithin keinen eigenen Anteil des Nießbrauchers am Gewinn der Personengesellschaft begründen, stellen die ihm zufließenden Gewinnanteile nichtsteuerbare Leistungen dar.[1094] Sie lassen sich nicht einer Einkunftsart i. S. v. § 2 Abs. 1 EStG zuordnen.

II. Auswirkungen auf der Ebene der Einkünftezuordung der Höhe nach

Ist ausschließlich der Nießbraucher als Mitunternehmer anzusehen, stellt sich die Frage, wem das anteilige Steuerbilanzergebnis sowie etwaige steuerrechtliche Modifikationsgrößen zuzurechnen sind. Der Nießbraucher hat zivilrechtlich entsprechend h. M. nur den Anspruch auf den handelsrechtlichen, entnahmefähigen Gewinnanteil. Steuerrechtlich ist ihm als Mitunternehmer aber das davon abweichende steuerrechtliche Ergebnis zuzurechnen. Im Folgenden wird neben der Darstellung des Zuordnungsproblems der Höhe nach ein Lösungsansatz unter Anwendung der Betriebsverpachtungsgrundsätze aufgezeigt. Darüber hinaus wird auch eine Lösung für die verschiedenen Ergebnisbestandteile einschließlich der steuerrechtlichen Korrekturgrößen und deren Zuordnung auf die Nießbrauchbeteiligten herausgearbeitet.

1090 Zum Begriff siehe die Ausführungen im 1. Teil, Kapitel 3, Abschn. 3, § 2 A. sowie dort Fn. 447.

1091 Siehe hierzu auch *Wälzholz,* DStR 2010, 1786 (1787) m w. N.

1092 BGH v. 12.12.1974 – II ZR 166/72, DB 1975, 439.

1093 BFH v. 09.04.1991 – IX R 78/88, DStR 1991, 1150; BFH v. 27.07.1983 – II R 221/81, BStBl. II 1983, 740; BFH v. 13.05.1976 – IV R 83/75, BStBl. II 1976, 592; BFH v. 09.04.1991 – IX R 78/88, BStBl. II 1991, 809.

1094 BFH v. 13.05.1976 – IV R 83/75, BStBl. II 1976, 592 (594); BFH v. 09.04.1991 – IX R 78/88, BStBl. II 1991, 809 (811 f.).

1. Das Zuordnungsproblem bei unterschiedlichem Handels- und Steuerbilanzgewinn

a) Darstellung

Erfüllt der Gesellschafter und Nießbrauchbesteller aufgrund vertraglicher Abreden nicht die Tatbestandsmerkmale des § 15 Abs. 1 Satz 1 Nr. 2 EStG und vereinigen sich sämtliche Mitunternehmerkriterien in der Person des Nießbrauchers, erzielt dieser gewerbliche Einkünfte i. S. v. § 15 Abs. 1 Satz 1 Nr. 2 EStG nur dann, wenn er eine dem Gesellschafter ähnliche Rechtsposition einnimmt.

Vereinigen sich mithin nicht nur die Vermögens-, sondern auch die Mitwirkungs- und Verwaltungsrechte in der Person des Nießbrauchers, muss zusätzlich ein Rechtsbindungswille nicht nur zwischen den Beteiligten des Nießbrauchverhältnisses, sondern auch zu den übrigen Gesellschaftern der Personengesellschaft hinzutreten, woraus sich eine partnerschaftliche Gleichberechtigung zur Erreichung eines gemeinsamen Zwecks –Betrieb eines gewerblichen Unternehmens– ergibt.[1095] Aus der bloßen wirtschaftlichen Machtposition des Nießbrauchers lässt sich ein solcher Verpflichtungswille nicht ableiten.[1096]

Für die Annahme der Mitunternehmerschaft genügt mithin auch ein verdecktes Gesellschaftsverhältnis (gesellschaftsähnliches Rechtsverhältnis), wobei es nicht von der formalen Bezeichnung der zwischen den Beteiligten bestehenden Rechtsbeziehungen abhängig ist, sondern entsprechend des Gesamtbildes der Verhältnisse das tatsächlich Bewirkte den Ausschlag gibt.[1097] Lässt sich so ein Verpflichtungswille des Nießbrauchers erkennen, gilt er als weiterer Träger des Gewerbebetriebes. Er erzielt mit seiner gesellschafterähnlichen Stellung Einkünfte aus Gewerbebetrieb gemäß § 15 Abs. 1 Satz 1 Nr. 2 EStG, da damit auch davon auszugehen ist, dass er über die Dispositions- und Verwaltungsbefugnis verfügt.[1098]

1095 BFH v. 01.07.2003 – VIII R 2/03, BFH/NV 2003, 1564 = DStRE 2003, 1441; BFH v. 26.12.1997 – VIII R 32/90, BStBl. II 1998, 480 (483).

1096 BFH v. 26.12.1997 – VIII R 32/90, BStBl. II 1998, 480 (483).

1097 BFH v. 13.07.1993 – VIII R 50/92, BStBl. II 1994, 282; BFH v. 21.09.1995 – IV R 65/94, DStR 1996, 137; BFH v. 01.08.1996 – VIII R 12/94, BStBl. II 1997, 272, BFH v. 16.12.1997 – VIII R 32/90, BStBl. II 1998, 480.

1098 Eine Kapitalbeteiligung bzw. ein wirtschaftliches Eigentum an einem Mitunterunternehmeranteil ist für die Mitunternehmerstellung nicht Voraussetzung. Zum sog. „Null-Beteiligungs-Gesellschafter“ siehe auch Fn. 1027 und 1028. Auch

Mit dieser Mitunternehmerstellung, neben den übrigen Gesellschaftern/Mitunternehmern, hat der Nießbraucher nicht nur das anteilige Handelsbilanzergebnis, sondern das um steuerrechtliche Modifikationen korrigierte auf den Gesellschaftsanteil entfallende anteilige Steuerbilanzergebnis einschließlich eines möglichen Sonderbilanzergebnisses als eigene Einkünfte der Besteuerung zu unterwerfen.[1099] Es kommt zu einem Auseinanderfallen von dem dem Nießbraucher aufgrund seines zivilrechtlich zustehenden Fruchtziehungsrechts und dem ihm steuerrechtlich zuzurechnenden und der Besteuerung zu unterwerfenden Gewinnanteil.

Dieser enthält nicht nur nichtentnahmefähige Gewinnanteile, sondern möglicherweise auch Anteile aus der Auflösung von aus dem Jahresüberschuss gebildeten offenen Rücklagen sowie ggf. außerordentlichen Erträgen, etwa aus der Auflösung stiller Reserven von Anlagevermögen einschließlich steuerrechtlicher Korrekturen, die wiederum dem Nießbrauchbesteller zivilrechtlich zustehen.

Durch die zivil- und damit gesellschaftsrechtliche Prägung des Nießbrauchrechts an einem Gesellschaftsanteil besteht für den Nießbraucher grundsätzlich nur der Anspruch auf den handelsrechtlichen, entnahmefähigen Gewinnanteil. Der wiederum dem Gesellschafter als Nicht-Mitunternehmer zustehende, nichtentnahmefähige Gewinnanteil lässt sich auf den entsprechenden, bilanzrechtlichen Sachkonten des Gesellschafters erfassen. Diese bilanzrechtliche Vorgehensweise hat aufgrund des in § 5 Abs. 1 Satz 1 EStG kodifizierten Maßgeblichkeitsgrundsatzes der Handelsbilanz für die Steuerbilanz auch entsprechende bilanzsteuerrechtliche Wirkung. Auch wenn der Nießbraucher als Quasi-Gesellschafter und steuerrechtlicher Mitunternehmer anzusehen ist, aber nur Anspruch auf den handelsrechtlichen, entnahmefähigen Gewinnanteil hat, ist dennoch der „volle" Gewinnanteil durch den Nießbraucher der Besteuerung zu unterwerfen. Zu klären ist mithin, wie der steuerrechtliche Nachteil in Form der zusätzlichen steuerlichen Belastung auf Gewinnanteile, die dem Nieß-

---

der Verlust der Mitunternehmereigenschaft des Gesellschafters führt nicht zwingend zum Verlust des wirtschaftlichen Eigentums am Gesellschaftsanteil, dies ist aber zu vermuten; siehe hierzu auch: BFH v. 26.11.1998 – IV R 39/98, BStBl. II 1999, 263 (264). Bei der hier beschriebenen Konstellation könnte allerdings von einem wirtschaftlichen Eigentum des Nießbrauchers an dem Mitunternehmeranteil ausgegangen werden.

1099 *L. Schmidt,* in: FS von Wallis, 359 (367); *Weber,* DStZ 1991, 530 (533).

braucher zivilrechtlich nicht zustehen, vom Gesellschafter ausgeglichen werden können.

b) Lösungsansatz

aa) Anwendung der Betriebsverpachtungsgrundsätze

In der *Literatur*[1100] findet sich der Hinweis, dass dem „Nießbrauchbelasteten" (Gesellschafter) der Substanzzuwachs erst mit Beendigung des Nießbrauchverhältnisses zugutekommt, da er zu diesem Zeitpunkt wieder Mitunternehmer und somit der vom Nießbraucher versteuerte Gewinnanteil beim Gesellschafter definitiv wird, mit der Folge, dass der Nießbraucher zu diesem Zeitpunkt (Beendigung des Nießbrauchverhältnisses) die von ihm versteuerten nichtentnahmefähigen Gewinnanteile als Aufwand (Sonderbetriebsausgabe) und der „neu" in die Mitunternehmerschaft eintretende Gesellschafter als Mitunternehmer einen entsprechenden Ertrag (Sonderbetriebseinnahme) als Einkünfte aus Gewerbebetrieb zu versteuern haben.[1101]

Dieser Vorgehensweise kann nicht zugestimmt werden, denn die nicht entnahmefähigen Ergebnisanteile werden dem Gesellschafter handelsrechtlich bereits zum Zeitpunkt ihrer Entstehung auf dem jeweiligen Kapital- oder Darlehenskonto gutgeschrieben und nicht erst bei Beendigung des Nießbrauchverhältnisses. Dies gilt uneingeschränkt auch für die Steuerbilanz. Des Weiteren ergeben sich bei dieser Sichtweise erhebliche Schwierigkeiten, die zu unbilligen Ergebnissen führen, bedenkt man zum einen, dass das Nießbrauchrecht i. d. R. als lebenslanges Nutzungsrecht bestellt wird und bei Wegfall dieses Nießbrauchrechts durch Tod des Berechtigten dieses Recht automatisch erlischt, § 1061 BGB. Ein Ersatzanspruch der Erben entfällt damit ebenso.

Zum anderen stellt sich die Frage, ob mit der Beendigung des Nießbrauchverhältnisses der Nießbraucher den dann entstehenden Verlust mit anderen Einkünften ausgleichen bzw. von diesen abziehen kann und wie-

1100 *Blaurock,* Unterbeteiligung, S. 306 f.; *L. Schmidt,* in: FS von Wallis, 1985, 359 (367); *Heuer,* DB 1954, 727; *Haep*, in: Herrmann/Heuer/Raupach, § 15 EStG Rn. 445.

1101 Gl. A. *Heuer,* DB 1954, 727, der allerdings bei Beendigung des Nießbrauchs in der Differenz Sonderbetriebsausgaben sieht.

derum der Gesellschafter als neuer Mitunternehmer in eine erhebliche Steuerprogression fällt.[1102]

Um diese für den Nießbraucher negative Wirkung aufzufangen, sind die Grundsätze über die Betriebsverpachtung auch für die Zurechnung der Einkünfte, die auf den Mitunternehmeranteil entfallen, analog anzuwenden:

Durch die Annahme einer Betriebsunterbrechung verliert der Gesellschafter und Nießbrauchbesteller seine bisherige Mitunternehmerstellung zur Hauptgesellschaft nicht; diese ruht für die Dauer des Nießbrauchverhältnisses, da insoweit der Nießbraucher seine Mitunternehmerstellung einnimmt. Die Folge ist, dass etwaige dem Nießbrauchbesteller zustehende und nicht entnahmefähige Gewinnanteile weiterhin dem Nießbraucher als nunmehrigem Mitunternehmer als „eigener" Gewinnanteil zugerechnet werden, dieser aber die ihm zivilrechtlich nicht zustehenden Gewinnanteile als Sonderbetriebsausgaben im Besteuerungsverfahren geltend machen kann. Der Nießbrauchbesteller erzielt aus seiner ruhenden Mitunternehmerstellung mit den ihm zuzuordnenden Gewinnanteilen weiterhin Einkünfte aus Gewerbebetrieb gemäß § 15 Abs. 1 Satz 1 Nr. 2 EStG aus derselben Einkunftsquelle entsprechend der Vorgehensweise bei der Betriebsverpachtung im Ganzen gemäß § 16 Abs. 3b EStG.

Verfahrensrechtlich stellt sich die Frage, ob die Feststellung der Besteuerungsgrundlagen analog in einem besonderen gesonderten Feststellungsverfahren gemäß § 179 Abs. 2 Satz 3 AO und damit in einer zweiten gesonderten Feststellung erfolgt, die nicht das Verhältnis der „Haupt-Mitunternehmer" betrifft, sondern ausschließlich das der Nießbrauchbeteiligten. Zwar setzt diese Vorschrift eine mittelbare Beteiligung voraus, eine entsprechende Anwendung wird nach herrschender Meinung allerdings auch für „ähnliche Rechtsgebilde" wie das des Unterbeteiligungsverhältnisses für zulässig erachtet.[1103] Damit folgt die Feststellung in einem zweistufigen Verfahren: Auf der ersten Stufe erfolgt eine gesonderte und einheitliche Feststellung für die Hauptbeteiligten i. S. d. § 179 II Satz 2 AO, die für die nachfolgende zweite Stufe, die besondere Feststellung nach § 179 Abs. 2 Satz 3 AO, als Grundlagenbescheid bindend ist.[1104]

1102 Dieser Hinweis ist bereits von *Blaurock* genannt, ohne dieses Problem weiter zu beleuchten; *Blaurock,* Unterbeteiligung, S. 307.

1103 *Brandis,* in: Tipke/Kruse, § 179 AO Rn. 14; *Koenig,* in: Koenig, § 179 AO Rn. 26.

1104 *Koenig,* in: Koenig, § 179 AO Rn. 27.

bb) Rechtsfolge bei Nichtanwendung der Betriebsverpachtungsgrundsätze

Kommen die Betriebsverpachtungsgrundsätze nicht zur Anwendung, richtet sich die „Weiterleitung" von Gewinnanteilen an den Nießbrauchbesteller, die i. d. R. in der bilanzrechtlichen Gutschrift auf dem jeweiligen Kapital-, Verrechnungs- oder Darlehenskonto des Gesellschafters besteht, analog der Vorgehensweise bei der stillen Gesellschaft nach dem Zuflusszeitpunkt gemäß § 11 Abs. 1 EStG.[1105] Dieser liegt zum Zeitpunkt der wirtschaftlichen Verfügungsmacht vor und ist mit der Gutschrift auf den entsprechenden Gesellschafterkonten in der Bilanz der Gesellschaft anzunehmen.[1106] Zwar besteht keine direkte Verfügungsmacht des Gesellschafters über diese Gewinnanteile, sie führen aber zu einer unmittelbaren Werterhöhung seiner Beteiligung, die spätestens bei Aufgabe (Veräußerung) der Beteiligung seine wirtschaftliche Leistungsfähigkeit erhöht.

Der Gesellschafter als Nicht-Mitunternehmer ist insoweit als Kapitalgeber und damit als (typisch) stiller Gesellschafter anzusehen, mit der Folge, dass die ihm zustehenden Ergebnisanteile als Einkünfte aus Kapitalvermögen gemäß § 2 Abs. 1 EStG i. V. m. § 20 Abs. 1 Nr. 4 EStG zu qualifizieren wären.[1107] Diese Gewinnanteile mindern wiederum als Sonderbetriebsausgaben den Gewinnanteil des Nießbrauchers.

Sind die Tatbestandsmerkmale für das Vorliegen der Einkünfte aus Kapitalvermögen nicht erfüllt und ebenso nicht die Merkmale der weiteren in § 2 Abs. 1 EStG genannten Einkunftsarten, stellen die dem Gesellschafter zuzuordnenden Gewinnanteile eine ertragsteuerlich unbeachtliche Einkommensverwendung i. S. v. § 12 Nr. 2 EStG dar.[1108]

2. Ausgewählte Fragen zur Einkünfteabgrenzung und -ermittlung

Ist die jeweilige Position von Nießbraucherbesteller/Gesellschafter und Nießbraucher in Bezug zur Mitunternehmerschaft geklärt, einschließlich

---

1105 BFH v. 14.06.2005 – VIII R 53/03 (NV), BeckRS 2005, 25 008717.

1106 *Krüger,* in: Schmidt, EStG, § 11 Rn. 15 f.

1107 BFH v. 29.04.1981 – IV R 131/78, BStBl. II 1981, 663 (664); BFH v. 11.07.1989 – VIII R 41/84, BeckRS 1989, 06314.

1108 *Buge/Witt,* in: Herrmann/Heuer/Raupach, § 15 EStG Rn. 898; konsequenterweise müsste dies dann schenkungsteuerrechtliche Folgen nach sich ziehen.

der Fragen der Einkünftequalifikation und -zuordnung, gilt es nunmehr der Frage nachzugehen, wie die Einkünfteermittlung und damit die Abgrenzung und Zuordnung von Ergebnisbestandteilen auf die jeweils Nießbrauchbeteiligten zu erfolgen hat. Hier ist das Schrifttum sehr uneinheitlich, Rechtsprechung besteht hierzu nicht.

a) Vorgehensweise bei der Ergebnisabgrenzung

Die Ergebnisabgrenzungsproblematik und ihre steuerrechtliche Zuordnung der Höhe nach stellen sich bei der Bestellung eines Vorbehalts- und Vermächtnisnießbrauchrechts wie auch bei einem Zuwendungsnießbrauch an einem Mitunternehmeranteil. Dies immer dann, wenn der Nießbraucher die Tatbestandsmerkmale von § 15 Abs. 1 Satz 1 Nr. 2 EStG erfüllt, mithin Einkünfte aus Gewerbebetrieb erzielt und das Nießbrauchrecht am Mitunternehmeranteil zur Einkunftsquelle wird.

Das den Nießbrauch kennzeichnende Fruchtziehungsrecht des Nießbrauchers beschränkt sich hierbei nach Rechtsprechung und h. M. im Schrifttum grundsätzlich auf den entnahmefähigen Gewinnanteil gemäß Gesellschaftsvertrag und/oder dem Gewinnverteilungsbeschluss der Gesellschafter, basierend auf dem festgestellten handelsrechtlichen Jahresabschluss eines Wirtschaftsjahres.[1109] Außerordentliche Ergebnisse, die bspw. durch die Aufdeckung stiller Reserven des Gesellschaftsvermögens entstanden sind, gebühren hierbei dem Nießbrauchbesteller.

Damit ist der dem nießbrauchbelasteten Personengesellschaftsanteil zuzuordnende Gewinnanteil zwischen Nießbraucher und Nießbrauchbesteller grundsätzlich in folgende Schritte aufzuteilen:[1110]

Schritt 1:
Bestimmung des handelsrechtlichen Jahresergebnisses der Personengesellschaft insgesamt, wobei gleichzeitig der Ergebnisanteil, der auf den nießbrauchbelasteten Gesellschaftsanteil entfällt, festzulegen ist.

1109 BFH v. 01.03.1994 – VIII R 35/92, BStBl. II 1995, 241 (244); *von Oertzen/Stein,* Ubg 2012, 285 (288); *Petzold,* GmbHR 1987, 433 (437); *Bode,* in: Blümich, § 15 EStG Rn. 367; *Wacker,* in: Schmidt, EStG, § 15 Rn. 307. Zur Definition und Abgrenzung der Begriffe „Jahresüberschuss", „Gewinn" und „Bilanzgewinn" siehe: *Winnefeld,* Bilanz-Handbuch, S. 1657 Rn. 440, *Grottel/Krämer,* in: Beck Bil.-Komm., § 268 HGB Rn. 2.

1110 *Zimmermann u. a.,* Die Personengesellschaft, S. 1218; *von Oertzen/Stein,* Ubg 2012, 285 (289); *Biergans,* DStR 1985, 327 (332).

Schritt 2:
Aufteilung des Ergebnisanteils auf Nießbraucher und Nießbrauchbesteller, wobei zunächst wiederum die Ergebnisanteile, die dem Nießbraucher nicht als Nutzung zustehen, wie z. B. Erträge aus außerordentlichen Verkäufen von Gegenständen des Anlagevermögens, in Abzug zu bringen bzw. bei Verlusten wieder hinzuzurechnen sind. Der Nießbraucher nimmt damit nur am Ergebnis des laufenden Betriebs des Unternehmens teil, wobei der Nießbraucher an dadurch entstehenden Verlusten nicht teilnimmt.
Schritt 3:
Der so korrigierte Gewinnanteil ist nunmehr um den Anteil zu korrigieren (zu kürzen), der aufgrund des Gesetzes, des Gesellschaftsvertrags oder des Gewinnverwendungsbeschlusses nicht entnahmefähig ist. Dieser nicht entnahmefähige Teil des laufenden Gewinns sowie die außerordentlichen Ergebnisse sind dem Anteilseigner zuzurechnen.
Schritt 4:
Steuerrechtliche Modifikationsgrößen wie steuerrechtliche Ansatz- und Bewertungskorrekturen wie auch nicht abzugsfähige Betriebsausgaben sind im Grundsatz dem Nießbrauchbesteller als Gesellschafter zuzuordnen.[1111]
Schritt 5:
Festlegung, wem Sondervergütungen sowie Ergebnisse aus dem Sonderbetriebsvermögen zuzurechnen sind.

Diese so zwischen Nießbraucher und Nießbrauchbesteller/Gesellschafter bestimmte Aufteilung des Ergebnisanteils, welcher auf den nießbrauchbelasteten Gesellschaftsanteil entfällt, ist entsprechend der h. M. im Rahmen des gesonderten und einheitlichen Gewinnfeststellungsverfahrens gemäß §§ 179 Abs. 2, 180 Abs. 1 Nr. 2a AO, festzustellen.[1112]

Unterscheidet sich allerdings das um steuerrechtliche Modifikationen korrigierte Steuerbilanzergebnis beispielsweise aufgrund vom Handelsrecht abweichenden bilanzsteuerrechtlichen Ansatz- und Bewertungsvorschriften oder aufgrund von steuerrechtlich nicht absetzbaren Aufwendungen gemäß § 4 Abs. 5, 5b und 6 EStG (nicht abzugsfähige Betriebsausgaben) vom Handelsbilanzergebnis, stellt sich die Frage, wem die Ergebnisveränderung aufgrund dieser reinen steuerrechtlichen Korrekturen zuzu-

---

1111 Siehe hierzu die Ausführungen weiter unten.
1112 Siehe hierzu die Ausführungen im 3. Teil, Kapitel 2, Abschn. 3, § 3 B. II. 2.

rechnen sind. Hierzu werden im Schrifttum unterschiedliche Auffassungen vertreten, die im Folgenden bei den Einzelaspekten der Einkünftezuordnung näher erläutert werden.[1113]

b) Behandlung steuerrechtlicher Modifikationsgrößen

aa) Nicht abziehbare Betriebsausgaben

Nicht abzugsfähige Betriebsausgaben gemäß § 4 Abs. 5, 5b und 6 EStG, die das handelsrechtliche Jahresergebnis gemindert haben, sind eine steuerrechtliche Eigenart, die den Gesamtgewinn der Personengesellschaft nicht mindern. Sie werden grundsätzlich dem handelsrechtlichen Gewinn und damit dem jeweiligen Gesellschafter anteilig hinzugerechnet.[1114]

Besteht mithin ein Nießbrauchrecht an einem Gesellschaftsanteil, wird in der Literatur teilweise die Ansicht vertreten, dass diese steuerliche Gewinnerhöhung dem Nießbraucher zuzurechnen sei.[1115] Andere wiederum rechnen die Differenz dem Nießbrauchbesteller/Gesellschafter zu[1116] oder nehmen eine Aufteilung nach Maßgabe der jeweiligen Gewinnbeteiligung zwischen Nießbraucher und Gesellschafter vor.[1117] Diese unterschiedlichen Sichtweisen werden häufig ohne nähere Begründung jeweils nur angenommen. Lediglich *L. Schmidt*[1118] und *von Oertzen/Stein*[1119] kommen zu dem Ergebnis, dass es sich bei diesen steuerlichen Mehrergebnissen um nicht entnahmefähige Gewinnanteile handelt und diese somit dem Nießbrauchbesteller zuzurechnen seien. Der Nießbraucher habe nur den han-

---

1113 Siehe hierzu: *Wacker,* in: Schmidt, EStG, § 15 Rn. 307; *von Oertzen/Stein,* Ubg 2012, 285 (290 ff.); *Götz/Jorde,* FR 2003, 998 (1002); die nachfolgende Darstellung ist nicht abschließend und soll lediglich die wichtigsten Bestandteile näher erläutern; siehe hierzu auch: *von Oertzen/Stein,* Ubg 2012, 285 (289 ff.).

1114 BFH v. 08.06.2000 – IV R 39–99; BStBl. II 2000, 670 (617); BFH v. 24.10.1996 – IV R 90/94, BStBl. II 1997, 241 (242 f.).

1115 *Schulze zur Wiesche,* DB 2008, 2728 (2728 f.).

1116 *Biergans,* DStR 1985, 327 (332); *Petzoldt,* GmbHR 1987, 433 (436 f.); *Götz/Hülsmann,* Nießbrauch, S. 257 f.

1117 *Haep,* in: Herrmann/Heuer/Raupach, § 15 EStG Rn. 444; *Wälzholz,* DStR 2010, 1930 (194).

1118 *L. Schmidt,* in: FS v. Wallis (1985), 359 (368).

1119 *von Oertzen/Stein,* Ubg 2012, 285 (290 f.).

delsbilanziell entnahmefähigen Gewinn der Besteuerung zu unterwerfen.[1120]

bb) Bilanzierungsdifferenzen zwischen Handels- und Steuerbilanz

Zu Bilanzierungsdifferenzen kommt es im Bilanz- und Bilanzsteuerrecht immer dann, wenn das Ertragsteuerrecht von Ansatz- und Bewertungsvorschriften des Handelsrechts bspw. aufgrund der Regelungen in §§ 5 und 6 EStG abweicht, denn Ziel des Steuerrechts ist es, die wirtschaftliche Leistungsfähigkeit sachgerecht abzubilden, während das handelsrechtliche Bilanzrecht vom Gläubigerschutzgedanken und vom Vorsichtsprinzip geprägt ist, wodurch die Zwecke der Steuerbilanz und der Handelsbilanz divergieren.[1121] Hier stellt sich ebenfalls die Frage, wem diese Mehrergebnisse zuzurechnen sind. Die überwiegende Meinung im Schrifttum ordnet auch hier diese steuerrechtlichen, nicht entnahmefähigen Mehrergebnisse mit gleicher Begründung wie die Behandlung der nicht abzugsfähigen Betriebsausgaben dem Gesellschafter zu.[1122]

cc) Betriebsprüfungsergebnisse

Ein Zuordnungsproblem stellt sich ebenso bei Mehr- oder Weniger-Ergebnissen im Rahmen von durchgeführten Betriebsprüfungen für Vorjahre. Auch hier sieht die überwiegende Meinung im Schrifttum eine Zurechnung beim Nießbraucher nur dann als gegeben, wenn die Ergebnisveränderungen auch die handelsrechtlichen Ansatz- und Bewertungsansätze berühren, mithin den handelsrechtlichen entnahmefähigen Gewinnanteil verändern.[1123] Dies wird regelmäßig wiederum nur dann der Fall sein, wenn auch die Handelsbilanz angepasst wird.

1120 So auch *Wacker,* in: Schmidt, EStG, § 15 Rn. 310.

1121 Siehe hierzu m. w. N., *Hennrichs,* in: Tipke/Lang, Steuerrecht, § 9 Rn. 47.

1122 *Wacker,* in: Schmidt, EStG, § 15 Rn. 310; *Petzoldt,* GmbHR 1987, 433 (437); *L. Schmidt,* in: FS v. Wallis (1985), 359 (368); kritisch: *Schön,* StbJb. 1996/97, 45 (71 f.); *von Oertzen/Stein,* Ubg 2012, 285 (291).

1123 *Von Oertzen/Stein,* Ubg 2012, 285 (291); *Götz/Jorde,* FR 2003, 998 (1003).

dd) Zwischenergebnis/Stellungnahme

Die verschiedenen Sichtweisen hinsichtlich möglicher Abweichungsgrößen zwischen Handels- und Steuerbilanz werden einer objektiven Einkünftezurechnung und -verteilung auf Nießbraucher und Nießbrauchbesteller nicht gerecht. Dies zeigt sich insbesondere dann, wenn der Nießbraucher die wirtschaftliche Stellung eines Gesellschafters erfüllt, also weitreichende Befugnisse zur Einflussnahme auf die Geschäftsführung und Gestaltung der Gesellschaft nimmt, ihm ein Stimmrecht verliehen ist und er damit wie ein Gesellschafter die Geschicke der Gesellschaft mitbestimmen kann, Kontroll- und Widerspruchsrechte innehat, mithin die ertragsteuerrechtlichen Mitunternehmerkriterien erfüllt und damit als Mitunternehmer anzusehen ist. Nicht die formale Bezeichnung einer Rechtsbeziehung, sondern der Inhalt dieser Rechtsbeziehung und damit die Rechtsfolgen, die die Beteiligten anstreben, müssen maßgebend sein.[1124] Damit stellt sich die Frage, warum der Nießbraucher nicht auch am Steuerbilanzergebnis zu partizipieren hat.

Für die Einkünftezuordnung ist deshalb die Analyse der Ausgestaltung des Rechtsverhältnisses von Nießbraucher und Nießbrauchbesteller in Bezug auf die Mitwirkungs- und Verwaltungsrechte von erheblicher Bedeutung. Nur so kann die Frage sachgerecht beantwortet werden, inwieweit auch der Nießbraucher an steuerrechtlichen Modifikationen teilzunehmen hat und damit das Steuerbilanzergebnis maßgebend ist.

Immer dann, wenn der Nießbraucher als Nicht-Mitunternehmer anzusehen ist, kann ihm im Rahmen der steuerrechtlichen Gewinnverteilung nur der handelsrechtlich entnahmefähige Gewinn zugerechnet werden. Der *BFH* hat diesbezüglich mit seinem Urteil vom 01.03.1994[1125] auch für Klarheit gesorgt, indem er das den Nießbrauch kennzeichnende Fruchtziehungsrecht grundsätzlich auf den nach dem Gesellschaftsvertrag bzw. dem Gewinnverwendungsbeschluss der Gesellschafter entnahmefähigen Teil des Gewinnanteils des Gesellschafters/Nießbrauchbestellers entsprechend des festgestellten Handelsbilanzgewinns beschränkt. Eine Differenzierung hinsichtlich der Rechtsstellung des Nießbrauchers hat der *BFH* nicht vorgenommen.

1124 BFH v. 25.06.1984 – GrS 4/82, BStBl. II 1984, 751 (768); *Haas/Drüen,* in: FS Priester (2007), 133 (144); *Crezelius,* in: FS L. Schmidt (1993), 355 (358).

1125 BFH v. 01.03.1994 – VIII R 35/92, BStBl. II 1994, 241 (244).

Ist der Nießbraucher allerdings als Mitunternehmer anzusehen, kann eine Begrenzung auf den handelsrechtlichen, entnahmefähigen Gewinnanteil nicht sachgerecht sein. Durch die Übernahme von Initiativrechten (Mitunternehmerinitiative) wirkt der Nießbraucher auf das unternehmerische Handeln der Gesellschaft ein. Hierdurch werden ebenso Geschäftsvorfälle ausgelöst, die steuerrechtlich ggf. zu nicht abzugsfähigen Betriebsausgaben oder auch außerplanmäßigen Abschreibungen (Teilwertabschreibungen) etc. führen. Umso mehr sind dem Nießbraucher auch die steuerrechtlichen Modifikationsgrößen anteilig zuzurechnen. Das kann in der Weise erfolgen, dass im ersten Schritt der anteilige steuerrechtliche Gewinn des Gesellschafter-Mitunternehmers entsprechend der allgemeinen gesellschaftsvertraglichen und gesetzlichen Regelungen bestimmt wird. Im zweiten Schritt wird der dem Gesellschafter-Mitunternehmer zuzurechnende Gewinnanteil zwischen ihm und dem Nießbraucher entsprechend der getroffenen Vereinbarung und in Abhängigkeit vom Entnahmerecht quotal bestimmt und aufgeteilt. Lediglich im Gewinnanteil enthaltene Erträge aus der Auflösung stiller Reserven des Anlagevermögens wären zu separieren und dem Nießbrauchbesteller zuzuordnen. Dies müsste ebenso für vorgenommene außerplanmäßige Abschreibungen (Teilwertabschreibungen) gelten. Auf Entnahmebeschränkungen kommt es zunächst nicht an. Bestehen diese, wäre für den Nießbraucher bilanzsteuerrechtlich ebenso ein Kapital-, Forderungs- oder Verbindlichkeitskonto einzurichten, auf dem nur der nichtentnahmefähige Gewinnanteil, der sich aufgrund der steuerrechtlichen Modifikationsgrößen als Mehrergebnis, das sich in Abhängigkeit seines handelsrechtlichen entnahmefähigen Gewinnanteils quotal ergibt, erfasst wird. Dieses Nießbraucherkonto unterliegt den allgemeinen bilanz- und gesellschaftsrechtlichen Regelungen. Gleichzeitig muss es dem Nießbraucher gestattet sein, die Steuerlast, die sich aufgrund des steuerlichen Mehrergebnisses ergibt, zu entnehmen. Diese Steuerlast richtet sich nach den persönlichen Verhältnissen. Um eine Offenlegung zu vermeiden, macht es Sinn, einen Pauschalsteuersatz zu bestimmen. Dieses Steuerentnahmerecht besteht gegenüber der Gesellschaft, mindestens aber als Ausgleichsanspruch gegenüber dem Gesellschafter/Nießbrauchbesteller, dem die nichtentnahmefähigen Gewinnanteile zustehen. Erst bei Beendigung des Nießbrauchverhältnisses ist ein Ausgleich zwischen Nießbraucher und Gesellschafter herzustellen. Diese Vorgehensweise erleichtert mitunter auch die Zuweisung des Steuerermäßigungsbetrags gemäß § 35 EStG.

ee) Steuerermäßigung gemäß § 35 EStG

Die bei gewerblich tätigen Personengesellschaften entstehende und als Betriebsausgabe nicht abzugsfähige Gewerbesteuer gemäß § 4 Abs. 5b EStG ist als Steuerermäßigung gemäß § 35 Abs. 1 EStG mit dem 3,8-Fachen des jeweils für den dem Veranlagungszeitraum entsprechenden Erhebungszeitraum festgesetzten Gewerbesteuermessbetrags beim jeweiligen Gesellschafter zu berücksichtigen. Sind Nießbraucher und Gesellschafter Mitunternehmer, ist es nur konsequent, auch dem Nießbraucher einen anteiligen Gewerbesteuermessbetrag, der sich entsprechend seiner zu versteuernden Quote am Gewinnanteil des Gesellschafters bestimmt, zuzuweisen, § 35 Abs. 2 EStG.[1126]

ff) Zuweisung von Verlustanteilen

Eine unmittelbare Verlustteilhabe, mit der Verpflichtung, diese mittels Nachzahlungen oder Zuschüssen auszugleichen, trifft den Nießbraucher allein aufgrund der zivilrechtlichen Grundsätze nach h. M. im Schrifttum und BFH-Rechtsprechung grundsätzlich nicht.[1127] Das den Nießbrauch kennzeichnende Fruchtziehungsrecht beschränkt sich also auf den gesellschaftsrechtlich entnahmefähigen Ertrag.[1128] Der auf den nießbrauchbelasteten Gesellschaftsanteil entfallende Verlustanteil ist ausschließlich vom Nießbrauchbesteller zu tragen. Entsprechend ergeben sich entnahmefähige Gewinnanteile zugunsten des Nießbrauchers erst dann wieder, wenn die jeweiligen Verlustvortragskonten oder sonstigen negativen Kapitalkonten des Gesellschafters und Nießbrauchbestellers wieder auf Null gestellt wurden.[1129] Damit trägt der Nießbraucher den Verlust grundsätzlich nur mittelbar. Eine Verlustabzugsbeschränkung bei der Bestellung eines Nießbrauchrechts an einem Kommanditgesellschaftsanteil gemäß

1126 BMF v. 03.11.2016 – IV C 6 – S 2296-a/08/10002:003, DStR 2016, 2653; BMF v. 18.01.2013, IV C 6 – S 2296-a/07/1001, ZEV 2013, 108; allgemein zu § 35 EStG: *Förster*, DB 2016, 2866.

1127 *Herrler*, in: Palandt, § 1068 BGB Rn. 5; BFH v. 03.12.2015 – IV R 43/13 (NV), BeckRS 2016, 94366.

1128 BFH v. 03.12.2015 – IV R 43/13 (NV), BeckRS 2016, 94366; BFH v. 01.03.1994 – VIII R 35/92, BStBl. II 1995, 241 (244).

1129 *Hochheim/Wagenmann*, ZEV 2010, 109 (110); *Wälzholz*, DStR 2010, 1930 (1933).

§ 15a EStG trifft damit den Nießbraucher ebenso nicht, denn handels- wie auch steuerrechtlich werden die Verluste dem Nießbrauchbesteller zugerechnet.

Hiervon abweichend ist nach *L. Schmidt* ein Verlustanteil dem Nießbraucher immer dann zuzurechnen, wenn durch den Verlustanteil ein negatives Kapitalkonto des Gesellschafters entsteht.[1130] Entsprechend wäre ein Verlustsonderkonto auch für den Nießbraucher zu führen. Durch künftige (handelsrechtlich entnahmefähige) Gewinnanteile ist dieser Verlust wiederum auszugleichen, weshalb dem Nießbraucher auch künftige nicht entnahmefähige Gewinnanteile zuzurechnen sind.[1131]

Es stellt sich allerdings die Frage, ob dem Nießbraucher, der die Mitunternehmerstellung einnimmt und damit die Verluste der Gesellschaft ebenso zu verantworten hat, diese nicht von Anfang an zuzuordnen sind. Dies erscheint aus den bereits genannten Gründen auch nur sachgerecht, zumal das Mitunternehmerkriterium „Mitunternehmerrisiko“ dadurch verstärkt wird und die Mitunternehmereigenschaft des Nießbrauchers gerade auch in Bezug zur Ausprägung der Initiativrechte des Nießbrauchers kaum Versagungsgründen unterliegt.

Entsprechend wäre für den Nießbraucher bei der Gesellschaft von Beginn an ein Verlustsonderkonto zu führen, auf dem die entstehenden Verluste wie auch die künftigen Gewinnanteile zu erfassen sind. Sind sowohl Gesellschafter als auch Nießbraucher als Mitunternehmer anzusehen, hat eine quotale Aufteilung sowohl des Verlusts als auch der künftigen Gewinne zwischen Gesellschafter und Nießbraucher zu erfolgen. Diese richtet sich nach den jeweils getroffenen Abreden zwischen den Nießbrauchbeteiligten. Damit trifft auch den Nießbraucher die beschränkte Verlustverrechnung gemäß § 15a EStG.

1130 *L. Schmidt,* in: FS v. Wallis (1985), 359 (369).

1131 *L. Schmidt,* in: FS v. Wallis (1985), 359 (369); gl. A. *Wacker,* in: Schmidt, EStG, § 15 Rn. 311; kritisch hierzu: *Schön,* StbJb. 1996/97, 45 (73), der in dieser Vorgehensweise einen Verstoß gegen das Periodizitätsprinzip sieht, da „sie der künftigen Haftung des Nießbrauchers den Vorrang gegenüber der gegenwärtigen Belastung einräumt“; so auch *Lohr,* Der Nießbrauch, S. 351.

gg) Gewinnthesaurierung (nicht entnahmefähige Gewinnanteile)

Wurden Gewinnanteile bereits *vor* Nießbrauchbestellung in Gewinnrücklagen oder gesamthänderisch gebundene Rücklagen eingestellt (nicht entnahmefähige Gewinnanteile), so sind diese mit der Anteilsübertragung beim Vorbehaltsnießbrauch auf den neuen Gesellschafter übergegangen. Sie betreffen letztlich die Substanz des Anteils, mit der Konsequenz, dass der Vorbehaltsnießbraucher bei Auflösung oder Teilauflösung dieser Rücklagen daran nicht mehr partizipiert.[1132] Liegt ein Zuwendungsnießbrauch vor, verbleibt der Auflösungsbetrag ebenfalls beim Gesellschafter. Der Nießbraucher nimmt nur an den Früchten des Nießbrauchrechts im eigentlichen Sinne teil.[1133]

Werden Gewinne während des Bestehens des Nießbrauchrechts mittels Gewinnverwendungsbeschluss in Gewinnrücklagen eingestellt, stellt sich allerdings die Frage, wem diese im Falle der Auflösung zuzuordnen sind. Hierzu werden in der Literatur unterschiedliche Auffassungen vertreten.

Grundsätzlich bezieht sich das Fruchtziehungsrecht des Nießbrauchers nur auf den entnahmefähigen Gewinnanteil. Kommt es aber durch einen Auflösungsbeschluss der Gesellschafter zur Auflösung dieser Gewinnrücklagen, wandeln sich bisher handelsrechtlich nicht entnahmefähige Gewinne in nunmehr entnahmefähige Gewinne um, mit der Folge, dass diese dem Nießbraucher zustehen. Hier entsteht ein Besteuerungsproblem, denn zum Zeitpunkt der Bildung der Gewinnrücklage wurde diese als nicht entnahmefähiger Gewinn vom Gesellschafter/Nießbrauchbesteller bereits der Besteuerung unterworfen und fließt nunmehr dem Nießbraucher zum Zeitpunkt der Auflösung als der Besteuerung unterworfener Ertrag zu.[1134] Um eine Doppelbesteuerung zu vermeiden, wird im Schrifttum vorgeschlagen, dass der Nießbrauchbesteller in Höhe dieser Erträge einen Sonderbetriebsaufwand und der Nießbraucher entsprechend einen Sonderbetriebsertrag ansetzt.[1135] Dies entspricht letztlich dem Prinzip der Besteuerung nach der wirtschaftlichen Leistungsfähigkeit. Auf der anderen Seite ist das Problem auch dadurch zu vermeiden, indem dem Gesellschafter in Höhe seiner Steuerlast ein Ausgleichsanspruch gegenüber dem Nießbraucher analog

---

1132 *von Oertzen/Stein,* Ubg 2012, 285 (289 f.).
1133 BFH v. 28.01.1992 – VIII R 207/85, BStBl. II 1992, 605 (607).
1134 Eingehend hierzu: *von Oertzen/Stein,* Ubg 2012, 285 (290).
1135 *Wacker,* in: Schmidt, EStG, § 15 Rn. 310; *von Oertzen/Stein,* Ubg 2012, 285 (290).

§ 1039 BGB zugewiesen wird. Dieser Ausgleichsanspruch entsteht zum Zeitpunkt der Auflösung der Gewinnrücklage.[1136]

Desweiteren ermöglicht § 34a EStG auch für Mitunternehmer von Personengesellschaften für bestimmte nicht entnommene Gewinne im Rahmen der Einkommensteuerveranlagung, diese mit einem ermäßigten Steuersatz von 28,25 Prozent zuzüglich dem Solidaritätszuschlag i. H. v. 5,5 Prozent zu besteuern, § 34a Abs. 1 EStG, § 4 SolzG. Kommt es zu einem späteren Zeitpunkt aufgrund eines Auflösungsbeschlusses der Gesellschaft zu einer Entnahme dieser thesaurierten Gewinne, womit gleichzeitig der Begünstigungsgrund entfällt, sind diese im Veranlagungszeitraum der Entnahme mit einer Nachsteuer von 25 Prozent zuzüglich des Solidaritätszuschlags i. H. v. 5,5 Prozent der Besteuerung zu unterwerfen, § 34a Abs. 4 EStG, § 4 SolzG.

Fraglich ist, ob auch der Nießbraucher diesen Antrag auf Inanspruchnahme der Thesaurierungsbegünstigung nach § 34a EStG stellen kann. Hierzu wird in der Literatur überwiegend die Meinung vertreten, dass dies nur dem Nießbrauchbesteller zusteht.[1137] Begründet wird das damit, dass der Nießbraucher lediglich Anspruch auf den entnahmefähigen Gewinnanteil hat und damit keine Grundlage für die Thesaurierungsbegünstigung besteht, denn die nichtentnahmefähigen Gewinnanteile werden dem Nießbrauchbesteller zugewiesen und von diesem versteuert.[1138]

Diese Sichtweise greift zu kurz, bedenkt man einmal, dass dem Nießbraucher im Fall des Nur-Mitunternehmers, der Gesellschafter/Nießbrauchbesteller also die Mitunternehmerkriterien nicht erfüllt, die Thesaurierungsbegünstigungsbesteuerung bei Stehenlassen von Gewinnen aufgrund eines Gewinnverwendungsbeschlusses verwehrt bleibt und dieser so den entnahmefähigen wie auch den nichtentnahmefähigen Gewinnanteil der Normalbesteuerung zu unterwerfen hat. Dies würde bereits für darlehensweise stehen gelassene Gewinne gelten, die entsprechend als Einlage in das Sonderbetriebsvermögen des Nießbrauchers zu behandeln sind,

1136 Die analoge Anwendung von § 1039 BGB ergibt sich daraus, dass § 1039 BGB nur bei übermäßiger Fruchtziehung greift, diese allerdings hier nicht vorliegt und dennoch ein Ausgleichsanspruch entsteht; gl. A.: *Janssen/Nickel,* UnternehmensNießbrauch, S. 45.

1137 *Götz/Hülsmann,* Der Nießbrauch, S. 257, Rn. 1226; *von Oertzen/Stein,* Ubg 2012, 285 (289).

1138 *von Oertzen/Stein,* Ubg 2012, 285 (289).

§ 15 Abs. 1 Satz 1 Nr. 2 Satz 1 Hs. 2 EStG.[1139] Auch bei einem freiwilligen Stehenlassen der entnahmefähigen Gewinnanteile des Nießbrauchers, die dann auf ein für ihn einzurichtendes Kapitalkonto zu erfassen wären, auf die er jeder Zeit zurückgreifen könnte, wäre die Begünstigungsbesteuerung nicht gegeben. Daraus folgt, dass immer dann, wenn der Nießbraucher als Mitunternehmer anzusehen ist, dieser unter den Voraussetzungen des § 34a Abs. 1 Satz 3 EStG den Antrag auf Tarifbegünstigung stellen kann. Gestärkt wird diese Auffassung auch durch die Finanzverwaltung, die, soweit der Nießbraucher ertragsteuerrechtlich als Mitunternehmer anzusehen ist, im Nießbrauchrecht einen Anteil an einer Personengesellschaft i. S. d. § 15 Abs. 1 Satz 1 Nr. 2 EStG sieht.

hh) Zusammenfassung

Der Nießbraucher hat grundsätzlich entsprechend h. M. im Schrifttum und in der Rechtsprechung Anspruch auf den entnahmefähigen Gewinnanteil im Rahmen der Feststellung des handelsrechtlichen Jahresabschlusses der Personengesellschaft, respektive eines Gewinnverwendungsbeschlusses der Gesellschaft. Sein Anspruch richtet sich also grundsätzlich nach dem Handelsbilanzgewinn. An entstehenden Verlusten der Gesellschaft nimmt der Nießbraucher nur mittelbar teil. Steuerrechtliche Modifikationen treffen ihn grundsätzlich nicht. Erfüllt allerdings der Nießbraucher die Mitunternehmerkriterien, nimmt damit also einen nennenswerten Einfluss auf die Geschicke der Gesellschaft, kann es nur sachgerecht sein, ihn am Steuerbilanzergebnis zu beteiligen. Bilanz- und bilanzsteuerrechtlich sind entsprechende Nießbraucherkonten zu führen.

Da es sich bei den steuerrechtlichen Mehrergebnissen um nichtentnahmefähige Gewinnanteile handelt, muss der Nießbrauchbesteller/Gesellschafter dem Nießbraucher ein entsprechendes zusätzliches Steuerentnahmerecht gewähren. Kommt es zur Auflösung von während des Bestehens des Nießbrauchverhältnisses gebildeten Gewinnrücklagen, führt dies damit zur Umqualifizierung von bisher nichtentnahmefähigen Gewinnanteilen zu entnahmefähigen Gewinnanteilen, die damit dem Nießbraucher zu-

---

1139 Gl. A. *Schulze zur Wiesche,* DB 2008, 2728 (2729); zur zivilrechtlichen Zulässigkeit der Darlehensgewährung mittels Stehenlassen von Gewinnen durch den Nießbraucher, siehe auch: Staudinger/*Frank* (2009), Anh. zu §§ 1068 f. BGB Rn. 79, *Pohlmann,* in: MünchKomm-BGB, § 1068 Rn. 50.

stehen. Aufgrund der durch den Gesellschafter zum Zeitpunkt der Bildung erfolgten Besteuerung, hat dieser zum Zeitpunkt der Zuweisung dieser Gewinne an den Nießbraucher einen entsprechenden Sonderbetriebsaufwand geltend zu machen, während der Nießbraucher diesen Betrag als Sonderbetriebsertrag der Besteuerung zu unterwerfen hat. Ist der Nießbraucher als Mitunternehmer anzusehen, steht ihm das Recht auf Tarifbegünstigung gemäß § 34a EStG zu.

B. Erbschaft- und Schenkungsteuerrecht

I. Grundsätzliches

Die unentgeltliche Übertragung von Gesellschaftsanteilen an einer gewerblich tätigen bzw. gewerblich geprägten Personengesellschaft unter Vorbehalt eines Nießbrauchs bzw. unter Zuwendung eines Nießbrauchs zugunsten eines Dritten erfährt eine erbschafts- oder schenkungssteuerliche Begünstigung, wenn aufseiten des Schenkers wie auch auf Erwerberseite mitunternehmerisches Vermögen (Betriebsvermögen) gemäß § 13 b Abs. 1 Nr. 2 ErbStG i. V. m. § 15 Abs. 1 Satz 1 Nr. 2 und Abs. 3 EStG vorgelegen hat bzw. auch weiterhin vorliegt.[1140] Dies setzt also voraus, dass der Schenker dem Begünstigten das Mitgliedschaftsrecht zivilrechtlich wirksam überträgt.[1141] Unerheblich für diese freigiebige Zuwendung i. S. v. § 7 Abs. 1 Nr. 1 ErbStG ist zunächst, dass der Beschenkte auch ertragsteuerrechtlich als Mitunternehmer anzusehen ist.[1142]

Inwiefern allerdings dann für die steuerpflichtige Schenkung auch die Steuerbegünstigung gemäß § 13a ErbStG zu gewähren ist, ist wiederum abhängig davon, ob dem Begünstigten durch den übertragenen Gesellschaftsanteil die Mitunternehmerstellung i. S. v. § 15 Abs. 1 Satz 1 Nr. 2 EStG vermittelt wird.

1140 BFH v. 16.05.2013 – II R 5/12, BStBl. II 2013, 635 (636); BFH v. 10.12.2008 II R 34/07, BStBl. II 2009, 312 (314); BFH v. 14.02. 2007 – II R 69/05, BStBl. II 2007, 443 (444).

1141 BFH v. 06.05.2015 – II R 34/13, BStBl. II 2015, 821 (822); BFH v. 01.7.1992 – II R 108/88, BStBl. II 1992, 923 (924).

1142 BFH v. 06.05.2015 – II R 34/13, BB 2015, 2470; BFH v. 01.10.2014 – II R 40/12, BeckRS 2015, 94299; BFH v. 01.10.2014 – II R 43/14, BeckRS 2015, 94302.

Die Mitunternehmereigenschaft und damit die ertragsteuerrechtlichen Grundsätze sind so auch für das Erbschaft- und Schenkungsteuerrecht, welches ansonsten zivilrechtlich orientiert ist, ausschlaggebend.[1143]

II. Vorbehaltsnießbrauch am Gesellschaftsanteil

Wird ein Personengesellschaftsanteil mit einem Nießbrauchvorbehalt für den Schenker übertragen, müssen sowohl der Nießbraucher (Schenker) zum Zeitpunkt der Schenkung, als auch der Neu-Gesellschafter (Beschenkter) die Mitunternehmerposition eingenommen haben bzw. einnehmen, um erbschaft- als auch schenkungsteuerliche Begünstigungen in Anspruch nehmen zu können.[1144] Bei der Ausgestaltung des Nießbrauchverhältnisses ist zu prüfen, ob trotz des durch den Schenker vorbehaltenen Nießbrauchrechts beim Beschenkten (Neu-Gesellschafter) eine Mitunternehmerstellung durch den erworbenen Gesellschaftsanteil vermittelt wird, denn das Weiter- oder Fortführen der Betriebs muss für den Tatbestand §§ 13a Abs. 1 i. V. m. 13b Abs. 1 Nr. 2 ErbStG erfüllt sein.[1145]

Ist der Beschenkte nach den ertragsteuerrechtlichen Grundsätzen als Mitunternehmer anzusehen und wird neben dem Gesellschaftsanteil auch – soweit vorhanden – das anteilige Sonderbetriebsvermögen übertragen, erfährt der gemeine Wert des übertragenen Vermögens die Begünstigungsregelungen gemäß § 13b Abs. 1 Nr. 2 ErbStG i. V. m. § 13a Abs. 1 ErbStG (Verschonungsabschlag), soweit die weiteren Voraussetzungen hierfür ebenso erfüllt sind.[1146] Eine synchrone Übertragung von Gesellschaftsanteil und Sonderbetriebsvermögen im gleichen quotalen Umfang ist aller-

1143 BFH v. 16.05.2013 – II R 5/12, BStBl. II 2013, 635 (636); BFH v. 10.12.2008 – II R 34/07, BStBl. II 2009, 312 (314); FG Hessen, Beschl. v. 02.07.2008 – 1 V 1357/08, EFG 2008, 1984; Gleichlautende Ländererl. v. 02.11.2012, BStBl. I 2012, 1101.

1144 BFH v. 04.05.2016 – II R 18/15, GmbHR 2016, 1174 (1176); BFH v. 16.05.2013 – II R 5/12, BStBl. II 2013, 635 (636); BFH v. 23.02.2010 – II R 42/08, BStBl. II 2010, 555 (557); *Jebens*, DStZ 2009, 321 (324).

1145 BFH v. 04.05.2016 – II R 18/15, GmbHR 2016, 1174 (1176); BFH v. 23.02.2010 – II R 42/08, BStBl. II 2010, 555 (557); FG Düsseldorf v. 25.10.2016 – 4 K 1380/14 Erb, EFG 2017, 1523; FG Düsseldorf v. 24.8.2016 – 4 K 3250/15 Erb, nrkr. (Az. BFH: II R 34/16), DStRE 2017, 1383.

1146 *Geck,* in: Kapp/Ebeling, § 13 b ErbStG Rn. 16 ff.; *Zimmermann u. a.,* Die Personengesellschaft, S. 1349, Rn. 94 ff.; zur Bewertung eines Mitunternehmeranteils, siehe: *Seer,* in: Tipke/Lang, § 15 Rn. 70 ff.

dings nicht zwingend, solange der Schenker (Übertragende) Mitunternehmer derselben Mitunternehmerschaft bleibt.[1147]

III. Zuwendungs- bzw. Vermächtnisnießbrauch am Gesellschaftsanteil

Auch beim Zuwendungs- bzw. Vermächtnisnießbrauch ist nach der h. M. in der Literatur und der Finanzrechtsprechung begünstigtes Betriebsvermögen i. S. v. § 13a Abs. 1 ErbStG i. V. m. § 13b Abs. 1 Nr. 2 ErbStG gegeben, wenn der Beschenkte (Erwerber/Nießbraucher) aufgrund des zivilrechtlich eingeräumten Nießbrauchrechts nach den ertragsteuerrechtlichen Grundsätzen als Mitunternehmer einzustufen ist,[1148] womit zu fragen ist, ob eine gesellschaftsrechtliche Beteiligung des Nießbrauchers zwingend gegeben sein muss.

Der *BFH*[1149] definiert den Begriff „Anteil an einer Gesellschaft", wie § 13b Abs. 1 Nr. 2 ErbStG ihn verwendet, nicht zivilrechtlich, sondern ertragsteuerrechtlich. Entscheidend sei nicht das Bestehen einer zivilrechtlichen Beteiligung an einer Personengesellschaft, sondern das Vorliegen einer Mitunternehmerschaft im ertragsteuerlichen Sinn.[1150] Erfüllt also der Nießbraucher die ertragsteuerrechtlichen Mitunternehmerkriterien, ohne selbst zivilrechtlicher Gesellschafter zu sein, ist er als Mitunternehmer einzustufen (wirtschaftliche Betrachtungsweise).[1151]

Das Nießbrauchrecht selbst stellt nach Auffassung der Finanzverwaltung wiederum einen Anteil an einer Personengesellschaft dar, der mit seinem Kapitalwert nach §§ 13–16 BewG zum notwendigen Sonderbetriebs-

---

1147 R E 13b.5 Abs. 3 Satz 5 ff. ErbStR (2011); wird das Sonderbetriebsvermögen (SBV) insgesamt nicht übertragen, ist sicherzustellen, dass das zurückbehaltene SBV weiterhin zum Betriebsvermögen der Personengesellschaft gehört, R E 13b.5 Abs. 3 Satz 6 ErbStR (2011); *Geck,* in: Kapp/Ebeling, § 13 b ErbStG Rn. 16 ff. Nicht begünstigt ist daher der isolierte Erwerb eines Anteils an einer Personengesellschaft, wenn der Schenker betriebswesentliches Sonderbetriebsvermögen zurückbehält, siehe hierzu: FG Düsseldorf v. 25.10.2016 – 4 K 1380/14, EFG 2017, 1523.

1148 BFH v. 01.09.2011 – II R 67/09, BStBl. II 2013, 210 (212); *Viskorf/Haag,* ZEV 2012, 24 (26).

1149 BFH v. 01.09.2011 – II R 67/09, BStBl. II 2013, 210 (212).

1150 BFH v. 01.09.2011 – II R 67/09, BStBl. II 2013, 210 (212).

1151 BFH v. 01.09.2011 – II R 67/09, BStBl. II 2013, 210 (212); die Finanzverwaltung sah bisher keine Begünstigung des Zuwendungsnießbrauchs, da kein Gesellschaftsanteil übergeht (zivilrechtliche Betrachtungsweise).

vermögen des Nießbrauchers gehört.[1152] Ein Ansatz erfolgt aufgrund des Aktivierungsverbots nach § 5 Abs. 2 EStG allerdings immer dann nicht, wenn eine unentgeltliche Übertragung vorliegt. Sind die weiteren Voraussetzungen des § 13b Abs. 1 Nr. 2 ErbStG erfüllt, zählt auch dieses Nießbrauchrecht zum begünstigten Betriebsvermögen.[1153]

IV. Stellungnahme

Liegt ein Vorbehaltsnießbrauch vor, muss für die Inanspruchnahme der Begünstigung nach § 13a ErbStG nicht nur die zivilrechtliche Wirksamkeit der Übertragung des Mitunternehmeranteils gegeben sein, sondern ebenso die Vermittlung der Mitunternehmerstellung durch den erworbenen Anteil. Nur dann nimmt der *BFH* die Tatbestandsverwirklichung des § 13a ErbStG an, wenn durch den erworbenen Mitunternehmeranteil eine Weiter- oder Fortführung des Betriebes durchgehend erfüllt ist.

Bei Vorliegen eines Zuwendungs- oder Vermächtnisnießbrauchs fordert die Rechtsprechung ebenso die Mitunternehmerstellung des Nießbrauchers, um die Steuervergünstigungen in Anspruch zu nehmen. Hier spricht der *BFH* allerdings davon, dass insoweit eine Mitunternehmerschaft im ertragsteuerrechtlichen Sinne vorliegen muss, und löst sich damit vom Vorliegen einer zivilrechtlichen Beteiligung. Legt man die ertragsteuerrechtlichen Grundsätze für das Vorliegen einer Mitunternehmerschaft im Sinne des § 15 Abs. 1 Satz 1 Nr. 2 EStG zugrunde, so spricht diese Vorschrift sehr wohl von dem Vorliegen einer Gesellschaft im zivilrechtlichen Sinne,[1154] über die sich nunmehr der 2. Senat des *BFH*[1155] hinwegsetzt und lediglich den Mitunternehmerbegriff und damit die Stellung als Mitunter-

---

1152 Gleichlautende Ländererl. v. 02.11.2012, BStBl. I 2012, 1101.

1153 Gleichlautende Ländererl. v. 02.11.2012, BStBl. I 2012, 1101; *Reich/Stein*, DStR 2013, 1272 (1272 f.); *Eisele*, NWB 2012, 4151 (4153 f.).

1154 Siehe hierzu auch die Ausführungen im 3. Teil, Kapitel 2, Abschn. 3, § 1 A; so kommt auch der 4. Senat der *BFH* in seinem Beschluss vom 22.09.2016 zu § 15 EStG (§ 15 Abs. 3 Nr. 2 EStG) zu dem Ergebnis, dass § 15 EStG auf Begriffe und Vorschriften des Gesellschaftsrechts Bezug nimmt und die verwandten Begriffe entsprechend gesellschaftsrechtlich interpretiert werden müssen, BFH v. 22.09.2016 – IV R 35/13, DStR 2016, 2704 (2705); vgl. auch: BFH v. 22.06.2017 – I R 42/13, DStR 2017, 2653 (2655); BFH v. 22.02.2017 – I R 35/14, GmbHR 2017, 998 (1000) = BStBl. II 2018, 33 (35).

1155 BFH v. 01.09.2011 – II R 67/09, BStBl. 2013, 210.

nehmer als maßgebend ansieht. Diese Auslegung allerdings entspricht der Intention des Gesetzgebers, der gerade mit der Gewährung der Verschonungsregelung notwendige betriebliche Investitionen und damit den Erhalt von Arbeitsplätzen erreichen und nicht durch Erbschaftsteuerzahlungen gefährden will.

3. Abschnitt: Das Nießbrauchverhältnis als Mitunternehmerschaft

Neben den Nießbrauchbeteiligten im System von § 15 Abs. 1 Satz 1 Nr. 2 EStG, fragt sich auch, wie das Nießbrauchverhältnis von Nießbrauchbesteller und Nießbraucher als solches in Bezug auf die Mitunternehmerschaft zu sehen ist. Die Antwort auf diese Frage lässt sich nur mit dem Inhalt des Begriffs „andere Gesellschaft“ der genannten Vorschrift finden. So bezieht der *BFH* Gemeinschaftsverhältnissse unter bestimmten Voraussetzungen in den Anwendungsbereich von § 15 Abs. 1 Satz 1 Nr. 2 EStG ein. Inwieweit ein Nießbrauchverhältnis ein gesellschaftsähnliches Verhältnis widerspiegelt, gilt es mithin einer genauen Analyse zu unterziehen. Unter dem Aspekt gleichgerichteter Interessen der Nießbrauchbeteiligten wird auch zu zeigen sein, dass die Innengesellschaft als „andere Gesellschaft“ ein probates Instrument für eine Bündelung der jeweiligen Befugnisse der Beteiligten ist.

§ 1 Gesellschaftsverhältnis und steuerrechtliche Mitunternehmerschaft

A. Darlegung der Zusammenhänge

Gesellschafter/Nießbrauchbesteller und Nießbraucher bilden mit der Nießbrauchsbegründung ein Rechtsverhältnis besonderer Art (Nießbrauchverhältnis), in dem Gesellschafter und Nießbraucher jeweils Rechtssubjekte eigener Art darstellen.[1156]

Für die Tatbestandsverwirklichung gemäß § 15 Abs. 1 Satz 1 Nr. 2 EStG ist allerdings eine Zurechnung der Einkünfte aus einem Nießbrauchverhältnis allein davon abhängig, ob der Nießbraucher für die Ausübung seines Nießbrauchrechts eine Rechtsstellung erlangt, die es ihm er-

---

1156 Siehe Ausführungen im 1. Teil, Kapitel 2, § 1 B. II.

möglicht, die Tatbestandsmerkmale zu verwirklichen, die eine bestimmte Einkunftsart (hier: Einkünfte aus Gewerbebetrieb) nach dem Einkommensteuergesetz charakterisieren und er seine Rechtsstellung auch tatsächlich zur Erzielung dieser Einkünfte nutzt.

Betrachtet man nunmehr den Wortlaut von § 15 Abs. 1 Satz 1 Nr. 2 EStG, so zeigt sich, dass diese Vorschrift § 15 Abs. 1 Satz 1 Nr. 1 EStG dahingehend modifiziert, dass die natürliche Person „Gesellschafter einer offenen Handelsgesellschaft, einer Kommanditgesellschaft *oder*[1157] einer anderen Gesellschaft, bei der der Gesellschafter als Unternehmer (Mitunternehmer) des Betriebs anzusehen ist", sein muss.[1158] § 15 Abs. 1 Satz 1 Nr. 2 EStG knüpft damit an Begrifflichkeiten anderer Teilrechtsordnungen (hier das Gesellschaftsrecht) der Gesamtrechtsordnung außerhalb des Steuerrechts an, denn die Vorschrift verlangt eindeutig das Vorliegen einer Gesellschaft und damit eines Gesellschaftsverhältnisses, wobei der stillschweigende Abschluss eines Gesellschaftsvertrages bereits ausreichend ist.[1159] Der Zusammenschluss zu einer Gesellschaft setzt mithin einen Vertrag und damit einen Rechtsbindungswillen voraus, mit dem Ziel, durch ein gemeinsames tatsächliches Handeln einen festgelegten gemeinsamen Zweck zu erreichen bzw. zu fördern.[1160] Bedenkt man, dass das deutsche Gesellschaftsrecht durch einen Numerus clausus der Rechtsformen gekennzeichnet ist,[1161] so kann für den in dieser Vorschrift verwandten Begriff „andere Gesellschaft" nur eine Gesellschaftsform im Sinne dieses Numerus clausus verstanden werden, mit der Folge, dass grundsätzlich ein Gesellschaftsverhältnis und damit eine Gesellschafterstellung vorliegen muss. Diese zivilrechtlichen Begriffe bedürfen dem Grunde nach auch keiner weiteren Auslegung, soweit sie auch im Steuerrecht entsprechend

1157 Der Gesetzestext enthält das Wörtchen „und".

1158 So auch *Messmer,* FR 1990, 205 (206).

1159 BFH v. 27.02.1980 – I R 196/77, BStBl. II 1981, 210 (211 f.); BFH v. 23.05.1979 – I R 163/77, NJW 1980, 723 (724); BFH v. 22.09.2016 – IV R 35/13, DStR 2016, 2704 (2705); BFH v. 22.06.2017 – I R 42/13, DStR 2017, 2653 (2655); BFH v. 22.02.2017 – I R 35/14, GmbHR 2017, 998 (1000) = BStBl. II 2018, 33 (35).

1160 *Söffing,* FR 1986, 42 (44), 383 (384 f.).

1161 *Mutter/Angsten*, in: Gummert, Münch-Anw.-Hdb PersonengesR, § 1 Rn. 1, wobei dieser Numerus clausus auch die Kombination der Gesellschaftsformen beinhaltet.

zu verstehen sind.[1162] Auch der *BFH* kommt in seinem Beschluss vom 22.09.2016 zu § 15 EStG (§ 15 Abs. 3 Nr. 2 EStG) zu dem Ergebnis, dass § 15 EStG auf Begriffe und Vorschriften des Gesellschaftsrechts Bezug nimmt und die verwandten Begriffe entsprechend gesellschaftsrechtlich interpretiert werden müssen.[1163] Die zivilrechtliche Gesellschafterstellung ist damit eine nicht verzichtbare Voraussetzung für die Anwendung des § 15 Abs. 1 Satz 1 Nr. 2 EStG.[1164]

Allerdings werden in dieser Vorschrift der Begriff „Gesellschafter“ und der Begriff „Mitunternehmer“, ein rein steuerlicher Begriff, der nicht identisch mit dem Begriff des Gesellschafters ist,[1165] miteinander verknüpft, wodurch wiederum eine Verbindung zwischen Gesellschafts- und Steuerrecht hergestellt wird.

Damit muss das Gesellschaftsverhältnis bzw. die Gesellschafterstellung bei einer Personen*handels*gesellschaft als *notwendige*, aber nicht ausreichende Bedingung einer steuerlichen Mitunternehmerschaft angesehen werden.[1166] So sieht der *BFH* das zivilrechtliche Gesellschaftsverhältnis als unabdingbare Voraussetzung der genannten Vorschrift an, kommt aber in ständiger Rechtsprechung zu dem Ergebnis, dass eine Person, die gegenüber dem zivilrechtlichen Gesellschafter eine wirtschaftlich vergleichbare Rechtsposition innehat, diesem gleichsteht.[1167] Das bedeutet wiederum, dass die Beteiligten wenigstens in einem dem Gesellschaftsverhältnis

---

1162 BFH v. 22.01.1985 – VIII R 303/81, BStBl. II 1985, 363 (364); BFH v. 24.07.1984 – VIII R 65/84, BStBl. II 1985, 85 (86); BFH v. 23.05.1979 – I R 163/77, BStBl. II 1979, 757 (759 f.); *Drüen,* in: Tipke/Kruse, § 4 AO Rn. 324. Auch die neuere Rechtsprechung geht für die Tatbestandsverwirklichung gemäß § 15 Abs. 1 Satz 1 Nr. 2 EStG von dem Vorliegen einer Personengesellschaft aus: BFH v. 22.09.2016 – IV R 35/13, DStR 2016, 2704 (2705); BFH v. 22.06.2017 – I R 42/13, DStR 2017, 2653 (2655); BFH v. 22.02.2017 – I R 35/14, BStBl. II 2018, 33 (35).

1163 BFH v. 22.09.2016 – IV R 35/13, DStR 2016, 2704 (2705).

1164 *Crezelius,* in: FS L. Schmidt (1993), 355 (357); zur neueren Rechtsprechung siehe Fn. 514.

1165 BFH, v. 08.02.1979 – IV R 163/76, BStBl. II 1979, 405 (406 f.).

1166 *Haas/Drüen,* in: FS Priester (2007), 133 (141 ff.); *Haep,* in: Herrmann/Heuer/Raupach, § 15 EStG Rn. 300.

1167 BFH v. 25.06.1984 – GrS 4/82, BStBl. II 1984, 751 (768); zu beachten ist, dass der BFH die faktische Mitunternehmerschaft ablehnt, eine verdeckte Mitunternehmerschaft aber wiederum zulässt, was einem Zirkelschluss gleichkommt; siehe hierzu auch: *Knobbe-Keuk,* Unternehmenssteuerrecht, § 9 II, S. 384 ff. Die neuere BFH-Rechtsprechung besinnt sich allerdings wieder auf eine notwendige, zivilrechtliche Gesellschafterstellung und gewährt einem Nichgesellschafter

wirtschaftlich vergleichbaren Gemeinschaftsverhältnis oder einem verdeckten Gesellschaftsverhältnis zueinander stehen müssen.[1168]

Ein Gemeinschaftsverhältnis oder aber ein verdecktes Gesellschaftsverhältnis ist wiederum nur dann mit einem Gesellschaftsverhältnis vergleichbar, wenn sich die Beteiligten über das gemeinschaftliche Zustehen eines Rechts hinaus einig sind, – ausdrücklich oder stillschweigend –, einen gemeinsamen Zweck zu verfolgen, mithin also über einen Rechtsbindungswillen verfügen.[1169] Eine bloße wirtschaftliche Machtposition eines Beteiligten (hier: Nießbraucher) wird hierfür nicht ausreichend sein.[1170] Entscheidend ist auch hier das Gesamtbild der Verhältnisse im jeweiligen Einzelfall.[1171] Nur dann, wenn ein Gesellschaftsverhältnis oder aber über eine erweiternde Auslegung des Merkmals „andere Gesellschaft" in § 15 Abs. 1 Satz 1 Nr. 2 EStG eines der Gesellschaft vergleichbares Gemeinschaftsverhältnis vorliegt, kann es zu einer steuerrechtlichen Mitunternehmerschaft i. S. v. § 15 Abs. 1 Satz 1 Nr. 2 EStG kommen, sofern auch die weiteren daran anknüpfenden Voraussetzungen erfüllt sind.

Damit ist eine Antwort darauf zu geben, wie das Nießbrauchverhältnis und damit die Position des Nießbrauchers, aber auch des Nießbrauchbestellers als Gesellschafter, ausgestaltet sein müssen, um im Verhältnis zu den übrigen Gesellschaftern ein Gesellschaftsverhältnis oder aber ein der Gesellschaft vergleichbares Rechtsinstitut zu begründen, um dann in der Folge die weiteren Voraussetzungen für das Vorliegen einer steuerlichen Mitunternehmerschaft zu bestimmen.

---

nur dann die Mitunternehmerfunktion, wenn dieser das wirtschaftliche Eigentum gemäß § 39 Abs. 2 Nr. 1 S. 1 AO inne hat; siehe hierzu: BFH v. 22.06.2017 – I R 42/13, DStR 2017, 2653 (2655); zur Notwendigkeit eines „Gesellschafters" siehe: BFH v. 22.02.2017 – I R 35/14, BStBl. II 2018, 33 (36).

1168 BFH v. 06.12.1988 – VIII R 362/83, BStBl. II 1989, 705; BFH v. 06.2.1986 – IV R 311/84, BStBl. II 1986, 455 (456); BFH, Beschl. v. 02.09.1985 – IV B 51/85, BStBl. II 1986, 10 (11); BFH v. 25.06.1984 – GrS 4/82, BStBl. II 1984, 751 (768).

1169 *Söffing,* FR 1986, 42 (44), Anm. zu BFH, Beschl. v. 02.09.1985 – IV B 51/85; *Woerner* schlägt hierzu vor, bei Vorliegen der weiteren Voraussetzungen einer steuerrechtlichen Mitunternehmerschaft von „gesellschaftlicher" bzw. gesellschaftsähnlicher" Mitunternehmerschaft zu sprechen, *Woerner,* BB 1985, 2298.

1170 BFH v. 01.07.2003 – VIII R 2/03, BFH/NV 2003, 1564.

1171 BFH v. 22.10.1987 – IV R 17/84, BStBl. II 1988, 62 (63); *Schulze zur Wiesche,* DB 1998, 2552 (2553).

B. Nießbrauchverhältnis als gesellschaftsähnliches Rechtsverhältnis

Zwischen Nießbrauchbesteller und Nießbraucher besteht ein Rechtsverhältnis besonderer Art, in dem sich die Beteiligten hinsichtlich des Umfangs und der Reichweite des dem Nießbraucher zustehenden Fruchtziehungsrechts verständigt haben. Durch eine erweiterte Auslegung („teleologische Extension“)[1172] des Begriffs „andere Gesellschaft“ bleibt zu klären, ob auch derartige „gesellschaftsähnliche“ Rechtsverhältnisse die Tatbestandsmerkmale des § 15 Abs. 1 Satz 1 Nr. 2 EStG erfüllen und dadurch den Nießbraucher am Gesellschaftsanteil als Nicht-Gesellschafter zum Mitunternehmer im Verhältnis zu den anderen Gesellschaftern werden lassen, sofern die Mitunternehmereigenschaften erfüllt sind.

Der Nießbraucher ist am Gesamthandsvermögen der eigentlichen Gesellschaft weder unmittelbar noch mittelbar beteiligt und nimmt insoweit keine Gesellschafterstellung ein. Auch werden mit der Begründung eines zivilrechtlichen Nießbrauchverhältnisses nicht gleichzeitig gesellschaftsrechtliche Strukturen geschaffen. Ebenso weist das Rechtsverhältnis keine Merkmale einer bürgerlich-rechtlichen Gesellschaft auf. Fraglich ist jedoch, ob das Rechtsverhältnis zwischen Nießbrauchbesteller und Nießbraucher einen gesellschaftsähnlichen Charakter einnimmt. Hierzu hat bereits das *Reichsgericht* in seinem Urteil vom 12.05.1939 festgehalten, dass diesen Rechtsverhältnissen wesentlich ist, „daß die Vertragsparteien, von Vertrauen zueinander getragen, ihre Belange in bestimmter Weise und zu bestimmten Zielen miteinander verknüpfen, ohne dass im Übrigen sämtliche Merkmale der bürgerlich rechtlichen Gesellschaft gegeben zu sein brauchen“[1173]. Liegt ein solches Rechtsverhältnis zwischen den Parteien vor, ist ein dem Gesellschaftsvertrag ähnliches Verhältnis anzunehmen, mit der Konsequenz, dass die §§ 705 BGB analog Anwendung finden. Dies entspricht wiederum der allgemeinen Einkünftezurechnungsdogmatik, als hierdurch das wirtschaftlich Gewollte und nicht die formale Rechtsstellung in den Vordergrund gestellt wird.

Diese Sichtweise wird allerdings nicht nur im Gesellschaftsrecht abgelehnt[1174], sondern auch der *BFH* hat mit seinem Beschluss des Großen Se-

---

1172 *Groh,* BB 1982, 1229 (1234); *Herzig,* BB 1986, 533 (534).

1173 RG v. 12.05.1939 – VII 178/38, in: SeuffA, hrsg. v. H. Fidler, 94. Bd. Nr. 3, München 1940.

1174 *Ulmer/Schäfer,* in: MünchKomm-BGB, § 705 Rn. 1.

nats vom 25.06.1984[1175] der faktischen Mitunternehmerschaft das „Aus" erklärt und klar herausgestellt, dass eine Mitunternehmerschaft nur dann vorliegen kann, wenn Mitunternehmerrisiko und Mitunternehmerinitiative sich aus dem Gesellschaftsverhältnis ergeben. Die Beteiligten müssen einen Rechtsbindungswillen aufweisen, das Unternehmen auf der Grundlage einer partnerschaftlichen Gleichordnung für die gemeinsame Rechnung auch führen zu wollen.[1176]

Nur dann kann es zu einer steuerrechtlich wirksamen Mitunternehmerschaft kommen.

Der *BFH* kommt allerdings in seinem o. g. Beschluss ebenso zu dem Ergebnis, dass Mitunternehmer i. S. v. § 15 Abs. 1 Satz 1 Nr. 2 EStG auch sein kann, wer eine dem zivilrechtlichen Gesellschafter wirtschaftlich vergleichbare Stellung innehat, und präzisiert es dahingehend, dass Personen, die nicht in einem zivilrechtlichen Gesellschaftsverhältnis, aber in einem wirtschaftlich vergleichbaren Gemeinschaftsverhältnis zueinander stehen, als Mitunternehmer anzusehen sind.[1177] Damit stellt sich die Frage, ob das Rechtsverhältnis von Nießbraucher und Nießbrauchbesteller, abgesehen von der vom *BFH* verworfenen faktischen Mitunternehmerschaft, einem dem Gesellschaftsverhältnis vergleichbaren Gemeinschaftsverhältnis unterfällt.

C. Nießbrauchverhältnis als wirtschaftlich vergleichbares Gemeinschaftsverhältnis

I. Darstellung

Die Rechtsprechung des *BFH* hat mit der Entscheidung des Großen Senats in der Folgezeit Personen als Mitunternehmer und damit eine Mitunternehmerschaft i. S. v. § 15 Abs. 1 Satz 1 Nr. 2 EStG anerkannt, die in einem „wirtschaftlich vergleichbaren Gemeinschaftsverhältnis" zueinander stehen und damit einer „anderen Gesellschaft" vergleichbar sind.[1178] Es

1175 BFH v. 25.06.1984 – GrS 4/82, BStBl. II 1984, 751.
1176 BFH v. 01.08.1996 – VIII R 12/94, BStBl. II 1997, 272 (274).
1177 BFH v. 25.06.1984 – GrS 4/82, BStBl. II 1984, 751 (768).
1178 BFH v. 22.01.1985 – VIII R 303/81, BStBl. II 1985, 363; BFH v. 02.09.1985 – IV B 51/85, BStBl. II 1986, 10; BFH v. 06.12.1988 – VIII R 362/83, BStBl II 1989, 705.

kommt hier zu einer teleologischen Extension des Begriffs der „anderen Gesellschaft“, denn eine Gemeinschaft ist nicht durch einen gemeinsamen Zweck charakterisiert, sondern lediglich durch das Innehaben eines gemeinsamen Rechts.[1179] Die wirtschaftliche Vergleichbarkeit wiederum kann nur darin gesehen werden, dass die Teilhaber der Gemeinschaft, die insoweit keinen entsprechenden Rechtsbindungswillen aufweisen, durch ihr tatsächliches Handeln einen gemeinsamen Zweck erreichen bzw. durch Beiträge diesen fördern wollen.[1180]

Das Rechtsverhältnis bei einem Nießbrauch an einem Gesellschaftsanteil zwischen Nießbraucher, Nießbrauchbesteller und den übrigen Gesellschaftern kann somit nur dann als wirtschaftlich vergleichbares Gemeinschaftsverhältnis angesehen werden, wenn diese Gemeinschaft über ein sie kennzeichnendes Merkmal verfügt.[1181] Grafisch lässt sich die Situation wie folgt darstellen:

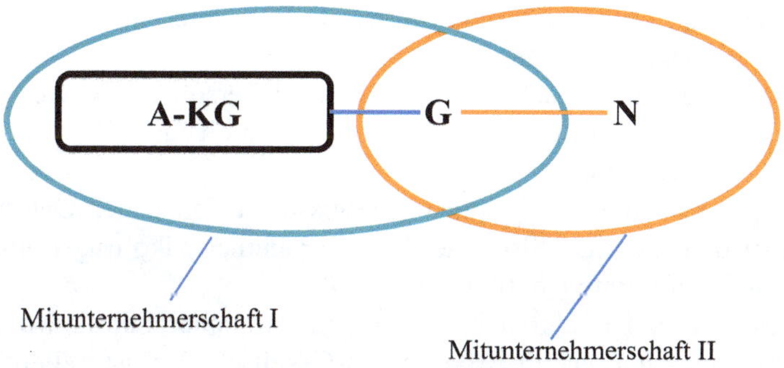

mit:

1. G = Gesellschafter/Mitunternehmer der A-KG = Nießbrauchbesteller
2. N = Nießbraucher

Bei dieser in der Literatur vertretenen Auffassung[1182] kommt es zu zwei sich teilweise überlappenden Mitunternehmerschaften: zum einen zwi-

1179 *Söffing,* Besteuerung der Mitunternehmer, S. 27; *Sprau,* in: Palandt, BGB, § 741 Rn. 1.

1180 *Söffing,* Besteuerung der Mitunternehmer, S. 35.

1181 *Reiß,* in: Kirchhof, EStG, § 15 Rn. 174.

1182 *Eisele,* NWB 2012, 4151 (4154); *Jebens,* DStZ 2009, 321 (324); *Brandi/Mühlmeier,* GmbHR 1997, 734 (738).

schen der A-KG und dem Gesellschafter G (Mitunternehmerschaft I), und zum anderen zwischen dem Gesellschafter/Nießbrauchbesteller G und dem Nießbraucher N (Mitunternehmerschaft II). Dieses erweiterte Rechtsverhältnis, was zwischen der Mitunternehmerschaft I und dem Nießbraucher N ausgedrückt und als wirtschaftlich vergleichbares Gemeinschaftsverhältnis in Form einer Rechtsgemeinschaft[1183] verstanden wird, hat als kennzeichnendes Merkmal das gewerbliche Unternehmen, das auf gemeinsame Rechnung geführt wird.[1184] Allerdings fragt sich, wie das Nießbrauchverhältnis im Kontext der von der BFH-Rechtsprechung genannten, nicht den Anspruch auf Vollständigkeit erhebenden Beispiele Berücksichtigung finden kann, denn hiernach zählen zu den wirtschaftlich vergleichbaren Gemeinschaftsverhältnissen insbesondere:[1185]

1. Erbengemeinschaften, die ein Handelsgeschäft fortführen;
2. Gütergemeinschaften, zu deren Gesamtgut ein gewerblicher Betrieb zählt;
3. eine Bruchteilsgemeinschaft, etwa die Besitzgesellschaft im Rahmen der Betriebsaufspaltung;
4. die fehlerhafte Gesellschaft, wobei eine Person einem Gesellschafter einer Personengesellschaft wirtschaftlich gleichgestellt wird, als wäre sie Gesellschafter;
5. atypische Unterbeteiligungsverhältnisse, in denen der Unterbeteiligte über den Hauptgesellschafter Mitunternehmerrisiko tragen und Mitunternehmerinitiative entfalten kann.

In diesem Kontext zeigt sich, dass ein Nießbraucher, der die Mitunternehmereigenschaften erfüllt, aber Nicht-Gesellschafter ist, allenfalls eine einem Gesellschafter angenäherte Position innehat, nicht eine mit dem Gesellschafter/Nießbrauchbesteller entsprechende, irgendwie geartete Organisations- und Binnenstruktur zur Gesellschaft (Mitunternehmerschaft I) aufweist.

1183 Eine Rechtsgemeinschaft liegt vor, wenn mehrere Personen Träger ein und desselben Rechts sind, mit dem Charakteristikum, dass immer die Gemeinschafter selbst berechtigt und verpflichtet werden, wobei dies gerade nicht bei einem Nießbrauchverhältnis vorliegt; siehe die Ausführungen im 1. Teil, Kapitel 2, § 1 B.

1184 *Reiß,* in: Kirchhof, EStG, § 15 Rn. 174.

1185 *Herzig,* BB 1986, 533 (535).

II. Kritik

Bei nüchterner, wirtschaftlicher Betrachtung bleibt die Frage offen, welchen gemeinsamen Nenner die „Gesellschaft" und das durch den *BFH* eingeführte „wirtschaftlich vergleichbare Gemeinschaftsverhältnis" haben, zumal das Schrifttum[1186] auch das Nießbrauchverhältnis an einem Personengesellschaftsanteil in diese Konstellation einbezieht. Die auf eine Erreichung eines gemeinsamen Zwecks gerichtete Gesellschaft und die von der Rechtsprechung genannten Gemeinschaftsverhältnisse sind zivilrechtlich eben nicht vergleichbar,[1187] außer, dass die Akteure jeweils am Unternehmenserfolg teilhaben und unternehmerische Entscheidungen treffen, mithin also die Merkmale des Mitunternehmerbegriffs erfüllen, aber eben nicht Gesellschafter sind.[1188] Diesen wirtschaftlich vergleichbaren Gemeinschaftsverhältnissen fehlt es an einer gesellschaftsrechtlich orientierten Organisationsstruktur, weshalb eine Vergleichbarkeit mit den in § 15 Abs. 1 Satz 1 Nr. 2 EStG genannten Gesellschaften nicht gegeben ist. Orientiert man sich am Wortlaut des § 15 Abs. 1 Satz 1 Nr. 2 EStG, so lässt sich eine darüber hinausgehende, wirtschaftlich orientierte Auslegung der Norm (wirtschaftlichen Betrachtungsweise) auch nicht damit rechtfertigen, wirtschaftlich vergleichbare Personenverbindungen, die keine Gesellschaften darstellen, einzubeziehen.[1189]

Dennoch kommt der zweite Senat des *BFH*[1190] auch weiterhin zu dem Ergebnis, dass zum einen der Begriff „Gesellschaft" nicht zivilrechtlich, sondern ertragsteuerrechtlich zu verstehen ist, womit auch wirtschaftlich vergleichbare Gemeinschaftsverhältnisse ihren Einzug in § 15 Abs. 1 Satz 1 Nr. 2 EStG erhalten, und zum anderen, dass für eine Mitunternehmerstellung das Innehaben einer zivilrechtlichen Gesellschaftsbeteiligung nicht Voraussetzung ist, sondern einzig und allein die Mitunternehmerkriterien gegeben sein müssen, mit der Folge, dass es ausreichend ist, dass der gewerbliche Betrieb auf Rechnung und Gefahr der Mitunternehmer

1186 *Wacker,* in: Schmidt, EStG, § 15 Rn. 171; *Bode,* in: Blümich, § 15 EStG Rn. 338.

1187 *Pinkernell,* Einkünftezurechnung, S. 153; *P. Fischer,* FR 1998, 813 (818).

1188 *Pinkernell,* Einkünftezurechnung, S. 153.

1189 So auch: *Carlé/Bauschatz,* in: Korn, EStG, § 15 Rn. 151; zur Reichweite der „wirtschaftlichen Betrachtungsweise" im Steuerrecht, siehe: *Englisch,* in: Tipke/Lang, Steuerrecht, § 5 Rn. 70 ff.

1190 BFH v. 01.09.2011 – II R 67/09, BStBl. II 2013, 210 (212).

geführt wird, somit den Beteiligten die Ergebnisse der gemeinschaftlichen Tätigkeit anteilig als originäre eigene Einkünfte zugerechnet werden können.[1191] Ein zivilrechtliches Beteiligungsverhältnis sei hierfür nicht notwendige Voraussetzung.[1192]

Für ein Nießbrauchrecht an einem Gesellschaftsanteil, bei dem der Nießbraucher die Mitunternehmerkriterien erfüllt, bedeutet dies konkret, das ein wirtschaftlich vergleichbares Gesellschaftsverhältnis allenfalls in den Folgen der personellen Aufteilung von Nutzungs- und Mitwirkungsrechten und von Rechtspflichten, die es insgesamt zu bewältigen gilt, gesehen werden kann.[1193] Eine Ähnlichkeit zum diagonalen Spaltungsansatz eines Miteigentumsanteils ist naheliegend. Inwieweit Nießbrauchbesteller und Nießbraucher mit gegenseitiger Rücksichtnahme bei der Ausübung ihrer Rechte und der Erfüllung ihrer Pflichten allerdings zusammenwirken müssen und somit letztlich auch ein Rechtsbindungswille hervortritt, um damit einer „anderen Gesellschaft" nahezukommen, ist ungeklärt.

Es zeigt sich, dass das Nießbrauchverhältnis in das sogenannte gesellschaftsähnliche Gemeinschaftsverhältnis nicht einbeziehungsfähig ist, ein Einbezug allenfalls als Grenzfall angesehen werden kann.[1194]

III. Rechtsfolge und Lösungsansatz

Der Begriff des Gewerbebetriebs i. S. von § 15 Abs. 2 EStG erfasst nicht nur die sachlichen Grundlagen eines Betriebs, sondern i. V. m. § 15 Abs. 1 Satz 1 Nr. 1 und Nr. 2 EStG auch die Beziehung zu der Person oder den Personen, auf deren Rechnung und Gefahr die gewerbliche Tätigkeit ausgeübt wird. Nach gefestigter BFH-Rechtsprechung ist die Personengesellschaft im Sinne des Ertragsteuerrechts auch nicht Unternehmerin des ge-

---

1191 BFH v. 01.09.2011 – II R 67/09, BStBl. II 2013, 210 (212); BFH v. 03.05.1993 – GrS 3/92, BStBl. II 1993, 616.

1192 Die neuere BFH-Rechtsprechung besinnt sich für die Tatbestandsverwirklichung gemäß § 15 Abs. 1 Satz 1 Nr. 2 EStG wieder auf eine notwendige, zivilrechtliche Gesellschafterstellung und die Zulassung eines Nichgesellschafters nur in Ausnahmefällen, siehe hierzu: BFH v. 22.06.2017 – I R 42/13, DStR 2017, 2653 (2655); BFH v. 22.02.2017 – I R 35/14, BStBl. II 2018,

1193 *P. Fischer,* FR 1998, 813 (818).

1194 So auch *Felix,* KÖSDI 1995, 10123 (1025 f.).

werblichen Betriebs.[1195] Unternehmer sind vielmehr nur die Gesellschafter, die (mit-)unternehmerisches Risiko tragen und (mit-) unternehmerische Initiative entfalten können, § 15 Abs. 1 Satz 1 Nr. 2 EStG. Sie sind insoweit einem Einzelunternehmer gleichrangig, § 15 Abs. 1 Satz 1 Nr. 1 EStG. Der Mitunternehmer unterscheidet sich von diesem also nur dadurch, dass er seine unternehmerische Tätigkeit nicht allein, sondern zusammen mit anderen (Mit-)Unternehmern in gesellschaftsrechtlicher Verbundenheit ausübt.[1196]

Die Einkünfte aus dem Gewerbebetrieb werden also nicht von der Personengesellschaft erzielt, sondern – entsprechend der Beurteilung von Einzelunternehmern – originär von den Mitunternehmern. Nur der Mitunternehmer ist, mit anderen Worten, Subjekt der Einkünfteerzielung.[1197]

Überträgt man nunmehr diese Sichtweise auf den Nießbraucher, der aufgrund seiner Abrede mit dem Nießbrauchbesteller/Gesellschafter zwar nicht Gesellschafter der Personengesellschaft ist und damit nicht die Tatbestandsmerkmale des § 15 Abs. 1 Satz 1 Nr. 2 EStG erfüllt, da die Mitunternehmerstellung nur durch die Funktion „Gesellschafter" oder „Gemeinschafter"[1198] vermittelt wird, aber der dennoch wirtschaftlich tätig ist und damit Unternehmensrisiko trägt und Unternehmerinitiative entfaltet, ist dieser ebenso als Unternehmer im Sinne des Steuerrechts anzusehen.[1199]

1195 Unberührt hiervon bleibt allerdings, dass der Personengesellschaft insofern Rechtssubjektivität zukommt, die Qualifikation der Einkünfte (grds.) nach der von den Gesellschaftern gemeinschaftlich verwirklichten Einkunftsart zu bestimmen und darüber hinaus – im Falle der mitunternehmerischen Erzielung gewerblicher (betrieblicher) Einkünfte – deren Höhe gemeinschaftlich zu ermitteln ist, vgl. BFH v. 03.05.1993 – GrS 3/92, BStBl. II 1993, 616; BFH v. 11.04.2005, GrS 2/02, BStBl. II 2005, 679 (681 f.); BFH v. 29.03.2007 – IV R 72/02, BStBl. II 2008, 420, (423 f.); a. A. *Hüttemann,* Einkünfteermittlung, in: DStJG 34 (2011), 291.

1196 Grundlegend: BFH v. 03.05.1993 – GrS 3/92, BStBl. II 1993, 616 (621).

1197 BFH v. 03.02.2010 – IV R 26/07, BStBl. II 2010, 751 (754).

1198 So kommt die BFH-Rechtsprechung zur Anwendung einer gesonderten und einheitlichen Feststellung von Einkünften mehrerer Beteiligter nur dann, wenn die beteiligten Personen in bezug auf das Erzielen von Einkünften gemeinschafts- oder gesellschaftsrechtlich verbunden sind; vgl. hierzu: BFH v. 21.10.2015 – IV R 43/12, BStBl. II. 2016, 517; BFH v. 19.4.1989 – X R 3/86, BStBl. II 1989, 596; BFH v. 25.06.1984 – GrS 4/82, BStBl. II 1984, 751 (768).

1199 BFH v. 28.02.1961 – I 25/61 U, BStBl. III 1961, 252 (253); die Anwendung von § 15 Abs. 1 Satz 1 Nr. 2 EStG (vormals: § 15 Nr. 2 EStG) setzt die Existenz und die Ordnung von Gesellschaften voraus, so: BFH v. 23.05.1979 – I R 163/77, NJW 1980, 723.

Das Nießbrauchrecht am Gesellschaftsanteil und damit mittelbar der gewerbliche Betrieb stellen für den Nießbraucher die originäre Einkunftsquelle dar, sodass die aus dem Nießbrauchrecht erzielten Einkünfte dem Nießbraucher als natürliche Person zuzurechnen sind. Dieser erzielt – ungeachtet dessen, dass das Unternehmen (zivilrechtlich) in der Rechtsform einer Personengesellschaft geführt wird – gewerbliche Einkünfte kraft einzelunternehmerischer Tätigkeit (§ 15 Abs. 1 Satz 1 Nr. 1 EStG). Die Vorschrift des § 15 Abs. 1 Satz 1 Nr. 2 EStG stellt insoweit also lex specialis zu § 15 Abs. 1 Satz 1 Nr. 1 EStG dar.[1200] Dies ist auch dann anzunehmen, wenn nach außen eine andere Person (hier der Nießbraucher) als der (Mit-)Inhaber des Betriebs in Erscheinung tritt, weil sie ihn (den Betrieb) insoweit „bewirtschaftet".[1201]

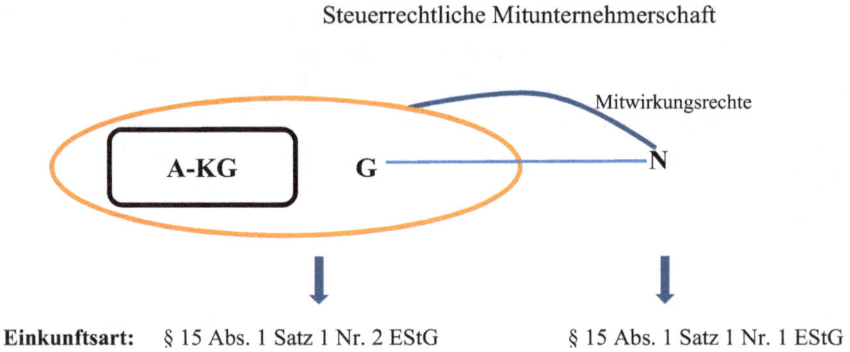

Verfahrenstechnisch lässt sich die Einkünftezuordnung über die gesonderte und einheitliche Feststellung von Besteuerungsgrundlagen gemäß § 179 Abs. 2 S. 3 AO i. V. m. § 180 Abs. 1 Nr. 2a AO lösen.

Der Nießbraucher ist nicht direkt an den Einkünften „beteiligt" (er kann aufgrund seines dinglichen Rechts lediglich seinen Anspruch auf seinen Gewinnanteil direkt geltend machen). Soweit eine Person am Gegenstand der Feststellung aber über eine andere Person mittelbar beteiligt ist, kann gemäß § 179 II 3 AO eine besondere gesonderte Feststellung vorgenommen werden.[1202] Eine mitunternehmerische Beteiligung wird in § 179

1200 Gl. A. *Messmer,* in: FS Döllerer (1988), 429 (442).

1201 BFH, Beschl. v. 07.10.1982 – IV R 186/79, BeckRS 1982, 22006254.

1202 BFH v. 04.03.2009 – I R 58/07, BFH/NV 2009, 1953; *Koenig,* in: Koenig, § 179 AO Rn. 26 f.

Abs. 2 Satz 3 AO nicht explizit verlangt.[1203] Diese Regelung geht von einem gestuften Feststellungsverfahren aus. So kann eine besondere Feststellung dann vorgenommen werden, wenn eine von mehreren Personen dem mittelbar Beteiligten einen Anteil am gemeinschaftlichen Gegenstand der Feststellung vermittelt.

Auf der ersten Stufe erfolgt zunächst eine gesonderte und einheitliche Feststellung i. S. d. § 179 Abs. 2 Satz 2 AO über den Gewinn, den die Mitunternehmerschaft erzielt hat und der den Gesellschaftern einschließlich dem Nießbrauchbesteller zugerechnet wird. Auf der nachfolgenden zweiten Stufe, also der besonderen Feststellung nach § 179 Abs. 2 Satz 3 AO, wird der für den Nießbrauchbesteller festgestellte Gewinnanteil auf ihn und den Nießbraucher aufgeteilt, wobei die gesonderte und einheitliche Feststellung der ersten Stufe bindend ist (Grundlagenbescheid).[1204] Erst auf dieser Stufe ist auch die Entscheidung zu treffen, ob das Nießbrauchver-hältnis als mitunternehmerischer Nießbrauch steuerrechtlich anzusehen ist, mit der Folge, dass die Besteuerungsgrundlagen dem Nießbraucher als (Mit-)Unternehmer entsprechend zuzurechnen sind.[1205]

Folgt man dieser Ansicht nicht, wäre der Gewinnanteil des Nießbrauchers als Sonderbetriebsausgabe beim Nießbrauchbesteller im Hauptfeststellungsverfahren zu berücksichtigen, mit der Folge, dass der auf den Nießbraucher entfallende Gewinnanteil im Einverständnis aller Beteiligter im Feststellungsverfahren für die Hauptgesellschaft zu berücksichtigen ist.[1206]

Zum gleichen Ergebnis kommt man, wenn man wie *Schön*[1207] davon spricht, dass Nießbraucher und Gesellschafter/Nießbrauchbesteller letztlich als eine Personengruppe innerhalb einer steuerlichen Mitunternehmerschaft zählen.

1203 *Söhn,* in: Hübschmann/Hepp/Spitaler, § 179 AO Rn. 270.

1204 BFH, Beschl. v. 10.04.2002 – XI B 125/01, BFH/NV 2002, 1278; vgl. zu Treuhandverhältnissen: BFH v. 16.05.2013 – IV R 35/10, BeckRS 2013, 96001; *Koenig,* in: Koenig, § 179 AO Rn. 27.

1205 BFH, Beschl. v. 15.04.2003 – IV B 188/01, BFH/NV 2003, 1283 (1284); *Ratschow,* in: Klein, § 179 AO Rn. 33.

1206 *Söhn,* in: Hübschmann/Hepp/Spitaler, § 179 AO Rn. 270.

1207 *Schön,* ZHR 158 (1994), 229 (255).

Grafisch ergibt sich folgendes Bild:

Steuerrechtliche Mitunternehmerschaft

A-KG

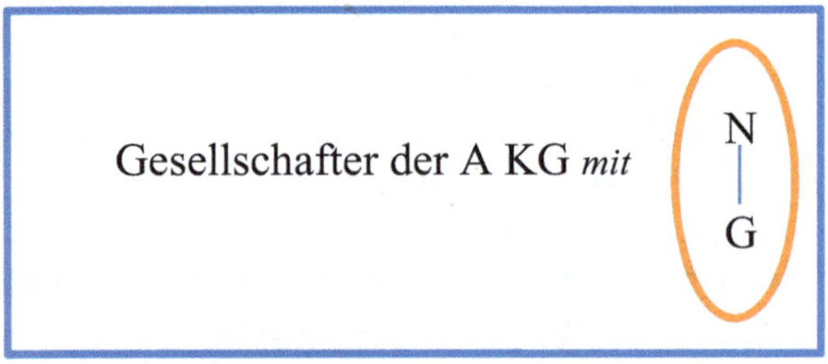

—*Personengruppe bestehend aus Nießbraucher N und Gesellschafter G*

Die Verteilung des Gewinns auf Nießbraucher und Gesellschafter kann auch nach überwiegender Literaturmeinung im Rahmen des gesonderten und einheitlichen Feststellungsverfahrens für die Mitunternehmerschaft, in die der Nießbraucher einzubeziehen ist, erfolgen.[1208] Ein besonderes Feststellungsverfahren gemäß § 179 II 3 AO zwischen Nießbraucher und Anteilseigner wäre ebenso möglich.[1209]

§ 2 Das Nießbrauchverhältnis als Innengesellschaft – eigener Lösungsansatz

A. Gleichgerichtete Interessenlage

Gesellschafter und Nießbraucher stellen zivilrechtlich im Nießbrauchverhältnis jeweils Rechtssubjekte eigener Art dar.[1210] Die Ausübung der einzelnen Rechte durch Gesellschafter und Nießbraucher erfolgt grundsätz-

1208 *Götz/Hülsmann,* Nießbrauch, S. 253; *von Oertzen/Stein,* Ubg 2012, 285 (288); *Baßler,* Ubg 2011, 863 (868).

1209 Zustimmend: *von Oertzen/Stein,* Ubg 2012, 285 (288); ablehnend: *Biergans,* DStR 1985, 327 (332); *Schulze zur Wiesche,* DStR 1980, 222 (223).

1210 Vgl. hierzu die Ausführungen im 1. Teil, Kapitel 2, § 1 B.

lich in gemeinschaftlicher Berechtigung. In der Regel liegt ein gesellschaftsähnliches Rechtsverhältnis vor, denn die Beteiligten des Nießbrauchverhältnisses sind von einem persönlichen Vertrauen zueinander getragen, wodurch sie ihre Angelegenheiten in bestimmter Weise und zu einem bestimmten Zweck verknüpfen.[1211] Auch wenn die Tatbestandsmerkmale von § 15 Abs. 1 Satz 1 Nr. 2 EStG gesellschaftsrechtlich geprägt sind – Mitunternehmerinitiative und Mitunternehmerrisiko müssen gesellschaftsrechtlich veranlasst sein –, weisen auch Nießbraucher und Gesellschafter gleichgerichtete Interessen auf, denn beide sind im großen Maße an der Fortentwicklung des gewerblichen Unternehmens i. S. von § 15 Abs. 1 Satz 1 Nr. 2 EStG interessiert und am Jahresergebnis beteiligt, was auch bedeutet, dass beide jeweils auf ihre Weise von Verlusten dieses Unternehmens betroffen sind und so Unternehmerrisiko und Unternehmerinitiative entfalten.[1212] Werden diese Rechtsbeziehungen und damit die Befugnisse von Nießbraucher und Nießbrauchbesteller/Gesellschafter gebündelt und geben sich die Beteiligten aufgrund ihrer schuldrechtlichen Abreden eine Organisations- und Verwaltungsform, beispielsweise derart, wie das Stimmrecht in der Hauptgesellschaft ausgeübt oder auch die Auflösung stiller Reserven der Gesellschaft behandelt werden sollen, verfolgen sie also einen gemeinsamen, gleichgerichteten Zweck (Rechtsbindungswille), verdichten sich diese Interessen zu einer Innengesellschaft bürgerlichen Rechts ohne Gesamthandsvermögen.[1213] Diese Innengesellschaft, bei der die Gesellschafter (also auch der Nießbraucher) zwar mitunternehmerisch ausgerichtet sind, erzielt gewerbliche Einkünfte jedoch nur dann, wenn sie in ihrer Verbundenheit als Personengesellschaft ein gewerbliches Unternehmen i. S. v. § 15 Abs. 1 Satz 1 Nr. 1 EStG betreibt.[1214] Die Personengesellschaft bleibt Steuerrechtssubjekt bei der Qualifikation und Ermittlung der Einkünfte und der Gesellschafter bleibt Subjekt der Einkünfteerzielung; d. h. die Beteiligung gewerblich tätiger Gesellschafter an

1211 *Lucas,* FR 1986, 112 (115).

1212 *Böckelmann,* Unternehmensnießbrauch, S. 193.

1213 Siehe hierzu Ausführungen im 1. Teil, Kapitel 2, § 3 B. II.; die Bildung einer Innen-KG ist ebenso möglich.

1214 BFH v. 26.06.2014 – IV R 5/11, BStBl. II 2014, 972 (973); *Haep,* in: Herrmann/ Heuer/ Raupach, § 15 EStG Rn. 380. Bei Innengesellschaften muss der nach außen auftretende Gesellschafter die Merkmale eines Gewerbebetriebs erfüllen und der daneben Beteiligte die Merkmale Mitunternehmerrisiko und -initiative aufweisen; vgl. BFH v. 25.06.1984 – GrS 4/82, BStBl. II 1984, 751 (769); BFH v. 3.5.1993 – GrS 3/92, BStBl. II 1993, 616 (621).

einer Innengesellschaft bürgerlichen Rechts führt nicht dazu, dass die Tätigkeit dieser Gesellschaft insgesamt als gewerblich anzusehen ist.[1215] Von einer steuerrechtlichen Mitunternehmerschaft i. S. v. § 15 Abs. 1 Satz 1 Nr. 2 EStG in der Rechtsform der Gesellschaft bürgerlichen Rechts ist mithin dann zu sprechen, wenn sie eine Tätigkeit i. S. v. § 15 Abs. 1 Satz 1 Nr. 1 EStG ausübt oder aber gewerbliche Einkünfte i. S. v. § 15 Abs. 1 Satz 1 Nr. 2 EStG i. V. m. § 15 Abs. 3 Nr. 1 EStG bezieht.[1216]

Insoweit spricht *Schön* bei dem mitunternehmerisch ausgerichteten Nießbrauchverhältnis davon, dass „die in dem Gesellschaftsanteil verkörperte Mitunternehmerstellung von Besteller und Nießbraucher vergemeinschaftet wird".[1217] Dem ist zuzustimmen, denn diese „Vergemeinschaftung", ausgerichtet als Innengesellschaft bürgerlichen Rechts, übernimmt die Mitunternehmerstellung bei der den Gewerbebetrieb führenden Personengesellschaft,[1218] ohne vermögensrechtlich beteiligt zu sein (Mitunternehmerschaft bei sog. Nullbeteiligung).

B. Doppelstöckige Mitunternehmerschaft

Mit der Begründung der Innengesellschaft bürgerlichen Rechts kommt es zu zwei Mitunternehmerschaften: die Mitunternehmerschaft, die das gewerbliche Unternehmen inne hat bzw. die gewerbliche Tätigkeit ausübt, mit ihrem Gesellschafter, der am Mitunternehmeranteil dieser Mitunternehmerschaft ein Nießbrauchrecht zugunsten des Nießbrauchers (Vorbehaltsnießbrauch) bestellt (Untergesellschaft), sowie die Innengesellschaft, bestehend aus Nießbraucher und Gesellschafter (Obergesellschaft) als sog. Null-Beteiligungs-Mitunternehmerschaft.[1219] Die vorgenannte Innenge-

---

1215 BFH, Beschl. v. 11.04.2005 – GrS 2/02, BStBl. II 2005, 679 (681).

1216 BFH v. 26.06.2014 – IV R 5/11, BStBl. II 2014, 972 (973); BFH v. 16.12.1997 – VIII R 32–90, BStBl. II 1998, 480 (482); *Haep,* in: Herrmann/Heuer/Raupach, § 15 EStG Rn. 380.

1217 *Schön,* StbJb. 1996/1997, 45 (65 f.).

1218 Vgl. BFH, Beschl. v. 25.02.1991 – GrS 7/89, BStBl. II 1991, 691 (698 ff.).

1219 Hiervon zu unterscheiden und abzugrenzen ist die atypisch stille Gesellschaftsstruktur, siehe hierzu: BFH v. 08.12.2016 – IV R 8/14, BB 2017, 992; BFH v. 02.10.1997 – IV R 75/96, BStBl. II 1998, 137; BFH v. 06.07.1995 – IV R 79/94, BStBl. II 1996; 269; so sieht *Küspert,* FR 2014, 397 (405) wiederum bei einem mitunternehmerischen Nießbraucher eine Annäherung an eine atypische Unterbeteiligung.

sellschaft, die als Gesellschaft bürgerlichen Rechts oder auch als Kommanditgesellschaft gegründet werden kann und der Unternehmenszweck in der Verwaltung des Mitunternehmeranteils des Nießbrauchbestellers (Anteilsüberlassung zur Nutzung) liegt, übernimmt mithin die Mitunternehmerstellung bei der Untergesellschaft.[1220] Die fehlende zivilrechtliche Beteiligung ist hier nicht ausschlaggebend, denn insoweit ist der Beteiligungsbegriff nicht zivilrechtlich, sondern steuerrechtlich auszulegen, mit der Folge, dass auch eine Innengesellschaft die Obergesellschaft i. S. v. § 15 Abs. 1 Satz 1 Nr. 2 Satz 2 EStG sein kann, sofern sie als Mitunternehmerschaft zu qualifizieren ist.[1221] Es kommt zu einer doppelstöckigen Null-Beteiligungs-Mitunternehmerschaft.

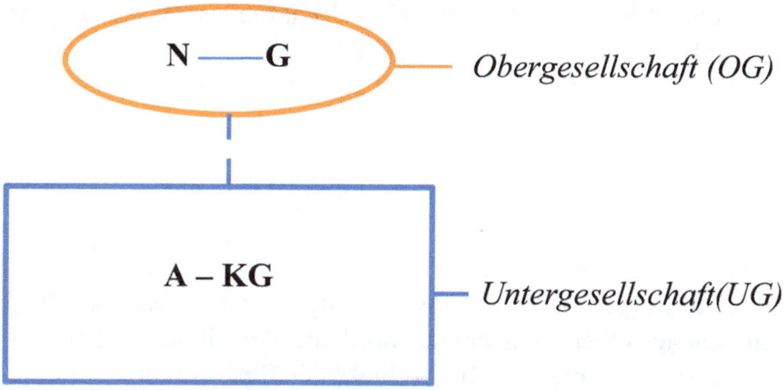

„doppelstöckige Null-Beteiligungs-Mitunternehmerschaft“

Zu beachten ist, dass die Gesellschafter der Obergesellschaft (OG) nicht einzeln, sondern als Gesellschaft, d. h. in ihrer gesamthänderischen Verbundenheit, Mitglied der Untergesellschaft (UG) sind, d. h., dass nach h. M. nur der unmittelbare Gesellschafter Mitunternehmer der Personengesellschaft ist; mithin der Gesellschafter der OG nur Mitunternehmer der

---

1220 Vgl. BFH v. 24.04.2014 – IV R 34/10, DB 2014, 1526; BFH, Beschl. v. 25.02.1991 – GrS 7/89, BStBl. II 1991, 691 (698 ff.).

1221 *Rätke,* in: Herrmann/Heuer/Raupach, § 15 EStG Rn. 615, 617; siehe auch Anmerkung in Fn. 1223.

OG und nicht auch der UG sein kann, so, wie die OG Mitunternehmerin der UG ist.[1222]

Auch wenn die OG keine eigene gewerbliche Tätigkeit ausübt, ihr Verhältnis zur UG aber mitunternehmerisch ausgerichtet ist (sie übt die Mitunternehmerstellung aus), bezieht auch die OG mit dem ihr zuzuweisenden Gewinnanteil Einkünfte aus Gewerbebetrieb i. S. v. § 15 Abs. 1 Satz 1 Nr. 2 EStG i. V. m. § 15 Abs. 3 Nr. 1 Hs. 2 EStG, soweit die UG aufgrund ihrer gewerblichen Tätigkeit gewerbliche Einkünfte erzielt (Abfärbewirkung).[1223] Die Abfärbung des zugewiesenen Gewinnanteils zur gewerblichen Einkunftsart tritt allerdings erst mit „Beziehen" der Einkünfte ein, wobei unter „Bezug" die zeitliche Zuordnung und nicht ein Zufluss i. S. von § 11 Abs. 1 S. 1 EStG zu verstehen ist.[1224] Damit erzielen Nießbraucher und Nießbrauchbesteller/Gesellschafter als Gesellschafter der OG Einkünfte aus Gewerbebetrieb gemäß § 15 Abs. 1 Satz 1 Nr. 2 EStG. Eine ununterbrochene Mitunternehmerkette ist gegeben.[1225]

C. Besteuerungsverfahren – Zurechnung der Einkünfte

Durch dieses Beteiligungsverhältnis wird die Obergesellschaft damit letztlich zum Subjekt der Gewinnverteilung der Untergesellschaft. Die Gesellschafter der Obergesellschaft, und damit der Nießbraucher und der Nießbrauchbesteller, bleiben aber Subjekt der Einkünfteerzielung, da nur diese

---

1222 *Ley,* KÖSDI 2010, 17148 (17149); *Wacker,* in: Schmidt, EStG, § 15 Rn. 253, 612. Zu beachten ist allerdings, dass ein mittelbar über ein oder mehrere Personengesellschaften beteiligter Gesellschafter dem unmittelbar beteiligten Gesellschafter gleichsteht, § 15 Abs. 1 Satz 1 Nr. 2 Satz 2 EStG. Dieses gilt gerade für Tätigkeits- und Nutzungsvergütungen, die der mittelbar Beteiligte von der Untergesellschaft bezieht.

1223 BFH v. 26.06.2014 – IV R 5/11, BStBl. II 2014, 972 (974); *Stapperfend,* in: Herrmann/Heuer/ Raupach, § 15 EStG Rn. 1428; *Richter/Chuchra/Dorn,* DStR 2016, 2944; auch bei fehlender vermögensrechtlicher Beteiligung kann eine Mitunternehmerschaft begründet werden (sog. Nullbeteiligung), siehe auch Fn. 1027 und 1028.

1224 BFH v. 26.06.2014 – IV R 5/11, BStBl. II 2014, 972 (974).

1225 Zu Bedeutung der ununterbrochenen Mitunternehmerkette, siehe: *Rätke,* in: Herrmann/Heuer/ Raupach, § 15 EStG Rn. 623 f.; *Desens/Blischke,* in: Kirchhof/Söhn/Mellinghoff, § 15 EStG C 152.

der Einkommensteuer oder ggfs. der Körperschaftsteuer unterliegen.[1226] Die Ergebnisse der Untergesellschaft werden mittels des gesonderten und einheitlichen Besteuerungsverfahrens gemäß § 179 Abs. 2 AO i. V. m. § 180 Abs. 1 Nr. 2a AO für jeden einzelnen Gesellschafter und damit auch für die OG festgestellt und sodann zur OG „durchgestockt“. Auf der Ebene der OG erfolgt ein weiteres gesondertes und einheitliches Besteuerungsverfahren, mit dem dann letztlich der Nießbraucher und der Gesellschafter (Gesellschafter der OG) den anteiligen wirtschaftlichen Erfolg der UG zugewiesen bekommen. Das bedeutet, liegen verselbstständigte Gesellschaften vor, ist es ausgeschlossen, die Besteuerungsgrundlagen für diese in einem gemeinsamen Bescheid gesondert und einheitlich festzustellen.[1227] Die Zuweisung der Ergebnisse erfolgt im Jahr ihrer Entstehung bei der UG. Darin zeigt sich letztlich auch der Ausfluss des der Besteuerung der Personengesellschaften zugrunde liegenden Transparenzprinzips.[1228]

D. Zusammenfassung und Ergebnis

Erfüllen Nießbraucher und Gesellschafter im Nießbrauchverhältnis zur den gewerblichen Betrieb betreibenden Personengesellschaft jeweils die Mitunternehmerkriterien, lässt sich daraus nicht zwingend ein wirtschaftlich vergleichbares Gemeinschaftsverhältnis ableiten und damit unter die Vorschrift des § 15 Abs. 1 Nr. 2 EStG subsumieren. Es fehlt an einer gesellschaftsrechtlich orientierten Organisations- und Verwaltungsstruktur, auch ausgelöst durch das Fehlen eines entsprechenden Rechtsbindungswillens der Beteiligten. Dennoch erzielt der Nießbraucher aufgrund seiner (mit-) unternehmerischen Tätigkeit gewerbliche Einkünfte i. S. v. § 15 Abs. 1 Nr. 1 EStG.

Bündeln die Nießbrauchbeteiligten ihre Befugnisse aus dem Nießbrauchverhältnis und geben sich hierbei einen entsprechenden Rechtsbindungswillen, lassen sich ihre Interessen zu einer Innengesellschaft verdichten, mit der Folge der Entstehung einer doppelstöckigen Mitunterneh-

---

1226 BFH, Beschl. v. 15.04.2010 – IV B 105/09, BStBl. II 2010, 971 (972); BFH v. 03.07.1995 – GrS 1/93, BStBl. II 1995, 617.

1227 BFH v. 13.10.2016 – IV R 20/14, BB 2017, 801 (803); BFH v. 21.10.2015 – IV R 43/12, BB 2016, 1062 (1064).

1228 *Ley*, KÖSDI 2010, 17148 (17150).

merschaft (Mitunternehmerschaft bei sog. Nullbeteiligung), sofern das Rechtsverhältnis zwischen der Innengesellschaft und der den gewerblichen Betrieb betreibenden Personengesellschaft mitunternehmerisch geprägt ist.

Die Zentralkriterien für die Begründung einer Mitunternehmerschaft – Mitunternehmerrisiko und Mitunternehmerinitiative –, müssen also für Nießbraucher und Nießbrauchbesteller/ Gesellschafter auch bei unterschiedlicher Ausprägung uneingeschränkt und kumulativ vorhanden sein. Auf den ersten Blick scheinen diese Kriterien wiederum unproblematisch zu sein. Dennoch sind sie gerade in Bezug auf das Nießbrauchverhältnis von Nießbraucher und Nießbrauchbesteller Gegenstand finanzgerichtlicher Verfahren, womit sich die Frage nach den weiteren Rechtsfolgen und Auswirkungen nicht nur auf einkommensteuerrechtlicher, sondern auch auf erbschaft- und schenkungsteuerrechtlicher Ebene anschließt, wenn die mitunternehmerischen Kriterien oder einzelne davon nicht erfüllt sind.

4. Abschnitt: Beendigung eines mitunternehmerischen Nießbrauchverhältnisses

§ 1 Verzicht

Verzichtet der Nießbraucher auf den mitunternehmerischen Nießbrauch, geht die Finanzverwaltung von einer unentgeltlichen Übertragung eines Mitunternehmeranteils auf den Nießbrauchbesteller aus.[1229] Der Mitunternehmeranteil „Nießbrauchrecht“ vereinigt sich mit dem Mitunternehmeranteil „Gesellschafter“; das Eigentum erstarkt wieder zum Vollrecht.[1230] Der Gesellschafter verschafft sich damit die vollständige Eigentümerbefugnis am Gesellschaftsanteil. Dies führt ertragsteuerrechtlich gemäß

1229 Gleichlautende Ländererl. v. 02.11.2012, BStBl. I 2012, 1101; zivilrechtlich erfolgt die Beendigung eines dinglichen Nießbrauchs an Rechten durch die einseitige Aufgabeerklärung des Nießbrauchers gegenüber dem Nießbrauchbesteller (§§ 1072, 1064 BGB), vgl. auch *Pohlmann,* in: MünchKomm-BGB, § 1072 Rn. 5; für die Aufhebung eines schuldrechtlichen Nießbrauchrechts ist ein Erlassantrag gemäß § 397 Abs. 1 BGB erforderlich, da auf schuldrechtliche Rechtspositionen nicht einseitig verzichtet werden kann, vgl. auch: *Grüneberg,* in: Palandt, BGB, § 397 Rn. 4.

1230 BFH v. 18.11.2014 – IX R 49/13, NZG 2015, 284 (285); *Reich/Stein,* DStR 2013, 1271 (1274).

§ 6 Abs. 3 Satz 1 EStG bei der Mitunternehmerschaft zu einer Fortführung der Buchwerte und somit zu einer Ertragsteuerneutralität.[1231]

Ein entgeltlicher Verzicht auf das Nutzungsrecht ist losgelöst von der zuvor erfolgten unentgeltlichen Übertragung des nießbrauchbelasteten Wirtschaftsguts als selbstständiges Rechtsgeschäft einzustufen, sofern kein erkennbarer sachlicher Zusammenhang zwischen der zunächst erfolgten unentgeltlichen Übertragung der Anteile unter Nießbrauchvorbehalt und der für die Ablösung des Nießbrauchrechts geleisteten Zahlung besteht.[1232] Es führt entsprechend zu einem ertragsteuerrechtlichen Veräußerungsgeschäft bzw. veräußerungsähnlichen Vorgang beim Verzichtenden und damit zu zusätzlichen Anschaffungskosten hinsichtlich des Gesellschaftsanteils beim Gesellschafter.[1233] Nicht relevant ist, ob die Ablösezahlung in einer Veräußerungsrente oder in einer Einmalzahlung liegt.[1234]

Aus schenkungsteuerlicher Sicht wird bei einem unentgeltlichen Nießbrauchverzicht der bisher Verpflichtete durch diesen Rechtsverzicht als eigenständige Zuwendung bereichert. Dieser erhält nunmehr das Ertragsrecht an dem ihm bereits zustehenden Gesellschaftsanteil.[1235] Darin liegt die schenkungsteuerliche Bereicherung, die damit den Tatbestand des § 7 Abs. 1 Nr. 1 ErbStG i. V. m. §§ 1 Abs. 1 Nr. 2, 12 Abs. 1 ErbStG, §§ 13 ff. BewG auslöst.[1236] Der Kapitalwert des aufgegebenen Nießbrauchrechts ist durch den Nießbrauchbesteller als freigiebige Zuwendung der Besteuerung zu unterwerfen.[1237]

1231 *Mielke,* DStR 2014, 18 (19).

1232 BFH v. 18.11.2014 – IX R 49/13, BStBl. II 2015, 224 (225); BFH v. 14.06.2005 – VIII R 14/04, BStBl. II 2006, 15 (16).

1233 BFH v. 18.11.2014 – IX R 49/13, BStBl. II 2015, 224 (225); BFH v. 16.06.2004 – X R 50/01, BStBl. II 2005, 130 (131 f.); BFH v. 14.02.1996 – X R 106/91, BStBl. II 1996, 687 (688 f.); *Reich/Stein,* DStR 2013, 1272 (1275 f.).

1234 BFH v. 16.06.2004 – X R 50/01, BStBl. II 2005, 130 (131 f.); BFH v. 14.02.1996 – X R 106/91, BStBl. II 1996, 687 (688).

1235 *Geck,* in: Kapp/Ebeling, § 7 ErbStG Rn. 43.4.

1236 BFH v. 20.05.2014 – II R 7/13, DStR 2014, 1919 (1920); BFH v. 17.03.2004 – II R 3/01, BStBl. II 2007, 429; *Geck,* DStR 2009, 1005 (1009); *Götz/Hülsmann,* DStR 2010, 2377 (2381); zu beachten ist, zu welchem Zeitpunkt das Nießbrauchrecht begründet wurde; siehe hierzu im Einzelnen: *Götz/Hülsmann,* Der Nießbrauch, S. 304 ff.

1237 *Götz,* ZEV 2009, 609 (613).

§ 2 Ablösung eines Nießbrauchrechts

A. Gleitende Vermögensübergabe

Erfolgt eine Ablösung eines Vorbehaltsnießbrauchs an einem Mitunternehmeranteil durch Vereinbarung von laufenden, regelmäßig wiederkehrenden Geldzahlungen (Versorgungsleistungen), so ist eine gleitende Vermögensübergabe gegeben.[1238] Ein zunächst bestelltes Nießbrauchrecht wird zu einem späteren Zeitpunkt durch eine Versorgungsleistung i. S. v. § 10 Abs. 1a Nr. 2a EStG ersetzt.[1239] Das Nießbrauchrecht muss vollständig erlöschen und die Versorgungsleistung an dessen Stelle treten.[1240] Die Zulässigkeit der gleitenden Vermögensübergabe ist durch die BFH-Rechtsprechung und Finanzverwaltung abgesichert. Diese sieht in der Vereinbarung eines Vorbehaltsnießbrauchs und deren Ablösung durch eine Versorgungsrente einen weiteren Teilakt einer insgesamt zeitlich gestreckten Vermögensübergabe; es besteht insoweit ein sachlicher Zusammenhang.[1241] Unmaßgeblich ist insofern, zu welchem Zeitpunkt der Nießbrauch abgelöst und die Versorgungsleistung vereinbart worden sind, sowie, ob im Übergabevertrag eine entsprechende verbindliche Vereinbarung getroffen wurde.[1242]

Ertragsteuerrechtlich wird der Vorgang als unentgeltliches Rechtsgeschäft eingestuft und führt damit weder zu Anschaffungskosten noch zu einem Veräußerungsentgelt.[1243] Da das mitunternehmerische Nießbrauchrecht selbst einen Mitunternehmeranteil i. S. v. § 10 Abs. 1a Nr. 2a EStG darstellt, erstarkt dieser wieder im Mitunternehmeranteil des Gesellschafters zum Vollrecht.

1238 *Reich/Stein,* DStR 2013, 1272 (1274 f.); *von Oertzen/Stein,* BB 2009, 2227.

1239 *Fischer,* in: Kirchhoff, EStG, § 22 Rn. 17.

1240 FG Düsseldorf v. 19.07.2004 – 17 K 191/02 E, BeckRS 2004, 26025110; *von Oertzen/Stein,* BB 2009, 2227.

1241 BFH v. 03.06.1992 – X R 14/89, BStBl. II 1993, 23 (25); BFH v. 16.06.2004 – X R 50/01, BStBl. II 2005, 130 (131 f.); BMF v. 11.03.2010, C 3 – S 2221/09/10004, BStBl. I 2010, 227 Rn. 25, geändert durch BMF v. 06.05.2016, BStBl. I 2016, 476; *Reich/Stein,* DStR 2013, 1272 (1274 f.).

1242 BFH v. 12.05.2015 – IX R 32/14, BStBl. II 2016, 331 (332); BMF v. 11.03.2010, C 3 – S 2221/09/10004, BStBl. I 2010, 227 Rn. 25, geändert durch BMF v. 06.05.2016, BStBl. I 2016, 476.

1243 BFH v. 16.06.2004 – X R 50/01, BStBl. II 2005, 130 (131 f.).

Ein Sonderausgabenabzug i. S. d. § 10 Abs. 1a Nr. 2a EStG ist zu gewähren, mit der Folge der korrespondierenden Besteuerung der Versorgungsrente beim Begünstigten gemäß § 22 Nr. 1a EStG (Korrespondenzprinzip). Die Finanzverwaltung gewährt diese gleitende Vermögensübergabe ebenso für den durch Vermächtnis eingeräumten Zuwendungsnießbrauch, wobei allerdings der Begünstigte zum Generationennachfolgeverbund des ursprünglichen Übergebers gehören muss.[1244]

Wird das Nießbrauchrecht durch eine äquivalente Versorgungsleistung ersetzt, kommt es auch schenkungsteuerrechtlich nicht zu einer freigiebigen Zuwendung. Besteht aber eine Wertdifferenz zwischen dem Wert des Nießbrauchrechts und dem kapitalisierten Wert der Versorgungsleistung, liegt eine gemischte Schenkung vor, für die die §§ 13a und 13b ErbStG zur Anwendung kommen, soweit deren Voraussetzungen erfüllt sind.[1245]

B. Entgeltliche Nießbrauchablösung

Wird das mitunternehmerische Nießbrauchrecht durch einen Einmalbetrag oder aber eine Veräußerungsrente abgelöst, liegt ein entgeltliches Rechtsgeschäft vor. Dies führt einerseits zu einem Veräußerungsentgelt und andererseits zu Anschaffungskosten auf den Mitunternehmeranteil.[1246]

§ 3 Beendigung durch Tod

Erlischt das Nießbrauchrecht durch den Tod des Berechtigten, führt dies wie der lebzeitige Nießbrauchverzicht nicht zu einer erbschaftsteuerbaren Bereicherung des Nießbrauchbestellers.[1247] Dies folgt aus der zivilrechtlichen Unvererblichkeit des Nießbrauchrechts als höchstpersönliches Recht.[1248] Es fehlt an einer substanziellen Vermögensmehrung, mit der Folge, dass auch die Wertsteigerung des Mitunternehmeranteils (Gesell-

---

1244 BMF v. 11.03.2010, C 3 – S 2221/09/10004, BStBl. I 2010, 227 Rn. 25, 50, geändert durch BMF v. 06.05.2016, BStBl. I 2016, 476.

1245 *Reich/Stein,* DStR 2013, 1272 (1275).

1246 BFH v. 14.02.1996 – X R 106/91, BStBl. II 1996, 687 (688); BFH v. 16.06.2004 – X R 50/01, BStBl. II 2005, 130 (131 f.).

1247 *Weinmann,* in: Moench/Weinmann, ErbStG, § 3 Rn. 2; *Mielke,* DStR 2014, 18 (20).

1248 *Herrler,* in: Palandt, BGB, Einf. v. § 1030 Rn. 1.

schaftsbeteiligung) erbschaftsteuerrechtlich nicht erfasst wird.[1249] Dies gilt sowohl für einen mitunternehmerischen Vorbehalts- als auch für einen Zuwendungsnießbrauch.

1249 *Weinmann,* in: Moench/Weinmann, ErbStG, § 3 Rn. 2; *Gottschalk,* in: Troll/ Gebel/Jülicher/ Gottschalk, ErbStG, § 3 Rn. 4; *Mielke,* DStR 2014, 18 (20).

Drittes Kapitel: Nießbrauch am Anteil einer vermögensverwaltenden Personengesellschaft

§ 1 Rechtsnatur

Die rein vermögensverwaltende Personengesellschaft stellt keine Mitunternehmerschaft i. S. v. § 15 Abs. 1 Satz 1 Nr. 2 EStG dar. Im Wege der für vermögensverwaltende Personengesellschaften geltenden Bruchteilsbetrachtung gemäß § 39 Abs. 2 Nr. 2 AO werden einkommensteuerrelevante Vorgänge und gesamthänderisch gebundene Wirtschaftsgüter der Personengesellschaft den Gesellschaftern entsprechend ihrer Beteiligungsquote zugerechnet.[1250] Sie verwirklicht in der gesamthänderischen Verbundenheit ihrer Gesellschafter die Merkmale eines Besteuerungstatbestands, ist Subjekt der Einkünfteerzielung und Einkünfteermittlung (partielle Steuerrechtsfähigkeit).[1251] Betreibt die Gesellschaft also die Verwaltung eigenen Vermögens, vermittelt sie in ihrer gesamthänderischen Verbundenheit ihren Gesellschaftern aus der jeweiligen Einkunftsquelle die entsprechenden Einkünfte innerhalb der jeweiligen Einkunftsart.[1252]

§ 2 Einkünftequalifikation und -zurechnung

Bestellt der Gesellschafter einer solchen Personengesellschaft den Nießbrauch an einem Gesellschaftsanteil bzw. überträgt er einen solchen Gesellschaftsanteil unter Nießbrauchvorbehalt, so erzielt auch der Nießbraucher, soweit ihm eine gesellschafterähnliche Rechtsposition eingeräumt wird, die entsprechenden, ihm zuzuweisenden Einkünfte der jeweiligen Einkunftsart.[1253] Dem Nießbraucher sind einkommensteuerrechtlich die

---

1250 *Milatz/Sax,* DStR 2017, 141 (142); *Wacker,* DStR 2005, 2014 (2015); *Strahl,* KÖSDI 2001, 12802 (12802 f.); *Birk/Desens/Tappe,* Steuerrecht, S. 347; ausführlich: *Engel,* Vermögensverwaltende Personengesellschaften, S. 70 ff.

1251 BFH, Beschl. v. 03.07. 1995 – GrS 1/93, BStBl. II 1995, 617 (621); BFH, Beschl. v. 25.06.1984 – GrS 4/82, BStBl. II 1984, 751 (761 f.).

1252 *Lüdicke,* in: Lüdicke/Sistermann, Unternehmensteuerrecht, § 1 Rn. 20, 140; *Strahl,* KÖSDI 2001, 12802.

1253 BMF v. 30.09.2013, – IV C 1 – S 2253/07/10004, BStBl. I 2013, 1184, Tz. 1.

ihm zustehenden Gewinn- bzw. Überschussanteile als eigene, originäre Einkünfte der durch die vermögensverwaltenden Personengesellschaft dargestellten Einkunftsart (Einkünftequalifikation) zuzurechnen, soweit diese sie erzielt und mithin den Tatbestand einer Einkunftsart gemäß § 2 Abs. 1 EStG erfüllt.[1254]

So richtet sich die Tatbestandsverwirklichung bei Einkünften aus Vermietung und Verpachtung danach, wer Träger der Rechte und Pflichten eines Vermieters ist, mithin die Besitz- und Verwaltungsbefugnisse derart innehat, dass er die Nutzungen auch tatsächlich ziehen kann.[1255]

Auch für den Tatbestand der Erzielung von Einkünften aus Kapitalvermögen gemäß § 2 Abs. 1 Nr. 5 EStG i. V. m. § 20 EStG gilt nichts Anderes. Hier richtet sich die Einkünftezurechnung danach, wer zum Zeitpunkt der Entstehung der Erträge aus Kapitalvermögen als Anteilseigner, Inhaber des Wertpapiers oder Gläubiger der Kapitalforderung anzusehen ist, mithin die Dispositions- und Verwaltungsbefugnis innehat und somit über Erfolg und Misserfolg seines Handelns entscheidet.[1256] Hat der Nießbraucher insoweit eine gesellschafterähnliche Rechtsposition in Bezug zur vermögensverwaltenden Personengesellschaft inne, sind ihm anteilig die Erträge zuzurechnen. Die bloße Einräumung eines Anspruchs auf den Ertrag reicht für eine steuerrechtliche Zurechnung nicht aus.[1257]

§ 3 Erbschaft- und schenkungsteuerrechtliche Sichtweise

Auch bei der Erbschaft- und Schenkungsteuer kann die freigiebige Zuwendung ein Anteil an einer vermögensverwaltenden Gesellschaft sein. Der Gegenstand der Schenkung richtet sich insoweit nach dem bürgerlichen Recht.[1258] Dennoch sieht das Steuerrecht im Erwerb einer Beteiligung an einer Personengesellschaft, die kein Betriebsvermögen hat, den

---

1254 *Musil,* in: Herrmann/Heuer/Raupach, § 2 EStG Rn. 276.

1255 BFH v. 07.04.1987 – IX R 103/85, BStBl. II 1987, 707 (708 f.); BFH v. 26.04.1983 – VIII R 205/80, BStBl. II 1983, 502 (503); BMF v. 30.09.2013 – IV C 1 – S 2253/07/10004, BStBl. I 2013, 1184.

1256 BFH v. 31.10.1989 – VIII R 210/83, BStBl. II 1990, 532 (533); BFH v. 24.04.1990 – VIII R 170/83, BStBl. II 1990, 539 (541); *Engel,* Vermögensverwaltende Personengesellschaften, S. 179 f.

1257 BFH v. 09.04.1991 – IX R 78/88, BStBl. II 1991, 809 (812).

1258 BFH v. 18.09.2013 – II R 63/11 (NV), GmbHR 2014, 270 (271).

Erwerb der anteiligen Wirtschaftsgüter des Gesellschaftsvermögens, § 10 Abs. 1 Satz 4 ErbStG.

Ein Freibetrag i. S. v. § 13a Abs. 1 ErbStG und der verminderte Wertansatz gemäß § 13a Abs. 2 ErbStG sind für den Erwerb eines Anteils an einer vermögensverwaltenden Personengesellschaft aufgrund des Fehlens der Voraussetzungen eines Gewerbebetriebs gemäß § 13a Abs. 5 Satz 1 Nr. 3 ErbStG nicht zu gewähren.[1259]

1259 BFH v. 11.06.2013 – II R 4/12, BStBl. II 2013, 742 (745 f.).

Viertes Kapitel: Das Nießbrauchrecht am Kapitalgesellschaftsanteil

Nach den in den vorherigen Kapiteln auf unterschiedlichen Ebenen analysierten steuerrechtlichen Streitgegenständen bei der Bestellung eines Nießbrauchrechts an einem Personengesellschaftsanteil mit ihren unterschiedlichen Auswirkungen und Rechtsfolgen, bleibt nunmehr die Frage zu klären, wie es sich mit der Bestellung eines Nießbrauchrechts an einem Kapitalgesellschaftsanteil im Steuerrecht verhält. Hier geht es vornehmlich um die Beantwortung der Frage der Einkünftezurechnung auf die Nießbrauchbeteiligten, also auch hier um die Frage der Einkünftezurechnungsdogmatik. Die Wirkungen einer Nießbrauchbestellung an einem Kapitalgesellschaftsanteil gilt es ebenso auch erbschaft- und schenkungsteuerrechtlich einer Analyse zu unterziehen. Unterschieden wird in diesem Kapitel insoweit zwischen einem Nießbrauchrecht an einem Geschäftsanteil einer GmbH und einer Aktie einer Aktiengesellschaft.

1. Abschnitt: Nießbrauch an Geschäftsanteilen einer GmbH

§ 1 Ertragsteuerrechtliche Betrachtung

A. Grundsätzliches

Die Bestellung eines Nießbrauchrechts an einem GmbH-Geschäftsanteil als Einkunftsquelle führt auch hier zur Fragestellung, wer über diese Einkunftsquelle verfügen kann, und damit zur Frage, wie die Einkünftequalifikation und -zurechnung zu erfolgen hat. Bei grundsätzlich unterstellter Einkünfteerzielungsabsicht[1260] zum Zeitpunkt der Eingehung der Beteiligung an einer Kapitalgesellschaft, richtet sich die Einkünftequalifikation

1260 Einkommen als Indikator wirtschaftlicher Leistungsfähigkeit erfasst die Summe der Einkünfte, die eine Person mit ihrer auf Gewinnerzielung ausgerichtete Erwerbstätigkeit erwirtschaftet. Einkünfte beruhen auf zielgerichtetem Handeln. Auch die Überlassung von Kapital führt zur Erzielung von Einkünften (Erwerbstätigkeit); siehe hierzu ausführlich: *Hey*, in: Tipke/Lang, § 8 Rn. 49 ff.,

wiederum nach der Zuordnung der Beteiligung zu einer Vermögenssphäre (Betriebs- oder Privatvermögen) des Beteiligten.

Die auf den Geschäftsanteil entfallenden Gewinnansprüche in Form von Gewinnausschüttungen sind als Einkünfte aus Kapitalvermögen i. S. v. § 2 Abs. 1 EStG i. V. m. § 20 Abs. 1 Nr. 1 EStG zu qualifizieren, soweit sich die Anteile beim Anteilseigner in dessen Privatvermögen befinden.[1261] Die Zurechnung dieser Einkünfte erfolgt i. S. d. § 2 Abs. 1 EStG grundsätzlich bei demjenigen, der sie erzielt. Dies ist wiederum derjenige, der den Tatbestand der Erzielung der Einkünfte erfüllt, § 38 AO. Einkünfte aus Kapitalvermögen erzielt also derjenige, der Kapital zur Nutzung überlässt, am Marktgeschehen teilnimmt und damit eine Dispositionsbefugnis innehat.[1262] Diese Befugnis leitet der Gesetzgeber in § 20 Abs. 5 EStG vom Anteilseigentum ab. Einkünfte aus Kapitalvermögen i. S. v. § 20 Abs. 1 Nr. 1 und 2 EStG erzielt demnach der Anteilseigner, § 20 Abs. 5 S. 1 EStG. Anteilseigner ist derjenige, dem die Geschäftsanteile nach § 39 Abs. 1 und 2 AO zuzurechnen sind.

Im Rahmen der Bestellung eines Nießbrauchrechts an einem GmbH-Geschäftsanteil stellt sich damit die Frage, wem diese Beteiligung ertragsteuerrechtlich zuzurechnen ist und wer somit Einkünfte aus Kapitalvermögen erzielt. Damit bekommt die Zurechnungsvorschrift von § 39 Abs. 1 und 2 AO, die sich grundsätzlich auf Wirtschaftsgüter bezieht, auch für die Einkünftezuordnung im Nießbrauchverhältnis eine besondere Bedeutung.[1263]

---

121 ff.; *Birk/Desens/Tappe,* Steuerrecht, S. 186 f.; grundlegend: BFH v. 25.06.1984 – GrS 4/82, BStBl. II 1984, 751 (765).

1261 Befinden sich die Geschäftsanteile im Betriebsvermögen, richtet sich die Einkünftequalifikation nach den drei Gewinneinkunftsarten gemäß § 2 Abs. 1 Satz 1 Nr. 1–3 EStG.

1262 BFH v. 26.01.2011 – VIII R 14/10(NV), BeckRS 2011, 95767; *Buge,* in: Herrmann/Heuer/ Raupach, § 20 EStG Rn. 19.

1263 *Buge,* in: Herrmann/Heuer/Raupach, § 20 EStG Anm. 19.

B. Wirtschaftliches Eigentum und Einkünftezurechnung im Nießbrauchverhältnis

I. Der Nießbraucher als wirtschaftlicher Eigentümer

Notwendige und hinreichende Voraussetzung für die ertragsteuerrechtliche Zurechnung eines Geschäftsanteils ist (zumindest) das wirtschaftliche Eigentum.[1264] Die Rechtsstellung des wirtschaftlichen Eigentümers ist gemäß § 39 Abs. 2 Nr. 1 AO dadurch gekennzeichnet, dass dieser den zivilrechtlichen Eigentümer im Regelfall für die gewöhnliche Nutzungsdauer von der Einwirkung auf das Wirtschaftsgut wirtschaftlich ausschließen kann, er also die tatsächliche Herrschaft über das Wirtschaftsgut ausübt. Ihm muss auch der wirtschaftliche Erfolg aus einer möglichen Veräußerung gebühren.[1265] So geht nach ständiger BFH-Rechtsprechung das wirtschaftliche Eigentum an einem Kapitalgesellschaftsanteil auf einen Erwerber über,

- wenn dieser aufgrund eines (bürgerlich-rechtlichen) Rechtsgeschäfts eine rechtlich geschützte, auf den Erwerb des Rechts gerichtete Position erworben hat, die ihm gegen seinen Willen nicht mehr entzogen werden kann, und
- die mit dem Anteil verbundenen wesentlichen Verwaltungs- und Vermögensrechte (insbesondere Gewinnbezugsrecht und Stimmrecht) innehat, und
- wenn das Risiko einer Wertminderung sowie die Chance einer Wertsteigerung auf ihn übergegangen sind.[1266]

Bei der Übertragung eines GmbH-Geschäftsanteils unter Nießbrauchvorbehalt geht i. d. R. nicht nur das zivilrechtliche, sondern auch das wirt-

---

1264 BFH v. 22.07.2008 – IX R 61/05, BFH/NV 2008, 2004; BFH v. 17.02.2004 – VIII R 26/01, BStBl. II 2004, 651(652).

1265 BFH v. 25.05.2011 – IX R 23/10, BStBl. II 2012, 3 (4); BFH v. 26.01.2011 – IX R 7/09, BStBl. II 2011, 540 (542).

1266 BFH v. 24.01.2012 – IX R 69/10, BeckRS 2012, 95187; BFH v. 25.05.2011 – IX R 23/10, BStBl. II 2012, 3 (4); BFH v. 26.01.2011 – IX R 7/09, BStBl. II 2011, 540 (542); BFH v. 20.07.2010 – IX R 38/09, GmbHR 2011, 97 (98); BFH v. 12.12.2007 – X R 17/05, BStBl. II 2008, 579 (582); BFH v. 09.10.2008 – IX R 73/06, BStBl. II 2009, 140 (141); BFH v. 11.07.2006 – VIII R 32/04, BStBl. II 2007, 296 (298).

schaftliche Eigentum auf den Erwerber über.[1267] Der Nießbraucher wird grundsätzlich nicht wirtschaftlicher Eigentümer.[1268] Sämtliche Mitwirkungs- und Verwaltungsrechte stehen dem (Neu-) Gesellschafter zu. Das wirtschaftliche Eigentum an einem GmbH-Anteil ist dem Nießbraucher nur dann zuzurechnen, wenn er nach dem Inhalt der getroffenen Abrede auch alle mit der Beteiligung verbundenen wesentlichen Rechte (Vermögens- und Verwaltungsrechte, insbesondere Gewinnbezugs- und Stimmrecht) ausüben und im Konfliktfall effektiv durchsetzen kann und ihn Risiken einer Wertveränderung treffen.[1269] Für eine vom Zivilrecht abweichende Zuordnung eines Wirtschaftsguts müssen allerdings die vorstehend genannten Voraussetzungen nicht in vollem Umfang erfüllt sein. Der BFH beurteilt insoweit den Übergang des wirtschaftlichen Eigentums für jeden Einzelfall nach dem Gesamtbild der Verhältnisse, wobei für die Bestimmung des wirtschaftlichen Eigentums nicht das formal Erklärte oder formalrechtlich Vereinbarte, sondern das wirtschaftlich Gewollte und das tatsächlich Bewirkte maßgebend sein sollten.[1270] Die Ausgestaltung und die tatsächliche Durchführung der getroffenen Abreden zwischen Nießbraucher und Nießbrauchbesteller bekommen damit einen das wirtschaftliche Eigentum bestimmenden, herausragenden Stellenwert. Nur dann, wenn das Nießbrauchrecht die gesamte Beteiligung umfasst und dem Nießbraucher eine Position vermittelt, die ihm bspw. durch ein eingeräumtes Stimmrecht oder durch unwiderrufliche Stimmrechtsvollmachten entscheidenden Einfluss auf die Geschicke der Gesellschaft verschafft, ihm also alle mit der Beteiligung verbundenen wesentlichen Vermögens- und Ver-

1267 *Wachter,* JbFSt 2015/2016, 802 (817), siehe auch die Ausführungen im 1. Teil, Kapitel 2, § 2 A. II.

1268 *Koenig,* in: Koenig, § 39 AO Rn. 44 ff; *Ratschow,* in: Klein, § 39 AO Rn. 23.

1269 BFH v. 25.05.2011 – IX R 23/10, BStBl. II 2012, 3 (4); BFH v. 26.01.2011 – IX R 7/09, BStBl. II 2011, 540 (542); BFH v. 12.12.2007 – X R 17/05, BStBl. II 2008, 579 (582); BFH v. 18.05.2005 – VIII R 34/01, DStR 2005, 1849 (1851); BFH v. 11.07.2006 – VIII R 32/04, BStBl. II 2007, 296 (298); BFH v. 06.10.2009 – IX R 14/08, BStBl. II 2010, 460 (462 f.). So setzt auch der BGH nur dann den Nießbraucher mit dem Gesellschafter gleich, wenn der Nießbrauch die gesamte Beteiligung umfasst und ihm eine Position inne kommt, die ihm erheblichen Einfluss auf die Geschicke der Gesellschaft vermittelt; siehe hierzu: BGH v. 05.04.2011 – II ZR 173/10, DStR 2011, 1475 (1475 f.).

1270 BFH v. 25.05.2011 – IX R 23/10, BStBl. II 2012, 3 (4); BFH v. 26.01.2011 – IX R 7/09, BStBl. II 2011, 540 (542); BFH v. 18.05.2005 – VIII R 34/01, DStR 2005, 1849 (1851); BFH v. 11.07.2006 – VIII R 32/04, BStBl. II 2007, 296 (298); BFH v. 06.10.2009 – IX R 14/08, BStBl. II 2010, 460 (462 f.).

waltungsrechte zustehen und er diese damit ausüben und auch im Konfliktfall durchsetzen kann, ist nach Auffassung des *BFH* dem Nießbraucher das wirtschaftliche Eigentum zuzurechnen.[1271]

Für das Ertragsteuerrecht bedeutet dies gleichzeitig, dass es bei einem Vorbehaltsnießbrauch (GmbH-Anteilsübertragung unter Nießbrauchvorbehalt) nicht zu einem „Erwerb" der Geschäftsanteile durch den Neu-Gesellschafter kommt. Dem Nießbraucher und Alt-Gesellschafter wäre der GmbH-Anteil weiterhin unverändert zuzurechnen.

Wird ein Zuwendungsnießbrauch eingeräumt, stellt sich auch hier die Frage der Zurechnung des wirtschaftlichen Eigentums in Abhängigkeit von der Ausgestaltung der Abreden der Nießbrauchbeteiligten. Ist die Herrschaftsmacht des Nießbrauchers entsprechend den obigen Ausführungen ausgestattet und wird diese tatsächlich bewirkt, ist ertragsteuerrechtlich der Geschäftsanteil dem Nießbraucher zuzurechnen, d. h., dass es bei Einräumung eines Nießbrauchrechts ohne Verschaffung des wirtschaftlichen Eigentums wiederum nicht zur Abgabe von Vermögenssubstanz kommt.[1272]

Die Eigentumsart (zivilrechtliches oder wirtschaftliches Eigentum) am Geschäftsanteil ist auch für die Einkünftezurechnung beim Kapitalvermögen maßgebend, denn gemäß § 20 Abs. 5 EStG erzielt Einkünfte aus Kapitalvermögen i. S. v. § 20 Abs. 1 Nr. 1 oder 2 EStG derjenige, dem die Anteile am Kapitalvermögen zum Zeitpunkt des Gewinnverteilungsbeschlusses nach § 39 AO zuzurechnen sind, wer also die Anteilseignerschaft einnimmt.

II. Einkünftezurechnung dem Grunde nach

1. Grundsatz

Die Verwirklichung des relevanten Einkommensteuertatbestands gemäß § 2 Abs. 1 i. V. m. § 20 EStG richtet sich grundsätzlich nach der Einkünfteerzielung. Demjenigen, der den Tatbestand der Einkunftserzielung erfüllt, werden die Einkünfte zugerechnet. Den Tatbestand der Erzielung von Einkünften aus Kapitalvermögen erfüllt nach ständiger Rechtsprechung derjenige, der Kapitalvermögen im eigenen Namen und auf eigene

---

1271 BFH v. 24.01.2012 – IX R 51/10, BStBl. II 2012, 308 (309).
1272 BFH v. 18.11.2014 – IX R 49/13, BStBl. II 2015, 224 (226).

Rechnung gegen Entgelt zur Nutzung überlässt.[1273] Damit ist bestimmt, wer Träger der Rechte und Pflichten aus dem Rechtsverhältnis der Überlassung von Kapital zur Nutzung ist.[1274] Entscheidend ist hierbei das Rechtsverhältnis, auf dem die Überlassung und die Nutzung des Kapitals und somit das Eingehen der GmbH-Beteiligung und ihre Nutzung beruhen.[1275] Die vom Gesellschafter zu leistende Einlage stellt keine Kapitalüberlassung auf Zeit dar, vielmehr wird mit einer Bar- bzw. Sacheinlage zivilrechtlich und wirtschaftlich ein endgültiger Vermögensübergang in der Vermögenssubstanz vollzogen, mit dem der Gesellschafter alle Rechte am übertragenen Vermögen verliert. Der Gesellschafter erhält als Gegenleistung ein Mitgliedschaftsrecht an dieser Gesellschaft, das i. d. R. frei übertragbar ist und das Vermögensrecht mit umfasst, an Gewinnausschüttungen und an der Verteilung des Liquidationsvermögens beteiligt zu werden.[1276] Einkünfte aus Kapitalvermögen bezieht also nicht nur derjenige, der Kapitalvermögen gegen Entgelt zur Nutzung überlässt, sondern auch der Nachfolger in ein solches Rechtsverhältnis, soweit die Einnahmen aus Kapitalvermögen nunmehr ihm gebühren.[1277] Dieser tritt in die Rechte und Pflichten des Rechtsvorgängers ein. Ihm obliegt nunmehr die Pflicht, Kapital zur Nutzung zu überlassen.

Mit der Bestellung eines Nießbrauchrechts an einem GmbH-Geschäftsanteil steht für die Zurechnung der Gewinneinkünfte also im Vordergrund, wer Träger der Rechte und Pflichten aus dem der Kapitalüberlassung zugrunde liegenden Rechtsverhältnisses ist.[1278] Denn nur wer in der Lage ist, Marktchancen zu nutzen, das Vermögen zu verwalten, die durch den

---

1273 BFH v. 26.01.2011 – VIII R 14/10 (NV), BeckRS 2011, 95767; BFH v. 29.03.2001 – IV R 71/99, DStRE 2001, 1086 (1087); FG Münster v. 16.05.2013 – 2 K 577/11E, EFG 2014, 270 (270 f.).

1274 BFH v. 26.04.1983 – VIII R 205/80, BStBl. II 1983, 502.

1275 BFH v. 08.07.1998 – I R 112/97, BStBl. II 1999, 123 (125); BFH v. 26.11.1997 – X R 114/94, BStBl. II 1998, 190 (191); BFH, Beschl. v. 29.11.1982 – GrS 1/81, BStBl. II 1983, 272 (274).

1276 BFH v. 16.12.1992 – I R 32/92, BStBl. II 1993, 399 (400); FG Münster v. 14.01.2003 – 7 K 2638/00 E, EFG 2003, 690 (691). Die Übertragbarkeit/Abtretbarkeit von Geschäftsanteilen wird in den GmbH-Gesellschaftsverträgen häufig von der Zustimmung der Gesellschafterversammlung oder einzelner bzw. aller Gesellschafter abhängig gemacht (sog. Vinkulierungsklauseln, § 15 Abs. 5 GmbHG i. V. m. § 1069 Abs. 2 BGB).

1277 BFH v. 30.04.1991 – VIII R 38/87, BStBl. II 1991, 574 (574 f.); BFH, Beschl. v. 29.11.1982 – GrS 1/81, BStBl. II 1983, 272 (274).

1278 *Musil,* in: Herrmann/Heuer/Raupach, § 2 EStG Rn. 259.

GmbH-Anteil vermittelnden Stimm-, Anfechtungs- und andere Mitgliedschaftsrechte auszuüben oder Beteiligungsmodalitäten zu verändern, erzielt Einkünfte aus Kapitalvermögen.[1279]

Hierzu bestimmt § 20 Abs. 5 Satz 2 EStG, dass im Falle eines Nießbrauchverhältnisses als Rechtsverhältnis der Nießbraucher als Anteilseigner dann gilt, wenn ihm die Einkünfte zuzurechnen sind. Dies richtet sich mindestens nach dem wirtschaftlichen Eigentum, was damit ein Indiz für die Rechtsposition des Nießbrauchers darstellt. Ihm muss also eine Dispositionsbefugnis über die Einkunftsquelle „Geschäftsanteil" eingeräumt sein. Sind die Rechte des Nießbrauchers allerdings auf die Rechte und tatsächlichen Einflussmöglichkeiten der in den §§ 1076 bis 1079 BGB normierten Rechte begrenzt, ist die Einräumung des Nießbrauchs an einem Geschäftsanteil ertragsteuerlich als bloße Vorausabtretung künftiger Erträgnisansprüche zu sehen, mit der Folge, dass dem Rechtsinhaber (Gesellschafter) die Gewinnanteile als Einkünfte aus Kapitalvermögen zuzurechnen sind.[1280] Hierzu hat die Rechtsprechung und dem folgend die Finanzverwaltung eine eigene Rechtsauffassung, wobei jeweils zwischen Vorbehalts- und Vermächtnisnießbrauch sowie Zuwendungsnießbrauch unterschieden wird.

2. Vorbehalts- und Vermächtnisnießbrauch

a) Rechtsnatur und unentgeltliche Vermögensübertragung

Die mit der unentgeltlichen GmbH-Anteilsübertragung verbundene Nießbrauchbestellung und damit zugleich verbundene Zurückbehaltung der Erträge aus der Beteiligung stellt keine Gegenleistung und damit kein Entgelt des Erwerbers dar.[1281] Es liegt ein voll unentgeltlicher Vorgang und

---

1279 BFH v. 26.01.2011 – VIII R 14/10 (NV), BeckRS 2011, 95767; BFH v. 29.03.2001 – IV R 71/99, DStRE 2001, 1086 (1087).

1280 FG Münster v. 16.05.2013 – 2 K 577/11 E, BeckRS 2014, 94364.

1281 BFH v. 28.07.1981 – VIII R 124/76, BStBl. II 1982, 378 (379); BFH v. 26.02.1987 – IV R 325/84, BStBl. II 1987, 772; indirekt auch: BFH v. 18.11.2014 – IX R 49/13, BStBl. II 2015, 224 (225), der davon spricht, dass der Erwerber ein um das Nutzungsecht gemindertes Eigentum erwirbt; *Döllerer,* StbJb. 1984/85, 53(74).

damit auch keine Veräußerung i. S. v. § 17 Abs. 1 EStG vor.[1282] Der Nießbrauchvorbehalt lässt also die Unentgeltlichkeit unberührt.[1283] Der Neu-Gesellschafter erwirbt von vornherein einen mit einem dinglichen Nutzungsrecht belasteten Geschäftsanteil. Eine Entgeltlichkeit ist selbst dann nicht gegeben, wenn das Nießbrauchrecht zu einem späteren Zeitpunkt durch eine Abstandszahlung an den Nießbraucher abgelöst wird und dies auf einen erkennbaren sachlichen Zusammenhang zurückzuführen ist.[1284]

Im Fall des Vermächtnisnießbrauchs wird von den Erben des Rechtsinhabers einem Dritten ein Nießbrauchrecht eingeräumt. Auch in dieser Nießbrauchbestellung wird keine Gegenleistung des Nießbrauchberechtigten gesehen.[1285]

b) Rechtsprechung und Finanzverwaltung zur Einkünftezurechnung

Rechtsprechung[1286] und dem folgend die Finanzverwaltung[1287] rechnen bei einem Vorbehaltsnießbrauch die gemäß Gewinnverteilungsbeschluss ausschüttungsfähige anteilige Gewinnquote, unabhängig von der Rechtsinhaberschaft, grundsätzlich dem Vorbehaltsnießbraucher und nicht dem Geschäftsanteilsinhaber (Nießbrauchbesteller) zu. Gleiches gilt im Fall des Vermächtnisnießbrauchs. Begründet wird dies damit, dass der Nießbraucher den mit dem Nießbrauchrecht belasteten Geschäftsanteil aus wirtschaftlicher Sicht ununterbrochen kraft eigenen Rechts nutzt.[1288] Sowohl

---

1282 So auch H 17 (4) EStR „Vorbehaltsnießbrauch" mit Hinweis auf BFH v. 24.06.2005 – VIII R 14/04, BStBl. II 2006, 15.

1283 BFH v. 18.11.2014 – IX R 49/13, ZEV 2015, 243 (244).

1284 BFH v. 18.11.2014 – IX R 49/13, BStBl. II 2015, 224 (225); BFH v. 24.06.2005 – VIII R 14/04, BStBl. II 2006, 15; nur dann, wenn kein sachlicher Zusammenhang zwischen Übertragung und Ablösung besteht, liegen jeweils selbstständige Rechtsgeschäfte mit entsprechender steuerrechtlicher Konsequenz vor; vgl. auch: *Wachter,* JbFSt 2015/2016, 802 (823).

1285 *Döllerer*, StbJb. 1984/85, 53 (74).

1286 BFH v. 28.07.1981 – VIII R 124/76, BStBl. II 1982, 378 (379); BFH v. 28.07.1981 – VIII R 35/79, BStBl. II 1982, 380; die neuere BFH-Rechtsprechung enthält sich der Grundsatzentscheidung, ob Kapitalerträge dem Inhaber oder dem Nießbraucher zuzurechnen sind: BFH v. 26.11.1997 – X R 114/94, BStBl. II 1998, 190; BFH v. 24.8.2005 – VIII B 4/02, BFH/NV 2006, 273.

1287 BMF v. 23.11.1983 – IV B I 1-S 2253-103/83, BStBl. I 1983, 508, Tz. 55; OFD Erfurt, Verf. v. 14.06.1995, S 2253 A-02-St324, DStR 1995, 1419, Tz. 55.

1288 BFH v. 28.07.1981 – VIII R 35/79, BStBl. II 1982, 380.

bei der entgeltlichen, als auch bei der unentgeltlichen Übertragung eines Gegenstands besteht nach Auffassung des *BFH* die Besonderheit des Vorbehaltsnießbrauchs darin, dass, wirtschaftlich betrachtet, die Verfügungs- und Nutzungsmöglichkeit –wenn auch nur zum Teil – beim Veräußerer verbleibt. Der Erwerber erlangt nur belastetes Eigentum, seine Verfügungsmacht (§ 903 BGB) ist von Anfang an beschränkt.[1289] Die Finanzverwaltung wendet diese Ansicht weiterhin unverändert an.[1290] Auch der *BFH* verweist in seinen darauffolgenden Urteilen auf die bisherige Rechtsprechung und lässt letztlich die Frage der Zuordnung in den zu beurteilenden Fällen offen.[1291] Erst mit Urteil vom 24.01.2012[1292] und vom 18.11.2014[1293] stellt jeweils der 9. Senat des *BFH* heraus, dass es im Fall der unentgeltlichen Anteilsübertragung am Erwerb eines Geschäftsanteils durch den Neu-Gesellschafter dann fehlt, wenn der übertragene Anteil als wirtschaftliches Eigentum gemäß § 39 Abs. 2 Nr. 1 AO dem Vorbehaltsnießbraucher und Alt-Gesellschafter zuzurechnen ist. Rechtsfolge hierzu wäre, dass dem Vorbehaltsnießbraucher grundsätzlich nur im Fall des wirtschaftlichen Eigentums die Einkünfte aus der Einkunftsquelle „Geschäftsanteil" zuzurechnen sind. Dies würde der gesetzlichen Regelung in § 20 Abs. 5 EStG entsprechen.

c) Kommentierung und Meinungsäußerung im Schrifttum

In der Kommentierung zu § 20 EStG sowie im Schrifttum werden unterschiedliche Ansichten zur Einkünftezurechung im Nießbrauchfall vertre-

---

1289 BFH v. 28.07.1981 – VIII R 124/76, BStBl. II 1982, 378 (379); Die Finanzverwaltung stützt sich damit auf eine BFH-Rechtsprechung, die zu Übertragungen von Grundstücken mit Vorbehaltsnießbrauch ergangen ist und damit den Bereich der Einkünfte aus Vermietung und Verpachtung betrifft, vgl. BFH. v. 28.07.1981 – VIII R 124/76, BStBl. II 1982, 378; BFH v. 28.07.1981 – VIII R 35/79, BStBl. II 1982, 380.

1290 Zu beachten ist, dass das BMF-Schreiben v. 23.11.1983 – IV B I 1-S 2253-103/83, BStBl. I 1983, 508 nicht mehr in der gemeinsamen Positivliste der BMF-Schreiben und gleichlautenden Erlasse der obersten Finanzbehörden der Länder enthalten ist, Stand 11.03.2016, siehe: BMF v. 14.03.2016 – IV A 2 -O 2000/15/10001, BStBl. I 2016, 290.

1291 Siehe hierzu exemplarisch: BFH v. 29.05.2001 – VIII R 11/00, BFH/NV 2001, 1393.

1292 BFH v. 24.01.2012 – IX R 51/10, BStBl. II 2012, 308 (309).

1293 BFH v. 18.11.2014 – IX R 49/13, BStBl. II 2015, 224 (226).

ten: Während *Weber-Grellert*[1294], *Buge*[1295] und *Ratschow*[1296] in der jeweiligen Kommentierung zu § 20 EStG die Zurechnung der Einnahmen grundsätzlich beim Nießbraucher sehen und damit der Ansicht von Rechtsprechung und Finanzverwaltung folgen, nimmt *Jochum*[1297] eine Zurechnung der Einkünfte beim Nießbrauchbesteller vor.

Der überwiegende Teil des Schrifttums äußert sich demgegenüber kritisch zur schematischen Sichtweise der Finanzverwaltung und sieht die unterschiedliche Kompetenzausstattung des Nießbrauchers als nicht gewürdigt an.[1298] Die Frage der Einkünftezurechnung könne nur nach den allgemeinen Grundsätzen beantwortet werden, womit die Gewinnanteile dem Nießbraucher nur dann zuzurechnen seien, wenn seine Rechtsstellung über ein bloßes Einziehen der Einkünfte hinausgeht und er in der Lage ist, erheblichen Einfluss auf die Verwaltung des Geschäftsanteils zu nehmen.[1299] Für *Schön*[1300] ist es für die Einkünftebesteuerung beim Nießbraucher notwendig, aber auch ausreichend, wenn dieser am Rechtsverhältnis der Kapitalüberlassung teilhat. Lediglich *Götz/Hülsmann*[1301] sehen die Auffassung der Finanzverwaltung als allgemeingültig (herrschende Ansicht) an.

3. Zuwendungsnießbrauch

Liegt ein Zuwendungsnießbrauch an einem Geschäftsanteil vor, ist ertragsteuerrechtlich ist zwischen einem entgeltlich und einem unentgeltlich bestellten Zuwendungsnießbrauch zu unterscheiden:

1294 *Weber-Grellert,* in: Schmidt, EStG, § 20 Rn. 176.
1295 *Buge,* in: Herrmann/Heuer/Raupach, § 20 EStG Rn. 27.
1296 *Ratschow,* in: Blümich, EStG, § 20 Rn. 455.
1297 *Jochum,* in: Kirchhof/Söhn/Mellinghoff, § 20 EStG B56.
1298 So teilweise: *Wachter,* JbFSt 2015/2016, 802 (814 f).
1299 *Werner,* ZErb 2015, 38; *Barry,* RNotZ 2014, 401; *Frank*, MittBayNot 2010, 96; *Milatz/Sonnen-born,* DStR 1999, 137; *Reichert/Schlitt/Düll,* GmbHR 1998, 565.
1300 *Schön,* StbJb. 1996/97, 45 (77).
1301 *Götz/Hülsmann,* Der Nießbrauch, S. 276.

a) Unentgeltlich bestellter Nießbrauch

Wird ein Nießbrauch an einem Geschäftsanteil ohne Zahlung eines Entgelts gewährt, sehen BFH-Rechtsprechung und Finanzverwaltung eine Zurechnung der Gewinnanteile beim Nießbraucher als nicht gegeben.[1302] Hiernach erzielt Einkünfte aus Kapitalvermögen nur derjenige, der selbst Kapitalvermögen gegen Entgelt zur Nutzung überlässt. Dies erfolgt nur über den Rechtsinhaber und nicht durch den Nießbraucher.

Nach Auffassung des *BFH*[1303] ändert sich hieran auch nichts durch die vom Nießbraucher innehabenden gesellschaftsrechtlichen Befugnisse. Hierdurch wird er nicht zum Inhaber (wirtschaftlichem Eigentümer) des mit dem Nießbrauch belasteten Rechts. Er tritt nicht in die Rolle des Überlassers von Kapitalvermögen zur Nutzung gegen Entgelt ein, sondern realisiert nur den kraft des Nießbrauchs erworbenen Ergebnisanspruch.[1304] Dies hat mithin die Folge, dass einkommensteuerrechtlich die Einräumung eines Nießbrauchrechts als Vorausabtretung der künftigen Erträgnisansprüche zu sehen ist. Die Einkünftezurechnung erfolgt damit ausschließlich beim Nießbrauchbesteller, auch wenn die Einkünfte dem Nießbraucher zufließen.

b) Entgeltlich bestellter Nießbrauch

Ist die Gewährung eines Nießbrauchrechts an einem Geschäftsanteil und damit die Übertragung des Gewinnbezugsrechts mit einer Einmalzahlung an den Nießbrauchbesteller/Rechtsinhaber verbunden, ist dieses Entgelt dem Nießbrauchbesteller gemäß § 20 Abs. 2 Satz 1 lit. a) EStG zuzurechnen.[1305] Dies deshalb, weil der Rechtsinhaber im vereinbarten Entgelt wirtschaftlich den Ertrag seines ihm nach wie vor verbleibenden Geschäftsanteils erhält. Beim Nießbraucher führt allerdings der Empfang eines späteren Gewinnanteils nicht ebenfalls zu Einkünften aus Kapitalver-

---

1302 BFH v. 14.12.1976 – VIII R 146/73, BStBl. II 1977, 115; BMF v. 23.11.1983 – IV B I 1-S 2253-103/83, BStBl. I 1983, 508, Tz. 57; OFD Erfurt, Verf. v. 14.06.1995, S 2253 A-02-St324, DStR 1995, 1419, Tz. 57.

1303 BFH v. 14.12.1976 – VIII R 146/73, BStBl. II 1977, 115.

1304 BFH v. 14.12.1976 – VIII R 146/73, BStBl. II 1977, 115 (116).

1305 BMF v. 23.11.1983 – IV B I 1-S 2253-103/83, BStBl. I 1983, 508, Tz. 58; OFD Erfurt, Verf. v. 14.06.1995, S 2253 A-02-St324, DStR 1995, 1419, Tz. 58.

mögen gemäß § 20 Abs. 1 Nr. 1 EStG, sondern lediglich zur Einziehung der ihm abgetretenen Forderung.[1306]

c) Zwischenergebnis

Die dargestellte Auffassung von BFH und Finanzverwaltung wird in der Literatur und Kommentierung zu Recht kritisiert.[1307] So wird die von der Finanzverwaltung vorgenommene Differenzierung als nicht einsichtig und zu undifferenziert gesehen, denn letztlich orientiert sich die Verwaltungsmeinung ausschließlich am Akt der Kapitalüberlassung.[1308] Von daher führt die getroffene Unterscheidung zwischen einem unentgeltlichen und einem entgeltlich bestellten Nießbrauch zum gleichen Ergebnis der Zurechnung der Gewinnanteile beim Nießbrauchbesteller. Unberücksichtigt bleiben bei dieser Sichtweise die allgemeinen Grundsätze der Einkünfteerzielung; so die Frage der Ausübung von Gesellschaftsrechten (Mitverwaltungsrechte) und die Entfaltung eigener wirtschaftlicher Aktivitäten des Nießbrauchers.

In der neueren Finanzrechtsprechung[1309] wie auch in der Kommentierung zu § 20 EStG (Nießbrauch) scheint sich eine Änderung der Rechtsauffassung hin zur Anwendung der allgemeinen Grundsätze der Einkünfteerzielung herauszubilden.[1310]

4. Die Zurechnungsfiktion von § 20 Abs. 5 Satz 3 EStG

§ 20 Abs. 5 EStG bestimmt als Spezialvorschrift abweichend von den allgemeinen steuerrechtlichen Zurechnungsgrundsätzen die Zurechnung von Einkünften aus Kapitalvermögen für die Fälle des § 20 Abs. 1 Nr. 1

1306 BFH v. 12.12.1969 – VI R 301/67, BStBl. II 1970, 212 (214).

1307 *Barry,* RNotZ 2014, 401 (418f.); *Frank*, MittBayNot 2010, 96 (103); *Reichert/Schlitt/Düll,* GmbHR 1998, 565 (571); *Milatz/Sonnenborn,* DStR 1999, 137 (141); *Werner,* ZErb 2015, 38 (42).

1308 *Hamacher/Dahm,* in: Korn, EStG, § 20 Rn. 101; *Milatz/Sonnenborn,* DStR 1999, 137 (141).

1309 FG Düsseldorf v. 26.04.2013 – 1 K 1143/12 E, EFG 2014, 447; FG Münster v. 14.01.2003 – 7 K 2638/00 E, EFG 2003, 690.

1310 *Weber-Grellert,* in: Schmidt, EStG, § 20 Rn. 176ff.; *Buge,* in: Herrmann/Heuer/Raupach, § 20 EStG Rn. 26.

und 2 EStG an den Anteilseigner. Hierbei gilt gemäß § 20 Abs. 5 Satz 3 EStG der Nießbraucher als Anteilseigner, sofern ihm die Einkünfte zuzurechnen sind. Maßgebend für die Zurechnung ist damit entweder das zivilrechtliche Eigentum (§ 39 Abs. 1 AO) oder aber, sollte die tatsächliche Herrschaft in der Art und Weise bei einer anderen Person als dem zivilrechtlichen Eigentümer liegen, dieser diesen u. a. von der Einwirkung auf das Wirtschaftsgut (hier: Geschäftsanteil) ausschließen kann, gilt er als der wirtschaftliche Eigentümer[1311] und damit als Anteilseigner (§ 39 Abs. 2 Nr. 1 AO). Die Vorschrift von § 39 AO, die nur für die Zurechnung von Wirtschaftsgütern gilt, erhält damit eine indizielle Wirkung für die Einkünftezurechnung im Nießbrauchsfall. Ist der Geschäftsanteil dem Nießbraucher zuzurechnen, wären ihm konsequenterweise die Einkünfte, die aus dieser Einkunftsquelle fließen, auch zuzurechnen.[1312]

§ 20 Abs. 5 Satz 3 EStG hat dem Grunde nach keine Bedeutung, denn dem Nießbraucher können nur dann Einkünfte zugerechnet werden, wenn dieser die Tatbestandsmerkmale von § 20 Abs. 1 Nr. 1 und 2 EStG erfüllt. Dies wird aber nur dann der Fall sein, wenn er die Dispositionsbefugnis über den Anteil innehat. Dann aber wird er als Anteilseigner i. S. v. § 20 Abs. 5 Satz 2 EStG anzusehen sein.[1313]

5. Stellungnahme

Die Kapitalüberlassung als Zuordnungskriterium für Einkünfte aus Kapitalvermögen kann für die ertragsteuerrechtliche Behandlung eines Nießbrauchrechts an einem Geschäftsanteil als Einkunftsquelle nur eingeschränkt gelten.

Der Gesellschafter einer Kapitalgesellschaft verspricht in der Geschäftsanteilsübernahmevereinbarung die Leistung einer Bar- oder Sacheinlage. Mit der Erfüllung dieser Einlage wird weder Kapital zur Nutzung noch gegen Nutzungsentgelt in Form von Gewinnansprüchen überlassen.

1311 Zum Begriff „wirtschaftliches Eigentum" und ihre Abgrenzung vom zivilrechtlichen Eigentumsbegriff, siehe: *Drüen,* in: Tipke/Kruse, § 39 AO Rn. 21.

1312 Gegenstand der Zurechnung von § 39 AO sind Wirtschaftsgüter und nicht Einkünfte. Diese werden nach den allg. Zurechnungskriterien demjenigen zugerechnet, der sie erzielt, siehe hierzu: *Drüen,* in: Tipke/Kruse, § 39 AO Rn. 18.

1313 Zum gleichen Ergebnis kommen auch *Buge,* in: Herrmann/Heuer/Raupach, § 20 EStG Rn. 26.

Der Gesellschafter erhält mit der Anteilsübernahme vielmehr als Gegenleistung die mit dem Geschäftsanteil verbundenen Mitgliedschaftsrechte einschließlich Vermögensrechte. Mit der Einlage des Gesellschafters erfolgt also ein endgültiger Vermögensübergang des Einlagebetrags an die Gesellschaft. Bei Beendigung des Beteiligungsengagements besteht kein Rückgewährsanspruch auf die geleistete Einlage, sondern lediglich ein Anspruch auf den Liquidationserlös, § 72 GmbHG.[1314]

Bezogen auf die Tatbestandsverwirklichung der Einkünfteerzielung gemäß §§ 2 Abs. 1 i. V. m 20 Abs. 1 Nr. 1 EStG und damit der Erzielung von Einkünften aus Kapitalvermögen kann im Falle der Beteiligung an einer Kapitalgesellschaft nicht die Kapitalüberlassung als einziges Zuordnungskriterium gelten. Das Rechtsverhältnis des Mitglieds zur Gesellschaft, welches sich aus dieser Beteiligung/Kapitalüberlassung ergibt bzw. ihr zugrunde liegt, ist ebenso heranzuziehen. Aus ihr resultieren die jeweiligen Rechte und Pflichten des Mitglieds, die entsprechend ihrer Ausgestaltung die Tatbestandsmerkmale der ertragsteuerlichen Einkünfteerzielung mehr oder weniger erfüllen. Sie führen mit den weiteren Tatbestandsmerkmalen des § 2 Abs. 1 i. V. m § 20 EStG zu Einkünften aus Kapitalvermögen.

Kann ein anderer kraft seiner Stellung in dieses Rechtsverhältnis einwirken und damit die tatsächlichen Herrschaftsrechte in der Weise ausüben, dass der zivilrechtliche Rechtsinhaber wirtschaftlich ausgeschlossen ist, hat bei diesem die Einkünftezurechnung zu erfolgen.

Der Nießbraucher wird diese Position jedoch nur dann einnehmen können, wenn ihm über sein Fruchtziehungsrecht (Vermögensrecht) und seinen aus dem Nießbrauchverhältnis zivilrechtlich zustehenden Mitwirkungsrechten (§§ 1076 – 1079 BGB) hinaus eine Dispositionsbefugnis über die Einkunftsquelle „Geschäftsanteil" eingeräumt ist, die über das bloße Empfangen der Einkünfte hinausgeht, ihn also in die Lage versetzt, auf die Geschicke der Gesellschaft umfassend Einfluss zu nehmen. Diese Rechtsposition wird und kann er nur dann einnehmen, wenn er die aus der Mitgliedschaft resultierenden Stimm-, Mitverwaltungs- und Anfechtungsrechte nicht nur innehat, sondern diese auch tatsächlich nutzt. Nicht das formal Vereinbarte oder Erklärte, sondern das tatsächlich Bewirkte ist maßgebend. Nur so wird er den Tatbestand der Einkünfteerzielung erfüllen. Das Finanzgericht Düsseldorf kommt in seinem Urteil vom

---

1314 Siehe hierzu auch: *Jochum,* in: Kirchhof/Söhn/Mellinghoff, § 20 EStG B81 ff.; BFH v. 16.12.1992 – I R 32/92; BStBl. II 1993, 399.

26.04.2013[1315] zu dem Ergebnis, dass das wirtschaftliche Eigentum trotz einer umfassenden Rechtszuweisung nicht auf den Nießbraucher (Stimmrechtsvollmachten etc.) durch den zivilrechtlichen Gesellschafter übergeht, da er diese Rechte tatsächlich nicht „gelebt“ hat. Die Berechtigung zur Ausübung des Stimmrechts führt so noch nicht zur Annahme eines wirtschaftlichen Eigentums des Vorbehaltsnießbrauchers.[1316] Steht dem Nießbraucher bei einem Vorbehaltsnießbrauchrecht gegenüber dem zivilrechtlichen Eigentümer (Neu-Gesellschafter) zusätzlich ein Widerrufsvorbehalt oder eine Rückfallklausel hinsichtlich der übertragenen Geschäftsanteile zu, so verstärkt dies nochmals die wirtschaftliche Anteilseignerschaft des Nießbrauchers. Hat allerdings der Anteilserwerber (Neu-Gesellschafter/Nießbrauchbesteller) eine Position erworben, die ihm gegen seinen Willen nicht mehr entzogen werden kann, ist die Anteilseignerschaft des Nießbrauchers geschwächt. Es zeigt sich, dass das wirtschaftlich Gewollte und auch Durchgeführte ein herausragendes Kriterium für die Beurteilung des wirtschaftlichen Eigentums darstellt.[1317]

Diese Rechtsauffassung muss uneingeschränkt für jede Nießbrauchart gelten. Das Gesamtbild der tatsächlichen Verhältnisse ist für jeden Einzelfall hinsichtlich der Einkünfteerzielung und -zurechnung für sich zu beurteilen. Es muss jeweils geprüft werden, ob der Nießbraucher diese Kriterien erfüllt. Dabei ist zu beachten, dass der Nießbraucher natürlich nicht aktiv in der Gesellschaft tätig wird, wie die Finanzrechtsprechung in ihren Urteilen formelhaftig festhält: „(…) Marktchancen nutzen, Vermögen verwalten, (…)“[1318] Letztlich wird er eine typische Gesellschafterstellung einnehmen und damit als „Quasi-Gesellschafter“ handeln. Dennoch stellt sich die Frage, ob der Nießbraucher auch an der Substanz und damit an den stillen Reserven des Anlagevermögens oder ggfs. am Liquidationserlös der Gesellschaft teilnimmt, denn diese zählen grundsätzlich nicht zum Fruchtziehungsrecht des Nießbrauchers und dennoch haben sie Einfluss auf die Höhe der Einkünftezurechnung.

1315 FG Düsseldorf v. 26.04.2013 – 1 K 1143/12 E, EFG 2014, 447.

1316 BFH v. 28.01.1992 – VIII R 207/85, BStBl. II 1992, 605 (607).

1317 BFH v. 24.01.2012 – IX R 69/10, GmbHR 2012, 808 (810); BFH v. 20.7.2010 – IX R 38/09, GmbHR 2011, 97 (98 f.).

1318 FG Münster v. 16.05.2013 – 2 K 577/11 E, BeckRS 2014, 94364.

III. Einkünftezurechnung der Höhe nach

1. Allgemein

Ist der Nießbraucher als wirtschaftlicher Eigentümer und damit als Anteilseigner gemäß § 20 Abs. 5 Satz 2 EStG i. V. m. § 39 Abs. 2 Nr. 1 AO anzusehen, erzielt dieser Einkünfte aus Kapitalvermögen i. S. v. § 20 Abs. 1 Nr. 1 und 2 EStG. Ihm sind die Einkünfte aus der Einkunftsquelle Geschäftsanteil und damit die Gewinnausschüttungen, soweit diese auch aus der Substanz und damit aus der Realisierung stiller Reserven des Anlagevermögens entstanden sind, zuzurechnen – unabhängig von der Nießbrauchsart. Er ist aufgrund seiner Position an Gewinnausschüttungen, die aus der Auflösung von Gewinnvorträgen und Rücklagen nicht nur aus der Zeit des Bestehens des Nießbrauchverhältnisses zu beteiligen, sondern auch an den Beträgen, die aus der Zeit vor der Nießbrauchbestellung gebildet wurden und nunmehr per Gewinnverteilungsbeschluss zur Ausschüttung gelangen.[1319] Die zeitliche Entstehung ist mithin unbeachtet.[1320]

2. Der Gewinnanteil

Unter dem Begriff Gewinnanteil sind alle Zuwendungen in Geld oder Geldeswert zu erfassen, die dem Anteilseigner aufgrund des Gesellschaftsverhältnisses zufließen, soweit die Vorteilszuwendungen nicht als Kapitalrückzahlung anzusehen sind.[1321] Hierunter sind nicht nur die aufgrund Gewinnverteilungsbeschluss der Gesellschafter bestimmten offenen Gewinnausschüttungen oder Vorabausschüttungen auf den bis zum Geschäftsjahresende zu erwartenden Gewinn, sondern ebenso die sonstigen Bezüge aus Anteilen i. S. d. § 20 Abs. 1 Nr. 1 EStG zu verstehen.

1319 So erfolgt auch gesellschaftsrechtlich die Zuordnung der Gewinnausschüttungen an den Nießbraucher, die auf Rücklagenauflösungen, Gewinnvorträgen basieren, die vor dem Zeitpunkt der Nießbrauchbestellung gebildet wurden; vgl. Ausführungen im 1. Teil, Kapitel 3, Abschn. 3, § 2 C. II. 1.

1320 *Fricke,* GmbHR 2008, 739 (742); *Götz/Hülsmann,* Der Nießbrauch, S. 276.

1321 BFH v. 06.06.2012 – I R 6, 8/11, BStBl. II 2012, 111.

3. Sonstige Bezüge (Besonderheiten)

a) Besondere Entgelte und Vorteile

Zu den besonderen Entgelten und Vorteilen, die dem Rechtsinhaber aufgrund seiner Beteiligung von der Gesellschaft zufließen, zählen alle Einnahmen, die nicht Gewinnanteile darstellen. Sie können in Geld oder Geldeswert bestehen. Ausschlaggebend ist, dass Vermögen von der Gesellschaft auf den Gesellschafter übergeht und hierbei die Rechte aus der Mitgliedschaft nicht berührt werden.[1322] Danach führt grundsätzlich jede Vermögensübertragung der Gesellschaft auf den Gesellschafter zu Kapitaleinnahmen, es sei denn, es handelt sich um Kapitalrückzahlungen.[1323]

b) Verdeckte Gewinnausschüttungen (vGA)

Verdeckte Gewinnausschüttungen gemäß § 8 Abs. 3 KStG, die grundsätzlich im Gesellschaftsverhältnis begründet sind, werden dem Anteilseigner zugerechnet.[1324] Ein Nießbraucher wiederum kann Empfänger einer vGA sein, wenn seine Stellung der eines Gesellschafters stark angenähert ist. Dies ist der Fall, wenn er über die zivilrechtlichen Regelungen zum Nießbrauchrecht hinaus aufgrund von weitreichenden Abreden über Vermögens- und Mitwirkungsrechte verfügt und somit Einfluss auf die Geschicke in der Gesellschaft nimmt, mit der Folge, dass ihm die Einkünfte aus der Gesellschaft zuzurechnen sind.[1325]

c) Steuerliches Einlagekonto gemäß § 27 Abs. 1 KStG

Nichts anderes dürfte auch für die Auskehrung von nicht in das Nennkapital geleisteten Einlagen (steuerliches Einlagekonto) gemäß § 27 Abs. 1

1322 *Ratschow,* in: Blümich, § 20 EStG Rn. 74.

1323 *Ratschow,* in: Blümich, § 20 EStG Rn. 74; *Intemann,* in: Herrmann/Heuer/Raupach, § 20 EStG Rn. 67.

1324 Zur verdeckten Gewinnausschüttung mit umfangreichen Erläuterungen: *Janssen,* Verdeckte Gewinnausschüttungen; BFH v. 8.10.2008 – I R 61/07, BStBl. II 2011, 62.

1325 *Gosch,* in: Gosch, KStG, § 8 Rn. 1030; ungenau: *Buge,* in: Herrmann/Heuer/Raupach, § 20 EStG Rn. 26.

KStG gelten.[1326] Ist der Nießbraucher als wirtschaftlicher Eigentümer und damit gemäß § 20 Abs. 5 EStG als Anteilseigner anzusehen, fließen ihm die Auszahlungen aus dem steuerlichen Einlagekonto zu. Diese führen allerdings nicht zu Einkünften aus Kapitalvermögen gemäß § 20 Abs. 1 Nr. 1 Satz 3 EStG.

Diese Sichtweise erscheint bei Bestehen eines Vorbehaltsnießbrauchs nachvollziehbar, da dieser als „Alt"-Gesellschafter auch die Einzahlungen in das Kapital geleistet hat. Die steuerrechtliche Zurechnung bei einem Zuwendungsnießbrauch erscheint allerdings nicht sachgerecht, obwohl keine steuerliche Belastung entsteht.

C. Ergebnis

Erfüllt der Nießbraucher nicht die Anteilseignerschaft, sind ihm, unabhängig von der Nießbrauchsart, keine Einkünfte i. S. v. § 20 Abs. 1 Nr. 1 und 2 EStG zuzurechnen. Er erfüllt nicht den Tatbestand der Einkunftserzielung gemäß § 2 Abs. 1 EStG. Die ihm zuzuweisenden Gewinnausschüttungen entsprechend seines zivilrechtlich bestehenden Fruchtziehungsrechts stellen sich als Ergebnisverwendung des Gesellschafters dar. Zu diesen Erträgen zählen allerdings nicht die Gewinnanteile, die sich als stille Reserven des Anlagevermögens darstellen.[1327] Die Besteuerung erfolgt ausschließlich beim Gesellschafter, er erfüllt die Tatbestandsvoraussetzungen von § 20 Abs. 1 Nr. 1 u. 2 EStG.

§ 2 Erbschaft- und schenkungsteuerrechtliche Sichtweise

A. Grundsatz

Der Schenkungsteuer unterliegt als Schenkung unter Lebenden gemäß § 1 Abs. 1 Nr. 2 ErbStG jede freigebige Zuwendung, soweit der Bedachte durch sie auf Kosten des Zuwendenden bereichert wird (§ 7 Abs. 1 Nr. 1 ErbStG).[1328] Erforderlich hierfür ist eine Vermögensverschiebung, d. h.

1326 Handelsrechtlich handelt es sich um Kapitalrücklagen gemäß § 272 Abs. 2 HGB.

1327 BFH v. 28.01.1992 – VIII R 207/85, BStBl. II 1992, 605 (607).

1328 Vgl. auch § 516 Abs. 1 BGB.

eine Vermögensminderung auf der Seite des Schenkers und eine Vermögensmehrung auf der Seite des Beschenkten.[1329] Wer Zuwendender ist, bestimmt sich nach der Ausgestaltung der geschlossenen Verträge unter Einbeziehung ihrer inhaltlichen Abstimmung untereinander sowie den mit der Vertragsgestaltung erkennbar angestrebten Zielen der Parteien.

Ausgeführt ist die Schenkung, wenn die Vermögensverschiebung endgültig ist, wenn also der Beschenkte im Verhältnis zum Schenker frei über das Zugewendete verfügen kann, denn eine Schenkung setzt die endgültige materielle Bereicherung des Beschenkten voraus.[1330] Eine Schenkung bzw. freigiebige Zuwendung ist somit dann ausgeführt, wenn der Bedachte das erhalten hat, was ihm nach der Schenkungsabrede, im Fall der freigiebigen Zuwendung nach dem Willen des Zuwendenden, verschafft werden soll.[1331]

Durch diese zivilrechtliche Prägung des Erbschaft- und Schenkungsteuerrechts und damit der Notwendigkeit der Rechtswirksamkeit des Vermögensübergangs, ist es für den Leistungserfolg nicht ausreichend, wenn der Bedachte wirtschaftlicher Eigentümer gemäß § 39 Abs. 2 Nr. 1 AO des Zuwendungsgegenstandes wird.[1332] Wird nunmehr ein Nießbrauchrecht an einem Geschäftsanteil bestellt, stellt sich die Frage, was Gegenstand der Zuwendung ist und ob es endgültig zu einer Vermögensverschiebung kommt, verbunden mit der Frage, ob die schenkungsteuerlichen Vergünstigungen gemäß §§ 13a, 13b ErbStG in Anspruch genommen werden können. Hierzu sind die jeweiligen Nießbraucharten Zuwendungs- und Vermächtnisnießbrauch und Vorbehaltsnießbrauch zu differenzieren.

B. Vorbehaltsnießbrauch

Die Schenkung eines GmbH-Geschäftsanteils unter Nießbrauchvorbehalt gilt als Schenkung unter Auflage i. S. v. § 525 Abs. 1 BGB. Die Auflage

---

1329 BFH v. 09.07.2009 – II R 47/07, BStBl. II 2010, 74 (75); BFH v. 07.11.2007 – II R 28/06, BStBl. II 2008, 258 (258 f.); BFH v. 06.03.1985 – II R 19/84, BStBl. II 1985, 382 (383).

1330 *Knobbe-Keuk,* „Verünglückte" Schenkungen, in: FS Flume, S. 149 f., 155 bis 157, 161, m. w. N.; BFH v. 22.10.1980 – II R 73/77, BStBl. II 1981, 78 (79).

1331 BFH v. 17.04.1974 – II R 4/67, BStBl. II 1974, 521 (521).

1332 BFH v. 09.07.2009 – II R 47/07, BStBl. II 2010, 74 (75); BFH v. 01.02.2001 – II B 15/10, BStBl. II 2001, 454 (455).

besteht in der Verpflichtung zur Einräumung des Nießbrauchrechts.[1333] Dieser Anteilsübertragung, versehen mit einem Vorbehaltsnießbrauchrecht, steht die Gewährung der schenkungsteuerlichen Begünstigung gemäß §§ 13a, 13b ErbStG nicht entgegen, da es allein auf die zivilrechtliche Anteilsübertragung ankommt. Diese Vergünstigungsregelungen kommen zur Anwendung, sofern eine Mindestbeteiligungsquote von mehr als 25 % übertragen wird und eine unmittelbare Beteiligung besteht.[1334] Im Hinblick auf diese Begünstigungsvoraussetzung ist eine Poolung der Anteile zulässig (§ 13b Abs. 1 Nr. 3 Satz 2 ErbStG). Die Begünstigung tritt selbst dann ein, wenn das wirtschaftliche Eigentum im Sinne des Ertragsteuerrechts (§ 39 Abs. 2 Nr. 1 AO) beim Vorbehaltsnießbraucher verbleibt.[1335] Denn die Beurteilung, ob der Empfänger des Geschäftsanteils im Verhältnis zum Schenker tatsächlich und rechtlich frei verfügen kann, richtet sich ausschließlich nach der Zivilrechtslage und nicht danach, wem bei wirtschaftlicher Betrachtung das übertragene Vermögen nach § 39 Abs. 2 Nr. 1 AO zuzurechnen ist.[1336] Die Ausgestaltung der Rechte zwischen Nießbraucher und Anteilsinhaber im Nießbrauchverhältnis ist damit grundsätzlich unerheblich. Allerdings ist im Hinblick auf die Begünstigungsvoraussetzung der unmittelbaren Beteiligung eine Einbringung in eine Gesellschaft in der Rechtsform der GbR zu vermeiden,[1337] während die Bündelung der Befugnisse mittels einer BGB-Innengesellschaft (ohne Gesamthandsvermögen) möglich ist.

Ist allerdings der Beschenkte zivilrechtlich zur Rückgewähr des ihm überlassenen Geschäftsanteils verpflichtet und kann damit nicht tatsächlich und rechtlich über diesen Anteil frei verfügen, ist er nicht bereichert.[1338] Inwieweit eine Rückgewährsverpflichtung besteht, richtet sich ausschließlich nach dem Inhalt des Rechtsverhältnisses, welches der Überlassung zugrunde liegt.[1339] Hierfür ist ein freier Widerrufsvorbehalt oder

---

1333 *Weidenkaff,* in: Palandt, BGB, § 525 Rn. 1.

1334 § 13b Abs. 1 Nr. 3 ErbStG.

1335 BFH v. 22.09.1982 – II R 61/80, BStBl. II 1983, 179 (180); *Jülicher,* in: Troll/ Gebel/Jülicher/ Gottschalk, ErbStG, § 13b Rz. 187; *Götz,* DStR 2013, 448 (450); *Barry,* RNotZ, 401 (422);.

1336 BFH v. 28.06.2007 – II R 21/05, ZEV 2007, 440 (441); BFH v. 25.01.2001 – II R 39/98, DStRE 2001, 656; BFH v. 22.09.1982 – II R 61/80, BStBl. II 1983, 179 (180).

1337 *Söffing,* DStZ 2008, 867 (873).

1338 BFH v. 28.06.2007 – II R 21/05, ZEV 2007, 440 (441).

1339 BFH v. 09.07.2009 – II R 47/07, BStBl. II 2010, 74 (75).

eine dem Schenker erteilte Verfügungsvollmacht des Beschenkten nicht ausreichend.[1340] Nur dann, wenn der Schenker jederzeit die teilweise oder vollständige Rückübertragung des Geschäftsanteils auf ihn herbeiführen kann, ist der Beschenkte gehindert, über das ihm zugewendete Vermögen tatsächlich und rechtlich frei zu verfügen.[1341] Kann dies verneint werden, liegt eine zivilrechtlich wirksame Schenkung vor, mit der Konsequenz einer schenkungsteuerbaren Zuwendung eines Geschäftsanteils, von dessen Wert u. a. – so die Voraussetzungen im Übrigen vorhanden sind – nach § 13a Abs. 1 oder 10 ErbStG zu 85 % oder 100 % verschont werden (Verschonungsabschlag).[1342] Die Nießbrauchverpflichtung wird als Last gemäß § 10 Abs. 6 Satz 4 ErbStG entsprechend berücksichtigt, allerdings nur mit dem Prozentsatz, mit dem der Anteil der Erbschaft- und Schenkungsteuer unterliegt.[1343]

C. Zuwendungs- und Vermächtnisnießbrauch

Die unentgeltliche Nießbrauchbestellung an einem Geschäftsanteil in Gestalt eines Zuwendungs- oder Vermächtnisnießbrauchs ist als Schenkung unter Lebenden gemäß § 7 Abs. 1 Nr. 1 ErbStG bzw. als Erwerb von Todes wegen gemäß § 3 Abs. 1 Nr. 1 ErbStG dem Grunde nach schenkung- bzw. erbschaftsteuerpflichtig. Die Zuwendung liegt im Nutzungsrecht selbst und damit im Gewinnanteil, der mittels Gewinnverteilungsbeschluss zur Ausschüttung gelangt. Der Geschäftsanteil wird nicht übertragen.

Der Wert des Nießbrauchrechts wird durch den Kapitalwert bestimmt, der einem Vielfachen der jährlichen Nutzung (Jahreswert) entspricht, § 12 Abs. 1 ErbStG i V. m. §§ 13, 14 BewG. Dieser Jahreswert ermittelt sich nach dem Durchschnitt der zukünftig voraussichtlich anfallenden Erträge, § 15 Abs. 3 BewG. Dieser wird allerdings auf den nach den Bestim-

---

1340 *Gottschalk,* in: Troll/Gebel/Jülicher/Gottschalk, ErbStG, § 9 Rn. 93.

1341 BFH v. 18.11.2014 – IX R 49/13, BStBl. II 2015, 224 (225) i. V. m. FG Düsseldorf v. 26.04.2013, 1 K 1143/12E, EFG 2014, 447; BFH v. 28.06.2007 – II R 21/05, ZEV 2007, 440 (442).

1342 Zu den „neuen" Verschonungsregelungen ab dem Jahr 2016, siehe: *Riedel*, Zerb 2016, 371.

1343 *Geck,* in: Kapp/Ebeling, § 10 ErbStG Rn. 159; § 14 Abs. 2 BewG ist zu beachten, wonach bei einem frühen Versterben des Nießbrauchers der Rechtsinhaber für den unter Nießbrauchvorbehalt zugewandten Geschäftsanteil Erbschaft- und Schenkungsteuer nachzuentrichten hat.

mungen des BewG anzusetzenden Wert des Geschäftsanteils dividiert durch 18,6 (§ 16 BewG) begrenzt.

Gemäß § 23 Abs. 1 ErbStG steht dem Nießbraucher ein Wahlrecht zu, statt des Kapitalwerts des Nießbrauchrechts jährlich den Jahreswert zu versteuern. Diese Jahressteuer kann der Begünstigte zum jeweils nächsten Fälligkeitstermin mit dem Kapitalwert ablösen, § 23 Abs. 2 ErbStG.

Die Begünstigungen gemäß §§ 13a, 13b ErbStG finden mangels Erwerb eines nießbrauchbelasteten Geschäftsanteils auf den unentgeltlich bestellten Nießbrauch am GmbH-Geschäftsanteil keine Anwendung.

Erwirbt der Nießbraucher in einem Zeitraum von zehn Jahren seit der Nießbrauchbestellung auch den nießbrauchbelasteten Geschäftsanteil unentgeltlich, so ist § 14 ErbStG zu beachten.[1344] Für die Zusammenrechnung der beiden Erwerbsvorgänge, Nießbrauchrecht und nießbrauchbelasteter Geschäftsanteil, gelten gemäß § 14 Abs. 1 ErbStG keine Besonderheiten, d. h., dass die Zusammenrechnung der einzelnen Erwerbe mit den ihnen jeweils zukommenden Werten auch dann anzusetzen ist, wenn die Summe der Werte höher ist als der Wert des unbelasteten Geschäftsanteils.[1345] Die einzelnen Erwerbe gelten für sich als selbstständige steuerpflichtige Vorgänge.

§ 3 Zusammenfassung

Für die Bestellung eines Nießbrauchrechts an einem GmbH-Geschäftsanteil im Rahmen der Übertragung dieses Anteils unter Nießbrauchvorbehalt oder aber als Vermächtnis- bzw. Zuwendungsnießbrauch, ist für ertragsteuerrechtliche Zwecke die wirtschaftliche Betrachtungsweise und damit das „wirtschaftliche Eigentum" an diesen Anteilen gemäß § 39 Abs. 2 Nr. 1 AO von besonderem Stellenwert. Kommt es bei der Schenkung einer Mitgliedschaft an einer GmbH nicht zum Übergang auch des wirtschaftlichen Eigentums auf den Beschenkten, sind die Einkünfte aus dieser Einkunftsquelle „Geschäftsanteil" weiterhin dem Schenker als Einkünfte aus Kapitalvermögen zuzurechnen. Die Weiterleitung der Erträgnisse an den Nießbraucher betreffen die Vermögenssphäre des Nießbrauchbestellers und stellen damit eine reine Einkommensverwendung dar. Gleiches gilt

1344 Vgl. auch: *Barry*, RNotZ 2014, 401 (421); *Werner*, ZErb 2015, 38 (43).
1345 BFH v. 07.10.1998 – II R 64/96, BStBl. II 1999, 25 (26).

beim Vermächtnis- wie beim Zuwendungsnießbrauch. Nur dann, wenn der Nießbraucher über umfassende Rechte verfügt, die über die ihm zivilrechtlich zugewiesenen Rechte erheblich hinausgehen, er damit also auf die Geschicke der Gesellschaft Einfluss nehmen kann und auch tatsächlich nimmt, sind ihm gemäß der h. M. und Rechtsprechung die gemäß Gewinnverteilungsbeschluss zur Ausschüttung kommenden Gewinnanteile als Einkünfte aus Kapitalvermögen zuzurechnen. Hat so bspw. der Vorbehaltsnießbraucher eine umfassende und unwiderrufliche Stimmrechtsvollmacht, so stellt dies bereits ein Indiz für wirtschaftliches Eigentum dar.

Insgesamt macht es auch keinen Unterschied, ob in den Erträgen auflösungsbedingte stille Reserven des Anlagevermögens enthalten sind. Als wirtschaftlicher Eigentümer sind dem Nießbraucher diese ebenso zuzurechnen.

Erbschaft- und schenkungsteuerrechtlich ist es grundsätzlich ohne Belang, ob der Beschenkte im Fall des Vorbehaltsnießbrauchs wirtschaftlicher Eigentümer des Geschäftsanteils geworden ist. Entscheidend ist allein, dass der Begünstigte mit der Übertragung des Geschäftsanteils eine Rechtsposition einnimmt, die ihm nicht mehr genommen werden kann, er also zivil- und gesellschaftsrechtlich Gesellschafter geworden ist. Nur dann, wenn der Schenker jederzeit die Rückübertragung des Geschäftsanteils auf sich herbeiführen kann, wird der Beschenkte gehindert, über das ihm zugewendete Vermögen tatsächlich und rechtlich frei zu verfügen. Ein Rechtsträgerwechsel hat damit nicht stattgefunden; der Geschäftsanteil ist weiterhin dem Schenker zuzurechnen.

Ist der Anteil wirksam übertragen, liegt die Schenkungsteuerbarkeit des Erwerbs eines Geschäftsanteils unter Nießbrauchvorbehalt gemäß § 7 Abs. 1 Nr. 1 ErbStG vor. Sind die weiteren Voraussetzungen i. S. v. §§ 13a, 13b ErbStG erfüllt, kann der Beschenkte die dort genannten Begünstigungen in Anspruch nehmen. Kommt es zur Bündelung der Befugnisse mittels einer Innen-GbR, ist zu bedenken, dass es nicht zu einer Übertragung der Anteile in das Gesamthandsvermögen der GbR kommt, da insoweit die Begünstigungsvoraussetzung einer „unmittelbaren" Beteiligung nicht mehr gegeben ist.

Liegt ein Vermächtnis- oder Zuwendungsnießbrauch vor, stellt das kapitalisierte Nutzungsrecht am Geschäftsanteil den erbschaft- und schenkungsteuerrechtlichen Erwerbsgegenstand dar. Mangels Erwerb des nießbrauchbelasteten Geschäftsanteils finden die Begünstigungen gemäß §§ 13a, 13b ErbStG keine Anwendung.

2. Abschnitt: Nießbrauch an Aktien

§ 1 Einführung/Abgrenzung/Zuordnung der Einkunftsquelle

A. Allgemeines

Die Bestellung eines Nießbrauchrechts an Aktien bereitet zivilrechtlich keine Probleme. Die allgemeine Zulässigkeit ergibt sich bekanntlich aus § 1068 BGB, wobei der Grundsatz der Übertragbarkeit des Rechts zu beachten ist. Dies gilt besonders bei Bestehen von Vinkulierungsklauseln (z. B. vinkulierte Namensaktien).[1346]

Erträge aus Aktien (Dividenden, Veräußerungserlöse) führen grundsätzlich zu Einkünften aus Kapitalvermögen i. S. v. § 20 Abs. 1 Nr. 1 EStG, soweit diese im Privatvermögen gehalten werden. Gehören die in § 20 Abs. 1 und 2 EStG genannten Erträge zu anderen Einkunftsarten i. S. v. § 2 Abs. 1 EStG, so erfahren sie die entsprechende Einkünftequalifikation, § 20 Abs. 8 EStG.

Wird ein Nießbrauchrecht an Aktien bestellt, ist zu unterscheiden zwischen einem Vorbehalts- und Vermächtnisnießbrauch und einem Zuwendungsnießbrauch, der wiederum in Abhängigkeit der Bestellung (entgeltlich/unentgeltlich) zu unterschiedlichen Ergebnissen führt. In diesem Zusammenhang ist die Frage zu stellen, wer, Nießbraucher oder Nießbrauchbesteller, den Tatbestand der Einkünfterzielung i. S. v. § 2 Abs. 1 EStG erfüllt. Hierfür ausschlaggebend ist wiederum die Frage der Inhaberschaft der Einkunftsquelle, aus der die Erträge fließen.

B. Abgrenzung des Aktiennießbrauchs zu weiteren Aktienüberlassungsarten

Der Aktiennießbrauch ist gegenüber anderen Aktienüberlassungsarten auf Zeit abzugrenzen. Im Folgenden wird nur kurz auf die Aktienüberlassungsarten „Pensionsgeschäft" und „Wertpapierleihe" eingegangen.

1346 Siehe hierzu die Ausführungen im 1. Teil, Kapitel 1, § 3 A. II. 2.

I. Pensionsgeschäft

Bei einem sog. Wertpapierpensionsgeschäft erfolgt eine zeitweise Überlassung von in Wertpapieren verbrieftem Kapital zur Nutzung. Der Pensionsgeber überträgt bürgerlich-rechtlich ihm gehörende Wertpapiere auf Zeit gegen Entgelt auf einen anderen (Pensionsnehmer). Die Vertragsparteien wickeln dieses Geschäft durch Kauf und Rückkauf ab.

Nach einhelliger Auffassung erfüllt der Pensionsnehmer den Tatbestand der Einkunftserzielung nach § 20 EStG, soweit der Anspruch auf die Erträge während seiner Besitzzeit entsteht. Insbesondere Zinsen aus den Wertpapieren nach § 793 BGB erzielt der Pensionsnehmer aus eigenem Recht und damit als originäre Einkünfte.[1347]

II. Wertpapierleihe

Mit einem Pensionsgeschäft ist das sog. Wertpapierdarlehen (Wertpapierleihe) zu vergleichen. Gegenstand einer Wertpapierleihe[1348] sind übertragbare Wertpapiere. Bei diesem Rechtsverhältnis wird der Darlehensnehmer für eine bestimmte Zeit Inhaber der darlehensweise überlassenen Wertpapiere. Diese stehen dem Wertpapierentleiher gegen Leistung eines Entgelts zu vollem Eigentum und zur freien Verfügung.[1349] Der Entleiher (Darlehensnehmer) ist nach bürgerlichem Recht (§ 607 BGB) verpflichtet, dem Darlehensgeber Wertpapiere gleicher Art, Güte und Menge zurückzuerstatten. Als Inhaber der Wertpapiere kann der Darlehensnehmer auch die Wertpapiere veräußern und den Erlös anderweitig anlegen. Erst nach Beendigung des Darlehensvertrags ist er zur Rückgewähr (nicht notwendig derselben Wertpapiere) verpflichtet. Diese Rechtsstellung vermittelt dem Darlehensnehmer ab dem Zeitpunkt von dem er nach dem Willen der Beteiligten über die Wertpapiere verfügen kann, wirtschaftliches Eigentum.[1350] Der Wertpapierentleiher erfüllt damit den Tatbestand der Einkunftserzielung gemäß §§ 2 Abs. 1 EStG i. V. m. § 20 Abs. 1 Nr. 1 und 5 EStG.

1347 BFH v. 29.11.1982 – GrS 1/81, BStBl. II 1983, 272.

1348 Bei der Wertpapierleihe handelt es sich dem Grunde nach um ein Sachdarlehen; siehe hierzu: BT-Drs. 14/6040, S. 258 linke Sp.

1349 BMF v. 11.11.2016 – IV C 6 – S 2134/10/10003-02, DStR 2016, 2709.

1350 BFH v. 15.12.1999 – I R 29/97, BStBl. II 2000, 527; *Desens,* DStR 2014, 2317.

III. Vergleich zum Nießbrauchverhältnis

Vergleicht man beide Aktienüberlassungsarten mit dem Nießbrauch an Aktien, kommt es in beiden Fällen jeweils zu Übertragungsakten und damit zur Übertragung des zivilrechtlichen und auch wirtschaftlichen Eigentums an den Wertpapieren. Die daraus resultierenden Erträge stehen den Rechtsinhabern jeweils als originäre Einkünfte zu. Das Nießbrauchrecht stellt demgegenüber lediglich eine Belastung mit einem Fruchtziehungsrecht an den Wertpapieren dar. Wer hierzu den Tatbestand der Einkünfteerzielung gemäß § 2 Abs. 1 EStG i. V. m. § 20 Abs. 1 Nr. 1 und 2 EStG erfüllt, richtet sich nach der Ausgestaltung des Nießbrauchverhältnisses.

C. Zuordnung der Einkunftsquelle beim Aktiennießbrauch

I. Grundsatz

In ständiger Rechtsprechung des *BFH* erzielt Einnahmen aus Kapitalvermögen derjenige, der das Kapital gegen Entgelt zur Nutzung überlässt.[1351] Dies wiederum ist derjenige, der die rechtliche und tatsächliche Sachherrschaft ausübt, das in § 20 Abs. 1 Nr. 1–7 EStG genannte Kapitalvermögen entgeltlich im eigenen Namen und auf eigene Rechnung auf Zeit zur Nutzung zu überlassen.[1352] Dem wiederum liegen Rechtsverhältnisse zugrunde, auf denen die Überlassung des Kapitalvermögens zur Nutzung beruht. In Bezug auf Wertpapiere in Form von Aktien ist dies die Beteiligung des Aktionärs. Der Aktionär ist als Anteilseigner Inhaber eines in der Aktie verkörperten Anteils am Grundkapital einer Aktiengesellschaft und damit mitgliedschaftlich durch Hingabe von Kapital an ihr beteiligt.[1353] Er ist Inhaber der Einkunftsquelle und damit grundsätzlich Zurechnungssubjekt der aus ihr fließenden Einkünfte. Einkünfte aus Kapitalvermögen bezieht allerdings nicht nur derjenige, der ursprünglich Kapital zur Nutzung über-

---

1351 BFH v. 26.11.1997 – X R 114/94, BStBl. II 1998, 190 (191); BFH v. 22.08.1990 – I R 69/89, BStBl. II 1991, 38 (39); BFH v. 18.12.1986 – I R 52/83, BStBl. II 1988, 521; BFH v. 29.11.1982 – GrS 1/81, BStBl. II 1982, 272(274); BFH v. 09.03.1982 – VIII R 160/81, BStBl. II 1982, 540.

1352 BFH v. 29.03.2001 – IV R 71/99, BFH/NV 2001, 1251; BFH v. 26.11.1997 – X R 114/94, BStBl. II 1998, 190 (191).

1353 *Lange,* in: Henssler/Strohn, GesR, § 8 AktG Rn. 2, § 10 AktG Rn. 1.

lassen hat, sondern auch dessen Nachfolger in dem Rechtsverhältnis, das der Überlassung des Kapitals zur Nutzung zugrunde liegt, soweit ihm die Einnahmen aus Kapitalvermögen gebühren.[1354] Damit stellt sich die Definition der Einkunftsquelle nicht nur über die Inhaberschaft des zur Nutzung überlassenen Kapitals, sondern auch darüber, wem die Dispositionsbefugnis über die Einkunftsquelle eingeräumt ist und wer damit eine Rechtsposition inne hat, die über das bloße Empfangen der Einkünfte hinausgeht.[1355]

II. Einkünftezurechnungskriterien beim Nießbrauch an Aktien

1. Wirtschaftliche Verfügungsmacht/Eigentum

Grundsätzlich kann Kapital rechtswirksam nur der überlassen, der zur Verfügung über das Kapital befugt ist.[1356] Das ist i. d. R. der zivilrechtliche Rechtsinhaber der Aktie. Diese zivilrechtliche Betrachtung wird ergänzt durch eine wirtschaftliche Sichtweise. Es ist bereits für die Erfüllung des Besteuerungstatbestands die tatsächliche Verschaffung der Nutzungsbefugnis ausreichend.[1357] Den Tatbestand erfüllt danach auch derjenige, der in der Lage ist, über ein nicht ihm gehörendes Kapital zugunsten eines Dritten zu verfügen, und der hiervon auch tatsächlich Gebrauch macht.[1358] Auch der BFH hat in ständiger Rechtsprechung herausgestellt, dass bei Aktien derjenige wirtschaftliches Eigentum ab dem Zeitpunkt erlangt, von dem an er nach dem Willen der Beteiligten (Vertragspartner) über diese Wertpapiere verfügen kann.[1359] Dies ist i. d. R. dann gegeben, sobald Besitz, Gefahr, Nutzungen und Lasten, insbesondere die mit Wertpapieren gemeinhin verbundenen Kursrisiken und -chancen auf den Erwerber übergegangen sind.[1360]

Bei der Prüfung dieser Merkmale ist zu berücksichtigen, dass nach ständiger Rechtsprechung der Übergang des wirtschaftlichen Eigentums

1354 BFH v. 30.04.1991 – VIII R 38/87, BStBl. II 1991, 574 (574 f.)
1355 *Wassermeyer*, StuW 1979, 209 (214 f.).
1356 *Ratschow*, in: Blümich, § 20 EStG Rn. 31.
1357 *Ratschow*, in: Blümich, § 20 EStG Rn. 32.
1358 *Ratschow*, in: Blümich, § 20 EStG Rn. 32.
1359 BFH v. 15.12.1999 – I R 29/97, BStBl. II 2000, 527 (529).
1360 BFH v. 11.07.2006 – VIII R 32/04, BStBl. II 2007, 296 (298); BFH v. 12.12.2007 – X R 17/05, BStBl. II 2008, 579 (582).

nach dem Gesamtbild der Verhältnisse im jeweiligen Einzelfall zu bestimmen ist. Eine von der zivilrechtlichen Inhaberstellung abweichende Zuordnung eines Wirtschaftsguts kann deshalb auch anzunehmen sein, wenn die vorstehend genannten Voraussetzungen nicht in vollem Umfang erfüllt sind.[1361] Maßgebend sind die tatsächlichen Verhältnisse. Demgemäß sind auch bei der Bestimmung des wirtschaftlichen Eigentums an Aktien nicht das formal Erklärte oder formal-rechtlich Vereinbarte, sondern das wirtschaftlich Gewollte und das tatsächlich Bewirkte ausschlaggebend.[1362]

Für die Inhaberschaft von Aktien ist es mithin ausreichend, wenn dem Nießbraucher nach den einschlägigen Börsenusancen und den üblichen Abläufen die mit den Anteilen verbundenen Gewinnansprüche regelmäßig nicht mehr entzogen werden können,[1363] die Parteien das Vereinbarte vollziehen und ihr Verhalten danach ausrichten.[1364]

So fingiert, wie bereits oben dargestellt, der Gesetzgeber in § 20 Abs. 5 Satz 2 EStG ebenso die Anteilseignerschaft über die wirtschaftliche Betrachtungsweise dahingehend, dass demjenigen die Anteile zuzurechnen sind, der zum Zeitpunkt des Gewinnverteilungsbeschlusses mindestens über das wirtschaftliche Eigentum i. S. v. § 39 AO verfügt. Dieser Grundsatz knüpft unmittelbar an das Prinzip der Besteuerung nach der wirtschaftlichen Leistungsfähigkeit an.[1365]

Als einziges Zurechnungskriterium zeigt es allerdings Schwächen, denn knüpft die persönliche Steuerpflicht an die wirtschaftliche Verfügungsmacht über die Einkünfte an, kann es im Rahmen der Einkünfteverlagerung zur Spreizung von Einkünfteerzielung und Einkünfteverwendung kommen.

Derjenige, der aus dem Einkommen eines anderen etwas erhält, selbst keine Einkünfte erzielt und konsequenterweise auch damit nicht der Besteuerung unterliegt, hat einen Zuwachs an Vermögen und damit auch an

---

1361 BFH v. 12.12.2007 – X R 17/05, BStBl. II 2008, 579 (582).

1362 BFH v. 01.08.2012 – IX R 6/11 (NV), BeckRS 2012, 96393; BFH v. 26.01.2011 – IX R 7/09, BStBl. II 2011, 540 (542); BFH v. 15. 2. 2001, III R 130/95, DStRE 2001, 971.

1363 BFH, Beschl. v. 20.11. 2007 – I R 85/05, BStBl. II 2013, 287 (288).

1364 *Desens,* DStR 2014, 2317 (2318).

1365 So auch *Ruppe,* in: Tipke, Die Übertragung, S. 17; *Flößer,* Die Zurechnung, S. 62; *Scharff,* Der Nießbrauch, S. 129; grundl. zum Leistungsfähigkeitsprinzip: *Birk/Desens/Tappe,* Steuerrecht, S. 10 ff.; *Hey,* in: Tipke/Lang, § 8 Rn. 42 ff.; *Jochum,* in: Kirchhof/Söhn/Mellinghoff, § 20 EStG B7.

seiner wirtschaftlichen Leistungsfähigkeit.[1366] Die Erhöhung der Leistungsfähigkeit als Indiz der Einkommensbesteuerung muss also aus der eigenen Einkünfteerzielung hervorgehen, welche wiederum auf der Innehabung einer Einkunftsquelle beruht.[1367] Hieraus folgt, dass zu dieser wirtschaftlichen Verfügungsmacht über eine Einkunftsquelle als Kriterium der Einkünftezurechnung die Dispositions- und Verwaltungsbefugnis über diese Einkunftsquelle hinzutreten muss, um Einkünfte aus Kapitalvermögen i. S. v. § 2 Abs. 1 EStG i. V. m. § 20 Abs. 1 EStG zu erzielen. So hat der *BFH* in seinem Beschluss vom 03.03.2016 nochmals herausgestellt, dass dem zivilrechtlichen Gläubiger der Kapitalerträge diese nur dann zuzurechnen sind, wenn ihm neben dem zivilrechtlichen Eigentum die Dispositionsbefugnis über die Einkunftsquelle eingeräumt ist.[1368]

2. Dispositionsbefugnis über die Einkunftsquelle

a) Allgemeines

Die Dispositions- und Verwaltungsbefugnis als Ausdruck einer Rechtsposition, die über das bloße Empfangen der Einkünfte hinausgeht, zeigt sich in der Nutzung der Marktchancen, der Verwaltung des Vermögens, der Veränderung der Kapitalanlage durch Kauf und Verkauf etc. Wer damit am Marktgeschehen teilnehmen, über Leistungserstellung und -verwertung verfügen kann, also über die Steuerungsbefugnisse verfügt, mit denen die Marktteilnahme durch Überlassung von Kapital gesteuert wird, ist Inhaber der Einkunftsquelle.[1369] Ihm sind die Kapitalerträge als Einkünfte aus Kapitalvermögen zuzurechnen. Zu bedenken ist, dass der Umfang der Dispositionsbefugnis bei jeder Art von Kapitalüberlassung und damit bei jeder Art von Einkunftsquelle unterschiedlich ausgeprägt sein kann.[1370]

Wird ein Nießbrauchrecht an Aktien bestellt, stellt sich die Frage, wem die Einkunftsquelle zuzuordnen ist. Die Vorschriften des Zivilrechts in §§ 1077–1079 BGB weisen Nießbrauchbesteller und Nießbraucher ge-

---

1366 *Ruppe,* in: Tipke, Die Übertragung, S. 17; *Scharff,* Der Nießbrauch, S. 129.

1367 *Ruppe,* in: Tipke, Die Übertragung, S. 17; siehe auch Ausführungen im 3. Teil, Kapitel 1, Abschn. 2, § 1 B.

1368 BFH, Beschl. v. 03.03.2016 – VIII B 25/14, BeckRS 2016, 94683.

1369 *Scharff,* Der Nießbrauch, S. 133.

1370 *Scharff,* Der Nießbrauch, S. 133.

meinsam die Dispositionsbefugnisse zu. Eine Zuordnung der Einkunftsquelle nur mittels der zivilrechtlichen Regelungen lässt sich nicht vornehmen, denn der Nießbraucher ist kraft seines Rechts nur berechtigt, die Nutzungen aus der Mitgliedschaft (Aktie) zu ziehen (§§ 1068 Abs. 2, 1030 Abs. 1 BGB). Dieser Ertragsnießbrauch begründet lediglich einen Anspruch auf die Kapitalerträge.[1371] Dieser Anspruch bzw. diese Befugnis reicht regelmäßig nicht aus, um dem Nießbraucher auch die Kapitalerträge ertragsteuerrechtlich zuzurechnen.[1372] Nur anhand der privatrechtlichen Vereinbarungen, die zwischen den Nießbrauchbeteiligten zusätzlich getroffen, entsprechend durchgeführt und bewirkt werden, konkretisieren die Zuordnung der Einkunftsquelle und bestimmen damit deren Einkünftezurechnung.

b) Dispositions- und Verwaltungsbefugnisse bei Aktien

Zunächst besteht die Marktteilnahme eines Aktionärs darin, einer Aktiengesellschaft Kapital zur Nutzung mittels Einlage zu überlassen. Die als Gegenleistung gewährten Aktien vermitteln ihm jeweils Mitgliedschaftsrechte. Gleiches gilt für denjenigen, der Aktien von einem anderen übernimmt und damit die Kapitalüberlassung fortsetzt.[1373] Die so geschaffene Einkunftsquelle mittels Kapitalüberlassung verschafft dem Aktionär entsprechende Dispositions- und Verwaltungsbefugnisse.[1374]

Mit der Nießbrauchbestellung an einer Aktie oder einem Aktienpaket als Ausdruck einer Unternehmensbeteiligung erwirbt der Nießbraucher ein reines Fruchtziehungsrecht auf den anteiligen Bilanzgewinn in Form einer Dividende einschließlich der Vordividende nach § 60 Abs. 2 AktG als den bestimmungsmäßigen Ertrag der Aktie.[1375] Mitwirkungsrechte bspw. in Form des Stimmrechts bleiben grundsätzlich beim Aktionär, der allerdings bei der Stimmabgabe die Interessen des Nießbrauchers zu berücksichtigen hat. Dies führt mithin nicht zu Dispositions- und Verwaltungsbefugnissen

---

1371 *Jochum,* in: Kirchhof/Söhn/Mellinghoff, § 20 EStG B56.

1372 Niedersächs. FG, v. 16 5.1980 – 1125/79, MittBayNot 1980, 224; FG Nürnberg v. 04.05.1977 – V 189/72, EFG 1977, 423; *Jochum,* in: Kirchhof/Söhn/Mellinghoff, § 20 EStG B59.

1373 *Philipowski,* StuW 1979, 113 (121).

1374 Siehe hierzu im Einzelnen im 3. Teil, Kapitel 1, Abschn. 2, § 1 B.

1375 Siehe Ausführungen im 1. Teil, Kapitel 3, Abschn. 3, § 2 C. I. 3.

des Nießbrauchers, weshalb ihm die Einkunftsquelle und damit die Erträge aus dieser Einkunftsquelle nicht zuzurechnen sind.

Der Aktionär und Nießbrauchbesteller bleibt weiterhin Inhaber der Einkunftsquelle. Ihm sind die Dividenden als Einkünfte aus Kapitalvermögen zuzurechnen.[1376] Die Weiterleitung der Dividenden an den Nießbraucher zeigt sich als reine, nicht steuerbare Einkommensverwendung.

Nur dann, wenn der Nießbraucher aufgrund privatrechtlicher Abreden in die Lage versetzt wird, auf die Verwaltung des Vermögens Einfluss zu nehmen, indem er bspw. mittels Vollmachten das Stimmrecht in der Hauptversammlung der Aktiengesellschaft wahrnimmt, also über die Dauer der Geltung des Nießbrauchrechts Dispositions- und Verwaltungsbefugnisse innehat und diese ausübt, verfügt der Nießbraucher über die Einkunftsquelle. In diesem Fall sind ihm die Erträge aus der Aktie als Einkünfte aus Kapitalvermögen zuzurechnen.[1377]

§ 2 Die ertragsteuerliche Behandlung des Aktiennießbrauchs im Einzelnen

A. Unentgeltliche Nießbrauchbestellung

I. Vorbehalts- und Vermächtnisnießbrauch

Die h. M. im Schrifttum und die Finanzverwaltung ordnen bei einem Vorbehaltsnießbrauch entsprechend dem Nießbrauch an einem GmbH-Geschäftsanteil dem Nießbraucher die Gewinnanteile zu, soweit die Nießbrauchbestellung keine weitergreifenden Abreden als die zivilrechtlichen Regelungen enthält.[1378] Dies mit der Begründung, dass der Nießbraucher, wirtschaftlich betrachtet, den Anteil ununterbrochen aufgrund eigenen Rechts nutzt.[1379]

1376 BFH, Beschl. v. 24.08.2005 – VIII B 4/02 (NV), BeckRS 2005, 25008928; gl. A.: *Scharff,* Der Nießbrauch, S. 136.

1377 *Jochum,* in: Kirchhof/Söhn/Mellinghoff, § 20 EStG Rn. B59.

1378 Siehe hierzu die Ausführungen im 3. Teil, Kapitel 4, Abschn. 1, § 1 B II. 2. b) und die dort genannten Nachweise.

1379 BFH v. 28.07.1981 – VIII R 35/79, BStBl. II 1982, 380; BFH v. 28.07.1981 – VIII R 124/76, BStBl. II 1981, 378; BMF v. 23.11.1983 – IV B I 1-S 2253-103/83, BStBl. I 1983, 508, Tz. 58.

Die gleiche Ansicht betrifft den Vermächtnisnießbrauch, bei dem die Einnahmen dem Vermächtnisnießbraucher zugerechnet werden, da der Nachlass von Beginn an mit der Vermächtnisverpflichtung belastet sei.[1380] Einkünfte aus Kapitalvermögen gemäß § 20 Abs. 1 und 2 EStG erzielt mithin der Nießbraucher.

II. Zuwendungsnießbrauch

Liegt ein Zuwendungsnießbrauch vor, wird grundsätzlich durch den BFH und die Finanzverwaltung eine Zurechnung der Kapitalerträge beim Nießbraucher abgelehnt.[1381] Damit erfolgt die Einkünftezurechnung ausschließlich beim Anteilseigner/Nießbrauchbesteller.

III. Stellungnahme

Diese Vorgehensweise des *BFH* und der Finanzverwaltung wird im Schrifttum überwiegend kritisiert.[1382] Eine Zurechnung der Einkünfte kann nur nach den allgemeinen Zurechnungsgrundsätzen des Einkommensteuerrechts erfolgen, mithin bei demjenigen, der den Tatbestand der Einkünfteerzielung erfüllt und damit über weitgehende Dispositions- und Verwaltungsbefugnisse verfügt. Indiz hierfür bildet die Rechtsinhaberschaft an den Aktien, wobei auch hier die wirtschaftliche Betrachtungsweise gemäß § 39 Abs. 2 Nr. 1 AO zu einer von der rechtlichen Zuordnung abweichenden steuerlichen Zuordnung führen kann.

1380 BFH v. 08.06.1977 – II R 79/69, BStBl. II 1979, 562 (564); BMF v. 23.11.1983 – IV B I 1-S 2253-103/83, BStBl. I 1983, 508, Tz. 58; OFD Erfurt, Vfg. v. 14.06.1995, S 2253 A-02-St324, DStR 1995, 1419, Tz. 58.

1381 BFH v. 14.12.1976 – VIII R 146/73, BStBl. II 1977, 115; BMF v. 23.11.1983 – IV B I 1 – S 2253–103/83, BStBl. I 1983, 508, Tz. 57; OFD Erfurt, Verf. v. 14.06.1995, S 2253 A-02-St324, DStR 1995, 1419, Tz. 57; siehe auch Ausführungen im 3. Teil, Kapitel 3, Abschn. 1, § 1 B II. 3 m. w. N.

1382 *Hamacher/Dahm,* in: Korn, EStG, § 20 Rn. 101.

B. Entgeltliche Nießbrauchbestellung

Zahlt der Nießbraucher ein Entgelt für die Gewährung eines Nießbrauchrechts, wobei keine weiteren Abreden zwischen Nießbraucher und Nießbrauchbesteller getroffen sind, tritt das Entgelt an die Stelle der ansonsten beim Nießbrauchbesteller als Inhaber der Einkunftsquelle anfallenden Dividende. Dieses Entgelt ist damit als Vorausabtretung der künftigen Gewinnansprüche zu werten, die wiederum zukünftig vom Nießbraucher eingezogen werden, was ihm einkommensteuerrechtlich nicht zuzurechnen ist.[1383] Insoweit liegt eine reine Einkommensverwendung vor.

Das dem Nießbrauchbesteller zuzurechnende Entgelt unterliegt als Einkünfte aus Kapitalvermögen gemäß § 20 Abs. 3 EStG der Ertragsbesteuerung.

C. Ergebnis und Stellungnahme

Die Behandlung eines Nießbrauchrechts an Aktien als Unternehmensbeteiligung unterscheidet sich in ihrer ertragsteuerrechtlichen Behandlung nicht vom Nießbrauchrecht an einem GmbH-Geschäftsanteil. Die von der Rechtsprechung und Finanzverwaltung zugrunde gelegten Besteuerungsgrundsätze, wie sie oben dargestellt sind, sind als kritisch zu betrachten, denn sie folgen nicht den allgemeinen Zurechnungs- und damit Besteuerungsgrundsätzen des Ertragsteuerrechts.

Für den Aktiennießbrauch kann insoweit nichts anderes gelten, als dass demjenigen die Erträge aus dem Aktienkapital zuzurechnen sind, der den Tatbestand der Einkünfteerzielung erfüllt. Dies mag zunächst derjenige sein, der Kapital auf eigene Rechnung und eigenes Risiko dem Unternehmen überlässt. Letztlich aber muss das Rechtsverhältnis, das der Einkünfteerzielung zugrunde liegt, für eine Einkünftezurechnung herangezogen werden. Hierfür wiederum geben die Eigentumsverhältnisse ein erstes Indiz.

Das zivilrechtliche Eigentum entspricht i. d. R. dem wirtschaftlichen Eigentum. Zu einer vom rechtlichen Eigentümer abweichenden Zurechnung an den wirtschaftlichen Rechtsinhaber kommt es dann, wenn dieser aufgrund vertraglicher Abreden oder aus anderen Gründen Befugnisse in-

---

1383 *Hamacher/Dahm,* in: Korn, § 20 EStG Rn. 101; *Buge,* in: Herrmann/Heuer/Raupach, § 20 EStG Rn. 29.

nehat, die den rechtlichen Eigentümer wirtschaftlich von der Einwirkung ausschließen. Nur die Person erzielt Einkünfte aus Kapitalvermögen, die über entsprechende Einwirkungsmöglichkeiten wie Dispositions- und Verwaltungsbefugnisse verfügt. Ist der Nießbraucher aufgrund getroffener Abreden mit entsprechenden Vermögens- und Mitverwaltungsrechten ausgestattet und lassen die Nießbrauchbeteiligten das wirtschaftliche Ergebnis dieses Rechtsgeschäft eintreten und bestehen, nimmt der Nießbraucher eine eigentümerähnliche Rechtsposition ein. Er ist gemäß § 20 Abs. 5 Satz 2 EStG Anteilseigner und erzielt damit Einkünfte aus Kapitalvermögen i. S. v. § 20 Abs. 1 und 2 EStG.

Auf der anderen Seite führen die zivilrechtlichen Regelungen insbesondere in den §§ 1081 Abs. 1, 2 und 1083 Abs. 1 BGB zu einer gemeinsamen Dispositions- und Verwaltungsbefugnis. Diese Grundsätze finden derzeit keine Berücksichtigung bei der ertragsteuerrechtlichen Zurechnung von Gewinnausschüttungen (Dividenden). So sind Nießbraucher und Anteilseigner durch die gemeinsame Verfügungs- und Verwaltungsbefugnis einander verpflichtet, entsprechend § 1083 Abs. 1 BGB eine ordnungsgemäße Vermögensverwaltung herbeizuführen. Dieses gemeinschaftliche Handeln lässt sich letztlich ebenso zu einer Innengesellschaft bürgerlichen Rechts verdichten, die bei entsprechendem Rechtsbindungswillen der Parteien als vermögensverwaltende Personengesellschaft agiert und damit als Teilsteuerrechtssubjekt der Einkünfteerzielung, -ermittlung und -zurechnung an die Gesellschafter dient.

§ 3 Erbschaft- und schenkungsteuerrechtliche Behandlung

Die Besteuerung einer unentgeltlichen Übertragung von Wertpapieren/Aktien erfolgt nach den allgemeinen Besteuerungsgrundsätzen des Erbschaft- und Schenkungsteuerrechts und der Beachtung des Bewertungsgesetzes. Nur dann, wenn die Voraussetzungen der Begünstigungsregelungen gemäß § 13a, 13b ErbStG erfüllt werden, kann eine weitgehende steuerrechtliche Verschonung erreicht werden.

Gesamtzusammenfassung und Schlussbemerkung

Die Bestellung eines Nießbrauchrechts an Mitgliedschaften, insbesondere an einem Personengesellschaftsanteil, einem GmbH-Geschäftsanteil oder einer Aktie, wird allgemein als zulässig erachtet. Dabei müssen insbesondere im Gesellschaftsvertrag der Personengesellschaft als auch der GmbH eine Übertragbarkeit des Anteils und damit die Belastbarkeit ggfs. mit entsprechender Zustimmungsklausel für die Gesellschafter aufgenommen sein. Eine Ad-hoc-Zustimmung durch die übrigen Gesellschafter möglichst per Gesellschafterbeschluss ist ebenso zulässig. Demgegenüber ist die Mitgliedschaft in der AG grundsätzlich übertragbar und damit einer Belastung mit einem beschränkt dinglichen Recht zugänglich.

Die Reichweite in Bezug auf Inhalt und Umfang des dem Nießbraucher zustehenden Fruchtziehungsrechts löst in Rechtsprechung und im Schrifttum immer wieder Fragen auf, für die gerade auch die Rechtsprechung noch zu keiner abschließenden Klärung gekommen ist. Dies ist dem Umstand geschuldet, dass hier verschiedene Teilrechtsordnungen (Sachen-Gesellschafts- und Steuerrecht) ineinandergreifen. Die Frage, inwieweit dem Nießbraucher Mitwirkungs- und Verwaltungsbefugnisse aus der Mitgliedschaft zustehen, er ggfs. in den Gesellschafterbestand bzw. in die Gesellschafterstellung des Nießbrauchbestellers, gerade bei einer Personengesellschaft, einrückt, richtet sich, nach den rechtsgeschäftlichen Abreden der Nießbrauchbeteiligten. Nießbraucher und Nießbrauchbesteller sind hierbei jeweils Rechtssubjekte eigener Art und bilden nicht, wie in der überwiegenden Literatur angenommen, eine dingliche Rechtsgemeinschaft. Das eigentliche Fruchtziehungsrecht weist dem Nießbraucher insoweit nur diejenigen Befugnisse zu, die das Nutzungsrecht selbst betreffen. Besonders das Stimmrecht bildet eine für eine Quasi-Gesellschafterstellung ausschlaggebende Befugnis. Um hier für die Beteiligten eine einvernehmliche Lösung zu schaffen, ist eine Vergemeinschaftung in Gestalt einer Innengesellschaft bürgerlichen Rechts ein adäquater Weg, denn die Beteiligten verfolgen i. d. R. eine gemeinsame Erfolgsstrategie, die sich auch in einer Unternehmenssicherung und -erhaltung widerspiegelt. Betrachtet man nunmehr das Vermögensrecht, so kann sich dieses – gerade bei Personengesellschaften – nicht nur auf den entnahme- bzw. ausschüttungsfähigen Gewinnanteil beschränken. Für die Bestimmung des „bestimmungsmäßigen" Ertrags muss auch hier die Stellung des Nießbrauchers ausschlaggebend sein. Die Teilhabe des Nießbrauchers an außergewöhnlichen Erträgen lässt sich gerade bei Personengesellschaften bewerkstelligen, zumal bei Gewinnausschüttungen aus Kapitalgesellschaften auch keine Abgrenzung erfolgt.

Das Bilanzrecht wiederum erlaubt es, wie nachgewiesen, durch eine Erweiterung des Bilanzschemas die Abbildung eines Nießbrauchverhältnisses, gerade um Informationsasymetrien Dritter, die bei einer Quasi-Gesellschafterstellung des Nießbrauchers mit der damit verbundenen Einflussnahme auf die Geschicke der Gesellschaft eintreten können, zu vermeiden.

Demgegenüber zielt das Steuerrecht als weitere Teilrechtsordnung auf die Besteuerung nach der wirtschaftlichen Leistungsfähigkeit ab. Hierbei beurteilt es als nebengeordnetes und gleichrangiges Rechtsgebiet denselben Sachverhalt aus einer anderen Perspektive und unter anderen Wertungsgesichtspunkten. Es knüpft an Tatbestände und Begrifflichkeiten des Zivilrechts an, ist hieran aber nicht gebunden und kann so seine eigenen Begriffe und seine eigene Dogmatik schaffen.

Neben einer zivilrechtlichen Betrachtungsweise sollen so mit der im Ertragsteuerrecht vorherrschenden wirtschaftlichen Betrachtungsweise Tatbestände wirtschaftlicher Leistungsfähigkeit für eine Besteuerung erfasst werden.

Für die mit einer Nießbrauchbestellung an einer Mitgliedschaft verbundene Einkunftsverlagerung sind steuerrechtliche Tatbestandsvoraussetzungen zu erfüllen, um nicht nur die zivilrechtliche Versorgung beim Nießbraucher zu ermöglichen, sondern gleichzeitig auch eine Besteuerung der ihm zuzuordnenden Erträge zu erreichen, was gleichzeitig zu einer Abstufung der Steuerlast des Nießbrauchbestellers führt. Als Instrument der Unternehmensnachfolge innerhalb des Familienverbunds sind aufgrund des Fehlens eines natürlichen Interessengegensatzes hierbei erhöhte Anforderungen an die zivilrechtlichen Nießbrauchverträge, nicht nur hinsichtlich einer klaren, eindeutigen und ernsthaften Ausgestaltung, sondern insbesondere auch in ihrer tatsächlichen Durchführung zu stellen. Nur so lässt sich – auch steuerrechtlich – eine wirksame Einkünfteverlagerung erreichen.

Für die Nießbrauchbestellung an einer Mitgliedschaft sind des Weiteren rechtsformspezifische Besonderheiten zu beachten. Eine ertragsteuerrechtlich wirksame Zuordnung der Gewinnanteile hängt bei einem Nießbrauchrecht an einem Personengesellschaftsanteil so weitgehend davon ab, ob der Gesellschafter und/oder Nießbraucher als Mitunternehmer der

Gesellschaft anzusehen ist. Dies richtet sich nach den allgemeinen Grundsätzen der Besteuerung von Mitunternehmerschaften, wonach ein qualifiziertes Maß an Mitunternehmerrisiko und -initiative beim Nießbraucher und/oder Gesellschafter erfüllt sein muss.

Die Mitunternehmereigenschaft des Nießbrauchbestellers/Gesellschafters wird dann erfüllt, wenn das Nießbrauchrecht wenigstens entsprechend dem gesetzlichen Leitbild ausgestaltet ist. Es handelt sich insoweit um eine dem HGB-Regelstatut eines Kommanditisten angenäherte Stellung. Der Gesellschafter verfügt so über genügend Initiativrechte und Mitunternehmerrisiko. Für die Mitunternehmereigenschaft des Nießbrauchers sind die rechtsgeschäftlichen Abreden maßgeblich. Sein Nießbrauchrecht muss dem gesetzlichen Leitbild entsprechend wenigstens mit Stimm- und einigen Vermögensrechten ausgestattet sein. Die Initiativrechte des Nießbrauchers werden durch das Widerspruchsrecht bezüglich außergewöhnlicher Geschäftsführungs-mahnahmen gemäß § 164 HGB, verbunden mit den Mitwirkungsrechten gemäß § 1071 BGB, gestärkt. Dennoch liegt hierin die Schwierigkeit, inwieweit diese Rechte wiederum das schwächer ausgeprägte Mitunternehmerrisiko kompensieren. Entsprechend h. M. besteht der Gewinnanspruch lediglich für den entnahmefähigen Gewinn. Das Tragen von Verlusten ist nur schwach ausgeprägt, diese treffen ihn nur mittelbar. Auch eine Außenhaftung für Verbindlichkeiten der Gesellschaft trifft den Nießbraucher grundsätzlich nicht. Dies zeigt, dass für eine Kompensation eines schwächeren Mitunternehmermerkmals mit einem stärker auszurichtenden Merkmal i. d. R. vertragliche Modifikationen des Nießbrauchrechts notwendig sind.

Werden diese Kriterien vom Nießbraucher oder Gesellschafter nicht erfüllt, führt dies insbesondere aufseiten des Gesellschafters und bisherigen Mitunternehmers zu ertragsteuerlichen Konsequenzen, die über eine analoge Anwendung der Betriebsverpachtungsgrundsätze und der damit verbundenen Steuerstundung hin zur Aufdeckung und Besteuerung der stillen Reserven im Mitunternehmeranteil führen können. Erfüllt wiederum der Nießbraucher die Mitunternehmerkriterien nicht, führen die ihm zustehenden Gewinnanteile zu einer reinen Einkommensverwendung aufseiten des Gesellschafters/Mitunternehmers. Stellt sich nur der Nießbraucher als Mitunternehmer dar, obliegt ihm die Besteuerung des gesamten steuerrechtlichen Gewinnanteils, obwohl er zivilrechtlich nur Anspruch auf den handelsrechtlichen, entnahmefähigen Gewinnanteil hat.

Bedenkt man, dass der steuerrechtliche Gewinnanteil erheblich vom handelsrechtlichen Gewinnanteil abweichen und damit zu einer größeren

Steuerbelastung des Nießbrauchers führen kann, denn in dieser Situation sind ausschließlich dem Nießbraucher die Gewinnanteile steuerrechtlich zuzurechnen, kann dies nur zu einem Neuansatz der Reichweite des Fruchtziehungsrechts des Nießbrauchers hin zum Anspruch auf den nicht nur entnahmefähigen, sondern auch auf den nicht-entnahmefähigen Gewinnanteil führen. Dies lässt sich auch entsprechend bilanzrechtlich darstellen. Entsprechende Wertausgleichsansprüche bzw. -verpflichtungen ergeben sich bei Beendigung des Nießbrauchverhältnisses.

Bilden allerdings Nießbraucher und Gesellschafter aus ihrem Nießbrauchverhältnis, getragen durch einen entsprechenden Rechtsbindungswillen, eine Innengesellschaft, kommt es zu einer doppelstöckigen Personengesellschaftsstruktur. Durch diese Innengesellschaft, mit der sich die Nießbrauchbeteiligten gleichzeitig eine Ordnungsstruktur sowohl hinsichtlich der Vermögens- als auch der Mitwirkungsrechte aus der Mitgliedschaft des Gesellschafters geben, lassen sich die Risiken der Erfüllung der Mitunternehmereigenschaften bei der Untergesellschaft (aktive Gesellschaft) nicht nur eindämmen, sondern auch die Partizipation an den Erträgen aus der Auflösung stiller Reserven aus der „Substanz" des Unternehmens und sonstiger, im Regelfall dem Nießbraucher nicht zustehenden Ertragsgrößen, regeln. All dies sollte wiederum getragen sein durch eine Zustimmungserklärung der übrigen Gesellschafter, die wiederum gesellschaftsvertraglich oder ad hoc bestimmt werden kann.

Besteht ein Nießbrauchrecht an einem Kapitalgesellschaftsanteil und damit an einem GmbH-Geschäftsanteil oder aber einer Aktie, richtet sich die ertragsteuerrechtliche Zuordnung etwaiger Gewinnausschüttungen (Dividenden) grundsätzlich mindestens nach dem wirtschaftlichen Eigentum. Unabhängig von der Rechtsinhaberschaft hat allerdings der Vorbehaltsnießbraucher (Alt-Gesellschafter) einen eigenen und originären Anspruch auf die Gewinne der GmbH, ihm steht das Gewinnbezugsrecht ununterbrochen zu, sodass diesem etwaige Gewinnausschüttungen als Einkünfte aus Kapitalvermögen nach allgemeiner Auffassung zuzurechnen und von ihm zu versteuern sind. Auch im Fall des Zuwendungsnießbrauchs gelten nach Auffassung von BFH und Finanzverwaltung der Nießbrauchbesteller weiterhin als Rechtsinhaber des Anteils, ihm sind auch die Kapitalerträge zuzurechnen.

Nur dann, wenn der Nießbraucher auch als wirtschaftlicher Eigentümer anzusehen ist, erfolgt eine Zurechnung und Besteuerung der Kapitalerträge bei diesem. Die ertragsteuerrechtlichen Einkünfteerzielungsgrundsätze werden bei dieser Sichtweise nicht berücksichtigt. Hier ist, wie dargelegt, eine Ansichtsänderung notwendig.

Rechtsprechung und Finanzverwaltung wenden die vorgenannten Besteuerungsgrundsätze auch für den Aktiennießbrauch an. Die gemeinsame Verfügungs- und Verwaltungsbefugnis bei Inhaber- und Orderpapieren gemäß §§ 1081 Abs. 1, 2, 1083 Abs. 1, 2 i. V. m. § 1079 BGB, bleibt für die Ertragsbesteuerung der Dividenden unberücksichtigt. Dabei ließen sich diese gemeinschaftlichen Befugnisse zu einer vermögensverwaltenden Personengesellschaft verdichten, um so eine den Beteiligten adäquate Zurechnung der Erträge auch für Besteuerungszwecke zu gewährleisten.

Aus erbschaft- und schenkungsteuerlicher Sicht ist zu bedenken, dass es jeweils zu einer zivilrechtlichen Übertragung entweder eines durch das Nießbrauchrecht im Wert geminderten Personengesellschafts- oder Kapitalgesellschaftsanteil (Vorbehaltsnießbrauch) oder aber einer Zuwendung eines Nutzungsrechts (Zuwendungsnießbrauch) und damit einer freigiebigen, grundsätzlich steuerbaren und steuerpflichtigen Zuwendung gemäß § 7 abs. 1 Nr. 1 ErbStG kommt. Schenkungsteuerliche Begünstigungen gemäß §§ 13a, 13b ErbStG, sind nur zu gewähren, wenn die entsprechenden Voraussetzungen zum jeweiligen Übertragungs-/Zuwendungszeitpunkt erfüllt sind.

Kommt es zur Beendigung des Nießbrauchverhältnisses durch Tod, erstarkt die bisher belastete Mitgliedschaft wieder zum Vollrecht. Dies führt aus der Unvererblichkeit des Nießbrauchrechts als höchstpersönliches Recht nicht zu einer erbschaftsteuerlichen Bereicherung des Nießbrauchbestellers. Lediglich im Fall des Verzichts wird eine Bereicherung des bisher Verpflichteten mit schenkungsteuerlicher Folge angenommen.

Insgesamt bleibt festzuhalten, dass das Nießbrauchrecht ein probates, aber sehr komplexes Instrument in der Unternehmensnachfolgegestaltung darstellt. Das Spannungsverhältnis zwischen Sachen-, Gesellschafts- und Steuerrecht bedarf insoweit umfassende, einzelvertragliche Regelungen, denen Grenzen durch zwingende gesellschaftsrechtliche Regelungen, dem Inhalt des Gesellschaftsvertrages und den steuerrechtlichen Vorschriften einschließlich der komplexen Rechtsprechung gesetzt sind.

Literaturverzeichnis

Adler/Düring/Schmaltz, Rechnungslegung und Prüfung der Unternehmen, Kommentar zum HGB, AktG, GmbHG, PublG nach den Vorschriften des Bilanzrichtlinien-Gesetz, 6. Aufl., Stuttgart 1995.

Altendorf, Klaus/Köcher, Andrea, Nießbrauch an (mitunternehmerischem) Personengesellschaftsanteil, GmbH-StB 2013, S. 13–17.

Altmeppen, Holger/Roth, Günter H., GmbHG, Kommentar, 8. Aufl., München 2015; (zitiert: *Bearbeiter*, in: Roth/Altmeppen, GmbHG).

Ahrens, Claus, Dingliche Nutzungsrechte – Nießbrauch – Dienstbarkeiten – Wohnungsrechte, 2. Aufl., Berlin 2007; (zitiert: *Ahrens,* Nutzungsrechte).

Amann, Hermann, Leistungspflichten und Leistungsansprüche aus Dienstbarkeiten, DNotZ 1989, S. 531–562.

Bamberger, Heinz Georg/Roth, Herbert, Kommentar zum Bürgerlichen Gesetzbuch, Bd. 1, 3. Aufl., München 2012; (zitiert: *Bearbeiter*, in: Bamberger/Roth, BGB).

Baumbach, Adolf/Hopt, Klaus J., Handelsgesetzbuch, Kommentar, 36. Aufl., München 2014; (zitiert: *Bearbeiter*, in: Baumbach/Hopt, HGB).

Baumbach, Adolf/Hueck, Alfred, GmbHG, Kommentar, 21. Aufl., München 2017; (zitiert: *Bearbeiter*, in: Baumbach/Hueck, GmbHG).

Baumann, Wolfgang, Mehrfachbeteiligungen an Gesamthandsgemeinschaften oder Die Eine-Person-Erbengemeinschaft (im Vergleich zur Einmann-Personengesellschaft), in: Gesetz Recht Rechtsgeschichte, Festschrift für Gerhard Otte zum 70. Geburtstag, hrsg. v. Wolfgang Baumann, Hans-Jürgen von Dickhuth-Harrach, Wolfgang Marotzke, München 2005, S. 15–38; (zitiert: *Baumann*, in: FS Otte (2005)).

ders., Der Nießbrauch am Anteil einer Einmann-Personengesellschaft, NZG 2005, S. 919–920.

Barry, Sebastian, Nießbrauch an GmbH-Gesellschaftsanteilen, RNotZ 2014, S. 401–422.

Baur, Fritz, Stürner, Jürgen, F., Sachenrecht, 18. Aufl., München 2009.

Bayer, Walter, Gesellschafterliste: Einreichungspflichtige Veränderungen der Beteiligungsverhältnisse, GmbHR 2012, S. 1–7.

Bechtold, Joachim, Der Nießbrauch am Kommanditanteil, Mainz 1991; (zitiert: Bechtold, Nießbrauch).

Beck'sches Steuer- und Bilanzrechtslexikon, München 2016; (zitiert: *Bearbeiter*, in Beck'sches Steuer- und Bilanzrechtslexikon).

Beierl, Otto, Die Einkünftequalifikation bei gemeinsamer wirtschaftlicher Betätigung im Einkommensteuerrecht, Diss., Berlin 1987; (zitiert: *Beierl,* Einkünftequalifikation).

Beck'scher Bilanz-Kommentar, Beck'scher Bilanz-Kommentar, Handels- und Steuerbilanz, hrsg. v. Bernd Grottel, Stefan Schmidt, Wolfgang J. Schubert, Norbert Winkeljohann, 10. Aufl., München 2016; (zitiert: *Bearbeiter,* in: Beck Bil.-Komm.).

Beuthien, Volker, Der genossenschaftliche Geschäftsanteil, AG 2002, S. 266–278.

ders., Darf die Innengesellschaft kein Vermögen bilden?; NZG 2017, S. 201–205.

Biergans, Enno, Der Nießbrauch an Einzelunternehmen und Mitunternehmeranteilen in der Einkommensteuer, DStR 1985, S. 327–335.

Biergans, Enno/Stockinger, Roland, Zum Einkommensbegriff und zur persönlichen Zurechnung von Einkünften im Einkommensteuerrecht (I) und (II), FR 1982, S. 1–7 und S. 25–33.

Binz, Mark K./Sorg, Martin H., Bilanzierungskompetenzen bei der Personengesellschaft, DB 1996, S. 969–972.

Bippus, Birgit Elsa, Einheitlichkeit der Mitgliedschaft und Selbständigkeit der Beteiligung in der Personengesellschaft, AcP 195 (1995), S. 13–34.

Birk, Dieter/Desens, Marc/Tappe, Henning, Steuerrecht, 18. Aufl., Heidelberg 2015.

Bisle, Michael, Reichweite der Informationsrechte des Kommanditisten, NWB 2016, S. 3535–3537.

Bitz, Horst, Der Nießbrauch an Personengesellschaftsanteilen, DB 1987, S. 1506 – 1509.

Blaurock, Uwe, Unterbeteiligung und Treuhand an Gesellschaftsanteilen, Baden-Baden 1981; (zitiert: *Blaurock*, Unterbeteiligung).

ders., Haftung eines atypischen stillen Gesellschafters, NZG 2010, S. 974 – 975.

Blümich, Walter, Einkommensteuergesetz, Körperschaftsteuergesetz, Gewerbesteuergesetz, Loseblatt-Kommentar, hrsg. v. Bernd Heuermann, Peter Brandis, Loseblatt, Stand September 2016, München; (zitiert: *Bearbeiter,* in: Blümich, EStG).

Bochmann, Christian, Zweifelsfragen des neuen Transparenzregisters, DB 2017, S. 1310 – 1317.

Böckelmann, Dieter, Nutzungen und Gewinn beim Unternehmensnießbrauch, Diss., Tübingen 1971; (zitiert: *Böckelmann* Unternehmensnießbrauch).

Bodden, Guido, Einkünftequalifikation bei Mitunternehmern, Diss., Aachen 2001; (zitiert: *Bodden*, Einkünftequalifikation).

Bohrer, Michael, Inhalt und Funktion der Gesellschafterliste – weitere Bemerkungen zum Vertrauensschutz des GmbH-Gesetzes, DStR 2010, S. 1892–1896.

Borggräfe, Joachim/Staud, Mona-Larissa, Die Personengesellschaft als Trägerin ihres Vermögens, NWB 2017, S. 277 – 291.

Bork, Reinhard/Schäfer, Carsten, GmbHG, Kommentar zum GmbH-Gesetz, 3. Aufl., Köln 2015; (zitiert: *Bearbeiter*, in: Bork/Schäfer).

Brandi, Axel/Mühlmeier, Christian, Übertragung von Gesellschaftsanteilen im Wege vorweggenommener Erbfolge und Vorbehaltsnießbrauch, GmbHR 1997, S. 734–738).

Brehm, Wolfgang/Berger, Christian, Sachenrecht, 3. Auflage, Tübingen 2014.

Brox, Hans/Walker, Wolf-Dietrich, Allgemeiner Teil des BGB, 40. Aufl., München 2016; (zitiert: *Brox/Walker*, BGB-AT).

Bunke, Erwin, Der Nießbrauch an der Beteiligung an einer Personengesellschaft, DNotZ 1968, S. 5–19.

Crezelius, Georg; Der Mitunternehmerbegriff – ein Chamäleon?, in: Ertragsbesteuerung – Zurechnung – Ermittlung – Gestaltung, Festschrift für Ludwig Schmidt zum 65. Geburtstag, hrsg. v. Arndt Raupach, Adalbert Uelner, München 1993, S. 331–353. (zitiert: *Crezelius*, in: FS L. Schmidt (1993)).

ders., Überlegungen zu § 13a Abs. 4 und 5 ErbStG 1997, DB 1997, S. 1584–1589.

ders., Steurrechtliche Rechtsanwendung und allgemeine Rechtsordnung. Grundlagen für eine liberale Besteuerungspraxis, Habil., Herne 1983; (zitiert: *Crezelius,* Steuerrechtliche Rechtsanwendung).

Daragan, Hanspeter, Der Mitunternehmeranteil des Nießbrauchers, DStR 2011, S. 1347–1350.

Deichmann, Philipp, Das Rechtsverhältnis zwischen Eigentümer und Nießbraucher (ENV) im antiken römischen Recht und im heutigen Zivilrecht, Diss., Bonn 1998; (zitiert: *Deichmann,* Das Rechtsverhältnis).

Desens, Marc, Übergang des wirtschaftlichen Eigentums im Aktienhandel, DStR 2014, S. 2317–2323).

ders., Die Verwirklichung des Leistungsfähigkeitsprinzips als Maßstab der Steuernormen in der Rechtsprechung des BVerfG, StuW 2016, 240–255.

Döllerer, Georg, Leitgedanken der Nießbrauchbesteuerung bei den Einkünften aus Vermietung und Verpachtung und aus Kapitalvermögen, StbJb. 1984/85, S. 55–79.

Dötsch, Franz, Mitunternehmer und Mitunternehmerschaft, in: Die Personengesellschaft im Steuerrecht: Gedächtnissymposion für Brigitte Knobbe-Keuk, hrsg. von Franz Dötsch, Andreas Herlinghaus, Rainer Hüttemann, Jürgen Lüdicke, Wolfgang Schön, Köln 2011; S. 7 – 38; (zitiert: *Dötsch*, Mitunternehmer).

Doralt, Werner, Unentgeltlicher Nießbrauch – Zurechnung der Einkunftsquelle, in: Festschrift für Heinrich Wilhelm Kruse zum 70. Geburtstag, hrsg. v. Walter Drenseck, Roman Seer, Köln 2001; (zitiert: *Doralt*, in: FS Kruse (2001)).

Düll, Alexander/Fuhrmann, Gerd/Eberhard, Martin, Übertragung eines Mitunternehmer(teil-)anteils bei Vorhandensein von Sonderbetriebsvermögen, DStR 2001, S. 1773–1782.

Ebenroth, Carsten Thomas/Boujong, Karlheinz/Joost, Detlev/Strohn, Lutz, Handelsgesetzbuch Bd. 1, §§ 1-342e, hrsg.v. Detlev Joost, Lutz Strohn, München 2014; (zitiert: *Bearbeiter*, in: Ebenroth/Boujong/Joost/Strohn, HGB).

Ehlers, Ernst-August, Übertragung von Einkunftsquellen, Nießbrauch, Freiburg i. Br., 1990; (zitiert: *Ehlers*, Übertragung).

Eibelshäuser, Manfred, Wirtschaftliche Betrachtungsweise im Steuerrecht – Herkunft und Bedeutung, DStR 2002, S. 1426–1432.

Einhaus, Carola/Selter, Wolfgang, Die Treuepflicht des GmbH-Gesellschafters zwischen Ausschüttungs- und Thesaurierungsinteresse, GmbHR 2016, S. 1177–1186.

Eisele, Dirk, Nießbrauchsrecht an Personengesellschaftsanteil – Durchbruch der wirtschaftlichen Betrachtungsweise, NWB 2012, S. 4151–4161.

Engel, Michaela, Vermögensverwaltende Personengesellschaften im Ertragsteuerrecht, 2. Aufl., Herne 2015; (zitiert: *Engel*, Vermögensverwaltende Personengesellschaften).

Erman, Walter, BGB – Kommentar, hrsg. v. Harm Peter Westermann, Barbara Grunewald, Georg Maier-Reimer, 14. Aufl., Köln 2014; (zitiert: Erman/*Bearbeiter*, BGB).

Esch, Günter, Das Dogma der Einheitlichkeit der Personengesellschaftsbeteiligung, BB 1996, S. 1621–1627.

Felix, Günther, Aspekte der Mitunternehmerschaft, KÖSDI 1995, S. 10123–10129.

Fest, Timo, Zweckoffenheit der Gesellschaft bürgerlichen Rechts: Restriktionen bei der Errichtung von Innengesellschaften, AcP 215 (2015), S. 765–793.

Fichtelmann, Helmar, Der Nießbrauch an Unternehmen und Beteiligungen (II), DStR 1974, S. 299–310.

Finger, Peter, Der Nießbrauch am Gesellschaftsanteil einer Personengesellschaft, DB 1977, S. 1033–1040.

Fischer, Peter, „Faktisches", „Verdecktes" und die subjektive Zurechnung von Einkünften, FR 1998, S. 813–821.

ders., „Auch der Mitunternehmer ist ein Unternehmer des Betriebs." Ein Beitrag zur subjektiven Zurechnung des einkommensteuerbaren Handlungs- und Erfolgstatbestands, in: Handelsbilanzen und Steuerbilanzen: Festschrift zum 70. Geburtstag von Heinrich Beisse, hrsg. v. von Wolfgang D. Budde, Adolf Moxter, Klaus Offerhaus, Düsseldorf 1997, S. 189–206; (zitiert: *P. Fischer*, in: FS Beisse).

Fleck, Hans-Joachim, Stimmrechtsabspaltung in der GmbH?, in: Festschrift für Robert Fischer, hrsg. v. M. Lutter, W. Stimpel, H. Wiedemann, Berlin 1979; (zitiert: *Fleck*, in: FS R. Fischer).

Fleischer, Holger, Das Gesellschaftsrecht der Tippgemeinschaft – ein Lehrstück zur Innengesellschaft bürgerlichen Rechts, NZG 2017, S. 1–9.

Fleischer, Ottmar, Aktuelle Entwicklungen zum Stimmrecht des Nießbrauchers am Anteil einer Personengesellschaft im Zivil-, Ertrag- und Erbschaftsteuerrecht, ZEV 2012, S. 466–470.

Flößer, Rudolf, Die Zurechnung der Einkünfte beim Nießbrauch am Anteil an einer Personengesellschaft, Diss., Bad Honnef, 1979; (zitiert: *Flößer*, Die Zurechnung).

Flume, Werner, Allgemeiner Teil des bürgerlichen Rechts, Bd. I, 1. Teil, Die Personengesellschaft, Berlin 1977; (zitiert: *Flume*, Die Personengesellschaft).

ders., Allgemeiner Teil des bürgerlichen Rechts, Bd. I, 2. Teil, Die juristische Person, Berlin 1983; (zitiert: Flume, Die juristische Person).

Förster, Ursula, Das aktuelle BMF-Schreiben zur Steuerermäßigung gemäß § 35 EStG, DB 2016, S. 2866–2869.

Forkel, Hans, Gebundene Rechtsübertragungen: Ein Beitrag zu den Verfügungsgeschäften über Patent-, Muster-, Urheber- und Persönlichkeitsrechte, 1. Bd., Köln 1977 (zitiert: *Forkel,* Rechtsübertragungen).

Frank, Johann, Der Nießbrauch an Gesellschaftsanteilen, MittBayNot 2010, S. 96–104.

Freiherr v. Proff, Maximilian, Die Anwachsung als Gestaltungsmittel bei Personengesellschaften, DStR 2016, S. 2227–2236.

Fricke, Daniel, Der Nießbrauch an einem GmbH-Geschäftsanteil – Zivil- und Steuerrecht, GmbHR 2008, S. 739–747.

Fuisting, Bernhard, Die preußischen direkten Steuern, Bd. 4: Grundzüge der Steuerlehre, Berlin 1902.

Gaubatz-Frenzl, Sascha, Das Stimmrecht des Nießbrauchers und des Testamentsvollstreckers in Personengesellschaften – Ein Beitrag zur Dogmatik und Funktion des gesellschaftsrechtlichen Abspaltungsverbots, Diss., Frankfurt am Main 2007; (zitiert: *Gaubatz-Frenzl,* Stimmrecht).

Geck, Reinhard, Die Übertragung unter Nießbrauchvorbehalt nach Aufhebung des § 25 ErbStG durch das ErbStRG, DStR 2009, S. 1005–1010.

Geschwendtner, Hubert, Ergänzungsbilanz und Sonderbilanz II in der Rechtsprechung des Bundesfinanzhofes, DStR 1993, S. 817–825.

ders. Nießbrauchbestellung am Anteil einer Personengesellschaft, NJW 1995; S. 1875–1876.

Gemeinhardt, Gereon, Verträge unter nahen Angehörigen – steuerliche Anerkennung, BB 2012, S. 739–747.

Gierke, von, Julius, Das Sachenrecht des bürgerlichen Rechts, 4. Aufl., Berlin/Frankfurt 1959; (zitiert: *v. Gierke,* Sachenrecht).

GmbH-Großkommentar, hrsg. v. Peter Ulmer, Mathias Habersack, Marc Lobbe, Bd. II, §§ 29 – 52, 2. Aufl., Tübingen 2014; (zitiert: *Bearbeiter,* in: GmbH-Großkommentar).

Goebel, Joachim, Der Nießbrauch an Personengesellschaftsanteilen, zugleich ein Beitrag zur Dogmatik des Außeneinflusses im Personengesellschaftsrecht, Köln 2003; (zitiert: *Goebel,* Nießbrauch).

Götz, Hellmut, Schenkungsteuerliche Folgen eines Verzichts auf ein vorbehaltenes Nießbrauchrecht, ZEV 2009, S. 609–614.

ders., Zivilrechtliche und steuerliche Sonderzuordnung des Gesellschaftsanteils bei Bestellung eines Quotennießbrauchs am Anteil einer Personengesellschaft, ZEV 2014, S. 241–244.

ders., Schenkungsteuerliche Risiken beim Vorbehaltsnießbrauch an GmbH-Anteilen?, DStR 2013, S. 448 – 450.

Götz, Hellmut/Hülsmann, Christoph, Der Nießbrauch im Zivil- und Steuerrecht, 10. Aufl., Herne 2014; (zitiert: *Götz/Hülsmann,* Der Nießbrauch).

ders., Surrogation beim Vorbehaltsnießbrauch: Zivilrechtliche und schenkungsteuerliche Aspekte, DStR 2010, S. 2377–2381.

Götz, Hellmut/Jorde, Thomas R., Nießbrauch an Personengesellschaftsanteilen – Praxisprobleme, FR 2003, S. 998–1006.

Gondert, Heinz-Günter/Behrens, Stefan, Vereinbarungen über den Gewinn des laufenden Geschäftsjahres bei der Veräußerung von GmbH-Anteilen, GmbHR 1997, S. 682–689.

Gosch, Dietmar (Hrsg.), Körperschaftsteuergesetz, Kommentar, 3. Aufl., München 2015; (zitiert: *Bearbeiter,* in: Gosch, KStG).

Grigoleit, Hans Christoph (Hrsg.), Aktiengesetz, Kommentar, München 2013; (zitiert: *Bearbeiter,* in: Grigoleit, AktG).

Groh, Manfred, Trennungs- und Transparenzprinzip im Steuerrecht der Personengesellschaft, ZIP 1998, S. 89–95.

ders., Die Kriterien der Mitunternehmerschaft, BB 1982, S. 1229–1234.

Groll, von, Rüdiger, Zur mittelbaren Tatbestandsverwirklichung im Steuerrecht, StuW 1995, S. 326–335.

Grunewald, Barbara, Gesellschaftsrecht, 9. Aufl., Tübingen 2014; (zitiert: *Grunewald,* Gesellschaftsrecht).

Grün, Theresa, Versorgungsleistungen im Zusammenhang mit einer Vermögensübertragung, NWB 2010, S. 1042–1061.

Gschwendtner, Hubertus, Nießbrauchsbestellung am Anteil einer Personengesellschaft, NJW 1995, S. 1875–1876.

ders., Ergänzungsbilanz und Sonderbilanz II in der Rechtsprechung des Bundesfinanzhofes, DStR 1993, S. 817–825.

Gummert, Hans (Hrsg.), Münchener Anwaltshandbuch Personengesellschaftsrecht, 2. Aufl., München 2015; (zitiert: *Bearbeiter,* in: Münch-Anw.-Hdb, PersonengesR).

Haas, Franz Josef, Nießbrauch an Gewinnanteilen an Personengesellschaften, in: Ertragsbesteuerung, Festschrift für Ludwig Schmidt zum 65. Geburtstag, hrsg. v. Arndt Raupach, Adalbert Uelner, München 1993, S. 315 – 330; (zitiert: *Haas,* in: FS L. Schmidt, 1993).

Haas, Franz Josef/Drüen, Klaus-Dieter, Die Bruchteilsgemeinschaft als steuerrechtliche Mitunternehmerschaft?, in: Festschrift Hans-Joachim Priester, hrsg. v. Peter Hommelhoff, Peter Rawert, Karsten Schmidt, Köln 2007; S. 133–156; (zitiert: *Haas/Drüen,* in: FS Priester (2007)).

Habersack, Mathias, Die Mitgliedschaft – subjektives und ‚sonstiges' Recht, Tübingen 1996; (zitiert: *Habersack,* Die Mitgliedschaft).

ders., Examens-Repetitorium Sachenrecht, 8. Aufl., München 2016; (zitiert: *Habersack,* Sachenrecht).

Hadding, Walther, Verfügungen über Mitgliedschaftsrechte, in: Festschrift für Ernst Steindorff zum 70. Geburtstag am 13. März 1990, hrsg. v. Jürgen F. Baur, Klaus J. Hopt, K. Peter Mailänder, Berlin 1990, S. 31–44; (zitiert: *Hadding,* in: FS Steindorff).

ders., Die Mitgliedschaft in handelsrechtlichen Personalgesellschaften – ein subjektives Recht?, in: Festschrift für Rudolf Reinhardt zum 70. Geburtstag 7. Juni 1972, hrsg. v. Klemens Pleyer, Dietrich Schultz, Erich Schwinge, Klön 1972, S. 249–262; (zitiert: *Hadding*, in: FS Reinhardt).

Harders, Dirk, Nießbrauch am Kommanditanteil – Rechtsfolgen, zwingendes Recht und seine Ausgestaltung, Diss., Bonn 2002; (zitiert: Harders, Nießbrauch).

Haritz, Detlef/Menner, Stefan (Hrsg.), Umwandlungssteuergesetz, 4. Aufl., München 2015; (zitiert: *Bearbeiter,* in: Haritz/Menner, UmwStG).

Hauck, Ronny, Nießbrauch an Rechten, Tübingen 2015; (zitiert: *Hauck,* Nießbrauch).

Heck, Philipp, Grundriss des Sachenrechts, 2. Neudruck der Ausgabe Tübingen 1930, Aalen 1970.

Heckschen, Heribert/Bachmann, Daniel, Mehrheitsklauseln bei Personengesellschaften, NZG 2015, S. 531–537.

Heinsheimer, Rudolf, Über die Teilhaberschaft, Beiträge zum inneren Recht der Personalgesellschaften, Heidelberg 1930.

Hennerkes, Brun-Hagen/Binz, Mark K., Das Ende der faktischen Mitunternehmerschaft – ein Monster des Steuerrechts hat sich überlebt, DB 1985, S. 1307–1311.

Hennrichs, Joachim/Pöschke, Moritz, Das Eigenkapital des Einzelkaufmanns, der offenen Handelsgesellschaft und der Kommanditgesellschaft, Abt. III/1, in: Schulze-Osterloh/Hennrichs/Kuhner (Hrsg.), Handbuch des Jahresabschlusses, Stand September 1016; (zitiert: *Hennrichs/Pöschke,* in: HdJ, Eigenkapital, Abt. III/1).

Henssler, Martin/Strohn, Lutz (Hrsg.), Gesellschaftsrecht, Kommentar, 3. Aufl., München 2016; (zitiert: *Bearbeiter,* in: Henssler/Strohn, GesR).

Herrmann, Carl/Heuer, Gerhard/Raupach, Arndt, Einkommensteuer- und Körperschaftsteuer Kommentar,Loseblatt, 282. Ergänzungslieferung, Stand Dezember 2017, Köln; (zitiert: *Bearbeiter,* in: Herrmann/Heuer/Raupach).

Hermanns, Marc, Übertragung von Mitgliedschaftsrechten an Dritte – Gestaltungsmöglichkeiten und -grenzen, ZIP 2005, S. 2284–2290.

ders., Die vorweggenommene Erbfolge in Gesellschaftsbeteiligungen, MittRhNotK 1997, S. 149–164.

Herzig, Norbert, Faktische Mitunternehmerschaft in der Landwirtschaft, BB 1986, S. 533–541.

Herzig, Norbert/Kessler, Wolfgang, Die begrenzte Steuerrechtsfähigkeit von Personenmehrheiten nach dem Beschluß des Großen Senats des BFH vom 25.06.1984 Teil I und II, DB 1985 S. 2476–2480 u. 2528–2531.

Hepp-Schwab, Herrmann, Die Mitgliedschaft des Personengesellschafters und der Nießbrauch an seinem Gesellschaftsanteil. Zur Abgrenzung von Personen- und Vermögensrecht im Recht der Personengesellschaften, Diss., Berlin 1998; (zitiert: *Hepp-Schwab,* Mitgliedschaft).

Heuer, Rückgewähr von Einkünften des Nießbrauchers, DB 1954, S. 727.

Hippeli, Michael, Treuepflichten in der GmbH – Aktuelle Entwicklungen in der Rechtsprechung, GmbHR 2016, S. 1257–1262.

Hochheim, Stephanie/Wagenmann, Iris, Der Vorbehaltsnießbrauch am Kommanditanteil und die Mitunternehmerschaft, ZEV 2010, S. 109–114.

Hoyer, Jürgen Heinrich, Der Nießbrauch an einem Gesellschaftsanteil, BB 1978, 1459–1463.

Huber, Ulrich, Vermögensanteil, Kapitalanteil und Gesellschaftsanteil an Personengesellschaften des Handelsrechts, Heidelberg 1970; (zitiert: *Huber*, Vermögensanteil).

ders., Gesellschafterkonten in der Personengesellschaft, ZGR 1988, S. 1–103.

ders., Gewinnansprüche und Ausgleichsforderungen beim Erlöschen des Nießbrauchs am Geschäftsanteil oder an Aktien, ZHR 168 (2004), S. 55–77.

Hüffer, Uwe (Begr.), Aktiengesetz, bearb. v. Jens Koch, 11. Aufl., München 2014; (zitiert: *Bearbeiter,* in: Hüffer, AktG).

Hüttemann, Rainer, Einkünfteermittlung bei Gesellschaften, in: Einkünfteermittlung, DStJG 34 (2011), hrsg. v. Johanna Hey, Köln, 2011; (zitiert: *Hüttemann,* Einkünfteermittlung, in: DStJG 34 (2011)).

Hutter, Ulrich, Zur steuerlichen Behandlung von Nutzungsrechten an vermieteten Grundstücken, DStZ 1981, S. 47–53.

Institut der Wirtschaftsprüfer in Deutschland e. V. (IDW), IDW Prüfungsstandards (IDW PS) IDW Stellungnahmen zur Rechnungslegung (IDW RS) IDW Standards (IDW S), Bd. I–III, Loseblatt, Stand November 2016, Düsseldorf.

Janssen, Bernhard, Verdeckte Gewinnausschüttungen, 12. Aufl., Herne 2017.

Janssen, Dirk/Nickel, Jörg R, Unternehmensnießbrauch, Berlin 1998; (zitiert: *Janssen/ Nickel*, Unternehmensnießbrauch).

Jauernig, Othmar (Begr.), Bürgerliches Gesetzbuch, Kommentar, hrsg. v. Rolf Stürner, 16. Auflage, München 2015; (zitiert: *Bearbeiter,* in: Jauernig, BGB).

Jebens, Carsten Thomas, Die Wirkung des Vorbehaltsnießbrauchs bei Schenkungen von Unternehmensanteilen, DStZ 2009, 321–330.

Johow, Reinhold, Entwurf eines bürgerlichen Gesetzbuches für das Deutsche Reich, Sachenrecht Teil 2, Beschränkt dingliche Rechte und materielles Zwangsversteigerungsrecht, Berlin 1880, in: Vorentwurfe der Redaktoren zum BGB, Sachenrecht Bd. 2, hrsg.v. Werner Schubert, Nachdruck Berlin 1982; (zitiert: *Johow*, Entwurf-Sachenrecht).

Kamps, Heinz-Willi/Zapf, Alexander, Die Freistellung von Familienheimen nach § 13 Abs. 1 Nr. 4b ErbStG beim Erwerb eines Anwartschaftsrechts, FR 2016, S. 939–946.

Kapp, Reinhard/Ebeling, Jürgen (Begr.), Erbschaftsteuer- und Schenkungsteuergesetz, Kommentar, Loseblatt, Stand Dezember 2017, Köln; (zitiert: *Bearbeiter,* in: Kapp/ Ebeling).

Karsten, Lars, Einheitlichkeit der Mitgliedschaft in Personengesellschaften, Diss., Berlin 2002.

Kempermann, Michael, Mitunternehmerschaft, Mitunternehmer und Mitunternehmeranteil – steuerrechtliche Probleme der Personengesellschaft aus Sicht des BFH, GmbHR 2002, S. 200–204.

Kirchhof, Ferdinand, Das Leistungsfähigkeitsprinzip nach dem Grundgesetz – Zustand und Zukunft, BB 2017, S. 662–667.

Kirchhof, Paul (Hrsg.), EStG Kommentar, 15. Aufl., Köln 2016; (zitiert: *Bearbeiter,* in: Kirchhof, EStG).

Kirchhof, Paul, Der Vertrag – ein Instrument zur Begründung steuerlicher Ungleichheit?, in: Festschrift für Volker Röhricht zum 65. Geburtstag, Gesellschaftsrecht – Rechnungslegung – Sportrecht, hrsg. v. Georg Crezelius, Heribert Hirte, Klaus Vieweg, Köln 2005; (zitiert: *P. Kirchhof,* in: FS Röhricht (2005)).

Kirchhof, Paul/Söhn, Hartmut/Mellinghoff, Rudolf, Einkommensteuergesetz, Kommentar, bearb. v. Paul Kirchhof, Hartmut Söhn, Rudolf Mellinghoff, Loseblatt, 284. Aktualisierung 2017, Stand: Dezember 2017.

Kleinheisterkamp, Thomas/Schell, Matthias, Der Übergang des wirtschaftlichen Eigentums an Kapitalgesellschaftsanteilen beim Unternehmenskauf, DStR 2010, S. 833–839.

Koch, Jens, Gesellschaftsrecht, 9. Aufl., München 2015.

ders., Gewinnansprüche und Ausgleichsforderungen beim Erlöschen des Nießbrauchs am Geschäftsanteil oder an Aktien, ZHR 168 (2004), S. 55–77.

Kleinert, Jens/Geuß, Nina, Schenkung einer mitunternehmerischen Beteiligung unter Vorbehalt oder Zuwendung eines (Quoten-)Nießbrauchs, DStR 2013, S. 288–293.

Knobbe-Keuck, Brigitte, Bilanz- und Unternehmenssteuerrecht, 9. Aufl., Köln 1993; (zitiert: *Knobbe-Keuck,* Unternehmenssteuerrecht).

ders., „Verünglückte" Schenkungen, in: Festschrift für Werner Flume zum 70. Geburtstag, Bd. II, Köln 1978, S. 149–172.

Koenig, Ulrich (Hrsg.), Abgabenordnung, Kommentar, 3. Aufl., München 2014; (zitiert: *Bearbeiter,* in: Koenig, AO).

Kölner Kommentar, Kölner Kommentar zum Aktiengesetz; hrsg. v. Wolfgang Zöllner, Ulrich Noack, Band 1, §§ 1–75 AktG, 3. Aufl., Köln 2011; (zitiert: *Bearbeiter,* in: KK-AktG).

Korn, Klaus (Hrsg.), Einkommensteuergesetz, Kommentar, Loseblatt, 97. Aktualisierung, Stand Juli 2016, Bonn; (zitiert: *Bearbeiter,* in: Korn, EStG).

ders., Nießbrauchgestaltungen auf dem Prüfstand (Teil I), DStR 1999, S. 1461–1476.

Korn, Klaus/Carlé, Dieter, Renaissance des Vorbehaltsnießbrauchs – Zivil- und steuerrechtliche Probleme und Lösungen, KÖSDI 2009, S. 16514–16530.

Krafka, Alexander/Kühn, Ulrich, Registerrecht, Handbuch der Rechtspraxis, 9. Aufl., München 2013.

Kraft, Alfons/Kreutz, Peter, Gesellschaftsrecht, 11. Aufl., Neuwied 2000.

Kraft, Gerhard, Die „Kapitalkonten-Falle" bei einer Personengesellschaft, NWB 2016, S. 996–1003.

ders., Der Nießbrauch in der Praxis der Unternehmensnachfolgegestaltung, NWB 2017, S. 2972–2976.

Kraft, Gerhard/Schreiber, Christoph, Die unterschiedliche Ausprägung von Mitunternehmerinitiative und Mitunternehmerrisiko – Analyse des BFH-Urteils vom 03.11.2015 – VIII R 63/13, NWB 2016, S. 1492–1497.

Kraft, Cornelia/Hohage, Uwe, Nutzungsrechte als bilanzierungsfähige Wirtschaftsgüter, DStR 2017, S. 62–64.

Kruse, Viola, Nießbrauch an der Beteiligung an einer Personengesellschaft, RNotZ 2002, S. 69–87.

Küspert, Klaus, Der Nießbrauch am Personengesellschaftsanteil, FR 2014, S. 397–409.

Kulosa, Egmont, Verträge zwischen nahen Angehörigen, DB 2014, S. 972–980.

Langenfeld, Gerrit, Der Pool – ein Vertragstyp der Vergemeinschaftung, ZEV 2010, S. 17–22.

Leipold, Dieter, BGB I: Einführung und allgemeiner Teil, 8. Aufl., Tübingen 2015.

Levedag, Christian, Vorweggenommene Erbfolge in Personengesellschaften am Beispiel der GmbH & Co KG, GmbHR 2010, S. 855–864.

ders., Gründung, Erweiterung und Auflösung freiberuflicher Sozietäten, FR 2016, S. 733–741.

Lersch, Heinrich/Schaaf, Herbert, Steuerliche Behandlung einer Komplementär-GmbH, die weder am Kapital und am Gewinn noch an den stillen Reserven der KG beteiligt ist und nur eine Risikoprämie und Auslagenersatz erhält, GmbHR 1973, S. 167–168.

Ley, Ursula, Ausgewählte Fragen und Probleme der Besteuerung doppelstöckiger Personengesellschaften, KÖSDI 2010, S. 17148–17164.

ders., Gesellschafterkonten der OHG und KG: Gesellschaftsrechtliche und steuerrechtliche Charakterisierung und Bedeutung, KÖSDI 1994, S. 9972–9988.

ders., Gesellschafterkonten im Lichte der grundlegenden BFH-Entscheidung vom 16.10.2008, IV R 98/06, DStR 2009, S. 613–620.

Lindemeier, Jörg, Die Belastung des Gesamthandsanteils im Grundbuch des zum Gesamthandsvermögen gehörenden Grundstücks. Zugleich ein Beitrag zu Zulässigkeit und Ausgestaltung des Nießbrauchs am Anteil einer Personengesellschaft, DNotZ 1999, S. 876–913.

ders., Die Eintragung des Nießbrauchs am Kommanditanteil im Handelsregister – Anmerkung zu LG Köln, Beschlüsse v. 12.05.2000 und 28.07.2000 – 89 T 10/00, 89 T 20/10, RNotZ 2001, S. 155–158.

Littmann, Eberhard/Bitz, Horst/Pust/Hartmut, Das Einkommensteuerrecht, Kommentar zum Einkommensteuerrecht; begr. von Eberhard Littmann; hrsg. v. Horst Bitz, Hartmut Pust, Loseblattsammlung, 108. Ergänzungslieferung Februar 2015, Stuttgart 2015; (zitiert: *Bearbeiter*, in: Littmann/Bitz/Pust, EStG).

Lohr, Jörg-Andreas, Der Nießbrauch an Unternehmen und Unternehmensanteilen, Diss., Düsseldorf 1989; (zitiert: *Lohr*, Der Nießbrauch).

Longrée, Sebastian J.M./Pesch, Katja, Das neue Transparenzregister in der Praxis, NZG 2017, S 1081 – 1090.

Lopatta, Kerstin/Kaspereit, Thomas/Gloger, Mario/Nordbrock, Michael, Neudefinition der Umsatzerlöse und Anpassung der Grössenklassen gemäß BilRUG, DB 2016, S. 1516–1520.

Lucas, Martin, Sogenannte „Faktische Mitunternehmerschaft" – Mehr Transparenz durch die neuere Rechtsprechung des Bundesfinanzhofs?, FR 1986, S. 112–120.

Lutter, Marcus/Hommelhoff, Peter, (Hrsg.), GmbH-Gesetz, Kommentar, 19. Aufl., Köln 2016, (zitiert: *Bearbeiter*, in: Lutter/Hommelhoff, GmbHG).

Lutter, Marcus, Theorie der Mitgliedschaft, AcP180 (1980), S. 84–159.

Lüdicke, Jochen/Sistermann, Christian, Unternehmensteuerrecht, München 2008; (zitiert: *Bearbeiter,* in Lüdicke/Sistermann, Unternehmensteuerrecht).

Madaus, Stephan, Die Bruchteilsgemeinschaft als Unternehmensträger, ZHR 178 (2014), S. 98–114.

ders., Die Bruchteilsgemeinschaft als Gemeinschaft von Vollrechtsinhabern, AcP 212 (2012), S. 251–295.

Mayer, Dieter, Der Erwerb einer GmbH nach den Änderungen durch das MoMiG, DNotZ 2008, S. 403–433.

Messmer, Kurt, Die Gesellschafter und der Mitunternehmer des § 15 Absatz 1 Nr. 2 EStG, in: Festschrift für Döllerer, Handelsrecht und Steuerrecht, hrsg. v. Brigitte Knobbe-Keuck, Franz Klein, Adolf Moxter, Düsseldorf 1988; (*zitiert: Messmer,* in: FS Döllerer (1988)).

ders., Die höchstrichterliche Rechtsprechung zu Familienpersonengesellschaften im Einkommensteuerrecht – Bestandsaufnahme und kritische Betrachtung, StbJb. 1979/80, S. 163–258.

ders., Rechtssubjekte im Rahmen der Besteuerung gemäß § 15 Abs. 1 Nr. 2 EStG, FR 1990, S. 205–212.

Meyer, André, Steuerliches Leistungsfähigkeitsprinzip und zivilrechtliches Ausgleichssystem, Köln 2013; (zitiert: *A. Meyer,* Leistungsfähikeitsprinzip).

Meyer, Christian, der Nießbrauch an GmbH-Geschäftsanteilen und an Aktien, Köln 2002; (zitiert: *Chr. Meyer,* Nießbrauch).

Meyer, Dirk, Einkommensteuerliche Behandlung des Nießbrauchs und anderer Nutzungsüberlassungen, Diss., Herne 1984; (zitiert: *D. Meyer,* Nutzungsüberlassung).

Michalski, Lutz (Hrsg.), Kommentar zum Gesetz betreffend die Gesellschaften mit beschränkter Haftung (GmbH-Gesetz), 2. Aufl., München 2010.

Mielke, Hendrik, Steuerliche Folgen des Todes des Nießbrauchs-Mitunternehmers, DStR 2014, S. 18–22.

Mische, Marcus, Entgeltliche Übertragung von Mitunternehmeranteilen – eine steuerbilanzielle Herausforderung, BB 2010, S. 2946–2951.

Milatz, Jürgen E./Sonneborn, Andrea, Nießbrauch an GmbH-Geschäftsanteilen: Zivilrechtliche Vorgaben und ertragsteuerliche Folgen, DStR 1999, S. 137–143.

Milatz, Jürgen E./Sax, Miriam, Transparenz der vermögensverwaltenden Personengesellschaft, DStR 2017, S. 141–145.

Mitsch, Bernd, Unentgeltliche Übertragung eines Kommanditanteils unter Vorbehaltsnießbrauch, INF 2003, S. 388–393.

Moench, Dietmar/Weinmann, Norbert, Erbschaftsteuergesetz, Kommentar zum Erbschaft- und Schenkungsteuergesetz mit Bewertungsgesetz; Loseblattsammlung, Freiburg 2014; (zitiert: *Bearbeiter,* in Moench/Weinmann, ErbStG).

Mourabit, Naima El, Aufdeckung stiller Reserven bei der unentgeltlichen Übertragung von Einzelunternehmen und Mitunternehmeranteilen unter Nießbrauchsvorbehalt im Wege der vorweggenommenen Erbfolge?, ZEV 2016, S. 14–18.

Müller, Klaus J., Stimmbindungen von GmbH-Gesellschaftern; GmbHR 2007, S. 113–117.

Müller-Erzbach, Rudolf, Das private Recht der Mitgliedschaft als Prüfstein eines kausalen Rechtsdenkens, Weimar 1948; (zitiert: *Müller-Erzbach*, Mitgliedschaft).

Münch, Christof, Vorbehaltsnießbrauch am betrieblichen Vermögen – Steuerfalle?, ZEV 1998, S. 8–13.

Münchener Kommentar, Münchener Kommentar zum Bürgerlichen Gesetzbuch,
Bd. 1, Allgemeiner Teil, 6. Aufl., München 2013,
Bd. 5, Schuldrecht, Besonderer Teil III, 6. Aufl., München 2013,
Bd. 6, Sachenrecht, 6. Aufl., München 2013,
hrsg.v. Franz Jürgen Säcker, Roland Rixecker, Hartmut Oetker; (zitiert: *Bearbeiter,* in: MünchKomm-BGB).

ders., Münchener Kommentar zum Handelsgesetzbuch,
Bd. 2, §§ 106 – 160, 3. Aufl., München 2011,
Bd. 3, §§ 161 – 237, 3. Aufl., München 2012, hrsg. v. Karsten Schmidt, (zitiert: *Bearbeiter,* in: MünchKomm-HGB).

ders., Münchener Kommentar zum GmbH-Gesetz, Bd. 1, hrsg. v. Holger Fleischer, Wulf Goette, 2. Aufl., München 2015; (zitiert: *Bearbeiter,* in: MünchKomm-GmbHG).

ders., Münchener Kommentar zum GmbH-Gesetz, Bd. 2, hrsg. v. Holger Fleischer, Wulf Goette, 2. Aufl., München 2016; (zitiert: *Bearbeiter,* in: MünchKomm-GmbHG).

ders., Münchener Kommentar zum Aktiengesetz, Bd. 1, hrsg. v. Wulf Goette, Mathias Habersack, 4. Aufl., München 2016; (zitiert: *Bearbeiter,* in: MünchKomm-AktG).

Münchener Handbuch, Münchener Handbuch des Gesellschaftsrechts,
Bd. 1, hrsg. v. Hans Gummert, Lutz Weipert, 4. Aufl., München 2014; (zitiert: *Bearbeiter,* in: MünchHdb. GesR I).
,Bd. 2, hrsg. v. Hans Gummert, Lutz Weipert, 4. Aufl., München 2014; (zitiert: *Bearbeiter,* in: MünchHdb. GesR II).
Bd. 3, hrsg. v. Hans-Joachim Priester, Dieter Mayer, Hartmut Wicke, 4. Aufl., München 2012; (zitiert: *Bearbeiter,* in: MünchHdb. GesR III).
Bd. 4, Aktiengesellschaft, hrsg. v. Michael Hoffmann-Becking, 4. Aufl., München 2015; (zitiert: *Bearbeiter,* in: MünchHdb. GesR IV).

Niehus, Ulrich/Wilke, Helmuth, Die Besteuerung der Personengesellschaften, 7. Aufl., Stuttgart 2015; (zitiert: *Niehus/Wilke*, Personengesellschaften).

Oertzen, Christian von/Stein, Thomas, Vorbehaltsnießbrauch an mitunternehmerischen Personengesellschaftsanteilen – Probleme in der laufenden steuerlichen Behandlung, Ubg 2012, S. 285–292.

Oberhammer, Paul, Mitverwaltung als Nutzung; Mitverwaltungsrechte beim Nießbrauch und Fruchtgenuß an Gesellschaftsanteilen nach deutschem und österreichischem Recht, Wien 2001; (zitiert: *Oberhammer*, Mitverwaltung).

Oetker, Hartmut, Kommentar zum Handelsgesetzbuch (HGB), 4. Aufl., München 2015; (zitiert: *Bearbeiter,* in: Oetker, HGB).

Otte, Daniel, Ausübung und Schranken der Informationsrechte in oHG, KG und GmbH, NZG 2014, S. 521–525.

Palandt, Otto (Begr.), Bürgerliches Gesetzbuch, Kommentar, 76. Aufl., München 2017; (zitiert: *Bearbeiter,* in: Palandt, BGB).

Peters, Egbert, Die Ausübung des Stimmrechts bei nutzniessungsbelasteten Aktien, Diss., Mainz 1952.

Petzoldt, Rolf, Nießbrauch an Personengesellschaftsanteilen, DStR 1992, S. 1171–1177.

ders., Nießbrauch an Kommanditanteilen und GmbH-Geschäftsanteilen – Zivil- und Steuerrecht (I), GmbHR 1987, S. 381–389.

Philipowski, Rüdiger, Möglichkeiten und Grenzen der Einkunftsverlagerung durch Bestellung eines Nießbrauchs an vermieteten Sachen, verzinslichen Forderungen und Wertpapieren, StuW 1979, S. 113–128.

Pinkernell, Reimar, Einkünftezurechnung bei Personengesellschaften, Diss., Berlin 2001; (zitiert: *Pinkernell,* Einkünftezurechnung).

Priester, Hans-Joachim, Die faktische Mitunternehmerschaft – ein gesellschaftsrechtliches Problem, in: Ertragsbesteuerung – Zurechnung – Ermittlung – Gestaltung, Festschrift für Ludwig Schmidt zum 65. Geburtstag, hrsg. v. Arndt Raupach, Adalbert Uelner, München 1993, S. 331–353; (zitiert: *Priester*, in: FS L. Schmidt (1993)).

ders., Stille Reserven und offene Rücklagen bei Personengesellschaften – Zur Bedeutung von § 253 Abs. 4 HGB, in: Festschrift für Karlheinz Quack zum 65. Geburtstag am 3. Januar 1991, hrsg. v. Harm Peter Westermann, Wolfgang Rosener, Berlin, 1991, S. 373–396; (zitiert: *Priester*, in: FS Quack (1991)).

ders., Die zwingende Einheitlichkeit des Personengesellschaftsanteils – ein überholtes Prinzip, DB 1998, S. 55–65.

ders., Einheitsbilanzklauseln im GmbH-Vertrag, in: Festschrift für Theodor Heinsius zum 65. Geburtstag am 25. September 1991, hrsg. v. Friedrich Kübler, 1991, S. 620 – 643; (zitiert: *Priester*, in: FS Heinsius).

ders., Jahresabschlussfeststellung bei Personengesellschaften – Grundlagengeschäft – Mehrheitsregeln – Thesaurierung im Konzern, DStR 2007, S. 28–32.

ders., Grundsatzfragen des Rechts der Personengesellschaften im Spiegel der Otto-Entscheidung des BGH, DStR 2008, S. 1386–1392.

ders., Die faktische Mitunternehmerschaft – ein gesellschaftsrechtliches Problem, in: Festschrift für Ludwig Schmidt zum 65. Geburtstag, hrsg. v. Arndt Raupach, Adalbert Uelner, München 1993, S. 331–353; (zitiert: *Priester,* in: FS L. Schmidt).

ders., Eine Lanze für die Kernbereichslehre, NZG 2015, S. 529–531.

Prütting, Hanns/Wegen, Gerhard/Weinreich, Gerd, BGB – Kommentar, 11. Aufl., Köln 2016; (zitiert: *Bearbeiter,* in: PWW, BGB).

Queck, Mathias, Der Nießbrauch am Anteil einer offenen Handelsgesellschaft: eine Form der (un-)mittelbaren Unternehmensbeteiligung, Diss., Frankfurt am Main 2000; (zitiert: *Queck*, Nießbrauch).

Reich, Manfred/Stein, Ulrich, Ertragsteuerliche Folgen des Nießbraucherlasses 2012: Verzicht auf einen mitunternehmerischen Nießbrauch, gleitende Vermögensübergabe und Entnahmetatbestände, DStR 2013, S. 1272–1277.

Reichert, Jochem (Hrsg.), GmbH & Co KG, 7. Aufl., München 2015; (zitiert: *Bearbeiter,* in: Reichert, GmbH & Co KG).

Reichert, Jochem/Schlitt, Michael/Düll, Alexander, Die gesellschafts- und steuerrechtliche Gestaltung des Nießbrauchs an GmbH-Anteilen, GmbHR 1998, S. 565–575.

Richter, David/Chuchra, Matthias/Dorn, Karin, Offene Fragen und Probleme bei Anwendung der sog. „Aufwärtsinfektion“ des § 15 Abs. 3 Nr. 1 Alt. 2 EStG, DStR 2016, S. 2944 – 2947.

Riedel, Christopher, „Verschonungskonzepte“ für Unternehmensvermögen nach dem ErbStG 2016, Zerb 2016, S. 371–382.

Rodewald, Jörg, Zivil- und steuerrechtliche Bedeutung der Gestaltung von Gesellschafterkonten, GmbHR 1998, S. 521–527.

Rödder, Thomas, Persönliche Zurechnung und sachliche Qualifikation von Einkünften bei der Treuhandschaft, DB 1988, S. 195–202.

Rödder, Thomas/Herlinghaus, Andreas/van Lishaut, Ingo, (Hrsg.), Umwandlungssteuergesetz – Kommentar, 2. Aufl., Köln 2013; (zitiert: *Bearbeiter,* in: Rödder/Herlinghaus/van Lishaut, UmwStG).

Ropeter, Gerhard, Die Beteiligung als Bruchteilsgemeinschaft, Diss., Göttingen 1980.

Rose, Gerd, Zur Bestimmung der Einkunftsart bei gemischten wirtschaftlichen Aktivitäten von Einzelpersonen, DB 1980, S. 2464–2475.

Rowedder, Heinz (Begr.), GmbH-Kommentar, hrsg. v. Christian Schmidt-Leithoff, 5. Aufl., München 2013; (zitiert: *Bearbeiter,* in: Rowedder/Schmidt-Leithoff, GmbHG).

Ruppe, Hans Georg, Möglichkeiten und Grenzen der Übertragung von Einkunftsquellen als Problem der Zurechnung, in: Tipke, Klaus (Hrsg.), Die Übertragung von Einkunftsquellen, DStJG (Bd. 1) 1978, 1. Aufl., Köln 1978, S. 7–40; (zitiert: *Ruppe,* in: Tipke, Die Übertragung).

Salje, Peter, Die Abgrenzung des Gesellschafter-Darlehenskontos gegenüber dem Kapitalkonto bei Personengesellschaften, DB 1978, S. 1115–1116.

Sandhaus, Sebastian, Der Nießbrauch an Gesellschaftsanteilen bei Verschmelzung, Spaltung und Formwechsel, Diss., Berlin 2007; (zitiert: *Sandhaus*, Nießbrauch).

Scharff, Christian R., Der Nießbrauch an Aktien im Zivil- und Steuerrecht, Diss., Köln 1982; (zitiert: *Scharff,* Der Nießbrauch).

Scherer, Stephan/Blanc, Michael/Kormann, Hermut/Groth, Torsten/Wimmer, Rudolph, Familienunternehmen, 2. Aufl., Frankfurt am Main, 2012; (zitiert: *Bearbeiter*, in: Scherer u. a., Familienunternehmen).

Schimansky, Herbert/Bunte, Hermann-Josef/Lwowski, Hans-Jürgen, (Hrsg.), Bankrechts-Handbuch, Bd. II, 4. Aufl., München 2011 (zitiert: *Bearbeiter*, in: Schminansky u. a., Handbuch).

Schlegelberger, Franz (Begr.), Handelsgesetzbuch, Bd III/1.Halbband, 5. Aufl., München 1992.

Schmidt, Jessica, Die gemeinschaftliche Ausübung von Rechten aus einem GmbH-Anteil, NZG 2015, S. 1049–1055.

Schmidt, *Karsten,* Stimmrecht beim Anteilsnießbrauch, Besprechung des Urteils BGH NJW 1999, 571, ZGR 1999, S. 601–612.

ders., Gesellschaftsrecht, 4. Aufl., Köln 2002; (zitiert: *K. Schmidt*, Gesellschaftsrecht).

ders., Die Innenkommanditgesellschaft – wirklicher Verband und virtueller Rechtsträger, ZHR 178 (2014), S. 10–54.

ders., Neuregelung des Rechts der Personengesellschaften?, ZHR 177 (2013), S. 712–739.

ders., Die GmbH & Co. KG als Lehrmeisterin des Personengesellschaftsrechts, JZ 2008, S. 425–436.

Schmidt, Karsten /Lutter, Marcus (Hrsg.), Aktiengesetz Kommentar, 3. Aufl., Köln 2015.

Schmidt, Ludwig (Begr.), Einkommensteuergesetz, Kommentar, hrsg. v. Heinrich Weber-Grellet, 35. Aufl., München 2016; (zitiert: *Bearbeiter*, in: Schmidt, EStG).

Schmidt, Ludwig, Subjektive Zurechnung von Einkünften, StbJb 1980/1981, S. 115–135.

ders., „Väter und Söhne" – Möglichkeiten und Grenzen der Einkommensverlagerung zwischen Eltern und Kindern, StbJb 1975/1976, S. 149–234.

ders., Der Nießbrauch an Personengesellschaftsanteilen in der Rechtsprechung des BFH, in: Der Bundesfinanzhof und seine Rechtsprechung: Grundfragen, Grundlagen: Festschrift für Hugo von Wallis zum 75. Geburtstag am 12. April 1985, hrsg. v. Klein, F./Vogel, K., Bonn 1985; (zitiert: *L. Schmidt*, in: FS von Wallis).

Schmitt, Joachim/Hörtnagl, Robert/Stratz, Rolf-Christian, Umwandlungsgesetz, Umwandlungssteuergesetz, 7. Aufl., München 2016; (zitiert: *Schmitt/Hörtnagl/Stratz,* UmwG/UmwStG).

Schneider, Uwe H., Neue Haftungsrisiken für GmbH-Geschäftsführer bei Erstellung und Einreichung der Gesellschafterliste, GmbHR 2009 S. 393–396.

Schön, Wolfgang, Die zivilrechtlichen Voraussetzungen steuerlicher Leistungsfähigkeit, StuW 2005, S. 247–255.

ders., Nießbrauch am Gesellschaftsanteil in Gesellschafts- und Steuerrecht, StbJb 1996/97, S. 45–78.

ders., Der Große Senat des Bundesfinanzhofs und die Personengesellschaft, StuW 1996, S. 275–288.

ders., Der Nießbrauch am Gesellschaftsanteil, ZHR 158 (1994), S. 229–270.

ders., Gewinnübertragungen nach § 6b EStG zwischen Kapital- und Personengesellschaft in Handels- und Steuerbilanz (§ 6b EStG), FR 1994, S. 658–668.

ders., Zum Stande der Lehre von Sonderbetriebsvermögen, DStR 1993, S. 185–194.

ders., Der Nießbrauch an Sachen, Köln 1992; (zitiert: Schön, Nießbrauch).

ders., Der Gewinnanteil des Personengesellschafters und das Einkommen der Personengesellschaft, StuW 1988, S. 253–261.

Scholz (Hrsg.), GmbHG, Kommentar zum GmbH-Gesetz,
Bd. 1, §§ 1–34, 11. Aufl., Köln 2012; (zitiert: *Bearbeiter*, in: Scholz, GmbHG Bd. 1);
Bd. 2, §§ 35–52, 11. Aufl., Köln 2013, (zitiert: *Bearbeiter*, in: Scholz, GmbHG, Bd. 2).

Schubert, Peter, Die einkommensteuerrechtliche Behandlung von Nutzungsrechten, DStR 1995, S. 362–367.

Schulze-Osterloh, Joachim, Zivilrecht und Steuerrecht, AcP 190 (1999), S. 139–164.

Schulze zur Wiesche, Dieter, Die gewerbliche Personengesellschaft im Ertragsteuerrecht – Teil I, StBp 2011, S. 190–193.

ders., Die erbschaftsteuerrechtliche Behandlung einer Anteilsschenkung unter Nießbrauchsvorbehalt, DB 2009, S. 2452–2455.

ders., Die ertragsteuerliche Behandlung von Nießbrauch und Treuhand an einem KG-Anteil, BB 2004, S. 355–360.

ders., Einheitliche Beurteilung einer Mitunternehmerschaft bei unterschiedlichen Rechtsgrundlagen, DB 1998, S. 2552–2555.

ders., Der Nießbrauch am Gesellschaftsanteil, DStR 1980, S. 222–226.

ders., Der Nießbrauch am Gesellschaftsanteil einer Personengesellschaft, DStR 1995, S. 318–322.

ders., Der Nießbrauch am Kommanditanteil, DB 1970, S. 171–174.

ders., Einheitliche Beurteilung einer Mitunternehmerschaft bei unterschiedlichen Rechtsgrundlagen, DB 1998, S. 2552–2555.

ders., Der Nießbrauch am Gesellschaftsanteil nach der Unternehmenssteuerreform, DB 2008, S. 2728–2730.

ders., Unentgeltliche Übertragung von Anteilen an einer Personengesellschaft unter Nießbrauchsvorbehalt, DStZ 2016, 44–52.

Seeliger, Gerhard, Der Begriff des wirtschaftlichen Eigentums im Steuerrecht, Stuttgart 1962.

Siebert, Wolfgang, Nießbrauch am Gewinnrecht des Gesellschafters einer offenen Handelsgesellschaft. BB 1956, S. 1126–1127.

Singer, Mark, T., GmbH-Gesellschafterversammlung: Teilnahmerecht für Gesellschafter, Berater oder sonstige Dritte?, NWB 2017, S. 264–272.

Soergel, Hans Theodor (Begr.), Bürgerliches Gesetzbuch mit Einführungsgesetz und Nebengesetzen,
Bd. 1, Allgemeiner Teil 1, §§ 1–103 BGB, 13. Aufl., Stuttgart 2000; (zitiert: Soergel/*Bearbeiter*, BGB, Bd. 1).
Bd. 16, Sachenrecht 3, §§ 1018–1296 BGB, 13. Aufl., Stuttgart 2001; (zitiert: Soergel/*Bearbeiter*, BGB, Bd. 16).

Söffing, Günter, Möglichkeiten und Grenzen der Übertragung von Einkunftsquellen durch Bestellung eines unentgeltlichen Nießbrauchs für Familienangehörige, in: Tipke, Klaus (Hrsg.), Die Übertragung von Einkunftsquellen, DStJG (Bd. 1) 1978, 1. Aufl., Köln 1978, S. 125–139.

ders., Besteuerung der Mitunternehmer, 3. Aufl., Herne 1990; (*zitiert: Söffing,* Besteuerung der Mitunternehmer).

ders., Der Nießbrauch – eine selbständige Einkunftsquelle?, DStZ 1981, S. 199–203.

ders., Mitunternehmerschaft in der Landwirtschaft, Anm. zu BFH-Urteil v. 06.02.1986 – IV R 311/84, FR 1986, S. 383–385.

Söffing, Günter/Jordan, Günther, Nießbrauch an einem Mitunternehmeranteil, BB 2004, S. 353–355.

Söffing, Matthias, Besteuerung des Unternehmensvermögens nach dem Erbschaftsteuergesetz, DStZ 2008, S. 867 – 874.

Spiegelberger, Sebastian, Der (mit-)unternehmerische Nießbrauch, in: Festschrift für Günter Brambring zum 70. Geburtstag, München 2011, S. 343–355; (zitiert: *Spiegelberger,* in: FS Brambring, 2011).

Spindler, Gerald/Stilz, Eberhard, Kommentar zum Aktiengesetz, Band 1, §§ 1–149, hrsg.v. Gerald Spindler, Eberhard Stilz, 3. Aufl., München 2015; (zitiert: *Bearbeiter,* in: Spindler/Stilz, AktG).

Stadie, Holger, Die persönliche Zurechnung von Einkünften, Berlin 1983; (zitiert: *Stadie,* Einkünfte).

Staub, Hermann (HBegr.), Handelsgesetzbuch, Großkommentar, hrsg. v. Claus-Wilhelm Canaris, Mathias Habersack, Carsten Schäfer, 5. Aufl., Berlin 2009; (zitiert: *Bearbeiter,* in: *Staub*, HGB).

Staudinger, Julius von, Kommentar zum Bürgerlichen Gesetzbuch, Buch 2, Recht der Schuldverhältnisse, Berlin 2003; (zitiert: Staudinger/*Bearbeiter* (2003), BGB).

ders., Kommentar zum Bürgerlichen Gesetzbuch, Buch 3, Sachenrecht, 15. Aufl., Berlin 2009; (zitiert: Staudinger/*Bearbeiter* (2009), BGB).

Steinbeck, Anja, Zur Einheitlichkeit der Mitgliedschaft in einer Personengesellschaft, DB 1995, S. 761–765.

Steinberg, Wilhelm, Zur Frage der Einkunftsquelle und ihrer Zurechnung, DStZ 1988, S. 315–319.

Strahl, Martin, Die typisierende Betrachtungsweise im Steuerrecht, Diss., Köln 1996; (zitiert: *Strahl*, typisierende Betrachtungsweise).

ders., Vermögensverwaltende Personengesellschaften im Ertragsteuerrecht, KÖSDI 2001, S. 12802–12811.

Striegel, Andreas/Kirchhefer, Frank, Der Familienpool als Nachfolgemodell, NWB-EV 2012, S. 368–373.

Sudhoff, Heinrich, Der Nießbrauch am Anteil einer Personengesellschaft, NJW 1971, S. 481–486.

ders., Der Nießbrauch am Geschäftsanteil einer GmbH, GmbHR 1971, S. 53–57.

ders., Nochmals: Der Nießbrauch am Gesellschaftsanteil, NJW 1974, S. 2205–2211.

ders., Personengesellschaften, 8. Aufl., München 2005; (zitiert: *Bearbeiter,* in: Sudhoff, Personengesellschaften).

Teichmann, Arndt, Der Nießbrauch an Gesellschaftsanteilen – gesellschaftsrechtlicher Teil, ZGR 1972, S. 1–23.

ders., Der Nießbrauch an Gesellschaftsanteilen – Probleme der praktischen Gestaltung, ZGR 1973, S. 24–44.

ders., Gestaltungsfreiheit in Gesellschaftsverträgen, in: Schriften des Instituts für Wirtschaftsrecht an der Universität Köln; Bd. 27, München 1970; (zitiert: *Teichmann,* Gestaltungsfreiheit).

Tipke, Klaus, Die Steuerrechtsordnung, Bd. 1, 2. Aufl., Köln 2000; (zitiert: *Tipke*, Steuerrechtsordnung Bd. 1).

ders., Übertragung von Einkunftsquellen, StuW 1977, S. 293–301.

Tipke, Klaus/Lang, Joachim (Hrsg.), Steuerrecht, 22. Aufl., Köln 2015; (zitiert: *Bearbeiter,* in: Tipke/Lang).

Tipke, Klaus/Kruse, Heinrich W., Abgabenordnung, Finanzgerichtsordnung, Kommentar, Loseblatt, 148. Ergänzungslieferung, Stand Mai 2017, Köln; (zitiert: *Bearbeiter,* in: Tipke/Kruse).

Thiel, Rudolph, Die kapitalistisch organisierte GmbH & Co KG, DB 1968, S. 1870–1873.

Troll, Max/Gebel, Dieter/Jülicher, Marc/ Gottschalk, Paul Richhard, Erbschaft- und Schenkungsteuergesetz mit Bewertungsgesetz und Verfahrensrecht, Kommentar, München, 53. Ergänzungslieferung, Juni 2017; (zitiert: *Bearbeiter,* in: Troll/Gebel/ Jülicher/Gottschalk, ErbStG).

Tulloch, Antony/Wellisch, Dietmar, Die Bedeutung von Ergebnisverteilungsabreden für die Gesellschafter von vermögensverwaltenden Personengesellschaften – Anmerkung zum BFH-Urteil vom 13.10.1998, VIII R 4-98, DStR 1999, S. 1093–1097.

Uelner, Adalbert, Aktuelle Fragen aus dem Ertragsteuerrecht unter besonderer Berücksichtigung der steuerlichen Probleme des Nießbrauchs, StKongrRep. 1979, S. 99–127.

Ulmer, Peter, Zur Bedeutung des gesellschaftsrechtlichen Abspaltungsverbots für den Nießbrauch am OHG (KG)-Anteil, in: Festschrift für Hans-Joachim Fleck, ZGR 1988, S. 383–400; (zitiert: *Ulmer,* in: FS Fleck, ZGR 1988).

ders., Die Mitwirkung des Kommanditisten an der Bilanzierung der KG, in: Strukturen und Entwicklungen im Handels-, Gesellschafts- und Wirtschaftsrecht, Festschrift für Wolfgang Hefermehl zum 70. Geburtstag am 18. September 1976, hrsg. v. Robert Fischer, Ernst Geßler, Wolfgang Schilling, Rolf Serick, Peter Ulmer, München 1976, S. 207–224; (zitiert: *Ulmer,* in: FS Hefermehl (1976)).

ders., Vertretung und Haftung bei der Gesellschaft bürgerlichen Rechts, in: Festschrift für Robert Fischer, hrsg. v. Marcus Lutter, Walter Stimpel, Herbert Wiedemann, Berlin 1979, S. 785–808; (zitiert: *Ulmer,* in: FS R. Fischer (1979)).

ders.; Die Lehre von der fehlerhaften Gesellschaft – gesicherter Bestand des Gesellschaftsrechts oder methodischer Irrweg, in: Festschrift Werner Flume zum 70. Geburtstag 12. September 1978, hrsg. v. Horst Heinrich Jakobs, Brigitte Knobbe-Keuk, Eduard Picker, Jan Wilhelm, Bd. II, Köln 1978, S. 301–321.

Vieweg, Klaus/Werner, Almuth, Sachenrecht, 7. Aufl., München 2015.

Viskorf, Stephan/Haag, Maximilian, Wirtschaftliche Betrachtungsweise bei der Betriebs-vermögensbegünstigung für den Zuwendungsnießbrauch an Personengesellschaftsanteilen, ZEV 2012, S. 24–26.

Wachter, Thomas, AktG, Kommentar zum Aktiengesetz, 2. Aufl., Köln 2014.

ders., Schenkungsteuerliche Verschonung des Erwerbs von Mitunternehmeranteilen unter Quotennießbrauch, DStR 2013, S. 1929–1934.

ders., Aktuelle Rechtsprechung zum MoMiG, GmbHR 2009, S. 785–794.

ders., Vorbehaltsnießbrauch, insbesondere an GmbH-Geschäftsanteilen, JbFSt 2015/2016, S. 802–832.

Wacker, Roland, Aktuelles zum Einfluss des Gesellschafts- und Zivilrechts auf die ertragsteuerrechtliche Rechtsfähigkeit von Personengesellschaften, in: Festschrift für Wulf Goette zum 65. Geburtstag, hrsg. von Mathias Habersack und Peter Hommelhoff, München 2011, S. 561–582; (zitiert: *Wacker* in: FS Goette, 2011).

ders., Vermögensverwaltende Gesamthand und Bruchteilsbetrachtung – eine Zwischenbilanz, DStR 2005, S. 2014–2019.

Wälzholz, Eckhard, Aktuelle Gestaltungsprobleme des Nießbrauchs am Anteil an einer Personengesellschaft, DStR 2010, S. 1786–1790.

ders., Aktuelle steuerliche Gestaltungsprobleme des mitunternehmerischen Nießbrauchs am Anteil einer Personengesellschaft, DStR 2010, S. 1930–1934.

ders., Der Nießbrauch am Gesellschaftsanteil einer GmbH & Co KG, NWB 2013, S. 1334–1342.

ders., Ausgewählte gesellschaftsrechtliche Aspekte von Gesellschaftskonten bei Personengesellschaften (Teil 1), DStR 2011, S. 1815–1819.

ders., Gesellschaftervereinbarungen (*side-letters*) neben der GmbH-Satzung; DStR 2009, S. 1020–1027.

ders., Stimmbindungsvereinbarungen in der Gestaltungspraxis der GmbH, NWB 2015, S. 3341–3353.

Wassermeyer, Franz, Die Übertragung von Einkunftsquellen zwischen nahestehenden Personen – Ein Beitrag zu den Sachgesetzlichkeiten im Steuerrecht, StuW 1979, S. 209–218.

ders., Der Nießbrauch im Einkommensteuerrecht, FR 1983, S. 157–164.

Weber, Klaus, Unternehmensnachfolge durch Schenkung unter Nießbrauchvorbehalt, DStZ 1991, S. 530–534.

Weber, Christoph, Privatautonomie und Außeneinfluß im Gesellschaftsrecht, Tübingen 2000; (zitiert: *Weber,* Privatautonomie).

Weber, Harald/Luther, Siegfried, Der Nießbrauch an Gesellschaftsanteilen – Steuerrechtliche Behandlung, 2. Teil: Personengesellschaften, ZGR 1973, S. 45–72.

Weber, Klaus/Schwind, Helke, Vertragliche Ausgestaltung von Poolvereinbarungen unter Berücksichtigung des neuen Erbschaftsteuerrechts, ZEV 2009, S. 16–22.

Weber-Grellert, Heinrich Tendenzen der BFH-Rechtsprechung, StuW 1993, S. 203–212.

ders., Fairneß, Aufklärung und Transparenz – Wege zu einer leistungsgerechten Besteuerung, StuW 1999, S. 311–320.

Wedemann, Frauke, Das Stimmrecht beim Anteilsnießbrauch im Spiegel von Rechtsvergleichung und Rechtssetzungslehre, NZG 2013, S. 1281–1289.

Wendt, Michael, Fortführungsfiktion bei Betriebsverpachtung und Betriebsunterbrechung nach § 16 Abs. 3b EStG, FR 2011, S. 1023–1028.

Werner, Rüdiger, Der Nießbrauch an einem GmbH-Geschäftsanteil als Instrument der Unternehmensnachfolge, ZErb 2015, S. 38–43.

Wertenbruch, Johannes, Das Stimmrecht von Treugebern, stillen Gesellschaftern und Unterbeteiligten in der Personengesellschaft, NZG 2017, S. 81–88.

Westermann, Harm Peter, Vertragsfreiheit und Typengesetzlichkeit im Recht der Personengesellschaften, Berlin 1970.

Wichmann, Gerd, Die Sonderbilanz – eine kritische Bestandsaufnahme, DStZ 2016, S. 414–427.

Wicke, Hartmut, Schuldrechtliche Nebenvereinbarungen bei der GmbH – Motive, rechtliche Behandluung, Verhältnis zum Gesellschaftsvertrag, DStR 2006, S. 1137–1144.

Wiedemann, Herbert, Die Übertragung und Vererbung von Mitgliedschaftsrechten bei Handelsgesellschaften, München 1965; (zitiert: *Wiedemann,* Die Übertragung).

ders., Gesellschaftsrecht, Band I, München 1980; (zitiert: *Wiedemann,* Gesellschaftsrecht I).

ders., Gesellschaftsrecht, Band II, München 2004; (zitiert: *Wiedemann,* Gesellschaftsrecht II).

ders., Rechte und Pflichten des Personengesellschafters, WM 1992, Beil. 7, S. 1–54.

ders., Anteilsumwandlung und Mehrfachbeteiligung bei der Personengesellschaft, in: Festschrift für Wolfgang Zöllner, zum 70. Geburtstag, Bd. I, hrsg.v. Manfred Lieb, Ulrich Noack, Harm Peter Westermann, Köln 1998, S. 635–650; (zitiert: *Wiedemann,* in FS Zöllner).

ders., Verbandssouveränität und Außeneinfluß – Gedanken zur Errichtung eines Beirats in einer Personengesellschaft, in: Gesellschaftsrecht und Unternehmensrecht: Festschrift für Wolfgang Schilling zum 65. Geburtstag am 05.06.1973, hrsg. v. Robert Fischer, Wolfgang Hefermehl; (zitiert: *Wiedemann*, FS Schilling (1973), S. 105–124.

Wieling, Hans Josef, Sachenrecht, 5. Aufl., Berlin, 2007.

Wilhelm, Jan, Sachenrecht, 5. Aufl., Berlin 2016.

Windbichler, Christine, Gesellschaftsrecht, 24. Aufl., München 2017; (zitiert: *Windbichler,* Gesellschaftsrecht).

Winnefeld, Robert, Bilanz-Handbuch, Handels- und Steuerbilanz, Rechtsformspezifisches Bilanzrecht, Bilanzielle Sonderfragen, Sonderbilanzen, IFRS/IAS, 5. Aufl., München 2015; (zitiert: *Winnefeld,* Bilanz-Hdb.).

Woerner, Lothar, Anmerkung zu BFH, Entscheidung v. 02. September1985 – IV B 51/85, BB 1985, S. 2298.

Wolf, Manfred/Neuner, Jörg, Allgemeiner Teil des Bürgerlichen Rechts, 11. Aufl., München 2016; (zitiert: *Wolf/Neuener,* BGB AT).

Wolff-Diepenbrock, Johannes, Handeln für fremde Rechnung im Einkommensteuerrecht, in: Handelsrecht und Steuerrecht, Festschrift für Georg Döllerer, hrsg. v. Brigitte Knobbe-Keuk, Franz Klein, Adolf Moxter, Düsseldorf 1988; S. 757–774; (zitiert: *Wolff-Diepenbrock*, in: FS Döllerer).

ders., Der Vorbehaltsnießbrauch in der neueren Rechtsprechung des BGH (I) und (II), DStR 1983, S. 250–255 und S. 291–298.

Wüllenkemper, Dirk, Steuerliche Behandlung von Darlehen einer Personengesellschaft an ihre Gesellschafter, BB 1991, S. 1904–1912.

Zimmermann, Reimar/Hottmann, Jürgen/Kiebele, Sabrina/Schaeberle, Jürgen/Scheel, Thomas/Schustek, Heribert/Szczesny, Michael, Die Personengesellschaft im Steuerrecht, 12. Aufl., Achim 2017; (zitiert: *Zimmermann u. a.,* Die Personengesellschaft).

Zöllner, Wolfgang, Die sogenannten Gesellschafterklagen im Kapitalgesellschaftsrecht, ZGR 1988, S. 392–440.

Zugmaier, Oliver, Einkünftequalifikation im Einkommensteuerrecht bei Einzelpersonen, StuW 1998, S. 334–350.

Zwirner, Christian, BilRUG: Wesentliche Änderungen für Einzel- und Konzernabschluss, DB 2015, Heft 48, Beilage 6.

ders., BilRUG: Änderungen beim Ausweis der außerordentlichen Aufwendungen und Erträge, BC 2016, S. 159–165.

ders., BilRUG: – die wesentlichen Änderungen im Einzelabschluss, BC 2015, S. 390–396.